労災保険

改訂
7版

# 業務災害及び通勤災害認定の理論と実際 下巻

労務行政研究所［編］

労務行政

# 凡例

○　本書は四編構成で、第一編「総論」、第二編「負傷の部」、第三編「通勤災害の部」、第四編「疾病の部」から成る。また、本書は上巻、下巻の二巻構成とし、「上巻」には第一編から第四編の第二章第三節までを、「下巻」には第二章第四節以降を収録した。

なお、第三編は構成上は「疾病の部」とすべきであるが、疾病の部分は膨大なページ数になるため、巻別構成上、第三編を「通勤災害の部」とし上巻に収録した。

○　第四編の内容を掲げれば、おおむね以下のとおりである。

すなわち、**第四編「疾病の部」**では、まず、業務上疾病の認定の実務（業務上疾病の認定のための調査、認定基準、認定の基礎となる医学的事項）を解説し、以下、労働基準法第七五条第二項の規定による業務上の疾病につき、同法施行規則別表第一の二の各号に準拠し、①業務上の負傷に起因する疾病、②物理的因子による疾病、③身体に過度の負担のかかる作業態様による疾病（以上「上巻」）、④化学物質等による疾病、⑤じん肺症及びじん肺の合併症、⑥細菌、ウイルス等の病原体による疾病、⑦職業がん、⑧過重な負荷による脳・心臓疾患（過労死等）、⑨強い心理的負荷による精神障害（過労死等）、⑩その他厚生労働大臣の指定する疾病、⑪その他業務に起因することの明らかな疾病、について業務上外の認定に関する裁判所の判旨、労働保険審査会の裁決例、厚生労働省の行政判断を示す具体的諸事例を掲げ、これに必要な解説を付した。

○　本文中には「事例」として、裁判例、労働保険審査会による裁決例、行政解釈例をできるだけ多く掲げて、業務上外認定の実際を立体的に浮彫りにするように努めた。その際、裁判例には裁判所名、日付け及び事件番号を、通達には発翰日付け、通達番号をそれぞれの末尾の括弧内に示した。括弧書きのない事例は、労働基準監督署長による原処分の内容である。

○　特に、行政解釈例の通達では、次の略語を用いて、その通達の発局、発部を明らかにした。

基発＝厚生労働省労働基準局長（旧労働省労働基準局長）名で発する通達

基収＝厚生労働省労働基準局長（旧労働省労働基準局長）が、疑義に答えて発する通達

基補発＝厚生労働省労働基準局補償課長名で発する通達

基労補発＝（旧）厚生労働省労働基準局労災補償部補償課長名で発する通達

基災収＝（旧）労働省労働基準局労災補償部（課）長が、疑義に答えて発する通達

○　巻末には、本文中二段組で掲げた諸事例について編別に「事例索引」を示し、検索の便を図った。
○　本書でいう「上巻」とは、改訂四版（平成二六年一一月発行）を指す。

目　次

## 第一一節　その他業務に起因することの明らかな疾病



## 〔附　録〕

### 関係法令等

［上巻　内容］

## 第一篇　総　論

# 第四編　疾病の部

# はじめに

この編においては、「労働者が業務上負傷し、又は疾病にかかった場合」の業務上疾病について規定した労働基準法施行規則別表第一の二の規定及びこれに基づく告示に定められた業務上の疾病の範囲についての具体的認定の実務及び業務上外の認定に関する行政解釈例、労働保険審査会の裁決例、裁判所の判決例等具体的事例を整理し、これに必要な解説を加えることとする。

これらは、「第一篇　総論　第三章　業務上疾病の認定の基本問題」の基本的な考え方を裏づけるものであると同時に、それを内容的に制約するものである。単に基本的な考え方の論理的展開を内容とするものではない。また、個々の事例の判断における理由づけも、あくまで当該事例に即して判断の具体的妥当性を基礎づけるためのものであるから、必ずしも当該事例を超えて当然に一般化し得る性質のものではない。

しかし他方においては、以下の各論は、個々の事例の単なる集積ではなく、それらを基礎として構成された基本的な考え方の具体的適用例でもあるから、各項目における解説を通じ、総論の基本的な考え方とあいまって全体を統一的に把握できるものである。また、そうしてはじめて、過去における個々の事例を超えて今後の認定実務に役立つものとなる。

以下に掲げる具体的事例は、すべて労働基準法又は労働者災害補償保険法の規定に係るもので、**【事実】【判断】**又は**【照会】【回答】**とあるのは厚生労働省の行政解釈例を、**【事実】【裁決】**とあるのは労働保険審査会の裁決例を、【事実】【判旨】とあるのは裁判所の判決例を、それぞれ要約したものである。いずれも、法施行後において問題となった事例はおおむね網羅している。

また、行政解釈例は、もともと結論だけを掲げ、判断の理由を示していないものが大部分であるが、本書では【判断】中の理由づけの部分において、総論の基本的な考え方に基づき、事実関係と結論との関連を理解しやすくするため、あらためて最小限度の説明を加えることとした。

# 第二章　業務上疾病の各論

（第一節から第三節までは上巻収録）

## 第四節　化学物質等による疾病

労働基準法施行規則（以下「労基則」という。）別表第一の二第四号は、主として化学物質（単体、化合物（合金を含む。）及び混合物をいう。）の化学的性質に基づく有害作用に起因する疾病を掲げたものである。このほか、本号には、空気中の酸素濃度の低い場所における業務による酸素欠乏症が含まれる。

なお、がん原性物質又はがん原性工程における業務による疾病は、労基則別表第一の二第七号に規定されており、化学物質によるがんについては本章第七節に掲げる。

わが国の化学物質等による中毒等の歴史を概括する。

明治二〇年代に、黄りんマッチの製造所においては、五歳から六歳の子供が働きはじめており、大正八年、大阪、兵庫、広島のマッチ工場を調べた成績では、一〇八名の顎骨壊死等の中毒患者が見いだされ、そのなかには一〇代の少年少女も混じっていたという。

昭和に入ると、鉛、水銀、クロム、一酸化炭素、二硫化炭素というような化学物質による中毒が注目されはじめ、繊維工業における二硫化炭素による一過性の精神障害、メッキ工場におけるクロム化合物による鼻中隔穿孔、製鉄所高炉作業者の一酸化炭素中毒、印刷工の鉛中毒等の発生がみられた。

第二次世界大戦中の状況については資料が少ないが、軍需産業に付随する中毒等が多発したとされており、爆薬工場におけるクロルジニトロベンゼンや塩素化ナフタリンによる皮膚障害、ガソリン添加剤として用いられた四エチル鉛中毒等が多発したという。

戦後の昭和二〇年代においては、硫化アンモニウム工場、ガス工場において一酸化炭素中毒が多発し、当時広く使用されていた代用甘味料ズルチンの原料であったパラ－ニトロクロルベンゼンによる溶血性貧血、さらには、農薬工場におけるパラチオン中毒やＤＤＴ、ＢＨＣによる皮膚炎等が注目された。

昭和三〇年代には、経済成長、工業化の進展等に付随する中毒等が発生している。例えば、当時流行したヘップバーンサンダルの製造作業者が使用したゴムのりに含まれるベンゼンによる再生不良性貧血等の中毒が多発し、死亡例もみられた。また、ダイナマイトの原料として用いられるニトログリコールの配合率が高められたことに伴って、これによる狭心症様発作等の中毒が発生し、昭和四〇年までに一〇名の死亡例が生じたという。昭和二〇年代に主として木材等の防腐剤として用いられていたペンタクロルフェノール（ＰＣＰ）は、昭和三〇年代にその除草効果が注目されて農薬として広く用いられるようになり、これによる中毒が製造工場から農村へと拡大して発生するようになった。昭和三八年三池炭鉱の爆発においては、四三八名の炭鉱労働者が一酸化炭素中毒により死亡したほか、重症中毒者も多数発生し、後遺症を生じている。

昭和四〇年代に入ると都市ガス配管工の一酸化炭素中毒が多発をみたほか、米杉等による気管支喘息、クロルプロマジン等の薬剤による皮膚障害、エポキシ樹脂のアミン系硬化剤による皮膚障害、ジメチルホルムアミドによる肝障害等従来みられなかった化学物質による中毒等が次々に生じた。昭和四〇年代後半には、印刷工、鉛蓄電池製造工等の鉛中毒が社会問題化した。

## 第一項　告示に規定された化学物質による疾病

労基則別表第一の二第四号1は、「厚生労働大臣の指定する単体たる化学物質及び化合物（合金を含む。）にさらされる業務による疾病であつて、厚生労働大臣が定めるもの」と規定している。

厚生労働大臣の定めは、「労働基準法施行規則の規定に基づく厚生労働大臣が指定する単体たる化学物質及び化合物（合金を含む。）並びに厚生労働大臣が定める疾病」（厚生労働省告示）に規定されている。すなわち、告示は当該化学物質にばく露することによって発生する疾病の症状又は障害を示している。

単体たる化学物質及び化合物（合金を含む。）は、その数も多く、また、科学技術の進歩等に応じて労働の場における取扱い物質が変化したり、新たな疾病が生じたりすることも予想され、これからの変化に対応して容易に本規定の見直しを図ることができるようにする必要がある。そのため、告示により適宜追加できるよう定められているものであり、当該告示は昭和五三年労働省告示第三六号により一一九物質について定められた後、平成八年労働省告示第三三号により二二物質、平成二五年厚生労働省告示第三一六号により一七物質が追加され、さらに令和五年厚生労働省告示第一〇号により七物質の症状又は障害を改正及び六物質が追加され現在に至っている。

告示に掲げられている化学物質による疾病の選定、表記等に関する基本的な考え方は、次のとおりである。

なお、「単体」とは、化学上は単一の元素から成り、化学変化によって二種又はそれ以上の物質に分けることのできない物質をいう。告示の表中に掲げる化学物質のうち、これに該当するものには、金属（セレン及び砒素を含む。）

の元素、ハロゲン（弗素、塩素、臭素、沃素）及び黄りんがある。また、「化合物（合金を含む。）」とは、化学物質のうち単体以外の物質をいう。このうち、化学変化によって二種又はそれ以上の物質に分けることのできる物質を化合物といい、二種以上の金属をそれぞれの融点以上の温度で混合したものを冷却して凝固させたものを合金という。

## １　列挙疾病の選定

原則として、次の①、②に該当する疾病のうち、通常、労働の場において発生し得ると医学経験則上評価できるものが列挙疾病として規定されている。したがって、症例の報告があるものでも、それが事故的な原因による疾病や国内における総取扱量が極めて少ない化学物質による疾病のように、一般的には業務上疾病として発生することが極めて少ないものは除かれている。

①　わが国において症例があったもの
②　わが国において症例がなくとも、諸外国において症例が報告されているもの

## ２　疾病の分類

各化学物質の化学構造式の類似性、人体への有害作用等の差異に配慮しつつ、有害因子たる化学物質の種類ごとに分類（必要に応じ細分類）されている。このうち、「農薬その他の薬剤の有効成分」については、おおむね次に掲げる点で主として工業原料に用いられる一般の化学物質と異なるため、告示の表中で独立の分類項目とされているとともに、略称等が付されている。

①　農薬の有効成分である化学物質の多くは、化学構造式及び化学名が複雑であるうえ、一般には略称ないし通俗名

が用いられており、化学名によって一般の化学物質のなかに配列すると関係者の検索が容易でないこと。

②　これらの物質による業務上疾病は、製造過程の労働者と異なり、科学的情報を十分持たない使用過程の労働者において発生する可能性が高いので、その検索の便宜を図る必要があること。

③　生物に対する毒性が強いほか、利用目的が特定されていること。

なお、砒素及びその化合物、臭化メチル等の化学物質は、一般工業原料と農薬の両方に使用されているが、これらの化学物質は一般工業原料としての化学物質のなかで分類記載されており、農薬その他の薬剤の有効成分には再掲されていないので、留意する必要がある。

### ３　化学物質の配列

化学物質は前記２に示した種類ごとに分類配列されているが、各分類項目中の個々の化学物質についてはその名称の五十音順により配列されている。

### ４　疾病内容の記載等について

⑴　症状又は障害の例示

疾病の内容ないし病像については、労働の場で起こった症例のうち、文献において共通的に現れた症状又は障害を「主たる症状又は障害」として掲げられている。「主たる」とされているのは、これらの症状又は障害以外の症状又は障害の現れた疾病であっても、業務との因果関係の認められるものについては本規定が適用される場合のある趣旨を明らかにしたものである。

したがって、動物実験等により人体に対する有害作用が推測されるにとどまっているような症状・障害あるいは化学物質への高濃度ばく露を受けて急性中毒死した場合等の際にみられる一般的でない障害や二次的な障害は原則として記載されていない。

(2)　症状又は障害の記載の順序

主として急性症状として疾病の初期に現れる自覚症状たる「頭痛、めまい、嘔吐等の自覚症状」が最初に掲げられており、次いで、他覚所見について原則としてそれぞれの因子に特徴的なものから順次掲げられている。このうち、特に皮膚障害は、直接皮膚に受けたばく露の影響によるものが多いので、他覚所見のなかでは第一番目に掲げられている。

以上を踏まえ、本項では、告示に示された化学物質の分類（①無機の酸及びアルカリ、②金属（セレン及び砒素を含む。）及びその化合物、③ハロゲン及びその無機化合物、④りん、硫黄、酸素、窒素及び炭素並びにこれらの無機化合物、⑤有機化合物（脂肪族化合物、脂環式化合物、芳香族化合物、複素環式化合物）、⑥農薬等）ごとに項を立てて解説する。

解説に当たっては、告示に示された化学物質及び症状又は障害が多岐にわたるので表に整理した。上欄には化学物質名（労働安全衛生法上の規制内容の情報を付記）、中欄には告示に示された症状又は障害、下欄にはその症状又は障害の具体的内容を整理した。

中欄の「その他」は、告示の表中に掲げられていない症状又は障害があることを表しており、「告示の表中上欄に掲げる化学物質にさらされる業務に従事した労働者に発生したことのある症状又は障害」（平八・三・二九　基発第一八一号　別紙３）に記載されているものを下欄に整理した（七六四ページ参照）。これらの症状又は障害は、いずれも症例報告中にみられるものであるが、これらのなかには特異的なばく露条件でのみしか起こりにくいと思われるもの、同時にばく露を受けた他の化学物質による影響が否定できないもの等医学的には必ずしも一般的な形における当該物質との関連性が明らかにされていないと考えられるものが含まれているので留意する必要がある。

一定の化学物質については、労働安全衛生法施行令別表第九「名称等を表示し、又は通知すべき危険物及び有害物」として危険有害性等を記載した文書（ＳＤＳ）を交付するなど情報の提供が義務づけられており、ＳＤＳに記載された「健康に対する有害性（急性毒性、皮膚腐食性／刺激性、眼に対する重篤な損傷性／眼刺激性、呼吸器感作性または皮膚感作性、生殖細胞変異原性、発がん性、生殖毒性、特定標的臓器毒性（単回ばく露）、特定標的臓器毒性（反復ばく露）、誤えん有害性の一〇項目）」が認定実務の参考になる。

なお、ＳＤＳには危険・有害性情報として「区分１」、「区分２」等の表示が示される場合があるが、その概念は**表1**のとおりである。

**表1　ＧＨＳ分類における危険有害性の概念**

| | 区分1 | 区分2 | 区分3 | 区分4 |
|---|---|---|---|---|
| 危険性 | 高 | 中 | | 低 |

労災認定実務ではあくまでも当該化学物質を取り扱う業務に従事したことにより告示で示された症状・障害が認められた場合、特段の反証（業務以外でのばく露等）がない限り、労災認定されるべきものである。一方、告示に示されていない症状・障害を発症したとして労災請求があった場合には、個別具体的に調査のうえ処理されるべきものである。

以下、告示に規定された化学物質の分類に従って解説する。

## 一　無機の酸及びアルカリによる疾病

### (一)　症状又は障害

無機の酸及びアルカリによる業務上の疾病としては、告示により次の表の上欄の化学物質に応じ、それぞれ中欄の症状又は障害を主たる症状又は障害とする疾病が示されており、それらの症状又は障害の内容は下欄のとおりである。

| 化学物質 | 症状又は障害 | 症状又は障害の内容 |
|---|---|---|
| アンモニア | 皮膚障害 | （高濃度の場合）皮膚の刺激症状、水疱形成等 |
| | 前眼部障害 | 流涙、眼瞼浮腫、結膜・角膜の潰瘍、水晶体の混濁等 |
| | 気道・肺障害 | 咳、気管支炎、肺炎、肺気腫、肺水腫等 |
| | その他 | 頭痛、めまい、嘔吐等の自覚症状 |
| 塩酸（塩化水素を含む。） | 皮膚障害 | 皮膚火傷 |
| | 前眼部障害 | 結膜炎、角膜壊死等 |
| | 気道・肺障害 | 鼻炎、鼻中隔潰瘍、咳、喉頭炎、気管支炎、肺炎、肺水腫等 |
| | 歯牙酸蝕 | 塩酸のミストによる歯（特に門歯）の歯冠消失 |
| | その他 | 頭痛、めまい、嘔吐等の自覚症状 |
| 過酸化水素 | 皮膚障害 | 化学熱傷 |
| | 前眼部障害 | 眼粘膜の刺激症状、結膜及び角膜障害 |
| | 気道・肺障害 | 乾性咳嗽、喘息様呼吸困難、肺炎等 |

| | | |
|---|---|---|
| 臭化水素 | 気道障害 | 気管支炎、肺炎 |
| 硝酸 | 皮膚障害<br>前眼部障害<br>気道・肺障害<br>歯牙酸蝕 | 皮膚の黄色化（キサントプロテイン反応）、壊死を伴う重度の火傷等<br>流涙、結膜炎、角膜の潰瘍等<br>咳、胸痛、気管支炎、肺炎、肺水腫等<br>硝酸のミストによる歯（特に門歯）の歯冠消失 |
| 水酸化カリウム | 皮膚障害<br>前眼部障害<br>気道・肺障害 | 皮膚深部に達する火傷等<br>結膜炎、角膜火傷等<br>上気道炎、肺炎等 |
| 水酸化カルシウム | 皮膚障害<br>前眼部障害 | 化学熱傷<br>眼の刺激症状、角膜損傷等 |
| 水酸化ナトリウム | 皮膚障害<br>前眼部障害<br>気道・肺障害 | 皮膚深部に達する火傷等<br>結膜炎、角膜火傷等<br>上気道炎、肺炎等 |
| 水酸化リチウム | 皮膚障害<br>前眼部障害<br>気道・肺障害 | 皮膚深部に達する火傷等<br>結膜炎、角膜火傷等<br>上気道炎、肺炎等 |
| 弗化水素酸（弗化水素を含む。以下同じ。） | 皮膚障害<br>低カルシウム血症<br>前眼部障害 | 潰瘍形成を伴う重度の火傷、皮下深部組織の壊死等<br>しびれ、テタニー、全身けいれんなど<br>結膜炎、角膜火傷等 |

| | | |
|---|---|---|
| | 気道・肺障害 | 咳、上気道炎、気管支炎、肺炎、肺水腫等 |
| | 組織壊死 | 組織に浸透した化学物質の腐食作用により組織が破壊され死滅した状態 |
| | その他 | 頭痛、めまい、嘔吐等の自覚症状 |
| ペルオキソ二硫酸アンモニウム | 皮膚障害 | 接触性皮膚炎 |
| | 気道障害 | 鼻炎、喘息 |
| ペルオキソ二硫酸カリウム | 皮膚障害 | 接触性皮膚炎 |
| | 気道障害 | 鼻炎、喘息 |
| 硫酸 | 皮膚障害 | 皮膚火傷、潰瘍を伴う皮膚炎等 |
| | 前眼部障害 | 結膜炎、角膜壊死等 |
| | 気道・肺障害 | 上気道炎、気管炎、気管支炎、肺炎、肺水腫等 |
| | 歯牙酸蝕 | 硫酸のミストによる歯（特に門歯）の歯冠消失 |

## ㈡　業務上外の認定について

無機の酸又はアルカリによる疾病は、これらの化学物質への接触、吸入等により急性に生ずる場合が多い。皮膚障害、前眼部障害又は気道障害は、いずれの化学物質にも共通にみられる症状又は障害であり、液体の皮膚への付着、液体、蒸気等の眼への付着あるいは侵入、ガス、蒸気等の大量吸入等によって生ずるものである。これらの化学物質は、強い刺激性、腐蝕性を有するので、症状又は障害が重篤であることが少なくない。

告示に示された無機の酸及びアルカリにさらされる業務に従事する労働者から、告示に示された症状又は障害が発症したとして労災保険請求があった場合、前述のとおり急性に生ずる場合が多いことから、当該症状又は障害の発生に至った経緯について、日時、場所、作業内容、取扱化学物質、ばく露の態様、ばく露の程度等を調査し、業務によるものではないという特段の反証がない限り、業務上と決定されなければならない。

一方、長期低濃度ばく露による疾病としては、塩酸、硫酸等に前記のような症状又は障害が生じ得るものとされているが、重篤化するものは少ない。

なお、弗化水素酸（弗化水素を含む。）については低カルシウム血症、組織壊死の報告も多い。

令和五年告示改正で、弗化水素酸（弗化水素を含む。）について報告されている症例は急性中毒や事故的ばく露であるが、通常の労働の場において多発しており、文献も多数報告されていることから、症状又は障害として、「低カルシウム血症」及び「組織壊死」が追加された。

また、塩化水素、硝酸又は硫酸のガス、蒸気への長期低濃度ばく露により、歯牙酸蝕が生ずることがある。これは職業病のうちでも最も古くから知られていた疾病の一つであるが、これに関して次の通達がある。

### 【歯牙酸蝕症の業務上疾病としての認定基準（昭二七・九・九　基発第六四六号、改正：平二三・五・七　基発〇五〇七第三号）】

標記の件については、さきに基収第一二九七号（昭和二五・七・六）をもって通ちょうしたが（注１）、そのうち「診断により治療を要すると認められたもの」（注２）の程度については、下記の通り定めることとしたから、これに該当する場合は、労働基準法施行規則別表第一の二（以下本通達において「別表」という。）第四号の規定に基づく労働省告示第三六号（以下本通達において「告示」という。）表中に掲げる化学物質によるものについては、別表第四号１、告示により指定された化学物質以外の化学物質によるものについては別表第四号９に該当する疾病として取り扱われたい。

歯牙の磨滅消耗により象牙質が露出するに至ったもの。

記

（注1）

【ダイナマイト製造工程における硝酸及び混酸ガスによる歯牙障害（昭三五・七・六　基収第三九七号）】

〔照会事項〕　N油脂㈱ではダイナマイト製造工程において、硫酸及び硝酸並びにその混酸を使用しているが、硝酸及び混酸は常温でガス体となり特に湿度の高いときは空中の水分と結合し地表面に浮遊する。そのため混酸工場、綿薬硝化工場、脱硝濃縮工場、酸類試験分析室等に勤務する労働者はその硝酸ガスと結合した水滴を吸収するから、歯牙特に門歯、犬歯等は徐徐に酸蝕され、長年月の間には冷熱反応に敏感となり、苦痛となり、遂には治療を必要とするに至るものであるが、業務上として取り扱うべきか。

〔回答〕

一　本件の疾病は、労働基準法施行規則第三五条第二六号に該当する業務上の疾病である。

二　本件の疾病は、その発生の時期を明確に知り得ないから診断により治療を要すると認められたものについて、その診断の日に補償事由が発生したものとして取り扱われたい。（後略）

（注2）歯牙酸蝕症は酸のヒュームが直接作用し易い前歯、特に下顎歯に多いといわれるが、その浸蝕の程度は一般に四段階に分けることができる。すなわち、

第一度　歯牙琺瑯質の表面が不透明となり、あるいは軽い着色混濁を示しているが未だ実質の欠損を伴わないもの。

第二度　すでに歯牙切端並びに唇面膨隆部に実質欠損が始まり歯質消耗により切端が薄くなったもの。

第三度　更に歯牙の脱灰軟化が進行して歯質の磨滅消耗により切端が鋸歯状又は鈍円臼状を呈し、象牙質が露出しているが未だ疼痛のないもの。

第四度　第三度の症状が更に強度となり、物理的刺激、化学的刺激に鋭敏となり疼痛を訴えるもの。

前記認定基準通達によって示された基準は、右の第三度以上（医学上療養が必要であると認められる症状）のものを業

務上疾病としたものである。

　無機の酸又はアルカリによる疾病の認定については、他の化学物質による中毒等に準じて取り扱うべきであるが、歯牙酸蝕の認定に当たっては、当該疾病が業務以外の原因によるものでないかどうか、例えば、酸蝕が疑われる歯の部位、他の歯との関係、酸の気中濃度、既往歴、嗜好等から、業務に起因しないう蝕症等との鑑別に慎重を期する必要がある。

　歯牙酸蝕と他疾患の特徴を対比すると、次表のとおりである。

| 疾病 | 原因 | 好発部位 | 初発部位 | 着色 | 形 | 軟化象牙質 | 疼痛反応 |
|---|---|---|---|---|---|---|---|
| 歯牙酸蝕症 | 酸のガス、蒸気、ミスト | 前歯唇面特に下顎前歯 | 切端、唇面 | 硝酸系アメ色、硫酸系黒褐色 | 菲薄化、鋸歯状、鈍円臼状など | なし | 不定 |
| う蝕症（虫歯） | 歯垢（細菌苔） | 咬合面、隣接面 | 小窩裂溝、隣接面 | 黒褐色 | 不定 | 多い | 不定 |
| 侵蝕症 | 歯磨剤（歯みがき）など | 犬歯、小臼歯 | 頬側歯頸部 | 黄褐色 | 半月状、楔状 | なし | 比較的鋭敏 |
| 咬耗症 | 過度の咬合摩擦 | 臼歯咬合面 | 咬合面咬頭 | 黄褐色 | 臼状、皿状 | なし | 比較的鈍い |

事例

○塩酸による歯牙酸蝕

【事実】　当該塩酸工場は塩酸ガスを冷却及び吸収管に導き水に吸収せしめて塩酸（三五％）とするが、この工程において冷却水のため作業場は常に湿潤状態にあり、塩酸ガスが大気中に拡散する。

また、瓶詰を終わって蓋を石膏付する際、作業員は塩酸ガスを吸収し、この場合注意を怠ると塩酸が容器より溢出することがある。

このように作業場内には冷却水の水分、大気中に拡散した塩酸ガス及び溢出した塩酸があり、また、水分と塩酸ガスは塩酸となる可能性があるので、常に水洗いを行って酸気の除去に努めてはいるが、多少の酸気の残溜はやむを得ない状況である。

当該塩酸の製造瓶詰作業に従事する労働者のうち、作業従事期間一～二年の二名は門歯の琺瑯質融解による歯端一部壊損が認められ、同二～三年の七名中琺瑯質知覚過敏を訴えるものが二名、門歯の歯端一部壊損あるいは鋭利化した者五名である。また、同三～四年の一名は門歯の歯端が融解短小となり咬合の際歯列に歯痛を常有する。同八～九年の二名中一名は門歯の歯端が融解短小となり、他の一名は門歯及び犬歯が前後面より凹凸不平に変形し、強度の知覚過敏を常有する。

主治医は「塩酸ガスによって歯牙に影響を受けたもので職業性の疾患と認められる」との意見である。

【判断】　本件は、塩酸ガスによる歯牙酸蝕症であると認められるから業務上である（昭二四・九・五　基災収第四六〇号）。

○塩酸充塡作業に従事するものの歯牙障害

【事実】　Ｈ化学工業㈱の労働者一〇名が塩酸充塡作業中、歯牙障害（慢性歯齦膜炎、歯齦膿瘍、歯髄炎、う蝕症等）を受けたが、これら労働者の作業内容は塩酸貯蔵タンクよりホース（パイプ）にて焼壺に塩酸を注入する屋外作業にて、注入の際に塩酸ガスが発生する。

被災者はすべて歯科医により治療補綴をしていたので他の歯科医に依頼してこれを調査したところ、①冠を装着した歯牙は大部分臼歯部であるが、酸蒸気により侵されたものであれば前歯に現れるはずであること、②冠を装着しない他の歯牙については、いずれも健康歯であって、酸蝕症の徴候は少しも認められないことが判明した。また、局安全衛生課では、他職場に歯牙災害を見ず、当該職場のみに発生していることは、酸による侵蝕と一応考えられるが、風を利用しての屋外作業で注入口より歯牙までの距離も相当あり、直接の酸侵蝕とは認められないとの意見である。

【判断】　本件はその臨床所見等から酸侵蝕により発生したものとは認められないから業務外である（昭三三・七・一〇　基発第一〇〇二号）。

### ○石灰製造工場化学技術員の多発性神経炎

【事実】　石灰製造業Ｉ商店の化学技術員Ｍ（二五歳）は、昭和二九年九月頃より石灰製品の化学分析に従事していたが、三一年四月より疲労が増し、両下肢に倦怠感が強く、腓腸筋の緊張感が著明となったため医療機関を受診したところ、脚気との診断によりＶＢ投与を行ったが症状一進一退であった。七月初旬下腿にシビレ感が起こり、また、左右前腕の倦怠感、手指のシビレ感等も発現するに至ったので、九月Ｋ赤十字病院を受診、多発性神経炎と診断された。

(1)　その他の事実　石灰分析過程における有害ガス発生には、塩素ガス、アンモニアガスがあり、製造過程においては亜硫酸ガス、一酸化炭素等が挙げられるが、多発性神経炎を惹起せしめる有害物たる二硫化炭素の発生はない。

(2)　主治医の意見　前記各種有害ガス等で神経炎を起こし得るかについては、二硫化炭素、硫化水素のほかは文献に見当たらないが、亜硫酸ガスも同一硫化物であるので慢性的に神経炎を起こし得ると思う。

(3)　Ｋ衛生研究所の意見　亜硫酸ガス、一酸化炭素、塩素ガス、アンモニアガス等は急性中毒症状を呈することが多く、慢性中毒症はあまり考えられない。

【判断】　当該労働者が石灰の化学分析に従事し、その過程中に発生する亜硫酸ガス、一酸化炭素、塩素ガス、アンモニアガス等の各種有害ガスに触れる機会があったり、一年半後多発性神経炎を発したことは認められるが、その臨床所見、症状経過等からこれらの中毒によるものとは認められないから業務外である（昭三一・一〇・三　基収第五三六一号）。

## 二　金属（セレン及び砒素を含む。）及びその化合物による疾病

### (一) 症状又は障害

金属（セレン及び砒素を含む。）及びその化合物による業務上の疾病としては、告示により次の表の上欄の化学物質に応じ、それぞれ中欄の症状又は障害を主たる症状又は障害とする疾病が示されており、それらの症状又は障害の内容は下欄のとおりである。

なお、告示の表中に掲げられていないものについては、表の中欄に「その他」として記載した。

| 化学物質 | 症状又は障害 | 症状又は障害の内容 |
|---|---|---|
| 亜鉛等の金属ヒューム | 金属熱 | 悪感、発熱、頭痛、悪心、嘔吐、口腔内の金属味、喉の渇き、胸骨下部痛、筋と関節の痛み等 |
| | その他 | 気道・肺障害（咳、痰、気管支炎、肺炎） |
| アルキル水銀化合物（アルキル基がメチル基又はエチル基である物に限る。以下同じ。） | 四肢末端若しくは口囲の知覚障害 | 四肢末端や口のまわりのしびれ感、表在又は深部の知覚低下 |
| | 視覚障害 | 視野狭窄等 |
| | 運動失調 | 動揺性歩行等の歩行失調、指—指（鼻）試験の異常等 |
| | 平衡障害 | ロンベルグ徴候、めまい、眼振等 |
| | 構語障害 | 構音器官の運動まひや協調運動の障害のため断綴性言語（発音がうまくできなくなること等）の小脳性の言語障害 |

| | | |
|---|---|---|
| | 聴力障害 | 中枢神経障害による難聴（感音難聴） |
| | その他 | 皮膚障害、振せん、けいれん等の神経障害 |
| アンチモン及びその化合物 | 頭痛、めまい、嘔吐等の自覚症状 | 頭重、頭痛、悪心、嘔吐、倦怠感、易疲労感、めまい等の自覚症状 |
| | 皮膚障害 | 頸部、腋窩部及び鼠蹊部の結節性潰瘍性病変、接触皮膚炎、皮膚火傷等 |
| | 前眼部障害 | 結膜炎等 |
| | 心筋障害 | 慢性心疾患（硫化アンチモンばく露者に起こった報告がある。） |
| | 胃腸障害 | 胃炎、便秘、下痢、胃部灼熱感、腹痛、食欲不振等 |
| | その他 | 気道・肺障害（鼻炎、鼻中隔穿孔、咽頭炎、喉頭炎、気管炎、気管支炎、肺炎等） |
| インジウム及びその化合物 | 肺障害 | 間質性肺炎（間質性変化及び気腫性変化） |
| 塩化亜鉛 | 皮膚障害 | 皮膚刺激、潰瘍化、毛嚢炎等 |
| | 前眼部障害 | 流涙、角膜障害、瘢痕化、白内障等 |
| | 気道・肺障害 | 咳、呼吸困難、気管支炎、肺炎、肺水腫、急性呼吸窮迫症候群等 |
| 塩化白金酸及びその化合物 | 皮膚障害 | かゆみ、じん麻疹、接触性皮膚炎 |
| | 前眼部障害 | 眼の刺激、流涙、結膜充血 |
| | 気道障害 | くしゃみ、鼻汁、咳、胸部圧迫感、喘息 |
| カドミウム及びその化合物 | 気道・肺障害 | 疼痛を伴う鼻咽頭炎の上気道、咳、胸痛、呼吸困難、気管支炎、肺炎、肺水腫、肺気腫等 |

| | | |
|---|---|---|
| | 腎障害 | 尿細管障害を主とする中毒性ネフローゼ（アミノ酸尿、蛋白尿、糖尿、カルシウム尿、多尿等） |
| | 骨軟化 | 骨の硬度の低下、骨の変形 |
| | その他 | 頭痛、めまい、嘔吐等の自覚症状、胃腸障害、肝障害 |
| クロム及びその化合物 | 皮膚障害 | 一次刺激性接触皮膚炎、感作性（アレルギー性）接触皮膚炎、皮膚潰瘍 |
| | 気道・肺障害 | 鼻炎、副鼻腔炎、喉頭炎、気管支炎、気管支喘息、肺炎、上気道ポリープ |
| | 鼻中隔穿孔 | 鼻中の潰瘍、痂皮の形成・脱落の後、中鼻甲介の前下方に発生 |
| | 嗅覚障害 | 嗅覚の減弱、嗅覚脱失等 |
| | その他 | 胃腸障害、肝障害、腎障害 |
| コバルト及びその化合物 | 皮膚障害 | 皮膚炎 |
| | 気道・肺障害 | 気管支喘息、間質性肺炎、肺線維症、肺胞炎等 |
| 四アルキル鉛化合物 | 頭痛、めまい、嘔吐等の自覚症状 | 頭重、頭痛、悪心、嘔吐、倦怠感、易疲労感、めまい等の自覚症状 |
| | せん妄、幻覚等の精神障害 | せん妄：意識障害の一種（うわごと、妄想、感情の動揺）<br>幻　覚：知覚障害の一種（幻視、幻聴、幻臭）<br>その他：不眠、焦燥感、興奮、躁うつ、精神錯乱等 |
| | その他 | 胃腸障害 |
| | 頭痛、めまい、嘔吐等の自覚症状 | 頭重、頭痛、悪心、嘔吐、倦怠感、易疲労感、めまい等の自覚症状 |
| | 振せん、歩行障害等の神経障害 | 振 せ ん：拮抗した筋群が交互に不随意に収縮を繰り返すために生じるふるえ<br>歩行障害：中枢神経系の障害により生ずる歩行失調（足元のふらつき、からだ |

| | | |
|---|---|---|
| 水銀及びその化合物（アルキル水銀化合物を除く。） | | の動揺、歩行開始時のためらい、転倒等）<br>その他：血管運動神経障害、深部腱反射亢進、視野狭窄等 |
| | 焦燥感、記憶減退、不眠等の精神障害 | 焦燥感：あせり、いらだち等<br>記憶減退：もの覚えが悪くなること<br>不眠：睡眠ができなくなること<br>その他：興奮、情緒不安定（不機嫌、怒りやすい等）等 |
| | 口腔粘膜障害 | 流涎、口内炎及び口内の粘膜潰瘍、歯肉青線（水銀線）を伴う歯肉炎、金属味等 |
| | 腎障害 | 蛋白尿、血尿、無尿等 |
| | その他 | 皮膚障害、気道障害、水銀性水晶体炎、肝障害 |
| セレン及びその化合物（セレン化水素を除く。） | 皮膚障害（爪床炎を含む。） | 化学性火傷、湿疹、じんま疹、皮膚の黄色化、爪の赤色化等 |
| | 前眼部障害 | 流涙、眼瞼浮腫、結膜炎、結膜の大理石紋様変化、角膜壊死等 |
| | 気道・肺障害 | 鼻・咽喉の刺激症状、鼻充血、咳、気管支炎、気管支喘息、肺臓炎、肺水腫等 |
| | 肝障害 | 肝腫大等 |
| | その他 | 頭痛、めまい、嘔吐等の自覚症状、貧血、胃腸障害、呼気のにんにく臭 |
| セレン化水素 | 頭痛、めまい、嘔吐等の自覚症状 | 頭重、頭痛、悪心、嘔吐、倦怠感、易疲労感、めまい等の自覚症状 |
| | 前眼部障害 | 眼粘膜の刺激症状、結膜炎等 |
| | 気道・肺障害 | 鼻・咽喉の刺激症状、嗅覚喪失、乾性咳嗽（からぜき）、肺水腫等 |
| | その他 | 金属味、呼気のにんにく臭 |

| | | |
|---|---|---|
| タリウム及びその化合物 | 頭痛、めまい、嘔吐等の自覚症状<br>皮膚障害<br>末梢神経障害 | 頭重、頭痛、悪心、嘔吐、倦怠感、易疲労感、めまい等の自覚症状<br>脱毛、難治性皮膚炎<br>手袋・靴下型多発性神経炎 |
| 鉛及びその化合物（四アルキル鉛化合物を除く。） | 頭痛、めまい、嘔吐等の自覚症状<br>造血器障害<br>末梢神経障害<br>疝痛、便秘等の胃腸障害 | 頭重、頭痛、悪心、嘔吐、倦怠感、易疲労感、めまい等の自覚症状<br>顔面の蒼白を伴った貧血<br>運動神経障害（伸筋まひ（リストドロップ）、握力低下、筋肉痛、関節痛等）<br>疝　痛：消化管の平滑筋に生ずるけいれん発作<br>便　秘：長期間にわたって継続する異常な便秘<br>その他：食欲不振、腹部不快感等 |
| ニッケル及びその化合物（ニッケルカルボニルを除く。） | 皮膚障害 | 接触性皮膚炎 |
| ニッケルカルボニル | 頭痛、めまい、嘔吐等の自覚症状<br>気道・肺障害<br>その他 | 頭重、頭痛、悪心、嘔吐、倦怠感、易疲労感、めまい等の自覚症状<br>鼻炎、咽頭炎、喉頭炎、気管支炎、喘息、肺胞炎、肺炎及び肺水腫等<br>皮膚障害（湿疹性皮膚炎）、幻覚・せん妄等の精神障害、チアノーゼ |
| バナジウム及びその化合物 | 皮膚障害<br>前眼部障害<br>気道・肺障害 | 接触性皮膚炎、脂漏様湿疹等<br>眼の痛み・流涙等の眼粘膜の刺激症状、結膜炎等<br>くしゃみや鼻出血を伴う鼻炎、胸痛、咳、喀血、労作時呼吸困難、喘息様呼吸器症状、慢性気管支炎、気管支拡張症、肺炎、肺気腫等 |

| | | |
|---|---|---|
| | その他 | 胃腸障害（腹部痛、下痢等）、歯の黒色化、舌の緑色化 |
| 砒化水素 | 血色素尿 | 赤褐色ないし黒赤色の尿、無尿 |
| | 黄疸 | 皮膚、粘膜等の黄染 |
| | 溶血性貧血 | 無酸素血症に類似した症状（呼吸促進、チアノーゼ、血圧下降等） |
| | 腎障害 | 急性腎臓害、血清クレアチニンの上昇 |
| | その他 | 頭痛、めまい、嘔吐等の自覚症状、気道障害、末梢神経障害、肝障害、呼気のにんにく臭 |
| 砒素及びその化合物（砒化水素を除く。） | 皮膚障害 | （急性、亜急性の場合）手掌、足蹠、口唇周囲、鼻翼等の湿疹性皮膚炎<br>（慢性の場合）眼瞼、こめかみ、首、乳嘴、腋窩等の皮膚角化、ゆうぜい（いぼ）、皮膚黒化（色素沈着過多） |
| | 気道障害 | 鼻炎、咳、呼吸困難、咽頭炎、気管炎、気管支炎等 |
| | 鼻中隔穿孔 | 前記「クロム及びその化合物」の欄参照 |
| | 末梢神経障害 | （重篤な場合）両側性の知覚異常、疼痛（ピリピリした痛み）等 |
| | 肝障害 | 肝の脂肪浸潤、壊死性肝炎、肝腫大、黄疸等 |
| | その他 | 前眼部障害（結膜炎、角膜潰瘍等）、胃腸障害、腎障害、貧血 |
| ブチル錫 | 皮膚障害 | 毛嚢炎、皮膚火傷（発赤、腫脹）等 |
| | 肝障害 | 肝管の炎症により発生 |
| | その他 | 結膜炎、咽頭炎等の粘膜刺激症状 |
| ベリリウム及びその化合物 | 皮膚障害 | 刺激性皮膚炎、接触性アレルギー性皮膚炎、皮膚の創傷部への付着による潰瘍等 |

| | | |
|---|---|---|
| | 前眼部障害 | 結膜炎、角膜潰瘍等 |
| | 気道・肺障害 | 咳（時に喀血を伴う。）、胸痛、呼吸困難、胸骨下部灼熱感、胸部絞扼感、肺水腫、肺肉芽腫等 |
| マンガン及びその化合物 | 頭痛、めまい、嘔吐等の自覚症状 | 頭重、頭痛、悪心、嘔吐、倦怠感、易疲労感、めまい等の自覚症状 |
| | 言語障害、歩行障害、振せん等の神経障害 | 言語障害：緩徐で単調な話し方、吃音、発音困難等<br>歩行障害：よろけ、鶏歩様歩行、動揺歩行等<br>振せん：舌・口唇の振せん、上下肢の振せん、企図振せん等 |
| | その他 | 全身倦怠、食欲不振、傾眠、不眠、発汗異常、性欲減退等 |
| ロジウム及びその化合物 | 皮膚障害 | アレルギー性接触皮膚炎 |
| | 気道障害 | 気道過敏性、喘息等 |

備考　金属及びその化合物には合金を含む。

## (二)　業務上外の認定について

金属（セレン及び砒素を含む。）及びその化合物による業務上の疾病については、①アルキル水銀化合物（アルキル基がメチル基又はエチル基であるものに限る。）、②クロム及びその化合物、③水銀及びその化合物（アルキル水銀化合物を除く。）、④鉛及びその化合物（四アルキル鉛化合物を除く。）、⑤マンガン及びその化合物について認定基準が示されている。

それ以外の金属及びその化合物にばく露される業務に従事したことによって症状又は障害が発症したとして労災保

険請求があった場合には、「業務上疾病の認定の基本」（上巻第一篇第三章第三節参照）により業務上外の決定をすることとなる。

## 1　アルキル水銀化合物による疾病

アルキル水銀化合物による疾病の業務上外の認定については、次の通達がある。

### 【アルキル水銀化合物による疾病の認定基準について】（昭五一・八・三　基発第六〇三号）

標記の「アルキル水銀化合物」に因る中毒の業務上外の認定については、下記の一又は二に掲げる要件を満たし、医学上療養が必要であると認められる疾病は労働基準法施行規則別表第一の二第四号の規定に基づく労働省告示第三六号表中に掲げるアルキル水銀化合物（アルキル基がメチル基又はエチル基であるものに限る。以下同じ。）による疾病に該当するものとして取り扱うこととされたい。

なお、この通達の基準により難い事案については、関係資料を添えて本省にりん伺されたい。

おって、この通達の解説部分は、認定基準の細目を定めたものであり本文と一体化して取り扱われるものである。

記

一　アルキル水銀化合物にさらされる業務に従事しているか、又は従事した労働者に発生した疾病であって、次の㈠及び㈡のいずれにも該当するものであること。

㈠　アルキル水銀化合物のガス、蒸気又は粉じんに繰り返しさらされる業務に数週間以上従事しているか、又はその業務から離れた後おおむね六ケ月未満の間に発生した疾病であること。

㈡　次のイの㈵又は㈹の自覚症状に加えてロからへまでのいずれかに該当する症状が認められるものであること。

イ　常時または繰り返し訴えられる次の自覚症状
　(イ)　四肢末端優位のしびれ感又は口囲のしびれ感（両方同時に存在することもある）
　(ロ)　上記(イ)に伴う「歩きにくい」「言葉がもつれる」「目が見えにくい」「耳が聞こえにくい」のうちのいずれかの症状（まれには(イ)を伴わずに(ロ)のみがみられることがある。）
ロ　求心性視野狭窄
ハ　四肢末端、口囲に著明な表在又は深部感覚低下
ニ　次に掲げる運動失調ないし平衡障害
　歩行失調　指—指試験、指—鼻試験もしくは膝—踵試験における異常　アデイアドコキネシス（拮抗運動反復不能症）
　ロンベルグ症候
ホ　構語障害（断綴性言語など）
ヘ　聴力障害
　なお、上記(一)の要件を満たさない場合又は(二)の症状の発生に関し、アルキル水銀化合物以外の原因による疑いがあって鑑別困難な場合には、症状が当該物質にばく露する業務に従事した後に発症したか否か、作業の経過とともに、又は当該物質へのばく露の程度（気中濃度、ばく露時間、ばく露時の作業態様等）により症状が増悪したか否か、同一職場で同一作業を行う労働者に同様の症状の発生をみたか否か等を検討のうえ業務起因性を判断すること。
二　業務により高濃度のアルキル水銀化合物のガス、蒸気又は粉じんにばく露して狂躁状態、痙攣のような精神神経症状を呈したもの又は局所的に高濃度ばく露をうけて皮膚若しくは粘膜の局所刺激症状を呈したもの。

(解　説)

一　慢性中毒について
　本文記の一は、アルキル水銀化合物への長期低濃度ばく露による中毒について業務起因性の判断要件を示したものである。
(一)　アルキル水銀化合物のガス、蒸気又は粉じんに繰り返しさらされる業務に数週間以上従事した者にかかる中毒（以下「慢性中毒」という。）の発症時の測定では、血液及び頭髪中の水銀量は通常次の値を超えるものである。
　血液中の水銀量　〇・二μg／mℓ

頭髪中の水銀量　五・〇μg／g

なお、頭髪中の水銀量については、測定時に水銀化合物の外部付着のあることがあるのでその評価には注意を要する。

(二)　自覚症状としては、記の一—(二)—イに掲げるものに伴って、頭重、頭痛、めまい、不眠、もの忘れ、不安感等を訴えることがある。

(三)　記の一—(二)—イ—(イ)の四肢末端優位のしびれ感とは、しびれ感が四肢末端部により著明なものをいう。四肢、又は口囲のしびれ感は、アルキル水銀化合物による場合は左右の上下肢、又は口囲の左右両側に症状を呈するものであり、片側のみに症状を呈することはない（ただし、左右両側のしびれ感の強さに差が生じることがある。）。なお、片側のみに症状が現われる場合は、脳血管障害、脳腫瘍等アルキル水銀化合物以外の原因による疾病が疑われる。

(四)　記の一—(二)—ロの求心性視野狭窄については、原則として眼科の専門医がゴールドマン視野計を用いて測定し評価することが望ましい。

(五)　記の一—(二)—ホの構語障害（断綴性言語など）は、小脳性の言語障害である。

(六)　記の一—(二)—への聴力障害は、原則として中枢神経障害に属するものである。

二　急性中毒について

本文記の二は、アルキル水銀化合物への短期間高濃度ばく露による中毒について業務起因性の判断要件を示したものである。しかし、急性中毒でも経過の遷延する場合は、記の一—(二)のイからへまでの慢性中毒の症状が認められることがある。

三　その他

末梢神経障害の他覚的所見を得るためには、末梢神経最大伝導速度、筋電図等が、中枢神経障害の他覚的所見を得るためには、脳波検査等が参考となる。

## 2　クロム及びその化合物による疾病

クロム又はその化合物による疾病の認定については、次の通達がある。

## 【クロム又はその化合物（合金を含む。）による疾病の認定基準について（昭五九・一二・四　基発第六四六号、改正：令五・一・一八　基発〇一一八第六号）】

クロム又はその化合物（合金を含む。以下「クロム化合物等」という。）による疾病の認定基準については、昭和五一年一月三一日付け基発第一二四号通達により示したところであるが、その後「クロム障害に関する専門家会議」において医学的検討が行われ、今般、その検討結果報告書が提出されたことに伴い、これを参考として標記の認定基準を下記のとおり改めたので、今後の事務処理に遺憾のないよう万全を期されたい。

なお、本通達の解説部分は認定基準の細目を示したものであるから、本文と一体のものとして取り扱われるべきものである。

また、本通達の施行に伴い、昭和五一年一月三一日付け基発第一二四号通達は、これを廃止する。

記

一　がんについて（略　第七節第一九項〈四七一ページ〉及び第一〇節二〈七二五ページ〉参照）

二　がん以外の疾病について

クロム化合物等のばく露を受ける業務に従事した労働者に発生した次に掲げる疾病であって、医学上療養を必要とし、かつ、それらが当該業務以外の原因によるものではないと判断されるものについては、労働基準法施行規則別表第一の二第四号の規定に基づき労働大臣が指定する単体たる化学物質及び化合物（合金を含む。）並びに労働大臣が定める疾病を定める告示（昭和五三年労働省告示第三六号）表中に掲げるクロム及びその化合物による疾病として取り扱うこと。

㈠　皮膚障害

イ　一次刺激性接触皮膚炎

ロ　感作性（アレルギー性）接触皮膚炎

㈡　気道障害

イ　急性の呼吸器疾患

ロ　鼻炎、鼻粘膜の潰瘍、副鼻腔炎その他の鼻の疾患

ハ　慢性咽頭炎、慢性喉頭炎、慢性気管支炎等の呼吸器疾患

ニ　アレルギー性喘息
(三)　前眼部障害
(四)　口腔粘膜障害
(五)　腎障害等の急性中毒

（解　説）

一　がんについて（略。同前）

二　がん以外の疾病について

(一)　一般的留意事項

イ　がん以外の疾病の業務起因性の判断に当たっては、作業の内容及び方法、クロム化合物等へのばく露濃度及びばく露期間等を把握の上、当該疾病の発症との関連について検討することが必要である。

ロ　がん以外の疾病のうち業務起因性の判断が困難である事案については、関係資料を添えて本省にりん伺すること。

(二)　皮膚障害

イ　クロム化合物等による皮膚障害は、クロム酸塩又はクロム酸塩の製造作業、建設業におけるクロム化合物等を含有するセメントの取扱い作業、クロムメッキ作業、クロム化合物等を用いて行う革なめし作業、クロム化合物等を含有するインクを用いて行う印刷作業等に従事する労働者にその発生がみられる。

ロ　クロム化合物等のうち、水溶性で強い酸化剤であるクロム酸、クロム酸塩又は重クロム酸塩は、強い刺激性があり、一次刺激性皮膚炎を生ずることがある。

一次刺激性接触皮膚炎は、手指、前腕等に好発し、下肢等にもみられることがある。発赤、丘疹等の炎症症状を呈し、掻痒感が強く、しばしば湿疹化する。

微細な掻痕、擦過傷等のある皮膚にクロム化合物等が作用すると皮膚潰瘍を生じやすい。これは、直径数ミリメートルの辺縁が隆起し、中心部が窪んだ小円形潰瘍（クロムホール）で、手指背等に好発する。

ハ　感作性（アレルギー性）接触皮膚炎については、クロム化合物等の職業的ばく露のほかに、一般社会生活における皮革製品、顔料、洗剤等に含まれるクロム化合物等又はニッケルその他の金属若しくはその化合物（合金を含む。）による感作の機会が多いことに留意する必要がある。また、皮膚パッチテストにより鑑別を行う場合には、試験薬品の適用条件及び検査結果の評価に慎重を要する。

㈢　気道障害

イ　急性の呼吸器疾患は、クロム酸のミストの一時的な大量吸入によって生ずることがあり、鼻粘膜の充血から下部気道まで広汎な障害を起こし得ることが知られている。

ロ　クロム化合物等の鼻粘膜に対する影響には、刺激作用と腐食作用とがあり、クロム化合物等のばく露を受ける業務に従事し始めた初期においては、くしゃみ発作、鼻閉及び水様鼻漏を生ずることが多い。次いで、鼻出血、痂皮等がみられ、しばしば鼻中隔穿孔を生ずる。また、慢性副鼻腔炎の併発をみることもある。

ハ　慢性咽頭炎、慢性喉頭炎、慢性気管支炎等の呼吸器疾患は、クロム酸塩又は重クロム酸塩の製造作業、クロムメッキ作業等のクロム化合物等のばく露を受ける作業に長期間従事する労働者にその発生がみられることがある。

これらの呼吸器疾患はクロム化合物等以外の原因によって起こることが多いので、同種の作業に従事する労働者に同様の呼吸器疾患の発生がみられているか否か等についても参考とすること。

ニ　アレルギー性喘息は、クロム化合物等を含有するインクを用いて行う印刷作業、クロムメッキ作業、クロムメッキ製品の研磨作業、クロム色素スプレー塗装作業、クロム化合物等を含有するセメントのばく露を受ける作業等に従事する労働者にその発生がみられることがある。

クロム化合物等によるアレルギー性喘息は、一般的にはクロム化合物等へのばく露を中止した後に症状が軽快するので、このような経過にあるかどうかを確認すること。更に必要な場合には、次の方法により鑑別を行うこと。

(イ)　患者の同意を得て、吸入誘発試験を行うこと。ただし、この試験には危険が伴うので、必ず専門医によって行われる必要があること。

(ロ)　パッチテスト等皮膚試験を行うこと。

㈣　前眼部障害

前眼部障害としては、一次刺激性のものがほとんどで、結膜又は角膜の炎症又は潰瘍である。クロム化合物等の長期間ばく露により慢性結膜炎を生ずることがある。

㈤　口腔粘膜障害

口腔粘膜障害としては、歯根炎、歯根膜周囲炎等がある。

これらの障害は、相当程度の濃度のクロム化合物等のばく露を受けることによって生ずることがある。

㈥　腎障害等の急性中毒

クロム化合物等の経口摂取又は高温のクロム化合物溶液への接触によって生ずる熱傷等に伴う経皮吸収によって急性中毒を生ずることがある。これらのばく露形態による急性中毒は、腎障害（尿細管障害）を主たる障害とする重症中毒の病像を呈し、消化管症状、肝障害等を伴うことがあり、死亡することもある。

㈦　その他の疾病

記の二に掲げる疾病以外の疾病のうち、肝障害（記の二の㈤に掲げる急性中毒において生じた肝障害を除く。以下同じ。）、肺気腫、肺線維症及び胃腸障害については、クロム化合物等のばく露を受ける業務との関連が必ずしも明らかではない。

なお、肝障害については、クロムメッキ作業においてクロム化合物等以外の化学物質、例えば、ある種の有機溶剤のばく露を受けることによっても生じ得るものであり、また肺気腫については、クロム酸塩製造作業等における長期間高濃度粉じん吸入によって生ずる可能性がある。

また、肺線維症に関しては、粉じんのばく露によるじん肺症であるか否かについても留意すること。

## 3　水銀及びその化合物（アルキル水銀化合物を除く。）による疾病

水銀、そのアマルガム又は水銀化合物による疾病については、次の認定基準通達がある。

水銀中毒の認定に当たっては、水銀の蒸気又は水銀化合物の粉じんにさらされる業務の内容、ばく露の程度（ばく露濃度、ばく露期間、一日のばく露時間、作業態様）等及び臨床症状（検査方法及び検査結果を含む。精神症状については診療記録による確認が望ましい。）を把握することが基本である。これらに加えて、尿中水銀濃度、血中水銀濃度等の臨床検査結果が得られていることが望ましい。また、これらの把握された事項に基づいて、ばく露状況の経過、臨床症状や

検査結果の経過等を総合的に考察することが重要である。

### 【金属水銀、そのアマルガム及び水銀化合物（アルキル基がメチル基又はエチル基であるアルキル水銀化合物を除く。）による疾病の認定基準について（昭五三・一・一〇　基発第一三号）】

「水銀そのアマルガム又は化合物（有機水銀を除く。）に因る中毒」の業務上外の認定基準については、昭和三七年五月一四日付け基発第五一二号をもって指示したところであるが、今般、標記について下記のとおり定めるので、事務処理に遺憾のないようにされたい。これに伴い、前記通達は廃止する。

なお、下記の基準により判断することが困難と思われる事案については関係資料を添えて本省にりん伺されたい。

また、この通達中の（解説）の部分は、認定基準の細目を示したものであり、本文と一体のものである。

記

金属水銀、そのアマルガム及び水銀化合物（アルキル基がメチル基又はエチル基であるアルキル水銀化合物を除く。以下同じ。）を取り扱う作業場所における業務に従事した労働者に発生した疾病で、次の一又は二のいずれかに該当する疾病であって、療養が必要であると認められるものは、労働基準法施行規則別表第一の二第四号の規定に基づく労働省告示第三六号表中に掲げる水銀及びその化合物（アルキル水銀化合物を除く。）による疾病として取り扱うこと。

一　次の㈠及び㈡に掲げる要件のすべてに該当すること。

㈠　相当量の金属水銀の蒸気又は水銀化合物の粉じんにばく露する業務に従事している期間がおおむね数週間以上の者について発生した疾病であること（その者がその業務を離れた場合には、その離れた後おおむね六か月以内に発生したものであること。）

㈡　次のイからホまでに掲げる症状のうちいずれかに該当する疾病であること。

イ　振せん、運動失調等の神経症状が常時又は繰り返し認められるもの

ロ　歯肉炎（歯ぎん炎）、口内炎、咽頭炎、唾液分泌亢進等が常時又は繰り返し認められるもの
ハ　情緒不安定（焦燥感、不機嫌、怒り易い、気おくれ等）、記憶力減退、不眠、抑うつ、性的無関心、幻覚等の精神症状が認められるもの
ニ　蛋白尿又は血尿が常時又は繰り返し認められるもの
ホ　発赤、皮疹、浮腫、潰瘍等の皮膚又は粘膜の刺激症状が認められるもの
　ただし、上記㈠の要件を満たさない場合には、症状が上記㈠の業務に従事した後に発症したか否か、作業の経過とともに又は当該物質へのばく露程度（水銀の気中濃度、ばく露期間、ばく露時の作業態様等）に応じて症状又は尿中若しくは血中の水銀量が変化したか否か、作業ばく露条件の改善又は作業からの離脱により症状の軽快又は尿中若しくは血中の水銀量の減少がみられたか否か、同一職場で同一作業を行う労働者に同様の症状の発生をみたか否か等を検討のうえ業務起因性を判断すること。
二　業務により高濃度の金属水銀の蒸気又は水銀化合物の粉じんにばく露し、急性中毒症状として、咽喉頭の灼熱感、咳、胸痛、呼吸困難等の呼吸器症状又は発赤、皮疹、浮腫、潰瘍等の皮膚若しくは粘膜の刺激症状を呈した疾病であること。
（解　説）
一　慢性中毒について
　本文記の一は、低濃度の金属水銀の蒸気又は水銀化合物の粉じんに長期間にわたってばく露したことにより生じる中毒についてその業務起因性の判断要件を示したものである。
㈠　記の一の㈠の「相当量」とは、水銀濃度が〇・〇五㎎／㎥程度以上であることをいう。
㈡　記の一の㈡のイの振せん、運動失調等の神経症状については、一般に次のようにあらわれる。
イ　水銀中毒の振せんは、通常微細で、手指に顕著にみられるが、閉眼時の上眼瞼、舌を出させた時の舌端等にもみられる。手の振せんは、動作時に増強する。たとえば、ボタンをはめたり、コップを持ったり、字を書いたりした場合等に著明となる。振せんは、水銀へのばく露が続くと粗大となり、その振せんの生じる部位は、四肢から体幹に拡がる。
ロ　動作時に筋脱力や筋硬直が生じ、反抗運動がみられる。また、脱力、運動失調、振せん等のため歩行が困難になる。腱反射は亢進する例も低下する例もある。さらに、バビンスキー反射のような病的反射もみられる。

㈢　記の一の㈡のロの「歯肉炎（歯ぎん炎）」は、歯肉の発赤腫脹、疼痛、出血等の症状があり、歯肉炎のため歯牙が脱落することがある。また、記の一の㈡のロの「唾液分泌亢進」は水銀中毒の場合に認められることが多いが必ず発現するものではない。

なお、歯肉炎における暗青紫色の色素沈着の出現又は唾液中水銀の検出は、水銀中毒の診断の参考となる。

㈣　記の一の㈡のハの症状は、本人が自覚するよりも周囲の家族や同僚によって気づかれることが多い。また、これらの症状は一般に単発するものでなくいくつかの症状が併発することが多い。

㈤　記の一の㈡のニの「血尿」には、肉眼的血尿のほか顕微鏡的血尿も含まれる。

㈥　記の一の㈡のホの皮膚又は粘膜の刺激症状は、水銀化合物の粉じんが皮膚又は粘膜に付着して起こるものである。また、人により水銀化合物へのばく露によってアレルギー性皮膚炎を起こすことがある。

㈦　金属水銀の蒸気又は水銀化合物の粉じんへのばく露により記の一の㈡のイからホまでに掲げる症状以外に、多汗、皮膚描画症（みみずばれ）、赤面（すぐ顔が赤くなる。）等の血管運動神経症状もしばしばみられる。

㈧　記の一の㈡のイからホまでに掲げる症状が金属水銀の蒸気又は水銀化合物の粉じんへのばく露によって生じたものである場合には、尿中水銀が異常高値を示すので尿中水銀量の測定値の記録を収集する必要がある。この場合、水銀の尿中への排泄量は変動が大きいので、相異なる日に測定して得た値のうち高い数値を参考とすることとし、また、業務を離れた後の測定値しか得られない場合はその測定値のほか業務を離れたときから測定したときまでの経過期間をは握する必要がある。

一般に、業務に従事中の者についての上記の測定値は、振せん又は蛋白尿が認められる者についてはおおむね一〇〇㎍／ℓ以上、歯肉炎又は精神症状が認められる者についてはおおむね三〇〇㎍／ℓ以上であるとされている。

なお、この値は薬物投与による誘発テストを行った後の値ではない。

㈨　細隙灯顕微鏡検査でアトキンソン反射すなわち水晶体前嚢の瞳孔領域に赤褐色にみえる色素沈着があれば金属水銀の蒸気に長期間ばく露された可能性が強い。

二　急性中毒について

本文記の二は、高濃度の金属水銀の蒸気又は水銀化合物の粉じんへ短期間にばく露したことにより生じる中毒についてその業務起因性の判断要件を示したものである。

㈠　高濃度の金属水銀の蒸気又は水銀化合物の粉じんにばく露されて化学性肺臓炎を起こした場合には、咳、胸痛及び呼吸困難のほか、ぜいめい、チアノーゼ、発熱（三七℃～四〇℃）及び白血球増多がみられる。

㈡　本文記の二の呼吸器症状以外に金属味、歯肉炎（歯ぎん炎）、頭痛、悪心、腹痛、嘔吐、下痢を示すことが多い。また、経過とともに本文記の一の㈡のイからホまでに掲げる慢性中毒の症状が認められることがある。

㈢　本文記の二の皮膚又は粘膜の刺激症状は、水銀化合物の粉じんが皮膚又は粘膜に付着したことにより起こるものである。また、人により水銀化合物へのばく露によってアレルギー性皮膚炎を起こすことがある。（前記一の㈥参照。）

三　その他

金属水銀の蒸気にばく露した場合は、本通達において示された症状が比較的著明に現われるが、一般に水銀化合物の粉じんにばく露した場合には著明に現われないこともあるので、水銀化合物の粉じんにばく露したことにより現われた症状であるか否かの判断に当たっては、別紙「水銀化合物（金属水銀、そのアマルガム及びアルキル基がメチル基又はエチル基であるアルキル水銀化合物を除く。）の人体に対する毒性について」を参考とすること。

（別　紙）

水銀化合物（金属水銀、そのアマルガム及びアルキル基がメチル基又はエチル基であるアルキル水銀化合物を除く。以下同じ。）の人体に対する毒性について

一　水銀化合物は、主として結合基に由来する特性、溶解度、イオン解離度により毒性に大きな差がある。たとえば、塩化第二水銀（しょうこう）やフェニル水銀塩は皮膚又は粘膜の刺激性が強く、皮膚又は粘膜に付着して発赤、皮疹、浮腫、潰瘍等を起こす。また、体内に吸収されれば腎障害を起こしやすい。一方、塩化第一水銀（かんこう）、硫化水銀のように溶解度の低いものは中毒を起こしにくい。多くの水銀化合物の毒性はこの中間にある。したがって、水銀化合物にばく露することによって人体に生ずる症状を統一的に述べることは困難である。

二　一般に水銀化合物による中毒では中枢神経障害を起こしにくいとされているが、獣毛の硝酸水銀加工を行うフェルト帽子製造作業に従事した労働者に振せんが多発したという報告がある。また、メトキシエチル水銀へのばく露を受ける作業に従事した労働者に振せんが発生したとの症例報告もある（本例では多発性神経炎も発生している。）。その原因は、作業工程で加熱、還元、有機物の存在等により、水銀化合物から金属水銀の蒸気が遊離するためと考えられている。

三　無機水銀あるいは体内で分解しやすい有機水銀（フェニル水銀等）が人体内でメチルコバラミン（ビタミン$B_{12}$の活性体）によりメチル水銀に転換して中毒を起こす可能性は、哺乳動物による実験成績では否定的であり、労働者に関する中毒の症例報告もない。

**事　例**

○水銀による中毒

**【事実】**　Ａ化成㈱Ｙ工場の労働者Ｈ（昭和一七年八月二三日生）は、昭和三五年同工場に入社後、三八年六月から塩ビ第一課運転班に所属し、塩水電解工場において主としてメータ監視作業に従事したが、四三年六月からは同課整備班勤務となった。電解工場ではカーボンを陽極とし水銀を陰極とした電解槽で塩水を電気分解する作業を行っていたが、同人の所属した整備班の作業は、主として電解槽のカーボンの取替作業であり（全体の約七五％の作業量）、その他、トップエンドの仕切パッキングの取替作業や水銀、苛性ソーダの配管修理作業、解汞槽塔の解汞粒増締作業等を行っていた。

同人は昭和四六年二月初め頃から頭重感等の自覚症状があり、特に夕方から夜にかけて増強するようになって同年八月にＭ大学附属Ｓ病院を受診、入院した。検査等の所見では歯肉の一部が暗紫色、手指に振せん様のふるえ、深部反射の亢進等の症状が認められたが、肝、腎機能に異常は認められなかった。

カーボン取替作業時の水銀のばく露の可能性については、昭和四六年九月に会社が行った電解槽水洗等の作業中の気中水銀濃度の測定の結果は〇・〇三～〇・〇八㎎／㎥であった。また、トップエンド仕切パッキングの取替作業、水銀、苛性ソーダ配管修理作業等については環境測定は実施されていないが、電解槽に顔を近づけるので水銀蒸気にばく露することが十分考えられるほか、衣服、身体への付着も考えられる。

同人の尿中水銀量は、健診結果によると、昭和四六年四月、二一九・八㎍／ℓ、五月、二五〇・〇㎍／ℓ、六月に三六六・二㎍／ℓと四月から急激に上昇している。七月に二四時間尿で検査の結果では一〇二・三㎍／ℓ及び一四四・七㎍／ℓと低値であるが、八月三一日にＢＡＬ投与後の数値が四一五㎍／ℓを示していることは、相当量の水銀を吸収していたと考えられる。

【判断】　尿中水銀量、頭重感、手指のふるえ等の神経症状が軽度ではあるが見られること等により水銀中毒の症状であると認められるので業務上である（昭四七・二・五　基収第四七六二号）。

## 4　鉛及びその化合物（四アルキル鉛を除く。）による疾病

鉛又はその化合物（四アルキル鉛を除く。）による疾病の認定に関しては、後掲の通達がある。

なお、この通達については、次の諸点について理解する必要がある。

(1)　臨床症状の把握と評価

鉛中毒の認定に当たっては、鉛による症状と徴候を的確に把握して評価することが必要である。

鉛中毒は、症例により様々な臨床症状が現れ得るが、例えば、末梢神経障害については神経内科学的な臨床検査手法に基づいて臨床症状の有無を確認する等できるだけ客観的な把握が必要である。

また、症状の経過を把握し、鉛へのばく露歴との整合性を検討することが重要である。すなわち、鉛ばく露開始前から症状が現れ始めているような場合には、鉛以外の原因が十分に疑われる。また、鉛ばく露開始後であっても症状が現れた時期に血中鉛濃度、尿中コプロポルフィリン量等にさしたる徴候が現れていないような場合には、一般的には鉛中毒は考え難いものである。さらに、鉛ばく露中止後においては、それまでに相当の鉛の蓄積があったとしても、軟部組織中の鉛濃度は徐々にではあるが低下をみるので、新たに鉛中毒が生ずることはないものと考えられる。

(2)　鉛による徴候の評価

鉛中毒の認定基準に示された検査項目のうち、血中鉛濃度、尿中鉛濃度、尿中コプロポルフィリン量及び尿中デ

ルタアミノレブリン酸濃度は、鉛吸収及び軟部組織への蓄積の程度を把握し、現れた臨床症状が鉛によるものであるか、あるいは他の原因を考慮すべきかの判断を行うために重要なものである。また、血色素量、全血比重及び赤血球数の検査は、貧血徴候の有無を判断するために必要なものである。

個々の事例における検査数値が、これらの認定基準に示された数値を満たしているか否かを検討する場合においては、単に機械的に当てはめるのではなく、種々の観点から検査結果の経過を総合的に判断すべきである。すなわち、高い数値（貧血徴候については低い数値）のみを拾い出して着目するのではなく、検査を行った時点までに鉛のばく露を離れてからどの程度の期間が経過しているか、除鉛剤（キレート剤ともいう。通常カルシウム・ナトリウム・エチレンジアミンテトラアセテート（$CaNa_2EDTA$）が用いられる。）が検査結果に影響を及ぼしていないか、血中鉛濃度、尿中鉛濃度及び尿中コプロポルフィリン量は相関関係が高く、上昇や低下の変化が同じ傾向を示すのが一般的であるが、そのような検査所見の相互関係を示しているか、血中鉛濃度等と貧血徴候又は症状の間に鉛に関する量—反応（影響）関係に照らして矛盾はないか、その他多方面から検討を加える必要がある。

なお、認定基準で示している数値は、得られた検査結果が信頼し得る数値であることを前提としていることはいうまでもないが、血中鉛濃度及び尿中鉛濃度は微量金属の分析を行うので誤差が生じやすく、また、赤血球数の検査も比較的誤差が生じやすいことに留意する必要がある。

**【鉛、その合金又は化合物（四アルキル鉛を除く。）による疾病の認定基準について**（昭四六・七・二八　基発第五五〇号）**】**

標記の認定基準について、自今、下記のとおり改めることとしたので、その取扱いに遺憾のないようせられたい。

なお、本通達の施行に伴い、従来の標記認定基準に関する通達はこれを廃止する。
おつて、個々の事案について、本通達の基準により難いか、もしくは判断が著しく困難な場合には、具体的資料を添えて本省にりん伺されたい。

記

鉛、その合金または化合物（四アルキル鉛を除く。）を取り扱い、あるいはそれらのガス、蒸気もしくは粉じんにさらされる業務に従事しているかまたはその業務に従事していた労働者が、次の各項の何れかに該当する場合には、労働基準法施行規則別表第一の二第四号の規定に基づく労働省告示第三六号表中に掲げる鉛及びその化合物による疾病として取り扱うこと。

一　次の各号に該当するものであること。ただし、㈡または㈢の何れかが基準値に満たない場合には、当分の間本省にりん伺すること。

㈠　鉛中毒を疑わしめる末梢神経障害、関節痛、筋肉痛、腹部の疝痛、便秘、腹部不快感、食欲不振、易労感、倦怠感、睡眠障害、焦躁感、蒼白等の症状が二種以上認められること。

㈡　尿一リットル中に、コプロポルフィリンが一五〇マイクログラム以上検出されるかまたは尿一リットル中にデルタアミノレブリン酸が六ミリグラム以上検出されるものであること。

㈢　血液一デシリットル中に、鉛が六〇マイクログラム以上検出されるかまたは尿一リットル中に、鉛が一五〇マイクログラム以上検出されるものであること。

二　次の各号に該当するものであること。

㈠　血色素量が、血液一デシリットルについて常時男子一二・五グラム、女子一一・〇グラム未満であるかもしくは全血比重が男子一・〇五三、女子一・〇五〇未満であるか、または赤血球数が血液一立方ミリメートル中、常時男子四二〇万個、女子三七〇万個未満であって、これらの貧血徴候の原因が、消化管潰瘍、痔核等の事由によるものでないこと。

なお、常時とは、日を改めて数日以内に二回以上測定した値に大きな差を認めないものをいう。ただし、赤血球については、同時に貧血に関する他の数項目を測定した場合、それらに一定の傾向があったときはこの限りでない。

また、採血は空腹時に行なうものとする。

㈡　一週間の前と後の二回にわたり尿一リットル中にコプロポルフィリンが一五〇マイクログラム以上検出されるかまたは、

尿一リットル中にデルタアミノレブリン酸が六ミリグラム以上検出されるものであること。

三　鉛の作用によることの明らかな伸筋麻ひが認められるものであること。

（解　説）

一　本通達（以下「新通達」という。）は、従来の通達（昭和二五年六月二七日付基発第六〇五号、昭和三四年一〇月八日付基発第六九三号、昭和三九年九月八日付基発第一〇四九号）による鉛中毒に関する認定基準を改めたものである。すなわち、旧通達を策定した当時においては、いわゆる鉛中毒症等に関する診断方法、検査方法等が未だ開発途上にあったために、自他覚症状等当時まで慣用されてきた臨床手法にもとづいて認定基準を定めたものであるが、現在はこれらに関する診断並びに検査方法等が著しく進歩してきたので、それらの新しい検査方法等を加え、具体的事案の認定事務を公正、かつ、容易に行なえるよう配慮し、改正したものである。

二　イ　新通達では、記の一の㈡及び二の㈡に、尿中のコプロポルフィリンの量を示してあるが、これは、判断基準を明確にするため、定量法によることを明らかにしたものである。

ロ　尿中のコプロポルフィリンの測定法については、原則として別紙(1)の検査方法によることとし、これにより検出された数値により判断すること。

三　イ　新通達では、記の一の㈡及び二の㈡に、尿中のデルタアミノレブリン酸の量を示してあるが、これは現在鉛中毒の診断上有効な検査方法であると認められることから、新しく採用したものである。

ロ　尿中のデルタアミノレブリン酸の測定法については、原則として別紙(2)の検査方法によることとし、これにより検出された数値により判断すること。

四　新通達の記の一の㈢の血中または尿中の鉛量の測定については、原則として別紙(3)の検査方法によることとし、これにより検出された数値により判断すること。

五　新通達の記の一及び二に示した検査の結果による数値は、いわゆる誘発法（Provocation testまたはMobilization test）を行った後の測定値ではない。

なお、鉛中毒の診断に当り、症例によってはいわゆる誘発法が行なわれる場合があるが、これが取扱いについては、当面別紙(4)によること。

六　新通達に示した尿中コプロポルフィリン、尿中デルタアミノレブリン酸、血中鉛、尿中鉛に関する数値は、一般的には、これらの数値を超えた場合に、鉛中毒を疑わしめるものとして例示した症状のうちの軽微なものが発現することもあると考えられているものであるが、鉛中毒症の早期発見、早期治療を期する上から今回、これらの数値を採用したものである。
しかしながら、貧血、尿中コプロポルフィリン、尿中デルタアミノレブリン酸は、他の原因によっても、新通達の数値を超える場合もあるので、とくに、新通達の記の二の適用に当っては、他の疾病との鑑別診断の結果を検討の上、認定するよう留意すること。

（別紙(1)）（略）
（別紙(2)）（略）
（別紙(3)）（略）
（別紙(4)）（略）

## 事例

### ○蓄電池製造工の鉛中毒様症状

**【事実】**　請求人（Ｈ）は、昭和三四年八月二六日、Ｆ㈱に入社以来、練糊、鉛粉、鋳造仕上、自動車電池組立等の職場を経て、四二年充電職場に配置替えとなった。昭和三九年頃からじんま疹ができ、また、ときどき猛烈な腹痛を起こすようになり、さらに、四八年から眼がかすむようになったり二重に見えたりするようになってきた。その直後から肩から首筋、頭にかけての痛み、腰痛も自覚されてきたので、Ａ赤十字病院及びＫ外科医院の受診を経て、昭和四八年一一月一九日にＢ病院を受診、「慢性鉛中毒症」と診断され、以降同病院で加療した。監督署長は、請求人（Ｈ）は、鉛による有害作用を受け得る環境下において長年就労したことにより、体内蓄積が多少あったことは認められるが、非鉛職場に六年間従事していたことなどから他の疾病による可能性が極めて大きく、鉛健康診断等における諸検査の結果及び初診時の主張や他覚的所見及び医師の意見等総合的に判断して鉛中毒と認められなかったため不支給とした。これに対し請求人（Ｈ）は、当時の職場環境は監督署長が会社に対し数十項目の改善命令を出したように鉛中毒予防規則違反だらけであり、鉛特殊健康診断の結果について何ら説明されないばかりか「鉛職場への立入禁止」といわれた。このことから判断しても鉛特殊健康診断の結果が良くなかったことを裏付けている。また、B病院で鉛排出治療を続けた結果その症状が消退している事実からみても、業務に起因した疾病と思われ原処分には納得できないと主張した。

**【裁決】**　請求人は昭和三四年から四二年七月まで練糊、鋳造、自動車用電池組立作業に従事し、鉛吸収の機会はあったものと認められるが、その程度は設備・保護具の設置・使用の状況及び気中鉛量測定値とから高度であったとは認め難く、また、充電に異動してから助勤をしたといっても僅かな日数であり、鉛吸収は微々たるものであったと認められる。前記鉛ばく露作業従事中、請求人は健康について異常感はなかったと自ら述べていること、及び後に請求人の申し立てる鉛キレート剤の服用並びに一部要注意を理由とする充電への配置替えの事実はあるにせよ、当時請求人が鉛中毒であったとの証拠はなく、また、前記の如く健康に異常を感ぜず、治療も受けなかったものであるから請求人が当時鉛吸収のあったことは認められるとしても、鉛中毒であったと認めることは甚だ困難である。

請求人は昭和三九年鉛業務に従事中じんま疹が起こるようになり、その後も数回にわたって本症にかかっていることが認められるが、これは食餌性・アレルギー性のものであり、鉛とは何の関係もない疾病であると認められる。また、昭和四四年以降月に一度位腹痛を起こすようになったというが、非鉛業務である充電に移ってからの発症であること、便秘、食欲不振を伴わず、会社での食後一時間位に一～二時間続くがケロリと治ること、したがって食餌内容との関連があること、鉛動員治療後にも二回発症し休業していること、及び請求人の血中鉛量は鉛疝痛を発症するとされている一〇〇μg／dℓよりもはるかに下回るレベルであること等から、請求人の腹痛が鉛による疝痛であるとは到底考え難い。

また、請求人は昭和四〇年五二kgであった体重が増加し続け、四五年一一月には六〇kgに達し、以後この肥満状態が続いている。同じ頃視力も低下し、昭和四七年には遠視用眼鏡を使用しはじめ、四八年一一月にはそれが進行し、かつ、調節性眼精疲労症状が起こってレンズを取り換えているが、血圧も同月には最大血圧は一五〇mmHgとなり、以後最小血圧が九〇mmHg以上に固定し、同時に軽度の糖尿病が発見され、尿糖が終始検出されている。また、請求人には頸部、肩、腰部にはほとんど常時痛み、こりがあり、特に腰部に圧痛がありラセグ徴候も歴然たるものがあるから、腰部には椎間板症の如き変化の存在が強く疑われ、頸・肩・腕等に訴えられる症状も頸部の同種疾患による公算が大きい。また感冒等の呼吸器系疾患、湿疹等の皮膚疾患に屢々り患し、請求人の身体条件は四〇歳を超えて前記加齢現象が目立ち、昭和四八年一一月には調子が一段と悪かったものと推認される。

請求人は昭和四六年二月以降鉛健診を受けているが、鉛中毒を疑わせる検査結果は四八年にも、五四年に至るまでも全く認めることはできない。しかし、昭和四八年一〇月には腹痛で休業した後目がかすみ、二重に見え、肩こりがし、こめかみが痛く、いくつかの診療機関で診てもらったが納得がいかないのでB病院を訪ねて慢性鉛中毒と診断されている。このときの主訴はきわめて多彩であるが、頸部・肩・上肢・腰部より下肢に至る症状、精神神経系の症状及び前記腹痛とである。そして、所見されたのは手指振せん、上下肢の伸筋麻痺と下肢屈筋麻痺、ラセグ徴候、手袋靴下型知覚鈍麻であり、鉛によると断定できるものは少なく、逆に鉛中毒にはみられない症状もある。また、鉛中毒の特長たる橈骨神経麻痺や腹痛以外の消化器症状等はない。また、諸検査の結果は貧血、好塩点赤血球増加、血中尿中鉛量増加はなく、ただ、時にコプロポルフィリン増と鉛動員治療後の尿中排出鉛量増がみられるが、その程度は軽く、さらに諸指標間のアンバランスがあり、治療しても低値とならない等のことから前記高値が果して適正な検査技術下に得られたものかどうかも疑わしい。さらに、Y医師以外の関係医師はほぼ上述と同様の見解をもつとともに、ファンコニ症候群との所論にも多大の疑問を投げかけている。

以上を総合すると請求人の疾病による公算は甚だ大きく、鉛中毒ではないと当審査会は判断する（昭五六・九・四　昭五三労第七六号）。

### ○罫書工の鉛中毒

**【事実】**　H製作所罫書工Y（二九歳）は、昭和三一年五月二八日より六月二日まで風邪により微熱が続き疲労大で欠勤し加療中、口腔内に炎症が発生したため診断を受けたところ、上下歯齦が黒色に変化しているのを発見された。T赤十字病院で血液検査の結果、慢性鉛中毒と診断されたが、さらにYはN国立病院に入院検査したところ鉛中毒の疑いはないものと診断された。その理由としては、①疝痛、便秘等の胃腸症状を欠くこと、②歯齦の黒色色素沈着は鉛中毒の場合は多く歯齦縁であるが、本件はそれと異なること、③血液像として低色素貧血と赤血球の塩基性斑点の出現がなく白血球分類像にも著変がないこと、④腎臓障害の兆候を認めないこと、⑤末梢神経障害の兆候がないこと、等であった。ただし、血液、尿の鉛定量試験は実施していない。

Yは、七、八年前より罫書工として罫書作業に従事していたが、この際鉛を取り扱ったことがあり、その所要時間はおおむね実質的に一日一時間程度であり、かつ、週一回鉛溶融を約一〇分位行っていた。既往症としては、昭和二五年の

「肺浸潤」、二六年の「肺門淋巴腺炎兼肋間神経痛」があり、また酒、煙草とも嗜まない。

【判断】　当該労働者の症状はその臨床諸検査上からみて鉛中毒としての所見が認められないから業務外である（昭三一・二・五　基収第五六七号）。

## 5　マンガン及びその化合物による疾病

マンガン又はその化合物（合金を含む。）による疾病については、次の認定基準通達がある。

マンガン中毒の認定に当たっては、マンガン又はその化合物（合金を含む。）の粉じん又はヒュームにさらされる業務の内容、ばく露の程度（ばく露濃度、ばく露期間、一日当たりのばく露時間、作業態様）を把握・評価し、神経学的な症状を中心とする臨床症状を精査することが基本である。

### 【マンガン又はその化合物（合金を含む。）による疾病の認定基準について（昭五八・一・五　基発第二号）】

マンガン又はその化合物（合金を含む。以下「マンガン等」という。）による疾病の業務上外の認定基準については、昭和三八年五月六日付け基発第五二二号通達により示してきたが、その後の医学的知見等について「マンガンによる健康障害に関する専門家会議」において検討が行われ、その検討結果報告書が提出されたところである。今般、この報告書を参考として標記の認定基準を下記のとおり定めたので、今後の事務処理に遺憾のないよう万全を期されたい。

なお、本通達の解説部分は認定基準の細目を示したものであるから、本文と一体のものとして取り扱われるべきものである。

おって、本通達の施行に伴い、昭和三八年五月六日付け基発第五二二号通達は、これを廃止する。

記

マンガン等にばく露する業務に従事し、又は従事していた労働者に発生した次の一又は二のいずれかに該当する疾病であって、医学上療養を必要とすると認められるものは、労働基準法施行規則別表第一の二第四号一の規定に基づく昭和五三年労働省告示第三六号の表に掲げる「マンガン及びその化合物」による疾病として取り扱うこと。

一　精神・神経症状を示す疾病であって、次の㈠、㈡及び㈢のいずれの要件をも満たすもの

㈠　相当の濃度のマンガン等を含む粉じん、ヒューム等にばく露する業務に一定期間にわたり従事し、又は従事したことのある労働者に発生したものであること。

㈡　初期には神経衰弱様の症状などが現われ、その後錐体外路症候（パーキンソン症候群様症状）を中核とした多彩な神経症状が、進行性に出現してくるものであること。

㈢　上記の症状及び症候がマンガン等以外の原因によって発症したものでないと判断されるものであること。

二　肺炎であって、次の㈠及び㈡のいずれの要件をも満たすもの

㈠　高濃度のマンガン等を含む粉じん、ヒューム等にばく露する業務に従事中又は当該業務を離れた後、比較的短期間に発症した急性肺炎であること。

㈡　上記の肺炎がマンガン等以外の原因によって発症したものでないと判断されるものであること。

（解　説）

一　マンガン等にばく露する主な業務

マンガン等にばく露する主な業務としては、マンガン鉱の採掘、マンガンの製錬、フェロマンガンの製造、乾電池の製造、溶接棒の製造、マンガン化合物の製造等がある。

二　作業環境におけるマンガンの濃度

㈠　本文記の一の㈠の「相当の濃度」とは、マンガン（Mn）としておおむね五mg／m³以上の濃度をいう。ただし、ヒュームについては、これ以下の濃度でも発症することを示唆する報告がある。

㈡　本文記の二の㈠の「高濃度」とは、前記㈠の「相当の濃度」を著しく上回る濃度（おおむね数倍以上）をいう。

三　ばく露期間と発症の時期

マンガン等による精神・神経症状を示す疾病は、一カ月程度から十数年以上のばく露期間で発症する例があるが、一～二年

での発症が多い。また、発症の時期については、ばく露中又はばく露離脱後間もなく発症する例がほとんどであるが、まれにはばく露離脱後一〇年以上経過して症状が顕在化したという事例もある。

四　精神・神経症状

㈠　初期の症状

神経衰弱様症状としては、全身倦怠感、易疲労感と意欲の乏しさを主徴とし、若年者にも性欲の低下を訴える者がいる。また、ねむけ、記銘・記憶障害、時には頑固な不眠、さらには食思不振や動作緩慢、つまずき易さを来たすこともある。時には精神病的症状として、精神興奮状態がみられ高揚気分、多弁等そう的状態が出現し、時に攻撃的となり、暴力行為もみられ、衝動行為や目的の不明な行動も現われる。まれに幻覚や妄想が出現する。また、うつ状態や無気力、無為となる例もみられる。

しかしながら、これら初期の精神・神経症状の軽度のものは時に看過されることがある。

㈡　中間期及び確立期の症状

イ　精神症状

中間期には、初期の症状の増強に加え、客観的精神症状が明らかになる。最も多いのは、強迫笑又は強迫泣であり、一般に、誘因がなくて唐突に起こる。

記銘・記憶障害は、中間期の初めに出現することがあるが、重症化することはない。また、確立期の精神症状としては、精神病的症状は消退し、残遺症状として無気力、多幸、軽度の知能低下、強迫笑、強迫泣のほか、無関心、意欲減退などが残る。

ロ　神経症状

中間期及び確立期では、神経症状が次第に明確になる。この神経症状は、錐体外路症候、錐体路症候、小脳症候、末梢神経症候、自律神経症候等に分けられ、その現われ方は複雑であるが、錐体外路症候、錐体路症候及び小脳症候が重要である。これらの組合わせにより、(イ)錐体外路症候が主体のもの、(ロ)錐体外路症候に錐体路症候を伴うもの、並びに(ハ)錐体外路症候、錐体路症候及び小脳症候の三つの症候を伴うものに分けられ、その発現頻度は(イ)が最も高く、次いで(ロ)、(ハ)の順である。

主な神経症状を症候別に区分するとおおむね次のとおりである。
錐体外路症候：寡動、筋緊張亢進、仮面様顔貌、振戦、歩行障害、後方突進、側方突進（前方突進はあまりみられない。）、言語障害、書字拙劣、小書症等のパーキンソン症候群様症状、痙性斜頸
錐体路症候：腱反射亢進、バビンスキー反射陽性、歩行障害、言語障害
小脳症候：変換運動障害、運動失調
末梢神経症候：複視、筋萎縮、遠位部知覚障害
自律神経症候：発汗亢進、流涎、膏顔

㈢　症状出現の特徴
マンガン等による精神・神経症状を示す疾病は、上記㈠及び㈡のとおり多岐にわたっており、その症状の組合わせは症例によって種々であるので、十分留意すること。

㈣　認定に当たっての留意事項
イ　初期症状のみが認められるものについては、直ちにこれを業務上として認定することは困難である。
その理由は、当該症状とマンガン等以外の原因による神経症様症状等との鑑別は難しく、この段階で確定診断を下すことは困難であるからである。しかしながら、臨床症状が明らかなものであって血液、尿、糞便、頭髪、胸毛又は髄液中のマンガン量の明らかな増加が認められる場合及びCa−EDTAの点滴静注によって尿中のマンガン排泄量の異常な増加が認められる場合には本文記の一の㈡及び㈢に該当するものとして取り扱って差し支えない。この場合、原子吸光分析法を用いる等医学的に適正と認められる検査方法によって行われることが必要である。
ロ　初期の精神・神経症状は、上記㈠のごとく時に看過されることがあるが、その後の症状の進行によって錐体外路症候（パーキンソン症候群様症状）を中核とした多彩な神経症状の出現が認められる場合には、本文記の一の㈡に該当するものとして取り扱って差し支えない。
ハ　マンガン中毒の初期には、マンガン等にばく露する業務から離れると症状が軽快することが多くみられるが、これは鑑別に当たって重要な所見となる。

㈤　類似の症状を示す疾病

上記㈠及び㈡の疾病と類似の症状を呈することがあるため、鑑別に留意すべきである疾病としては、おおむね次のようなものがある。

イ　脳血管障害
ロ　パーキンソン病
ハ　一酸化炭素中毒後遺症
ニ　脳炎及び脳炎後遺症
ホ　多発性硬化症
ヘ　ウイルソン病
ト　脊髄小脳変性症
チ　脳梅毒
リ　ギラン・バレー症候群及び原因の明らかな末梢神経炎

五　その他

マンガン等を含む粉じんにばく露するマンガン鉱の採鉱、粉砕等の作業に従事する労働者に発症したじん肺症等については、労働基準法施行規則別表第一の二第五号に該当するものとして処理すること。

## 事例

### ○マンガンによる中毒

**【事実】**　労働者H（昭和一三年一一月二八日生）は、中学卒業直後の昭和二九年三月から三二年一〇月（退職）までの約三年半の間、T鉱業㈱とY鉱山（四〇年二月廃山）においてマンガン鉱石の採掘、運搬等の業務に従事した。作業内容は、初めの二年間が坑外での廃石処理、鉱石積込、トロ押し作業であり、その後は坑内での採掘、鉱石積込作業であった。

坑内でのマンガン鉱（$MnCO_3$を二八～三〇％含有）採掘作業は乾式機械掘り（さく岩機等の使用）で、体が真白になるような粉じんの発散があったにもかかわらず防じんマスクは使用されていなかった。

Hは昭和三三年一〇月頃より発語障害、歩行障害の症状を呈し、三五年六月までの間、K医大病院、K大学病院に病名がはっきりしないまま、通院、入院したが、症状が軽快しないため以後は自宅療養を行っていた。その後、昭和五〇年一〇月・一一月にK研究会が実施したマンガン健診を受診したところ、マンガン中毒性パーキンソニズムと診断された。

本件は、医師の診断により認定基準に示しているパーキンソン症候群、歩行障害、言語障害、握力減退、書字拙劣、細字症等のマンガン中毒に特徴的な症状が認められ、しかもパーキンソン症候群が脳血管障害、ウィルソン病等のマンガン以外により発症したものでないと判断されており、また、離職後一八年経過（旧認定基準では当該業務を離れて後おおむね三カ年未満）しているが、退職時頃から言語障害、歩行障害の症状を呈していたことから、当時からマンガン中毒にり患しており、医療機関を受診するも原因不明のまま療養していたものと思われ、また、パーキンソン症候群は現在においても効果ある治療法がなく、病勢がある程度進行すると離職しても回復せず、かえって進行する場合もあることが認められていることから一八年前の発病同様の状態が継続しているものと医学上考えられる。

**【判断】**　本症例は、マンガン化合物による中毒であると認められるから業務上である（昭五一・六・三　基収第五三八号）。



## 6　その他の金属及びその化合物による疾病

金属（セレン及び砒素を含む。）及びその化合物で、前記1から5までに掲げたもの以外のものによる疾病については、業務上疾病に関する認定の基本的な考え方（上巻第一篇第三章第三節参照）に則って業務上外の認定がなされるべきものであるが、特に留意すべき事項は、次のとおりである。

(1)　これらの化学物質を直接取り扱う作業においては、当該化学物質が有害因子として存在することが明確であるが、合金や鉱石のなかに含まれる場合等その存在が不明確な場合がある。例えば、建造物の解体において鉄骨の溶断作業に従事する場合に、鉄骨に施した防錆塗料中の亜鉛化合物から酸化亜鉛のヒュームが発生し、金属熱にり患することがあり得るものと考えられるが、亜鉛化合物の存在自体が見過ごされやすく、また、金属熱自体も作業中に発症することが少ないので金属熱として認識されにくい面をもつものである。

アンチモンは、砒素と混在することが多いので、現れた症状又は障害について双方の影響を考慮する必要がある。

(2)　カドミウム及びその化合物（合金を含む。）による疾病は、長期微量経口摂取によるイタイイタイ病がよく知られているが、わが国における職業ばく露による発生事例はほとんどない。この疾病については、少なくとも次の諸点に留意する必要がある。

ア　経口摂取と経気道吸入、短期大量ばく露と長期微量ばく露というばく露条件及び化合物の種類によって現れる症状又は障害が異なる。

イ　経口摂取されたカドミウムは一部が腸管吸収されるのみで、ほとんど糞便中に排泄される。したがって、糞便中カドミウムの測定は、経口摂取カドミウム量を推定する場合に用いられることがある。経口摂取によって吸収されたカドミウムや経気道吸入によるカドミウムは、尿から極めて微量排泄されるにすぎないので、腎、肝等に蓄積され、特に腎皮質に多く、長年月にわたって保有される。

ウ　カドミウムによる疾病、特に長期微量ばく露による中毒の認定に当たっては、量―反応（影響）関係に照らして判断することが重要である。このため、ばく露の程度を的確に把握することが必要である。しかし、尿中カドミウム濃度は、その医学上の評価に一致をみていない。

外国におけるかつての劣悪な環境下においては、肺気腫、腎障害及び蛋白尿を三大症状とする慢性カドミウム中毒がみられたが、今日においてはそのような症例はみられず$\beta_2$-ミクログロブリン等の低分子量蛋白の増加をみることがあるが、この現象は全般的な尿細管再吸収能障害に由来するものではないと考えられており、療養を要する段階ではないものとみられる。

なお、「カドミウム合金又はその化合物による中毒の認定について」（昭四六・二・五　事務連絡）により、特殊健康診断の結果、健康管理区分管理Cの基準に該当すると認められる者は、労基則別表第一の二第四号に基づく告示第三六号表中に掲げるカドミウム及びその化合物による疾病と認められるとの解釈が示されている。

(3)　四アルキル鉛については、短期間大量ばく露による急性中毒が稀にみられたが、一九七〇年以降内外で示された報告では、ばく露を受けると考えられる職種間でも、その程度は概して低く、長期間低濃度ばく露による四アルキル鉛中毒の発生はほとんどみられていない。したがって、この中毒が疑われる場合には、定常的なばく露の程度の把握とともに、事故的な形態での大量ばく露の有無を確認する必要がある。

(4)　セレン化水素を含むセレン又はその化合物による疾病には、急性、亜急性及び慢性の中毒がある。血中又は尿中のセレン濃度は、一般に、セレンのばく露の指標として参考となる。

(5)　ニッケルカルボニルは、その蒸気の大量吸入による急性中毒が、日本、アメリカ等で発生している。

尿中ニッケル濃度は、ばく露の程度の評価に参考となり、ニッケルカルボニル吸入後数時間で増加しはじめ、多くは吸入の一〜二日後に最高値を示した後、急速に低下するという。尿中ニッケル濃度と症状との関係は、次のように推定されている。

| 尿中ニッケル濃度（μg／ℓ） | 症状 |
|---|---|
| 三〇以上 | ニッケルカルボニル蒸気を吸入したことを示す。 |
| 一〇〇以上 | 初発症状が明らかでない場合でも遅発症状の出る危険がある。 |

三〇〇以上　　　遅発症状の出る可能性が強い。ほとんど必発と考えて対応する。

一、〇〇〇以上　　極めて重篤な経過をとり、場合により生命の危険がある。

(6)　バナジウム又はその化合物による疾病としては、その大部分が五酸化バナジウムによる中毒であり、発生職場としては、石油、石炭等を燃焼させたボイラーの清掃作業が多い。

中等度以上のばく露では、咳、痰等の呼吸器系の自覚症状の有症率が増加する。また、ばく露粉じんの粒径により、発現する症状に差異があると考えられ、大粒子の五酸化バナジウム粉じんにより眼と上気道の刺激症状が生じやすく、小ないし微粒子の粉じんにより下部気道の刺激症状が起こると推定されている。

五酸化バナジウムの中毒の認定に当たっては、眼及び呼吸器に関する自覚症状等の臨床症状、気中濃度、血液中濃度、尿中濃度等を精査のうえ、総合的に判断されるべきである。

(7)　砒素又はその化合物による疾病としては、砒素元素によるものはほとんどなく、三酸化砒素（別名無水亜砒酸）、砒化水素等の砒素化合物によるものであり、また、職業ばく露においては、短期間大量ばく露による急性中毒は少なく、多くは慢性中毒である。

労働環境においては、主として粉じん等の経気道吸入が問題となり、かつては銅等の製錬所において旧式な方法により三酸化砒素が製錬され、あるいは副産物として製造され、これが種々の砒素化合物の原料とされてきた。したがって、砒素化合物による中毒は、非鉄金属鉱山、特に製錬所、農薬工場等にその発生をみている。

砒素化合物による中毒は、前記(一)の表の「砒化水素」及び「砒素及びその化合物（砒化水素を除く。）」の欄に記載しているとおり、多くの部位に各種の中毒症状が観察されている。

砒化水素については、他の砒素化合物と比較して毒性が強く、重篤な急性中毒例や死亡例の発生をみている。気中濃度が二五〇㎎／㎥の砒化水素を三〇分間吸入することによって死亡に至り、三～一〇㎎／㎥の砒化水素の数時間のばく露によって中毒症状が生ずると考えられており、また、これより低い気中濃度で中毒の発生例の報告もある。

また、金属溶錬作業場において、硫酸を用いて金属残留物を除去する作業で発生した砒化水素による腎障害が報告されており、ACGIH（二〇〇七）では、低濃度の砒素化合物の慢性ばく露により腎障害をもたらすとされている。そのため、令和五年の告示改正において症状又は障害として「腎障害」が追加された。

(8)　ベリリウム又はその化合物（合金を含む。以下同じ。）による疾病については、次の諸点に留意する必要がある。

ア　ベリリウム又はその化合物への職業ばく露の形態としては、これらの化学物質のガス、ヒューム又は粉じんの経気道吸入、皮膚接触及び経口摂取がある。硫酸ベリリウム、弗化ベリリウム、塩化ベリリウム等の可溶性化合物については主としてこれらの化学物質との直接接触により、不溶性化合物である酸化ベリリウムについては主として経気道吸入により疾病の発生をみる。

イ　ベリリウム化合物の皮膚又は眼粘膜への一次刺激により、刺激性皮膚炎、創傷への付着による皮膚潰瘍、眼結膜炎等が生ずる。接触性アレルギー性皮膚炎は、一次刺激反応を認めない程度のベリリウムばく露により生体にベリリウム過敏性を生じた者の一部に発症する。なお、気中ベリリウム濃度が〇・一～〇・〇三μg／㎥以下の酸化ベリリウムを取り扱う作業者ではベリリウムによる生体感作は成立しないとの報告がある。

ウ　ベリリウム化合物の高濃度ばく露により上部気道炎、気管・気管支炎、肺炎が発症する。これらのうち臨床的に最も重篤なものは肺炎であるが、その多くはばく露後数か月以内に発生し、肉芽腫性細胞浸潤を主病変とする。

エ　ベリリウム化合物による肺肉芽腫は、ベリリウム中毒の最も特徴的な疾患である。本疾患は、ベリリウム化合物の長期間低濃度ばく露によって発症するび慢性間質性肉芽腫症であり、次のような臨床的特徴がある。

①　ばく露から発症までにかなり長期の潜伏期間がある。
②　肺病変の恒久的治ゆは望み難い。
③　ばく露中止後も疾病の重症度は進行性である。
④　全身的疾患である。

なお、本疾患にみる肉芽腫性病変の発現は、多くの症例において胸部エックス線上ほとんど突発的な肺野び慢性粟粒ないし結節性陰影の出現として認められ、かつ、発症者のベリリウムへのばく露濃度は、同一ばく露集団の非発症者のばく露濃度に比較して極めて低濃度であることが特徴的である。

また、本疾患の発症原因となる主要なベリリウム化合物は、酸化ベリリウムであり、わが国において発生をみた一五症例についてはいずれも酸化ベリリウムばく露が確認され、又は推定されるとの報告がある。

本疾患の診断は、次の事項を総合して行うべきであるとの提唱があり、業務上外の認定に当たっても参考となる。

①　信頼すべき環境資料に基づく総合的職歴調査
②　慎重な臨床医学的観察
③　適切な撮影技術による胸部エックス線写真
④　肺拡散機能及び血液ガス分析を含む肺機能検査
⑤　肺生検による病理組織学的評価
⑥　生体組織中のベリリウムの分析

なお、本疾患は、臨床診断上、じん肺、粟粒結核、サルコイドーシス、過敏性肺炎、び慢性間質性肺炎等との鑑別を要するものである。

ベリリウムにさらされる業務による肺がんについては、平成二五年一〇月、労基則別表第一の二第七号6として追加されているので、第七節第六項〈三九八ページ〉を参照されたい。

## 事例

### ○自動車用ガソリンの取扱いにより発する四エチル鉛中毒

**【事実】**　Y（四一歳）は、昭和二五年一月よりS自動車㈱の営業部現場責任者として事務のかたわら自動車の修理、運転、ガソリン注入等の作業を行っていたが、同年五月三日夕刻入浴中、突然癲癇様発作を起こした。同月一七日再度発作があったので国立S病院を受診、「癲癇病」の診断で加療したが、その後再々発作を起こした。一一月四日前記病院において血液検査、肝臓機能検査を実施した結果、「四エチル鉛中毒症」と診断された。なお、脳波検査においても「真性癲癇」に認められるような特異波型がみられなかった。昭和二六年一一月以降次第に軽快してきたが、なお手足の局部痙攣が月一、二回ある。血中鉛量の測定は実施していない。

その他の事実　①Yは四エチル鉛含有ガソリンを各車輌に注入するに当たり当時吸上ポンプ設備がないためドラム罐よりゴムホースを通じて口で吸い上げる方法を取っていたが日に三、四回誤って口中に吸い込むことがあった。②既往症はない。

**【判断】**　臨床検査、症状経過等から真性癲癇でなく四エチル鉛中毒症と認められるから業務上である（昭二七・一一・三　基収第四七〇三号）。

### ○慢性四アルキル鉛中毒症の疑い

**【事実】**　I㈱給油所の労働者T（昭和一四年一二月二一日生）は、昭和三七年九月に入社してから四九年八月、H病院に入院するまで、通算約一二年間にわたりガソリンスタンドにおいて、主として自動車への給油及び整備の作業に従事した。

ガソリン給油中は、ピストルを持ち、給油の状況を見るために中をのぞき込むため、飛沫が飛び、口や顔にかかったり、作業衣に付着することがあった。また、タンクローリー車が三日に一度位の割合で来ると、タンクの油の種類、色の識別、検尺をハッチを開き、顔を中に突っ込むような状態で作業を行っていた。そのほかオイル、グリスの汚れは毎日ガソリンで洗っていた。

当該労働者Ｔは昭和四五年頃より不眠、悪夢、寝汗、イライラ、もの忘れ、頭痛、後頭部に刺すような痛み、風邪を引きやすくなる等の症状が出始めた。また、背中、首、肩より右腕にかけチクチク痛み、脱力感があり、右手中指がふるえ、伸びなくなった。昭和四七年頃になると前記症状のほか、左手の動きが悪くなってきた。この頃より、Ｓ病院、国立Ａ病院、Ｙ病院、Ｔ病院、Ｋ病院、Ｈ病院等を受診し、不顕性感染ポリオ、進行性筋萎縮症、運動ノイロン疾患（疑い）、慢性四アルキル鉛中毒症等の診断を受け、最後の診断について業務上疾病として申請に及んだものである。

Ｎ大学Ｎ医師によれば、

①従来の知見によると自動車の燃料用ガソリンの如くアルキル鉛の含有量が〇・一％未満であると中毒は発生しないとされているが、当該労働者が取り扱っていた加鉛ガソリンはいずれも〇・一％未満である。②加鉛ガソリンを体内に摂取したとしてもその代謝は無機鉛と比べて早く、数週間ないし一〇週間程度で排泄されてしまうことが明らかになっており、体内への吸収が毎日継続されていたとしてもその障害は急性障害の繰り返しであって慢性の障害が起こっているとは考えられない。また、四アルキル鉛の慢性中毒の存在については未だ学界においても確認されていない。

とのことであった。

当該労働者Ｔは、昭和五〇年七月二九日の検査以後、四アルキル鉛へのばく露作業を離れているが、その後一〇週間以上経過しているにもかかわらず、四アルキル鉛へのばく露を受けていた時期の症状が持続していることが認められている。

**【判断】**　本件疾病は業務に起因する疾病とは認め難い（昭五一・四・三〇　基収第三三一号）。

○製油所労働者の四エチル鉛中毒症の疑い

**【事実】**　Ｋ石油㈱Ｍ製油所労働者Ａは、昭和二六年一二月四エチル鉛混合作業に従事し始めたが、昭和二七年一月強度の頭痛、めまい等を発し腰椎穿刺により治ゆした。病名は漿液性脳炎両眼神経炎で、約四週間欠勤した。その後変化なく、昭和二八年五月末猛烈な頭痛発作があり、腰椎穿刺数回にして次第に減退したが、八月初旬より動眼神経麻痺及び視神経麻痺を伴い、さらに中旬舌下神経麻痺様の軽度窒息発作があった。記憶力減退があり、またときに頑固な便秘及び排尿不如意がある。

この間、主治医Aは四エチル鉛中毒と思われると診断し、他のT医師は鉛中毒を否定し、K医大Ｉ教授は開頭手術所見から毒物による脳膜脳炎と診断し、四エチル鉛であるか否かについては検出困難としており、医師意見の相違をみた。

Aは発病前の健康に異常を認めず、かつ、同作業就業時の健康診断実施の結果、作業可となっているものである。しかして、現実に四エチル鉛作業をしたのは約一週間である。

【判断】　本件労働者の頭痛発作、視神経及び舌下神経麻痺等の症状経過、臨床検査等から四エチル鉛中毒症であることが確認できないから業務外である（昭二九・七・二一　基収第五〇九九号）。

## ○亜砒酸中毒患者の肺壊疽による死亡

【事実】　N鉱業㈱M鉱業所の労働者O（三九歳）は、約七年間亜砒酸製錬作業に従事していたが、この間しばしば亜砒酸かぶれを起こし、その都度医師の治療を受けていた。

昭和三〇年一月、同社S製錬所に転勤となり、同様作業に従事したが、ここでも亜砒酸かぶれを起こし、同製錬所附属病院で同年一月一八日神経性皮膚炎、同月二八日心不全の診断を受け、S病院に転医、脚気兼両足下腿浮腫と診断され、治療を受けたが治ゆしなかった。昭和三〇年六月一五日B病院で下肢静脈血栓症と診断され、同月二五日から入院加療の結果症状軽快し、三一年二月退院、同年三月一一日より出勤、亜砒酸ばく露作業以外の作業に就き、その後約二年半は順調に経過した。しかし、昭和三三年九月に至り、Oは再度むくみが出たので、同社附属病院において「肝硬変症の疑い」で加療したが、軽快せず、同年一二月二日「慢性肝炎の疑い」で入院治療を受けた。その後症状は悪化し、昭和三四年四月一〇日死亡した。

死後の解剖所見では、左肺壊疽、肺膿瘍が死亡の直接原因とされているが、大量の砒素の存在及びこれによる諸種内臓器の実質変性、神経細胞変性等が認められている。

なお、当該労働者が従事した亜砒酸精錬作業のうち特に著しく亜砒酸にばく露されたと認められる作業は、焙焼炉用チャンバー内に入って側壁に付着した亜砒酸を掻落し採取する作業で、これは極めて大量の砒素粉じんにばく露される作業であったものと認められる。

【判断】　当該労働者の職歴、作業環境、症状発生の態様及び経過、特殊健診時における血、尿中の砒素の検出、剖検材料の検索結果等から慢性砒素中毒であると認められ、また、死亡の直接原因とみられる肺壊疽、肺膿瘍は、前記慢性砒素中毒の重篤な症状等から砒素中毒との間に相当因果関係が認められるから業務上である（昭三五・四・二二　基収第七八一五号）。

### ○ベリリウムによる中毒

**【事実】**　K㈱S工場の労働者S（昭和一五年三月一日生）は、昭和四二年一一月入社後、二年八カ月間、切削成型工程に従事した後、四五年七月から四六年一二月までラバープレス成型工程に従事した。

　作業内容は、切削工程はアルミナを原料とした素焼半製品を動力カッターで切削して成型品とするもので、切断作業時には常時アルミナ粉じんが飛散していた。一方、ラバープレス成型工程はゴム型の中へ酸化ベリリウム（粉体）又はアルミナ（粉体）を投入し、プレスして成型品とするもので、投入の際、酸化ベリリウムが飛散していた。

　当該労働者は昭和四六年一一月、会社における健康相談日に倦怠感と息切れを訴え、精密検査を勧められてK病院を受診、同年一二月八日より四八年一月二六日まで入院治療を続けた。喀痰中の結核菌、その他の菌については頻回に検査したが常に陰性、血液、肝機能については正常範囲内であった。ベリリウム関連の検査では昭和四七年六月、ベリリウムパッチテストを実施して二五㎜×二〇㎜で陽性、同日採集の尿中ベリリウムは陰性であった。昭和四七年一〇月、G大学病院における気管支生検の結果は診断に寄与するものは得られなかった。当初肺陰影等より粟粒結核と診断されたが、昭和四七年六月頃より検査及び治療的診断によりベリリウムの関与する肺病変と診断された。昭和四八年一月二六日からはK大学病院へ転入院した。胸部エックス線写真では小粟粒状陰影と繊維様陰影が多数両肺野に認められ、ベリリウム症にみられる特徴的なものであった。また、同年二月に実施された開胸肺生検によって右中肺葉から得られた病理組織所見では、①顕微鏡でみたところ類上皮細胞結節形成による肉芽腫病変があり、その病変部に硝子様変化部分及び巨細胞内のコンコイド体が認められた。これはベリリウム症のみに認められる特徴的な症状である。②右肺から原子吸光分析法によってベリリウムが検出され、その量は一八七・五μg／kg（湿重量）であった。

　I医師によれば、以上の検査結果はベリリウム症の特徴的病変と一致しており、また、当該労働者の歯ぎん炎の訴えに対してはステロイド錠剤の使用が有効であること、上腹部にしばしば痛みを訴えていること、左示指第一関節部の切傷部にも肉芽腫があること等は、全身性のベリリウム症が存在することを示すものであるとしている。

**【判断】**　本件疾病は業務に起因するベリリウム中毒症と認められるので業務上である（昭四七・一〇・一三　S労基局Y監督署認定）。

## 三　ハロゲン及びその無機化合物による疾病

### ㈠　症状又は障害

ハロゲン及びその無機化合物による業務上の疾病としては、告示により、次の表の上欄の化学物質に応じ、それぞれ中欄の症状又は障害を主たる症状又は障害とする疾病が示されている。

なお、告示の表中に掲げられていない症状又は障害については、表の中欄に「その他」として記載し、下欄にその内容を整理した。

| 化学物質 | 症状又は障害 | 症状又は障害の内容 |
|---|---|---|
| 塩素 | 皮膚障害 | 水疱形成、塩素痤瘡等 |
| | 前眼部障害 | 痛みを伴う眼の刺激症状、角膜火傷等 |
| | 気道・肺障害 | 鼻・喉の痛み、咳、呼吸困難、胸骨下の痛み、喀血、気管支炎、肺水腫等 |
| | 歯牙酸蝕 | 塩素のミストによる歯（特に門歯）の歯冠消失 |
| 臭素 | 皮膚障害 | 皮膚火傷、じん麻疹、潰瘍等 |
| | 前眼部障害 | 結膜の着色、角膜潰瘍等 |
| | 気道・肺障害 | 鼻出血、咳、胸痛、気管支炎、肺炎、肺水腫等 |
| 二酸化塩素 | 気道障害 | 気道の刺激症状、気管支炎、肺気腫、肺炎等 |

| | | |
|---|---|---|
| 弗素及びその無機化合物（弗化水素酸を除く。） | 皮膚障害 | 皮膚炎、発疹、潰瘍等 |
| | 前眼部障害 | 結膜炎、角膜炎等 |
| | 気道・肺障害 | 鼻出血、咳、呼吸困難、肺繊維症、肺水腫等 |
| | 骨硬化 | （慢性ばく露の場合）骨質の増殖、緻密化による骨の石灰化 |
| | その他 | 頭痛、めまい、嘔吐等の自覚症状 |
| 沃素 | 皮膚障害 | 発赤、皮疹、顔の水疱、膿痂疹、痤瘡、毛嚢炎等 |
| | 前眼部障害 | 眼のやける痛み、流涙、眼瞼炎、結膜炎等 |
| | 気道・肺障害 | 鼻炎、咽頭炎、喉頭炎、咳、呼吸困難、気管支炎、肺水腫等 |
| | その他 | 胃腸障害、甲状腺肥大 |

## (二)　業務上外の認定について

ハロゲン又はその無機化合物による疾病に関して発出された認定基準はなく、ハロゲン又はその無機化合物による疾病については、業務上疾病に関する認定の基本的な考え方（上巻第一篇第三章第三節参照）に則って業務上外の認定がなされるべきものであるが、特に留意すべき事項は、次のとおりである。

(1)　塩素による疾病としては、長期間低濃度ばく露によるものもあるが、短期間高濃度ばく露による急性中毒が多い。

気中塩素濃度が〇・五ppmを超えると臭気として感知でき、一～二ppmでは刺激は比較的軽度である。三～六ppmでは、一般に眼、鼻、咽頭に刺激性の灼熱性の痛みがあり、副鼻腔の刺激によって頭痛も起こり、ばく露が続くと、眼の発赤、流涙、鼻汁、くしゃみ、咳等が生ずる。強い咳が続くと、悪心、嘔吐、胸腹部の筋肉の痛みが生ずることがある。一四～二一ppmのばく露が三〇～六〇分続くと生命に危険が生ずるという。

高濃度の塩素ガスの大量吸入では、時間の経過に伴い、体温上昇、絶え間ない流涙と羞明、脱力感、有響性ラ音、血性痰、チアノーゼ、呼吸困難等肺水腫の症状が出て、エックス線像で肺水腫が認められる。

塩素ガスの長期間低濃度ばく露による疾病としては、歯牙酸蝕及び塩素痤瘡がある。

(2) 臭素による疾病は、塩素ガスによるものと同様、その強い刺激性によって生ずる。気中臭素濃度が〇・五ppm程度の吸入により咳、鼻出血、めまい、頭痛等を起こす。一〇ppm程度の高濃度ばく露では、口腔内の刺激作用が強く、眼球結膜の着色、発声異常、気管支炎、気管支喘息様発作等を生ずることがあり、肺炎に進む場合もある。四〇～六〇ppmでは、短時間のばく露で生命が危険となるという。

(3) 弗素又はその無機化合物（弗化水素酸を除く。）は、一般に、極めて反応性が強く、粘膜を腐蝕する。

弗化水素酸を含む無機弗化物は、毒性の程度により次の四種類に分けられる。

① 最も毒性が強い　ガス状弗化物（弗化水素、四弗化珪素、三弗化硼素、二弗化酸素等。ただし、六弗化硫黄は無臭ガスで、純粋のものは無害である。）

② 極めて毒性が強い　弗化水素酸、弗化珪酸、重弗化ナトリウム、重弗化カリウム等の水溶液

③ 毒性が強い　弗化ナトリウム、弗化カリウム、弗化アンモニウム、珪弗化ナトリウム等の水溶性弗化物

④ 毒性が弱い　ホタル石、氷晶石等ほとんど不溶性の弗化物

なお、弗素ガス（$F_2$）は弗化水素よりもさらに毒性が強いとされている。

弗素又はその無機化合物（弗化水素酸を除く。）による疾病としては、経気道大量吸入による急性中毒、皮膚や眼

への付着による炎症等の疾病のほかに、長期間の過剰吸入によってこれらの化学物質の骨への蓄積を生じ、骨硬化が起こることがある。本症は、エックス線写真により骨の像の濃度変化として把握し得るもので、最初の徴候は腰椎と骨盤に現れる。

(4)　沃素は、皮膚・粘膜に対して強い腐蝕作用をもち、臭素や塩素より強い作用を有する。
沃素の気中濃度と作用との間には、おおむね次のような関係がある。

〇・一ppm　臭気を感ずる
〇・一五～〇・二ppm　作業が困難となる
〇・三ppm　作業ができなくなる
〇・五七ppm　五分間は耐えられる
一・六三ppm　二分間で眼の刺激が起こる

事例

〇弗化物による中毒

【事実】　O化学工業㈱の労働者N（昭和一三年四月一〇日生）は、昭和四六年一〇月から四八年四月までの間、同社M工場において氷晶石班に所属し氷晶石製造工程に従事していたが、当該業務に従事するようになってから作業中、眼痛、流涙、鼻痛、鼻出血、咽頭痛、爪床部の痛み等の症状を起こすようになり、四七年暮頃からは作業中以外でも全身倦怠感、食欲不振、背部痛、嗅覚の鈍麻、めまい、歯ぎん出血等の症状を起こすようになり、四八年三月M労災病院を受診した。初診時の所見では、出血傾向検査の異常、眼球、眼瞼結膜の充血、咽頭発赤、顔色不良等がみられ、弗素中毒症と診断され、同年四月より入院加療が行われた。初診時の尿中弗素値は〇・五ppmと必ずしも異常高値とは考えられず、また、その他の生化学的検査からも特段の異常は認められなかった。

同人の所属していた氷晶石班は、酸性弗化ソーダ（$NaHF_2$）、水酸化アルミニウム（$Al(OH)_3$）及び硫酸を原料として氷晶石を製造する工程において、管理室での計器の監視、コントロールのほか、機械設備の作動状況、原料の流れ、反応、乾燥等の状態を巡視により操作調整する作業を行っていた。また、機械設備の休転時、修理時、遠心分離機の濾布の洗浄の張替え、タンク内の結晶出し作業等にも従事することがあった。

作業場の環境については、機械設備はすべて密閉式であったが、昭和四八年五月に実施された氷晶石工場の環境測定の結果では気中弗化物の許容濃度を上回る箇所もあり、また、同年の監督指導において相当箇所の設備の改善が求められていた状況があった。

**【判断】**　眼、気道の粘膜、皮膚等に生じた症状は、弗化物によって生じた刺激症状であると認められるから業務上である（昭四八・九・二六　基収第三三〇号）。

### 〇漂白剤から発生した塩素によって起こった急性循環不全

**【事実】**　K㈱の労働者I（大正一〇年八月二二日生）は鋳造課所属の現場労働者であり、昭和四八年八月一二日（日曜日）に休日労働を命じられ、午前九時より同僚一名と共にコンクリート製水槽（深さ一・六m×縦四・五m×横三m）の内部の洗浄作業に従事した。両名は初め、水槽（水位は約二〇cm）の中に入り、会社提供の白色粉末洗剤により、棒タワシで約三〇分間洗浄したが、効き目がないため、N㈱製の錠剤の漂白剤（商品名ハイクロン）を水中に投入し、棒タワシで押さえてこすりながら約三〇分間作業したところ、両名共に目がしみ、涙が出て鼻に強く刺激があったので、いったん作業を中止して水槽外に出た。しばらくした後、再度水槽内に入ったが、依然として刺激が強いため、水槽の水をモーターで排水し、新しい水を入れ、再び元の白色粉末洗剤を使用して作業を続行し、午前一一時頃、作業を終了させた。同人は、午後四時頃左眼が痛いと訴え、左眼に「物もらい」様のものができ赤くなった。翌八月一三日より左眼上瞼部がはれあがり発熱を伴い、八月一六日には全身症状を呈するに至り、K病院に収容されたが、八月一七日、急性循環不全により死亡した。

直接死因は、両肺野にみられた広範な浮腫と出血であり、肺胞内に貯溜した浮腫液と血液によるガス交換不全に基づく肺機能障害で、その原因はハイクロンから生じた塩素ガスの吸入による急性病変であった。剖検診断に基づく病理学的所見をまとめると次のようになるが、①～⑤は塩素ガスへのばく露という同一原因によるものである。

①　肺における広範囲の浮腫と出血
②　両側腎細尿管ネフローゼと出血
③　肝細胞変性
④　皮膚壊死並びに出血と血栓形成（左眼及び眼瞼部）
⑤　臓器組織の浮腫及び出血性集団（出血：肺、腎、膵、気管）

④の皮膚組織の広範囲な壊死と出血及び血管の血栓形成などの病変は、細菌感染性の炎症とは異なる。顔面の急激な壊死病変については、病理学的には特殊な皮膚疾患やその他の基礎疾患からきたものであることを裏付ける所見はなく、外傷性の薬物による直接障害作用と考えられる。以上のことから、同人が吸入して肺にうっ血を生じ、二次的に急性循環不全をひき起こしたガスは、ハイクロンに由来する塩素ガスと考えられる。また、同人と同僚の二名とも塩素ガスへのばく露に伴う作業に耐えられなかったことから高濃度（低くても二五ppm）の塩素ガスを吸入していたと考えられ、また、気管支炎、肺出血が起こり短時間で生命に危険を及ぼす濃度は三〇ppmとされていることから同人の吸入したハイクロンからの塩素ガスは致死量であったと考えられる。

なお、同人は、同作業の前日、風邪による三七・四度の発熱があり胸部痛を訴えており、同僚労働者に障害が残っていないのは、作業前の健康状態の相違から生じたものであると考えられる。

**【判断】**　本件は、健康上の障害があるのに、肺に対する有害ガスを吸入する作業であることを知らずに就業を命じたために発生した業務上の疾病である（昭五〇・七・五　基収第四七〇号）。

## 四　りん、硫黄、酸素、窒素及び炭素並びにこれらの無機化合物による疾病

### (一)　症状又は障害

りん、硫黄、酸素、窒素及び炭素並びにこれらの無機化合物による業務上の疾病としては、告示により、次の表の

上欄の化学物質に応じ、それぞれ中欄の症状又は障害を主たる症状又は障害とする疾病が示されている。また、次表は、告示に示された「症状又は障害」を具体化するため、その内容を下欄のとおり整理した。

なお、告示の表中に掲げられていない症状又は障害については、表の中欄に「その他」として記載し、下欄にその内容を整理した。

| 化学物質 | 症状又は障害 | 症状又は障害の内容 |
|---|---|---|
| アジ化ナトリウム | 頭痛、めまい、嘔吐等の自覚症状 | 頭重、頭痛、悪心、嘔吐、倦怠感、易疲労感、めまい等の自覚症状 |
| | 前眼部障害 | 眼の刺激症状 |
| | 血圧降下 | 血圧低下 |
| | 気道障害 | 気管支炎 |
| 一酸化炭素 | 頭痛、めまい、嘔吐等の自覚症状 | 頭重、頭痛、悪心、嘔吐、倦怠感、易疲労感、めまい等の自覚症状 |
| | 昏睡等の意識障害<br>記憶減退、性格変化、失見当識、幻覚、せん妄等の精神障害 | 昏　　睡：持続的な意識喪失の状態<br>記憶減退：記銘力障害、記憶力障害<br>性格変化：平素の状態より楽天的となったり、あきやすくなる等の変化<br>失見当識：見当識（時、所、人及び現在の状況を正しく了解する能力）が失われること<br>幻　　覚：幻視、幻聴、幻臭等全く主観的に存在しているように知覚する病理現象<br>せ ん 妄：うわごとをいったり妄想が現れたりして、感情が動揺しやすく、激発しやすい状態 |

| | | |
|---|---|---|
| | 運動失調、視覚障害、色視野障害、前庭機能障害等の神経障害 | 運動失調：歩行困難（いわゆるペンギン鳥様歩行）等<br>視覚障害：眼のかすみ、視力低下、視野狭窄、一過性の失明等の障害<br>色視野障害：有色光を用いた視野検査において認められる視野狭窄等（一酸化炭素によるものは赤色視野に異常が現れることが多いとされる）<br>前庭機能障害：めまい、眼球振とう、歩行障害、ロンベルグ現象陽性等<br>その　他：情緒不安定、腱反射の異常、判断力低下、手指の感覚異常等 |
| | その他 | 自律神経障害 |
| 黄りん | 歯痛 | 歯牙及びその周囲組織の疾患による疼痛、慢性中毒の初期症状としての歯齦の腫脹、歯牙の脱落 |
| | 皮膚障害 | 皮膚深部に達する疼痛性の火傷等 |
| | 肝障害 | 肝腫大、黄疸等 |
| | 顎骨壊死 | 顎骨に生じた壊死（骨の組織、細胞が死んだ状態） |
| | その他 | 頭痛、めまい、嘔吐等の自覚症状、気道障害、腎障害 |
| カルシウムシアナミド | 皮膚障害 | 丘疹状皮膚炎、小潰瘍 |
| | 前眼部障害 | 結膜炎、角膜炎等 |
| | 気道障害 | 鼻炎、咽頭炎、気管支炎等 |
| | 不整脈、血圧降下等の循環器障害 | 顔や手の紅潮、発汗、血圧低下、頻脈、呼吸困難等 |
| | その他 | 頭痛、めまい、嘔吐等の自覚症状 |
| シアン化水素、シアン化ナトリウム等のシアン化合物 | 頭痛、めまい、嘔吐等の自覚症状 | 頭重、頭痛、悪心、嘔吐、倦怠感、易疲労感、めまい等の自覚症状 |

| | | |
|---|---|---|
| | 呼吸困難、呼吸停止、意識喪失、けいれん | シアンの大量の吸入があると、突然に意識を失って倒れる（意識喪失）。次いで全身けいれんを起こし、まず呼吸停止し、遅れて、心拍停止して死亡する。 |
| | その他 | 気道障害 |
| 亜硫酸ナトリウム | 皮膚障害 | アレルギー性接触性皮膚炎 |
| | 気道障害 | 喘息 |
| 二酸化硫黄 | 前眼部障害 | 結膜炎、角膜潰瘍、眼瞼浮腫等 |
| | 気道・肺障害 | 鼻炎、咽頭炎、喉頭炎、胸痛、咳、呼吸困難、気管支炎、肺水腫 |
| 二酸化窒素 | 前眼部障害 | 結膜炎、角膜潰瘍、眼瞼浮腫等 |
| | 気道・肺障害 | 鼻・喉の痛み、胸痛、咳、呼吸困難、気管支炎、肺炎、肺水腫、チアノーゼ等 |
| | その他 | 頭痛、めまい、嘔吐等の自覚症状 |
| 二硫化炭素 | せん妄、躁うつ等の精神障害、意識障害 | せん妄：前記「一酸化炭素」の欄参照<br>躁うつ：活動欲亢進、楽天的態度等の感情の爽快と意欲行為の興奮（躁状態）と、活動不能感、不安、厭世感等の感情の憂うつと意欲の抑制（うつ状態）をくり返す精神障害<br>その他：精神分裂病様症状、神経衰弱様症状、もの忘れ、幻覚等 |
| | 末梢神経障害 | 末梢神経全般に及ぶ末梢優位の知覚鈍麻を主徴とする神経障害（神経幹に沿った疼痛、圧痛、知覚異常、筋の脱力感、不全まひ等）<br>運動神経障害（伸筋まひ（ドロップハンド）、握力低下、筋肉痛、関節痛等） |
| | 網膜変化を伴う脳血管障害 | 微細血管瘤を主徴とする網膜変化を伴うアテローム性動脈硬化症による脳症（まひ、無力症、歩行困難、言語障害、一過性の脳塞栓発作等） |
| | 網膜変化を伴う腎障害 | 微細血管瘤を主徴とする網膜変化を伴う慢性糸球体腎炎に類似した腎障害（蛋白尿、血尿、腎硬化等） |
| | その他 | 頭痛、めまい、嘔吐等の自覚症状、貧血、視神経障害、自律神経障害、肝障害 |

| | | |
|---|---|---|
| ヒドラジン | 頭痛、めまい、嘔吐等の自覚症状 | 頭重、頭痛、悪心、嘔吐、倦怠感、易疲労感、めまい等の自覚症状 |
| | 皮膚障害 | 湿疹性又は小水疱性皮膚炎、皮膚火傷等 |
| | 前眼部障害 | 結膜炎、角膜壊死等 |
| | 気道障害 | 鼻、咽頭の刺激症状 |
| ホスゲン | 頭痛、めまい、嘔吐等の自覚症状 | 頭重、頭痛、悪心、嘔吐、倦怠感、易疲労感、めまい等の自覚症状 |
| | 皮膚障害 | 皮膚の刺激症状、接触皮膚炎等 |
| | 前眼部障害 | 結膜炎、角膜混濁等 |
| | 気道・肺障害 | 咽頭痛、咳、呼吸困難、気管支炎、肺水腫等 |
| ホスフィン | 頭痛、めまい、嘔吐等の自覚症状 | 頭重、頭痛、悪心、嘔吐、倦怠感、易疲労感、めまい等の自覚症状 |
| | 気道・肺障害 | 鼻出血、咳、呼吸困難、気管支炎、肺水腫等 |
| 硫化水素 | 頭痛、めまい、嘔吐等の自覚症状 | 頭重、頭痛、悪心、嘔吐、倦怠感、易疲労感、めまい等の自覚症状 |
| | 前眼部障害 | 結膜炎、点状角膜炎（いわゆる紡糸眼炎）等 |
| | 気道・肺障害 | 鼻炎、咽頭炎、気管支炎、咳、呼吸困難、肺炎、肺水腫等 |
| | 呼吸中枢機能停止 | 無秩序な呼吸、無呼吸等の呼吸調整ができない状態 |
| | その他 | 末梢神経障害（前記「二硫化炭素」の欄参照）、胃腸障害 |

## (二)　業務上外の認定について

りん、硫黄、酸素、窒素及び炭素並びにこれらの無機化合物による疾病に関して、一酸化炭素、二硫化炭素による疾病について認定基準が示されている。

### 1　一酸化炭素による疾病

(1)　一酸化炭素による急性中毒の認定は、業務による一酸化炭素への大量ばく露の事実確認と医学的診断によって比較的容易になし得る。一酸化炭素へのばく露は、血液中の一酸化炭素へモグロビン濃度の検査によっても裏付けられる。このほか医学的検査としては、顔貌、脈拍、血圧等の全身状態の検査、意識状態の検査、頭痛、めまい、吐き気等の自覚症状の有無の検査、腱反射異常の有無の検査、運動障害等の神経障害の有無の検査、視野及び暗点の検査、聴力検査、精神医学的検査、脳波検査、心電図検査その他の検査がある。

なお、昏睡状態の場合には、脳血管疾患による昏睡との鑑別を要することがあり、コンピュータ断層撮影法（CTスキャン）その他の検査が必要となる。

(2)　都市ガス配管工における慢性一酸化炭素中毒の認定については、次の通達がある。

**【都市ガス配管工にかかる一酸化炭素中毒の認定基準について**（昭四一・二・二六　基発第五八号）**】**

標記については、かねて東京労働基準局をして関係専門家に委嘱し慎重に審議検討をさせてきたところであるが、今般その検討結果に基づき業務上外、治ゆ及び障害等級について、下記のとおり定めたので、本通達により取り扱われたい。
なお、個々の事例について本通達の基準により難いかまたは判断が著しく困難な場合には、それぞれ関係資料を添えてりん伺されたい。

記

第一　業務上外の認定について
都市ガス配管業務に従事している労働者がその業務の遂行中相当量の一酸化炭素に繰り返しばく露された後に次の一に該当する症状を呈し、かつ、その症状が他の疾病に起因するものでないことが認められる場合には、二に留意の上、労働基準法施行規則別表第一の二第四号の規定に基づく労働省告示第三六号表中に掲げる一酸化炭素による疾病として取扱うこと。
一　精神症状として人格水準の低下（気楽、不関、芯がない、あき易い等の人格変化）、記銘力障害、記憶力障害等が認められ、かつ、次の各号のいずれかに該当する症状が認められるものであること。
㈠　気脳写により脳室拡大が認められるもの。
㈡　病的な平坦脳波、又は徐波が認められるもの。
㈢　視野障害（狭窄又は中心暗点）が認められるもの。
ただし、ヒステリー性視野狭窄を除く。
㈣　前庭機能障害が認められるもの。
㈤　次に掲げるイからリまでの症状のうちいくつかが認められるもの。
ただし、これらの諸症状については一酸化炭素吸入との直接関連性を慎重に考慮し、総合的に判断すること。
イ　著しい頭痛、めまい、疲労感等の自覚症状でいずれもがん固なもの。
ただし、単なる心因性又は故意の誇張でないことが医学的に推定されるものであること。
ロ　自律神経障害
ハ　腱反射減弱
ニ　筋の易疲労性
ホ　平衡障害

ヘ　共同運動障害
ト　聴力障害、耳鳴
チ　マリオット暗点の拡大
リ　前記㈡以外の脳波異常

二　認定にあたっては次の点に留意すること。
㈠　労働者の年令、職歴、症状発生の時期と経過、とくに、都市ガスの吸入による意識混濁乃至消失症の有無を参考にすること。
㈡　類似の症状を呈する他の原因に基づく疾病とくに、神経症との鑑別又は合併について十分に考慮すること。
㈢　前記一に掲げる各症状に対する診断病名は多種多様にわたることが考えられるので、単に診断病名のみをもつて認定することなく、医師の各種検査により、詳細に把握された症状及び所見を基にして行ない、とくに、精神症状については精神科医の意見を求め慎重に検討すること。

第二　治ゆ及び障害等級の認定について

一　治ゆの時期について
一酸化炭素中毒に因る症状が医学上一般に承認された治療によっても、その効果が期待できなくなり、その症状が固定したと認められる時期をもって治ゆとすること。
なお、治ゆについては次の点に留意すること。
㈠　一酸化炭素による中毒症状は、ばく露から離れて後概ね二年以内に固定するものと推定されること。
㈡　従来の都市ガスに因る一酸化炭素中毒の症状より勘案するに、臨床症状に多少の動揺が認められても全般として平衡状態に達したと認められる時をもって症状固定の時期とするのが妥当であること。

二　障害等級について　（略）

**事例**

### ○休憩所でガス中毒に罹った坑夫の脳溢血

**【事実】**　坑外捍取夫Ｍ（四〇歳）は一〇月二六日、二番方として午後三時より同一一時まで平常どおり硬捨等の作業に就いたが、当日三番方が一名不足のため、連勤を引き受け引き続き就業した。翌朝五時頃函待時間を利用して同僚とともに休憩所に入り、暖を取り仮眠したが、一時間後頭痛を訴え仮睡状態となり、自宅搬送後脳溢血（診断名）で死亡した。

　本件の医師所見では、「①ガス中毒死ではない。②ガス吸入により悪心を催す等急激に血圧上昇を招致し脳溢血を惹起したものと認める。」とあり、その他の調査では、平素健康状態、稼働状況良好でマラリア以外に既往症なく、酒、煙草も嗜まず、かつ、遺伝的素因等も認められない。しかし、連勤による疲労度が常人より大であり、かつ、当夜は特に寒冷の故に、相当量の石炭、廃木を焚いたと推定され、これから一酸化炭素ガスが発生していたものと認められた。

**【判断】**　本件労働者の仮眠中の死亡は炭火による一酸化炭素中毒と認められるから業務上である（昭二六・一〇・二四　基発第七二八号）。

### ○鉱業所におけるガス中毒症

**【事実】**　労働者Ａ及びＢは、同僚Ｃとともに発破作業中、Ｃがガス中毒で死亡したので、両名はこの救護に当たったが、その後身体の調子が悪くなり受診した結果、ガス中毒と診断され診療所で療養していた。三、四カ月経過してからＨ医大病院に転医し、ここで胆嚢症、胃炎、変形性せき椎症の病名が付加されて、療養補償費の請求があった。

　医師の意見　Ａ及びＢは胸部疼痛、めまい、胸部苦悶等を訴えて訪れ、一酸化炭素及び硫化水素中毒症として加療中、諸種の検査により胆嚢症等を発見せられたものであり、一般的にはこれら疾病はガス中毒と直接関係はないものと思われるが、中毒症のある時期において障害とされることは考えられる。ただし、本件の場合はガス中毒にり患後日を経ているのでその影響を明らかに関係づけられない。

**【判断】**　本件労働者の胆嚢症はガス中毒に起因する疾病とは認められないから業務外であるが、ガス中毒に対する治療については療養補償費を、また、ガス中毒により労働不能のため休業したと認められる期間については休業補償費を支給することとされたい（昭二八・九・一六　基収第三五〇八号）。

## 2　二硫化炭素による疾病

二硫化炭素による疾病の認定については、次の通達がある。

### 【二硫化炭素による疾病の認定基準について（昭五一・一・三〇　基発第一二二号）】

標記については、昭和三八年七月二四日付け基発第八五三号（昭和三九年九月八日付け基発第一〇四九号により一部改正）をもって指示したところであるが、今般、前記通達を下記のとおり改め、前記通達を廃止することとしたので、今後はこの通達に示すところにより取り扱うこととされたい。

なお、この通達の基準を満たす事案については、労働基準法施行規則別表第一の二第四号の規定に基づく労働省告示第三六号表中に掲げる二硫化炭素による疾病として取り扱うこととし、この通達の基準により判断し難い事案については、関係資料を添えて本省にりん伺されたい。

記

一　相当量の二硫化炭素（以下「$CS_2$」という。）を取扱い、または、その蒸気に相当期間に亘って繰り返しさらされる業務（以下、単に「業務」という。）に従事しているかまたは従事した経歴を持つ労働者が、次の各号のいずれかに該当する症状を呈し、医学上療養が必要であると認められ、かつ、$CS_2$以外の原因により発病したものでないと判断されるものであること。

なお、その症状が他の原因による症状と鑑別が困難な場合には、当該労働者が$CS_2$にさらされる職場への就労後に発症したか否か、作業の経過とともに或いは環境ばく露条件の変化に伴って症状が変化したか否か、作業からの離脱により症状の改善が見られたか否か、同一職場で同一作業を行う労働者に同様の症状の発生をみたか否か等を参考にして業務起因性を判断すること。

(一)　相当の濃度の$CS_2$蒸気にさらされる業務に長期間従事した労働者に、$CS_2$によると考えられる腎障害および$CS_2$性網膜症を認めた場合、または$CS_2$によると考えられる脳血管障害および$CS_2$性網膜症を認めた場合。

(二)　比較的高濃度の$CS_2$蒸気にさらされる業務に数カ月ないし数年従事しているか、またはその業務を離れた後、おおむね六カ月未満の労働者が次の症状のいずれかを呈した場合。

イ　多発神経炎

ロ　視神経炎

ハ　貧血および肝機能障害

㈢　高濃度の$CS_2$蒸気にさらされる危険のある業務に、数週ないし数カ月従事している労働者が、突然あるいは若干の初発症状をともない、意識混濁、せん妄、精神分裂病様症状、躁うつ病様症状等の精神異常を呈した場合。

二　業務により大量もしくは濃厚な$CS_2$蒸気にさらされて意識障害等の急性中毒症状を呈した場合

（解　説）

一　記の一の㈠について

㈠　ここでいう相当の濃度とは、通常十数ppm以上のレベルをさす。

また、長期間とは、一般に二〇年～三〇年程度の$CS_2$現場歴をさすが、この間比較的高濃度のばく露の機会がしばしばあったものでは、より短期間で発症することもある。

㈡　$CS_2$性血管障害は、細血管障害を基礎にして進展するものと考えられる。

臨床的には、腎障害による症状が前面におし出されるものと、脳血管障害による神経症状あるいは主として脳血管障害に関連しておこる精神症状が前面におし出されるものとに大別出来る。

一般に、脳血管障害には、高血圧、腎不全、蛋白尿を伴うことが多い。

精神症状は脳血管障害によるものと同時に、その背後に$CS_2$による神経衰弱様状態があると考えられる。

脳血管障害による神経・精神障害の際にみられる重要な他覚的所見は、$CS_2$性網膜症である。

本網膜症の特徴は、微細動脈瘤あるいは点状出血がみられることであって、糖尿病性網膜症に酷似しているが、通常、糖尿病におけるⅢａ（スコット）以上に進行・悪化しない。すなわち、硝子体出血や網膜の増殖性変化をおこさない。

腎症の臨床症状はおおむね慢性糸球体腎炎に類似している。本症は、糖尿病性腎硬化症に酷似した腎病変によるものであるが、糖尿病性のあきらかな糖代謝異常を伴わないことが特徴である。

㈢　腎症、脳血管障害に伴う神経・精神障害のいずれの場合に於てもその症状は非特異的であるから、現症と職歴、家族歴、病歴、過去の特健成績などを総合的に配慮・分析して診断しなければならない。

腎症、脳血管障害いずれの場合にも、$CS_2$性網膜症合併の有無は鑑別診断上の要点となろう。

脳血管障害については、卒中様発作の多くが深い意識障害を伴わず反覆する傾向がみられること、またそれが左右交互にくり返されること、推定される病変が広範囲に及ぶことなどが特徴といえよう。

また、脳波所見に$CS_2$にやや特異な異常がみられるという。

二　記の一の㈡について

㈠　ここでいう比較的高濃度とは、通常数十ppm以上をさす。

㈡　$CS_2$性多発神経炎の好発部位は、下肢（脛骨および腓骨神経）である。

神経幹に沿った疼痛、圧痛、知覚異常、筋の脱力感、不全麻痺などがおこる。

軽症では圧痛はなく、冷却感、しびれなどいわゆる脚気様症状を訴える。

神経伝導速度、筋電図、クロナキシーなどに異常が認められることがある。

視神経炎によると考えられる眼症状としては、軸性視神経炎あるいは周辺視野の縮小、中心暗点などによる視力障害、角膜知覚の減退、瞳孔反射異常、瞳孔左右不同がある。また、眼底血圧の変化、網膜血圧の上昇を伴う血管痙れん性網膜炎などがみられる場合がある。

貧血については、赤血球減少、血色素量減少、網状赤血球増加など、肝機能異常については、血清全コレステロール増加および全コレステロール・エステル比の低下、血清アルブミン・グロブリン比の低下などが、$CS_2$ばく露歴との関連において注目されている。

㈢　$CS_2$による症状は多様であるから、臨床所見だけから$CS_2$性と診断することは難しい。
臨床所見・検査所見とばく露歴および療養や配転による効果などを総合的・経時的に観察・分析して診断しなければならない。

三　記の一の㈢について

㈠　ここでいう高濃度とは、一般に$10^2$ppmを超える濃度をさす。

㈡　ここでいう$CS_2$性精神異常は、突如として、あるいは頭痛、不眠、不機嫌などの初発症状をもって発症し、意識混濁、せん妄、精神分裂病様あるいは躁うつ病様症状をあらわす。

これらの精神症状は、現に$CS_2$蒸気にさらされている労働者に発症するのが通例である。

㈢ $CS_2$性精神異常の中核となるものは、意識障害であるが、$CS_2$に特異的なものはなく、一般に多種多様である。

$CS_2$環境離脱後比較的短期間に治癒するのが特徴である。従って、ばく露歴と職場離脱後の症状経過の観察とが、診断・鑑別の必須条件となる。

本人の病歴、家族歴が参考となることは当然である。

四　記の二について

㈠ ここでいう濃厚な$CS_2$ばく露とは、$10^3$ppm程度の$CS_2$蒸気に数分ないし数時間のばく露をさす。
㈡ 重症では、突然あるいは興奮性の初発症状に続いて意識喪失、昏睡状態におちいり、死亡することもある。
中等度の場合、酩酊状態、頭痛、むかつき、嘔吐、歩行失調、めまい、多弁、すすりなき、ときには精神的に無反応になる。覚醒後いわゆる二日酔症状を示す。
軽症では、上機嫌、活発に興奮するが、$CS_2$環境離脱後多少の頭痛を残してすみやかに回復する。
㈢ 急性中毒は、事故あるいは作業ミスなど異常な作業下で起るのであるから、その診断は通常困難ではない。すなわち、濃厚な$CS_2$蒸気にばく露されたことが明らかであるか、またはその可能性が充分考えられ、さらに類似の中毒症状をおこす他の有機溶剤などにばく露された可能性が考えられない場合、急性$CS_2$中毒と診断できる。

## 事例

### ○二硫化炭素による中毒

**【事実】**　㈱AのY支社の労働者S（大正七年五月二日生）は昭和二一年六月、同支社に入社以来四四年四月まで人繊部硫炭課に所属し、二硫化炭素の製造作業に従事した。その後は、回収課、技術課に配属となり、それぞれ回収、技術関係に勤務していた。

同人が所属していた硫炭課は、木炭と硫黄を反応釜内で加熱して二硫化炭素を発生させ、それを冷却・精製して硫溶室に供給する職場である。業務内容は粗製工場及び精製室において木炭挿入、硫黄の注入、粗製二硫化炭素の受入れ、払出し、二硫化炭素の比重測定、蒸留精製、排出硫黄の処理、製造装置の定期掃除等であった。

精製工場及び精製室における二硫化炭素の気中濃度は記録上は相対的に微量であるが、最高三二ppmの記録もあった。

同人は昭和四二年頃に手指の振せん、けん忘、四三年にはメニエル氏症候群、肝腫大となり加療、四四年一一月から四五年四月まで体動時には頭重、めまい等が激しくなり、K労災病院に転医し入院加療した。このとき、脳循環障害と診断された。その後、昭和四五年五月から八月までK大学附属病院で通院加療したが、二硫化炭素中毒の疑いと診断された。また、同年八月下旬にK保養院に入院加療したが、このときは慢性血管障害型二硫化炭素中毒兼五十肩と診断された。さらに昭和四六年九月、O病院に入院して行った症状検査でも、自覚症状は頭重、めまい、焦そう感、四肢しびれ感等であり、他覚症状として、瞳孔異常、ロンベルグ症候、著明な足クローヌスは認められなかったが、視野狭窄、乳頭の発赤腫脹等があり、眼底の微細動脈瘤の多発が認められた。これらの成因としては病因論的には、慢性二硫化炭素中毒の疑いが極めて濃厚であり、脳動脈硬化症兼五十肩と診断された。

**【判断】**　微量ながらも長期間（約二三年間）にわたり、二硫化炭素にばく露されていたと推定されること、自覚症状のほか二硫化炭素中毒の特徴の一つである眼底微細動脈瘤の多発が認められること、視野狭窄が認められること等から二硫化炭素中毒と認められるので業務上である（昭四七・二・一四　基収第二八号）。

### ○二硫化炭素ばく露業務に従事し、その影響により発症したとする中毒様症状

**【事実】**　労働者M（昭和八年一二月二三日生）は、昭和二八年五月Kパルプ㈱Y支社に入社以来、原液課浸漬係（パルプ係を含む。）約八カ月、同課粉砕係約六年三カ月、その他機械課旋盤係鳶班約二年一カ月及び熟成室の試用期間二〇日の職歴をもつ者であるが、三七年二月頃から頭がぼんやりしたり、人に逢いたくない状態になったので、同年三月二四日O医院を受診したところ、神経症と診断された。その後も夢のような感じ、頭痛、めまい、人から悪口を言われているような感じの状態が続き暫く就労したが、意欲もなく、同年六月二六日以降会社を休んで通院治療したが、改善されず、同年一〇月四日K大学医学部附属病院T医師の診察を受けた。病名は精神分裂病―破瓜型であった。その後も頭痛、無気力の状態が続くので、働けず、三八年一一月に休職期間が満了し、退職となった。

その後もＭは、頭痛、頭重、舌のこわばり等の症状が続き、昭和四〇年一月前記Ｋ大学附属病院Ｔ医師に精査を受け、器質性脳障害の診断を受け、通院治療を続けた。

監督署長は、①請求人の作業環境についてみるに、二硫化炭素のばく露を受ける可能性を全く否定することはできないが、その濃度、対面率からみてもその影響は極めてうすいものであると考えられる。②請求人の症状についてみるに、二硫化炭素中毒を疑わしめる精神神経症状はあるが、定型的二硫化炭素中毒症とは異なっている点から、二硫化炭素中毒症とは認め難い。

したがって、請求人の疾病は業務上の事由によるものとは認められないとして、保険給付不支給の処分をした。

Ｍは入社以来、多年にわたって、二硫化炭素ガスにさらされる業務に従事してきたために、二硫化炭素中毒になったものであり、これは業務上の事由による疾病であると主張した。

**【裁決】**　(1)　作業関係について、二硫化炭素のばく露を受ける可能性は、請求人就業当時においては相当にあったものと考える。

(2)　症状についてＫ大学医学部附属病院神経精神科Ｔ医師は、昭和四〇年一月以降は器質的脳障害と所見し、患者の諸症状は生来性の特徴としては説明し尽されないものであり、種々の所見を総合して後天的な器質的脳障害であると判断している。Ｋ大学医学部附属病院眼科の医師も眼科所見上、患者の症状は二硫化炭素中毒症状とほぼ一致しているとしている。Ｋ大学Ｔ教授を中心とした教室の意見結果によると、軽度であるが眼瞼、手指等の振せん、左上肢ことに前腕の知覚鈍麻がある。また分裂病に比べて感情の発動が活発豊富であり、対人反応ははるかに良好である点よりみて、精神所見として分裂病と異なった病像であるとする。しかして、二硫化炭素中毒とは必ずしも断定できないが、二硫化炭素との関連は無視できないと所見している。

監督署長も脳の器質的障害が原因となって発症したと判断しているので、その点は一致している。

(3)　請求人の症状は昭和四一年一月よりやや軽快し始め、四月から著明に好転してきたという事実がある。請求人の症状が従来学界で認められていた定型的な二硫化炭素中毒と一致しない点があることが認められ、二硫化炭素中毒症と必ずしも断定できないが、二硫化炭素との関連を医学的に考えて無視し得ない。すなわち、請求人の症状は、二硫化炭素ばく露業務の就業と医学的に因果関係が推認される相当の理由があると判断する。

よって、業務と当該疾病との間に相当因果関係があるものと考えられるから業務上である（昭四三・七・一七　昭四一労第八〇号）。

## 3　その他のりん、硫黄、酸素、窒素及び炭素並びにこれらの無機化合物による疾病

りん、硫黄、酸素、窒素及び炭素並びにこれらの無機化合物で、前記1及び2以外のものによる疾病については、業務上疾病に関する認定の基本的な考え方（上巻第一篇第三章第三節参照）に則って業務上外の認定がなされるべきものである。

これらの化学物質による疾病の認定上特に留意すべき事項は、次のとおりである。

(1)　黄りん（$P_4$）については、本節冒頭にも触れたように、わが国を含む各国における黄りんマッチ製造業において、顎骨壊死等の重篤な中毒の多発をみたことから、大正一〇年に黄燐燐寸製造禁止法が制定され、現在も労働安全衛生法第五五条により黄りんマッチの製造等が禁止されている。

近年では、職業ばく露による急性中毒はほとんどみられず、りんの蒸気の低濃度長期ばく露による慢性中毒が主体である。中毒り患者の吐物や呼気にはニンニク臭があり、また、吐物、糞、尿はりん光を発するので、これらを確認することが認定の参考となる。

(2)　カルシウムシアナミドは、皮膚、粘膜への付着又は粉じんの経気道吸入により健康障害を生ずる。吸収されたカルシウムシアナミドは、体内の二酸化炭素と反応して、炭酸カルシウムとシアナミド（$CN-NH_2$）を形成すると考えられているが、詳細はわかっていない。シアナミドはシアンイオンを遊離しないといわれる。

(3)　シアン化合物は、その毒性の程度により次の三種類に分けられる。

①　シアン化水素（HCN、水溶液はシアン化水素酸又は青酸と呼ばれる。）と同程度の毒性を有するもの

シアン化ナトリウム（別名青酸ナトリウム、青酸ソーダ、青化ソーダ、NaCN）、シアン化カリウム（別名青酸カリ、青化カリウム、KCN）及びシアン化アンモニウム（$NH_4CN$）がある。

② シアン化水素と類似の毒性を有するもの

シアン化塩素（$CNC\ell$）、シアン化臭素（$CNBr$）、シアン化第二水銀（$Hg(CN)_2$）、シアン化亜鉛（$Zn(CN)_2$）、シアン（別名シアノーゲン、ジシアン、（$CN$）$_2$）等がある。

③ その他低毒性のシアン化合物

フェリシアン化カリウム（$K_3Fe(CN)_6$）、フェロシアン化カリウム（$K_4Fe(CN)_6 \cdot 3H_2O$）等がある。

シアン化水素は生体に対して猛毒であり、作用も迅速である。生体侵入は、ガスとしての吸入、液体としての誤飲や皮膚吸収によってなされ、職業的ばく露の大部分はガスの吸入であるが、皮膚からの吸収も少なくない。

シアン化水素の気中濃度と症状発現との間には、おおむね次のような関係がある。

| 気中濃度ppm（mg／ℓ） | 症状 |
|---|---|
| 一八～三六（〇・〇二～〇・〇四） | 数時間のばく露で軽い症状 |
| 四五～五四（〇・〇五～〇・〇六） | 三〇～六〇分のばく露は後に症状を起こすことなしに耐え得る |
| 一一〇～一三五（〇・一二～〇・一五） | 三〇～六〇分のばく露で死亡 |
| 一三五（〇・一五） | 三〇分のばく露で中毒死 |
| 一八一（〇・二） | 一〇分のばく露で死亡 |
| 二七〇（〇・三） | 直ちに致命 |

(4) 低濃度のシアン化水素を比較的徐々に吸入した場合に発生する中毒の病期には、通常次の四期がある。

① 初　期……目、咽頭、気道上部の粘膜が刺激され、チクチクした感じがあり、充血してくる。また、舌の灼熱感がある。呼気は青酸臭を帯び、胸が苦しくなり、頭痛、めまい、吐き気が起こり、呼吸が速くな

り、心臓がドキドキしてくる。

② 喘息期……心臓は次第に弱まり、呼吸が遅くなり呼吸困難を来す。

③ けいれん期……胸の苦しさはますますひどくなり、呼吸困難は増加して意識を失い、間代性けいれんが起こる。

④ 窒息期……瞳孔は開いて呼吸は次第に浅くなり、ついには呼吸が停止して死亡する。

(5) 二酸化硫黄（別名亜硫酸ガス）による疾病には、ガスの吸入による急性中毒と慢性中毒とがある。

二酸化硫黄の気中濃度と急性中毒の症状との間には、およそ次のような関係がある。すなわち、気中濃度が六～一二ppmの低濃度で二酸化硫黄の異臭による不快感とともに上気道の刺激作用による咳嗽が生ずる。二〇ppm前後で眼の刺激作用があり、咳嗽がひどくなる。三〇～四〇ppmで呼吸困難を感じ、五〇～一〇〇ppmでは一時間程は耐え得るが、四〇〇～五〇〇ppmでは短時間のばく露で生命に危険がある。

慢性中毒の発症に係る二酸化硫黄の気中濃度については、必ずしも見解の一致をみていないが、二〇～三〇ppm以上の濃度に長期間さらされることによって生ずるものと考えられ、症状としては、慢性の咳嗽と痰の喀出、呼吸抵抗の上昇、結膜炎、鼻咽頭炎症状等がある。

(6) 二酸化窒素は、ガスの吸入により呼吸器を障害し、大量吸入の場合には肺水腫を起こして死亡することがある。

二酸化窒素の気中濃度とその急性影響との間には、およそ次のような関係がある。

| 気中濃度（ppm） | 影響 |
| --- | --- |
| 一前後 | かすかに臭気を感ずる |
| 五前後 | かなり強い臭気を感ずる |

| | |
|---|---|
| 一〇～一五 | 眼、上気道の刺激 |
| 五〇 | 一分間のばく露で鼻の刺激と呼吸不全が起こる |
| 八〇 | 三～五分のばく露で胸痛が起こる |
| 一〇〇～一五〇 | 三〇～六〇分のばく露で後に肺水腫を起こし、死亡することもある |
| 二〇〇以上 | 瞬間的ばく露で生命に危険がある |

なお、気中濃度が二〇～五〇ppm の二酸化窒素の反復長期吸入により、慢性呼吸器疾患を起こすことがあると考えられている。

(7)　ヒドラジンの蒸気は、眼、上気道を高度に刺激し、液に直接触れると皮膚や眼に激しい薬傷を起こす。全身的な中毒作用については解明されていない。

(8)　ホスゲンは、産業に用いられる化学物質のなかで最も毒性の強いものの一つで、吸入されたガスは徐々に分解されて作用するため吸入時の刺激性が低く、容易に中毒量が吸入される危険がある。吸入後しばらく無症状で、数時間、稀には一二時間程度経過してから肺水腫等を生じてくる。軽症の場合は気管支炎のみの場合もあるが、著しく高濃度のガスを吸入すると、胸部絞扼感、痰、嘔吐等の症状が早い時期にみられ、肺水腫の症状も早く現れる。

ホスゲンの気中濃度と生理学的反応との間には、おおむね次のような関係がある。

| 気中濃度（ppm） | 生理学的反応 |
|---|---|
| 一 | 長期ばく露に耐え得る最高濃度 |
| 一・二五～二・五 | 長期ばく露は生命に危険 |
| 五 | 一分以内のばく露で、咳その他の自覚症状が発現 |

| | |
|---|---|
| 一〇 | 一分以内のばく露で眼及び気道の刺激作用 |
| 一二・五 | 三〇～六〇分の吸入で生命に危険 |
| 二〇 | 一～二分の吸入ですでに肺に重篤な障害 |
| 二五 | 三〇分の吸入ですでに生命の危険 |
| 九〇 | 三〇分以下の吸入で急速に致命 |

ホスゲンの長期間低濃度ばく露では、肺気腫や線維化といった不可逆性の肺の変化を生ずることがある。

(9) ホスフィンのガスは、特異な不快臭があるが、粘膜刺激作用がないため急性中毒が生じやすい。
ホスフィンの気中濃度と生理学的反応との間には、おおむね次のような関係がある。

| 気中濃度（ppm） | 生理学的反応 |
|---|---|
| 一・五～三 | 人が感知できる |
| 一〇〇～二〇〇 | 重篤な症状は認められない |
| 二九〇～四三〇 | 一時間のばく露で生命に危険 |
| 四〇〇～六〇〇 | 三〇～六〇分のばく露で死亡 |
| 二、〇〇〇 | すみやかに死亡 |

ホスフィンの長期間低濃度ばく露により、黄りんによる慢性中毒と同様の症状を呈する。

(10) 硫化水素は、各種工業薬品、農薬、医薬品、溶剤等の製造に係る作業において労働者がばく露するおそれがあるほか、各産業における種々の工程で副産物として多量に生成されており、事故等による急性中毒の発生がみられる。副産物の生成の多い産業としては、石油精製業、石油化学工業、天然ガスプラント、コークス炉、ビスコースレーヨン製造業、クラフト製紙工業等があり、これらのほかにもアスファルト製造工業、食品工業（蛋白分解による。）、澱粉製造工業、油脂製造工業、水産加工業、飼・肥料製造工業、皮革製造工業等においても硫化水素が発生する。また、下水処理場、廃棄物処理場においても多量の硫化水素の発生があり、さらに、土木工事業、建築工事業における掘削作業等に伴って土中より硫化水素の漏出をみることがあり、急性中毒の発生が少なくない。

硫化水素による疾病としては、短時間高濃度ばく露による急性中毒と中等度以上のばく露による亜急性中毒とがあり、長期間低濃度ばく露による慢性中毒はないというのが通説である。

硫化水素の気中濃度と作用又は毒性との間には、おおむね次のような関係がある。

| 気中濃度（ppm） | 作用又は毒性 |
|---|---|
| 〇・〇二五 | 嗅覚で感知し得る限界、ただし、個人差大 |
| 〇・三 | はっきり臭う |
| 三～五 | 中等度の強さの不快臭 |
| 一〇 | 眼の粘膜が刺激される限界、許容濃度、酸素欠乏症等防止規則規制対象下限値 |
| 二〇～四〇 | 強烈に臭うが、耐えられないことはない。肺粘膜刺激の下限 |
| 一〇〇 | 二～一五分のばく露で嗅覚が鈍麻、一時間のばく露で眼、気道の刺激、八～四八時間連続ばく露で死亡することがある |
| 一七〇～三〇〇 | 一時間のばく露で重大な健康障害を起こさない限界 |
| 四〇〇～七〇〇 | 三〇～六〇分のばく露で生命に危険 |
| 八〇〇～九〇〇 | すみやかに意識喪失、呼吸停止、死亡 |

一、〇〇〇　　　　直ちに意識喪失、死亡

急性中毒は、気中濃度が五〇〇〜七〇〇ppmより高い硫化水素へのばく露により生ずるが、呼吸量（労働強度）の大小により影響され、運動量が大きければより短時間又は低い気中濃度で中毒を生ずる。五〇〇〜七〇〇ppm程度のばく露時の症状は、興奮状態、過呼吸となり、頭痛、めまい、歩行障害等が急速に進行し、重症例の多くに不整脈、けいれん、冷汗、流涎等が認められる。この段階で救出され、人工呼吸等適切な措置が行われれば後遺症なく回復することが多い。

亜急性中毒は、気中濃度が数十〜七〇〇ppm程度の硫化水素へのばく露により生じ得るもので、眼及び呼吸器粘膜の刺激作用が主体をなす。

**事例**

○黄燐精製工の燐中毒による燐骨疽

**【事実】**　R化学工業㈱黄燐精製工Tは、昭和一六年以来、その間六カ月の電炉工としての作業期間内を除き引き続き黄燐精製に従事した。

昭和二七年一二月、右下顎第七歯の冷熱反応及び歯痛の自覚症があり、治療を継続したが、二八年五月該歯の根幹に病巣が生じ、腫脹により開口困難となったので、抜歯を行った。しかし歯痛が止まず、六月に転医して急性顎炎と診断され治療を受けたが症状は悪化し、第八歯にも波及しこれを抜歯した。七月、エックス線撮影により右下顎骨深部に腐骨様陰影の存在を認めたが、同時に第六歯も炎症により抜去するに至った。各抜歯創は悪臭を伴う汚穢黒褐色の膿汁で充たされており、七月末「燐骨疽」と診断のうえ、入院切開手術施行、その後良好の経過を辿った。

当該作業場の黄燐精製過程において、粗製燐を水を満たした分離タンクに投入し、加熱操作を行う際に微細燐分が一部酸化して、水蒸気とともに上昇するので吸引排気装置により処理しているが、その一部が長年月中に蓄積されて有害作用を及ぼすことが考えられる。

【判断】　本件労働者の燐骨疽は当該作用条件、作業従事期間、症状経過等から燐中毒によるものとして認められるから業務上である（昭二八・一二・二　基収第六四一三号）。

○亜硫酸ガス吸入による歯牙酸蝕症

【事実】　硫黄採集業を営むS鉱山の労働者四七名について調査したところ、そのうち一九名に亜硫酸ガスによると思われる歯牙知覚過敏症ないし磨滅消耗症を認めたが、職場別には製錬及び採鉱がそのほとんどを占め、勤務年数別には早期障害は就業一年内からすでに認められ、半年毎に漸増して琺瑯質の脱灰、磨耗消失、着色が起こり、四ないし五年に最も多く、また、歯髄の露出も認めた。

部位的には亜硫酸ガスを含む外気にさらされやすい前歯部に初発し、下顎に多くみられ、小大臼歯部に及んでいる。作業現場における大気中の亜硫酸ガス定量試験の結果は一cc中〇・〇四六三九一mgでRongani氏による有毒ガスの毒性判定基準（〇・一mg／cc）に達しないが、持続的の酸性蒸気吸入に起因して発生する歯牙疾患と認められる。

【判断】　亜硫酸ガスによるものと認め、主として門歯に特有な歯牙酸蝕症の症状を呈し、歯牙の磨滅消耗により象牙質が露出するに至ったものであるから業務上である（昭二八・三・二三　基収第三五六号）。

○鉱滓の処理運搬作業に従事する労働者の亜硫酸ガスによる中毒性気管支炎

【事実】　N化学工業㈱の硫酸の鉱滓処理運搬を請け負うM興業㈱の従業員Y（三九歳）は、過去五年三カ月間にわたり、鉱滓の処理運搬に従事してきたところ、最近咳がはなはだしく、寝汗をかき、左胸部及び左背部に圧痛を感じたので、受診し、エックス線写真で左胸下に樹枝状の陰影を認められ、じん肺並びに乾性胸膜炎と診断された。

また、エックス線写真を見た他の医師の意見では、胸膜炎にり患した痕跡は認められるがじん肺所見は明確でない、とのことである。

Yの作業現場の環境条件は、残滓出口より残滓を出しているとき一八～二〇ppm、溶焼炉を設置している建物内は九ppm、また、鉱滓運搬中は五ppmの亜硫酸ガスが発生しており、その他の有毒ガスについては不明である。またかつては、残滓と同色の喀痰の出る労働者が多かったが、約一年前から保護マスクを使用したところ、減少してきているとのことである。

【判断】　本件労働者の中毒性気管支炎は、作業環境条件、症状等から亜硫酸ガスによるものと認められるから業務上であ

る（昭二六・八・一三　基収第三八一六号）。

○亜硫酸ガスによる胸膜炎

**【事実】**　N商会（建築請負業）のスレート工I（二五歳）は、昭和三四年二月二〇日、U㈱硫酸工場の屋根スレート張替作業中、同工場の吸収塔排出口より排出される亜硫酸ガスを吸入した。

当日作業終了後頭痛感があり、その後咳嗽、発熱等の症状のまま五日間（二月二五日迄）作業を行ったが、二月二六日、二七日の両日は気分悪く、頭痛、発熱等のため欠勤、翌二八日に医師に受診して湿性胸膜炎と診断された。

なお、その後の症状経過は良好であり、三月一一日入院のうえ、ストマイ、パス等の化学療法による治療を受け、六月三〇日退院、九月一日より就業している。

主治医の意見　亜硫酸ガスと胸膜炎の関係については、これが起因性はないものと考えられるが、あるいは強いガスの発散する当時の悪条件下において、本人の疲労に加えて気管支炎、肺炎等の症状があり、これにガスを吸引したことが原因して二次的に胸膜炎を惹起したものと考えられないこともない。

**【判断】**　亜硫酸ガスの被ばくを受けたことは認められるが、その症状経過において肺炎の症状が確認されず、その発症の仕方等から結核性胸膜炎の自然発症とも考えられ、当該ガス吸入と胸膜炎との間に相当因果関係が認められないから業務外である（昭三五・五・一九　三四基収第八七六六号）。

## 五　有機化合物による疾病

### ㈠　症状又は障害

有機化合物による業務上の疾病としては、告示により、次の表の上欄の化学物質に応じ、それぞれ中欄の症状又は障害を主たる症状又は障害とする疾病が示されており、それらの症状又は障害の内容は下欄のとおりである。

| 化学物質 | | | 症状又は障害 | 症状又は障害の内容 |
|---|---|---|---|---|
| 脂肪族化合物 | 脂肪族炭化水素及びそのハロゲン化合物 | 塩化ビニル | 頭痛、めまい、嘔吐等の自覚症状 | 頭重、頭痛、悪心、嘔吐、倦怠感、易疲労感、めまい等の自覚症状 |
| | | | 皮膚障害 | 強皮症様皮膚変化、皮膚の局所性肥厚、皮膚紋画症 |
| | | | 中枢神経系抑制 | 中枢神経の機能が初期亢進から減弱・制止に至る過程の状態（興奮・抑制・まひへと進行） |
| | | | レイノー現象 | 末梢血管の一過性収縮により手指等に起こる蒼白発作 |
| | | | 指端骨溶解 | 指骨の末端の変形、欠損、消失（末期には手指の末節の短縮） |
| | | | 門脈圧亢進 | 門脈系の一部に狭窄ないし閉塞が生じて起こる末梢側の静脈圧の亢進 |
| | | | その他 | 肝血管肉腫、肝脾腫、血小板減少 |
| | | 塩化メチル | 頭痛、めまい、嘔吐等の自覚症状 | 頭重、頭痛、悪心、嘔吐、倦怠感、易疲労感、めまい等の自覚症状 |
| | | | 中枢神経系抑制 | 前記「塩化ビニル」の欄参照 |
| | | | 視覚障害、言語障害、協調運動障害等の神経障害 | 視覚障害：視覚低下、複視等<br>言語障害：どもり、言語不明瞭、会話速度の遅延等<br>協調運動障害：体の筋肉相互の調整を行っている神経系の異常のために合目的的な運動ができなくなること（歩行失調等）<br>その他：四肢のしびれ感、振せん、平衡障害等 |
| | | | 肝障害 | 肝の脂肪変性、肝腫大、黄疸等 |
| | | | その他 | 腎障害、皮膚障害、胃腸障害、記憶力低下・失見当識・せん妄・記憶喪失等の精神障害 |

| 脂肪族化合物 | | |
|---|---|---|
| 脂肪族炭化水素及びそのハロゲン化合物 | | |
| クロロプレン | 中枢神経系抑制<br>前眼部障害<br>気道・肺障害<br>肝障害<br>その他 | 前記「塩化ビニル」の欄参照<br>結膜炎、角膜壊死等<br>鼻と気道の刺激症状、肺のうっ血・気腫性変化、肺水腫等<br>黄疸指数の増加、肝のうっ血、出血性壊死等<br>皮膚障害、腎障害 |
| ＊＊クロロホルム | 頭痛、めまい、嘔吐等の自覚症状<br>中枢神経系抑制<br>肝障害<br>その他 | 頭重、頭痛、悪心、嘔吐、倦怠感、易疲労感、めまい等の自覚症状<br>前記「塩化ビニル」の欄参照<br>肝の肥大、中毒性壊死等<br>腎障害、皮膚障害、胃腸障害 |
| ＊＊四塩化炭素 | 頭痛、めまい、嘔吐等の自覚症状<br>中枢神経系抑制<br>肝障害<br>その他 | 頭重、頭痛、悪心、嘔吐、倦怠感、易疲労感、めまい等の自覚症状<br>前記「塩化ビニル」の欄参照<br>肝の中心壊死・出血・脂肪変性、黄疸、肝腫大等<br>腎障害、胃腸障害 |
| ＊＊一・二―ジクロルエタン(別名二塩化エチレン) | 頭痛、めまい、嘔吐等の自覚症状<br>中枢神経系抑制<br>前眼部障害 | 頭重、頭痛、悪心、嘔吐、倦怠感、易疲労感、めまい等の自覚症状<br>前記「塩化ビニル」の欄参照<br>結膜炎、角膜潰瘍等 |

| 脂肪族化合物 | | |
|---|---|---|
| 脂肪族炭化水素及びそのハロゲン化合物 | | |
| | 気道・肺障害<br>肝障害<br>その他 | 気道の刺激症状、肺水腫等<br>肝腫大、黄疸、中間帯性肝壊死等<br>腎障害、皮膚障害、胃腸障害 |
| ＊一・二―ジクロルエチレン（別名二塩化アセチレン） | 頭痛、めまい、嘔吐等の自覚症状<br>中枢神経系抑制<br>その他 | 頭重、頭痛、悪心、嘔吐、倦怠感、易疲労感、めまい等の自覚症状<br>前記「塩化ビニル」の欄参照<br>皮膚障害、前眼部障害、気道障害 |
| ＊＊ジクロルメタン | 頭痛、めまい、嘔吐等の自覚症状<br>中枢神経系抑制<br>前眼部障害<br>気道・肺障害<br>その他 | 頭重、頭痛、悪心、嘔吐、倦怠感、易疲労感、めまい等の自覚症状<br>前記「塩化ビニル」の欄参照<br>眼の刺激症状、結膜炎、角膜炎等<br>呼吸器粘膜の刺激症状、気管支炎、肺水腫等<br>皮膚障害、幻覚・意識喪失等の精神障害又は意識障害、末梢神経障害 |
| 二・二―ジクロロ―一・一・一―トリフルオロエタン | 肝障害 | 肝障害 |
| 臭化エチル | 中枢神経系抑制<br>気道・肺障害<br>その他 | 前記「塩化ビニル」の欄参照<br>気道の刺激症状、気管支炎、肺水腫<br>肝障害、腎障害 |

| 脂肪族化合物 | | |
|---|---|---|
| 脂肪族炭化水素及びそのハロゲン化合物 | | |
| 臭化メチル | 頭痛、めまい、嘔吐等の自覚症状 | 頭重、頭痛、悪心、嘔吐、倦怠感、易疲労感、めまい等の自覚症状 |
| | 皮膚障害 | 痒疹、紅斑、丘疹、水疱、化学性火傷等 |
| | 気道・肺障害 | 咳、呼吸困難、気管支炎、気管支肺炎、肺水腫等 |
| | 視覚障害、言語障害、協調運動障害、振せん等の神経障害 | 視覚障害：視力減退、霧視、複視、一過性失明等<br>言語障害：発語障害<br>協調運動障害：歩行失調（前記「塩化メチル」の欄参照）<br>振せん：拮抗した筋群が交互に不随意に収縮を繰り返すために生じるふるえ |
| | 性格変化、せん妄、幻覚等の精神障害又は意識障害 | 性格変化：急におこりっぽくなったり、攻撃的になったり、平素の状態よりも楽天的となったり、あきやすくなる等の変化<br>せん妄：前記四(一)「一酸化炭素」の欄〈九七ページ〉参照<br>幻覚：同右<br>その他：記憶喪失、錯乱、多幸症、失見当識、興奮、躁状態、昏睡等 |
| | その他 | 末梢神経障害、肝障害、腎障害 |
| ＊＊一・一・二・二―テトラクロルエタン（別名四塩化アセチレン） | 頭痛、めまい、嘔吐等の自覚症状 | 頭重、頭痛、悪心、嘔吐、倦怠感、易疲労感、めまい等の自覚症状 |
| | 中枢神経系抑制 | 前記「塩化ビニル」の欄参照 |
| | 肝障害 | 肝腫大、黄疸、肝硬変等 |
| | その他 | 腎障害、皮膚障害、気道の刺激症状、振せん、末梢神経障害、胃腸障害 |
| | 頭痛、めまい、嘔吐等の自覚症状 | 頭重、頭痛、悪心、嘔吐、倦怠感、易疲労感、めまい等の自覚症状 |
| | 中枢神経系抑制 | 前記「塩化ビニル」の欄参照 |

| 脂肪族化合物 | | |
|---|---|---|
| 脂肪族炭化水素及びそのハロゲン化合物 | | |
| **テトラクロルエチレン（別名パークロルエチレン） | 前眼部障害 | 結膜炎等 |
| | 気道障害 | 気道の刺激症状 |
| | 肝障害 | 黄疸、肝腫大等 |
| | その他 | 皮膚障害（紅斑、水疱）、腎障害、記憶減退等の精神障害、協調運動障害等の神経障害 |
| *一・一・一―トリクロルエタン | 頭痛、めまい、嘔吐等の自覚症状 | 頭重、頭痛、悪心、嘔吐、倦怠感、易疲労感、めまい等の自覚症状 |
| | 中枢神経系抑制 | 前記「塩化ビニル」の欄参照 |
| | 協調運動障害 | 体の筋肉相互の調整を行っている神経系（小脳等）の障害による、合目的な運動の不能 |
| | その他 | 前眼部障害、気道障害 |
| *一・一・二―トリクロルエタン | 頭痛、めまい、嘔吐等の自覚症状 | 頭重、頭痛、悪心、嘔吐、倦怠感、易疲労感、めまい等の自覚症状 |
| | 前眼部障害 | 結膜炎等 |
| | 気道障害 | 鼻炎、咽頭炎、喉頭炎、気管支炎、喘息等 |
| | その他 | 肝障害、胃腸障害 |
| **トリクロルエチレン | 頭痛、めまい、嘔吐等の自覚症状 | 頭重、頭痛、悪心、嘔吐、倦怠感、易疲労感、めまい等の自覚症状 |
| | 皮膚障害 | 皮膚炎等 |
| | 中枢神経系抑制 | 前記「塩化ビニル」の欄参照 |

| 脂肪族化合物 | | |
|---|---|---|
| 脂肪族炭化水素及びそのハロゲン化合物 | | |
| | 前眼部障害 | 結膜炎等 |
| | 気道・肺障害 | 咽頭痛等の刺激症状、気管支炎、肺水腫等 |
| | 視神経障害 | 球後視神経炎、色神異常、視神経萎縮 |
| | 三叉神経障害 | 三叉神経まひ、顔面紅潮、眼球灼熱感等 |
| | 末梢神経障害 | 四肢末端の知覚異常、下肢倦怠感（前記四㈠「二硫化炭素」の欄〈九九ページ〉参照） |
| | 肝障害 | 黄疸、肝腫大等 |
| | その他 | 記憶減退等の精神障害、自律神経障害、腎障害 |
| ＊ノルマルヘキサン | 末梢神経障害 | 四肢の知覚障害、筋力低下、筋萎縮、歩行障害等（前記四㈠「二硫化炭素」の欄〈九九ページ〉参照） |
| | その他 | 頭痛、めまい、嘔吐等の自覚症状、前眼部障害、中枢神経系抑制（前記「塩化ビニル」の欄参照） |
| 一―ブロモプロパン | 末梢神経障害 | 筋力低下、運動障害等 |
| 二―ブロモプロパン | 生殖機能障害 | 無月経、無精子症及び精子減少症 |
| 沃化メチル | 頭痛、めまい、嘔吐等の自覚症状 | 頭重、頭痛、悪心、嘔吐、倦怠感、易疲労感、めまい等の自覚症状 |
| | 中枢神経系抑制 | 前記「塩化ビニル」の欄参照 |
| | 視覚障害、言語障害、協調運動障害等の神経障害 | 視覚障害：目のかすみ、複視、視野狭窄等<br>言語障害：発声遅延、舌のもつれ、会話障害等<br>協調運動：体のふらつき、歩行失調（前記「塩化メチル」の欄参照）障害 |

| 脂肪族化合物 | | |
|---|---|---|
| | | その他：手足の脱力感、振せん等 |
| | せん妄、躁状態等の精神障害 | せん妄：前記四㈠「一酸化炭素」の欄〈九七ページ〉参照<br>躁状態：精神障害の一種（気分爽快で誇大妄想をもち、話がはずみ、活動的となり、ときにはひどい興奮がみられる。） |
| アルコール、エーテル、アルデヒド、ケトン及びエステル | | |
| アクリル酸エチル | 頭痛、めまい、嘔吐等の自覚症状 | 頭重、頭痛、悪心、嘔吐、倦怠感、易疲労感、めまい等の自覚症状 |
| | 皮膚障害 | 皮膚炎 |
| | 粘膜刺激 | 眼、鼻、喉への強い刺激 |
| アクリル酸ブチル | 皮膚障害 | 皮膚炎 |
| アクロレイン | 皮膚障害 | 皮膚火傷、感作性皮膚炎 |
| | 前眼部障害 | 眼粘膜刺激症状、結膜炎 |
| | 気道・肺障害 | 鼻炎、咽頭炎、気管支カタル、気管支炎、肺水腫等 |
| ＊アセトン | 頭痛、めまい、嘔吐等の自覚症状 | 頭重、頭痛、悪心、嘔吐、倦怠感、易疲労感、めまい等の自覚症状 |
| | 中枢神経系抑制 | 前記「塩化ビニル」の欄参照 |
| | その他 | 皮膚障害、前眼部障害、気道障害 |
| ＊イソアミルアルコール（別名イソペンチルアルコール） | 中枢神経系抑制 | 前記「塩化ビニル」の欄参照 |
| | 前眼部障害 | 眼の刺激症状、結膜炎、複視 |
| | 気道障害 | 鼻・咽頭の刺激症状等 |
| | その他 | 頭痛、めまい、嘔吐等の自覚症状 |

| 化学物質 | 症状又は障害 | 主な症状又は障害 |
|---|---|---|
| 脂肪族化合物 | | |
| アルコール、エーテル、アルデヒド、ケトン及びエステル | | |
| ＊エチルエーテル | 頭痛、めまい、嘔吐等の自覚症状 | 頭重、頭痛、悪心、嘔吐、倦怠感、易疲労感、めまい等の自覚症状 |
| | 中枢神経系抑制 | 前記「塩化ビニル」の欄参照 |
| | その他 | 皮膚障害、気道障害 |
| エチレンクロルヒドリン | 頭痛、めまい、嘔吐等の自覚症状 | 頭重、頭痛、悪心、嘔吐、倦怠感、易疲労感、めまい等の自覚症状 |
| | 前眼部障害 | 眼の刺激症状等 |
| | 気道・肺障害 | 呼吸困難、胸痛、肺水腫等 |
| | 肝障害 | 肝の中毒性壊死 |
| | 腎障害 | 血尿、蛋白尿等 |
| | その他 | 皮膚障害、協調運動障害等 |
| ＊エチレングリコールモノメチルエーテル（別名メチルセロソルブ） | 頭痛、めまい、嘔吐等の自覚症状 | 頭重、頭痛、悪心、嘔吐、倦怠感、易疲労感、めまい等の自覚症状 |
| | 造血器障害 | 血小板減少症、顆粒球増多症を伴う大血球性貧血等 |
| | 振せん | 手の振せん |
| | 協調運動障害 | 歩行失調（歩行運動が円滑に遂行できない状態） |
| | 肝障害 | 肝の脂肪変性 |
| | 腎障害 | 血尿、蛋白尿、腎の変性等 |
| | その他 | 前眼部障害、気道障害 |

| 脂肪族化合物 | | |
|---|---|---|
| アルコール、エーテル、アルデヒド、ケトン及びエステル | | |
| 二・三―エポキシプロピル＝フェニルエーテル | 皮膚障害 | 皮膚炎 |
| グルタルアルデヒド | 皮膚障害 | 接触性皮膚炎 |
| | 前眼部障害 | 眼の刺激症状 |
| | 気道障害 | 喘息 |
| ＊酢酸アミル | 中枢神経系抑制 | 前記「塩化ビニル」の欄参照 |
| | 前眼部障害 | 眼の灼熱感、結膜刺激症状、結膜炎等 |
| | 気道障害 | 鼻・咽頭の刺激症状、咳と胸痛、息切れ、咽頭炎、声門水腫、気管炎等 |
| | その他 | 頭痛、めまい、嘔吐等の自覚症状、皮膚障害、胃腸障害 |
| ＊酢酸エチル | 前眼部障害 | 眼の刺激症状、結膜炎、角膜障害等 |
| | 気道障害 | 気道の刺激症状等 |
| | その他 | 皮膚障害、中枢神経系抑制（前記「塩化ビニル」の欄参照） |
| ＊酢酸ブチル | 前眼部障害 | 結膜炎、角膜障害等 |
| | 気道障害 | 気道の刺激症状等 |
| | その他 | 皮膚障害、中枢神経系抑制（前記「塩化ビニル」の欄参照） |
| ＊酢酸プロピル | 中枢神経系抑制 | 前記「塩化ビニル」の欄参照 |
| | 前眼部障害 | 結膜炎、眼の灼熱感等 |
| | 気道障害 | 鼻と咽頭の刺激症状、咳、呼吸困難、胸部圧迫感等 |

| 脂肪族化合物 | | |
|---|---|---|
| アルコール、エーテル、アルデヒド、ケトン及びエステル | | |
| ＊酢酸メチル | 中枢神経系抑制 | 前記「塩化ビニル」の欄参照 |
| | 視神経障害 | 視神経炎、視神経萎縮、視力低下、弱視、視野狭窄等 |
| | 気道障害 | 上気道の粘膜刺激症状、胸部絞扼感、呼吸困難等 |
| | その他 | 頭痛、めまい、嘔吐等の自覚症状 |
| 二―シアノアクリル酸メチル | 皮膚障害 | 皮膚炎 |
| | 気道障害 | 鼻炎、気管支喘息 |
| | 粘膜刺激 | 眼、鼻への強い刺激 |
| ニトログリコール | 頭痛、めまい、嘔吐等の自覚症状 | 頭重、頭痛、悪心、嘔吐、倦怠感、易疲労感、めまい等の自覚症状 |
| | 狭心症様発作 | 胸内苦悶感、胸部圧迫感、心臓部の痛み、動悸、息切れ等の循環症状を伴った狭心症によく似た発作 |
| ニトログリセリン | 頭痛、めまい、嘔吐等の自覚症状 | 頭重、頭痛、悪心、嘔吐、倦怠感、易疲労感、めまい等の自覚症状 |
| | 狭心症様発作 | 胸内苦悶感、胸部圧迫感、心臓部の痛み、動悸、息切れ等の循環症状を伴った狭心症によく似た発作 |
| 二―ヒドロキシエチルメタクリレート | 皮膚障害 | 皮膚炎 |
| | その他 | 頭痛、めまい、嘔吐等の自覚症状 |
| ホルムアルデヒド | 皮膚障害 | 皮膚の褐色化、接触性皮膚炎、じんま疹、膿疱性小水疱性皮疹、爪の軟化変形を伴う爪床炎等 |
| | 前眼部障害 | 流涙、結膜炎、角膜炎等 |
| | 気道・肺障害 | 鼻炎、咽頭炎、咽頭攣縮、咳、胸部絞扼感、呼吸困難、気管炎、気管支炎、気管支喘息、肺水腫等 |

| 脂肪族化合物 | | |
|---|---|---|
| アルコール、エーテル、アルデヒド、ケトン及びエステル | | |
| メタクリル酸メチル | 皮膚障害 | 皮膚炎 |
| | 気道障害 | 気管支喘息 |
| | 末梢神経障害 | 前記四㈠「二硫化炭素」の欄〈九九ページ〉参照 |
| ＊メチルアルコール | 頭痛、めまい、嘔吐等の自覚症状 | 頭重、頭痛、悪心、嘔吐、倦怠感、易疲労感、めまい等の自覚症状 |
| | 中枢神経系抑制 | 前記「塩化ビニル」の欄参照 |
| | 視神経障害 | 視力低下、視神経萎縮、視神経炎、視野の求心性狭窄等 |
| | 前眼部障害 | 結膜炎等 |
| | 気道・肺障害 | 気管炎、気管支炎、肺充血、肺水腫等 |
| | その他 | 胃腸障害、肝障害 |
| ＊メチルブチルケトン | 頭痛、めまい、嘔吐等の自覚症状 | 頭重、頭痛、悪心、嘔吐、倦怠感、易疲労感、めまい等の自覚症状 |
| | 末梢神経障害 | 四肢末端優位の知覚低下や筋力低下等 |
| | その他 | 気道障害 |
| 硫酸ジメチル | 皮膚障害 | 痒疹（かゆみを伴った湿疹）、皮膚の化学火傷、水疱形成、発赤、浮腫、疼痛を伴う壊死等 |
| | 前眼部障害 | 羞明、流涙、結膜炎、眼瞼浮腫、角膜潰瘍等 |
| | 気道・肺障害 | 鼻炎、咽喉頭炎、声門水腫、咳、呼吸困難、胸痛、気管支炎、肺炎、肺水腫等 |
| | その他 | 中枢神経系抑制、視覚障害、けいれん、肝障害、腎障害 |

| 脂肪族化合物 | | |
|---|---|---|
| その他の脂肪族化合物 | | |
| アクリルアミド | 頭痛、めまい、嘔吐等の自覚症状 | 頭重、頭痛、悪心、嘔吐、倦怠感、易疲労感、めまい等の自覚症状 |
| | 皮膚障害 | 接触性皮膚炎、脱色、落屑、表皮の剥離等 |
| | 協調運動障害 | ちどり足、不安定感覚を伴う前方突進的歩行等の歩行障害（前記「塩化メチル」の欄参照） |
| | 末梢神経障害 | 手指のしびれ感、筋の萎縮と脱力、腱反射の減弱等（前記四㈠「二硫化炭素」の欄〈九九ページ〉参照） |
| | その他 | 振せん、構語障害、自律神経障害、胃腸障害 |
| アクリロニトリル | 頭痛、めまい、嘔吐等の自覚症状 | 頭重、頭痛、悪心、嘔吐、倦怠感、易疲労感、めまい等の自覚症状 |
| | 皮膚障害 | 局所刺激痛（接触部位の疼痛）、発赤、水疱形成、感作性皮膚炎 |
| | 前眼部障害 | 流涙、結膜炎、角膜炎等 |
| | 気道障害 | 鼻粘膜の刺激症状、鼻出血等 |
| | その他 | 中枢神経系抑制、胃腸障害 |
| エチレンイミン | 皮膚障害 | 皮膚の深部に達する火傷、感作性皮膚炎等 |
| | 前眼部障害 | 眼の刺激症状、結膜炎、角膜炎等 |
| | 気道・肺障害 | 鼻・喉の刺激症状、鼻中隔の潰瘍形成、呼吸困難、咳、気管支炎、肺炎、肺水腫等 |
| | 腎障害 | 蛋白尿等 |
| | その他 | 造血器障害、胃腸障害 |

| 脂肪族化合物 | | |
|---|---|---|
| その他の脂肪族化合物 | | |
| エチレンジアミン | 皮膚障害 | 水疱性皮膚炎、皮膚火傷、湿疹、一次刺激性ないし感作性皮膚炎等 |
| | 前眼部障害 | 眼の刺激症状、角膜の障害等 |
| | 気道障害 | 気道粘膜の刺激症状、アレルギー性の鼻炎・喘息等 |
| | その他 | 頭痛、めまい、嘔吐等の自覚症状 |
| エピクロルヒドリン | 皮膚障害 | 激しい水疱形成を伴う皮膚の刺激症状、皮膚火傷、感作性皮膚炎等 |
| | 前眼部障害 | 眼の刺激症状、結膜炎等 |
| | 気道障害 | 気道の刺激症状、喘息様症状等 |
| | 肝障害 | 肝の脂肪変性等 |
| | その他 | 頭痛、めまい、嘔吐等の自覚症状、胃腸障害、腎障害 |
| 酸化エチレン | 頭痛、めまい、嘔吐等の自覚症状 | 頭重、頭痛、悪心、嘔吐、倦怠感、易疲労感、めまい等の自覚症状 |
| | 皮膚障害 | 皮膚火傷、感作性皮膚炎等 |
| | 中枢神経系抑制 | 前記「塩化ビニル」の欄参照 |
| | 前眼部障害 | 眼の刺激症状、結膜炎等 |
| | 気道・肺障害 | 上気道の刺激症状、咳、呼吸困難、肺水腫等 |
| | 造血器障害 | 貧血、血清蛋白量低下、リンパ球増多等 |
| | 末梢神経障害 | 下肢の知覚異常、脱力、腓腹筋けいれん、舌のもつれ等（前記四㈠「二硫化炭素」の欄〈九九ページ〉参照） |
| | その他 | 肝障害、腎障害 |

| 脂肪族化合物 | | |
|---|---|---|
| その他の脂肪族化合物 | | |
| ジアゾメタン | 気道・肺障害 | 咳、肺水腫、肺炎、呼吸困難、気管支喘息等 |
| ジメチルアセトアミド | 肝障害<br>消化器障害 | 反復ばく露による肝障害<br>食道炎、胃炎など |
| ＊ジメチルホルムアミド | 頭痛、めまい、嘔吐等の自覚症状<br>皮膚障害<br>前眼部障害<br>気道障害<br>肝障害<br>胃腸障害 | 頭重、頭痛、悪心、嘔吐、倦怠感、易疲労感、めまい等の自覚症状<br>痒疹、皮膚の落屑等<br>結膜炎等<br>咽頭痛等の気道粘膜刺激症状<br>肝腫大、黄疸、血清ＧＯＴ・ＧＰＴの上昇等<br>疝痛様腹痛（胃痛）、便秘等 |
| チオグリコール酸アンモニウム | 皮膚障害 | 接触性皮膚炎 |
| ヘキサメチレンジイソシアネート | 皮膚障害<br>前眼部障害<br>気道・肺障害 | 皮膚炎<br>眼粘膜への刺激<br>気道炎、気管支炎、気管支喘息、過敏性肺臓炎等 |
| 無水マレイン酸 | 皮膚障害<br>前眼部障害<br>気道障害 | 小水疱性皮膚炎、皮膚火傷、感作性皮膚炎等<br>結膜炎、角膜び爛等<br>咳、気管支炎、喘息様症状等 |
| イソホロンジイソシアネート | 皮膚障害<br>気道障害 | 皮膚炎<br>気管支喘息 |

| 化合物 | 物質 | 障害 | 主な症状 |
|---|---|---|---|
| 脂環式化合物 | ＊シクロヘキサノール | 前眼部障害 | 流涙、結膜炎等 |
| | | 気道障害 | 鼻炎、咽頭炎、喉頭炎、気管支炎、喘息等 |
| | | その他 | 振せん |
| | ＊シクロヘキサノン | 前眼部障害 | 流涙、結膜炎等 |
| | | 気道障害 | 鼻炎、咽頭炎、喉頭炎、気管支炎、喘息等 |
| | | その他 | 中枢神経系抑制 |
| | ジシクロヘキシルメタン－四・'四－ジイソシアネート | 皮膚障害 | 皮膚炎 |
| 芳香族化合物<br>ベンゼン及びその同族体 | ＊キシレン | 頭痛、めまい、嘔吐等の自覚症状 | 頭重、頭痛、悪心、嘔吐、倦怠感、易疲労感、めまい等の自覚症状 |
| | | 中枢神経系抑制 | 前記「塩化ビニル」の欄参照 |
| | | その他 | 皮膚障害、前眼部障害（結膜炎等）、上気道粘膜の刺激症状、末梢神経障害、協調運動障害 |
| | ＊＊スチレン | 頭痛、めまい、嘔吐等の自覚症状 | 頭重、頭痛、悪心、嘔吐、倦怠感、易疲労感、めまい等の自覚症状 |
| | | 皮膚障害 | 脱脂性皮膚炎 |
| | | 前眼部障害 | 結膜炎 |
| | | 視覚障害 | 視野狭窄 |

芳香族化合物

| 分類 | 化学物質 | 疾病 | 症状 |
|---|---|---|---|
| ベンゼン及びその同族体 | | 気道障害 | 鼻、咽喉頭等の粘膜刺激症状 |
| | | 末梢神経障害 | 前記四㈠「二硫化炭素」の欄〈九九ページ〉参照 |
| | ＊トルエン | 頭痛、めまい、嘔吐等の自覚症状 | 頭重、頭痛、悪心、嘔吐、倦怠感、易疲労感、めまい等の自覚症状 |
| | | 中枢神経系抑制 | 前記「塩化ビニル」の欄参照 |
| | | その他 | 協調運動障害、末梢神経障害 |
| | パラ－tert－ブチルフェノール | 皮膚障害 | 皮膚の発赤、腫脹、発疹、潰瘍、色素異常（沈着又は脱失）等 |
| | ＊ベンゼン | 頭痛、めまい、嘔吐等の自覚症状 | 頭重、頭痛、悪心、嘔吐、倦怠感、易疲労感、めまい等の自覚症状 |
| | | 中枢神経系抑制 | 前記「塩化ビニル」の欄参照 |
| | | 再生不良性貧血等の造血器障害 | 再生不良性貧血：末梢血中における汎血球減少症（赤血球、白血球、血小板数のいずれもが減少）、骨髄の低形成を特徴とする疾患<br>その他：白血球減少症、血小板減少症、白血病 |
| | | その他 | 皮膚障害 |
| 芳香族炭化水素のハロゲン化物 | 塩素化ナフタリン | 皮膚障害 | 皮膚痤瘡（クロルアクネ）、接触皮膚炎（光過敏性皮膚炎） |
| | | 肝障害 | 肝腫大、黄疸、肝の黄色萎縮等 |
| | 塩素化ビフェニル（別名PCB） | 皮膚障害 | 皮膚の黄色化、毛孔付近の黒化（黒点）、爪の変色・偏平化、塩素痤瘡（顔面、頸部、胸部、背部等に集簇性の痤瘡様皮疹が多発する）、接触性皮膚炎等 |
| | | 肝障害 | 黄疸、肝腫大等 |

| | | | |
|---|---|---|---|
| 芳香族化合物 | | | |
| 芳香族炭化水素のハロゲン化物 | | その他 | 頭痛、めまい、嘔吐等の自覚症状、前眼部障害、上気道の粘膜刺激症状 |
| | *ベンゼンの塩化物 | 前眼部障害 | 眼の刺激症状、結膜炎等 |
| | | 気道障害 | 鼻の刺激症状、鼻炎等 |
| | | 肝障害 | 黄疸、肝の中毒性壊死等 |
| | | その他 | 腎障害、頭痛、めまい、嘔吐等の自覚症状、皮膚障害 |
| 芳香族化合物のニトロ又はアミノ誘導体 | アニシジン | 頭痛、めまい、嘔吐等の自覚症状 | 頭重、頭痛、悪心、嘔吐、倦怠感、易疲労感、めまい等の自覚症状 |
| | | 皮膚障害 | 皮膚炎 |
| | | 溶血性貧血 | メトヘモグロビンの形成に伴う赤血球崩壊の亢進による溶血性貧血 |
| | | メトヘモグロビン血 | 赤血球中のヘモグロビン（血色素）が酸化を受けてメトヘモグロビンになったために起こる血液変化（悪化、嘔吐、頭痛、チアノーゼ、呼吸困難、興奮、意識混濁、けいれん、意識喪失、失禁等） |
| | アニリン | 頭痛、めまい、嘔吐等の自覚症状 | 頭重、頭痛、悪心、嘔吐、倦怠感、易疲労感、めまい等の自覚症状 |
| | | 溶血性貧血 | メトヘモグロビンの形成に伴う赤血球崩壊の亢進による溶血性貧血 |
| | | メトヘモグロビン血 | 前記「アニシジン」の欄参照 |
| | | その他 | 昏睡等の意識障害、肝障害 |
| | クロルジニトロベンゼン | 皮膚障害 | 感作性皮膚炎 |
| | | 溶血性貧血 | メトヘモグロビンの形成に伴う赤血球崩壊の亢進による溶血性貧血 |
| | | メトヘモグロビン血 | 前記「アニシジン」の欄参照 |

| 芳香族化合物 | | |
|---|---|---|
| 芳香族化合物のニトロ又はアミノ誘導体 | | |
| 四・′四ージアミノジフェニルメタン | 皮膚障害 | 皮膚炎、皮膚過敏症、多型紅斑 |
| | 肝障害 | 中毒性肝障害、胆汁うっ滞 |
| ジニトロフェノール | 頭痛、めまい、嘔吐等の自覚症状 | 頭重、頭痛、悪心、嘔吐、倦怠感、易疲労感、めまい等の自覚症状 |
| | 皮膚障害 | 皮膚の黄染、斑状丘疹様皮疹等 |
| | 代謝亢進 | 外因性の毒物によって基礎代謝（生命保持に必要な最低のエネルギーを産生するための代謝）が異常に亢進するために現れる諸症状の病的変化（発熱、異常発汗、脱力等） |
| | 肝障害 | 代謝亢進による黄疸、肝腫大等 |
| | 腎障害 | 代謝亢進による蛋白尿、血尿、乏尿 |
| | その他 | 甲状腺障害、白内障 |
| ジニトロベンゼン | 溶血性貧血 | メトヘモグロビンの形成に伴う赤血球崩壊の亢進による溶血性貧血 |
| | メトヘモグロビン血 | 前記「アニシジン」の欄参照 |
| | 肝障害 | 黄疸、肝腫大等 |
| | その他 | 頭痛、めまい、嘔吐等の自覚症状、腎障害、皮膚の黄褐色化、チアノーゼ、けいれん発作 |
| ジメチルアニリン | 中枢神経系抑制 | 前記「塩化ビニル」の欄参照 |
| | 溶血性貧血 | メトヘモグロビンの形成に伴う赤血球崩壊の亢進による溶血性貧血 |
| | メトヘモグロビン血 | 前記「アニシジン」の欄参照 |

| 芳香族化合物 | | |
|---|---|---|
| 芳香族化合物のニトロ又はアミノ誘導体 | | |
| トリニトロトルエン（別名TNT） | 皮膚障害<br>溶血性貧血<br>再生不良性貧血等の造血器障害<br>肝障害 | 接触性皮膚炎、皮膚の点状出血等<br>メトヘモグロビンの形成に伴う赤血球崩壊の亢進による溶血性貧血<br>前記「ベンゼン」の欄参照<br>中毒性肝炎、黄疸、肝腫大等 |
| 二・四・六―トリニトロフェニルメチルニトロアミン（別名テトリル） | 皮膚障害<br>前眼部障害<br>気道障害<br>その他 | 紅斑性小水疱性皮膚炎、皮膚・毛髪の黄染<br>結膜炎、角膜炎等<br>咳、胸痛、鼻出血を伴う鼻粘膜の潰瘍形成、気管支炎、喘息等<br>肝障害 |
| トルイジン | 溶血性貧血<br>メトヘモグロビン血<br>その他 | メトヘモグロビンの形成に伴う赤血球崩壊の亢進による溶血性貧血<br>前記「アニシジン」の欄参照<br>一過性の血尿 |
| パラ―トルエンジアミン | 皮膚障害 | 接触性皮膚炎 |
| パラ―ニトロアニリン | 頭痛、めまい、嘔吐等の自覚症状<br>溶血性貧血<br>メトヘモグロビン血<br>肝障害 | 頭重、頭痛、悪心、嘔吐、倦怠感、易疲労感、めまい等の自覚症状<br>メトヘモグロビンの形成に伴う赤血球崩壊の亢進による溶血性貧血<br>前記「アニシジン」の欄参照<br>中毒性肝炎、黄疸、肝腫大等 |

| 芳香族化合物 | | | |
|---|---|---|---|
| 芳香族化合物のニトロ又はアミノ誘導体 | パラ－ニトロクロルベンゼン | 溶血性貧血 | メトヘモグロビンの形成に伴う赤血球崩壊の亢進による溶血性貧血 |
| 芳香族化合物のニトロ又はアミノ誘導体 | パラ－ニトロクロルベンゼン | メトヘモグロビン血 | 前記「アニシジン」の欄参照 |
| 芳香族化合物のニトロ又はアミノ誘導体 | パラ－ニトロクロルベンゼン | その他 | 頭痛、めまい、嘔吐等の自覚症状、皮膚障害（アレルギー性皮膚炎） |
| 芳香族化合物のニトロ又はアミノ誘導体 | ニトロベンゼン | 頭痛、めまい、嘔吐等の自覚症状 | 頭重、頭痛、悪心、嘔吐、倦怠感、易疲労感、めまい等の自覚症状 |
| 芳香族化合物のニトロ又はアミノ誘導体 | ニトロベンゼン | 溶血性貧血 | メトヘモグロビンの形成に伴う赤血球崩壊の亢進による溶血性貧血 |
| 芳香族化合物のニトロ又はアミノ誘導体 | ニトロベンゼン | メトヘモグロビン血 | 前記「アニシジン」の欄参照 |
| 芳香族化合物のニトロ又はアミノ誘導体 | ニトロベンゼン | その他 | 肝障害、末梢神経障害 |
| 芳香族化合物のニトロ又はアミノ誘導体 | パラ－フェニレンジアミン | 皮膚障害 | 顔面、頸部、前腕の丘疹状湿疹、水疱性発疹等 |
| 芳香族化合物のニトロ又はアミノ誘導体 | パラ－フェニレンジアミン | 前眼部障害 | 結膜炎、角膜炎、眼瞼浮腫等 |
| 芳香族化合物のニトロ又はアミノ誘導体 | パラ－フェニレンジアミン | 気道障害 | 鼻炎等 |
| 芳香族化合物のニトロ又はアミノ誘導体 | パラ－フェニレンジアミン | その他 | 頭痛、めまい、嘔吐等の自覚症状、メトヘモグロビン血 |
| 芳香族化合物のニトロ又はアミノ誘導体 | フェネチジン | 皮膚障害 | 接触性皮膚炎、掻痒感、発疹等 |
| 芳香族化合物のニトロ又はアミノ誘導体 | フェネチジン | 溶血性貧血 | メトヘモグロビンの形成に伴う赤血球崩壊の亢進による溶血性貧血 |
| 芳香族化合物のニトロ又はアミノ誘導体 | フェネチジン | メトヘモグロビン血 | 前記「アニシジン」の欄参照 |
| その他の芳香族化合物 | *クレゾール | 皮膚障害 | 皮膚の化学火傷、感作性皮膚炎 |
| その他の芳香族化合物 | *クレゾール | 前眼部障害 | 結膜火傷、角膜壊死等 |
| その他の芳香族化合物 | *クレゾール | 気道・肺障害 | 気道粘膜の刺激症状、呼吸困難、肺水腫等 |
| その他の芳香族化合物 | *クレゾール | その他 | 肝障害、腎障害 |

| 芳香族化合物 | | |
|---|---|---|
| その他の芳香族化合物 | | |
| クロルヘキシジン | 皮膚障害 | 皮膚炎、じん麻疹等 |
| | 気道障害 | 呼吸困難、気管支喘息 |
| | アナフィラキシー反応 | 急激な血圧低下、循環不全等のアナフィラキシーショック |
| トリレンジイソシアネート（別名ＴＤＩ） | 皮膚障害 | 皮膚の化学火傷（紅斑性、水疱性皮疹） |
| | 前眼部障害 | 流涙、眼の粘膜刺激症状、結膜炎等 |
| | 気道・肺障害 | 鼻炎、咽頭痛、咳、呼吸困難、胸部絞扼感、気管支炎、肺炎、肺水腫等 |
| 一・五―ナフチレンジイソシアネート | 前眼部障害 | 眼の粘膜刺激症状 |
| | 気道障害 | 咳、咽頭炎、気管支炎、気管支喘息 |
| ビスフェノールＡ型及びＦ型エポキシ樹脂 | 皮膚障害 | 皮膚炎 |
| ヒドロキノン | 皮膚障害 | 皮膚炎、色素異常（脱失） |
| フェニルフェノール | 皮膚障害 | 皮膚炎、じん麻疹、皮膚白斑症 |
| フェノール（別名石炭酸） | 頭痛、めまい、嘔吐等の自覚症状 | 頭重、頭痛、悪心、嘔吐、倦怠感、易疲労感、めまい等の自覚症状 |
| | 皮膚障害 | ばく露部位の変色（黄褐色）、疼痛感、重度の火傷（組織壊死）等 |
| | 前眼部障害 | 結膜火傷、角膜壊死等 |
| | 気道・肺障害 | 咳、呼吸困難、肺炎、肺水腫等 |

| 芳香族化合物 | | |
|---|---|---|
| その他の芳香族化合物 | | |
| | その他 | 肝障害、腎障害 |
| オルト―フタロジニトリル | 頭痛、めまい、嘔吐等の自覚症状 | 頭重、頭痛、悪心、嘔吐、倦怠感、易疲労感、めまい等の自覚症状 |
| | 意識喪失を伴うけいれん | 特に前駆症状がなく、突然起こる激しいてんかん様発作 |
| ベンゾトリクロライド | 皮膚障害 | 皮膚のゆうぜい（いぼ）、色素沈着等 |
| | 気道障害 | 鼻汁、鼻出血、副鼻腔炎、嗅覚脱失、鼻ポリープ、咳、胸痛等 |
| 無水トリメリット酸 | 気道・肺障害 | 鼻炎、喘息、肺水腫等 |
| | 溶血性貧血 | メトヘモグロビンの形成に伴う赤血球崩壊の亢進による溶血性貧血 |
| | その他 | 発熱、倦怠感等 |
| 無水フタル酸 | 皮膚障害 | 皮膚の発赤、化学火傷、接触性皮膚炎等 |
| | 前眼部障害 | 流涙、結膜炎、角膜火傷等 |
| | 気道・肺障害 | 鼻出血、鼻粘膜潰瘍、嗅覚脱失、嗄声、咳、気管支炎、喘息、肺水腫等 |
| メチレンビスフェニルイソシアネート（別名ＭＤＩ） | 皮膚障害 | 皮膚の化学火傷等 |
| | 前眼部障害 | 眼粘膜の刺激症状、結膜炎等 |
| | 気道障害 | 鼻炎、咽頭の刺激症状、喘息等 |
| 四―メトキシフェノール | 皮膚障害 | 皮膚白斑症 |
| りん酸トリ―オルト―クレジル | 末梢神経障害 | 上下肢の運動まひ、四肢の異常感覚、筋の萎縮と脱力、腱反射の減弱等（前記四㈠「二硫化炭素」の欄〈九九ページ〉参照） |

| | | | |
|---|---|---|---|
| 芳香族化合物／その他の芳香族化合物 | | その他 | （経口摂取の場合）悪心、嘔吐、腹痛、下痢等の胃腸傷害 |
| | レゾルシン | 皮膚障害 | 掻痒感、接触性皮膚炎、浮腫等 |
| | | 前眼部障害 | 眼粘膜の刺激症状、結膜炎等 |
| | | 気道障害 | 咽喉頭炎等 |
| | | その他 | 意識喪失を伴うけいれん、貧血、メトヘモグロビン血 |
| 複素環式化合物 | ＊＊一・四―ジオキサン | 頭痛、めまい、嘔吐等の自覚症状 | 頭重、頭痛、悪心、嘔吐、倦怠感、易疲労感、めまい等の自覚症状 |
| | | 前眼部障害 | 眼粘膜の刺激症状 |
| | | 気道・肺障害 | 気道粘膜の刺激症状 |
| | | その他 | 中枢神経系抑制、肝障害、腎障害 |
| | ＊テトラヒドロフラン | 頭痛、めまい、嘔吐等の自覚症状 | 頭重、頭痛、悪心、嘔吐、倦怠感、易疲労感、めまい等の自覚症状 |
| | | 皮膚障害 | 皮膚炎 |
| | | その他 | 眼及び鼻・咽喉頭等の粘膜の刺激症状 |
| | ピリジン | 頭痛、めまい、嘔吐等の自覚症状 | 頭重、頭痛、悪心、嘔吐、倦怠感、易疲労感、めまい等の自覚症状 |
| | | 皮膚障害 | 乾性・鱗状性・き裂性皮膚炎、紅斑、痒疹、湿疹及び化学火傷 |
| | | 前眼部障害 | 眼粘膜の刺激症状、結膜炎等 |
| | | 気道障害 | 喘息様の呼吸を伴う気道の刺激症状 |
| | | その他 | 中枢神経系抑制、肝障害、腎障害 |

| | | | |
|---|---|---|---|
| 複素環式化合物 | ヘキサヒドロ—一・三・五—トリニトロ—一・三・五—トリアジン | 頭痛、めまい、嘔吐等の自覚症状<br>意識喪失を伴うけいれん | 頭重、頭痛、悪心、嘔吐、倦怠感、易疲労感、めまい等の自覚症状<br>意識喪失を伴うけいれん |

（表中の＊印を付した化学物質は、有機溶剤として用いられる化学物質で、これによる疾病の業務上外の認定については、後記㈡２〈一五〇ページ〉を参照のこと。また、＊＊印は平成二六年、特別有機溶剤として新たに指定された物質である。特別有機溶剤は、有機溶剤であってがん等の労働者に重篤な健康障害を及ぼすおそれのあるものについて、特定化学物質として規制強化されたものである。）

## ㈡　業務上外の認定について

有機化合物による疾病に関して、塩化ビニル、有機溶剤、芳香族化合物のニトロ又はアミノ誘導体による疾病について認定基準が示されている。

### １　塩化ビニルによる疾病

塩化ビニルによる疾病については、急性の高濃度ばく露による中毒等一部のものを除き、一般に、業務起因性の判断が難しいものが多い。したがって、認定に当たっては、職歴、作業内容、ばく露した化学物質の種類、ばく露濃度及び期間等について詳細な把握が必要であるとともに、臨床所見、臨床経過、病理所見等についての精査が必要である。

塩化ビニルによる疾病の認定については、次の通達がある。

## 【塩化ビニルばく露作業従事労働者に生じた疾病の業務上外の認定について（昭五一・七・二九　基発第五五六号、改正：平二五・一〇・一　基発一〇〇一第八号）】

標記については、さきに昭和五〇年九月一一日付け基発第五三四号「塩化ビニルによる障害の防止及び労災補償の取扱いについて」をもって指示したところであるが、その後本省において「塩化ビニル障害に関する専門家会議」を設け、塩化ビニルモノマーによる健康障害全般について検討を行ってきたところである。

今般、同専門家会議からその検討結果をとりまとめ別添の報告書が提出されたので、これに基づき塩化ビニルによる疾病にかかる労災認定については、今後、下記により取り扱うこととしたので事務処理に遺漏のないようにされたい。

なお、この通達により業務起因性が認められる疾病のうち肝血管肉腫については、労働基準法施行規則別表第一の二第七号10、肝血管肉腫以外の疾病については同別表第四号の規定に基づく労働省告示第三六号表中に掲げる塩化ビニルによる疾病に該当するものとして取り扱い、この通達により判断することが困難な事案については関係資料を添えて本省にりん伺されたい。

記

第一　塩化ビニルによる健康障害について

塩化ビニルモノマー（以下単に「塩化ビニル」という。）重合工程等において塩化ビニルにばく露する作業に従事した労働者に発生した疾病の主なものは以下のとおりである。

一　急性ばく露による障害

めまい、羞明、吐気、見当識障害等の自他覚症状を伴う中毒症状のほか、急性の高濃度ばく露による中毒症状としては重症の不整脈、虚脱、意識喪失、あるいは死亡に至った例がある。

二　慢性ばく露による障害
長期反復ばく露による障害としては、以下に掲げるものが知られている。
㈠　肝血管肉腫
㈡　次のものを伴う肝脾症候群（上記㈠を除く。）
イ　肝脾腫
ロ　食道及び胃の静脈瘤
ハ　門脈圧亢進
ニ　血小板減少等
㈢　指端骨溶解（レイノー様現象を伴うことがある。）
㈣　強皮症様皮膚病変（レイノー様現象を伴うことがある。）

第二　塩化ビニルばく露作業従事労働者に発生した疾病の業務上外の認定について

一　悪性腫瘍の取扱い
㈠　肝血管肉腫
塩化ビニルばく露作業従事労働者に発生した肝血管肉腫であって、次のイおよびロのいずれの要件をも満たすものについては、労働基準法施行規則別表第一の二第七号10に掲げる疾病に該当するものとして取り扱うこと。
イ　塩化ビニル重合工程における塩化ビニルばく露作業従事歴が四年以上の者に発生したものであること。
ロ　原発性のものであること。
ただし、肝血管肉腫についてはその発生と塩化ビニルへのばく露との関連について専門的検討を加える必要があるので、当分の間、作業内容、従事期間、ばく露した化合物の種類、ばく露の程度、症状（病理組織学的検査、剖検等の所見を含む。）等を調査のうえ本省にりん伺すること。
㈡　上記㈠以外の悪性腫瘍
塩化ビニルばく露作業従事労働者に発生した悪性腫瘍のうち、肝血管肉腫以外の腫瘍については、現時点ではその発生と塩化ビニルへのばく露との関連が必ずしも明らかでなく、個々の事案について慎重な検討を要するので、作業内容、従事期間、ばく露した化合物の種類、ばく露の程度、症状（病理組織学的検査、剖検等の所見を含む。）等を調査のうえ本省にりん伺すること。

二　肝脾症候群（上記一の悪性腫瘍を除く。）の取扱い

塩化ビニルばく露作業従事労働者に発生した肝脾症候群については、前記第一－二－(二)に掲げる症状を伴うことがあるほかは慢性ウイルス性肝炎、アルコール性肝炎又は肝硬変に伴う肝脾症候群との鑑別が困難であり、その発生と塩化ビニルへのばく露との関連について専門的検討を加える必要があるので、作業内容、従事期間、ばく露した化合物の種類、ばく露の程度、症状（肝機能検査、血液検査等の臨床検査、病理組織学的検査、剖検等の所見を含む。）等を調査のうえ本省にりん伺すること。

なお、専門家会議中間報告書では、肝脾症候群にかかる臨床診断については、検査設備の整った基幹病院で肝機能検査・末梢血液検査、上部消化管レントゲン検査・肝脾シンチグラム等及び必要な場合には本人の希望により又は同意を得たうえで腹腔鏡検査・肝生検・選択的動脈撮影等を段階的に実施することが望ましいとされているが、労災保険の給付請求にかかる事案の処理についてとくに留意すること。

三　上記一及び二以外の疾病の取扱い

塩化ビニルばく露作業従事労働者に発生した疾病のうち、次の(一)から(三)までに該当するものであって、医学上療養を必要とするものについては、当該業務以外の原因によるものと判断される場合を除き、労働基準法施行規則別表第一の二第四号の規定に基づく労働省告示第三六号表中に掲げる塩化ビニルによる疾病として取り扱うこと（ここでいう「塩化ビニルばく露作業」とは、作業環境が大幅に改善されるよりも以前のばく露条件下における作業と同程度のものをいい、作業環境が昭和五〇年六月二日付け基発第三四八号通達で示されている管理濃度以下に改善された後においては一般に下記のような疾病は発生しにくいものである。）。

(一)　指端骨溶解

(二)　強皮症様皮膚病変

(三)　急性ばく露による障害（前記第一の一）

なお、指端骨溶解については、症状が固定している場合は「障害等級認定基準」（昭和五〇年九月三〇日付け基発第

五六五号）により取り扱うこととなる。

## 事例

### ○塩化ビニルモノマーの充填作業に従事して発生した門脈圧亢進症

**【事実】**　一　塩化ビニルを取り扱う業務への従事歴

労働者Ｊ（四〇歳）は、昭和三二年九月にＫ工業㈱に検査係として入社し四年八カ月の間、塩化ビニルモノマー（以下「ＶＣＭ」という。）が充填されたボンベからビュレットに一定量を採取し、濃度検査をする（屋内）作業に従事した。

このＶＣＭサンプル採取作業は、採取に先立ちＶＣＭボンベ内抜出管に侵入していたＶＣＭ溶液（約一〇㎖）を大気中に放出する過程を含み、この作業は日に二〇個ないし三〇個の一、〇〇〇㎏ＶＣＭボンベについて二、三人の作業員で行われたが、昭和三五年頃から昭和三七年三月までの約二年間は、ほぼ毎年この作業に従事しＶＣＭ特有の匂いが記憶されており、また、屋内作業であったこと等からかなりの程度のＶＣＭばく露があったと推定される。

昭和三七年四月からは、整備係に配置され、ＶＣＭを入れていたことのある空容器の残圧、漏洩等の検査やその容器（通常一、〇〇〇㎏ボンベ）にＶＣＭを充填する作業に六年四カ月従事していた。

さらに昭和四三年一一月から一年九カ月間は、昭和三七年から昭和四三年当時よりも頻度は少ないが、ＶＣＭをボンベに充填する作業に従事していた。

このＶＣＭのボンベ充填作業では、充填済みのボンベのジョイント取外しを、多い時期では年間七〇〇本から八〇〇本のボンベについて行い、ボンベの残圧検査では、ボンベのＶＣＭ充填に先立ってその残圧の確認をＶＣＭの噴出音と匂いにより行っていたもので、これは屋外作業であったが、短時間ずつながらかなり高濃度のＶＣＭを吸入したものと推定される。

二　症状経過

イ　昭和五〇年一一月五日の塩化ビニル特殊健康診断で脾腫の存在を指摘され、昭和五一年二月Ｓ大学医学部附属病院第三内科を外来受診し、精密検査と治療の目的で同年六月二八日同内科に入院した。当人は、入院した年の二、三年前頃から時々食後膨満感、肩こり、及び軽度心窩痛をきたすこと以外特に自覚症状はなかった。

ロ　前記の六月二八日及び同年七月二二日の精密検査で、血小板減少、食道、胃の静脈瘤及び脾腫を認めた。入院中、食道静脈瘤と脾腫を伴った門脈圧亢進症（三八〇㎜水柱）があり、同時に血清ビリルビン、トランスアミナーゼ、アルカリフォスファターゼは、いずれも正常域にあり、血清蛋白異常も認められなかったがγ-GTPの軽度上昇、ICG及びBSPの軽度停滞や血小板減少（七万）がみられた。

ハ　昭和五一年八月一一日、開腹術が行われたが門脈圧が亢進しており脾摘出（脾重量は一、二二五g）及び食道離断術が行われ、同時に肝の木楔生検が行われた。病理組織学的には、肝生検材料では、門脈域を中心とした線維症がみられ、一部では三宅乙型肝硬変に似た像がみられた。さらにVCM障害肝の特徴とも目される類洞壁細胞の変化として、核の腫大、輪廓不整、核質の粗大化と増加（核DNA量の増加を確認）、核細胞質比の増大を軽度に示すものが散見された。

ニ　前記の術後、食道静脈瘤は消失し、血小板も改善した。

ホ　同年一〇月三日退院となった。

**【判断】**　本症例の門脈圧亢進症の原因につき考察すると、医学上、検索結果からはこれに該当する既知の疾病は明らかでなく、一方で本症例の類洞壁細胞の変化とVCMばく露歴を勘案するとき、本件疾病はVCMと深いかかわり合いをもったものと考えられるので、業務に起因した疾病として取り扱うのが妥当と判断され、業務上である（昭亖・三・七　基収第四一六号）。

## ○塩化ビニル重合工程従事労働者の門脈圧亢進症

**【事実】**　M化学工業㈱N工場内K工業の労働者S（四七歳）は、昭和三九年二月から昭和四九年一〇月までの約一〇年八カ月間、塩化ビニル樹脂製造工程のうちの重合反応槽内の清掃作業に従事した。この作業は、数名が一組となって反応槽に入り、反応槽の内部に残った塩化ビニル樹脂を取り除くもので、この際、残留した未反応の塩化ビニルモノマーのばく露を受けた。

当人は、N工場において昭和四九年七月の定期健康診断を実施した際に肝臓の要精検対象となり、同年一一月二五日N大学病院に入院のうえ検査を受けて「門脈圧亢進症」と診断され、胃上部切除及び脾摘出手術を受けた。

塩化ビニルモノマーばく露労働者における肝脾症候群としては、肝血管肉腫、肝脾腫、食道及び胃の静脈瘤、門脈圧亢進、血小板減少、色素排泄遅延、アルカリフォスファターゼ活性の上昇等が報告されており、また、肝の病理組織学的所見としては、米国のPopperらによると静脈洞内皮細胞の増生・異型化、被膜下・門脈域・洞内皮下の線維症及び静脈洞の拡大があり、症例については肝悪性腫瘍に進展するものもあるとしている。

本症例においては、肝脾腫、食道静脈瘤、門脈枝の組織学的変化等門脈圧亢進に関連した変化がみられた。しかし、門脈圧亢進症をきたす肝脾疾患群のうち肝硬変、アルコール性肝障害、いわゆるバンチ症候群及び一部の肝蓄積症等は本症例では否定される。この症例では、血小板減少、色素排泄遅延、アルカリフォスファターゼ活性の上昇がみられた。肝生検標本において、本症例はPopperらの主張する塩ビによる肝障害の病理組織学的特徴には乏しいが、洞内皮細胞の形態については彼らの呈示する症例のものとの間に部分的な類似点を見いだし得る。本人が長期にわたり高濃度の塩ビモノマーにばく露してきた既往と前記の諸点を併せて考察すると、少なくとも本症例の門脈圧亢進の発症には、現時点ではまず塩ビばく露との関連性が深いと考えられる。

**【判断】**　本件は、業務上の疾病と判断された（昭五〇・八・三〇基収第二九九号）。

○塩化ビニルばく露作業従事労働者の死亡

**【事実】**　T㈱M工場の労働者Y（大正一四年四月一七日生）は、昭和二六年一月に塩化ビニル部門ニポリット係に配置されて以来、昭和五四年二月までの約二七年三カ月（休業期間を除く。）、塩化ビニル重合作業場所における作業に従事した。この間、昭和二六年一月から昭和三七年七月までのうちの約八年一カ月は、三交替勤務者として塩化ビニル重合作業場所における重合作業、開放作業、乾燥作業とともに重合槽の清掃作業に従事していた。

当該労働者は、昭和三五年五月一〇日の定期健康診断で高血圧（一一六／八〇mmHg）を指摘され、その後降圧剤の投与を受けているほか昭和四二年一月より腰部椎間板障害、昭和四三年四月には一過性心房細動により治療を受け、昭和五一年一〇月には右網膜中心静脈閉塞症にり患し、網膜光凝固療法による治療を受けていた。

昭和五四年二月二〇日、食欲不振、吐気、腹部膨満、全身倦怠等の症状が発現し、二月二三日、F病院を受診したところ胆のう炎を疑われ、二月二七日、M市立病院に転院した。三月三日、心室細動に続いて心停止、呼吸停止の発作が起こり、蘇生術により一応の小康状態を得たが胸水貯留が出現した。三月二九日、再び心室細動、呼吸停止の発作が起こり、四月三日、心停止、呼吸停止となり死亡した。

F病院における胸部エックス線写真には左下肺野に肺炎様陰影が認められたほか、白血球数一万一、〇〇〇個／$mm^3$、赤血球数五〇八万個／$mm^3$、GOT一八単位、GPT一九単位、ALP二一・八単位、LDH五五七単位であった。M

市立病院における胸部エックス線写真でも左下肺野に肺炎像が認められ、入院当初にみられた微熱、白血球数の増加（二万一、五〇〇個／㎣）は肺炎によるものと推定されるが、主治医の診断のように胆のう炎の存在も否定できない。また、BUN（尿素窒素）が三二・五mg／dℓ、Cr（クレアチニン）が二・二五mg／dℓと高値であることから腎機能障害が存在したことが考えられる。

一方、血清ALP、LDH、Caの高値の持続は悪性腫瘍の存在を疑わせたが、入手し得た資料からは少なくとも、肺、肝、胆道系、胃の悪性腫瘍は否定される。ことに、初診時の肝機能検査成績から考えて、門脈圧亢進、肝脾症候群、肝血管肉腫等の肝病変の存在は否定される。

また、三月三日及び二九日にみられた心停止発作は高Ca血症との関連が考えられるが、その原因については、血清リン、副甲状腺ホルモンの定量をはじめとして所要の検査が行われていないので明らかでない。

本症例の臨床経過並びに検査所見からは塩化ビニルモノマーばく露によって発症することが知られている門脈圧亢進、肝脾症候群及び肝血肝肉腫を示唆するものは見いだせない。なお、本症例の末期に認められた肝機能障害は重篤な循環障害に伴うものと考えられる。

**【判断】**　本症例にみられる疾病は塩化ビニルモノマーばく露によるものとは考え難く、業務外である（昭五九・三・七　基収第一七四号）。

## 2　有機溶剤による疾病

有機溶剤による疾病の認定については、後掲の通達がある。

有機溶剤による疾病については、次の諸点に関し、理解する必要がある。

(1)　有機溶剤は、一般に、揮発性が高いという特徴がある。これは、蒸気圧が高いことに基づくもので、有機溶剤の蒸気が空気中に発散しやすく、高濃度ばく露や長期慢性ばく露の危険と関連が深い性質である。

(2)　有機溶剤は、単独に用いられることも多いが、シンナーのように複数の有機溶剤を混合して用いられたり、接着剤のように種々の物質に含有して用いられることも少なくない。このような場合には、各成分や含有率を把握し、使用量等とともに有機溶剤へのばく露の程度を推定するための参考にすることを考慮しなければならない。

(3)　有機溶剤の吸収経路としては、吸入による呼吸器からの吸収が最も重要であり、肺から直接血液中に入り、標的臓器等に運ばれて中毒の原因となりやすい。また、有機溶剤の種類によって程度の差はあるが、一般に、皮膚に付着することによってその部位から吸収され、血液中に入る。職業的ばく露の場合には、消化器からの吸収はほとんどないものと考えて差し支えない。

(4)　有機溶剤によって生ずる症状又は障害は、前記(一)のとおり、各有機溶剤ごとに様々であるが、多くの有機溶剤に共通的に現れる症状又は障害も少なくない。

麻酔はその代表的なもので、高濃度蒸気の吸入による急性中毒の形で現れることが多く、頭痛、頭重、興奮状態、眠気、酩酊状態を経て意識喪失に進み、重篤な場合には死に至ることもある。麻酔に至らないような気中濃度の有機溶剤の蒸気に長期間ばく露することによって、頭痛、頭重、眠気、悪心、心悸亢進、倦怠感等の症状を訴えられることがある。これらは、有機溶剤の脂溶性による中枢神経系への親和性に基づくものと考えられている。

肺等から血液中に吸収された有機溶剤は、肝臓にも達し、一部の有機溶剤は肝細胞で代謝（解毒）されるが、毒性の強い有機溶剤や大量の有機溶剤の場合は代謝し切れずに肝細胞が損傷を受ける。損傷が比較的小さい場合は肝機能への影響は現れないが、軽い急性中毒を繰り返した場合や重い中毒の場合は肝臓の損傷が著しくなり、肝機能障害を起こす。クロロホルム、四塩化炭素、一・一・二・二―テトラクロルエタン等は、肝障害を起こすことのある代表的な有機溶剤である。

局所作用についての共通毒性としては皮膚の脱脂作用があげられる。有機溶剤との接触によって皮脂が溶出して失われ、皮膚の角化、亀裂、さらには二次的な感染等を生ずることがあるが、障害の程度には個人差が著しく、皮脂の多いあぶら性の人はそうでない人に比べて障害を受けにくいとされている。

(5)　有機溶剤中毒の診断のためには、職歴、ばく露した有機溶剤等の種類、ばく露の程度等のほかに、次のような臨床検査がある。

ア　自覚症状の検査

イ　精神神経学的検査

(ア)　精神状態（意識、精神、見当識、計算）

(イ)　言語（正常、失語、構音障害、嗄声）

(ウ)　頭、顔、頸の観察

(エ)　脳神経（嗅覚、眼底、視野、視力、眼裂、瞳孔、眼球運動、角膜反射、顔面、咬筋力、聴力、咽頭、胸鎖乳突筋、僧帽筋、舌）

(オ)　上肢（運動、反射、感覚）

(カ)　軀幹（反射、感覚）

(キ)　下肢（運動、反射、感覚）

(ク)　姿勢と歩行

(ケ)　脳波

(コ)　筋電図

(サ)　コンピュータ断層撮影法（CT）

(シ)　眼科的精密検査（視力、視野、眼底）

(ス)　耳鼻科的検査（聴力、前庭機能）

ウ　血液学的検査

全血比重、血色素量、ヘマトクリット値、赤血球数、血小板、白血球数

エ　肝機能検査

(ア)　血清蛋白（血清総蛋白（TP）、アルブミン（Alb）、蛋白分画、免疫グロブリン、血清膠質反応）

(イ)　血清酵素（グルタミン酸オキザロ酢酸トランスアミナーゼ（GOT）、グルタミン酸ピルビン酸トランスアミナーゼ（GPT）、乳酸脱水素酵素（LDH）、アルカリフォスファターゼ（ALP）、γ-グルタミルトランスペプチダーゼ（γ-GPT）、コリンエステラーゼ（ChE））

(ウ)　血清脂質（血清総コレステロール（TC）、トリグリセリド（TG））

(エ)　血清ビリルビン

(オ)　尿中ウロビリノーゲン

オ　腎機能検査

(ア)　尿蛋白

(イ)　尿糖

(ウ)　尿中アミノ酸

(エ)　潜血

(オ)　尿沈渣

(カ)　クレアチニンクリアランス（糸球体濾過値（Ccr）及び尿細管でのりん再吸収率（%TRP））

カ　尿中代謝物定量（有機溶剤ばく露の評価）

(ア)　フェノール（ベンゼン）

(イ)　馬尿酸（トルエン、キシレン）

(ウ)　メチル馬尿酸（キシレン）

(エ)　フェニルグリオキシル酸（スチレン）

(オ)　トリクロロ酢酸、トリクロルエタノール、総三塩化物（トリクロルエチレン、テトラクロルエチレン、一・一・一―トリクロルエタン）

(カ)　モノメチルホルムアミド（ジメチルホルムアミド）

(6)　有機溶剤中毒の診断のための臨床検査には、前記(5)のとおり、種々のものがあり、それぞれの臨床検査については、その方法、結果の評価等について留意すべき事項がある。また、得られた医学的データに基づく総合評価としての診断についても考慮すべき点が少なくない。それらの詳細については成書にゆずることとし、ここでは業務上外の認定上特に留意すべき若干の事項を掲げる。

ア　自覚症状の検査

有機溶剤取扱者では他覚的・客観的な影響が出現する以前に、多彩な自覚症状がみられるのが通例である。したがって、有機溶剤中毒の診断に当たっては自覚症状は重要な指標となっている。しかし、有機溶剤取扱者にみられる自覚症状の多くは過労や肝・腎その他の疾患のときにみられる非特異的なものであるので、有機溶剤による影響を判断するに当たっては十分慎重である必要があろう。すなわち、当該作業者の作業環境が有機溶剤による健康影響を起こすに十分なだけ劣悪であり、一般疾病の存在を否定できるときには、自覚症状により中毒の診断をすることができると考えられる。また、頭痛、頭重、疲労感、焦そう感等の自覚症状は、他覚的検査も困難なうえ心因的な理由によることもままあるので、判断が難しいことにも留意する必要があろう。

イ　肝機能検査

一般に、肝疾患の診断は総合判断によるものであるから、少数の検査所見のみで速断することなく、専門家の意見を求めるなど慎重に対処することが望ましい。

各種の肝疾患の診断の目安として、肝機能検査結果の傾向を示すと、次頁表のとおりである。

なお、令和二年七月から、有機溶剤にばく露される労働者に対して実施される有機溶剤特殊健康診断において、必須項目から「尿中の蛋白の有無の検査」が外され、医師が必要と認める場合、二次検査として肝機能検査、腎機能検査が実施されることになった。

肝炎ウイルスによる慢性肝炎と有機溶剤による肝障害との鑑別診断においては、次に挙げる事項が参考となる。

①　HBs抗原が陽性であればＢ型ウイルス肝炎の可能性が高い。HBs抗体が陽性であれば、その時点における肝障害はＢ型ウイルス肝炎ではなく、Ｂ型肝炎ウイルス感染の既往を示している。非Ａ非Ｂ型ウイルス肝炎については適当な指標がない。Ａ型ウイルス肝炎は慢性化することはほとんどない。

②　慢性肝炎、特にその活動型においてはGOT、GPTの自然の動揺がある。したがって、有機溶剤に対するばく露と無関係にGOT、GPTが動揺する場合は、肝炎ウイルスに起因するものと推定して大きな誤りはない。

③　厳密にいえば、慢性肝炎と有機溶剤による肝障害を明確に鑑別するよい指標がない。ばく露条件、臨床経過、肝生検像等をよく検討して総合的に判断する必要がある。

| 検　査　項　目 | 急性肝実質障害 | 有機溶剤による脂肪肝 | アルコール性肝障害 | 栄養過剰による脂肪肝 | 慢性肝炎 | 肝硬変 |
|---|---|---|---|---|---|---|
| 総ビリルビン | ⇧ or ↑ | → or ↑ | → or ↑ | → | →(or ↑) | → or ↑ |
| 抱合ビリルビン | ⇧ or ↑ | → or ↑ | → or ↑ | → | →(or ↑) | → or ↑ |
| 総　蛋　白 | → or ↓ | → or ↓ | ↓ | → | →(or ↓) | → or ⇩ |
| アルブミン | → or ↓ | → or ↓ | ↓ | → | →(or ↓) | → or ⇩ |
| γ-グロブリン | → or ↑ | → | → or ↑ | → | → or ↑ | → or ⇧ |
| 膠質反応（TTT、ZST） | ↑ | ↑ | ↑ | →(or ↓) | → or ↑ | → or ↑ |
| GOT・GPT | ⇧ | ↑ or ↑ | ↑ or ↑ | ↑ | ↑ or ↑ | → or ↑ |
| GOT／GPT比 | 重症例＞2 | ＞1 | ＞1 | ＜1 | ＜1or＞1 | ＞1 |
| ALP（LAP） | ↑ | ↑ | ↑ | ↑ | ↑ | ↑ |
| γ-GTP | ↑ | ↑ | ⇧ | ↑ | ↑ | ↑ |
| LDH | ↑ | ↑ | ↑ | → | →(or ↑) | → or ↑ |
| ICG | ↑ | ↑ | ↑ | ↑ | ↑ | ↑ |
| プロトロンビン時間 | → or ↑ | → or ↑ | →↑ or ↓ | → | →(or ↑) | → or ↑ |
| 総コレステロール | → or ↓ | → or ↓(↑) | →↑ or ↓ | ↑ | →(or ↓) | → or ↓ |
| トリグリセリド | ↓ | ↑ or → | ↑ or ↓ | ↑ | →(or ↓) | → or ↓ |
| 尿中ウロビリノーゲン | ＋ | ＋(or±) | ＋ | ± | ±or＋ | ±or＋ |

**【脂肪族化合物、脂環式化合物、芳香族化合物（芳香族化合物のニトロ又はアミノ誘導体を除く。）又は複素環式化合物のうち有機溶剤として用いられる物質による疾病の認定基準について**（昭五一・一・三〇　基発第一二二号、改正：平二六・一〇・三一　基発一〇三一第一号）**】**

脂肪族化合物、脂環式化合物、芳香族化合物（芳香族化合物のニトロ又はアミノ誘導体を除く。）又は複素環式化合物のうち有機溶剤として用いられる物質を取り扱う労働者に発生した疾病の業務上外の認定は今後下記によることとしたので遺憾のないようその事務処理に万全を期されたい。

なお、この通達の基準を満たすものであって、労働基準法施行規則別表第一の二（以下本通達において「別表」という。）第四号の規定に基づく平成二五年厚生労働省告示第三一六号（労働基準法施行規則の規定に基づき厚生労働大臣が指定する単体たる化学物質及び化合物（合金を含む。）並びに厚生労働大臣が定める疾病を定める件。以下本通達において「告示」という。）中に掲げる化学物質による疾病（がんにかかるものを除く。）については、別表第四号1、告示で指定された化学物質以外の化学物質による疾病については、別表第四号9、ベンゼンによる白血病については、別表第七号9に、それぞれ該当する疾病として取り扱い、この通達の基準により判断し難い事案については関係資料を添えて本省にりん伺されたい。

おって、この通達の解説部分は認定基準の細目を定めたものであり、本文と一体化して取り扱われたい。

記

一　相当量のベンゼン又はその同族体、アセトン又はその他の溶剤に相当期間にわたり、くり返しさらされる業務（以下「業務」という。）に従事しているか、又は、その業務から離れた後おおむね六カ月未満の者であって、次の㈠の自覚症状に加えて㈡～㈦のいずれかに該当する症状を呈し、医学上療養が必要であると認められ、かつ、ベンゼン又はその同族体、アセトン又はその他の溶剤以外の原因により発病したものでないと判断されるものであること。

なお、症状が他の原因による症状と鑑別困難な場合には、症状が当該労働者の溶剤取扱職場への就労後に発症したか否か、作業の経過とともにあるいは環境ばく露条件の変化に伴って症状が変化したか否か、作業からの離脱により症状の改善がみられたか否か、同一職場で同一作業を行う労働者に同様の症状の発生をみたか否か等を参考にして業務起因性を判断することとする。この場合、尿中代謝物質濃度は溶剤に対するばく露の有無及びその程度を知るうえで有力な指標と考えられる。
㈠　次の自覚症状のいずれかが常時又は持続的に訴えられるものであること。
　頭重、頭痛、めまい、焦燥感、不眠、もの忘れ、不安感、しびれ感、倦怠感、心悸こう進、食欲不振、悪心、嘔吐、胃痛、腹痛、皮膚又は粘膜の局所症状
㈡　次の皮膚又は粘膜の症状のいずれかが認められるものであること。
イ　急性又は慢性皮膚炎（乾燥性、落屑性、亀裂性など）
ロ　爪炎、爪囲炎
ハ　結膜炎、角膜炎
ニ　鼻炎等の上気道の炎症
㈢　次の神経、筋、感覚器症状のいずれかが認められるものであること。
イ　四肢の知覚障害、運動障害又は筋萎縮
ロ　視力減退、視野・色視野の狭窄などの視神経障害又はその他の脳神経障害
ハ　中枢神経障害（例えば、脳波の明らかな異常）
㈣　健忘、幻覚、意欲減退、痴呆などの精神障害が認められるものであること。
㈤　次の血液所見のいずれかが認められるものであること。
イ　常時貧血があること
ロ　常時白血球数減少があること
ハ　鼻出血、歯肉出血などの粘膜又は皮膚における出血傾向があるかあるいは著しく血小板が減少していること
なお、イ及びロにいう「常時」とは、日を改めて数日以内に二回以上測定した値に大きな差を認めないものをいう。ただし、貧血に関しては、同時に数項目を測定し、それらに一定の傾向があったときは、この限りではない。採血は空腹時に行うものとする。
㈥　肝機能検査で明らかな異常が認められるものであること。
㈦　腎機能検査で明らかな異常が認められるものであること。

二　業務により大量もしくは濃厚なベンゼン又はその同族体、アセトン又はその他の溶剤にさらされて意識障害、歩行障害等の中枢神経障害、呼吸器障害その他の急性中毒症状もしくはその続発症を起したもの。

（解　説）

一㈠　この認定基準は、有機溶剤中毒予防規則（昭和四七年労働省令第三六号）第一条第一項第二号の有機溶剤等（二硫化炭素及び二硫化炭素を重量の五％を超えて含有する混合物を除く。）並びに特定化学物質障害予防規則（昭和四七年労働省令第三九号）第二条第一項第三号の三の特別有機溶剤等並びに労働安全衛生法施行令（昭和四七年政令第三一八号）別表第三第二号30に掲げるベンゼン及び特定化学物質障害予防規則別表第一第三〇号に掲げるベンゼンを含有する製剤その他の物（ベンゼンの含有量が容量の一％以下のものを除く。）について一括作成したものである。

㈡　有機溶剤は、数種のものが混合されて使用されることが多いが、その場合には、使用された有機溶剤の構成成分の種類と構成比を明らかにし、それぞれの有機溶剤の毒性を勘案して当該労働者の自覚症状並びに臨床検査の項目を選択し、判断する必要がある。

㈢　上記㈠に掲げる有機溶剤以外の有機溶剤（三に掲げたものを除く。）による疾病、及び本文の一の㈠に掲げた自覚症状だけで㈡以下の症状が認められないものについては、本省りん伺により個別に判断することとする。

二　有機溶剤中毒の場合、中枢神経系、末梢神経系、自律神経系、内分泌系の障害の徴候として自覚症状のは握は重要であり、自覚症状以外の明らかな所見を認め難い場合もある。したがって、自覚症状と業務との関連性を十分に考慮することが必要であり、専門医によって詳細には握された症状及び記の一の後段（なお書部分）に示すところにしたがって、注意深く判断しなければならない。

三　次に掲げる溶剤にさらされる業務に従事しているか又はしていた者が慢性もしくは亜急性の症状を呈する場合（記の一のばく露条件を満たしている場合に限る）のうち、次に掲げる所見（二以上の検査項目を掲げたものはその一）が認められた事例については、業務起因性があるものとして取り扱ってさしつかえない。

| 溶剤名 | 検査項目 | 所見 |
|---|---|---|
| ベンゼン | イ　貧血に関する検査<br>ロ　出血傾向に関する検査<br>ハ　白血球数計測<br>ニ　白血病に関する検査<br>ホ　精神医学的検査 | 赤血球数　男子　四〇〇万／$mm^3$未満<br>　　　　　女子　三五〇万／$mm^3$未満<br>血色素量　男子　一二・〇g／dℓ未満<br>　　　　　女子　一〇・五g／dℓ未満<br>全血比重　男子　一・〇五二未満<br>　　　　　女子　一・〇四九未満<br>○皮膚粘膜の出血傾向、血小板の著減<br>○四〇〇〇／$mm^3$未満<br>○骨髄性白血病と診断される所見<br>○中毒性精神異常と診断される所見 |
| キシレン<br>テトラクロルエチレン<br>トリクロルエチレン<br>トルエン | 精神医学的検査 | 中毒性精神異常と診断される所見 |
| 一・一・二―トリクロルエタン<br>一・一・二・二―テトラクロルエタン<br>クロロホルム<br>四塩化炭素<br>ジメチルホルムアミド | イ　肝機能検査<br>ロ　腎機能検査 | ○肝機能障害を示す所見、例えば、GPT一〇〇カルメン単位以上の場合など<br>○腎機能障害を示す所見、例えば尿蛋白、尿沈渣、PSP試験、濃縮試験などで明らかな異常を示す所見 |
| トリクロルエチレン<br>トルエン<br>ノルマルヘキサン<br>メチルブチルケトン | 末梢神経機能検査 | ○対称性の四肢末端優位の知覚低下、運動障害、筋萎縮<br>○運動神経伝導速度の有意な低下 |

| | | |
|---|---|---|
| メタノール<br>酢酸メチル | 眼科的検査 | 。視神経障害に基づく明らかな視機能低下を示す所見 |

（注）　白血病については記の一の六ヶ月未満の制限が妥当でない場合がある。

## 事例

### ○四塩化エタンによる中毒死

【事実】　Ｙゴム工業㈱の労働者Ｗ（三八歳）は入社五カ月後急性肝炎で、Ｉ（一五歳）は一カ月後に胆毒症で死亡した。

両名ともゴム工で、ゴム糊を使用して薬品処理しながら製品とするのであるが、このゴム糊には四塩化エタン、三塩化エチレン等が含まれている。当該工程の環境衛生学的調査によると四塩化エタンの恕限度をはるかに超えて有毒危険量にあった。

Ｗの解剖所見及び動物実験等からして死亡の原因は明らかに毒物中毒による急性ないし亜急性肝臓障害と認められている。また、Ｉの死亡もその作業内容、臨床症状等からして肝臓の中毒性病変を呈したものと推定せられる。

【判断】　本件労働者の肝臓障害による死亡は、当該有害物質の作用によるものと認められるから業務上である（昭三二・一二・二　基収第六六三四号）。

### ○トリクロルエチレンによる慢性中毒性精神病

【事実】　労働者Ｓ（昭和八年一一月二七日生）は、昭和三九年八月、Ｎ㈱に臨時工として入社し、昭和五二年まで約一三年間勤務した。この間、有機溶剤のばく露を受けた作業は次のとおりである。

①　金具の洗浄、金型清拭の作業（昭和四五年七月～昭和四八年七月、約三年）にトリクロルエチレンを使用（一年間ほど一・一・一—トリクロロエタンを併用）

②　製品の塗装、仕上げの作業（昭和四八年七月～昭和四九年九月、約一年一〇カ月）にシンナー、トルエン、トリエタンを併用

③　製品の外観検査（昭和五〇年三月～昭和五二年一月、約一年九カ月）にメタノール、エタノール、アセトンを併用

右記①～③のうち、②の塗装の作業では局所排気装置が設置されていたが、他の作業では局排、手袋等の保護具、保護装置の使用はなかった。

昭和四八年頃（トリクロルエチレンばく露開始後二年数カ月経過）頭痛が発現し、昭和五〇年頃には、もの忘れがひどい等の症状が現れた。

昭和五〇年一一月、不眠症状があり、N大学病院を受診したところ、不眠症と診断された。昭和五二年二月、前記症状に加えて倦怠感も現れ、国立N病院を受診し、「溶剤慢性中毒性精神病の疑い」と診断された。昭和五二年六月、C病院精神神経科を受診したところトリクロルエチレン中毒と診断されたものである。

本件は、トリクロルエチレンその他の有機溶剤を使用する作業に従事した労働者に健忘、記銘力低下等のコルサコフ症候群様の症状を呈する精神障害が発生したものである。

主治医によれば、本例はトリクロルエチレンを使用する作業に従事後に発症していること（C病院A医師）及びコルサコフ症候群の他の原因（トリクロルエチレンばく露作業以外の原因）として考えられる梅毒、アルコール中毒等は否定されていること（国立N病院精神科I医師）が認められている。

また、専門医の意見によれば比較的低濃度のトリクロルエチレンばく露でコルサコフ症候群様症状のみられることが知られているとされている。

一方、当該労働者は、ばく露濃度は不明ながらトリクロルエチレンを用いて「ドブ漬け」作業も行っており、ばく露期間は約三年間と長かった。

**【判断】**　本件は、トリクロルエチレンによる慢性中毒性精神病と認められるので業務上である（昭三・三・一　事務連絡第四号）。

○ジメチルホルムアミドにばく露した労働者に発生した肝障害

**【事実】**　S㈱の労働者I（三五歳）は、昭和四八年四月に臨時工として入社、機械調整作業、ドライヤー内部払拭作業、洗浄作業に従事していた。これらの作業のうち有機溶剤を取り扱う業務は、当人が専属的に行っていた。当人が取り扱った有機溶剤は、トルエン、メチルエチルケトン、シクロヘキサノン、ジメチルホルムアミド等であった。

業務に従事し始めてから九カ月後の昭和四九年二月、当人は急性肝炎を発症し入院したが、入院中全身性クリプトコッカス感染症を併発し、同年四月死亡した。

当人は、昭和四八年四月入社時及びそれ以前において肝機能を含め全く健康体であった（入社時の健康診断及び昭和四八年五月八日の有機溶剤特殊健康診断結果その他から明らかである。）。

当人が作業していた職場においては、人体に有害な有機溶剤を大量に使用しているため、当該作業室機械掃除については、それぞれ全体換気、局所排気装置及び装置の密閉が設備され、平常時の機械運転操作作業については対策が施されていた。しかしながら、当人が約九カ月間分担した作業内容には、そのような環境下におけるハンドル操作作業だけではなく、機械停止時、トラブル発生時等の際に高濃度の有機溶剤蒸気にばく露され、また、素手で直接有機溶剤を取り扱う作業を分担しており、これらの作業を毎勤務日に反復継続して行っていた。

当人の分担したドライヤー内部払拭作業は、高温と有機溶剤蒸気の強い臭気の中で行わざるを得ない性質のもので一般にきらわれるものであったが、当人の属するグループにおいては、当人が専属的にこれを担当していた。他のグループの同種作業の担当者は、ドライヤーの中に頭を入れることなく作業を行ったが、当人は当該作業を行うに当たって常にドライヤーの中に頭を入れて作業を行っていた。また、この作業に当たって労働安全衛生法第二二条に基づく有機溶剤中毒予防規則第三三条第一項第二号に定める防毒マスクが使用されていなかった。このため、当人は有害蒸気のばく露を受ける機会が多かったと認められる。

当人の死後の病理解剖においては、組織学的にみて中毒性の肝障害が明らかであり、この障害は昭和四九年二月頃発症したと考えられる。

また、当人には全身性クリプトコッカス感染症の存在は明らかにされているが、これは中毒性肝臓の変化の基礎のうえにこの感染が起こったものと思われる。

なお、ウイルス性肝炎等有機溶剤等の毒物以外の肝疾患の一般的原因となる疾病は否定されている。

**【判断】**　本件は、ジメチルホルムアミド等の有機溶剤のばく露を受けたことによって発病した中毒性肝炎と判断されるので業務上である（昭五〇・一〇・三　M労基局S監督署認定）。

### ○塗装職場においてトルエン等の有機溶剤にばく露した労働者の慢性有機溶剤中毒

**【事実】**　(1)　作業の内容

Y化学塗装㈱の労働者M（女性、四三歳）は、昭和四八年二月から昭和五〇年九月休業開始までの約三年間、乾燥前工程の作業に従事していた。この乾燥前工程は、吹付塗装、自然乾燥、熱風乾燥からなっており、自然乾燥では、塗装の終わったものを各吹付塗装室の棚に積み上げて三〇分から一時間位自然に乾燥させ、熱風乾燥では乾燥炉を用いて、自然乾燥させたものを、ベルトコンベアー上に並べて乾燥炉に入れて熱風を送って乾燥させていた。

当人は、この熱風乾燥炉の送給口に位置して各吹付塗装室の棚において自然乾燥させたものをワゴン車に乗せ送給口に運びベルトコンベアーに並べる作業をしていた。

この熱風乾燥は、幅一・五m、高さ一・三m、長さ一五mの正方形の筒で出口に近い位置にエントツ径〇・三m、長さ七mがあり、直接屋外に排出していた。

なお、Y化学塗装㈱では、塗料の溶剤として、トリクロルエチレン、トルエン、ブチルアルコール（一―ブタノール）、イソブチルアルコール（二―ブタノール）及びメチルアルコール（メタノール）が使用されていた。

当社では、Mが従事した二年余の間においては、作業環境測定も労働者の尿検査（代謝物の測定等）も行われていないので当人のばく露濃度は確認できないが、前述の有機溶剤で洗浄ないし塗装した金属部品の取扱い、とりわけ塗装された部品の乾燥室までの運搬においてはかなり高濃度の混合溶剤の蒸気ばく露を受けたものと考えられる（当人は特にマスク等保護具の着用を行っておらず、局排装置も設けられていなかった。）。

⑵　療養経過

Mは当該業務に従事する前は生来健康で基礎疾患はなかったが、昭和五〇年九月にめまい、耳鳴り、動悸、悪心、嘔吐、食欲不振、全身倦怠、不眠等の自覚症状が発現し、U内科医院を受診したところ肝臓が悪いといわれ療養を開始、その後「メニエール症候群、心悸亢進、急性気管支炎」と診断されて休業を開始している。

自覚症状及び他覚所見はすべて前述のばく露物質（有機溶剤）で医学上説明がつき、特に、トルエンによるとみられる貧血は、赤血球三六〇万個／㎣は軽度であるが（女性正常下限三八〇万個／㎣）、血色素量七・〇g／dℓ（女性正常下限一二・五g／dℓ）とヘマトクリット二七％（正常値四〇％）は重度の貧血徴候で、ために心悸亢進、めまい、耳鳴り、全身倦怠等の自覚症状が起こり、また、トルエン、ブチルアルコール、イソブチルアルコールは粘膜刺激性を有するので気管支炎はこれらの物質により起こったものと考えられること、及び当初疑われていたメニエール症候群等の業務以外の原因の疑われる疾患がその後の検査、診断により否定されている。

【判断】　本件は原因物質を同定することは困難であるが、有機溶剤にばく露したことによる疾病と判断されるので業務上である（昭五三・四・二四　事務連絡第一六号）。

## 3　芳香族化合物のニトロ又はアミノ誘導体による疾病

芳香族化合物のニトロ又はアミノ誘導体による疾病の認定については、後掲の通達がある。

これらの化合物質による疾病については、次の諸点に関し、理解する必要がある。

(1) 芳香族化合物のニトロ又はアミノ誘導体とは、ベンゼン環（）にニトロ基（$-NO_2$）又はアミノ基（$-NH_2$）を一つ以上有する化合物をいうものである。これに該当する化合物には多くの種類があり、染料工業、医薬品工業、ゴム工業、有機合成工業その他ほとんどあらゆる化学工業で取り扱われている。

(2) これらの化合物は、液体又は固体のものが多く、職業的ばく露としては、蒸気又は粉じんの呼吸器からの吸入が主体であるが、化合物の種類によっては、皮膚に付着して容易に吸収されるものもある（後掲認定基準通達表1A）〈一七一ページ〉及びB）〈一七二ページ〉の許容濃度の欄参照※）。

※ 本認定基準に引用された「表1　芳香族化合物のニトロ又はアミノ誘導体毒性一覧表」は通達発出時の知見を基にしたものであり、特に「許容濃度」については、日本産業衛生学会（二〇二二年度勧告）、ACGIH（2022年版）が公表されており、新しい知見を参考とすべきである。

(3) これらの化合物による症状又は障害は前記(一)のとおりであるが、比較的共通的にみられるものは、メトヘモグロビン血、貧血等の血液変化、頭痛、頭重、めまい、倦怠感等の中枢神経性急性刺激症状、皮膚障害及び肝障害である。

(4) これらの化合物による疾病の診断のためには、職歴、ばく露した化学物質の種類及び程度等のほかに、次のような臨床検査が行われることが望ましい。

ア　頭痛、頭重、めまい、心悸亢進、倦怠感、悪心、胸痛、尿の異常着色（茶褐色）、頻尿、排尿痛、皮膚の掻痒感等の自覚症状に関する検査

イ　精神神経学的検査（前記2(5)〈一五二ページ〉参照）

ウ　血液学的検査（前記2(5)参照）
(ア)　一般血液検査
(イ)　チアノーゼの有無の検査
(ウ)　ハインツ小体及びメトヘモグロビンの濃度の検査
エ　肝機能検査（前記2(5)参照）
(ア)　黄疸、肝脾腫等の有無の検査
(イ)　肝機能検査
オ　ウロビリノーゲン、グルクロン酸抱合体等の尿中代謝産物の検査

## 【芳香族化合物のニトロ又はアミノ誘導体による疾病の認定基準について（昭五一・八・四　基発第五六五号、改正：平二三・五・七　基発〇五〇七第三号）】

芳香族化合物のニトロ又はアミノ誘導体を取り扱う労働者に発生した疾病の業務上外の認定は、今後下記によることとしたので、今後の認定に当っては、この通達の基準を満たすものであって労働基準法施行規則別表第一の二（以下本通達において「別表」という。）第四号の規定に基づく労働省告示第三六号（以下本通達において「告示」という。）表中に掲げる化学物質による疾病（がんを除く。）については別表第四号1、告示により指定された化学物質以外の化学物質による疾病については別表第四号9、がんについては別表第七号に掲げるがん原性物質による疾病に該当するものとしてそれぞれ取り扱い、この通達の基準により判断し難い事案については関係資料を添えて本省にりん伺されたい。

なお、この通達の解説部分は、認定基準の細目を定めたものであり、本文と一体化して取り扱われたい。

おって、「労働基準法施行規則第三五条第二七号に掲げる疾病のうち「ニトロベンゼン」、「クロールニトロベンゼン」及び「アニリン」に因る中毒の認定について（昭和三四年八月二〇日付け基発第五七六号（昭和三九年九月八日付け基発第一〇四九号により一部改正））」は、廃止する。

記

一　芳香族化合物のニトロ又はアミノ誘導体にばく露する業務に現に従事し、又は従事していた労働者に発生した疾病であって、次の㈠及び㈡に掲げる要件のいずれにも該当するものであること。

㈠　上記の業務に相当期間従事した後おおむね六カ月以内の間に発生した疾病であること。

㈡　次の①の自覚症状に加えて②から⑦までに掲げる症状のいずれかに該当する症状が認められる疾病であること。

①　常時又は持続的に訴えられる次に掲げる自覚症状のうちいずれかのもの

頭重　頭痛　めまい　心悸亢進　倦怠感　悪心　胸痛　尿の異常着色（茶褐色）　頻尿　排尿痛　皮膚の掻痒感　皮膚の発疹

②　明らかなチアノーゼ、メトヘモグロビン血症又は赤血球にハインツ小体が認められるもの

③　常時存在する貧血

なお、「常時存在する」とは、日を改めて数日以内に二回以上測定した値に大きな差を認めない場合をいう。ただし、同時に貧血に関し、数項目について検査を行いその結果に一定の傾向があったときはこの限りでない。

④　肝機能検査における明らかな異常

⑤　明らかな精神神経障害

⑥　接触皮膚炎

⑦　非細菌性の出血性膀胱炎

なお、上記㈠の要件を満たさない場合又は㈡の症状の発生に関し、芳香族化合物のニトロ又はアミノ誘導体以外の原因による疑いがあって鑑別困難な場合には、症状が当該物質にばく露する業務に従事した後に発症したか否か、作業の経過とともに又は当該物質へのばく露程度（気中濃度、ばく露時間、皮膚接触程度等）の増大により症状が増悪したか否か、作業からの離脱により症状の改善がみられたか否か、同一職場で同一作業を行う労働者に同様の症状の発生をみたか否か等を調査のうえ業

務起因性を判断すること。

二　業務により一時的に大量又は濃厚な芳香族化合物のニトロ又はアミノ誘導体にばく露して急性中毒又はその続発症を起こしたものであること。

三　（略、本章第七節第一項〈三八二ページ〉参照）

（解　説）

一　芳香族化合物のニトロ又はアミノ誘導体の範囲

本認定基準は、芳香族化合物のニトロ及びアミノ誘導体（ベンゼン核にニトロ基又はアミノ基を一つ以上有する化合物をいう。以下同じ。）について一括作成したものである。

芳香族化合物のニトロ又はアミノ誘導体のうち有害性のわかっている主なものを表1に示す。表中A)ニトロ誘導体及びB)アミノ誘導体の物質の名称欄に掲げる物質は、本文記の一の芳香族化合物のニトロ又はアミノ誘導体による慢性中毒又は記の二の芳香族化合物のニトロ又はアミノ誘導体による急性中毒発症の起因物質となることのあるものである。C)がん原性物質の名称欄に掲げる物質については、下記六（尿路の腫瘍）を参照すること。

二　吸収経路

芳香族化合物のニトロ又はアミノ誘導体は、常温では液体又は固体であるが、産業現場では通常その蒸気、粉じんのばく露を受けることが多い。中毒は経気道吸収又は経皮吸収によって発生する。また、芳香族化合物のニトロ又はアミノ誘導体の大部分の種類は、容易に経皮吸収されることにとくに留意すべきである。

三　慢性中毒

本文記の一は、芳香族化合物のニトロ又はアミノ誘導体による慢性中毒について業務起因性の判断要件を示したものである（一般に亜急性と呼ばれる中毒についても、本項によって業務起因性の判断を行ってよい場合が多い。）。

芳香族化合物のニトロ又はアミノ誘導体へのばく露程度が大である場合には早いものでは一週間程度従事した後に亜急性の中毒症状が現われることがあり、ばく露程度が余り大きくない場合には一般に数カ月以上の期間従事した後に慢性的症状が現われる。

したがって、本文記の一の㈠の「相当期間」とは、上記のようなばく露の程度、症状の現われ方との関連で、おおむね数週間以上ないし数カ月以上と考えるべきものである。なお、芳香族化合物のニトロ又はアミノ誘導体により発生する慢性中毒は、ばく露から離れた後おおむね六カ月を超えた場合には発生しにくいといわれている。

慢性中毒としては、貧血、精神神経障害、肝障害が知られているが、メトヘモグロビンやハインツ小体は検出されないことが多い。しかしこのような場合でも、網状赤血球の増加、血清鉄の増加、シデロサイト（Siderocyte）の末梢血への出現が診断の助けとなる場合がある。

精神神経障害の症状としては、手足のふるえ、深部腱反射亢進、情緒不安定、歩行失調等を呈し、ときには発汗異常、血管運動神経の異常をみることがあり、また、視神経炎、末梢神経炎を起こす場合もある。

尿中代謝物質濃度は、当該物質に対するばく露の有無及びその程度を知るうえで有力な指標となる場合がある。

四　皮膚障害

芳香族化合物のニトロ又はアミノ誘導体には、一次刺激性又は感作性接触皮膚炎の原因となるものが少なくなく、とくに強い感作性物質にばく露するとき、感受性者には激しい炎症症状をみる。また、光過敏性を示す物質のあることにも注意を要する。芳香族化合物のニトロ又はアミノ誘導体を使用して二次的反応を行う工程に従事する者に感作性接触皮膚炎の発生をみ、これが湿疹化し、治ゆの遷延することも多く、また、集族性の座瘡様皮疹をみることもあるが、芳香族化合物のニトロ又はアミノ誘導体については、多価感作や交叉感作も考慮すべきであり、また、皮疹が工程中の副生物に起因することもあるので、起因物質の判断には慎重を要する。

五　急性中毒

本文記の二は芳香族化合物のニトロ又はアミノ誘導体に対する事故的ばく露等の際の芳香族化合物のニトロ又はアミノ誘導体による急性中毒について業務起因性の判断要件を示したものである。

芳香族化合物のニトロ又はアミノ誘導体による急性中毒では、その直接作用又はメトヘモグロビン形成を介しての症状として次のような所見が見出される。すなわち、悪心、嘔吐、頭痛、チアノーゼ等にはじまり、呼吸困難、興奮、意識混濁、痙攣、意識喪失、失禁等が現われる。メトヘモグロビンは、ヘモグロビン（血色素）の二価の鉄が三価となった一種の不活性ヘモグロビンで、メトヘモグロビンが増加すると生体は酸素欠乏状態に陥る。メトヘモグロビン量と症状との関係は、表2の如くいわれている。なお、血中メトヘモグロビンの濃度測定法を別紙一（略）に掲げる。

メトヘモグロビンが多量にできる場合は、赤血球にハインツ小体が出現し、続いて赤血球の破壊亢進、すなわち、溶血性貧血が起こり、網状赤血球の増加、血清鉄の上昇がみられることが多い。溶血が高度の場合には、さらに、黄疸、肝腫又は脾腫を伴う場合がある。尿は茶褐色で、ウロビリノーゲン、ウロビリン、還元性物質（ことに芳香族化合物のニトロ又はアミノ誘導体代謝物質のグルクロン酸抱合体）が異常に増加し、また、血色素が陽性となる。

六　尿路の腫瘍（略、本章第七節第一項〈三八二ページ〉参照）

七　その他

芳香族化合物のニトロ又はアミノ誘導体ばく露の指標となる尿中代謝物質の主なものを表3に示す。

なお、比較的普遍的に利用しうる尿中ジアゾ反応陽性物質の検査方法を別紙二（略）に掲げる。

## 表1　芳香族化合物のニトロ又はアミノ誘導体毒性一覧表

A）ニトロ誘導体

| | 物質の名称（別名） | 構造式（※異性体あり） | 許容濃度 | 主な症状 メトヘモグロビン血症 | 貧血 | 肝 | 腎 | 皮膚 | 精神神経系 | 備考 |
|---|---|---|---|---|---|---|---|---|---|---|
| 1 | ニトロベンゼン | 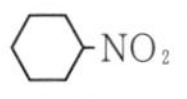 | S 1 | ◎ | ○ | | | ○ | ○ | |
| 2 | ジニトロベンゼン | ※  | S 0.15* | ◎ | ◎ | ○ | △ | ○ | ○ | *全異性体に関する値 |
| 3 | クロロニトロベンゼン | ※  | S 〔1〕* | ◎ | ◎ | △ | △ | **△ | | *パラクロロベンゼンに関する値<br>**一次刺激 |
| 4 | クロロジニトロベンゼン | ※  | | △ | △ | △ | △ | *◎ | | *感作性 |
| 5 | ニトロフェノール | ※ 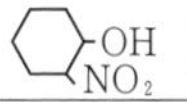 | | ○ | △ | △ | △ | ○ | ○ | |
| 6 | ジニトロフェノール | ※ 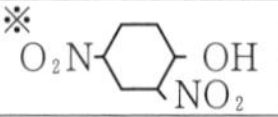 | | △ | △ | ○ | ○ | ○ | ○ | 基礎代謝亢進<br>甲状腺障害 |
| 7 | トリニトロフェノール（ピクリン酸） | ※ 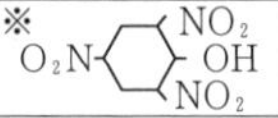 | S 〔0.1〕* | △ | △ | △ | △ | **○ | △ | *2·4·6―トリニトロフェノールに関する値<br>**感作性 |
| 8 | ジニトロオルソクレゾール | ※ 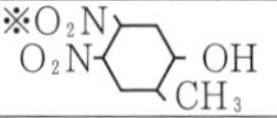 | S 〔0.2〕 | | | ○ | ○ | ○ | ○ | 基礎代謝亢進<br>甲状腺障害 |
| 9 | ニトロトルエン | ※ 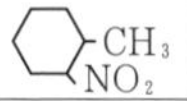 | S 5 | △ | △ | | | | ○ | |
| 10 | ジニトロトルエン | ※ 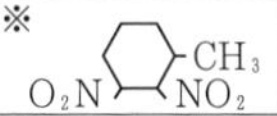 | S 〔1.5〕 | ○ | ○ | ○ | | ○ | ○ | |
| 11 | トリニトロトルエン | ※ 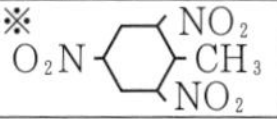 | S 〔0.2〕 | △ | ◎ | ◎ | △ | ○ | ○ | |
| 12 | ニトロトルイジン | ※ 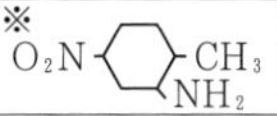 | | ○ | | *◎ | | | | *パラニトロオルソトルイジンに関する症状 |
| 13 | トリニトロフェネトール | ※ 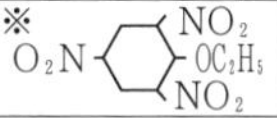 | | | △ | | | ○ | △ | |
| 14 | ニトロフェネトール | ※ 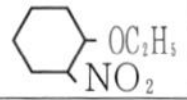 | | | △ | | | *○ | | *黒にきび様 |
| 15 | ニトロクロルトルエン | ※  | | ○ | ○ | | | | | |
| 16 | ニトロナフタリン | ※ 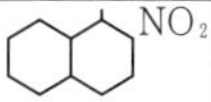 | | ○ | ○ | | | ○ | | |

(注) 1．本表は、新労働衛生ハンドブック（労働科学研究所）、Patty編“Industrial Hygine and Toxicology”等を参照のうえ作表した。
2．許容濃度は、日本産業衛生学会（昭和50年）及び ACGIH（1975年）による。単位はppm。ただし〔　〕内はmg／m³。なお、この数値の使用に当たってはそれぞれの前文を参照すること（Sは経皮吸収に注意すべきものであること。）。
3．◎は発生危険強　○は発生危険中　△は発生危険弱

B）アミノ誘導体

| | 物質の名称（別名） | 構造式（※異性体あり） | 許容濃度 | 主な症状 メトヘモグロビン血症 | 貧血 | 肝 | 腎 | 皮膚 | 精神神経系 | 備考 |
|---|---|---|---|---|---|---|---|---|---|---|
| 1 | アニリン | ※ 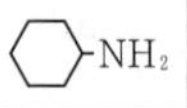 | S 5 | ◎ | ○ | △ | | △ | ○ | |
| 2 | アミノフェノール | ※  | | ○ | | | | ○* | | アレルギー性喘息<br>＊感作性 |
| 3 | クロルアニリン | ※ 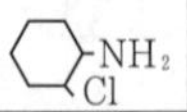 | | ○ | ○ | ○ | ○ | | | 眼の刺激もある。 |
| 4 | ニトロアニリン | ※ 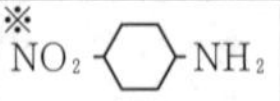 | S 1* | ◎ | ○ | ○ | | △ | | ＊パラニトロアニリンに関する値 |
| 5 | ジエチルアニリン | ※ 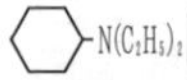 | | ○ | | | | | | |
| 6 | ジメチルアニリン | 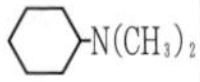 | S 5 | ○ | ○ | | | ○ | △ | |
| 7 | ジフェニルアミン | 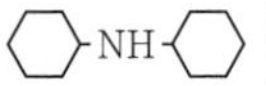 | 〔10〕 | | | △ | △ | △ | | 膀胱症状もある。 |
| 8 | トリニトロフェニルメチルニトロアミン（テトリル） |  | S 〔1.5〕 | | △ | ○ | △ | ◎* | ○ | 眼・上気道の粘膜刺激もある。<br>＊感作性 |
| 9 | ニトロソジメチルアニリン | ※ 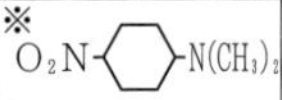 | | | | ○ | | ○* | | ＊一次刺激・感作性 |
| 10 | フェニルヒドラジン | ※  | S 5 | ○ | ○ | △ | ○ | ○ | | |
| 11 | フェネチジン | ※ 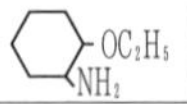 | | ○ | ○ | | | ○ | | |
| 12 | フェニレンジアミン | ※ 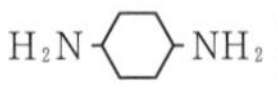 | S 〔0.1〕* | ○ | | ○ | | ◎** | | ＊パラフェニレンジアミンに関する値<br>アレルギー喘息<br>＊＊感作性（特にパラフェニレンジアミン） |
| 13 | トリレンジアミン | ※ 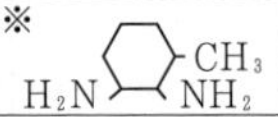 | | | ○ | ◎ | | ○ | ○ | |
| 14 | トルイジン | ※  | 5* | ◎ | ○ | | ○** | | | ＊オルソトルイジンに関する値<br>＊＊一過性血尿 |
| 15 | メチルアニリン |  | | | ○ | | | | ○ | |
| 16 | アニシジン | ※  | S 0.1 | ○ | ○ | | | | △ | |
| 17 | キシリジン | ※  | S 5 | ○ | ○ | ○ | △ | | | |
| 18 | クロロトルイジン | ※  | | ○ | | | △ | ○ | | 出血性膀胱炎（5ークロロオルソトルイジン） |

表2　メトヘモグロビン量と症状の関係

| メトヘモグロビン量 | 症　状 |
|---|---|
| 一〇%まで | 全く無症状である |
| 一〇～二五% | チアノーゼが現われるがほとんど無症状である |
| 二五～三五% | チアノーゼが著明になる |
| 三五～四〇% | 運動により、頭痛、めまい、疲労、呼吸困難、頻脈等を起す |
| 四〇%以上 | 酸素欠乏症が出現する |
| 五〇～六〇% | 意識喪失、痙攣を起す |
| 六〇～七五%以上 | 昏睡状態で生命の危険を招く |

注　一、筋労作等により生体の酸素消費が高まっているときは、より低濃度で症状が現われる。安静を保っていると症状は軽い。
　　二、本表は、Patty編 "Industrial Hygine and Toxicology," Areana著 "Poisoning" 等を参照のうえ作表した。

表3　芳香族化合物のニトロ又はアミノ誘導体の尿中代謝産物

| ばく露物質 | 尿中代謝産物 |
|---|---|
| ニトロベンゼン | パラ―アミノフェノール |
| ジニトロベンゼン | モノニトロアニリン |
| ジニトロクロロベンゼン | モノニトロアニリン |
| トリニトロトルエン | 二・六―ジニトロ―四―ヒドロキシアミノトルエンのグルクロナイド |
| アニリン | パラ―アミノフェノール |

| | |
|---|---|
| ベーターナフチルアミン | 二ーアミノー四ーナフトール及びナフトキノンイミン |
| アルファーナフチルアミン | 不変 |
| トルイジン | トルイジンのモノ及びジアセチル化合物 |
| ジアニシジン | ジアニシジンのモノ及びジアセチル化合物 |

注　その他 Diazotizable metabolites、グルクロナイドなども増加する。

（別紙　一）（略）

（別紙　二）（略）

## 事例

○染工場の見本試験染において発生したアニリンガスを吸入したことによって発症したとする加工、販売等従事職員の索性脊髄症

**【事実】**　K紡績㈱の労働者Hは昭和九年に入社以来、同社各支店等に勤務して綿布生地の販売等に従事したが、昭和二九年一二月よりY支店次席として、生地の仕入れ、加工、販売に昭和三一年四月までの間、従事した。その後、同社O支店に転勤し、ネル、綿プリント生地の仕入れ、加工、販売に従事したが、昭和三五年一一月三〇日、月末の仮決算に当たり手指が震えて書類の作成ができず、他の人に依頼した。

翌一二月一日より同系列の会社の庶務会計係に移籍したが、病状が軽快しないため一二月一二日、同社内の診療所を受診したところ、「神経症兼脚気」と診断されて治療を受けた。

しかし、病勢が増悪するため休業して、Y医科大学附属病院神経科を受診したところ「索性脊髄症」と診断された。

監督署長は、①請求人の業務は、主として綿布の加工販売に従事していたものであり、アニリン中毒に患するおそれがあるものとは考えられず、また、染工場の捺染乾燥中に発生する微量のアニリンガスは、屋外に排出されるため中毒の危険はなく、染工場の従業員でアニリン中毒に患した事実

も認められない。②Y医科大学附属病院のアニリン中毒によるとする所見は、アニリン中毒により悪性貧血を惹起し、さらに胃症状等が重なって索性脊髄症になったものとしているが、請求人がアニリン中毒であったとする医学的所見が認められない。

したがって、請求人の疾病は業務上の事由によるものとは認められないとして保険給付不支給の処分をした。

請求人は、Y支店在勤中（昭和二七年一〇月から昭和三一年四月まで）とO支店在勤中（昭和三一年五月から昭和三五年一二月まで）にK紡績㈱N染工場等にある見本染用小型乾燥機を使用する工程でアニリンにばく露しており、これが原因で索性脊髄症となったものであるから業務上の疾病であると主張した。

**【裁決】**　⑴　まず請求人の疾病について検討するに、骨髄像その他の血液学的検索等が十分であるとは言い難いとしても、症状とその経過からみて、請求人の疾病は悪性貧血である公算が強く、索性脊髄症はこれに随伴したものと認められる。

⑵　次に、請求人は、アニリンばく露により、悪性貧血が発生したと述べ、医師も素因のあるところへアニリンが作用して本症が発生したのではないかとの意見をもっている。

イ　そこで、アニリンへのばく露状況をみるに、請求人は、K紡績㈱N染工場における見本染めに立ち会って、アニリン蒸気を吸入したことは職務の性質上あり得たかもしれないが、その量は、ばく露日数、回数、時間についての担当職員二名の供述内容及び請求人の主たる業務が自ら捺染することではないことから微量に止まったと推認される。

ロ　請求人は貧血を起こしてブドー酒により回復したこともあると述べているが、これについては証拠がない。しかし、大量のアニリン摂取の際には血中メトヘモグロビン増加のため、顔面蒼白や意識喪失が起こることはあるが、排泄の早いことから一時的なもので、請求人が仮にかかることがあったとしてもそのばく露は短時間、かつ間歇的であるところから、アニリン中毒となった可能性は乏しいと見ざるを得ない。

ハ　次に、アニリンが悪性貧血を起こす引き金となったかもしれないとする意見については、今日までのところ、かかる事例は報告がなく、医学的に立証されているとはいえない段階にあることが認められる。また、医学書によれば、悪性貧血の原因としては、妊娠、梅毒、ある種の条虫寄生、食餌性偏奇、熱帯病であるスプルー、肝疾患等があげられており、アニリンや請求人のあげる疲労はあげられていない。

以上により、請求人の疾病の原因がアニリンにあるとすることは現状では医学的にみて困難であり、悪性貧血が主病で、これに索性脊髄症が伴ったものであると認められる。すなわち、請求人の疾病は業務に起因して発生したと認めることはできない（昭五三・二・二八　昭五一労第三四号）。

### ○テトリル製造作業工の皮膚炎

**【事実】**　N油脂㈱のテトリルのテトリル製造工S（二一歳）、同N（二六歳）は、共にテトリルのアセトン溶液の結晶作業等に従事し、退場時にSは両側頬部にNは下顎部に、ニキビ様の発疹があり、翌朝には部位が拡がり、熱感掻痒感を伴ったので診療所を受診した。

同現場ではその他にも軽症者数名が出たがいずれも雇入後間もない者で、入社より発病に至る期間は最短八日最長四七日であり、S及びNを含めて休業又は職場転換後治ゆしている。

S、N等の作業工程中には、テトリルを温アセトン溶解し、これを結晶槽へ落としてアセトン母液と結晶テトリルに分離する工程があり、この際発生するアセトンガスにばく露されるためと会社診療所医師は結論している。なお、アセトン溶解機及び結晶槽の設置されている室は相当量のアセトンガスの発生により臭気が強く通風換気不十分である。

また、テトリルは皮膚炎を発生せしめるおそれのある有毒ニトロ化合物であるので、会社では一〇％テトリルラノリン軟膏の二四時間貼付試験を行い、耐性あるもののみテトリル製造工としている。

**【判断】**　本件労働者の顔面における発疹は、その症状が典型的なテトリルによる皮膚炎と認められるから、業務上である（昭二八・五・一六　基収第一八六号）。

## 4　ニトログリコール等による疾病

脂肪族化合物のニトログリコールによる疾病の認定については後掲の通達がある。

(1)　ニトログリコールによる疾病は、ダイナマイト製造工場において発生しており、わが国においてもダイナマイトの製造方法の変化に伴い、ニトログリコールを多量に使用するようになってから多発をみた時期がある。昭和三四年から昭和四〇年までの間に一〇名の死亡例が生じたという報告がある。環境改善によってニトログリコールの気中濃度が低下するにつれて、かつて大きかった呼吸器からの吸入による体内侵入量より経皮吸収による侵入量の方が相対的に大きくなってきたという状況にある。

ニトログリコール中毒は、狭心症様発作等にその特徴があるが、近年においては時に頭痛が訴えられることがある程度で典型的な中毒はほとんど皆無である。

(2)　ニトログリセリンによる疾病には、大量ばく露による急性中毒と長期間低濃度ばく露による慢性中毒があるが、主としてダイナマイトの主原料に用いられるので、職業的ばく露によるものとしては、ニトログリコールとの混合ばく露による慢性中毒がある。

気中濃度が〇・二ppmのニトログリセリンにばく露されると直ちに血圧低下（血管拡張による。）と頭痛が生じ、〇・〇七ppmの場合には二五分でも血圧低下とわずかな頭痛が生ずるが、〇・〇一ppmでは問題はないとされている。

## 【ニトログリコール中毒症の認定について（昭三六・五・二九　基発第四八九号、改正：昭三九・九・八　基発一〇四九号）】

最近、膠質又は粉状ダイナマイトの製造を行なう事業場において、ニトログリコール中毒と考えられる労働者が多発しているが、当該中毒症及びこれによる死亡の業務上外の認定については下記により取り扱われたい。

なお、本件については、当該中毒の発生原因、他の疾病との鑑別診断等に関し更に検討を要する点があるので、個々の事案について本通ちょうの基準により難いか又は判断が著しく困難な場合には具体的資料を添えて本省へ稟伺されたい。

記

一　ニトログリコールを取り扱い、あるいはそれらのガス蒸気若しくは粉じんに曝される業務（以下単に業務という）に従事しているか又は当該業務を離れて後概ね数日以内の労働者（以下ニトログリコール作業者という）が、次の各号のいずれかに該当する症状を呈し、医学上療養が必要であると認められる場合には、労働基準法施行規則別表第一の二第四号の規定に基づく労働省告示第三六号表中に掲げるニトログリコールによる疾病として取り扱うこととする。

㈠　狭心症様発作を起こし、次の自覚症状の全部又は一部及び他覚所見の全部又は一部の症状が認められ、かつ、ニトログリコール以外の原因による器質的心臓疾患（心弁膜症、冠疾患、心筋障害、心衷疾患）により発病したものでないこと。

イ　自覚症状

胸部圧迫感、胸内苦悶、四肢の脱力感又は冷感、頭痛、悪心、嘔吐等

ロ　他覚所見

脈搏及び血圧の異常、顔面蒼白又は紅潮、チアノーゼ、四肢末端の冷却、失神等

㈡　次のイ、ロ又はハのいずれかの他覚所見が認められるものであって、現在又は作業に従事して以後の既往の期間において、心臓症状、又は四肢の末端（特に手指）のしびれ等の症状を呈したものであること。

イ　血液一立方ミリメートル中赤血球数が常時男子四〇〇万個、女子三五〇万個未満であるか、又は全血比重が男子一、〇五二、女子一、〇四九未満であるか、若しくは血色素量が血液一デシリットル中男子一二・〇グラム、女子一〇・五グラム未満であって、これらの貧血徴候が血液疾患、寄生虫症（十二指腸虫等）若しくは出血（たとえば、消化管潰瘍、痔核等による）その他ニトログリコール以外の原因によるものでないこと。

ロ　ニトログリコール作業従事期間の経過中に低血圧（最大血圧一〇〇ミリメートル水銀柱以下のものをいう。）を呈したものであること。

ハ　肝臓機能（色素排泄、蛋白代謝、胆汁色素代謝のうち二項目以上）に明らかに障害が認められるものであって、この徴候の原因が流行性肝炎、胆石症、その他ニトログリコール以外の原因によるものでないこと。

二　ニトログリコール作業者が死亡した場合、次のいずれかに該当することが医学的に認められるものについては業務上として取り扱うこととする。

㈠　前項㈠の事由によって死亡したものであること。

㈡　死体解剖所見によりニトログリコール中毒によるものと認められるものであること。

三　前各項の認定に当っては次の諸点に留意すること。

㈠　第一項の㈠の狭心症様発作は、休日明けの日（主として作業前）又は休日に起こすことが多いこと。

㈡　第一項の㈡の心臓症状とは、胸部緊迫感、胸部圧迫感、胸部異和感、心悸亢進等の自覚症状をいうこと。
㈢　ニトログリコール中毒による死亡の場合には、通常既往（当該業務に従事後）に類似の発作を経験していることが多いこと。
㈣　ニトログリコール作業者が狭心症様発作を起こし死亡した場合においても、必ずしも業務との因果関係が判明しないものがあるから、できるだけ死体解剖を行なわせ、これによって判定するよう配意すること。
なお、死体解剖を行なうに当ってはニトログリコール中毒では次の所見がみられることが多いので、少くともこれらの所見の有無に留意すること。
イ　心筋における乏酸素性変化
（心筋空泡変性、横バンド形成、うつ血、浮腫、出血、間質結合組織の増殖）
ロ　肝細胞における空泡形成、脂肪化、うつ血、出血
ハ　造血臓器（脾、骨ずい）における血鉄症
㈤　第一項の㈡、イにいう「常時」とは、日を改めて数日以内に二回以上測定した値に大きな差を認めないものをいう。ただし、赤血球については、同時に貧血に関する他の数項目を測定した場合それらに一定の傾向があったときはこの限りではない。
なお、採血は空腹時に行なうものとする。

## 事例

### ○ニトログリコールによる中毒

【事実】　Y工業㈱の労働者Y（大正一〇年一〇月二五日生）は、昭和四三年六月より山陽新幹線R隧道工区・トンネル工事現場においてダイナマイト加工作業員としてダイナマイト加工及びダイナマイトの取扱い作業に従事していた。Yの作業内容は、昭和四六年一月までの約二年六カ月間、掘削爆破に使用するダイナマイトに金属製の鋏を用い、約三〇㎜の穴をあけて電気雷管を取り付けるものであったが、必要に応じ

てダイナマイトの運搬作業も行っていた。作業中、ダイナマイト加工作業員は、保護手袋、保護クリーム、防毒マスク等の保護具類は使用せず、素手で作業を行っており、また、加工に使用する鋏の柄は直接、ダイナマイトに触れてベトベトになっていた。また、工事現場から返品されてくるダイナマイトは坑内の泥水で濡れたり乱雑な取扱いの関係から包装紙が破損して露出し、再包装の際には、ダイナマイトで手が汚れたことが推察される。

作業環境としては、加工所の面積は約七八二㎡の密室で、換気が十分でないにもかかわらず換気装置は設置されていなかった。

Yは昭和四五年七月、夜勤中に軽度のめまい、嘔吐等の症状があり、K市民病院を受診し「慢性胃炎・胃下垂」と診断され、休業のうえ通院加療した。同年八月にも前記同様の症状を訴え、その後も頭重感、めまい、悪心、耳鳴り等の症状があり、同年九月初旬、K病院を受診し、ニトログリコール中毒症の疑いとの診断を受け九月九日同病院に入院した。その後、九月三〇日に退院し、通院していたが症状に改善をみない状態にあり、週一回位は胸部圧迫感、全身脱力感、頭痛、悪心、めまいの諸症状を呈し、昭和四六年一月及び五月の二回にわたり、同病院に入退院を繰り返したが、その後は転医し、通院加療を継続している。

本件はニトログリコール中毒に特徴的な狭心症様発作は認められていないが、ダイナマイト製造事業場で多発をみたことのあるニトログリコール及びニトログリセリン中毒症と同一又は類似の諸症状が認められる。これは認定基準の要件を充足するものであり、医学上療養が必要と認められる。作業環境についてはダイナマイトが空気に露出していればニトログリコールは相当量蒸発したことが推定され、気中からの吸入が考えられるほか、常態的に素手でダイナマイトを取り扱っていたことを考えると、経皮吸収の可能性も十分考えられる。

**【判断】**　本症例は、ニトログリコール中毒と認められるから業務上である（昭四七・六・二　基収第三四〇七号）。

### ○ダイナマイト圧伸作業に従事する労働者のニトログリコール中毒

**【事実】**　S（二一歳）及びM（四六歳）の両名は、N油脂㈱においてダイナマイト圧伸作業に従事していたが（Sは約四年間、Mは約二五年間）、Sは昭和三八年五月二九日、作業中悪心、胸部圧迫感、嘔吐感があったため早退し翌三〇日は休業した。同月三一日は出勤して雑作業に従事していたが、六月一日、再び圧伸作業に従事していたところ、急に意識消失発作を起こし転倒、六月二日より同月二九日まで入院治療を受けた。

また、Mは昭和三八年九月二三日（月曜）の早朝（七時四三分）圧伸作業場に到着した際に発作を起こし急死（急性心臓衰弱）した。

なお、Sは最近四年間の健診においては胸部所見もなく、ニトログリコール特殊健診においても、昭和三六年三月、全血比重低下のため要観察（D）となったが、同年八月の健診においては正常となり、以後健康体であった。

**【判断】**　Sについては、発生状況及びその症状からみて定型的狭心症発作とは考えにくいが、ニトログリコールを取り扱う作業に従事後、従来からもっていた貧血が助長された疑いがあり、業務との関連が濃厚である。

また、Mについては、ニトログリコール作業に従事中、休日の翌日（月曜）に作業場に到着した際、発作を起こして死亡したもので、剖検によっても重大な他の疾患を認めず定型的ニトログリコール中毒による月曜発作と考える。

以上より、本件二例とも業務上であると判断する（昭三九・七・三　基収第六八九三号）。

○無煙火薬配合作業従事者のニトログリセリン中毒

**【事実】**　Kは、N油脂㈱において無煙火薬の配合作業に従事していたが、この間、昭和三八年七月より約七カ月間はニトログリセリン（NG）＋ニトログリコール（ng）作業に、昭和三九年二月より発病に至るまではNG作業に従事し、これらのガス、蒸気又は粉じんのばく露を受け、昭和四九年一二月二二日より狭心症様発作並びに心筋障害により入院加療した。

本件に関連する医学文献及び医師意見は、次のとおりである。

K医師は文献において、ng中毒の実態はng＋NGの作用であり、かつ既にNGの取扱いの職場からは頭痛のみでなく、さらに重症の心臓発作も起こるのではないかとの疑問が投げかけられていると述べ、本件について意見を求めたN大学医学部衛生学教室のT医師も、NG作業者もng作業者に劣らず作業中に血圧が下がり、脈圧が小さくなることからNGもng同様に生体作用があると述べている。

（なお、昭和三六年五月二九日付け基発第四八九号通達はng中毒症についての認定基準であって、NG中毒については全く触れていない。）

**【判断】**　KはNG＋ng作業者ではあったが、これはかなり以前のしかも短期間の作業であったから、直接の影響はむしろ発病直前まで従事していたNG作業によるものと思われる。また、Kの健康状態をみると、NG作業者となってから特殊健康診断の結果、左室肥大があり（再検診の結果異常なし）、経過をみても狭心症様発作の療養に至っている。

以上より、本件はニトログリセリンによる中毒と考えられ業務上であると判断した（昭四八・九・二九　基収第四六八号）。

○ダイナマイト製造作業に従事していた労働者の高血圧性心臓病

【事実】　A化成工業㈱の労働者Sは、昭和三四年一一月より膠質ダイナマイト（ニトログリコールを含む。）製造の最終工程に当たる収函作業に従事していたが、気管支ぜん息のため昭和三八年三月より病気欠勤し、療養中に高血圧性心臓病のため同年六月、急死した。

Sは、昭和三六年以降、毎年二回行っている特殊健康診断では特に異常は認められていなかった。

医師の意見（Y医師意見）

一般にニトログリコール中毒発作はばく露中止後短期間の中に起こり、また死亡例においては以前に発作をくり返したという履歴があるのを常とするが、本件においてはばく露中止後数カ月を経過して起こりばく露中及びばく露中止後を通じて狭心症様発作を来したという履歴がない。本件は、ニトロ化合物粉じんのばく露事実が認められ、これと数年前から見いだされたぜん息との間に因果関係があるのではないかが疑われるが、本件においては特殊健康診断を繰り返しているにも拘らず貧血、肝障害等のニトログリコール中毒の特異所見は確認されていないので、この関係はむしろ否定的と考えられる。

【判断】　本件労働者の高血圧性心臓病による死亡は、ばく露状況及び症状経過よりみて、ニトログリコール中毒の特異所見は確認されないから業務外である（昭三九・七・三一　基収第九一三号）。

## 5　その他の有機化合物による疾病

有機化合物で、前記１から４までに掲げたもの以外のものによる疾病については、業務上疾病に関する認定の基本的な考え方（上巻第一篇第三章第三節参照）に則って業務上外の認定がなされるべきものである。

これらの有機化合物による疾病の認定上留意すべき事項は、次のとおりである。

(1)　塩化メチルによる疾病としては、短時間高濃度ばく露による中枢神経系抑制を主とする急性中毒と慢性中毒とがある。

急性中毒例としては、塩化メチルがかつて冷蔵庫の冷媒として用いられていたために、この冷媒の漏出によるものがわが国でも報告されており、これらの中毒例では五〇〇ppm以上のばく露を受けたと考えられている。また、気中濃度が二〇〇～四〇〇ppmの塩化メチルを二～三週間にわたって吸入した後に急性中毒と同様の症状を示した症例も報告されている。

慢性中毒としては、長期間にわたって塩化メチルと接触した労働者に肝障害が生じたとの報告がある。

(2)　臭化メチル中毒は、わが国では輸入植物の燻蒸作業者に死亡例も含み、少なからず発生している。

臭化メチルは、主としてガスの吸入により呼吸器から吸収されるが、液体の付着により皮膚からも吸収される。臭化メチルのばく露と中毒症状の発現の関係については、かなり個体差があるとされている。気中濃度が一〇、〇〇〇ppmの臭化メチルを二～三分吸入すると死亡し、八、〇〇〇ppmの臭化メチルを吸入して死亡した例もある。およそ二二〇ppmでは、数時間吸入しても重篤な中毒症状は出現しないという。

二週間にわたって三五ppmの臭化メチルをしばしば吸入した九〇名のうち三〇名に軽い中毒症状の出現を認めたという報告もある。

血液中の臭素濃度はばく露直後に上昇するとされており、また、尿中臭素濃度も臭化メチルばく露の指標となり得るという報告がある。

(3)　ホルムアルデヒドは、強い刺激性のガスであるので、吸入により気道障害を生ずるとともに、これを含む溶液に接触することにより皮膚、粘膜に障害を生じ、また、感作性も有する。

気中濃度が五ppmのホルムアルデヒドにより不快感、眼、鼻、咽喉の刺激があり、一〇～二〇ppmでは短時間でしきりに咳が出る。五〇～一〇〇ppmで五～一〇分間ばく露することにより気管支炎、気道炎が生ずるとされている。

(4)　アクリルアミドによる疾病は、職業的ばく露によるものとしては、粉じんの吸入、粉じんや溶液の付着による皮膚からの吸収によって生ずる。

量—反応（影響）関係は明らかではないが、中毒例のほとんどは、ばく露期間が一カ月～一年で発症しており、短時間・大量ばく露による急性中毒の症例報告は見当たらない。

アクリルアミドによる疾病の診断に当たっては、職歴、作業方法、気中濃度等からアクリルアミドのばく露の程度を把握するほか、中毒発生例の大部分が皮膚吸収に基づいていること、及び接触する部位の皮膚の変化が初期に現れることから、表皮剝離、発疹等の皮膚所見の有無の検査が重要である。全身症状としては一般内科学的検査に準じて行われるべきであるが、特に倦怠感、体重減少等に注意を要し、神経症状については多発性神経炎の診断に準ずる神経学的検査が必要である。

(5)　アクリロニトリルによる疾病は、蒸気の吸入又は皮膚、粘膜からの吸収によって生ずる。体内に吸収されたアクリロニトリルは、主としてシアンイオン（$CN^-$）を遊離するため、シアン化合物（前記四(一)〈九八ページ〉及び(二)3(3)〈一一一ページ〉参照）と同様の作用機序を有すると考えられているが、その毒性はシアンイオンの遊離速度が遅いために速やかには現れないとされている。

アクリロニトリルによる疾病としては、短期間高濃度ばく露による急性中毒が主体であり、死亡例も生じている。

(6)　酸化エチレンは、常温、常圧ではガス体であるが、一〇・四℃以下の低温では液体であり、ガスの吸入や液体の皮膚、粘膜への付着により健康障害を生ずる。

酸化エチレン（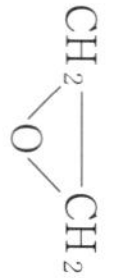）は短時間大量吸入により急性中毒が生ずる。中毒症状は吸入後早い場合には五～一〇分で、遅くとも二～三時間内に出現してくるとされている。

液状の酸化エチレンが皮膚に付着した場合においても蒸発が早いときは症状を呈さないが、量が多くなると一～五時間後に浮腫や発赤を生じ、六～一二時間遅れて水疱形成がみられることもある。また、大量のときは凍傷が起こることがある。

酸化エチレン長期間ばく露による慢性中毒においては、中枢神経性急性刺激症状のほかに、末梢神経障害が生ずる。この末梢神経障害の確認のためには、筋電図及び末梢神経伝導速度検査が必要である。なお、慢性中毒においては重い全身症状は稀にしかみられず、また、粘膜刺激や血液への影響も生じ得るが、軽度であるとされている。

(7)　塩素化ビフェニル（ＰＣＢ　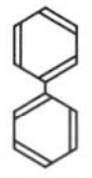 $Cl_{1\sim10}$）は、蒸気又は粉じんとして吸入され、また、量的には少ないが皮膚からも吸収される。皮膚への反復ばく露により塩素ざ瘡（クロルアクネ）等の皮膚障害を生じ、また、長期間ばく露により体内、特に脂肪組織に蓄積されやすく、肝障害を中心とする中毒症状を来す。

ＰＣＢは、一般に塩素の置換数が多いほど毒性が高くなり、排泄も遅くなるとされている。また、ＰＣＢには、その加熱時に副生する塩素化ジベンゾフラン（ＰＣＤＦ）その他の夾雑物が微量含まれていることがあり、毒性が高くなると考えられている。

ＰＣＢによる疾病の診断には、職歴、ばく露の程度の把握等に加えて、自覚症状の検査、皮膚所見の検査及び肝機能検査が重要である。

なお、ＰＣＢは、わが国では昭和四七年以降製造が中止され、使用が規制されている。

(8)　トリレンジイソシアネート（ＴＤＩ　$CH_3C_6H_3(NCO)_2$）は、主として蒸気の吸入によって体内に吸収される。

ＴＤＩは、臭いを感じさせない低濃度でも眼や上気道に刺激を与える。高濃度一回ばく露による中毒は、気道障害を主症状とするが、ばく露直後には無症状で、八時間以上経過してから症状の発現をみることがある。長期間低濃度ばく露の場合には、肺機能がある程度低下する場合がある。呼吸器疾患を有する場合にはその程度は大きいと考えられるが、ばく露の程度と影響との関係については報告によってかなりの差があり、意見の一致をみていないとされている。

ＴＤＩには、感作性があり、喘息様発作を生ずることがある。感作の成立とＴＤＩばく露の頻度及び程度との間には関連があるとされているが、感作されるまでの期間は、ばく露初日～数年後と幅広く、ばく露開始後三～四週目の例が多いという。発作は、ばく露直後に起こる場合と数時間後又は夜間に起こる場合とがある。

⑼　フェノール（石炭酸　$C_6H_5OH$）は、蒸気の吸入により、また、蒸気又は液体の皮膚からの吸収により全身障害を起こし得る。

フェノールの液体が皮膚や眼に付着すると、その著明な腐蝕作用により重い局所障害を起こし得る。災害的な原因により急性中毒が起こるが、皮膚や気道から多量に吸収されると、中枢神経や腎臓を障害し、死亡することもある。

フェノールの反復又は長期間ばく露により慢性中毒が生ずることがあるが、報告例は少ないとされている。慢性中毒では、嘔吐、嚥下困難、下痢、体重減少等が生じ、肝、腎の障害がみられることがある。

事例

○臭化メチル（穀物燻蒸剤）による倉庫雑役夫の慢性中毒

【事実】　Ｋ海運㈱倉庫雑役夫Ｍ（五五歳）は、昭和二七年八月より穀物倉庫の穀物搬出後の清掃業務に主として従事してきた。昭和三〇年一月九日より吐気、頭痛、右顔麻痺を自覚して医師を受診し、顔面神経炎兼肺炎の病名で治療を受けたが、悪化するに及び一月二六日転医入院した。入院時、右側臥位による吐気が著明で、右角膜反射がなく、右頭顔面部知覚麻痺、嗅覚欠損、左肺骨神経麻痺等の症状がみられたが、加療により漸次良好となった。担当医は症状が臭化メチル中毒症と酷似することにより、慢性薬物中毒と診断した。

その他の事実　①Ｍの倉庫内作業は、倉庫内に搬入された輸入穀物の害虫駆除法として臭化メチルによる密閉燻蒸を行った後、穀物を倉庫仲仕が搬出し、その後始末の清掃をするものであって、有害ガスの完全発散を待って入庫するのが通例であるが、倉庫使用の関係からこれができない場合もあった。②Ｍは一年位後から時々作業中倒れた経験がある旨申し立てている。③仲仕の中にも同様症状の患者が四、五名でている。④特記すべき既往症はなく、煙草、酒は嗜まない。

【判断】　本件の労働者の神経障害は臭化メチル（穀物燻蒸剤）による慢性中毒症と認められるから業務上である（昭三〇・一〇・一七　基収第四三六八号）。

○臭化メチル燻蒸作業に従事した労働者の死亡

【事実】　現場作業員Ｉ（二七歳）は、同僚Ｋとともに昭和三三年九月六日午後六時頃よりＳ㈱Ｔ工場の丸サイロ上屋において、臭化メチル燻蒸作業に従事し、翌七日午前一時頃、作業が一段落したので休憩することになり、当該サイロ上屋より張り出された板張り床の上に坐り、ビール小瓶一本、焼酎二合を両名で飲み、Ｉはそのままそこで仮眠し、Ｋは単独で前記作業を続行、午前二時頃工員休憩室へ行き仮眠した。午前六時半頃、Ｉが前記場所で死亡しているのが発見された。

解剖所見では、「死亡日時は昭和三三年九月七日午前四時頃と推定、脳やや強度に充血、肺ややうっ血、表面に溢血点、軽度の肺水腫、肝割面は肉眼的にやや黄色化（脂肪変性）、また、化学検査結果は、一酸化炭素陰性、血液中よりメチルブロマイド（ブロム化合物）検出できず」とあり、死因として確定的なものは見いだされていない。

なお、Ｉが横臥就寝していた位置は風上に当たっていたので就寝中に吸入したものとは思われず、Ｉと同時に作業していた同僚労働者は何ら中毒症状を起こしていない。

また、九月七日午前一〇時、理研式干渉計及びアルコールランプ式焔色反応により、Ｉの横臥していた位置及びサイロ投入口付近における臭化メチルガスの検出をしたが反応は陰性であり、消毒ホース及びその差込孔の点検をしたが漏洩箇所はなかった。

**【判断】**　本件労働者の作業環境並びに仮眠位置等からみて臭化メチル中毒を起こす程度に当該ガスを吸入したとは一般には考えられないこと、また、死亡の直接原因と認められる脳・肺の充血、肺水腫その他の症状は、必ずしも臭化メチル中毒のみに特有のものであるとはいいがたいこと等から、医学的にみて臭化メチル中毒により死亡したとするにたる根拠が明らかでないから業務外である（昭三四・一二・七　基収第六六六六号）。

○フォルマリン作業に従事する労働者の肺結核

**【事実】**　Ｍ木工㈱の労働者Ｎ（四〇歳）は、約半年前に入社し、ベニヤ板の高周波乾燥作業に従事していたところ、咽喉部に疼痛を感じ受診した結果、亜急性潰瘍性咽喉頭炎と診断された。その後、次第に症状が悪化して約半年後に死亡、死因は肺結核とされた。

Ｎの作業は、三枚のベニヤ板を尿素フォルマリン接着剤で糊付してあるものを高周波電波により乾燥させる際、椅子に坐してメーターを監視するもので、温度が七〇℃以上になると尿素フォルマリン中のフォルムアルデヒドが若干発生する。

担当医は、初診時、患者に胸膜炎の既往症がある旨を聞き、エックス線写真撮影及び血沈検査をも行ったが、わずかな所見は認めたものの軽度の肺結核と診断するまでは進んでいなかったので、フォルマリンガスの吸入が原因とは判断できないが、吸入により病勢を悪化させる誘因になったと推定している。

しかし、①尿素フォルマリンガスによって明らかに肺結核になったとは考えられず、②初診時肺結核の徴候があり、③ガス発生が極めて微量であるので亜急性潰瘍性咽喉頭炎がガス吸引によるか否か疑義がある。また、仮に右の咽喉頭炎がガスによるとしても、肺結核の病勢増悪は、風邪、過労、栄養失調等による場合もあり、肺結核の発病増悪がガスによるものとは断定しがたい。

**【判断】**　本件労働者が亜急性潰瘍性咽喉頭炎を起こし、肺結核により死亡したことは、当該作業条件、症状経過等から尿素フォルマリンガスによる中毒とは認められず、業務外である（昭二四・九・九　基収第二六四六号）。

## ○クレゾール等の有害物質による慢性気管支炎

**【事実】**　労働者Ｔ（六二歳）は、昭和一八年四月二三日Ｙ合資会社Ｗ工場に入社して以来、昭和四六年八月二日に退職するまでの約二七年間、フェノール関係製造、Ｈ酸製造、ＤＤブラック製造、メタクレゾール製造、三・五キシレノール製造及びレゾルシン製造業務に従事していた。

その後、同年一〇月頃から咳嗽、喀痰等の症状が現れ、Ｓ医院を受診し「気管支炎」と診断された。以後、Ｗ医科大学附属病院、Ｓ医院と転院のうえ療養していたが、昭和四七年八月五日、Ｋ医院で「慢性気管支炎」と診断され、さらに、Ｉ内科、Ａ医院、Ｓ内科等に転院した。

本件を整理して考察すると、次のとおりである。

(1)　Ｔは、昭和一八年四月入社して以来、刺激性その他の有害性を有する物質（レゾルシン、三・五キシレノール、クレゾール、トルエンスルフォン酸及びフェノール等）にばく露する業務（直接ばく露したことも間接的にばく露したこともある。）に、昭和四六年八月二〇日退職するまでの約二七年間従事していた。

(2)　本例は、前記(1)に掲げた刺激性その他の有害性を有する物質にさらされて慢性気管支炎が発生したことが医学的に認められる（胸部エックス線写真から全肺野に微細なうすい播種状陰影が認められる。これは昭和四二年頃からの定期健康診断のエックス線写真像から現れ始め、その後増強したものと思われる。）。

(3)　当人の居住地域は、大気汚染がひどく環境基準に不適合の場所であり、当人の慢性気管支炎が増悪したものと認められる。

**【判断】**　以上により本件の慢性気管支炎は、一部生活環境内の大気汚染が増悪因子として作用していることは考えられるが、大気汚染が環境基準に適合していても、当人の疾病は発生したとする蓋然性が医学的に認められるので、業務に起因する疾病と判断された（昭五一・一一・五　基収第一〇九五号）。

## 六　農薬その他の薬剤の有効成分による疾病

### ㈠　症状又は障害

農薬その他の薬剤の有効成分（以下「農薬等」という。）による業務上の疾病としては、告示により、次の表の上欄の化学物質に応じ、それぞれ中欄の症状又は障害を主たる症状又は障害とする疾病が示されている。また、次表は、告示に示された「症状又は障害」を具体化するため、その内容を下欄のとおり整理した。

なお、告示の表中に掲げられていない症状又は障害については、表の中欄に「その他」として記載し、下欄にその内容を整理した。

| 化学物質 | 症状又は障害 | 症状又は障害の内容 |
|---|---|---|
| 有機りん化合物（ジチオリン酸O－エチル＝S・S－ジフェニル（別名EDDP）、ジチオリン酸O・O－ジエチル＝S－（二－エチルチオエチル）（別名エチルチオメトン）、チオリン酸O・O－ジエチル＝O－二－イソプロピル－四－メチル－六－ピリミジニル（別名ダイアジノン）、チオリン酸O・O－ジメチル＝O－四－ニトロ－メタ－トリル（別名MEP）、チオリン酸S－ベンジル＝O・O | 頭痛、めまい、嘔吐等の自覚症状 | 頭重、頭痛、悪心、嘔吐、倦怠感、易疲労感、めまい等の自覚症状 |
| | 意識混濁等の意識障害 | 意識混濁：意識の清明度の低下した状態（意識もうろう状態、周囲への無関心、注意力低下、会話の困難、思考の散乱、精神活動の低下等） |
| | 言語障害等の神経障害 | 言語障害：発声遅延、舌のもつれ、会話障害等 |
| | 錯乱等の精神障害 | 軽い意識障害とともに興奮状態や失見当識がみられる。 |
| | 筋の線維束攣縮、けいれん等の運動神経 | 筋の線維束攣縮：四肢、顔面、舌、体幹等に起こる筋線維束の不随意的収縮（筋のあちこちがピクピク動く状態） |

| | | |
|---|---|---|
| －ジイソプロピル（別名ＩＢＰ）、フェニルホスホノチオン酸Ｏ－エチル＝Ｏ－パラ－ニトロフェニル（別名ＥＰＮ）、りん酸二・二－ジクロルビニル＝ジメチル（別名ＤＤＶＰ）及びりん酸パラ－メチルチオフェニル＝ジプロピル（別名プロパホス）） | 障害<br><br>縮瞳、流涎、発汗等の自律神経障害<br>その他 | けいれん：全身に起こる筋又は筋群の発作的収縮<br>その他：呼吸筋まひ等<br>「縮瞳、流涎、発汗等」の「等」には、蒼白、血圧上昇、頻脈、気管支の分泌増強等がある。<br>流涙、結膜炎等の前眼部障害、皮膚障害（接触性皮膚炎） |
| カーバメート系化合物（メチルカルバミド酸オルト－セコンダリ－ブチルフェニル（別名ＢＰＭＣ）、メチルカルバミド酸メタ－トリル（別名ＭＴＭＣ）及びＮ－（メチルカルバモイルオキシ）チオアセトイミド酸Ｓ－メチル（別名メソミル）） | 頭痛、めまい、嘔吐等の自覚症状<br>意識混濁等の意識障害<br>言語障害等の神経障害<br>錯乱等の精神障害<br>筋の線維束攣縮、けいれん等の運動神経障害<br>縮瞳、流涎、発汗等の自律神経障害 | 頭重、頭痛、悪心、嘔吐、倦怠感、易疲労感、めまい等の自覚症状<br>意識混濁：意識の清明度の低下した状態（意識もうろう状態、周囲への無関心、注意力低下、会話の困難、思考の散乱、精神活動の低下等）<br>言語障害：発声遅延、舌のもつれ、会話障害等<br>軽い意識障害とともに興奮状態や失見当識がみられる。<br>筋の線維性攣縮：四肢、顔面、舌、体幹等に起こる筋線維束の不随意的収縮（筋のあちこちがピクピク動く状態）<br>けいれん：全身に起こる筋又は筋群の発作的収縮<br>その他：呼吸筋まひ等<br>「縮瞳、流涎、発汗等」の「等」には、蒼白、血圧上昇、頻脈、気管支の分泌増強等がある。 |
| 二・四－ジクロルフェニル＝パラ－ニトロフェニル＝エーテル（別名ＮＩＰ） | 前眼部障害<br>その他 | 結膜炎、角膜炎等<br>皮膚障害 |

| | | |
|---|---|---|
| ジチオカーバメート系化合物（エチレンビス（ジチオカルバミド酸）亜鉛（別名ジネブ）及びエチレンビス（ジチオカルバミド酸）マンガン（別名マンネブ）） | 皮膚障害<br>その他 | 皮膚の発赤、水疱形成、丘疹、掻痒性発疹等<br>頭痛、めまい、嘔吐等の自覚症状 |
| N―（一・一・二・二―テトラクロルエチルチオ）―四―シクロヘキセン―一・二―ジカルボキシミド（別名ダイホルタン） | 皮膚障害<br>前眼部障害<br>その他 | 眼の周囲、前腕、手甲部、胸部等に好発する発赤、丘疹、水疱形成及び感作性皮膚炎<br>結膜の充血・混濁、眼痛等<br>喘息様発作 |
| テトラメチルチウラムジスルフィド | 皮膚障害 | 接触性皮膚炎 |
| トリクロルニトロメタン（別名クロルピクリン） | 皮膚障害<br>前眼部障害<br>気道・肺障害<br>その他 | 皮膚の発赤・腫脹、掻痒感等<br>流涙、結膜炎等<br>咽頭痛、咳、気管支炎、肺水腫等<br>頭痛、めまい、嘔吐等の自覚症状 |
| N―（トリクロロメチルチオ）―一・二・三・六―テトラヒドロフタルイミド | 皮膚障害 | 接触性皮膚炎 |
| 二塩化一・一′―ジメチル―四・四′―ビピリジニウム（別名パラコート） | 皮膚障害<br>前眼部障害<br>その他 | 皮膚の発赤、水疱、化学火傷、爪の変色・変形・脱落等<br>流涙、羞明、結膜炎、角膜炎等<br>咳嗽、呼吸困難、気管支肺炎、肺水腫等の気道障害、肝障害、腎障害 |

| | | |
|---|---|---|
| パラ－ニトロフェニル＝二・四・六－トリクロルフェニル＝エーテル（別名ＣＮＰ） | 前眼部障害 | 結膜炎、角膜炎等 |
| | その他 | じん麻疹様の発赤、紅斑～水疱形成等 |
| ブラストサイジンＳ | 前眼部障害 | 流涙、羞明、結膜炎、角膜炎等 |
| | 気道・肺障害 | 咽頭痛、咳嗽、化学性肺臓炎等 |
| | 嘔吐、下痢等の消化器障害 | 「嘔吐、下痢等」の「等」には、胃痛、腹部膨満感等がある。 |
| | その他 | 皮膚障害 |
| 六・七・八・九・一〇・一〇－ヘキサクロル－一・五・五ａ・六・九・九ａ－ヘキサヒドロ－六・九－メタノ－二・四・三－ベンゾジオキサチエピン三－オキシド（別名ベンゾエピン） | 頭痛、めまい、嘔吐等の自覚症状 | 頭重、頭痛、悪心、嘔吐、倦怠感、易疲労感、めまい等の自覚症状 |
| | 意識喪失等の意識障害 | 意識喪失：意識の清明度が急速に低下したもの |
| | 失見当識等の精神障害 | 失見当識：時、所、人及び現在の状況を正しく了解する能力（見当識）の失われること |
| | けいれん等の神経障害 | けいれん：筋又は筋群の発作的収縮 |
| ペンタクロルフェノール（別名ＰＣＰ） | 皮膚障害 | 急性皮膚炎、慢性増殖性皮膚病変、ざ瘡様発疹、褐色の色素沈着等 |
| | 前眼部障害 | 結膜炎、眼球粘膜の黄変等 |
| | 気道・肺障害 | 咽頭炎、咳嗽、呼吸困難、気管支肺炎等 |
| | 代謝亢進 | 外因性の毒物によって基礎代謝（生命保持に必要な最低のエネルギーを産生するための代謝）が異常に亢進するために現れる諸症状の病的変化（発熱、異常発汗、脱力等） |

| | | |
|---|---|---|
| モノフルオル酢酸ナトリウム | 頭痛、めまい、嘔吐等の自覚症状 | 頭重、頭痛、悪心、嘔吐、倦怠感、易疲労感、めまい等の自覚症状 |
| | 不整脈、血圧降下等の循環障害 | 「不整脈、血圧降下等」の「等」には、心室細動、心不全等がある。 |
| | 意識混濁等の意識障害、言語障害等の神経障害 | 意識混濁等、言語障害等の「等」には、異常知覚、霧視と眼振、昏睡等がある。 |
| | けいれん | 筋又は筋群の発作的収縮 |
| 硫酸ニコチン | 頭痛、めまい、嘔吐等の自覚症状 | 頭重、頭痛、悪心、嘔吐、倦怠感、易疲労感、めまい等の自覚症状 |
| | 流涎 | 副交感神経が刺激されて唾液分泌が亢進し、病的によだれをたらすこと |
| | 呼吸困難 | 呼吸促進、呼吸不全、呼吸まひ |
| | 意識混濁 | 意識がもうろうとして知覚は不完全となり、注意力が低下し、印象はほとんど記銘されなくなった状態 |
| | 筋の線維束攣縮 | 前記「有機りん化合物」の欄参照 |
| | けいれん | 同右 |

## ㈡　業務上外の認定について

農薬等にさらされる業務に従事する労働者から、告示に示された症状又は障害が発症したとして労災保険請求があった場合、業務によるものではないという特段の反証がない限り、業務上と決定されなければならない。

これらの農薬等による疾病の認定上留意すべき事項は、次のとおりである。

(1)　農薬等による中毒の発生職場としては、次のものがある。

ア　農薬製造　合成工場、調合工場

イ　農薬散布　農業従事者、職業的散布者（機械散布、ヘリコプター関係者、衛生害虫駆除、芝生管理、林業等）

ウ　工業的用途　木材処理（殺虫、防腐）、船底塗料、漁網防腐、電線防虫被覆、羊毛防虫加工

(2)　農薬の有害作用としては、接触性皮膚炎、結膜・角膜炎等の局所作用と経気道吸収、経皮吸収等による全身作用とがある。

二種の農薬等の存在により、毒性が増強する場合（相乗効果）と毒性が減少する場合（拮抗効果）とがある。

(3)　農薬等による疾病の診断に際しては、職歴、ばく露した化学物質の種類、ばく露の程度等の確認が重要であることは他の化学物質による中毒と同様であるが、原因物質が直ちに判明しないこともある。このような場合も含め、一般に、十分な既往歴の把握、中毒症状の詳細な把握、理学的検査及び化学的検査の実施等が必要となる。

(4)　有機燐系の農薬による中毒の認定については、次の通達がある。

## 【有機燐系の農薬に因る中毒症の認定について（昭三九・一〇・五　基発第一一五八号）】

標記について、下記に該当する場合は労働基準法施行規則別表第一の二第四号の規定に基づく労働省告示第三六号表中に掲げる有機リン化合物による疾病として取り扱われたい。

なお、個々の事案について本通ちょうの基準により難いかもしくは判断が著しく困難な場合には、関係資料を添え本省へ稟伺されたい。

記

有機燐系農薬を取扱い、あるいはそれらのガス、蒸気もしくは粉じん等にさらされる業務（以下単に「業務」という。）に従事しているか又はその業務を離れて後おおむね二四時間以内の労働者が、次の各号のいずれかに該当する症状を呈し、医学上療養が必要であると認められるものであって、それらの徴候の原因が業務以外の他の事情によるものでないと判断されるものであること。

一　強度の発汗と流涎、縮腫、筋の線維性れん縮、肺水腫症状、全身痙れん等の特異症状が認められること。

二　発汗、悪心、嘔吐、腹痛下痢、流涎、全身倦怠感、四肢脱力感、手足のしびれ感等があって、血漿（又は血清）コリンエステラーゼ活性値が当該労働者の健康時の値のおおむね五〇％程度以下に低下していると認められること。

なお、血漿（又は血清）コリンエステラーゼの健康時の値については、発病前の測定記録がないかもしくは不明の場合は、症状回復後に測定した値によってもよい。

## 第二項　合成樹脂の熱分解生成物による疾病

合成樹脂の熱分解生成物による業務上の疾病としては、労基則別表第一の二第四号２に、「弗素樹脂、塩化ビニル樹脂、アクリル樹脂等の合成樹脂の熱分解生成物にさらされる業務による眼粘膜の炎症又は気道粘膜の炎症等の呼吸器疾患」が規定されている。

### (一)　発生原因と発生職場

合成樹脂には、弗素樹脂、塩化ビニル樹脂及びアクリル樹脂のほか、ポリウレタン等、次表のものがある。これらの合成樹脂の多くは三〇〇℃以上になると熱分解が起こり始め、次表の下欄に掲げる熱分解生成物が発生する。

| 合成樹脂の名称 | 合成樹脂の主な熱分解生成物 |
|---|---|
| 弗素樹脂（ポリテトラフルオルエチレン等） | テトラフルオルエチレン、ヘキサフルオルプロピレン、オクタフルオルシクロブタン、カルボニルフルオリド、一酸化炭素、オクタフルオルイソブチレン、四弗化炭素、ヘキサフルオルエタン、オクタフルオルプロパン、トリフルオルアセチルフルオリド |
| 塩化ビニル樹脂 | 塩化水素、二酸化炭素、一酸化炭素、ベンゼン |
| アクリル樹脂 | 二酸化炭素、一酸化炭素、メタン、アンモニア、シアン化物 |
| ポリウレタン | シアン化物、二酸化炭素、一酸化炭素、メチルアルコール、アセトアルデヒド、アセトン |
| ポリイミド | 二酸化炭素、一酸化炭素、アンモニア、シアン化物 |

| | |
|---|---|
| ポリスチレン | ベンゼン、トルエン、スチレン、メチルスチレン、二酸化炭素、一酸化炭素 |
| ポリエステル | 二酸化炭素、一酸化炭素、メチルアルコール、アセトアルデヒド |
| フェノールホルムアルデヒド | 二酸化炭素、一酸化炭素、メタン、アンモニア |
| ポリエチレン | 二酸化炭素、一酸化炭素、メタン |

このような合成樹脂の熱分解生成物にさらされる業務には、合成樹脂の製造、成型加工、コーティング、合成樹脂被覆電線の溶接の業務等がある。

なお、合成樹脂の成型加工の温度は、通常熱分解を起こす温度より低いが、局部的に高熱になる場合があるとされている。また、合成樹脂に加熱を行わず、機械加工等を行う業務においても、暖房機器その他の熱により災害的に熱分解生成物が発生し、中毒を生じた事例もある。

## (二)　症状又は障害

合成樹脂の熱分解生成物による疾病の内容は、次のとおりである。

(1)　「眼粘膜の炎症」とは、熱分解生成物のうち、塩化水素、アンモニア等の物質の眼粘膜に対する刺激作用によって生ずる炎症症状をいうものである。

(2)　「気道粘膜の炎症等の呼吸器疾患」における気道とは、鼻腔、副鼻腔、鼻咽腔、咽頭、気管、気管支又は肺をいうものであり、気道粘膜の炎症性疾患の原因物質及び発生状況は右の眼粘膜の炎症の場合に類似している。

炎症性疾患以外の呼吸器疾患としては、気管支喘息がある。

なお、弗素樹脂の熱分解生成物の吸入により、亜鉛等の金属ヒュームによる金属熱に類似した悪寒、発熱等の症状がみられることがあり、これをプラスチックヒューム熱（plastic fume fever）と呼ぶことがある。これらの症状は、一般に喉頭の炎症等の気道粘膜の炎症とともに現れるので、本規定に該当する疾病として取り扱われるべきものである。

### ㈢　業務上外の認定について

合成樹脂の熱分解生成物による疾病としては、災害的な原因により高濃度ばく露を受けて発生する事例が多い。このような事例においては、原因となった合成樹脂の種類及び取扱い量、発生状況等を把握することが基本である。なお、特に呼吸器疾患については、既存疾病の有無、肺機能検査成績等を参考とすべき場合もある。

**事例**

○ウレタン成型作業により発症したとする製造工の上気道炎等

【事実】　HはM化成㈱に製造工として就労していたが、昭和五三年一一月七日から約一カ月間会社の一階で作業をし、一二月上旬から二階において成型機により成型されたものを取り出す作業を二〇日間ほどしたところ、鼻のまわりにじんましんができた。一階の仕事に戻ったが、一週間位した正月前に声がかれてきて、その後胸の底からのセキも出るようになったので、昭和五四年一月二三日からY医院と、同年二月二〇日からI病院を受診して上気道炎とか気管支炎と診断されたが、同年二月二四日にはI病院で治ゆした。その後、約三カ月を経た昭和五四年五月一八日からM市民病院で慢性カタル性咽頭気管支炎、鼻中隔彎曲症として療養し、これは同年八月二八日に治ゆし、その後約二カ月余を経た同年一一月七日からT診療所やIインターナショナル病院で気管支喘息の治療を受けている。

監督署長は、請求人の作業内容、作業期間等及び医証等よりみて、当該業務に従事したことにより「上気道炎」、「気管支喘息」の傷病が発症したものとは認められないとして不支給処分とした。これに対し請求人は、会社での作業場所はウレタン関係のガス噴出箇所で、鼻腔の湿疹等の諸症状が出たため、工場長がガス吸入が原因であると判断し、作業場所を変えてもらった結果症状がいくらか軽くなったものの症状は好転せず通院治療を受けている。

以上のとおり、前記諸症状は業務上の疾病であると主張した。

**【裁決】**　請求人の発症経過をみるに、請求人の傷病は請求人の申し立てる臭いのある二階の成型品取り出し作業中に発症したものではなく、約一週間遅れて上気道炎、次いで気管支炎の形をとり、気管支喘息としての特徴をもっていなかったと認められる。しかも、H医師の意見によると、喘息を起こす可能性のあるトリレンジイソシアネート（ＴＤＩ）濃度は極めて低い。当審査会の収集した米国国立職業安全衛生研究所出版の「職業病一九七七年」によると、要旨、「許容濃度〇・〇〇五ppm、ばく露した夜の間に起こり始める。」と記述され、また、わが国での「産業中毒便覧」には、要旨、「ばく露から遠ざかると過敏症も減退する。」と記載されている。前記によると、請求人の発症は異なり、ばく露濃度も低く、かつ、現場を離れているから、上記傷病がＴＤＩ等によるものとしてもいったん治ゆした後になって再度発症することは考え難い。よって、請求人のＭ市民病院以降における気道疾患は請求人の申し立てる成型品取り出し作業に原因するとは認め難いと当審査会は判断する。

また、医証によれば、請求人はアレルギー体質の持主であることから、一般的な感冒にかかれば治りにくく、気管支喘息様の症状も起こり易く、昭和五六年七月時点でも同様症状が持続していると述べているが、年齢が四〇歳を超えるとかかる弱点が顕在化することがあることはよく知られるところである。また、H医師の否定できないという低濃度の塩化メチレンに関しては、前出の「職業病一九七七年」では、要旨、「大量ばく露で上気道刺激がある。」と記述されているが、せん延するとの記述は前出の二つの文献では認められない。したがって、二年後にも発作的に発症するという気管支喘息が塩化メチレンにより発症し、持続しているとは到底考えることができない。さらに、職場において使用される物質において、請求人の傷病を発症せしめる如き種類のものは認められない。

以上を総合し、請求人の傷病は請求人の申し立てるような業務により発症したものとは考え難いと当審査会は判断する（昭五七・一〇・一五　昭五六労第一五四号）。

## 第三項　すす、鉱物油、うるし、テレビン油、タール、セメント、アミン系の樹脂硬化剤等による皮膚疾患

すす、鉱物油その他の職業性皮膚疾患の原因物質による業務上の疾病（第四節第一項及び第七節に該当する疾病を除く。）としては、労基則別表第一の二第四号３に、「すす、鉱物油、うるし、テレビン油、タール、セメント、アミン系の樹脂硬化剤等にさらされる業務による皮膚疾患」が規定されている。

### ㈠　発生原因と発生職場

右の規定に掲げられている職業性皮膚疾患の原因物質とこれにさらされる業務の例は、次のとおりである。

⑴　「すす」とは、石炭等が不完全燃焼して発生した無定形炭素で、工業製品としてはカーボンブラック等がある。

該当業務例としては、カーボンブラックの製造又は加工（黒色印刷インキの原料、ゴム配合剤等）、黒鉛の製造、煉炭の製造等の業務がある。

⑵　「鉱物油」とは、植物性油に対する鉱物性油を総称するもので、石油、ケツ岩油、石炭系油等がある。

該当業務例としては、切削油等の潤滑油、電気絶縁油又は熱処理油の製造又は取扱い業務等がある。

なお、鉱物油による皮膚疾患は、戦前から油疹の名称をもって知られている代表的な職業性皮膚疾患であり、戦後においても原油の流通過程における業務、石油精製における業務等に発生をみている。

⑶　「うるし」とは、主成分としてウルシオールを含有するウルシ科の植物から得られる天然樹脂である。

該当業務例としては、うるしの栽培、うるし液の採取、漆器用又は塗料用のうるし製造の業務等がある。また、林業労働者その他山林等における業務に従事する労働者にも、うるしによる皮膚疾患の発生をみている。

(4)　「テレビン油」とは、マツ科の樹木のチップまたは松脂を水蒸気蒸留や乾留することによって得られる製油である。

該当業務例としては、塗装などの溶剤や医薬品（誘導刺激剤）の取扱い業務等がある。

(5)　「タール」とは、芳香族高分子炭化水素等の化合物を多種類含有する石炭等を乾留して得られる黒色ないし黒褐色の粘稠性物質をいう。タールには、コールタール、木タール、石油タール様物質、コールタールピッチ、石油ピッチ（アスファルト）等があり、「タール様物質」と称することがある。

該当業務例としては、タールの分留又は加工（エナメル、電極等の製造）の業務、コークス炉作業に係る業務等がある（後掲「タール様物質による疾病の認定基準について」〈二〇八ページ〉参照）。

(6)　「セメント」とは、気硬性、水硬性その他の特殊な工業用途に供するため各種の物理化学的性質を有し、水で練ったとき硬化性を示す粉末状の無機物質である。

該当業務例としては、混合セメントの製造、セメント製品の製造の業務等があり、特に湿潤したセメントを取り扱うことの多い建設業労働者にいわゆるセメント皮膚炎の発生が多い。セメント皮膚炎は、セメントに含有されるクロム化合物による感作性皮膚炎である場合が多い。

(7)　「アミン系の樹脂硬化剤」とは、接着剤、表面被覆剤、塗料等としてエポキシ樹脂に混入して用いられるアミノ基を有する樹脂硬化剤で、ジエチレントリアミン、トリエチレンテトラミン等の脂肪族ポリアミン類及びフェニレンジアミン、ジアミノジフェニルメタン等の芳香族ポリアミン類がある。

該当業務例として、エポキシ樹脂接着剤、表面被覆剤（コンデンサー、トランス等）、塗料等の製造、加工及び取扱い業務等がある。

なお、アミン系樹脂硬化剤は、エポキシ樹脂の硬化剤として用いられるが、最近においては、低毒性の樹脂硬化剤が使用されるようになったこと等からこれによる皮膚疾患の発生は減少している。

また、エポキシ樹脂が使用されている主な業種とその用途及び実例を示すと、次のとおりである。

| 業種 | 用途 | 実例 |
|---|---|---|
| 電気機械器具製造業 | 塗料、積層品、構造材料、接着剤 | 電気器具の塗装、コイルの含侵塗装、電線の被覆、テレビ用真空管口金、マイクロスイッチ、プラグ、トランスの塗装、コンデンサーの封入、プリント回路板、電子部品の接着剤 |
| 輸送用機械器具製造業（造船、自動車、航空機、鉄道車両等） | 塗料、積層品、構造材料、接着剤 | 船舶のサビ止め塗装、自動車・航空機の塗装の下塗り、自動車・航空機のモデル・プロトタイプ（原型）の製作、機械車両の塗装及び部品の接着剤 |
| 合成樹脂製品製造業 | 積層品、構造材料 | 絞り・ハイドロプレス・ドロップハンマ・トリム・孔あけダイ等の板金成形工具の製作、プラスチック成形工具、鋳物用工具の製作 |
| 土木建築工事業 | 塗料、接着剤、積層品、構造材料 | 橋梁・プラント等建造物の防蝕塗料、ほ床材、工業床材、ダム護岸・橋等の補修補強剤<br>コンクリートの打ち継ぎ、かさ上げの際の接着剤、コンクリートと金属との接着剤 |
| ほ装工事業 | 接着剤、構造材料 | ひび割れ、削れを生じたコンクリートほ装路の修理 |
| 塗装業 | 塗料 | 船舶、建築物、タンク等のサビ止め、防水のための塗装 |
| 合板、建築用組立材料製造業 | 接着剤、塗料 | 板の接着、板の表面の塗装 |

| | | |
|---|---|---|
| 家具製造業 | 接着剤、塗料 | 板の接着、板の表面の塗装 |

（注）右記以外の業種においても、電気絶縁材料、積層品、構造材料、土木建築材料、ボタンの材料、塗料、接着剤、銘板製造等に広く使用されている。また、家内労働においても使用されている。

(8) 前記(1)から(7)までのほか、本規定に該当する職業性皮膚疾患の原因物質としては、ガラス繊維、ゴム添加剤等がある。

## (二) 症状又は障害

すす、鉱物油、うるし、テレビン油、タール、セメント、アミン系の樹脂硬化剤等による疾病の内容は、次のとおりである。

(1) 職業性皮膚疾患の原因や症状は多種多様であるが、主としてその臨床所見からこれを分類すると、次のようである。

ア　紅斑、浮腫、丘疹、小水疱又はのう疱、痂《か》皮、鱗屑及び、最終的には落屑を伴うことが特徴である急性接触性湿疹様皮膚炎。これらは一次刺激性物質、感作性物質又は光感作性物質と接触することによって起こる炎症性湿疹様皮膚炎の徴候である。

イ　アルカリ、液体及び粉じん、溶剤、洗剤等の皮膚を脱水する物質と接触した結果起こる紅斑、苔癬化、落屑、乾燥、き裂が特徴の慢性湿疹様皮膚炎

ウ　皮脂腺の閉塞及び結節性化膿性病変が特徴となっている塩素ざ瘡を含めた毛のう炎及びざ瘡状皮膚疾患。塩素ざ瘡は、淡黄色の物質を含んだ多発生のう疱性病変も示す。

エ　ばく露部位の角化症、乳頭腫、上皮腫及びがんのような新生物（良性及び悪性）タイプのもの
オ　表皮の色素の増加又は減少によって特徴を示す色素異常
カ　瘢痕治ゆする傾向がある慢性の無痛性巣状炎症を特徴とする肉芽腫様皮膚疾患
キ　壊死に至る皮膚や粘膜表面の組織欠損を特徴とする潰瘍性病変
ク　その他の病変

(2)　本規定に該当する皮膚疾患の症状等は、次のとおりである。
ア　すすによる皮膚疾患には、皮膚の角化等の病変がある。
イ　鉱物油による皮膚疾患には、急性皮膚炎（かぶれ）、油疹（毛包炎又は毛嚢炎ともいう。）等がある。初期には鉱物油の脱脂作用による皮膚の乾燥、急性皮膚炎（かぶれ）が起こりやすい。慢性化するといわゆる油疹となる。色素沈着とゆうぜい（イボ）の形成がみられることがある。切削油、洗い油等の鉱物油を取り扱う労働者の手、腕に発生しやすい。
ウ　うるしによる皮膚疾患には、うるしかぶれと呼ばれる感作性皮膚炎がある。接触してから数時間ないし数日間の潜伏期をおいて、顔、頸、手の甲、腕などの露出部に発赤、腫脹、湿潤を来してかゆみがはなはだしい。しかし、ふつうはしだいにかぶれにくくなる場合が多い。
エ　テレビン油による皮膚疾患には、アレルギー性接触皮膚炎がある。
オ　タールによる皮膚疾患には、湿疹、皮膚角化等の病変及びタール痤瘡がある。色素沈着とゆうぜい（イボ）の形成がみられることがある。タールによる湿疹は、光線にばく露することによって著明な症状を呈する光過敏性（そのうちの光毒性）によるとされている。

カ　セメントによる皮膚疾患には、いわゆるセメント皮膚炎がある。セメント皮膚炎は、セメントに含有されるクロム化合物による感作性皮膚炎である場合が多く、セメントの吸湿性とアルカリ性による軽度の反覆する一次刺激が基盤となって発症するといわれている。

キ　アミン系の樹脂硬化剤による皮膚疾患には、主として脂肪族ポリアミン類によるじん麻疹、主として芳香族アミン類による接触性皮膚炎がある。

脂肪族ポリアミンの方が皮膚炎を発生しやすいが、その強い一次刺激性及び感作性による。また、芳香族アミン類においても一次刺激性のほかに感作性をも有する。

多発性筋炎様症状又は皮膚の強皮症様変化を呈した事例もある。

## (三)　業務上外の認定について

(1)　職業性皮膚疾患の認定に当たっては、一般に、次の事項に留意すべきである。

ア　職歴とばく露の程度の把握

(ア)　当該労働者の業務内容とその従事期間

(イ)　取扱い原材料、中間生成物、副産物、不純物、添加物、触媒等の種類とその量、液体の場合には稀釈度、成分等並びに作業環境測定結果

(ウ)　作業姿勢、作業条件等とばく露しやすい身体の部位

(エ)　保護具（保護クリーム、手袋等）の種類と使用状況

イ　医学的診断

㈠　同一又は類似の皮膚疾患、アレルギーその他の既往歴
㈡　家族、同僚労働者等の皮膚疾患の有無
㈢　石けん、洗剤等の使用、入浴その他の日常生活習慣
㈣　皮膚疾患を初めて自覚した時期、初発部位及びその後の経過
㈤　皮膚の一般性状、り患局所の検査
㈥　粘膜の刺激その他の自他覚症状
㈦　必要な場合には、皮膚パッチテスト、皮膚掻爬と培養、皮膚生検と病理組織学的診断

ウ　鑑別上の留意点

㈠　急性の職業性皮膚炎は、高濃度一回ばく露の場合を除き、ばく露開始後二～三週間以内に発症することが多いとされている。
㈡　職業性ざ瘡は、ばく露開始後一～二カ月から発生することがあり、六カ月～一年位で著明となることが多いとされている。
㈢　同一職場の作業者に同様の症状を呈する者がいることが多い。
㈣　発生部位に特徴があり、原因物質の性状、作業条件、接触様式等に密接に関連している。なお、感作性物質によるアレルギー性（感作性）皮膚疾患の場合は、ばく露した部位以外の部位や身体の広範囲に症状の現れることも多い。
㈤　原因物質のばく露から離れると軽快し、治ゆに向かうのが一般であるとされている。

⑵　タールによる皮膚疾患の認定については、次の通達がある。

## 【タール様物質による疾病の認定基準について（昭五七・九・二七　基発第六四〇号、改正：令五・一・一八　基発〇一一八第八号）】

標記について、今般、下記のとおり定めたので、タール様物質にばく露する作業に従事した労働者に発症した疾病については、今後、これより処理されたい。

なお、本通達は「タール様物質とがんの検討に関する専門家会議」において、先般取りまとめられた結論を参考として定めたものである。

おって、本通達の解説部分は、認定基準の細目を示したものであるから、本文と一体のものとして取り扱われるべきものである。

記

第一　がんについて（略　本章第七節第一八項〈四六四ページ〉及び第二二項〈四八五ページ〉参照）

第二　皮膚がん以外の皮膚障害について

タール様物質にばく露する業務に相当期間従事した労働者に発症した次の皮膚障害で、医学上療養を必要とすると認められ、かつ、それが当該業務以外の原因によるものでないと判断されるものについては、別表第一の二第四号３に該当する疾病として取り扱うこと。

イ　接触皮膚炎
ロ　光過敏性皮膚炎
ハ　皮膚色素異常
ニ　挫瘡様皮疹
ホ　限局性毛細血管拡張症
ヘ　腫瘍性病変（悪性腫瘍を除く。）

（解　説）

一　タール様物質について

「タール」とは、本来、石炭、木材等の固状有機物質を乾留する際に生じる褐色ないし黒色の粘稠性液体をいうが、この認定基準においては、コールタール、木タール、石油タール様物質（石油又はその留分である軽油、ナフサ等を熱分解し、これを蒸留したときに残油として得られる黄褐色ないし黒色の粘稠性液体）、コールタールピッチ、石油ピッチ（アスファルト）等を「タール様物質」と総称する。このタール様物質は、多環式芳香族炭化水素を多種類含有する混合物である。

二　タール様物質にばく露する作業場について

㈠　労働者がタール様物質にばく露する作業場は、タール様物質の発生を伴う作業場、タール様物質を製造し若しくは加工する作業場又はタール様物質若しくはその加工品を使用する作業場に大別することができる。タール様物質の発生を伴う主な作業場としては、コークス炉及びガス発生炉（ただし、現在、我が国においてはガス発生炉は使われていない。）があり、タール様物質を製造し又は加工する作業場としては、タール蒸留所、タール加工工場等がある。また、タール様物質又はその加工品を使用する作業場には、種々のものがあり、その主なものとして、ピッチコークス製造工場、アルミニウム精錬工場、電極製造工場、カーボンブラック製造工場、鋳物砂を配合する鋳物工場、鋼管等の防蝕塗装、木材防腐、屋根等の防水・防蝕塗装、船舶塗装、道路舗装等を行う作業場、耐火煉瓦製造工場、煉炭製造工場、コークス原料炭製造工場等がある。このうち、高濃度のタール様物質にばく露する作業場としては、コークス炉、ガス発生炉、ピッチコークス炉、アルミニウム精錬工場等がある。

㈡　コークス炉作業であっても炉上作業とそれ以外の作業とでは、タール様物質にばく露する程度が異なるように、同一作業場でも職種により、また、作業環境の改善等により、そのばく露量が異なることから、作業内容、作業従事時期等の詳細な検討が必要である。

三　がんについて（略　本章第七節第一八項〈四六五ページ〉及び第二二項〈四八五ページ〉参照）

四　皮膚がん以外の皮膚障害について

タール様物質にばく露した労働者の皮膚病変には、接触皮膚炎、光過敏性皮膚炎等の急性又は炎症性病変、黒皮症等の皮膚色素異常、毛包炎、挫瘡等の毛包脂腺系の病変、皮膚毛細血管の病変等のほか、腫瘍性病変がある。タール様物質への長期間にわたる反覆ばく露によって、これらの皮膚病変が共存し又は消長しつつ、皮膚萎縮、網状色素沈着又は色素脱失、毛細血管拡張、角化等を伴い、多彩な特徴ある皮膚症状を呈するようになる。また長期間のばく露によっては、疣贅（ゆうぜい）の発症をみることがある。

㈠　接触皮膚炎

イ　タール様物質は、一次刺激性の接触皮膚炎を、また、まれにはアレルギー性の接触皮膚炎を起こすことがある。

ロ　接触皮膚斑の臨床所見は、紅斑、腫脹及び水疱を主とする。病理組織学的所見としては、表皮、特に表皮有棘層の細胞間浮腫又は細胞内浮腫がみられ、時に水疱形成をみるに至り、真皮上層又は乳頭下の血管の拡張が認められる。真皮層には好中球又はリンパ球の浸潤がみられる。

ハ　慢性の接触皮膚炎では、表皮が肥厚し、表皮突起が肥大延長したアカントーシスの所見がみられる。また、若干の微少な水疱の形成が亜急性期にみられることがあるが、慢性の病変ではこれを欠くことが多い。真皮層上部には、リンパ球が多く、組織球、好酸球等が認められることがあるが、これらの浸潤は、一般に血管周囲に著明である。さらに、毛細血管の数が増加し、小動脈壁はしばしば肥厚している。

㈡　光過敏性皮膚炎

イ　アントラセン、アクリジン等光化学的活性物質を組成分に持つタール様物質にばく露した労働者の皮膚は、日光の照射により光過敏性皮膚炎を来たす。その発生機序は、主として光毒性反応と考えられる。

ロ　光過敏性皮膚炎の症状としては、日光の照射部位の灼熱感、紅斑又は腫脹がみられ、はなはだしい場合には、水疱の形成等がみられる。日光の照射から離脱すれば、症状は数日で消退し、表皮剝脱、落屑等を経て治ゆする。しかし、多くは同様の症状を反覆し、次第に皮膚メラニンの増生を伴い、炎症の消退後にも色素沈着が残る。

ハ　病理組織学的所見は、接触皮膚炎のそれと同様であり、所見上両者の鑑別は困難である。ただ、光過敏性皮膚炎の発症部位は、顔面、手、頸部、背部等の日光の照射を受ける程度が高い露出部位に著明である。また、皮膚のみならず、眼の結膜・角膜に色素沈着や炎症をみることがある。

㈢　皮膚色素異常

イ　日光による皮膚の紅斑は、タール様物質の光力学的活性物質によって皮膚が増感されて著明となるものであるが、タール様物質による皮膚色素沈着は、顔面、頸部、上腕等露出部位の日焼け様の急性色素沈着と皮膚の斑状の毛細血管拡張、角化、挫瘡様皮疹、多形皮膚異常症等に伴う慢性色素沈着とに大別される。

ロ　日光が角質層、メラニン顆粒を持つ有棘層及び基底層を透過して真皮に達すると、日光による皮膚障害が発生するが、タール様物質による黒皮症は、日光の反覆作用を受けることにより、表皮の角質は更に肥厚し、メラニン増生が著明となり、びまん性の色素沈着をきたした特徴ある病像を呈するものをいい、ばく露開始後五～六年で発症する例が多い。

更に皮膚障害が強いときは、メラノサイトがメラニン生合成を中止し又は細胞が破壊されて、点状白斑（色素脱失）をみることがある。

(四)　挫瘡様皮疹

イ　タール様物質は、毛孔を閉塞し、その結果、毛包角化、毛包炎又は面皰を形成し、一部は皮脂に溶けて脂腺を刺激し、挫瘡を形成するが、時には、毛包のう腫又は粉瘤がみられることがある。これら挫瘡様皮疹は、ばく露開始後一ヵ月以上経って発症するが、その発症部位は、ばく露条件及び皮膚の脂腺の分布と関連し、顔面、頸部、胸部、背部等に多く、また、陰のうにもしばしば認められる。

ロ　病理組織学的には、毛孔の角栓、角質の増殖肥厚又は毛包脂腺の腫大拡張若しくは萎縮がみられるが、毛包周囲又は真皮層の円形細胞浸潤等炎症性反応の所見は比較的少ない。

(五)　限局性毛細血管拡張症

イ　タール様物質の高温分留物の蒸気に反覆ばく露した労働者の上肘、頸部、胸部、背部等に撒布性に発症するバラ疹様の皮疹がみられることがある。これが、通称「ガス斑」といわれる限局性毛細血管拡張症で、ばく露開始後おおむね五年で発症する例が多い。

ロ　この限局性毛細血管拡張症は、豌豆大まれに雀卵大の大小不同、不整形の境界明瞭なバラ疹様の皮疹であり、一般に皮膚面から隆起せず、硝子圧によって退色し、自覚的苦痛を認めない。拡大鏡によって周辺の密な毛細血管拡張像が観察されることが多いが、肝硬変等にしばしばみられるクモ状血管腫とは異なり、その配列は放射状ではなく、中心の紅点もみられない。また、高熱作業によって起こる顔面（特に頬部及び眉間）、頸部、前胸部等における肝斑様のび慢性毛細血管拡張が併存することもある。

ハ　病理組織学的には、表皮乳頭層、特に毛包脂腺の周囲に毛細血管の著明な拡張及び新生並びに軽度の細胞浸潤が認められるが、その程度は、初期には血管拡張を主変化とし、晩期には毛包脂腺の萎縮が著明になる等症期によって異なる。

(六)　腫瘍性病変（悪性腫瘍を除く。）
イ　ばく露開始後約一年以上を経て、乳頭腫を手背、前腕、顔面、頸部、陰のう等にみることがあるが、これには尋常性疣贅と同様な形状のものから、鼻周辺に好発する円錐形ないし半円形に隆起してやや硬い典型的なピッチ疣贅と称せられる疣贅、顔、特に眼瞼等に好発する軟らかい乳頭腫等種々の形態のものがある。
ロ　タール様物質へのばく露によるピッチ疣贅とは、病理学的にはケラトアカントーマである。これは、顔面、特に眼、鼻周囲、耳、手背等に小丘疹として発し、急速に大きくなるが、大きさはほぼ二㎝以下で、中央が陥凹し、表面が角化した腫瘍である。組織学的には異常角化もあって棘細胞がんと鑑別を要することも多い。しばしば自然退縮し、予後がよいので、一般的には良性腫瘍に入れられる。

## 事例

### ○エポキシ樹脂硬化剤による皮膚障害

【事実】　白黒テレビ及びカラーテレビ用の部品であるフライバックトランス（ブラウン管用の昇圧トランス。以下「ＦＢＴ」という。）偏向ヨーク等を製造しているＨ製作所では、昭和四九年一一月より同五一年三月までの間にＦＢＴの製造工程においてエポキシ樹脂、機械の洗浄用として一・一・一―トリクロルエタンを使用していた。この工程でエポキシ樹脂等の原材料の混合攪拌作業、コイルの組み込まれたケースの中に混合されたエポキシ樹脂を注入する作業等に従事していた約二〇〇名（配置換えとなった者等を含む。）の労働者のうち約八〇名がかゆみ、かぶれ等の皮膚炎、筋肉痛等の症状を呈するようになった。これらの患者のうち七名は入院し、重度の四名は汎発性強皮症（皮膚が褐色となり、マネキン人形のように硬さを増し、皮下組織、筋肉、腱、骨等が萎縮する症状を呈する。）様症状を呈している。

【判断】
(1)　次の事実によりエポキシ樹脂等により発症したことが明らかであること。
イ　シリコン樹脂を使用していた昭和四九年一〇月以前には疾病が発生していないこと。

ロ　エポキシ樹脂、その硬化剤及び一・一・一―トリクロルエタン以外に有害と思われる物質を使用していないこと。

ハ　昭和五一年四月以降有害性の低い代替の硬化剤を使用してからは疾病が発生していないこと。

(2)　注入工程では、エポキシ樹脂が直接皮膚に付着し、又はその蒸気を吸入していたことが十分考えられること。また、注入作業中一・一・一―トリクロルエタンを使用して注入機及び作業台の洗浄を行っており、これらの物質にばく露されていたことが明らかであること。

(3)　エポキシ樹脂が皮膚に付着することにより接触性皮膚炎が発症することは医学的に認められており、また、皮膚の硬化、皮下組織障害、筋肉痛、関節痛等を起こした症例は現在までみられないが、本件に関しては発症状況等からみてこれらの症状についても業務との関連の存在が強く推定されること。

(4)　エポキシ樹脂の注入工程において、症状の程度は異なるが類似の症状を呈する患者が集団発生し、当該作業に従事していない労働者にかかる疾患の発生をみていないこと。

(5)　医学的所見

イ　入院患者七名は、FBT製造作業に約一カ月ないし八カ月間従事し、作業開始後数カ月後に多発性筋炎様症状あるいは皮膚の強皮症様変化の両者又はいずれかの症状を呈している。

ロ　これらの労働者はいずれもエポキシ樹脂注入作業に従事しており、かつ、この作業には注入樹脂量の過不足の調整、あふれ出た樹脂の清拭、一・一・一―トリクロルエタンを用いた注入機の洗浄及び治具等の洗浄、清拭の作業が付随していたことから前記の一連の作業中にエポキシ樹脂あるいは一・一・一―トリクロルエタンへの経気道的ないし経皮的ばく露が起こる機会はあり得たと推定される。

ハ　エポキシ樹脂によって前記イと類似の症状がもたらされたとの記載は成書には見当たらないが、同一の作業に従事する労働者に集積して発生したこと、他の作業に従事していた労働者に発症していないこと等から前記ロと併せて考えると、業務に起因して発生した可能性は極めて大きいと判断される。

以上のことからエポキシ樹脂の硬化剤等を用いた作業に従事した労働者に発生した疾病のうち七二例（昭和五一年一一月一〇日現在）については業務との因果関係が認められたので業務上の疾病と判断された（昭五一・九　I労基局H監督署認定）。

## 第四項　蛋白分解酵素による疾病

蛋白分解酵素による業務上の疾病としては、労基則別表第一の二第四号４に「蛋白分解酵素にさらされる業務による皮膚炎、結膜炎又は鼻炎、気管支喘息等の呼吸器疾患」が規定されている。

### ㈠　発生原因と発生職場

本規定は、蛋白質を人工的に分解させることを目的として開発された蛋白分解酵素にさらされる作業環境下において業務に従事することにより発生する疾病を定めたものである。

「蛋白分解酵素」とは、タンパク質やペプチドなどのペプチド結合（$-\mathrm{NH}-\overset{\mathrm{R}}{\overset{|}{\mathrm{CH}}}-\mathrm{CO}-\mathrm{NH}-$）を加水分解する酵素の総称で、プロテアーゼとも呼ばれる。合成洗剤等に含有される。

蛋白分解酵素にさらされる業務としては、例えば、タンパク分解酵素の製造、合成洗剤の製造又は合成洗剤を使用して行う洗浄の業務等がある。

### ㈡　症状又は障害

蛋白分解酵素による疾病の内容は、次のとおりである。

(1)　「皮膚炎」としては、湿疹がある。

(2)　「結膜炎」としては、酵素の溶液に接したときに起こる結膜の炎症がある。

(3)「鼻炎」としては、酵素の粉じんを吸入したときに起こる急性鼻炎（鼻カタルとも呼ばれる。）がある。
(4)「気管支喘息」としては、酵素の粉じんを吸入したときに起こる気管支喘息がある。
(5)その他の肺疾患としては、「洗剤工場作業者肺」（Laundry detergent worker's lung）が知られている。これは合成洗剤の製造工場で発生をみることがあり、グラム陽性桿菌の枯草菌（Bacillus subtilis）の産生する蛋白分解酵素を吸入し、これが抗原となって発症すると考えられている。過敏性肺炎（外因性アレルギー性肺胞炎）と類似した病変を呈する。
(6)前記(1)から(5)までのほか、本規定に該当する疾病の症状又は障害としては、息切れ、胸痛、気管支攣縮、気管支炎及び流行性感冒に似た症状がある。

### ㈢　業務上外の認定について

蛋白分解酵素による疾病の認定に当たって職歴、既往歴等とともに取り扱った合成洗剤等に蛋白分解酵素が含有されているかどうかを把握することが必要である。

これらの疾病は、ばく露から離れると軽快するのが一般であるが、急性の経過をとらない場合にはこの傾向が目立たないこともある。

また、元の環境に戻せば再発をみるので、過去においてそのような経過があったかどうかを把握することも参考となる。なお、皮膚パッチテスト、吸入誘発試験は診断上意義が大きいが、危険を伴うこともあるので必ずしかるべき専門医によって実施されなければならない。

# 第五項　木材の粉じん、獣毛のじんあい、抗生物質等によるアレルギー性の呼吸器疾患

木材の粉じん、獣毛のじんあい、抗生物質等による業務上の疾病としては、労基則別表第一の二第四号5に「木材の粉じん、獣毛のじんあい等を飛散する場所における業務又は抗生物質等にさらされる業務によるアレルギー性の鼻炎、気管支喘息等の呼吸器疾患」が規定されている。

## (一)　発生原因と発生職場

職業性のアレルギー性呼吸器疾患の抗原となる物質（第四節第一項に掲げられた化学物質を除く。）には種々のものがあるが、米杉等の木材粉じん、獣毛及びペニシリン等の抗生物質はその代表的なものである。

(1)　「木材の粉じん」とは、米杉、ラワン、リョウブ、クワ等アレルギー性呼吸器疾患の抗原物質を含有する木材の粉じんである。

木材の粉じんを飛散する場所における業務には、例えば、米杉、ラワン、リョウブ、クワ等の製材、木材加工の業務等がある。

(2)　「獣毛のじんあい」とは、ヒツジ、ネコ、ヤギ、ウマ、ブタ等の動物の微細な毛をいうが、実際には、フケ、ダニ、カビ等が混在した状態でばく露することがある。

獣毛のじんあいを飛散する場所における業務には、例えば、毛筆の製造、獣医、農夫、実験動物取扱いの業務等

がある。

(3)「抗生物質」とは、主として微生物が産出する化学物質であって、他の微生物の発育又は代謝機能を抑制する物質をいい、これにはペニシリン、ストレプトマイシン等がある。

抗生物質にさらされる業務としては、例えば、薬品製造の業務、医療業務、薬局における調剤の業務等がある。

(4) 右のほか、「木材の粉じん、獣毛のじんあい等」の「等」に含まれるものとしてカキ殻に着生したホヤ、マブシ（蚕がマユを作りやすいようにワラ又はボール紙で作った養蚕用の器具）等を取り扱う際に飛散する粉じんがあり、「抗生物質等」の「等」には、アスピリン、サルファ剤等の薬剤がある。

(5) わが国において医学文献上報告されている職業性喘息は、次のとおりである。

| 名称 | 抗原 | 業種 |
|---|---|---|
| 植物性の微細粉じんを抗原とするもの | | |
| こんにゃく喘息 | こんにゃく舞粉 | こんにゃく精粉工場従業員・付近住民 |
| 職業性そばアレルギー症 | そば粉 | そば屋の調理師・店員、そば製麺業者、そば粉販売業者及びその家族 |
| 小麦粉喘息 | 小麦粉 | 製パン・製菓業者 |
| 畜産飼料の穀粉による喘息 | サワラク、アルファルファ、マイロ、とうもろこし粉じん | 畜産会社で穀粉飼料を取り扱う職員 |
| 米糠による喘息 | 米糠 | 精米業者 |
| 木材喘息<br>①米杉、ねずこ喘息 | 木材粉じん<br>米杉・刺激臭<br>ねずこ関与 | 米杉・ねずこ材使用木工業者 |

| 分類 | 疾病名 | 抗原 | 職業 |
|---|---|---|---|
| 植物性の微細粉じんを抗原とするもの | ②りょうぶ喘息 | りょうぶ | 広島県宮島の土産物細工業者 |
| | ③くわ喘息 | くわ | 家具製造の際くわ薄板を貼る業者 |
| | ④ほう喘息 | ほう | 学校教材にほう材を使用する木工業者 |
| | ⑤しらかば喘息 | しらかば | しらかばで割箸を製造する業者 |
| | ⑥ラワン喘息 | ラワン | ラワン剤を使用する木工業者 |
| | ⑦花梨・紫檀喘息 | 花梨・紫檀 | 花梨・紫檀による家具製造業者 |
| | 茶摘みで発症する喘息 | 茶の新芽・新葉の産毛 | 茶摘み労働者 |
| | 菊栽培者の喘息 | 菊のうぶ毛・花粉 | ビニールハウス中で電照菊を栽培する業者 |
| | トマト、レタス栽培者の喘息 | トマトの茎、レタスの葉の成分 | ビニールハウス中でトマト、レタスを栽培する業者 |
| | プリンスメロン栽培者の喘息 | プリンスメロン皮殻毛状物 | ビニールハウス中でプリンスメロンを栽培する業者 |
| | まこも粉による喘息 | まこも粉 | 鎌倉彫の塗りの工程でまこも粉を使う職人 |
| | 胡椒による喘息 | 胡椒 | しゅうまい、ぎょうざ製造工場勤務者 |
| 動物の体成分あるいは排泄物を抗原とするもの | 養蚕業に関連する喘息<br>①まぶし喘息 | 熟蚕尿（乾燥して粉じんとなる） | 養蚕業者<br>まぶしを取り扱う養蚕業者 |
| | ②家蚕鱗毛喘息 | 蚕の蛾の鱗毛 | 養蚕業者、蚕種製造工場従業員 |
| | ③蛹喘息 | 鯉の餌の乾燥蛹 | 養鯉会社員 |
| | ④職業性絹喘息 | 絹の seriein | 職業上絹を取り扱う人 |
| | ホヤ喘息 | カキ殻に付着するホヤ類の体液成分 | 広島県のカキのむき身業者（カキの打ち子）、カキ養殖業者、真珠養殖業者 |

| 区分 | 疾病 | 抗原 | 職業 |
|---|---|---|---|
| 動物の体成分あるいは排泄物を抗原とするもの | 毛筆製作業者の喘息 | 羊その他の獣毛 | 毛筆製作業者 |
| | 養鶏業者の喘息<br>①ひよこ喘息<br>②にわとり喘息 | ひよこの羽毛細片<br>鶏糞粉じん | ひよこ孵化場勤務者と近隣住民<br>養鶏業者 |
| | 実験動物飼育者の喘息 | モルモット・兎のふけ<br>蛙の体成分 | 大学の研究室で動物を飼育する職員<br>蛙で実験をする研究者 |
| | 貝殻加工業者の喘息 | 貝殻粉じん | 貝殻研磨業者 |
| 花粉・胞子・菌糸を抗原とするもの | 職業性花粉症<br>①てんさい花粉症<br>②ばら花粉症<br>③ぶたくさ花粉症<br>④かもがや花粉症<br>⑤イタリアンライグラスによる喘息<br>⑥いちご花粉症<br>⑦もも花粉症<br>⑧菊花粉症<br>⑨除虫菊花粉症 | てんさい花粉<br>ばら花粉<br>ぶたくさ花粉<br>かもがや花粉<br>イタリアンライグラス花粉<br>いちご花粉<br>もも花粉<br>菊花粉<br>除虫菊花粉 | てんさい研究所職員<br>ばら研究所職員<br>ぶたくさ花粉研究者<br>乳牛飼育用かもがやの栽培業者<br>牧畜業者<br>ビニールハウス中でいちごを栽培する業者<br>もも栽培者で摘花に従事する者<br>ビニールハウス中で電照菊を栽培する業者<br>瀬戸内海沿岸の除虫菊栽培業者 |
| | 胞子による職業性喘息<br>①椎茸胞子喘息<br>②ひかげのかずら胞子（石松子）喘息 | 椎茸胞子<br>ひかげのかずら胞子 | ビニールハウス中で椎茸を栽培する業者<br>義歯作製に石松子を用いる歯科技工士 |
| | 麹による喘息 | 麹 | 醤油・みそ・甘酒製造業者及びその家族 |

## ㈡　症状又は障害

木材の粉じん、獣毛のじんあい、抗生物質等による疾病の内容は、次のとおりである。

(1)　アレルギー症状の発現は、次のように理解されている。まず、アレルギーの素因のある者が抗原を呼吸器や皮膚から体内に取り込むと、生体内ではこれに対して抗体ができる（この過程を感作経路という。）。この後に同じ抗原が体内に入って抗体と接触すると抗原抗体反応を起こしてアレルギー症状を呈する（この過程を惹起反応経路という。）。

業務上のアレルギー性呼吸器疾患は、抗原にばく露される業務とアレルギー素因の二要因によって起こるという特徴がある。

(2)　「アレルギー性の鼻炎」とは、鼻粘膜におけるアレルギー反応の結果、鼻を支配する副交感神経の興奮が誘発され、このために生ずる鼻疾患をいい、主な症状には、水様性鼻汁、くしゃみ、鼻内掻痒感、鼻づまりがある。アレルギー性の眼結膜炎、皮膚炎（湿疹、じん麻疹）及び喘息が合併することがある。

なお、アレルギー性の皮膚炎に対しては労基則別表第一の二第四号3の規定が、アレルギー性の結膜炎に対しては同第四号9の規定がそれぞれ適用される。

(3)　「アレルギー性の気管支喘息」とは、前記(2)のアレルギー性鼻炎と同様にアレルギー反応の結果起こる気管支喘息をいう。鼻汁を来し、次いで喘鳴を伴う呼吸困難、さらに喘息発作を起こすことが多いとされている。

(4)　「アレルギー性の鼻炎、気管支喘息等」の「等」には、アレルギー性の喉頭炎等がある。

## (三)　業務上外の認定について

業務上のアレルギー性呼吸器疾患の認定は、職歴、抗原へのばく露状況及び臨床症状が基本となる。起因抗原を診断上決定するためには、皮膚反応（皮内、掻爬、貼布、P－K反応）、結膜反応、吸入誘発試験、試験管内ヒスタミン遊試験等の検査があるが、一般には皮内反応が用いられることが多い。なお、これらの検査は、危険を伴うことがあるので、しかるべき専門医によって行われなければならない。

業務上のアレルギー性呼吸器疾患は、特定の業務に従事する者の一部に出現するものであるが、当該業務に従事しはじめてから発症までの期間は短くて一～二カ月、長いものは一五～三〇年以上経てから発症したものもあるとされている。

なお、抗原へのばく露から離れると、一般に症状が軽減するので鑑別上留意すべきである。

**事例**

○畳製造作業者に発症した過敏性肺臓炎

**【事実】**　㈱Sの労働者O（昭和一一年二月七日生）は昭和四六年四月入社以来、畳床の配達及び畳床の製造作業に従事した。畳床の配達は、入社当時は、毎日のように仕事があったが、その後次第に注文も減り、昭和五七年頃には一週間に二、三回程度になった。畳床製造では特定の決まった作業はなく、ワラの運搬、下ばえ、化粧ばえのワラ並べのほか、中ばえ（胴ばえ）を並べた後、叩いて均一にする、とり手の取付け等、製造工程の全般に従事した。

その他、本人の作業としては秋に、九月下旬～一一月上旬にかけてワラを取りに行く日が二〇～二五日程度、春には個人の農家が前年から保存しているワラを取りに行く日が三月～四月にかけて一五日程度あった。集荷してきたワラは倉庫にはい積みするが、長期間堆積しておくため、中には乾燥が十分でないワラもあり、白いカビのようなものが発生しているものもあった。一部には炭状（炭素化）しているワラもあった。

作業環境は、作業場全体にワラぼこりが飛散しており、特に中ばえ（胴ばえ）を並べた後、手で叩いて均一にする作業はワラぼこりが多く飛散していた。特にほこりが多く飛散する切ワラのたまるホッパー下部には集じんフードが取り付けられていた。

昭和五七年八月頃からせき、たん、熱感があり、同年一〇月頃、同様の症状を呈し、ワラ積み作業中、息切れがして発熱、倦怠感を伴うようになり、一〇月二一日N病院に入院加療し、同年一一月六日軽快退院した。その後出勤したが、四日目から前記同様の症状が再び発現し、昭和五八年一月三一日O市民病院に転医、二月四日入院した。その間、諸検査の結果、過敏性肺臓炎と診断された。昭和五八年三月末日、軽快退院し、その後同年五月、当該事業場を退職した。

主治医の意見によれば、当該疾病は畳床材料のワラに付着したカビ（真菌）を抗原としたアレルギー反応によって体内に生じた抗体により、外因性アレルギー性肺臓炎（過敏性肺臓炎）が起こったものであるとしている。

【判断】　当該疾病は、畳製造時に吸入する真菌類により惹起された過敏性肺臓炎と認められるので業務上である（昭五九S労基局H監督署認定）。

## ○茶の製造に従事した労働者の気管支喘息

【事実】　Hは、昭和二三年一二月より昭和五〇年六月までの二六年六カ月間、㈱M茶舗において茶製造、荒茶再製の業務に従事していた。

旧作業場（昭和二三年一二月より昭和四七年一二月まで）は、両側面は壁で通風、換気とも悪く、仕上再製作業中は茶粉じんの飛散があったことは十分考えられるが粉じん濃度の測定はなされていない。

昭和五〇年二月頃より咳が出るようになり、K診療所を受診し、「気管支喘息」と診断され加療した。その後、転医加療するも、症状に変化がないため同診療所で再受診し、主治医の指示のもとにG大学病院の検査を受けたところ、「茶粉が抗原となった上気道アレルギー」と診断された。

専門医の意見によれば、本件の診断名「気管支喘息」は、主治医らの臨床症状の記述内容から妥当と考えられ、気管支喘息の病因については、慎重な検討が行われなければその原因決定ができないが、本件については気管支喘息の抗原検査等の臨床診断に必要な検討がG大学病院において十分なされており、その検査成績から茶粉が抗原として作用して発症したアレルギー性疾患であると考えられる。

【判断】　本件は、労働基準法施行規則別表第一の二第四号5に該当する業務上の疾病として取り扱うのが妥当であると思料する（昭五三・八・二　基収第二九五号）。

### ○米杉を取り扱う労働者の気管支喘息症状

【事実】　(1)　作業概況

被災労働者Cは、O市N木材工業所において、仕分工として製品（材木）を等級別に選別し、結束する作業に従事していた。

(2)　症状経過

当該事業所において米杉を取り扱うようになってから、米杉の臭いをかぐと激しい咳をするようになったので、開業医の診察を受けたところ単なる感冒と診断された。しかし、米杉を取り扱うとこの症状が生じ、米杉を取り扱わないと症状が消退するという状態をくり返した。

(3)　主治医の意見

被災者については、エックス線写真上も肺機能検査においても異常が認められない。しかし、外材のうち米松等では症状が現れず、臭気の強い米杉を取り扱った場合に限って症状が現れているところからみて刺戟性の咳嗽と考えられる。また、その発症原因については、米杉を取り扱う労働者について行ったアンケート調査によると、米杉の臭いをかぐとくしゃみ等の異常を覚えるというものが若干あり、被災者の症状がこれと類似しているので、米杉の臭いによるものではないかと考えられる。

【判断】　本件疾病は、米杉の臭いによる刺戟性の咳嗽と認めるのが相当であり、業務上の疾病と解すべきである（昭四四・九・一〇　基収第三九三号）。

## 第六項　落綿等の粉じんによる呼吸器疾患

落綿等の粉じんによる業務上の疾病としては、労基則別表第一の二第四号6に「落綿等の粉じんを飛散する場所における業務による呼吸器疾患」が規定されている。

本規定は、原綿夾雑物を比較的多く含有する落綿等の粉じんにさらされる作業環境下において業務に従事することにより発生するビシノーシス等の呼吸器疾患を業務上の疾病として定めたものである。

### (一)　発生原因と発生職場

「落綿」とは、主として、綿糸紡績の前工程においてできる屑綿をいう。落綿は、主として原綿を原材料として行う混打綿、梳綿、コーマー（繊維の長さを均一にすること）等の過程で排除されたものとして得られるため、原綿夾雑物（綿の種子、苞、茎がく等）を含有する。ビシノーシスは、綿糸粉じんそのものよりもむしろ右のような原綿夾雑物によってひき起こされるとする説が有力である。

落綿以外の原因物質としては、原綿、亜麻、大麻及びサイザル麻がある。

落綿等の粉じんを飛散する場所における業務としては、例えば、がら紡や脱脂綿製造のほか混打綿、亜麻紡績、大麻製糸等の工程における植物屑等の夾雑物にさらされる業務がある。

諸外国においては、ビシノーシスの発生頻度は高いが、わが国においては極めて少なく、綿紡、和紡、衛生綿製造等関連作業者六、四〇〇名余の疫学的調査において、綿糸粉じん関連職場ではビシノーシスは発見されず、原綿夾雑物粉じん関連職場における零細衛生綿及び和紡反毛作業の原綿及び落綿取扱い者六一名中五名に本疾患を発見したという報告があるのみである。

### (二)　症状又は障害

落綿等の粉じんによる疾病の内容は、次のとおりである。

(1)　ビシノーシス（Byssinosis）は、「綿花肺」「綿肺症」等ともいわれている疾病であり、有機粉じんによる肺線維症及び綿粉じん熱（cotton dust fever 原綿夾雑物を含有する粉じんにばく露開始後二～三日のうちに皮膚の灼熱感、頻回の悪心、軽度発熱等が現れ、気道の発赤等はみられず、数時間～数日で消失し、再発しても軽症に推移する疾病。業務上の本疾患には、労基則別表第一の二第四号9の規定が適用される。）とは異なる疾病である。

(2)　本疾患は、胸部絞扼感と息切れを主徴とし、当初は休日明けに限って症状が発現するが、病状が進展すると、休日明けに限らずいずれの日にも発現し、さらに増悪すると心肺機能不全に陥り、死亡することもある。

### (三)　業務上外の認定について

ビシノーシスは、特定の業務に従事する者に稀に発生するものである。したがって、前記(一)に述べたような業務への従事歴、当該業務における落綿等の粉じんのばく露状況並びに臨床所見及びその経過を十分に把握することによって認定されるべきものである。

## 第七項　石綿にさらされる業務による良性石綿胸水又はびまん性胸膜肥厚

労基則別表第一の二第四号7には、「石綿にさらされる業務による良性石綿胸水又はびまん性胸膜肥厚」が業務上の疾病として規定されている。

### ㈠　発生原因と発生職場

労働安全衛生法施行令が改正され、平成一八年九月一日から、石綿及び石綿をその重量の〇・一パーセントを超えて含有するすべての物の製造、輸入、譲渡、提供、使用が禁止されたが、石綿繊維はその対火性、耐酸性、耐摩性等により、きわめて広範囲に使用され、多くの労働者がばく露された。

### ㈡　症状又は障害

ア　良性石綿胸水

良性石綿胸水とは、以下の四項目を満たす疾患をいう。すなわち、①石綿ばく露歴があること、②胸部レントゲン写真あるいは胸水穿刺で胸水の存在が確認されること、③石綿ばく露以外に胸水の原因がないこと、④胸水確認後三年以内に悪性腫瘍を認めないこと、を満たす場合である。

本疾患の良性とは、悪性腫瘍ではないということで臨床経過が必ずしも良性であるということではない。また、胸膜中皮腫の前段階病変ではない。

本疾患の診断では、原因として悪性腫瘍や結核を除外することが必要である。三年間の経過観察が必要であることから確定診断を下すことは難しい。

(1)　石綿ばく露との関係

一般的に発症率は石綿ばく露量が多いほど高く、特に、中・高濃度者では一〇年以内に良性石綿胸水が発症すると言われている。

石綿ばく露開始時期から発症までの間（潜伏期間）は一五年以内のこともあるが、平均四〇年と他の石綿疾患同様に長い傾向が見られる。

(2)　症状と診断

半数近くが自覚症状がなく、健康診断で発見されることもある。症状がある場合には、胸痛、発熱、咳嗽、呼吸困難の頻度が高い。

良性石綿胸水の場合の胸水の性状は滲出液で、半数が血性である。約四分の一に好酸球性胸水が見られる。胸水の持続期間は平均三カ月（一～一〇カ月）であり、無治療で軽快する場合が多いが、胸水が被包化されて残存することもある。一方、再発率も二五～四〇パーセントあり、四年間で三回胸水を発症した症例報告もある。通常、胸水消失後に片側あるいは両側に肋骨横隔膜角の鈍化あるいは円形無気肺を残す。また、胸水が完全に消失せず遷延する場合もあり、注意深い臨床経過の観察が必要な症例も存在する。

石綿ばく露歴が明白で、原因不明の胸水が存在し、臨床的に良性石綿胸水あるいは中皮腫が疑われる症例には、胸腔鏡下胸膜生検による鑑別を行うことが勧められる。

(3)　肺機能障害と予後

良性石綿胸水は、胸水が消失した後に約半数の症例でびまん性胸膜肥厚を残す。

良性石綿胸水の予後不良の要因はびまん性胸膜肥厚と胸膜中皮腫の併発である。最近では胸水貯留後、原発性肺がんと中皮腫を併発した症例報告もある。また、胸水消失後、胸膜中皮腫を発症した症例が七〇例中一〇例（一四・三パーセント）見られたとする報告もある。しかし、良性石綿胸水における胸膜中皮腫の発症リスクに関する疫学的知見はこれまでのところ得られていない。

イ　びまん性胸膜肥厚

胸膜プラークが壁側胸膜の病変で、臓側胸膜（肺側胸膜）との癒着を伴わないのに対して、びまん性胸膜肥厚は、臓側胸膜の病変で、壁側胸膜との癒着を伴う。

(1)　石綿ばく露との関係

高濃度石綿ばく露者におけるびまん性胸膜肥厚の頻度は、決して低くないと考えられている。石綿ばく露によるびまん性胸膜肥厚の成因は単一ではない。肺実質病変である石綿肺が進行し、臓側胸膜及び壁側胸膜に波及したと考えられるものは、約一〇パーセントと少ない。一方、明らかに良性石綿胸水が関与したと考えられるものが三分の一～三分の二以上を占める。そして、石綿肺所見のないびまん性胸膜肥厚症例も少なくない。びまん性胸膜肥厚と石綿ばく露の関係は、胸膜プラークとの関係に比べて、特異度が低く、びまん性胸膜肥厚は必ずしも石綿によるとは限らない。結核性胸膜炎の後遺症や、リウマチ性疾患、全身性エリテマトーデス（ＳＬＥ）、強直性脊椎炎（ＡＳ）などの筋骨格・結合組織疾患、薬剤起因性胸膜疾患との鑑別が必要なこともある。しかし、これらの疾患との鑑別は、経過を詳細に検討すること等により可能なことが多い。

(2)　症状と診断

初期の頃は、無症状か軽度の労作時呼吸困難にとどまることが多い。しかし進行すると、特に両側に病変が及ぶ例では、Hugh-Jones の分類のⅣ～Ⅴ度の呼吸困難を呈することもある。肺機能検査では拘束性障害を呈する。性、年齢、喫煙、石綿肺の程度等が同じ集団では、びまん性胸膜肥厚群で有意に％肺活量、％努力肺活量、％一秒量の低下が見られる。また同時にDlco（拡散能）も低下する。なお、石綿肺所見の乏しい場合には、％Dlco の低下よりも％TVG（％TLC）の低下のほうが大きいため、％Dlco/VA は大きくなることがある。これらの肺機能低下は進行例ほど強く、著しい肺機能の低下を来す症例も見られる。特に両側のびまん性胸膜肥厚例で、自覚症状と同様にその傾向が強い。

びまん性胸膜肥厚は、胸部エックス線写真上、側胸壁内側の比較的滑らかな厚みのある濃度上昇としてとらえられる。通常、胸膜肥厚を記載するには「厚さ」と「広がり」の二つの指標が用いられる。厚さは㎜で表され、最大の厚みが五㎜以上かどうかで分けられることが多い。広がりは㎝で表されることもあるが、側胸壁の長さの二分の一とか、四分の一等と表現されることのほうが多い。

びまん性胸膜肥厚は胸膜癒着を伴うので、大多数において肋横角の鈍化が見られる。画像上、鑑別すべきものとしては、胸膜外脂肪、融合した胸膜プラーク、胸膜中皮腫等があげられる。これらを通常の胸部エックス線写真で見分けることは難しい。特に、肋横角の鈍化が見られない場合には、胸部ＣＴが有用である。なお、びまん性胸膜肥厚の陰影のなかに石灰化した胸膜プラークが取り込まれていることも多い。

胸部ＣＴでは、側胸壁のみならず後胸壁から傍脊柱に至る肥厚像がとらえられることも多い。ＨＲＣＴは通常のＣＴに比べて、局所における構造解析にすぐれた能力を発揮する。前述の胸膜外脂肪層や裂間脂肪の鑑別には欠かせない。また、胸膜から肺内側に向かう肺実質内帯状像や、小さな円形無気肺に伴うcrow's feet等、臓側胸膜病変を反映した肺実質病変の描出にも優れており、癒着を伴わない融合した胸膜プラークとの鑑別にも有用である。胸膜下の浮腫との鑑別は難しいとされるが、浮腫に伴う他の所見と総合することにより、ある程度鑑別が可能である。

(3)　予　後

石綿肺の所見がないびまん性胸膜肥厚有所見者の場合、肺拡散能は正常であるが、肺活量、全肺気量と静肺コンプライアンスが低下する。そのため、程度の差はあるものの少なからぬ肺機能障害（拘束性肺機能障害）を来すことが明らかにされている。びまん性胸膜肥厚が進展し、肺機能障害が著しく慢性呼吸不全状態になれば、在宅酸素療法の適応になり、継続的治療が必要になる。

石綿肺の所見がないびまん性胸膜肥厚有所見者は、石綿肺有所見者ほどではないが、中皮腫のリスクが高い。

### (三)　業務上外の認定について

良性石綿胸水、びまん性胸膜肥厚に関する認定基準は、次のとおり示されている。

## 【石綿による疾病の認定基準について（平二四・三・二九　基発〇三二九第二号、改正：令五・三・一　基発〇三〇一第一号）】

石綿による疾病の認定基準については、平成一八年二月九日付け基発第〇二〇九〇〇一号（以下「平成一八年通達」という。）により指示してきたところであるが、今般、「石綿による疾病の認定基準に関する検討会」の検討結果を踏まえ、下記のとおり認定基準を改正したので、今後は本認定基準に基づき業務上外を判断されたい。

なお、本通達の施行に伴い、平成一八年通達及び平成一八年三月一七日付け基発第〇三一七〇一〇号「特別遺族給付金に係る対象疾病の認定について」は廃止する。

記

第一　石綿による疾病と石綿ばく露作業

一　石綿による疾病

石綿との関連が明らかな疾病としては、次のものがある。

(一)　石綿肺

(二)　肺がん
(三)　中皮腫
(四)　良性石綿胸水
(五)　びまん性胸膜肥厚

二　石綿ばく露作業

石綿ばく露作業とは、次に掲げる作業をいう。

(一)　石綿鉱山又はその附属施設において行う石綿を含有する鉱石又は岩石の採掘、搬出又は粉砕その他石綿の精製に関連する作業
(二)　倉庫内等における石綿原料等の袋詰め又は運搬作業
(三)　次のアからオまでに掲げる石綿製品の製造工程における作業
ア　石綿糸、石綿布等の石綿紡織製品
イ　石綿セメント又はこれを原料として製造される石綿スレート、石綿高圧管、石綿円筒等のセメント製品
ウ　ボイラーの被覆、船舶用隔壁のライニング、内燃機関のジョイントシーリング、ガスケット（パッキング）等に用いられる耐熱性石綿製品
エ　自動車、捲揚機等のブレーキライニング等の耐摩耗性石綿製品
オ　電気絶縁性、保温性、耐酸性等の性質を有する石綿紙、石綿フェルト等の石綿製品（電線絶縁紙、保温材、耐酸建材等に用いられている。）又は電解隔膜、タイル、プラスター等の充填剤、塗料等の石綿を含有する製品
(四)　石綿の吹付け作業
(五)　耐熱性の石綿製品を用いて行う断熱若しくは保温のための被覆又はその補修作業
(六)　石綿製品の切断等の加工作業
(七)　石綿製品が被覆材又は建材として用いられている建物、その附属施設等の補修又は解体作業
(八)　石綿製品が用いられている船舶又は車両の補修又は解体作業
(九)　石綿を不純物として含有する鉱物（タルク（滑石）等）等の取扱い作業

㈩　㈠から㈨までに掲げるもののほか、これらの作業と同程度以上に石綿粉じんのばく露を受ける作業
㈡　㈠から㈩までの作業の周辺等において、間接的なばく露を受ける作業

第二　認定要件

一　石綿肺（石綿肺合併症を含む。）（略　本章第七節第八項〈四一四ページ〉参照）
二　肺がん（略　本章第七節第八項〈四一四ページ〉参照）
三　中皮腫（略　本章第七節第八項〈四一五ページ〉参照）
四　びまん性胸膜肥厚

石綿ばく露労働者に発症したびまん性胸膜肥厚であって、次の㈠から㈢までのいずれの要件にも該当する場合には、別表第一の二第四号７に該当する業務上の疾病として取り扱うこと。

㈠　胸部ＣＴ画像上、肥厚の広がりが、片側にのみ肥厚がある場合は側胸壁の二分の一以上、両側に肥厚がある場合は側胸壁の四分の一以上あるものであること。
㈡　著しい呼吸機能障害を伴うこと。

この著しい呼吸機能障害とは、次のア又はイに該当する場合をいうものであること。

ア　パーセント肺活量（%VC）が六〇%未満である場合
イ　パーセント肺活量（%VC）が六〇%以上八〇%未満であって、次の㈠又は㈡に該当する場合

㈠　一秒率が七〇%未満であり、かつ、パーセント一秒量が五〇%未満である場合
㈡　動脈血酸素分圧（$PaO_2$）が六〇 Torr 以下である場合又は肺胞気動脈血酸素分圧較差（$AaDO_2$）が別表（略）の限界値を超える場合

㈢　石綿ばく露作業への従事期間が三年以上あること。

第三　認定に当たっての留意事項

一　肺がん関係（略　本章第七節第八項〈四一六ページ〉参照）
二　中皮腫関係（略　本章第七節第八項〈四一六ページ〉参照）
三　びまん性胸膜肥厚関係

㈠　びまん性胸膜肥厚は、胸郭の臓側胸膜に炎症があり、それが壁側胸膜に波及し、両者がゆ着している病態のうち、石綿ばく露を原因として生じたものをいうが、びまん性胸膜肥厚の診断は、別添二（「びまん性胸膜肥厚」の診断方法（略））の内容に則して行われるべきものであること。

㈡　びまん性胸膜肥厚と同様の病態、すなわち胸郭の臓側胸膜に炎症があり、それが壁側胸膜に波及し、両者がゆ着している病態は、臨床上、以下に示すような石綿による疾病以外の肺疾患等に伴いよくみられるものであることから、びまん性胸膜肥厚の業務上外の判断に当たっては、その診断根拠となった臨床所見、臨床経過、臨床検査結果等の資料を収集し、石綿ばく露を原因として生じたものとの診断が適切になされていることを確認すること。

ア　感染症（細菌性膿胸、結核性胸膜炎）

イ　膠原病（リウマチ性胸膜炎ほか）

ウ　薬剤性線維性胸膜炎

エ　放射線治療（後）

オ　外傷性血胸

カ　冠動脈バイパス術等の開胸術（後）

キ　尿毒症性胸膜炎

ク　悪性腫瘍

㈢　びまん性胸膜肥厚について、著しい呼吸機能障害を伴うものであるか否かを判定する際に、「パーセント肺活量（%VC）」並びに「一秒率」、「パーセント一秒量」、「動脈血酸素分圧（$PaO_2$）」及び「肺胞気動脈血酸素分圧較差（$AaDO_2$）」（以下「一秒率等」という。）の各指標を用いる意義は、それぞれ次のとおりであること。

ア　パーセント肺活量（%VC）

パーセント肺活量（%VC）は、肺活量の正常予測値に対する実測値の割合（%）で示される指標である。

びまん性胸膜肥厚による呼吸機能障害は、通常、拘束性換気障害を呈するものであることから、拘束性換気障害の程度を評価する指標としてこれを用いる。

なお、肺活量の正常予測値は、二〇〇一年に日本呼吸器学会が提案した次の予測式により算出する（次のイの予測式も同様である。）。

［予測式］

男性：〇・〇四五×身長（cm）－〇・〇二三×年齢－二・二五八（L）

女性：〇・〇三二×身長（cm）－〇・〇一八×年齢－一・一七八（L）

イ　一秒率等

一秒率は、努力肺活量に対する一秒間の呼出量（一秒量）の割合（％）で示される指標であり、また、パーセント一秒量は、一秒量の正常予測値に対する実測値の割合（％）で示される指標である。

現段階では、びまん性胸膜肥厚による呼吸機能障害について、拘束性換気障害に閉塞性換気障害が合併することがあり得ることも否定できないことから、閉塞性換気障害の程度を評価する指標としてこれらを用いる。

［予測式］

男性：〇・〇三六×身長（cm）－〇・〇二八×年齢－一・一七八（L）

女性：〇・〇二二×身長（cm）－〇・〇二二×年齢－〇・〇〇五（L）

さらに、動脈血酸素分圧（$PaO_2$）は、低酸素血症の程度を示す指標であり、肺胞気動脈血酸素分圧較差（$AaDO_2$）は、ガス交換障害の程度を示す指標であり、びまん性胸膜肥厚による呼吸機能障害の程度を判定するための補完的な指標として用いる。

四～五（略）

## 第八項　酸素欠乏症

労基則別表第一の二第四号8には、「空気中の酸素濃度の低い場所における業務による酸素欠乏症」が業務上の疾病として規定されている。

## (一)　発生原因と発生職場

(1)　酸素不足状態の生体の細胞内では、乳酸の生成量が増大するので血液は酸性に傾く。これによって呼吸中枢、心臓中枢等が刺激されて、呼吸深度、呼吸数、心拍数の増加が起こり、酸素濃度の低下した空気をより多く呼吸して酸素摂取量を補い、酸素含有量の低下した血液をより大量に循環させ、また、脳の血管は拡張して大量の血液を受け入れるという、様々な補償機構や機能が動員される。しかしその限界は、気中酸素濃度一六パーセントくらいまでで、これ以下では補償は不能で、酸素欠乏症の症状が現れてくる。

(2)　酸素は空気の約二一パーセントを占めているが、マンホール、発酵タンク、穀物サイロ、井戸、基礎坑、トンネル等換気の悪い場所では、微生物の呼吸や土中の鉄の酸化等により酸素濃度が低下しやすい。また、船舶タンク、ボイラー等の密閉された鉄の構造物も、鉄さびが発生すると内部空気の酸素濃度は低下する。

近年、工業技術の発展に伴い、爆発・火災の危険性の高い製品や、空気と接触すると酸化、劣化を起こしやすい不安定な物質を取り扱うことが著しく増加している。この危険や障害を防止するため、大量の不燃性ガスが貯蔵タンクや製造設備内の空気の置換に用いられている。さらに、一般的な工業製品や農産物等でも、品質の向上、流通コスト低下、腐食防止等のため不燃性ガスの利用が広まっており、取扱いや作業を誤ると酸素欠乏のおそれがある。

地下の土木工事では圧気工法が用いられると、土中に排出された圧縮空気中の酸素が土に含まれる酸化されやすい鉄の存在により消費され、窒素を主成分とした酸素欠乏空気が作られる。そして、このガスが条件によっては思いがけぬ所に流出し、酸素欠乏症を生ずることがある。

以上のように、換気の悪い場所で酸素欠乏空気は形成されるが、稀ではあるが、通風のよい屋外でも弁や配管からの突然のガスの噴出時やエアラインマスク装着者への誤接続による不燃性ガスの送給等により酸素欠乏症が生じた例がある。

(3)　酸素欠乏症等防止規則（昭和四七年労働省令第四二号）の規制対象として、労働安全衛生法施行令（昭和四七年政令第三一八号）別表第六において次の酸素欠乏危険場所が規定されている。

**別表第六**　酸素欠乏危険場所（第六条、第二十一条関係）

一　次の地層に接し、又は通ずる井戸等（井戸、井筒、たて坑、ずい道、潜函《かん》、ピットその他これらに類するものをいう。次号において同じ。）の内部（次号に掲げる場所を除く。）

イ　上層に不透水層がある砂れき層のうち含水若しくは湧《ゆう》水がなく、又は少ない部分

ロ　第一鉄塩類又は第一マンガン塩類を含有している地層

ハ　メタン、エタン又はブタンを含有する地層

ニ　炭酸水を湧《ゆう》出しており、又は湧《ゆう》出するおそれのある地層

ホ　腐泥層

二　長期間使用されていない井戸等の内部

三　ケーブル、ガス管その他地下に敷設される物を収容するための暗きよ、マンホール又はピットの内部

三の二　雨水、河川の流水又は湧《ゆう》水が滞留しており、又は滞留したことのある槽、暗きよ、マンホール又はピットの内部

三の三　海水が滞留しており、若しくは滞留したことのある熱交換器、管、暗きよ、マンホール、溝若しくはピット（以下この号において「熱交換器等」という。）又は海水を相当期間入れてあり、若しくは入れたことのある熱交換器等の内部

四　相当期間密閉されていた鋼製のボイラー、タンク、反応塔、船倉その他その内壁が酸化されやすい施設（その内壁がステンレス鋼製のもの又はその内壁の酸化を防止するために必要な措置が講ぜられているものを除く。）の内部

五　石炭、亜炭、硫化鉱、鋼材、くず鉄、原木、チップ、乾性油、魚油その他空気中の酸素を吸収する物質を入れてあるタンク、船倉、ホッパーその他の貯蔵施設の内部

六　天井、床若しくは周壁又は格納物が乾性油を含むペイントで塗装され、そのペイントが乾燥する前に密閉された地下室、倉庫、タンク、船倉その他通風が不十分な施設の内部
七　穀物若しくは飼料の貯蔵、果菜の熟成、種子の発芽又はきのこ類の栽培のために使用しているサイロ、むろ、倉庫、船倉又はピットの内部
八　しようゆ、酒類、もろみ、酵母その他発酵する物を入れてあり、又は入れたことのあるタンク、むろ又は醸造槽の内部
九　し尿、腐泥、汚水、パルプ液その他腐敗し、又は分解しやすい物質を入れてあり、又は入れたことのあるタンク、船倉、槽、管、暗きよ、マンホール、溝又はピットの内部
十　ドライアイスを使用して冷蔵、冷凍又は水セメントのあく抜きを行つている冷蔵庫、冷凍庫、保冷貨車、保冷貨物自動車、船倉又は冷凍コンテナーの内部
十一　ヘリウム、アルゴン、窒素、フロン、炭酸ガスその他不活性の気体を入れてあり、又は入れたことのあるボイラー、タンク、反応塔、船倉その他の施設の内部
十二　前各号に掲げる場所のほか、厚生労働大臣が定める場所

## (二)　症状又は障害

本規定に該当する疾病の内容は、次のとおりである。

(1)　「酸素欠乏症」とは、体組織、とりわけ脳神経細胞に酸素不足を来した結果起こる疾病をいう。軽度のときは、頻脈、精神障害、呼吸促迫、血圧上昇、チアノーゼ等の症状が現れるが、高度になると意識不明、けいれん、血圧下降等がみられ、放置しておくと死亡する。

(2)　酸素欠乏症の症状が現れる酸素濃度には個人差が大きく、また、個人の健康状態によっても異なる。一般的には一六パーセントくらいから自覚症状が現れ、低濃度になるほど症状は重く、一〇パーセント以下では死の危険が生

じてくる。

左の表は、ヘンダーソンらが酸素濃度と症状の関係を四段階に分類したものに、気中及び動脈血中の酸素分圧等の値を追加したものである。これらの症状は、重筋労働中や疲労しているとき、あるいは二日酔いなどの場合は重症化する。また、貧血や循環器障害を持っている人は、第二段階程度でも致命的な場合もあり得る。

**酸素濃度低下における酸素欠乏症の症状**（Henderson & Haggard の濃度分類）

| 段階 | 空気 | | 動脈血 | | 症状 |
|---|---|---|---|---|---|
| | 酸素濃度（%） | 酸素分圧（mmHg） | 酸素飽和度（%） | 酸素分圧（mmHg） | |
| 一 | 一六～一二 | 一二〇～九〇 | 八九～八五 | 六〇～四五 | 脈拍・呼吸数の増加、精神集中力の低下、計算まちがい、こまかい筋肉作業の劣化、頭痛、耳鳴、吐き気 |
| 二 | 一四～九 | 一〇五～六八 | 八九～七四 | 五五～四〇 | 判断力の低下、発揚状態、不安定な精神状態（おこりっぽくなる）、傷の痛みを感じない、酩酊状態、頭痛、耳鳴、吐き気、嘔吐、当時の記憶なし、全身脱力、体温上昇、チアノーゼ（顔面蒼白）、意識もうろう |
| 三 | 一〇～六 | 七〇～四五 | 七四～三三 | 四〇～二〇 | 意識消失、昏倒、中枢神経障害、チェーンストークス型呼吸出現、チアノーゼ、全身の筋けいれん |
| 四 | 六以下 | 四五以下 | 三三以下 | 二〇以下 | 一瞬のうちに失神、昏睡、呼吸緩徐→呼吸停止→心臓停止 |

## ㈢　業務上外の認定について

酸素欠乏症は、酸素欠乏空気にさらされることによって一般に急性に発症する。したがって、酸素欠乏空気の存在、漏出等によるばく露の事実を確認することが肝要であり、これに臨床症状を把握することによって認定がなされるべきものである。

なお、酸素欠乏危険場所に該当するような場所において転倒し、意識不明に陥ったような場合でも、他の原因によるものもあり得るので、十分な事実確認と的確な診断により、鑑別がなされなければならない。このような状況を起こし得るものとしては、硫化水素その他の化学物質への高濃度ばく露、脳血管疾患又は虚血性心疾患等の発症、感電等がある。

# 第九項　化学物質等によるその他の疾病

労基則別表第一の二第四号9には、「1から8までに掲げるもののほか、これらの疾病に付随する疾病その他化学物質等にさらされる業務に起因することの明らかな疾病」が業務上の疾病として規定されている。

本規定は、労基則別表第一の二第四号1から8までに掲げる疾病以外に、①これらの疾病に付随する疾病、②同第四号1から8までに掲げる疾病発生の原因因子によるその他の疾病又は③同第四号1から8までに掲げる疾病発生の原因因子以外の化学物質等にさらされる作業環境下において業務に従事した結果発生したものと認められる疾病に対して適用される趣旨で設けられたものである。

(1)　労基則別表第一の二第四号１から８までに掲げる疾病に付随する疾病としては、例えば、化学物質への高濃度ばく露によって生じた急性の重症中毒にみられる二次的な障害（告示に掲げられた症状又は障害を除く。）等がある。

(2)　同第四号１から８までに掲げる疾病発生の原因因子によるその他の疾病とは、告示に規定された化学物質によるもの（前記第一項の表に掲げた症状又は障害（その他を含む。））以外のもの並びに前記第二項及び第三項の各物質による症状又は障害以外のものである。

(3)　同第四号１から８までに掲げる疾病発生の原因因子以外の化学物質等による疾病としては、例えば、次のようなものがある。

ア　刺激性のガス又は蒸気（告示に掲げられた化学物質を除く。）による眼の疾患

イ　製糸紡績等の業務による手指の皮膚炎

ウ　コロフォニーにさらされる業務による皮膚障害又は気道障害

エ　ラテックスにさらされる業務による皮膚障害、気道障害又はアナフィラキシー反応

オ　アレルギー疾患を起こす場合に抗原となる物質にさらされる業務によるアレルギー性結膜炎

カ　原綿夾雑物を含有する粉じんにさらされる業務による綿じん熱（本節第六項〈二二三ページ〉参照）

(4)　業務上外の認定について

前記(1)から(3)までに掲げる疾病の認定は、「業務上疾病の認定の基本」（上巻第一篇第三章第三節参照）に則って行われるべきである。

なお、本規定中の「明らか」の意義については、上巻第四篇第二章第二節一三を参照されたい。

事例

## ○自動車燃料コーレスによる粘膜刺激症状

【事実】　Ａハイヤー㈱の労働者Ｈ（二七歳）は、昭和四六年四月に入社し、自動車運転手として一年ほど勤務した昭和四七年四月、乗車していると目が痛くなったり、喉の不調、吐気、頭痛などの自覚症状が発現し、昭和五〇年には咽喉の治療のため一〇日間、入院した。

Ａハイヤー会社では、昭和四四年八月から同四九年一二月までの間自動車燃料としてコーレス（トルエンを主成分とするガソリン代替の液体燃料。完全燃焼しやすく一酸化炭素（CO）が生じにくいとの意からCO―lessと呼称されている。）を用いていた。コーレス使用自動車の運転業務を開始してから数カ月～約二年経過後に運転手のなかに、眼が痛い、チクチクする、咳や痰が続く、喉が痛い等の粘膜（眼結膜、気道粘膜）の刺激症状のほか、嘔気、嘔吐、頭痛、疲れやすい等の自覚症状を訴える者が多数発生した。

本件を整理して考察すると、次のとおりである。

(1)　コーレス燃料は、トルエンを主成分とし、他にベンゼン、キシレンを含有しており、これらはいずれも粘膜を刺激する物質である。また、排気ガス中には、窒素酸化物等の刺激性物質も含まれていた。

(2)　気道粘膜の刺激症状は、風邪、大気汚染、喫煙等による影響が考慮されなければならないが、Ｈの症状は風邪によるものは認められておらず、大気汚染又は喫煙の付加的影響は否定し得ないがこれらの因子のみによって発生したものとは考え難い。

(3)　燃料中の有機溶剤か排ガス中の物質のいずれによる障害かは判別できないが、これらの物質にばく露した事実があり、コーレス燃料の使用開始とともに粘膜の刺激症状が出現し、当該作業から離脱すると軽減している。

(4)　Ａハイヤー会社の系列タクシー会社のコーレス燃料使用自動車の運転者にも同様の症状の訴えが出ている。

【判断】　本件の粘膜刺激症状は、業務に起因するものである（昭五一・五・七　基収第二四一八号）。

## ○コークス炉作業に従事した労働者に発生した肺気腫

【事実】　Ｍ工業㈱Ｋ工場の労働者Ｔ（大正五年一月一日生）は、昭和二四年四月に入社以来、昭和四三年二月までの間に通算一九年間、原料炭の粉砕、コークス炉炉上・炉側作業を主としたコークス製造作業に従事した。特に昭和三二年六月から約一一年間は、コークス炉の炉上及び炉蓋作業に従事した。当該工場は総合化学工場であり、コークスの製造、タールの分留、分留物から染料、薬品等の製造を行っている。コークス部門においては、製鉄用コークス、鋳物用高級コークスが主要製品である。

当人の作業のうち粉砕作業は、ボールミルにより粉砕を行うもので、粉砕後製品のホッパーへの運搬・投入時に若干の発じんがあった。コークス炉炉上作業については高熱作業であり、粉じん及び発生ガスにさらされる頻度が多かった。また、炉蓋作業も高熱作業で、発生ガスにさらされる度合は少ないが、若干粉じんの発生が認められた。

当人は昭和四〇年頃慢性気管支炎にり患し（昭和四〇年頃「気管支炎」、昭和四七年二月に「慢性気管支炎」とそれぞれ診断されている。）、その後も寛解せず持続した。肺気腫については、昭和四三年頃から初期症状があったものとみられており、肺機能検査の結果、慢性肺気腫と診断された昭和四九年二月までの間に慢性的症状に移行している。

肺気腫の成因については、現在のところ医学的に定説がない。しかし、本件については相当長期間粉じん、亜硫酸ガス（$SO_2$）等の刺激性物質へのばく露を受ける作業に従事しており、この作業に起因したとみられる慢性気管支炎が発生していること、及び肺気腫（肺気腫の発生原因が不明であるので一応、慢性気管支炎と併発した疾病とみることができよう。）が認められている。さらに、本件については、肺気腫が初期症状から慢性的症状に至るまでの間に著しく増悪されている経過がある。また、当人の居住する生活環境は、当該疾病の通院加療を始めた昭和四〇年以後、公害指定地域以外の地域であり、業務以外の肺気腫を起こすと思われる要因もない。

**【判断】**　以上より、本件の肺気腫は業務に起因する疾病と認められるので業務上である（昭五〇・一〇・二〇　基収第三七八号）。

○うるしによる急性中毒死

**【事実】**　O商店の労働者Y（一五歳）は、着色作業に従事していたが、たまたまうるし地引作業に欠勤者が出たので、被災者が応援として五日間手伝ったところ、その二日後には発病して死亡したものである。

K府立大学病理学教室における解剖所見、動物実験等からして、うるしによる中毒死と認められるとの意見である。

**【判断】**　解剖所見、動物実験の結果等からうるし中毒により死亡したことが医学上認められるから業務上である（昭三三・一・八　基収第五六〇九号）。

○ビニール被覆線工場塗料製造工のフルフラール中毒による肝機能障害

**【事実】**　D電工㈱T工場ビニール被覆線工場における塗装製

造工A、K、Oの三名は、勤務五カ月にして食欲不振、疲労感、腹部の圧迫感等を訴え受診、検尿の結果、肝機能障害が現れたものである。

　塗料製造工程は材料（フルフラールその他）を溶解槽に入れ三時間位撹拌する。撹拌は機械で行い、このとき一〇〇℃以内の揮発分が発生するが、モーターファンで引抜きを行う。溶融した塗料はろ過機でろ過するが、この時、蒸気が発生し、これを作業者が吸い込む状態にある。

　医師の意見　この肝機能障害の原因は不明である。

**【判断】**　本件労働者の肝機能障害はフルフラールによるものと認められるから業務上である（昭三一・八・二三　基収第四五九四号）。

### ○シェラックニスを使用する組立工の皮膚疾患

**【事実】**　自転車用発電機の組立作業を行う㈱M電機の女性労働者Sは、就業一カ月後から顔面に掻痒疼痛を伴う粟粒大の

〈**本節の参照文献**〉
1　久保田重孝（一九六六）：職業病、コロナ社
2　久保田重孝編（一九六九）：職業病とその対策、興生社
3　坂部弘之編（一九七三）：労働の場における健康問題、講談社
4　職業アレルギー研究会編（一九七三）：職業性喘息、朝倉書店

赤色丘疹が多数発生し、次いで前腕部から次第に全身に蔓延し、特に顔面、両前腕、両下腿及び腰部に著明となった。この症状が三カ月続いた後、赤色丘疹はおおむね治ゆしたが、後に汗腺に一致して粟粒大の黒点が残り掻痒がはなはだしく、休業治療してはじめて軽減した。

　使用薬品としてはシェラックニスがあり、アルコールでこれを溶かしコアー（鉄心）の接着剤として用いられている。本症病の発生はシェラックニス使用開始時と一致し、S以外に軽症の者が三名（現場員六〇名のうち）いるが、シェラックニス使用前には同種症病の発生がなかった。各種治療を重ねたが効果がなかったところ、作業を離れて治療するに至ってはじめて軽快した。また、Sは化粧をしない者であった。

**【判断】**　本件労働者の就業一カ月後に発生した顔面から全身に及ぶ皮膚炎は、作業工程中の接着剤シェラックニスによる皮膚炎と認められるから業務上である（昭二六・六・二八　基収第三七九号）。

5　塩化ビニル障害に関する専門家会議（一九七六）：塩化ビニルモノマー（ＶＣＭ）による健康障害に関する検討結果中間報告書
6　三浦豊彦ら編（一九七七）：新労働衛生ハンドブック、労働科学研究所
7　井上尚英ら（一九八一）：日災医誌二九巻一二号八九一―八九二
8　後藤稠ら編（一九八一）：産業中毒便覧（増補版）、医歯薬出版
9　マンガンによる健康障害に関する専門家会議（一九八一）：マンガン及びその化合物による健康障害に関する検討結果報告書
10　坂部弘之監訳（一九八二）：職業病―その認識への手引―、労働法令協会
11　産業医学振興財団（一九八二）：化学物質取扱業務の健康管理
12　村尾誠＝小林節雄監修（一九八二）：過敏性肺炎、医学書院
13　労働省安全衛生部労働衛生課編（一九八二）：酸素欠乏危険作業主任者テキスト、中央労働災害防止協会
14　土屋健三郎監修（一九八三）：金属中毒学、医歯薬出版
15　労働省安全衛生部労働衛生課監修・中央労働災害防止協会編（一九八三）：有機溶剤作業者の健康管理のすすめ方、中央労働災害防止協会
16　クロム障害に関する専門家会議（一九八四）：クロム化合物による健康障害に関する検討結果報告書
17　館正知監修・職業病対策研究会編（一九八四）：職業病その実態と対策、日本イーエムエス
18　労務行政編（二〇〇五）：改訂2版　新・業務上疾病の範囲と分類、労務行政
19　厚生労働省（二〇一三）：労働基準法施行規則第三五条専門検討会報告書
20　厚生労働省（二〇一三）：労働基準法施行規則第三五条専門検討会化学物質による疾病に関する分科会検討結果報告書
21　厚生労働省（二〇二三）：労働基準法施行規則第三五条専門検討会報告書
22　厚生労働省（二〇二三）：労働基準法施行規則第三五条専門検討会化学物質による疾病に関する分科会検討結果報告書
23　日本産業衛生学会（二〇二一）：許容濃度等の勧告（二〇二一年度）

# 第五節　じん肺症及びじん肺の合併症

## 一　じん肺症補償の沿革

労基則別表第一の二第五号に規定する「じん肺症」とは、けい肺、石綿肺、アルミニウム肺等の各種のじん肺のうち、療養を要するものをいうが、これらのうち、けい肺については古くから知られている代表的な業務上疾病である。

けい肺が業務上の疾病として公式に認められたのは昭和五年のことであり、当時の内務省社会局労働部長の通達により、三年以上勤続してけい肺（結核の合併しているものを含む。）にかかった鉱夫が鉱業法（明治三八年法律第四五号）に基づく鉱夫労役扶助規則（大正五年農商務省令第二一号）により補償されることになったのがそれである。その後、昭和一一年、工場法（明治四四年法律第四六号）及び鉱業法における業務上疾病の範囲が通達により改められたときに、「珪酸ヲ含ム粉塵ヲ発散スル作業ニ因ル肺結核ヲ伴フ又ハ伴ハザル珪肺」が鉱山のみならず一部の工場においても業務上の疾病として取り扱われることとなった。

昭和二二年、労働基準法及び労災保険法が制定され、「粉じんを飛散する場所における業務に因るじん肺症及びこれに伴う肺結核」（昭和五三年労働省令第一一号による改正前の労基則第三五条第七号）が業務上の疾病として規定された。この時期以降、けい肺問題は社会的関心を呼び、その予防対策、補償対策が積極的に推進されることとなった。すなわち、昭和二三年一月、労働省にけい肺対策協議会を設置し、これを昭和二四年六月にけい肺対策審議会に改めたうえ、同年八月、いわゆる「珪肺措置要綱」（昭和二四年八月四日付け基発第八一二号通達）を定めた。

昭和三〇年九月には、けい肺及び外傷性せき髄障害に関する特別保護法（昭和三〇年法律第九一号）が施行され、これにより各種の施策は、単なる行政措置としてではなく法的根拠をもって進められることとなった。次いで昭和三三年六月、けい肺及び外傷性せき髄障害の療養等に関する臨時措置法（昭和三三年法律第一四三号）が施行され、先のけい肺等特別保護法による給付の期間が経過してもなお療養の必要があると認定された者に対し、昭和三五年三月三一日まで療養給付、傷病手当を支給すること、政府は昭和三四年一二月末までにけい肺及び外傷性せき髄障害の保護措置について根本的な検討を加えた法律案を国会に提出すべきこと等が定められた。

そこで労働大臣は、けい肺審議会に対してけい肺等特別保護法の改正について諮問し、労使各側委員の意見にはなはだしい懸隔があったことにより困難な審議が重ねられたうえで答申を得た。政府はさらに労働者災害補償保険審議会、社会保障制度審議会に諮問し、その答申及び意見を参酌、検討し、じん肺法及び改正労災保険法案の立案に当たった。両法案は国会において一部修正のうえ成立し、昭和三五年四月一日から施行された。

じん肺法は、当時における新しい医学的研究の成果を取り入れ、その対象をけい肺のみならず、広く鉱物性じん肺に拡げ、かつ、その予防及び健康管理の措置の充実を図ったものであり、また、改正労災保険法は、工場法以来の打切補償制度に替えてじん肺はもちろん、重篤な傷病を被った労働者に対して、必要の存する期間療養の継続ができる長期傷病者補償制度にするとともに重度の身体障害労働者に対する障害補償費についてもこれを年金化したものであって、これらはいずれもわが国の労働者保護行政上画期的な改正であった。

その後、昭和四七年六月に労働安全衛生法（昭和四七年法律第五七号）が制定され、これに伴い、じん肺法の関連条文の一部改正が行われた。また、労働安全衛生法第六七条の規定により、じん肺管理区分が管理三の者に対して離職の際に又は離職の後に健康管理手帳が交付され、離職後も国の費用負担による健康診断を行う体制が確立された。

昭和四九年に至ってじん肺法改正を求める動きが活発となり、二年余りの検討を経て、昭和五二年六月九日、労働安全衛生法及びじん肺法の一部を改正する法律（昭和五二年法律第七六号）が成立し、昭和五三年三月三一日から施行された。この改正においては、じん肺等の定義、じん肺健康診断の方法、エックス線写真像の区分、じん肺管理区分、じん肺健康診断の実施時期と事後措置等が改められた。

## 二　じん肺症及びじん肺の合併症に係る基本的事項

### (一)　じん肺の定義

じん肺（Pneumoconiosis）という用語は、Zenker（1866）の提唱によるもので、「粉じんを吸入することによって起こる肺の病変」をじん肺と定義した。その後の多くの研究の成果を踏まえて、昭和五二年に改正されたじん肺法において、じん肺は、「粉じんを吸入することによつて肺に生じた線維増殖性変化を主体とする疾病」と定義された（じん肺法第二条第一項）。

じん肺は、粉じんの吸入によって生じた線維増殖性変化を主体とし、これに気道の慢性炎症性変化、気腫性変化を伴った疾病であり、これらの病変は一般に不可逆性のものである。じん肺有所見者にみられる肺気腫及び肺性心は、一般に、これらのじん肺病変が高度に進展した結果、出現するものである。

労基則別表第一の二第五号に規定する「じん肺症」とは、右のようなじん肺のうち、療養を要するものをいうものである。

## ㈡　じん肺の原因

じん肺を起こす原因となる粉じんは、空気中に含まれる非生物体の固体粒子をいい、ヒュームも含まれる。

粉じんの粒径と肺への沈着については、**図1**のとおりである。すなわち、粒径が一マイクロメートル（㎛）（ミクロン（μ））以下の場合には気道内沈着は稀であり、粒径が大きくなるほど気道内沈着率は高くなる。これに対し、気腔内沈着の場合には一～二㎛の粒径の粒子が最も高い沈着率を示し、粒径が〇・四㎛以下になると再び沈着率が増加する。粒径が五㎛以上の大きい粒子は気道に沈着することが多く、七〇パーセント以上の吸入粒子が気道に沈着する。この沈着した粒子は、気道の繊毛運動により体外に排出される。

**図１　部位別、呼吸回数別、粒径と沈着率との関係**
（数字は呼吸数／分）（Hatch, 1960）

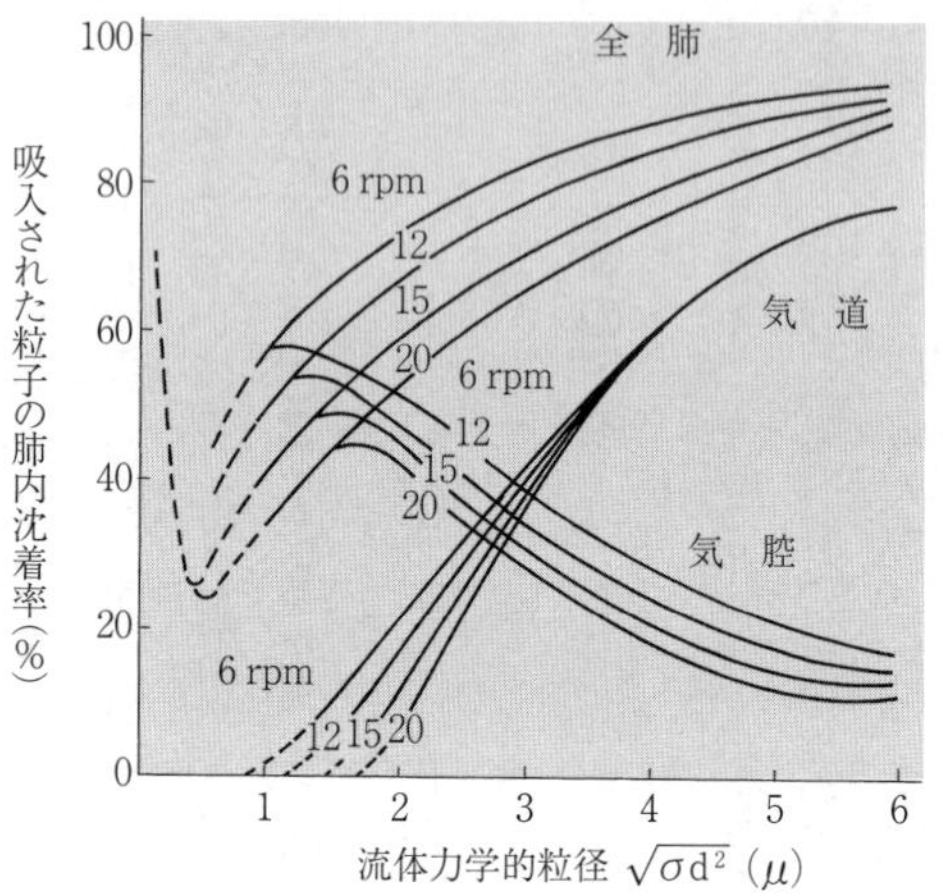


粉じんが呼吸細気管支、肺胞領域に沈着することがじん肺発生の主要な原因と考えられているが、石綿肺にみられるごとく粒径五㎛以上の粉じんの気道沈着もじん肺発生の原因となることが知られている。また、石綿に限らず、粒径が一〇㎛を超える粉じんの吸入により細気管支炎が高頻度に発生し、これがじん肺発生に関与しているとの指摘もある。

## ㈢　じん肺の発生と進展

### 1　粉じんによる線維増殖の機序

気腔内に沈着した粉じんによる肺障害の発生機序については、粉じんの細胞毒性と線維増殖の機序について多くの研究が行われているが、主に石英粉じんについて行われた諸研究結果からは、「肺内に沈着した粉じんのクリアランスはマクロファージが行うと考えられ、粉じんを貪食したマクロファージは気道を経て体外に排出され、間質に入る粉じんは、貪食されないで残った粉じんや粉じんの毒性により破壊されたマクロファージから外へ出た粉じんであると考えられている。粉じんによる線維化については、石英が直接線維芽細胞に作用するのではなくて、石英によるマクロファージの崩壊の結果、なんらかの物質が遊離して、この物質が線維芽細胞に作用して線維増殖を起こすと考えられる。」とまとめられている。

米国労働安全衛生研究所（National Institute for Occupational Safety and Health：NIOSH）が勧告している結晶性二酸化ケイ素（Crystalline Silica）の基準に関する勧告においては、遊離けい酸が組織に損傷を起こす機序は、形状、溶解性、マクロファージに対する細胞毒性、結晶構造の四つの特性のうちの一つ又はそれ以上に基づいているとしており、単一の特性では説明できないとしている。

### 2　じん肺の進展

代表的なじん肺であるけい肺を例にとってその進展を概括すると、次のとおりである。

遊離したけい酸粉じんは肺間質及びリンパ腺に移行し、粉じんの沈着部位に網内系細胞の浸潤が起こり、粉じんを摂取する。その後この細胞は次第に変性壊死に陥り、はじめは細い網状線維が形成され、次第に太い膠原線維に移行してけい肺結節が形成される。また、肺門リンパ節に移行したけい酸粉じんにより肺門リンパ節にも結節が形成される。間質やリンパ腺の変化が進めば、その後の吸入粉じんは次第に肺胞内に蓄積されるようになり、間質の変化に付加されるために結節はさらに大きくなりその数も増加する。この変化に伴って小血管の閉塞が起こり、細気管支の狭窄や閉塞が起こる。このため、末梢部の肺胞は次第に拡張し、肺胞壁が薄くなり破壊されて局所性肺気腫が発生する。また、細気管支レベルでの病変により、細気管支周辺の変化が加わり、障害が進展する。けい肺結節はゆ合して塊状巣を形成し、塊状巣周辺にはのう状気腫が形成されることがある。

## (四)　じん肺の種類

各種の無機粉じんによるじん肺の種類には、次のようなものがある。

| 種類 | 病像等 |
|---|---|
| (一)　けい肺 | 遊離けい酸を含有する粉じんの吸入により発生するもので、塊状巣がみられることが多い。 |
| (二)　石綿肺 | 五～一〇〇μmに及ぶ長い粉じんの吸入を主因として起こるものであり、けい肺とその発生機序は異なり、細気管支炎の発生が主要な変化である。これに伴う気管支拡張、肺気腫等はけい肺より早期に起こり、肺機能の低下は著しい。細小気管支の閉塞による小無気肺を加味した肺胞内の粉じん巣形成が起こり、線維化はけい肺より弱い。エックス線写真像では胸膜変化も認められる。石綿粉じんは肺内では蛋白質と結びついて黄褐色の石綿小体をつくる。 |
| (三)　滑石肺 | 吸入粉じん量が少なければ結節は小さいが、多量に吸入すれば塊状巣が発生し、粉じん巣の変性壊死を来す。 |
| (四)　ろう石肺 | ろう石は滑石に似ているが、結節の壊死が強く非結核性の空洞をつくる点は滑石肺と同様である。 |

| | |
|---|---|
| (五) けい藻土肺 | 生のままのけい藻土は有毒性が少なく、高熱によりクリストバライト、トリジマイト等の結晶性けい酸に転化したものが有害でけい肺を起こすといわれていたが、わが国でのけい藻土加工場では生のけい藻土を扱っていた者にじん肺死亡症例が発見されている。 |
| (六) アルミニウム肺 | わが国の死亡症例では、帯状の強い線維増殖巣、肺気腫、胸膜肥厚を示していた。ドイツにおいても同様の症例報告がなされている。 |
| (七) アルミナ肺 | わが国の死亡症例では、前記のアルミニウム肺とほぼ同様の臨床所見、解剖所見を呈している。 |
| (八) 酸化鉄肺（溶接工肺） | 酸化鉄は線維増殖性の強い粉じんではないが、多量の粉じんが肺胞をみたし、その喀出が妨げられる場合には他のじん肺と同様に肺胞内の線維化を起こすと考えられる。 |
| (九) 炭素肺 | わが国の症例では、一～五㎜の結節が肺野に多発し、結節周辺には局所肺気腫を伴っている。 |
| (一〇) 黒鉛肺 | エックス線写真像で小粒状影を示すが、高度になれば大陰影を伴うものもある。結節の線維化は炭素肺よりも強い。 |
| (一一) 活性炭肺 | 黒鉛肺に類似する所見がみられる。 |

## ㈤　じん肺の合併症

じん肺の合併症は、じん肺法において、「じん肺と合併した肺結核その他のじん肺の進展経過に応じてじん肺と密接な関係があると認められる疾病」と定義されている（じん肺法第二条第一項第二号）。

労基則別表第一の二第五号に規定する「じん肺法に規定するじん肺と合併したじん肺法施行規則第一条各号に掲げる疾病」とは、じん肺管理区分が管理二又は管理三と決定された者に係るじん肺と合併した次に掲げる疾病のほか、じん肺管理区分が管理四と決定された者に係るじん肺と合併した次に掲げる疾病を含む趣旨である。

① 肺結核

② 結核性胸膜炎

③　続発性気管支炎
④　続発性気管支拡張症
⑤　続発性気胸
⑥　原発性肺がん

各合併症は、およそ次のような疾病である。

### １　肺結核

肺結核とは、結核の病変のあるもののうち医学的に治療を要すると判断されるものをいう。

肺結核の発症が疑われる場合、胸部エックス線検査や胸部ＣＴ検査等の画像検査と、たんの中に結核菌がいないかたんを調べるかくたん検査が行われる。肺結核を発症する段階では、肺の各所で肺が破壊されることになるため、画像検査を実施して肺に影等がないか確認する。

かくたん検査では、採集したたんの培養等を行い、結核菌の存在を遺伝子レベルで分析するほか、顕微鏡で観察することにより結核菌の排菌の有無（呼気中に菌があり、それにより他人に感染させることがあり得る状態か）を調べる。具体的に行われる検査としては、かくたん塗抹検査、抗酸菌培養検査、遺伝子検査等がある。

### ２　結核性胸膜炎

結核性胸膜炎とは、結核菌によって引き起こされた胸膜炎をいい、肺野に明らかな結核病巣がない場合であっても起こることがある。

結核性胸膜炎の診断のため試験穿刺による胸水検査が行われるが、塗抹、培養といった細菌学的方法で確定診断が得られることは少ない。Adenosine deaminase（ADA）値の測定が感度及び特異度の高い検査であるが、膿胸、関節リウマチに伴う胸水等で高値となる可能性がある。胸腔鏡下胸膜生検は従来の経皮的針生検に比べ有効性は高いが侵襲を伴う。

結核性胸水の発症には、マクロファージとヘルパーＴ細胞１（Ｔｈ１）を主体としたⅣ型（遅延型）アレルギーが関与しており、菌体が胸腔内で刺激となりＴｈ１サイトカインを継続して誘導する。胸水中のＩＮＦ－γ値の測定は胸水発症に重要なだけでなく、診断においても有用である。

### ３　続発性気管支炎

持続性のせき、たんの症状を呈する気道の慢性炎症性変化はじん肺の病変と考えられるが、このような病変に細菌感染等が加わった状態は一般的に可逆性であり、このような場合には積極的に治療を加える必要がある。このような病態をじん肺法では「続発性気管支炎」と呼称し、じん肺合併症としている。

その診断は、自覚症状の調査で「一年のうち三か月以上毎日のようにせきとたんがある」と認められた者で、り患が疑われる者について精密検査を必要とする。たんの量を「覚醒後約一時間のたんの量が三㎖以上」、性状については、「MillerとJonesの分類を参考にして、粘膿性たん一度（膿がたんの三分の一以下）以上の膿性たん」であると具体的に明記されている。

### ４　続発性気管支拡張症

続発性気管支拡張症とは、気管支の拡張が存在しており、かつ、たんの量が多く、たんが膿性である疾病をいう。胸部臨床検査の自覚症状の調査において、多量のたんの喀出が続き、時に血たんもある者については、気管支拡張症を疑う必要がある。また、他覚所見の検査において、副雑音が聴取された場合にも注意が必要である。胸部エックス線の単純撮影写真像では、気管支拡張がかなり進展した場合には読影し得る。

### ５　続発性気胸

続発性気胸とは、外傷や腫瘍等の原因によることが明らかであるもの以外の気胸をいう。すなわち、肺に病的変化がない人に生じるのが原発性自然気胸であるのに対し、続発性自然気胸は、肺に病的変化があり、その病変がもとで気胸を起こす場合を指す。最も多いタイプは、肺の深部まで気腫性のう胞が拡がってしまう肺気腫（慢性閉塞性肺疾患、ＣＯＰＤ）であるが、じん肺症と合併する場合も多い。

### ６　原発性肺がん

原発性肺がんとは、肺、気管支の上皮細胞（肺、気管支の表面を覆っている細胞）から発生する悪性腫瘍をいう。なお、原発性肺がんは、後述（二八一ページ）のとおり平成一五年一月のじん肺則及び労働安全衛生規則の改正により、じん肺合併症とされた。

## ㈥ 療養の必要なじん肺症及び合併症

じん肺法第二三条は、「じん肺管理区分が管理四と決定された者及び合併症にかかつていると認められる者は、療養を要するものとする。」と規定している。

このうち合併症については、じん肺の病変を素地としてこれに外因が加わること等により高頻度に発症する疾病等のじん肺と密接な関連をもつ疾病であり、増悪期に適切な治療を加えれば症状を改善し得るものであり、一般に可逆性である。じん肺法施行規則（以下「じん肺則」という。）の第一条は、じん肺管理区分が管理二又は管理三と決定された者に係るじん肺と合併した前記㈤①から⑥の疾病を合併症としている。

ここでじん肺管理区分が管理四の合併症という概念は存しないのかという疑問が生じる。一般に合併症は療養により軽快し、治ゆする疾病であり、著しい肺機能障害等の後遺障害が残った場合には障害補償の問題として処理される。一方、管理四の決定は、じん肺症が不可逆性の疾病であり生涯にわたって療養が必要となることから、じん肺の進展経過に応じてじん肺と密接な関係があると認められる疾病である合併症について治療することはじん肺症の悪化を防止するうえでも必要な行為であり、合併症の業務上外の決定を行う実質的意義がなく、じん肺管理区分管理四の合併症について問題とされることはなかった。ただし、原発性肺がんについては、それまでの合併症とは異なる病態であることから、平成一五年に新たに合併症に追加された際、じん肺管理区分が管理二、管理三又は管理四と決定された者に発生した原発性肺がんは、労基則別表第一の二第五号に掲げる業務上の疾病として取り扱うこととされた（平一五・一・二〇　基発第〇一二〇〇〇三号）。

## (七) 粉じん作業

じん肺にり患するおそれのある作業（粉じん作業）は、じん肺則別表に次の作業が列挙されている。ただし、粉じん障害防止規則第二条第一項第一号ただし書による「粉じん作業非該当認定」を都道府県労働局長より受けている場合は除かれる。

**じん肺法施行規則別表**（第二条関係）

一　土石、岩石又は鉱物（以下「鉱物等」という。）（湿潤な土石を除く。）を掘削する場所における作業（次号に掲げる作業を除く。）。ただし、次に掲げる作業を除く。

イ　坑外の、鉱物等を湿式により試錐《すい》する場所における作業

ロ　屋外の、鉱物等を動力又は発破によらないで掘削する場所における作業

一の二　ずい道等（ずい道及びたて坑以外の坑（採石法（昭和二十五年法律第二百九十一号）第二条に規定する岩石の採取のためのものを除く。）をいう。以下同じ。）の内部の、ずい道等の建設の作業のうち、鉱物等を掘削する場所における作業

二　鉱物等（湿潤なものを除く。）を積載した車の荷台を覆し、又は傾けることにより鉱物等（湿潤なものを除く。）を積み卸す場所における作業（次号、第三号の二、第九号又は第十八号に掲げる作業を除く。）

三　坑内の、鉱物等を破砕し、粉砕し、ふるい分け、積み込み、又は積み卸す場所における作業（次号に掲げる作業を除く。）。ただし、次に掲げる作業を除く。

イ　湿潤な鉱物等を積み込み、又は積み卸す場所における作業

ロ　水の中で破砕し、粉砕し、又はふるい分ける場所における作業

ハ　設備による注水をしながらふるい分ける場所における作業

三の二　ずい道等の内部の、ずい道等の建設の作業のうち、鉱物等を積み込み、又は積み卸す場所における作業

四　坑内において鉱物等（湿潤なものを除く。）を運搬する作業。ただし、鉱物等を積載した車を牽《けん》引する機関車を運転する

作業を除く。
五　坑内の、鉱物等（湿潤なものを除く。）を充てんし、又は岩粉を散布する場所における作業（次号に掲げる作業を除く。）
五の二　ずい道等の内部の、ずい道等の建設の作業のうち、コンクリート等を吹き付ける場所における作業
五の三　坑内であつて、第一号から第三号の二まで又は前二号に規定する場所に近接する場所において、粉じんが付着し、又は堆積した機械設備又は電気設備を移設し、撤去し、点検し、又は補修する作業
六　岩石又は鉱物を裁断し、彫り、又は仕上げする場所における作業（第十三号に掲げる作業を除く。）。ただし、次に掲げる作業を除く。
イ　火炎を用いて裁断し、又は仕上げする場所における作業
ロ　設備による注水又は注油をしながら、裁断し、彫り、又は仕上げする場所における作業
七　研磨材の吹き付けにより研磨し、又は研磨材を用いて動力により、岩石、鉱物若しくは金属を研磨し、若しくはばり取りし、若しくは金属を裁断する場所における作業（前号に掲げる作業を除く。）。ただし、設備による注水又は注油をしながら、研磨材を用いて動力により、岩石、鉱物若しくは金属を研磨し、若しくはばり取りし、又は金属を裁断する場所における作業を除く。
八　鉱物等、炭素を主成分とする原料（以下「炭素原料」という。）又はアルミニウムはくを動力により破砕し、粉砕し、又はふるい分ける場所における作業（第三号、第十五号又は第十九号に掲げる作業を除く。）。ただし、次に掲げる作業を除く。
イ　水又は油の中で動力により破砕し、粉砕し、又はふるい分ける場所における作業
ロ　設備による注水又は注油をしながら、鉱物等又は炭素原料を動力によりふるい分ける場所における作業
ハ　屋外の、設備による注水又は注油をしながら、鉱物等又は炭素原料を動力により破砕し、又は粉砕する場所における作業
九　セメント、フライアッシュ又は粉状の鉱石、炭素原料若しくは炭素製品を乾燥し、袋詰めし、積み込み、又は積み卸す場所における作業（第三号、第三号の二、第十六号又は第十八号に掲げる作業を除く。）
十　粉状のアルミニウム又は酸化チタンを袋詰めする場所における作業
十一　粉状の鉱石又は炭素原料を原料又は材料として使用する物を製造し、又は加工する工程において、粉状の鉱石、炭素原料又はこれらを含む物を混合し、混入し、又は散布する場所における作業（次号から第十四号までに掲げる作業を除く。）

十二　ガラス又はほうろうを製造する工程において、原料を混合する場所における作業又は原料若しくは調合物を溶解炉に投げ入れる作業。ただし、水の中で原料を混合する場所における作業を除く。
十三　陶磁器、耐火物、けい藻土製品又は研磨材を製造する工程において、原料を混合し、若しくは成形し、原料若しくは半製品を乾燥し、半製品を台車に積み込み、若しくは半製品若しくは製品を台車から積み卸し、仕上げし、若しくは荷造りする場所における作業又は窯の内部に立ち入る作業。ただし、次に掲げる作業を除く。
イ　陶磁器を製造する工程において、原料を流し込み成形し、半製品を生仕上げし、又は製品を荷造りする場所における作業
ロ　水の中で原料を混合する場所における作業
十四　炭素製品を製造する工程において、炭素原料を混合し、若しくは成形し、半製品を炉詰めし、又は半製品若しくは製品を炉出しし、若しくは仕上げする場所における作業。ただし、水の中で原料を混合する場所における作業を除く。
十五　砂型を用いて鋳物を製造する工程において、砂型を造型し、砂型を壊し、砂落としし、砂を再生し、砂を混練し、又は鋳ばり等を削り取る場所における作業（第七号に掲げる作業を除く。）。ただし、設備による注水若しくは注油をしながら、又は水若しくは油の中で、砂を再生する場所における作業を除く。
十六　鉱物等（湿潤なものを除く。）を運搬する船舶の船倉内で鉱物等（湿潤なものを除く。）をかき落とし、若しくはかき集める作業又はこれらの作業に伴い清掃を行う作業（水洗する等粉じんの飛散しない方法によつて行うものを除く。）
十七　金属その他無機物を製錬し、又は溶融する工程において、土石又は鉱物を開放炉に投げ入れ、焼結し、湯出しし、又は鋳込みする場所における作業。ただし、転炉から湯出しし、又は金型に鋳込みする場所における作業を除く。
十八　粉状の鉱物を燃焼する工程又は金属その他無機物を製錬し、若しくは溶融する工程において、炉、煙道、煙突等に付着し、若しくは堆積した鉱さい又は灰をかき落とし、かき集め、積み込み、積み卸し、又は容器に入れる場所における作業
十九　耐火物を用いて窯、炉等を築造し、若しくは修理し、又は耐火物を用いた窯、炉等を解体し、若しくは破砕する作業
二十　屋内、坑内又はタンク、船舶、管、車両等の内部において、金属を溶断し、又はアークを用いてガウジングする作業
二十の二　金属をアーク溶接する作業
二十一　金属を溶射する場所における作業
二十二　染土の付着した藺《い》草を庫《くら》入れし、庫《くら》出しし、選別調整し、又は製織する場所における作業
二十三　長大ずい道（著しく長いずい道であつて、厚生労働大臣が指定するものをいう。）の内部の、ホッパー車からバラス

トを取り卸し、又はマルチプルタイタンパーにより道床を突き固める場所における作業
二十四　石綿を解きほぐし、合剤し、紡績し、紡織し、吹き付けし、積み込み、若しくは積み卸し、又は石綿製品を積層し、縫い合わせ、切断し、研磨し、仕上げし、若しくは包装する場所における作業

## 三　じん肺健康診断

### (一)　じん肺健康診断の種類

じん肺健康診断は、じん肺の早期発見や予防のために必要な診断である。

じん肺健康診断には、就業時健康診断、定期健康診断、定期外健康診断、離職時健康診断がある。

#### 1　就業時健康診断（じん肺法第七条）

就業時健康診断は、新たに常時粉じん作業に従事することとなった労働者に対して行われる。

これは、粉じん作業に従事する労働者の中には転々労働者も少なくなく、事業主の補償義務との関係から、就業前のじん肺所見の有無等について確認しておく必要があることが理由である。ただし、①当該作業に従事することとなった日前一年以内にじん肺健康診断を受けて、じん肺管理区分が管理二又は管理三イと決定された労働者、②新たに常時粉じん作業に従事することとなった日前に常時粉じん作業に従事すべき職業に従事したことがない労働者、③新たに常時粉じん作業に従事することとなった日前一年以内にじん肺健康診断を受けて、じん肺の所見がないと診断され、又はじん肺管理区分が管理一と決定された労働者、④新たに常時粉じん作業に従事することとなった日前六か

月以内にじん肺健康診断を受けて、じん肺管理区分が管理三ロと決定された労働者については、新たに当該粉じん作業に従事する以前のじん肺所見が明確であることから除外される。

## 2　定期健康診断（じん肺法第八条）

定期健康診断は、次の労働者に対し一定期間ごとに行われる。

(1)　常時粉じん作業に従事する労働者（(2)〜(4)の者を除く。）　三年に一回
(2)　常時粉じん作業に従事する労働者でじん肺管理区分が管理二又は管理三であるもの　一年に一回
(3)　常時粉じん作業に従事させたことのある労働者で、現に粉じん作業以外の作業に常時従事しているもののうち、じん肺管理区分管理二の労働者　三年に一回
(4)　常時粉じん作業に従事させたことのある労働者で、現に粉じん作業以外の作業に常時従事しているもののうち、じん肺管理区分管理三の労働者　一年に一回

## 3　定期外健康診断（じん肺法第九条）

常時粉じん作業に従事する労働者のうちじん肺所見のない者及びじん肺管理区分管理一の者に対してはじん肺健康診断が三年に一回実施され、その間は年に一回、労働安全衛生法第六六条に基づく一般定期健康診断が実施されることから、当該一般健康診断の結果、じん肺所見が認められた場合、じん肺健康診断を定期外に実施し、じん肺管理区分の決定を受ける必要から、この定期外健康診断が行われる。また、じん肺合併症により一年を超えて療養のため休業した労働者が、医師により療養のための休業を要しなくなったと診断されたときや療養自体を要しないと診断され

たときには、定期外健康診断が行われる。

**4　離職時健康診断（じん肺法第九条の二）**

一年を超えて使用した労働者から離職の際にじん肺健康診断を行うよう求められたときに行われる。ただし、直近のじん肺健康診断の実施から当該離職の日までの期間が次の期間に満たない場合はこの限りではない。

(1) 常時粉じん作業に従事する労働者（(2)、(3)の者を除く。）　一年六月
(2) 常時粉じん作業に従事する労働者でじん肺管理区分が管理二又は管理三であるもの　六月
(3) 常時粉じん作業に従事させたことのある労働者で、現に粉じん作業以外の作業に常時従事しているもののうち、じん肺管理区分が管理二又は管理三の労働者　六月

## ㈡　じん肺健康診断項目

じん肺健康診断の項目及び実施方法は、じん肺法第三条及びじん肺則第四条から第八条までに定められており、健診項目は次のとおりである。

① 粉じん作業についての職歴の調査及びエックス線写真（直接撮影による胸部全域のエックス線写真をいう。）による検査
② 胸部に関する臨床検査及び肺機能検査
③ 結核精密検査その他省令で定める検査

これを体系的に図示すると**図2**のとおりである。なお、その具体的手法及び判定については、「じん肺診査ハンドブック」（労働省安全衛生部労働衛生課編、一九八七年）によることとされている。

図2　じん肺健康診断の流れ

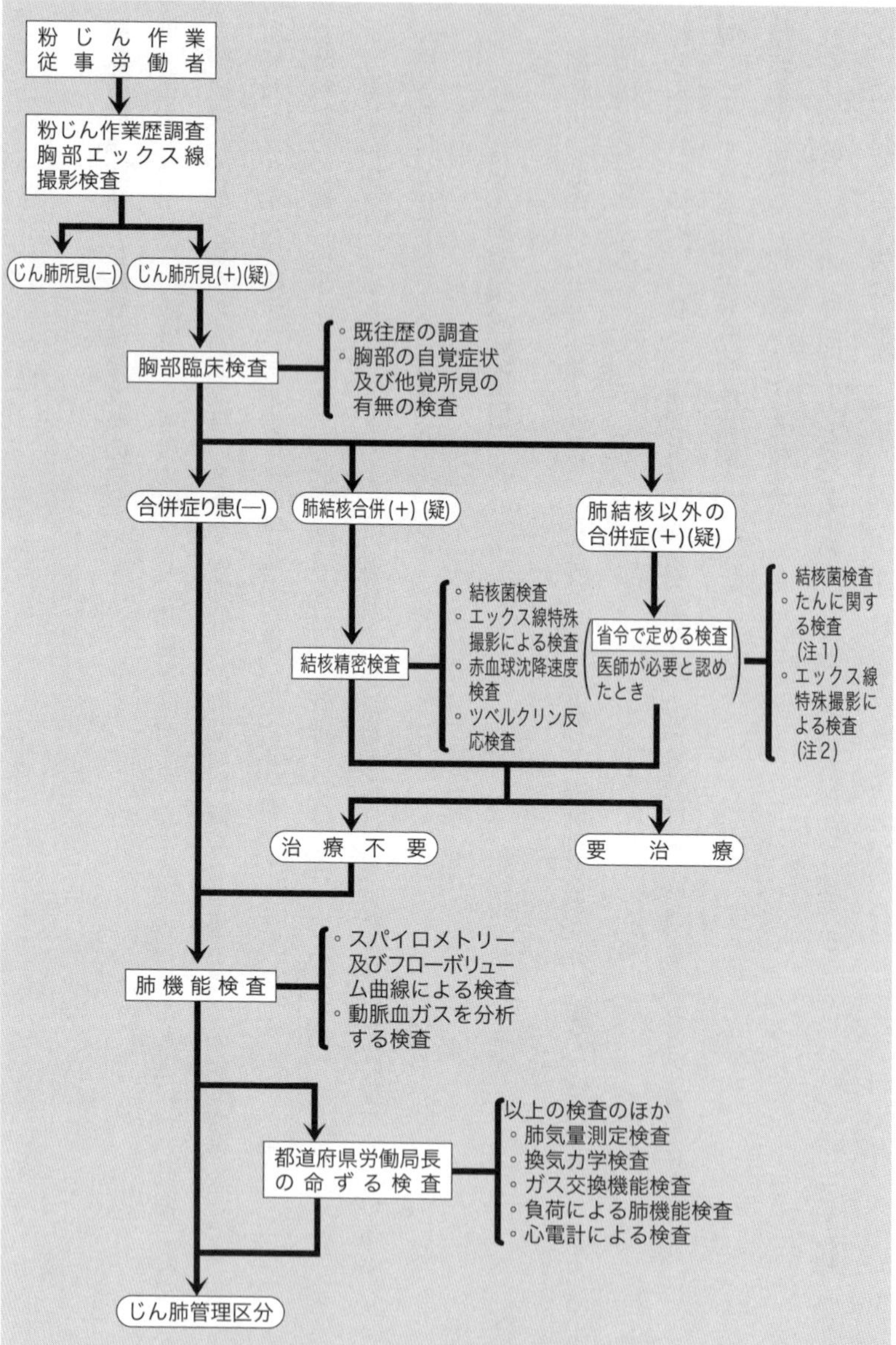


(注)　1．肺がんに関する検査としては、かくたん細胞診。
　　　2．肺がんに関する検査としては、胸部らせんＣＴ検査。

## 四　じん肺管理区分の決定

### (一)　じん肺管理区分

じん肺症又はじん肺合併症について業務上疾病としての認定を受けるためには、じん肺管理区分の決定を受ける必要がある。療養の必要なじん肺症はじん肺管理区分が管理四と決定されたじん肺症であり、また、じん肺合併症は、じん肺管理区分が管理二又は管理三と決定された者に係るじん肺と合併した一定の疾病であるからである。

じん肺管理区分は、じん肺法第四条第二項において次のように規定されている。

| じん肺管理区分 | | じん肺健康診断の結果 |
|---|---|---|
| 管理一 | | じん肺の所見がないと認められるもの |
| 管理二 | | エックス線写真の像が第一型で、じん肺による著しい肺機能の障害がないと認められるもの |
| 管理三 | イ | エックス線写真の像が第二型で、じん肺による著しい肺機能の障害がないと認められるもの |
| | ロ | エックス線写真の像が第三型又は第四型（大陰影の大きさが一側の肺野の三分の一以下のものに限る。）で、じん肺による著しい肺機能の障害がないと認められるもの |
| 管理四 | | (1)　エックス線写真の像が第四型（大陰影の大きさが一側の肺野の三分の一を超えるものに限る。）と認められるもの<br>(2)　エックス線写真の像が第一型、第二型、第三型又は第四型（大陰影の大きさが一側の肺野の三分の一以下のものに限る。）で、じん肺による著しい肺機能の障害があると認められるもの |

（注）　大陰影は、じん肺によるものに限る。

じん肺管理区分は、次の場合に、地方じん肺診査医の診断又は診査により都道府県労働局長が決定する。

① 事業者がじん肺法に基づくじん肺健康診断を行い、じん肺の所見があると診断された労働者について、エックス線写真、じん肺健康診断結果証明書等を都道府県労働局長に提出したとき（じん肺法第一二条）。

なお、じん肺の所見がないと診断された者のじん肺管理区分は管理一となる（同法第一三条第一項）。

② 常時粉じん作業に従事する労働者又は常時粉じん作業に従事する労働者であった者が、随時に、じん肺健康診断を受け、所定の手続により都道府県労働局長にじん肺管理区分を決定すべきことを申請したとき（同法第一五条）。

③ 事業者が、随時に、常時粉じん作業に従事する労働者又は常時粉じん作業に従事する労働者であった者について、じん肺健康診断を行い、所定の手続により都道府県労働局長にじん肺管理区分を決定すべきことを申請したとき（同法第一六条）。

④ 都道府県労働局長が、常時粉じん作業に従事する労働者又は常時粉じん作業に従事する労働者であった者について適正なじん肺管理区分を決定するため必要があると認め、事業者に対してエックス線写真、じん肺健康診断結果証明書等の提出を命じ、これらの提出があったとき（同法第一六条の二）。

なお、都道府県労働局長が行ったじん肺管理区分の決定についての審査請求の裁決は、厚生労働大臣が中央じん肺診査医の診断又は審査に基づいて行うが、当該決定を取り消す旨の裁決をするときは、厚生労働大臣が裁決でじん肺管理区分を決定することとされている（同法第一九条）。

### (二)　エックス線写真像の区分

エックス線写真とは、直接撮影による胸部全域のエックス線写真をいうものであり（じん肺法第三条第一項第一号）、これは背腹位の胸部写真をいうものであって、側位、斜位等の多方向撮影、断層撮影等によるものは含まれない。エックス線写真像の区分は、じん肺法第四条第一項に次のように定められている。

| 型 | エックス線写真の像 |
|---|---|
| 第一型 | 両肺野にじん肺による粒状影又は不整形陰影が少数あり、かつ、大陰影（じん肺によるものに限る。以下同じ。）がないと認められるもの |
| 第二型 | 両肺野にじん肺による粒状影又は不整形陰影が多数あり、かつ、大陰影がないと認められるもの |
| 第三型 | 両肺野にじん肺による粒状影又は不整形陰影が極めて多数あり、かつ、大陰影がないと認められるもの |
| 第四型 | 大陰影があると認められるもの |

(1)「粒状影」とは、肺に生じたじん肺の結節の影像をいい、多くの場合小円形に見えるもので、その直径が約一〇㎜までのものをいう。けい肺その他多くのじん肺はこの粒状影を示すものである。

(2)「不整形陰影」とは、旧法で異常線状影といわれていたものを含めたものであり、主に線状、細網状、線維状、網目状、蜂窩状、斑状の影をいう。不整形陰影は石綿肺に特徴的であるが、その他のじん肺の場合にも見られることがある。

(3)「粒状影」と「不整形陰影」が同時に存在する場合がある。このような場合も「粒状影又は不整形陰影がある」に含まれる。

(4)「大陰影」とは、じん肺による融合陰影や塊状陰影で、その長径が一〇㎜を超える陰影をいう。また、「大陰影の大きさ」は、一つの大陰影がある場合にはそのもの自体の面積をいい、二以上の大陰影があれば、それらの面積の和をいうものである。

⑸　その他

エックス線写真に現れたじん肺以外の所見についても、合併症に関する情報、疫学的情報、保健指導のための資料等を得る目的から、次のような所見に留意することとされている。

pl……胸膜肥厚等の胸膜の変化（石灰化像を除く。）
plc……胸膜石灰化像
co……心臓の大きさ、形状の異常
bu……ブラ（のう胞）
cv……空洞
em……著明な肺気腫
es……肺門又は縦隔リンパ節の卵殻状石灰沈着
ca……肺又は胸膜のがん
px……気胸
tb……肺結核

## ㈢　胸部に関する臨床検査

胸部に関する臨床検査は、粉じん作業についての職歴の調査及びエックス線写真による検査の結果、じん肺の所見があるか、又はその疑いのある者について行うこととされている（じん肺法第三条第二項）。その方法は、既往歴の調査並びに胸部の自覚症状及び他覚所見の有無の検査とされており（じん肺則第四条）、具体的には、次のような内容があり、これらの検査の結果は、「じん肺健康診断結果証明書」（じん肺則様式第三号）に記載されるべきものである。

### 1　じん肺の経過

初めてじん肺有所見のあった年、じん肺管理区分決定履歴、じん肺のエックス線写真の型等について把握する。

### 2　既往歴

既往歴の調査は、肺結核、胸膜炎、気管支炎、気管支拡張症、気管支喘息、肺気腫、心臓疾患その他の胸部疾患の既往の有無及びり患の年齢を把握する。

### 3　自覚症状

(1)　呼吸困難

呼吸困難については、Fletcher, Hugh－Jones の分類を基礎として次のように区分する。

第Ⅰ度……同年齢の健康者と同様に仕事ができ、歩行、登山あるいは階段の昇降も健康者と同様に可能である。
第Ⅱ度……同年齢の健康者と同様に歩くことに支障はないが、坂や階段は同様に昇れない者
第Ⅲ度……平地でも健康者なみに歩くことができないが、自己のペースでなら一km以上歩ける者
第Ⅳ度……五〇m以上歩くのに一休みしなければ歩けない者
第Ⅴ度……話したり着物を脱ぐのにも息切れがして、そのため屋外にでられない者

(2) せきとたん
(3) 心悸亢進
(4) その他の自覚症状

### 4 他覚所見

他覚所見の検査は、主に視診と聴診によって行われる。

(1) チアノーゼ
(2) ばち状指
(3) 副雑音
(4) その他の他覚所見

## (四) 肺機能検査

### 1 肺機能検査の体系

じん肺の所見があると認められた者（エックス線写真像で一側の肺野の三分の一を超えるじん肺による大陰影があると認められた者を除く。）のじん肺管理区分の決定に当たっては、じん肺による著しい肺機能障害があるか否かを判断する必要があるので、じん肺にかかっているか又はその疑いのある者で、エックス線写真による検査と胸部に関する臨床検査により合併症にり患している疑いのない者及び合併症に関する検査で療養を要する合併症にり患していないと診断された者を対象に肺機能検査を行うこととされている（じん肺則第五条第二項及び第八条）。

肺機能検査は、一次検査と二次検査に分けて行うこととされている。一次検査ではスパイロメトリーによる検査とフロー・ボリューム曲線の検査を行い、前者ではパーセント肺活量（%VC）及び一秒率（$FEV_{1.0}$%）を求め、後者では最大呼出位から努力肺活量の二五パーセントの肺気量における最大呼出速度（$\dot{V}_{25}$）を求める。

二次検査では、動脈血ガスを測定する検査を行い、動脈血酸素分圧（$PaO_2$）及び動脈血炭酸ガス分圧（$PaCO_2$）を測定し、次式により肺胞気・動脈血酸素分圧較差（$AaDO_2$）を求める。

$$AaDO_2 = 150 - \frac{PaCO_2}{0.83} - PaO_2$$

ただし、動脈血ガスの測定に先立って耳朶血の酸素分圧を測定し、酸素分圧が八〇Torr以上であれば、動脈血採血を省略して著しい肺機能障害がないと判定して差し支えないこととされている。このような二次検査は、次のいずれかに該当する者に対して行うこととされている。

① 自覚症状、他覚所見等から一次検査の実施が困難であると判断された者
② 一次検査の結果等から著しい肺機能障害があると判定された者以外の者で、一次検査の結果が要二次検査の基準に至っており、かつ、胸部臨床検査の呼吸困難の程度が第Ⅲ度以上の者
③ 前記①、②に該当しない者で、一次検査の結果が要二次検査の基準に至っていないが、胸部臨床検査の呼吸困難の程度が第Ⅲ度以上の者
④ 前記①から③までに該当しないが、エックス線写真像が第三型又は第四型と診断された者

## 2　検査結果の判定

肺機能検査の結果の判定に当たっては、肺機能検査によって得られた数値を機械的に判定するのではなく、エックス線写真像、既往歴及び過去の健康診断の結果、自覚症状及び臨床所見等を含めて総合的に判断する必要があることとされている。特に、過去の健康診断の記録等から、著しい肺機能障害が持続する状態が疑われる者についての判定に当たっては、従前から行われてきた諸検査の結果を十分参考として、総合的な判定を行う必要があることとされている。

なお、一次検査の結果の判定及び二次検査の結果の判定については、「じん肺診査ハンドブック」（労働省安全衛生部労働衛生課編、一九八七年）を参照されたい。

## 3　その他の検査

一次及び二次検査によって、一般的には肺機能障害が著しいか否かを判断することはできるが、ケースによっては、これらの情報で必ずしも判断し得ない場合がある。このような場合には、医師の判断に基づいて次に掲げる検査のうち必要と認められる検査を行い、これらの結果を含めて総合的な判断を行う必要があることとされている。

このような検査としては、次のものがある。

①　肺気量測定
②　呼吸抵抗測定
③　肺コンプライアンス測定
④　一酸化炭素拡散能力測定
⑤　クロージング・ボリューム測定

⑥ 負荷試験（運動又は薬物）

## ㈤ 合併症に関する検査

じん肺健康診断においては、胸部エックス線撮影検査と胸部臨床検査の結果、じん肺の所見があると診断された者又はその疑いがあると診断された者のうち肺結核にかかっており、又はかかっている疑いがあると診断された者については省令で定める「結核精密検査」を、また、肺結核以外の合併症にかかっている疑いがあると診断された者については、「省令で定める検査」を行うこととされている。

### 1 肺結核

肺結核は、次のように区分される。

- 肺結核
  - 病変なし
  - 病変あり
    - 治療を要しないと判断されるもの
    - 治療を要すると判断されるもの

(1) 結核精密検査を必要とする者と検査の方法

胸部エックス線撮影検査で、じん肺の陰影以外の異常陰影が認められた場合には、肺結核の合併が疑われる。胸部臨床検査において肺結核の既往を認められた場合には、その経過について医師による十分な聴取りが行われると同時に、特に読影の際に注意が払われる必要があり、また、自覚症状に、持続する微熱、盗汗等の症状の訴えがある場合、聴診により呼吸音に異常が認められた場合にも注意を要することとされている。

このような症状や所見が認められたときには、肺結核の精密検査を行う必要がある。しかし、これらの症状や所見は肺結核に特異なものとは必ずしもいえないことから、特に、従来からの経過に十分な注意を払い、必要に応じてエックス線フィルム等の過去の資料について検討する必要があることとされている。

結核精密検査の方法としては、次の検査を行うこととされている（じん肺則第六条）。

① 結核菌検査
② エックス線特殊撮影による検査
③ 赤血球沈降速度検査
④ ツベルクリン反応検査

(2) 検査結果の判定

胸部エックス線撮影検査、胸部臨床検査及び結核精密検査の諸検査の結果を総合し、肺結核の病態を判断する。

肺結核の分類は、結核病学会病型分類（一九六〇年改訂）を基本とする。分類の概略は、次のとおりである。

第Ⅰ型　広汎空洞型

空洞面積の合計が拡がり1（第二肋骨前端上縁を通る水平線上の肺野の面積を超えない範囲）を超し、肺病変の拡がりの合計が一側肺に達するもの

第Ⅱ型　非広汎空洞型

空洞を伴う病変があって、前記第Ⅰ型に該当しないもの

第Ⅲ型　不安定非空洞型

空洞は認められないが、不安定な肺病変があるもの

第Ⅳ型　安定非空洞型

安定していると考えられる肺病変があるもの

第Ⅴ型　治ゆ型

治ゆ所見のみのもの

なお、第Ⅲ型か第Ⅳ型かが疑わしいときには第Ⅲ型と判定する。

「要治療」と判定されるものは一般に次のようなケースである。

① たん等の検査から結核菌の排菌が認められるもの

② 前記分類で第Ⅰ、Ⅱ、Ⅲ型に該当すると認められるもの

③ 前記分類で第Ⅳ型に該当すると認められる場合でも、経過、病巣の拡がり等から医師が治療を要すると診断したもの

## 2　結核性胸膜炎

結核性胸膜炎は、肺内等の病巣に引き続いて起こることがあり、このような場合の診断はさほど困難ではないが、臨床上確認できない肺内又はリンパ節の病巣に引き続いて起こるものについては必ずしもその診断は容易ではない。

(1)　精密検査を必要とする者と検査の方法

胸部エックス線写真像で肋横角に変化を認め、自覚症状で胸痛や発熱等を認めた場合には結核性の胸膜炎のり患を疑い必要な検査を行うこととされている。

結核性胸膜炎の合併が疑われる場合には、たん又は胸腔滲出液の菌検査を行い結核性胸膜炎のり患について確認

する。たんの中に結核菌を認めることがしばしばあるため、たんの結核菌の検査を実施する。また、滲出液を採取して滲出液の結核菌検査も行うことが望ましい。滲出液の結核菌検査は塗抹標本による検査と結核菌の培養検査を行う。塗抹標本による検査では菌陰性であることが多く、培養検査では多量の滲出液を用いると菌陽性になる場合が多い。

(2)　検査結果の判定

胸部エックス線写真像で初期の滲出性の陰影が認められ、たんや滲出液中に結核菌を証明すれば結核性胸膜炎と診断し得る。胸膜の滲出性の陰影が両側性の場合、胸膜に接した肺野に小さい病巣がある場合等にも自覚症状、他覚所見を参考にして、結核性胸膜炎と診断し、要治療とする。

### 3　続発性気管支炎

胸部臨床検査において持続するせき、たんの症状があると認められた者では一般に気道の慢性炎症性変化があると考えられる。このような状態に細菌感染等が加わった場合には治療が必要である。

(1)　精密検査を必要とする者と検査の方法

胸部エックス線撮影検査、胸部臨床検査で結核等の明らかな病変が認められないが、胸部臨床検査の自覚病状の調査で「一年のうち三か月以上毎日のようにせきとたんがある」と認められた者で、自覚症状、他覚所見等からり患が疑われる者については精密検査を必要とすることとされている。

精密検査は、主に、たんについてその量、性状等について検査する。

ア　たんの量の検査

たんの量は、起床後おおむね一時間のたんを採取してその量を測定する。

たんの量の測定は一回とするが、その判断に当たっては経過に十分な注意を払う必要がある。

イ　たんの性状の検査

たんの性状については、採取したたんに占める膿の比率を調べる。

ウ　たんについてのその他の検査

細菌感染が加わったことの確認のためには、イに挙げたたんの性状の検査でほぼ把握できるが、場合によってはたんの中の細菌検査が必要となる場合がある。

(2)　検査結果の判定

たんの量については次のように区分する。

０　〇

１　三mℓ未満

２　三mℓ以上一〇mℓ未満

３　一〇mℓ以上

たんの性状については、採取したたんについてその性状を調べ、MillerとJonesの分類を参考に次のように区分する。

$M_1$　膿を含まない純粘液たん

$M_2$　多少膿性の感のある粘性たん

$P_1$　粘膿性たん一度（膿がたんの三分の一以下）

$P_2$　粘膿性たん二度（膿がたんの三分の一〜三分の二）

$P_3$　粘膿性たん三度（膿がたんの三分の二以上）

気道感染の起炎菌としては、インフルエンザ桿菌と肺炎球菌が重要であるといわれている。

たんの量の区分が２以上で、たんの性状の区分が $P_1$～$P_3$ の場合には続発性気管支炎にり患していると判定し、治療の対象とする。

## ４　続発性気管支拡張症

(1)　精密検査を必要とする者と検査の方法

胸部臨床検査の自覚症状の調査において、多量のたんの喀出が続き、時に血たんもある者については、気管支拡張症を疑う必要があり、また、他覚所見の検査において、副雑音が聴取された場合にも注意を要するとされている。胸部エックス線の単純撮影写真像では、気管支拡張がかなり進展した場合には読影し得る。このような場合には、エックス線特殊撮影検査は省略してもよい。しかし、左肺下葉にあるような場合には、背腹位撮影によるフィルムでは読影し難いことがあり、他の検査結果等を参考にして判断する必要がある。

精密検査としては、エックス線特殊撮影検査とたんに関する検査を行う。

(2)　検査結果の判定

エックス線撮影検査で、気管支の陰影がのう状、円柱状、瘤状、珠数状に拡張していることが確認されれば、気管支拡張の診断は確定する。

たんの量、性状の判定については「続発性気管支炎」の場合と同様の基準で行い、気管支拡張が認められ、たんの量の区分が２以上で、たんの性状の区分が $P_1$～$P_3$ の場合には治療の対象とする。

## ５　続発性気胸

一般に、気胸は胸部エックス線写真像で把握し得るものであり、肺野の線状影を認め得ない半透明の部分が認められる。なお、吸気位及び呼気位において、胸部エックス線撮影を行えば、診断はより確かになる。その範囲は、病変の部位、病変の種類等により異なるが、背腹位の胸部エックス線直接撮影写真で確認し得る。これに加えて、胸痛、呼吸困難の自覚症状又は呼吸音の消失等の他覚所見の結果が加われば診断は確定的である。

(1)　精密検査を必要とする者と検査の方法

前記のように、一般的には、胸部エックス線写真像及びその他の所見等で診断は確定するが、じん肺又は合併肺結核等による胸膜ゆ着、大陰影に伴う気腫性のう胞等により必ずしも診断が確定し得ない場合もある。このような場合には側位又は斜位のエックス線撮影検査を追加して行う必要がある。

(2)　検査結果の判定

エックス線写真像により、り患はほぼ確定し得る。気胸が認められた者は治療の対象とする。

## ６　原発性肺がん

じん肺法に基づくじん肺健康診断では、じん肺有所見者（じん肺管理区分が管理二又は管理三と決定された者）に対し、原則として、年一回、「肺がんに関する検査」として「胸部らせんＣＴ検査」及び「たんに関する検査」として「かくたん細胞診」を行うこととされている。

また、「胸部らせんＣＴ検査」及び「かくたん細胞診」において肺がんにかかっている疑いがある場合、気管支鏡検査等による精密検査が必要となる。

## 五　業務上外の認定

労基則別表第一の二第五号に掲げる業務上疾病として取り扱われるのは、じん肺法第四条第二項によるじん肺管理区分が管理四と決定された者に係るじん肺及び同法第二条第一項第二号のじん肺の合併症である（「改正じん肺法の施行について」（昭五三・四・二八　基発第二五〇号）記の第四の一参照）。

じん肺管理区分の決定は都道府県労働局長が行うことから、じん肺管理区分が管理四と決定された場合、労働基準監督署長は請求に基づき、当該労働者のじん肺症について原則として業務上の疾病として認定することとなる。

したがって、労働基準監督署長が実質的に業務上外の判断をするのは、じん肺管理区分が管理二又は管理三と決定された者から労災請求されたじん肺合併症及びじん肺管理区分が管理四に合併した原発性肺がんの業務上外についてである。

なお、じん肺のうち、石綿肺の診断があるものについては、石綿が労基則別表第一の二第四号において整理されている疾病であることから、良性石綿胸水、びまん性胸膜肥厚の業務上外の認定については第四節第七項〈二二五ページ〉、肺がん、中皮腫については第七節第八項〈四〇三ページ〉で述べているので参照されたい。

### (一)　じん肺症の認定

#### 1　じん肺管理区分が管理四と決定された者の取扱い

労基則別表第一の二第五号は、「粉じんを飛散する場所における業務によるじん肺症又はじん肺法に規定するじん肺と合併したじん肺法施行規則第一条各号に掲げる疾病」を業務上疾病として規定している。同号に規定する「じん肺症」とは、じん肺のうち療養を要するものをいい、じん肺法第二三条においては、じん肺管理区分が管理四の者について療養を要するものとして規定している。したがって、このような者のじん肺は、原則として業務上の疾病として認定される。

## 2　じん肺管理区分が決定されていない者の取扱い

粉じん作業については、その従事労働者数が多いこと、作業の種類が多いこと等に加えて、事業主自身が粉じん作業に従事することもある等様々な点で多様化がみられる。したがって、じん肺管理区分が管理四との決定を経てじん肺症としての業務上の認定がなされる一般的な事例とは異なる事例が時に生ずることがあるので、それぞれの事例の実情に応じた適正な業務上外の認定が行われる必要がある。

(1)　粉じんを飛散する場所における業務に長期間にわたって従事した者で、じん肺管理区分が管理四との決定を受けずに死亡した者が、解剖所見等によりじん肺症にり患していたことが確認された場合には、当該じん肺症は業務上の疾病として認定される。

なお、当該死亡が業務上の死亡と認定されるためには、当該死亡の原因がじん肺症又はじん肺症と相当因果関係がある疾患であると確認されることが必要である。

(2)　また、じん肺管理区分は、じん肺則別表に掲げる粉じん作業に常時従事する労働者又は当該粉じん作業に常時従事する労働者であった者について決定されるので、このような要件に該当しない者はじん肺管理区分の決定を受けることができない。じん肺則別表に掲げる粉じん作業には、じん肺を発生するおそれがあると医学上、衛生工学上客観的に判断されるすべての作業が網羅されているので、これら以外の作業に従事した労働者からじん肺症の発生をみることは通常考え難いが、その発生をみたとして労災請求があった場合には、じん肺健康診断と同様の検査を行い、じん肺管理区分の管理四と同程度以上にじん肺が進展しており、療養が必要であると認められる場合には、じん肺管理区分決定の手続を経ずに業務上の疾病として認定されるものである。

**３　粉じんばく露歴に労働者性の認められない期間を含む者に発生したじん肺症等の取扱い**

粉じん作業に従事する形態としては、労働者として従事するのが一般的であるが、時に、通常の労働者として粉じん作業に従事した職歴のほかに、事業主として粉じん作業に従事した職歴、海外における事業場に所属して粉じん作業に従事した職歴等を併せ持つ者がみられる。

このような者に生じたじん肺症については、その者の粉じん作業従事歴、粉じん作業の内容、粉じんのばく露の程度、じん肺の経過等を可能な限り把握をしたうえ、労働者として従事した粉じん作業に係る業務が当該じん肺症の発症原因として相対的に有力であると医学的に認められた場合に業務上の疾病として認定される。

この取扱いについては、後掲の通達がある。

**４　石綿肺の取扱い**

じん肺症の一種である石綿肺及びその合併症については、前記１～３及び次の㈡によるほか後掲の通達がある。

**㈡　合併症の認定**

⑴　じん肺管理区分が管理二、管理三と決定された者に係るじん肺の合併症（じん肺則第一条各号に掲げる疾病。原発性

肺がんについては管理四と決定されたものを含む。）は、業務上の疾病と認定される。したがって、過去においてじん肺管理区分が管理一であるとされた者（エックス線写真による検査においてじん肺の所見がないと診断された者）又はじん肺管理区分の決定を受けていない者は、労災請求に当たって、じん肺健康診断を受けてじん肺管理区分が管理二、管理三又は管理四との決定を受けることが必要な要件となる。

(2)　じん肺の合併症については、前記四の㈤に述べた「検査結果の判定」により合併症にかかっていると認められる場合には、原則として業務上の疾病として認定されるが、業務以外の原因によるものであることが明らかであるときはこの限りでない。

(3)　じん肺の合併症の業務上外の認定を行うのは、他の業務上疾病の場合と同様であるが、当該合併症り患者が現に常時粉じん作業に従事している場合又は常時粉じん作業に従事した後同一事業場において粉じん作業以外の作業に従事している場合は、当該事業場の所在地を管轄する労働基準監督署長であり、当該合併症り患者が常時粉じん作業に従事した事業場から離職している場合は、当該り患者が常時粉じん作業に従事した最終の事業場の所在地を管轄する労働基準監督署長である。じん肺管理区分については、都道府県労働局長又は厚生労働大臣が決定するのに対し、合併症については労働基準監督署長が認定（法律上の行政処分としては、労災保険による保険給付の請求に対する当該認定に基づく支給又は不支給の決定）を行うものである。なお、じん肺症の業務上外の認定についても、一般の業務上疾病と同様、労働基準監督署長が行う。

(4)　じん肺有所見者に発生した原発性肺がんは、平成一五年一月二〇日にじん肺法施行規則及び労働安全衛生規則の一部が改正され、じん肺の合併症として取り扱われることとなったが、これまでの補償上の取扱いの経緯は、次のとおりである。

じん肺と肺がんとの関連については、昭和五三年一〇月、労働省（現・厚生労働省）に設置された「じん肺と肺がんとの関連に関する専門家会議」により検討が行われ、検討結果報告書が提出された。この報告書によれば、専門家会議が収集した内外の文献を詳細に検討したが、どの角度から見てもじん肺と肺がんの因果関係の存在を医学的に確認できるような材料は得られなかったというものであった。しかし、この報告書において、わが国ではじん肺症患者に肺がんの合併する頻度が一般人口における場合よりも高いことのほか、じん肺症患者に肺がんが合併した場合には、高度に進展したじん肺病変の存在が、①肺がんの早期発見の困難性、②肺がんの治療方法の制限、③予後不良という医療実践上の不利益を招くことを指摘した。これらの指摘は、見過ごし得ない問題も含むものであるので、補償行政上の措置として、じん肺法によるじん肺管理区分が管理四と決定された者（管理四相当と認められる者を含む。）に合併した原発性の肺がんについては、労基則別表第一の二第九号（現・第五号。その他業務に起因することが明らかな疾病）に該当する業務上の疾病として取り扱うこととした。

その後、じん肺と肺がんの関連については、国内外において症例研究、疫学研究、動物実験等様々な角度から研究が活発に行われてきたが、そのような中、世界保健機関（ＷＨＯ）の付属機関である国際がん研究機関（ＩＡＲＣ）のワーキンググループは、一九九七年、じん肺を発症させる原因物質であるシリカのうち、石英及びクリストバライトについて、「おそらく人に対して発がん性がある」（グループ２Ａ）との評価を「人に対して発がん性がある」（グループ１）と評価替えする旨を発表した。また、二〇〇一年四月に日本産業衛生学会からそれを支持する提案がなされた。

結晶性シリカが肺がんの主要な原因物質であるため、肺がんを併発するじん肺の健康管理のあり方に関する検討を行う必要があるとの判断がなされ、平成一三年七月、厚生労働省に「肺がんを併発するじん肺の健康管理等に関する検討会」が設置され、平成一四年一〇月一日にその検討結果がとりまとめられた。この報告書では「じん肺に肺がんが併発した場合、ただ単にじん肺と肺がんが併存していると考えるよりも、肺がんはじん肺病変が客観的に確認できる程度に進展した後にじん肺病変を介して発生したと考えることが妥当であり、じん肺と肺がんは医学的関連性を有している。」との判断がなされた。

これを受けて、平成一五年一月二〇日、じん肺法施行規則及び労働安全衛生規則の一部が改正され、原発性肺がんがじん肺の合併症に追加されたことにより、平成一五年一月二〇日付け基発第〇一二〇〇〇三号通達を発出し、平成一五年四月一日以降は、労基則別表第一の二第五号に該当する業務上の疾病として取り扱うこととした。

### (三)　じん肺合併症の発症日

じん肺管理区分が管理四と決定された者又は管理二若しくは管理三と決定された者で合併症にかかっていると認められたものから労災保険給付の請求があった場合、じん肺管理区分決定通知書（様式第四号）又はその写し、粉じん職歴、管理区分の決定の根拠となったじん肺健康診断結果等を確認のうえ、その健康診断を行つた日（診断の根拠となった資料がエックス線写真であるときはその撮影の日、肺機能検査の結果であるときはその検査実施日若しくは両方で確認できるものについてはそのうちいずれか前の日又は結核精密検査若しくは肺結核以外の合併症に関する検査であるときはその検査実施日）に発症したものとみなして所定の事務処理を行うこととする。

## 【じん肺法施行規則及び労働安全衛生規則の一部を改正する省令の施行について（平一五・一・二〇　基発第〇一二〇〇〇三号）】

じん肺法施行規則及び労働安全衛生規則の一部を改正する省令（平成一五年厚生労働省令第二号）が平成一五年一月二〇日に公布され、じん肺法施行規則の一部改正関係については平成一五年四月一日から施行、労働安全衛生規則の一部改正関係については公布日から施行されることとなったところである。

ついては、下記の事項に留意の上、その運用に遺漏のないよう期されたい。

記

第一　改正の概要

一　改正じん肺法施行規則の概要について

(一)　じん肺の合併症への原発性肺がんの追加

じん肺の合併症に「原発性肺がん」を追加したこと。

(二)　じん肺有所見の労働者に対する肺がんに関する検査の実施

じん肺管理区分が管理二又は管理三の労働者に対する年一回の肺がんに関する検査（胸部らせんＣＴ検査及び喀痰《かくたん》細胞診）の実施を事業者に義務付けたこと。

二　改正労働安全衛生規則の概要について

(一)　じん肺有所見の離職者に対する健康管理手帳の交付

粉じん作業に係る健康管理手帳の交付対象をじん肺管理区分が管理三の者から管理二又は管理三の者に拡大したこと。

第二　改正の内容

一　じん肺法施行規則（昭和三五年労働省令第六号）の一部改正

(一)　第一条関係

じん肺法（昭和三五年法律第三〇号）第二条第一項第二号の合併症として、「原発性肺がん」を追加したこと。

(二)　第七条関係

「原発性肺がん」に関する検査として実施する検査（以下「肺がんに関する検査」という。）は、第二号の「たんに関する検査」においては「喀痰《かくたん》細胞診」、第三号の「エックス線特殊撮影による検査」においては「胸部らせんＣＴ検査」をいうものであること。

㈢　第八条関係

原発性肺がんにかかっていると診断された者については、じん肺法施行規則第一条第一号から第五号の合併症にかかっていると診断された者と同様、肺機能検査を免除することとしたこと。

㈣　第一〇条及び第一一条関係

常時粉じん作業に従事させたことのある労働者で、現に粉じん作業以外の作業に常時従事しているもののうち、じん肺管理区分が管理二である労働者について、事業者が労働安全衛生規則（昭和四七年労働省令第三二号）第四四条又は第四五条の規定に基づき、一年以内ごとに一回行う一般健康診断において、肺がんにかかっている疑いがないと診断されたとき以外のときは、事業者はじん肺法施行規則第一一条第二号の規定に基づき定期外のじん肺健康診断として、肺がんに関する検査を実施することとしたこと。

この場合、事業者は、じん肺法第三条第一項及び第二項の検査を実施する義務を負わないことから、じん肺法第一二条に基づくエックス線写真等の都道府県労働局長への提出は不要であること。

㈤　様式第三号関係

様式第三号（じん肺健康診断結果証明書）に「喀痰《かくたん》細胞診」の欄を追加するとともに、エックス線特殊撮影の欄を整備したこと。

また、備考として、たんに関する検査及びエックス線特殊撮影による検査以外の検査を省略したときは、当該省略した検査に係る欄の記入を要しないことを欄外に明記したこと。

㈥　様式第八号（表面）関係

様式第八号（じん肺健康管理実施状況報告）（表面）について、「定期外健康診断」の欄に「㈧のうち肺がんに関する検査の実施」の項目を追加、また、「じん肺管理区分が管理二又は管理三である労働者で、じん肺法施行規則第一条各号に掲げる合併症により、本年中に療養を開始したものの数」の欄に「六号」の項目を追加する等様式を変更したこと。

(七)　その他

肺結核以外の合併症が原発性肺がんの場合には、じん肺法第三条第三項中「肺結核以外の合併症にかかっている疑いがあると診断された者」とは、原発性肺がんにかかっている疑いがないと診断された者以外の者を指すものとすること。

二　労働安全衛生規則の一部改正

(一)　第五三条第一項関係

健康管理手帳の交付要件のうち粉じん作業に係るものとして、じん肺管理区分が管理二である者を追加したこと。

(二)　様式第八号(2)関係

健康管理手帳の交付要件として、じん肺管理区分が管理二である者を追加したことに伴い、様式第八号(2)（健康管理手帳（じん肺））の四頁の「じん肺の経過」に備考欄を設けるとともに、五頁以降の頁（最後の頁を除く。）に「らせんCT」及び「喀痰《かくたん》細胞診」の欄を追加したこと。

(三)　様式第九号(2)関係

健康管理手帳の交付要件として、じん肺管理区分が管理二である者を追加したことに伴い、様式第九号(2)（健康管理手帳による健康診断実施報告書（じん肺））に「じん肺管理区分」及び「喀痰《かくたん》細胞診」の欄を追加するとともに、エックス線特殊撮影の欄を変更したこと。

(四)　その他

じん肺に係る健康管理手帳所持者に対する健康診断の実施項目等については、別途通達により示すこととしていること。

三　その他

上記一及び二については、その内容の円滑な施行を図るため、管内の事業場等に対し、様々な機会をとらえて周知徹底を図ること。

第三　労災補償関係

一　業務上疾病の範囲

じん肺管理区分が管理二、管理三又は管理四と決定された者（石綿肺の所見がある者を除く。以下同じ。）に発生した原発性肺がんは、平成一五年四月一日以降、労働基準法施行規則別表第一の二第五号に掲げる業務上の疾病として取り扱うこと。

二　認定の手続

㈠　じん肺管理区分が管理二又は管理三と決定された者から原発性肺がんに係る労災保険給付の請求があった場合には、昭和五三年四月二八日付け基発第二五〇号の記の第四の二の㈡と同様に、じん肺管理区分決定通知書又はその写し、粉じん職歴、じん肺管理区分決定の根拠となったじん肺健康診断結果等を確認の上、合併症に係る審査を行い、じん肺に合併した疾病が原発性肺がんと認められる場合は、その症状確認日（医師による診断確認日）に発症したものとして所定の事務処理を行うこと。

㈡　じん肺管理区分が管理一と決定された者又はじん肺管理区分の決定を受けていない者から原発性肺がんに係る労災保険給付の請求があった場合は、原発性肺がんの症状確認日以前のエックス線写真を用いて、じん肺法第一五条第一項の規定によるじん肺管理区分決定申請（以下「随時申請」という。）を行うよう指導し、当該随時申請による管理区分の決定を待って事務処理を行うこと。

なお、この場合において、労働者が死亡し、又は重篤な疾病にかかっている等のため、随時申請を行うことが不可能又は困難であると認められるときは、可能な範囲で資料等の収集を図り、地方じん肺診査医に対し、当該労働者のじん肺の進展度等に関する総合的な判断を求め、その結果に基づき原発性肺がんの症状確認日以前のじん肺管理区分が管理二、管理三又は管理四に相当すると認められる者については上記二の㈠と同様に取り扱って差し支えないこと。

## 【粉じんばく露歴に労働者性の認められない期間を含む者に発生したじん肺症等の取扱いについて（昭六一・二・三　基発第五一号）】

じん肺症及びじん肺法（昭和三五年法律第三〇号）に規定するじん肺と合併するじん肺法施行規則（昭和三五年労働省令第六号）第一条各号に掲げる疾病（以下本通達において「合併症」という。）に係る災害補償に関する取扱いについては、昭和五三年四月二八日付け基発第二五〇号通達その他の通達により指示したところであるが、最近における就業形態の多様化等に鑑み、標記について下記のとおりとすることとしたので事務処理に遺憾のないようにされたい。

記

一　対象者

本通達による取扱いの対象者は、じん肺症又は合併症にり患したと認められる者であって次の㈠及び㈡の期間をいずれも有するものとする。

㈠　労働基準法（昭和二二年法律第四九号）第九条に規定する労働者又は労働者災害補償保険法（昭和二二年法律第五〇号）第二七条に規定する特別加入者（以下「労働者等」という。）として粉じん作業に従事した期間

㈡　上記㈠の労働者等以外の者（以下「事業主等」という。）として粉じん作業に従事した期間

二　業務起因性の判断

㈠　労働者等として従事した粉じん作業と事業主等として従事した粉じん作業とを比較検討し、次のイからハまでに掲げる事項のいずれにも該当する場合には、業務起因性があるものとして取り扱う。

イ　粉じんの種類に明らかな差異が認められないこと。

ロ　粉じんの濃度に明らかな差異が認められないこと。

ハ　労働者等としての粉じん作業従事期間が事業主等としての粉じん作業従事期間より明らかに長いと認められること。

㈡　上記㈠に該当しない場合には、従事した粉じん作業の内容、粉じんの種類、気中粉じん濃度、作業の方法、粉じん作業従事期間、一日の粉じん作業時間等の調査及びじん肺の経過等に関する地方じん肺診査医等の意見聴取を行ったうえで、総合的に業務起因性の判断を行うこと。

## 【石綿による疾病の認定基準について（平二四・三・二九　基発〇三二九第二号、改正：令五・三・一　基発〇三〇一第一号）】

石綿による疾病の認定基準については、平成一八年二月九日付け基発第〇二〇九〇〇一号（以下「平成一八年通達」という。）

により指示してきたところであるが、今般、「石綿による疾病の認定基準に関する検討会」の検討結果を踏まえ、下記のとおり認定基準を改正したので、今後は本認定基準に基づき業務上外を判断されたい。

なお、本通達の施行に伴い、平成一八年通達及び平成一八年三月一七日付け基発第〇三一七〇一〇号「特別遺族給付金に係る対象疾病の認定について」は廃止する。

記

第一　石綿による疾病と石綿ばく露作業

一　石綿による疾病

石綿との関連が明らかな疾病としては、次のものがある。

(一)　石綿肺

(二)　肺がん

(三)　中皮腫

(四)　良性石綿胸水

(五)　びまん性胸膜肥厚

二　石綿ばく露作業

石綿ばく露作業とは、次に掲げる作業をいう。

(一)　石綿鉱山又はその附属施設において行う石綿を含有する鉱石又は岩石の採掘、搬出又は粉砕その他石綿の精製に関連する作業

(二)　倉庫内等における石綿原料等の袋詰め又は運搬作業

(三)　次のアからオまでに掲げる石綿製品の製造工程における作業

ア　石綿糸、石綿布等の石綿紡織製品

イ　石綿セメント又はこれを原料として製造される石綿スレート、石綿高圧管、石綿円筒等のセメント製品

ウ　ボイラーの被覆、船舶用隔壁のライニング、内燃機関のジョイントシーリング、ガスケット（パッキング）等に用いられる耐熱性石綿製品

エ　自動車、捲揚機等のブレーキライニング等の耐摩耗性石綿製品
オ　電気絶縁性、保温性、耐酸性等の性質を有する石綿紙、石綿フェルト等の石綿製品（電線絶縁紙、保温材、耐酸建材等に用いられている。）又は電解隔膜、タイル、プラスター等の充填剤、塗料等の石綿を含有する製品
㈣　石綿の吹付け作業
㈤　耐熱性の石綿製品を用いて行う断熱若しくは保温のための被覆又はその補修作業
㈥　石綿製品の切断等の加工作業
㈦　石綿製品が被覆材又は建材として用いられている建物、その附属施設等の補修又は解体作業
㈧　石綿製品が用いられている船舶又は車両の補修又は解体作業
㈨　石綿を不純物として含有する鉱物（タルク（滑石）等）等の取扱い作業
㈩　㈠から㈨までに掲げるもののほか、これらの作業と同程度以上に石綿粉じんのばく露を受ける作業
(十一)　㈠から㈩までの作業の周辺等において、間接的なばく露を受ける作業

第二　認定要件
一　石綿肺（石綿肺合併症を含む。）
石綿ばく露作業（第一の二の㈠から(十一)までに掲げる作業をいう。以下同じ。）に従事しているか又は従事したことのある労働者（労働者災害補償保険法（昭和二二年法律第五〇号）第三三条に規定する特別加入者を含む。以下「石綿ばく露労働者」という。）に発生した疾病であって、じん肺法（昭和三五年法律第三〇号）第四条第二項に規定するじん肺管理区分が管理四に該当する石綿肺又は石綿肺に合併したじん肺法施行規則（昭和三五年労働省令第六号）第一条第一号から第五号までに掲げる疾病（じん肺管理区分が管理四の者に合併した場合を含む。）は、労働基準法施行規則（昭和二二年厚生省令第二三号）別表第一の二（以下「別表第一の二」という。）第五号に該当する業務上の疾病として取り扱うこと。
二　肺がん（略　本章第七節第八項〈四一四ページ〉参照）
三　中皮腫（略　本章第七節第八項〈四一五ページ〉参照）
四　びまん性胸膜肥厚（略　本章第四節第七項〈二三二ページ〉参照）
（以下　略）

なお、良性石綿胸水については、本章第四節第七項〈二二五ページ〉を参照されたい。

## 事例

○じん肺管理区分決定に必要な検査が行われないうちに患者が死亡した場合の判断例

【事実】　N（死亡時四八歳）は、昭和四〇年四月から昭和五二年二月死亡するまでの一一年九カ月間、I磁器工業㈱にタイル製造工として就労していた。

タイル製造工程での粉じんの濃度は、昭和五二年一一月（死亡後）の作業環境測定結果によると、幾何平均一・八mg／㎥（遊離珪酸含有率四三パーセント）であった。

Nは、昭和五一年一二月、頭痛、吐気等の症状を訴えM病院を受診、更にK病院を受診し、「慢性気管支炎、腰痛」と診断された。昭和五二年一月、胸背部疼痛、心悸亢進、動悸、息切れ等を訴え再度M病院を受診し通院加療したが、症状が持続したためU病院を受診したところ、「肺線維症、じん肺症」と診断され入院加療したが、同年二月八日「呼吸不全」により死亡した。

専門医の意見　⑴昭和五一年一二月二三日撮影のエックス線写真から第二型に相当するじん肺陰影が読影でき、職歴を併せ考えると、それ以前数年前から軽微なじん肺所見があり、このころ第二型相当に進展していたと推定できる。⑵被災者の自訴から、「高度障害」に相当する肺機能障害が受診よりかなり早い時期から進行していたと推定される。⑶昭和五二年二月七日撮影のエックス線写真は、ほぼ第三型に読影できる。呼吸不全が急速に増強しているように見受けられるが、じん肺患者のなかにはかかる経過をたどることも少なからず見られるので、本例が特に異常な経過であるとは考えられない。また、「一〇日間でじん肺が急激に悪化死亡した」とするには当たらない。⑷規定の心肺機能検査がなされていないが、規定の検査が受けられない状態にあり、かつ、これに代わって血液ガス分析を実施して総括的な機能低下の状態を確認してあるので管理四に当然移行していたとみてよい。⑸諸検査成績からみて、他に死亡する原因を示唆する所見が全くなく、じん肺による死亡と判断するのが適当である。

【判断】　本件は、じん肺管理区分決定に必要な検査がなされないうちに患者が死亡したものであるが、専門医の意見によると、エックス線所見、他の検査成績、臨床経過等からじん肺により死亡したものと判断するのが妥当と考えられる。

よって、本件は、労働基準法施行規則別表第一の二第五号に該当する業務上の疾病として取り扱うのが妥当と判断する（昭五三・七・一七　事務連絡第二九号）。

○解剖検査の結果珪肺症と判明した場合の業務上疾病の認定について

【事実】　けい藻土こんろ並びに耐火煉瓦製造工場の乾燥工H（四八歳）は、昭和一三年一〇月より二七年七月までの一三年九カ月間（うち六カ月間の兵役を除く。）、半製品をかまどにつめ、焼上り製品を窯より出す粉じん作業に従事していた。

昭和二四年七月及び二五年六月の定期健康診断において肺浸潤と診断され、また、二六年六月の健診においても両肺浸潤（要療養）と診断された。

昭和二八年七月よりN病院に入院、肺結核兼心臓弁膜症の病名のもとに二九年一二月までの一年五カ月間療養していた。その後、三四年一月よりK病院に入院し、珪肺兼肺結核と診断され療養していたが、同年二月死亡したものである。

解剖所見では、「小結節の多数の形成及びかなり大きな結節がありこれらが互いに融合し合っている。結節は周囲とは明界状に区画されており、結節は渦巻状の結合織繊維及び硝子化した結合織からなっている。中心部には中等量の色素顆粒の沈着が認められ、周囲はきわめて高度の繊維化があり、これには非常に多くの黒褐色の色素顆粒が認められる。

また、肺門部リンパ腺も肥大しており繊維化高度で黒褐部の色素顆粒多数沈着し、結核性の病変は認められない。」となっている。

【判断】　解剖所見その他から珪肺による高度の心肺機能障害によって心臓衰弱となり死亡したものと認められるから業務上である（昭三五・六・七　基収第二七九七号）。

○カーボンブラック粉じんによるじん肺症（炭素肺）

【事実】　製墨工場の労働者Y（五二歳）は、製墨工として二六年間粉じん作業に従事していたが、高血圧症のため昭和三一年八月退職した。退職後二年九カ月を経過した昭和三四年五月、N医大附属病院においてじん肺症と診断された。

被災者の従事した作業は墨の製造であり、次のような作業内容である。

(1)　油烟作業

種油を「かわらけ」（素焼の土器、直系一五cm位）に入れ、灯心を燃やしてできる「すす」を上からおおっている土器に付着させ、これを羽毛で払って「すす」をためる。この時にカーボンブラック粉じんを吸入する。

(2)　型入作業

溶解した膠と炭素を入れて攪拌し、餅のようにしたものを型に入れて墨を作る。この攪拌の際、炭素粉じんを吸入する。

(3) 灰替作業

一週間から二週間ごとに少しずつ木灰を入れかえて乾燥させる。このとき湿った木灰を鉄板の上に置き乾燥するが、この灰の取扱いのときに木灰の粉じんを多量に吸入する。

被災者は油烟作業が最も長く二二年間、型入作業に一年間、灰替作業に三年間従事しており、いずれの作業においてもカーボンブラック粉じんを多量に吸入している。

参考

「N医大H教授による油烟カーボンブラック肺症に関する資料」

(1) 油烟カーボンブラック肺症のエックス線所見

油烟カーボンブラック肺は粒状影を基盤とするエックス線像に属するじん肺であると考えられ、肺紋理の変化とともに粒状影が認められる。長期間作業後にエックス線上肺紋理の変化として棘状突出像、じゅず像、断裂像を認めるに至り粒状影が出現する。しかし、粒状影は大きいものはなく大体二mm以下の大きさのものが多い。

(2) 油烟カーボンブラック肺症と決定する根拠

(イ) 粒状影を主な基盤とする。

(ロ) 職歴中カーボンブラック油烟の吸入が明らかなもの。

(ハ) 粒状影は珪肺の場合と似ているが珪肺のような三mm以上の大きいものは認めていないのが一つの特徴である。

(ニ) 油烟カーボンブラック粉じん吸入による障害として自覚症状及び他覚所見著明なもの。

(3) 油烟カーボンブラック症の合併症、続発性

肺性高血圧の症例、気管支炎、気管支肺炎合併の症例を経験したので他のじん肺と同様各種合併症に注意すべきものと思われる。

**【判断】**　当該作業によりカーボンブラック（炭素）肺症にり患したものであるから業務上である（昭三五・二・一九　三四基収第七五五四号）。

## ○石綿工の死亡の業務上外について

**【事実】**　石綿製品製造工場の労働者M（五八歳）は、石綿工として昭和二五年二月より作業に従事していた。

同人の作業内容は、石綿（五〇％）（アーモサイト・ブルードアスベスト）及び炭酸マグネシヤ（一五％）、けい藻土（三五％）を混合させ、水でねり合せて木型に入れ、手動プレス機で成型する石綿保温材料の製造作業である。

Mは、入社前及び入社時の健康診断の結果は特に異常を認めていない。しかし、昭和三〇年五月頃より咳嗽、かくた

ん、呼吸困難、息切れ等があり、六月、T労災病院を受診し、石綿症二型と診断され対症療法を行いながら七月末まで稼働していたところ、増悪の傾向が認められたので八月より入院加療を行ったが、昭和三三年三月、死亡したものである。

解剖所見によると、「本件は石綿肺に肺炎が合併したものであり、石綿肺変化は殆ど全肺葉に認められるが、合併した肺炎は全く初期の像であり、肺炎による死亡とは考えられず、死亡の主因は石綿肺変化によるものである。すなわち、肺組織の線維化は、肺機能特に肺胞機能を障害し、高度の胸膜肥厚並びにゆ着は肺の弾力性の低下、呼吸運動の制限により換気障害が加わる結果、低酸素血症を招来する。この低酸素血症は全身臓器組織の栄養障害を招き全身衰弱の主因となる。本件の場合、肺性心の形成は肺線維症によるものであり、また、前記の低酸素血症は心臓に多大な負担をかける結果心不全をひき起こし、腹水貯溜、陰のう水腫を形成し、ますます心衰弱を増加したものと考えられる。従って、死因は石綿肺によるものと思われる。」とのことである。

【判断】　解剖所見等から石綿肺による死亡と認められるから業務上である（昭三三・九・一五　三基収第六七〇七号）。

○るつぼ製造所粉砕工のろう石肺

【事実】　Dるつぼ製造所に昭和二八年一月より粉砕工として勤務していたT（六五歳）は、二九年一〇月の定期健康診断において肺結核と診断され、その後、I医院にて通院治療を受けていたが、経過が思わしくないので三一年八月健康保険療養所M荘に入院し、両側珪肺結核の診断を受け治療を続けたが、三一年一〇月二七日死亡したものである。解剖の結果、ろう石肺（ろう石によるじん肺）と判明した。

Tの職歴は、N化学工場の塩の電解工として（粉じん作業に関係はないと思われる。）二九年間、T金属会社窯業部でるつぼ製造の粉砕工として四年二カ月間及び最終職場のDるつぼ製造所に二年三カ月間勤務している。したがって、粉じん作業に従事したのは約六年六カ月間である。

作業内容は、ろう石、粘土及びシャモット（又はムキ）（一度製品になったものを粉砕して再生使用するもの）の原料をスタムプミルで粉砕し、ふるいにかけたものを粘土五％から六％、ろう石二％から三％、シャモット二％位の割合で水にて調合し、るつぼの型を作り、これを炉で焼いて製品とする。

解剖所見では、空洞は認められるが、結核病巣は発見できず、またいわゆる珪肺結節等の珪肺病変とも異なり、ろう石粉じんによって起こった肺胞炎型のじん肺と診断している。

【判断】　解剖所見等から本人はろう石肺にり患し、その急激なる進行により死亡したものと認められるから業務上である（昭三一・八・一三　基収第四七六〇号）。

〔本節の参照文献〕

1　長谷川恒夫ら（一九五五）：珪肺：医学と補償、白亜書房
2　坂部弘之編（一九七三）：労働の場における健康問題、講談社
3　じん肺健康管理専門家会議（一九七七）：じん肺の健康管理のありかたについての検討結果中間報告書
4　桑原敬一（一九七八）：改正じん肺法の詳解：じん肺の予防と補償、労働法令協会
5　じん肺と肺がんとの関連に関する専門家会議（一九七八）：同専門家会議検討結果報告書
6　労働省安全衛生部労働衛生課編（一九八七）：じん肺診査ハンドブック、中央労働災害防止協会
7　肺がんを併発するじん肺の健康管理等に関する検討会（二〇〇二）：同検討会検討結果報告書

# 第六節　細菌、ウイルス等の病原体による疾病

本節に掲げる疾患は細菌、ウイルス等の病原体の感染によって起こる疾患であるが、これらの病原体の多くは、われわれが日常の社会生活を営むに際しての様々な機会に飲食物や、すでにり患している患者を介しても感染するものであるから、その感染機会（時期）を明確に特定することが困難である場合が少なくない。

しかし、業務の種類や作業の性質によっては、その病原体の感染経路からみて、当該業務若しくは作業の環境的条件又は業務や作業そのものが感染に対して著しく高いリスクを有していると医学経験則上認められる場合もある。

したがって、本疾患を業務に起因したものであると認定するためには、従事した業務と発病（感染）との間の因果関係の存在について十分な調査を実施し、的確な判断を行うことが必要である。このような、特定の業務に従事することによって高い頻度でり患するおそれがあると考えられる細菌やウイルス等による疾病が労基則別表第一の二第六号に規定されている。

## 第一項　患者の診療若しくは看護の業務、介護の業務又は研究その他の目的で病原体を取り扱う業務による伝染性疾患

労基則別表第一の二第六号１には「患者の診療若しくは看護の業務、介護の業務又は研究その他の目的で病原体を取り扱う業務による伝染性疾患」が業務上の疾病として規定されている。本規定は、疾病を具体的に定めたものでは

なく、これらの業務によって感染するおそれのある伝染性疾患を網羅的に規定したものである。「介護の業務」は当初明示されていなかったが、介護の業務による疥癬等の伝染性疾患の認定状況にかんがみ、平成二二年に新たに追加された。

### ㈠　発生職場

本規定に示された「患者の診療若しくは看護の業務、介護の業務」とは、病院、診療所又は介護施設等において医師の行う患者の診断、検査若しくは治療又は看護師、介護士等の行う看護、介護の業務をいい、「研究その他の目的で病原体を取り扱う業務」とは、病院、診療所において診療放射線技師、診療エックス線技師、臨床検査技師、衛生検査技師等の行う前記の業務以外の業務であって、細菌、ウイルス等の病原体によって汚染のおそれのある業務並びに病院又は診療所以外の衛生試験所、医学研究所、保健所等において医師、研究者又はこれらの助手等の行う研究、検査及びこれらの業務に付随する業務であって、病原体によって汚染のおそれのある業務をいう。

### ㈡　伝染性疾患の種類

「伝染性疾患」としては、コレラ、赤痢、腸チフス、発疹チフス、結核、ウイルス性肝炎、新型コロナウイルス感染症（Ｃｏｖｉｄ－19）等がある。

これら伝染性疾患のなかで、代表的な疾患としては、ウイルス性肝炎があげられる。ウイルス性肝炎は、Ａ、Ｂ、Ｃ、Ｄ、Ｅ型などの肝炎ウイルスの感染によって起こる肝臓の疾患で、Ａ型、Ｅ型肝炎ウイルスは主に食べ物を介して感染し、Ｂ型、Ｃ型、Ｄ型肝炎ウイルスは主に血液を介して感染する。なかでもＢ型、Ｃ型肝炎ウイルスについては、感染すると慢性の肝臓病を引き起こす原因ともなる。肝炎になると、肝臓の細胞が壊れて、肝臓の働きが悪くなり、一部では倦怠感、食欲不振、吐き気、黄疸（皮膚が黄色くなること）などの症状が出ることがあるが、全く症状が出ないことも少なくない。

ウイルス性肝炎以外の伝染性疾患として感染者が増加している感染症には、後天性免疫不全症候群（エイズ）、メチシリン耐性黄色ブドウ球菌（ＭＲＳＡ）感染症があり、当該感染症については、Ｂ型肝炎やＣ型肝炎と同様、血液等の体液を介して感染することから、医療・介護・研究業務従事者は、その感染の危険が高くなってきている。

また、令和二年一月以降、新型コロナウイルス感染症が世界的に感染拡大し、二〇二〇年（令和二年）三月、ＷＨＯはパンデミックを宣言した。

ここでは、ウイルス性肝炎、エイズ及びＭＲＳＡ感染症、結核、新型コロナウイルス感染症について説明する。

## １　ウイルス性肝炎

ウイルス性肝炎は、肝炎ウイルス感染とそれによる宿主の免疫反応により起こる、主として肝臓を病変の場とする全身性疾患である。

### (1)　Ａ型肝炎

流行性肝炎ともいわれ、Ａ型肝炎ウイルス（ＨＡＶ）の感染により発症する。感染は糞便中に排泄されたＨＡＶで汚染された飲料水や食物（二枚貝等）を介して経口的に成立する例が一般的である。また、ヒトからヒトへの直接的あるいは間接的な接触、例えば糞便によって汚染された手指を介しての接触感染（経口感染が主）の存在も知られている。

表1　肝炎ウイルスの分類

| 肝炎の型 | 起因ウイルス | 感染経路 | 病型 |
|---|---|---|---|
| A型肝炎 | A型肝炎ウイルス（HAV）<br>ピコルナウイルス科 | 経口 | 急性肝炎（劇症肝炎） |
| B型肝炎 | B型肝炎ウイルス（HBV）<br>ヘパドナウイルス科 | 血液等 | 急性肝炎（劇症肝炎）、慢性肝炎、肝硬変、肝がん |
| C型肝炎<br>（血液関連非A非B型肝炎） | C型肝炎ウイルス（HCV）<br>フラビウイルス科 | 血液等 | 急性肝炎（劇症肝炎）、慢性肝炎、肝硬変、肝がん |
| D型肝炎<br>（デルタ肝炎） | D型肝炎ウイルス（HDV） | 血液等 | 急性肝炎（劇症肝炎）、慢性肝炎、肝硬変、肝がん |
| E型肝炎<br>（経口型非A非B型肝炎） | E型肝炎ウイルス（HEV）<br>カルシウイルス科 | 経口 | 急性肝炎（劇症肝炎） |

表2　A型、B型、C型急性肝炎の疫学的特徴

| 感染の機会 | A型 | B型 | C型 |
|---|---|---|---|
| 流行性 | 卅 | − | ＋ |
| 開発途上国への旅行 | 卅 | ＋ | ＋ |
| 黄疸患者との接触 | 廾 | ＋ | ＋ |
| 家族内伝播 | 卅 | ＋ | ＋ |
| 貝類の生食 | 卅 | − | − |
| 針事故 | − | 廾 | ＋ |
| 汚染医療器具へのばく露 | − | 廾 | ＋ |
| 輸血 | − | ＋ | 卅 |
| 同性愛 | 廾 | 卅 | ＋ |
| 非経口的薬剤使用 | ＋ | 廾 | 廾 |

感染は集団的に発生することもあるが、四〇歳以上では約八〇パーセント以上が抗体を有しているので比較的若い世代に好発する傾向がある。

潜伏期間は一五～五〇日で、臨床症状の特徴は筋肉痛、関節痛等を伴う発熱であるが、経過は一般に良好で慢性化することは少ないといわれている。

HAVの高浸潤地域である熱帯、亜熱帯地域への長期旅行者や、出張・駐在者にり患例が多くみられる。

(2)　B型肝炎

血清肝炎ともいわれ、B型肝炎ウイルス（HBV）の感染により発症する。主たる感染源はHBV保有者、つまりHBVの持続感染者（HBVキャリア）であり、感染は血液等の体液及び排泄物を介し経皮的、非経口的に成立する。

感染様式としては、HBVで汚染された血液又は血液製剤の輸血、注射等医療行為に関係したもの、家族内感染、HBVキャリアとの密接な接触等がある。

医療従事者はHBVの保有者と接する機会が多く、さらに主な感染源である血液を直接取り扱うため、感染のハイリスクグループと位置づけられている。感染は注射針の刺傷によるものが最も多く、次いで吐血、喀血等による血液の付着によるものが多い。

潜伏期間は四五～一八〇日であり、臨床症状に特徴的なものはないとされているが劇症化することもある。一般にA型肝炎より症状が重く、経過が長い。症状経過のなかで時として、慢性化し肝硬変、肝細胞がんへ進展する例もある。わが国における一般人のB型肝炎ウイルス保有率は約一パーセントといわれている。

(3)　Ｃ型肝炎

Ｃ型肝炎の主たる感染源はＣ型肝炎ウイルス（ＨＣＶ）保有者（ＨＣＶキャリア）であり、感染は血液等の体液を介して経皮的、非経口的に成立することが知られている。

感染様式としては、ＨＣＶで汚染された血液又は血液製剤の輸血、注射針等医療行為に関係したものが主であり、母子感染又はＨＣＶキャリアとの密接な接触等による感染も可能性が疑われている。

医療従事者はＨＣＶキャリアと接する機会が多く、さらに主な感染源である血液を直接取り扱うため、Ｂ型肝炎同様にＣ型肝炎の感染のハイリスクグループと位置づけられている。感染は注射針の刺傷によるものが最も多く、次いで吐血、喀血等による血液の付着によるものが多い。

Ｃ型急性肝炎の潜伏期間はおおむね二〜一六週間である場合が多いが、これは感染ウイルス量で決まるとされている。Ｃ型急性肝炎は、Ａ型肝炎やＢ型急性肝炎と比較して、その症状だけから診断することは困難であるが、Ａ型肝炎やＢ型急性肝炎のような全身倦怠感、発熱、食欲不振、悪心及び嘔吐等の自覚症状が比較的軽いという特徴がある。また、黄疸についても、Ａ型肝炎、Ｂ型急性肝炎では約六〇パーセントにみられるが、Ｃ型急性肝炎では約三〇パーセントに過ぎないとされる。

しかし、特徴的なことは、ＧＯＴ、ＧＰＴの経過が多峰性（上昇下降の繰り返し）を示すことである。Ｃ型肝炎の約五〇パーセントが慢性肝炎に移行すると推測されており、肝硬変、肝細胞がんへ進展する例がある。

(4)　その他の肝炎

ＨＢＶの存在下においてのみ増殖し、肝炎を引き起こすウイルスによるものとしてＤ型肝炎（デルタ肝炎）がある。

Ｄ型肝炎ウイルス（ＨＤＶ）はＢ型肝炎ウイルス保有者に感染し、重症化の原因となるウイルスで、イタリアをはじめとして世界中で報告されている。Ｂ型慢性肝炎の急性増悪、特にＨＢｅ抗体陽性例では常に念頭に置くべき感染症であるとされている。

感染経路はＨＢＶのそれと同じで、潜伏期間もＢ型肝炎とほぼ同じである。

Ｅ型肝炎ウイルス（ＨＥＶ）による急性肝炎（Ｅ型肝炎）の臨床症状はＡ型肝炎に類似しており、Ａ型肝炎同様慢性化しない。Ａ型肝炎と比べ、Ｅ型肝炎の特徴は好発年齢が成人であること、妊婦がり患すると高率（二〇～二〇パーセント）に劇症化することである。Ｅ型肝炎は、以前は日本では稀とされていたが、最近国内での感染者の報告が増えている。多くは豚や鹿の生肉の摂食によると言われ、劇症肝炎例も報告されているが、わが国での流行は報告されていない。

## ２　エイズ

エイズは、ヒト免疫不全ウイルス（ＨＩＶ）によって体の免疫機構が破壊され、日和見《ひよりみ》感染症（健康な状態では通常はり患しないが、免疫力が低下したときにしばしばり患する感染症）、悪性腫瘍、神経症状等を伴うに至った病態をいうものである。

また、ＨＩＶの感染によって引き起こされる初期症状から、これに続く無症状の状態（無症候性キャリア）、その後の発熱、下痢、倦怠感等の持続状態（エイズ関連症候群）、さらに病気が進行してエイズと診断される病態までの全経過をまとめてＨＩＶ感染症という。

エイズの感染様式としては、ＨＩＶ保有者との性的接触のほか、ＨＩＶ保有者の血液等を誤って手指等に刺すなどの事故による負傷に関連して感染する可能性も考えられる。

## ３　ＭＲＳＡ感染症

黄色ブドウ球菌は、一九四〇年代に工業的に量産化に成功したペニシリンＧに対し、当時良好な感受性を示し、化膿傷や肺炎などの治療に奏効した。しかし、一方、同じころプラスミド依存性にペニシリナーゼを産生するペニシリン耐性株が出現し、その後、ペニシリンの普及と使用量の増加に伴い、世界各地に広がっていった。これに対抗するためメチシリンが開発され、一九六〇年ころより欧米で使用されるようになったが、間もなくメチシリン耐性黄色ブドウ球菌（ＭＲＳＡ）が海外で確認されるようになった。その後、ペニシリン耐性株と同様に各地に徐々に広がり、一九七〇年代後半より海外の医療現場で大きな関心事となった。

国内でも一九八〇年代の後半より、各地の医療施設でＭＲＳＡが問題となり始めたが、当時の分離率は高くても一割程度と推定されていた。しかし、現在では、臨床分離される黄色ブドウ球菌の六割程度がＭＲＳＡと判定される事態に至っている。

ＭＲＳＡの病原性は通常の黄色ブドウ球菌と比較して特に強いわけではなく、それらと同等程度の各種感染症を引き起こす。したがって、通常の感染防御能力を有する人に対しては一般的に無害であり、医療施設外で日常生活が可能な保菌者の場合は、除菌のための抗菌薬投与は基本的には必要ない。

ＭＲＳＡは、主に医療機関内で発生する。感染様式としては、ＭＲＳＡに感染した入院患者又は医療従事者等の健康保菌者の鼻腔、咽頭、感染病巣等からの接触、飛沫感染により、ヒトからヒトへ直接伝播する場合とＭＲＳＡに汚染された医療器具、シーツ、寝具等を介して間接伝播する場合があるとされている。

前述のとおり、通常の感染防御能力を有する医療従事者に発症することはなく、ＭＲＳＡ感染症が労災保険上問題となるのは、業務上の傷病により医療機関に入院している者に併発した場合となる。

## ４　結　核

結核は結核菌に感染することによって発症する病気で、咳や痰などが主要症状として知られている。過去においては、結核をはじめとする感染症の流行や、それに伴う死亡率がとても高い水準にあったが、予防接種、エックス線診断、結核治療薬などが効を奏し、結核による死亡者数は戦後減少してきた。かつて一〇～二〇代の青年層の三〇〇人に一人が結核で死亡した時代があったが、最近では、その多くは高齢者で占められている。一九七〇年代まで順調に減少してきたわが国の結核り患率は、八〇年代に入って減少率の鈍化を示し、さらに逆転増加傾向を示したことから、厚生省（現・厚生労働省）は平成一一年、「結核緊急事態宣言」を発した。平成一二年の新規結核患者は三万九、三八四人、結核死亡者は二、六五〇人である。その後、新規結核患者は減少し、令和三年の新規結核患者は一万一、五一九人、結核り患率（人口十万対）は九・二と結核低蔓延国の水準である一〇・〇以下に達した。

なお、平成一九年の感染症予防法の改正に伴い、労災保険においても、医療従事者等が業務により結核菌に感染し、潜在性結核感染症の診断がなされ、医師が治療等を必要と判断した場合には、結核の症状が現れていなくても労基則別表第一の二の第六号の一の疾病として当該治療等について保険給付の対象となるとされている（「潜在性結核感染症の取扱いについて」平二四・二・二　基労補発〇二〇二第一号）。

### 5　新型コロナウイルス感染症

令和二年一月以降、新型コロナウイルス感染症が世界的に感染拡大し、世界では令和五年三月末現在で約六億七、六五〇万人が感染、約六八八万人が死亡したとされている。わが国では約三、三〇〇万人が感染し、約七万三、〇〇〇人が死亡する事態となっている（同三月末現在）。新型コロナウイルス感染症の治療に当たる医療従事者等への感染も多数に及んだ。

#### ㈢　業務上外の認定について

伝染性疾患は、患者の診療・看護、介護、研究やその他の目的で病原体を取り扱う者にとってり患危険の比較的高いと思われる疾病であるが、前述したとおり、これら伝染性疾患は、特定の地域あるいは職業又は性別を限定して発生するものではなく、感染源があれば一般社会人があらゆる機会にひろく感染する危険をもつから、病原体によって汚染のおそれのある業務に従事していたからといって必ずしも発病した疾病がその業務に従事していたためにり患したとは断定できない。

しかしながら、患者の診療・看護、介護、研究やその他の目的で病原体を取り扱う職場のように、他の業務に比較して当該病原体の存することが明白であり、かつ、それに直接又は間接に接触する機会が当然あると考えられる場合には、同種の病原体によっておきた伝染性疾患については、一般的には業務以外の原因によりり患したとの反証がない限り業務に起因する疾病として取り扱われる。

なお、病院、診療所又は介護施設等において発生した伝染性疾患であっても、あるいは伝染性疾患でなくても、患者の診療等以外の病原菌にさらされる業務に従事したことにより起きた疾病（給食調理による細菌性中毒等）は、労基則別表第一の二第六号5の規定が適用される。

## 1 業務上外の判断について

(1) 一般的認定要件

① 当該疾病の内容から、病原体の汚染を受けることが明らかに認められるものであること。

② 当該疾病に特有の症状を示していること。

③ 病原体に感染したと推定される時期から発病までの時間的間隔が、医学上、業務との因果関係の存在を認め得る（それぞれの疾病の潜伏期におおむね一致する。）ものであること。

④ 発生した伝染病の病原体の種類が、業務上で取り扱い又は接触した病原体の種類と同一であること。

⑤ 業務以外の原因によるものではないこと。

例えば、家族中の感染者、住居地及び勤務地区における伝染性疾患流行の有無等の状況からみて業務以外の他の原因により感染したものでないかどうかについて調査を要する。

(2) 医学的診断要件

① 伝染性疾患にり患するおそれのある業務に従事した期間及びその態様の把握

② 業務と感染症の因果関係（感染源、感染経路、侵入門戸、感染部位、感染より発病までの潜伏期間等）

③ 臨床検査項目

ア 血液検査等の臨床的検査

イ 病原体抗原、抗体の検出

ウ　免疫反応検査

④　他の疾病との鑑別診断

病原体（菌）に汚染される業務と発病までの期間がそれぞれの疾病の潜伏期におおむね一致すること。

## 2　C型肝炎、エイズ及びMRSA感染症

C型肝炎、エイズ及びMRSA感染症の認定業務のより迅速・適正な処理に資するため、後掲の平成五年一〇月二九日付け基発第六一九号通達（改正：平成二二年九月九日付け基発〇九〇九第一号）「C型肝炎、エイズ及びMRSA感染症に係る労災保険における取扱いについて」が示されている。

本通達の概要は、左の一覧表のとおりであるが、業務上外の判断の考え方は、基本的には、前記1に記載した考え方と同じである。

なお、医療従事者等に発生した針刺し事故後、HIV感染の有無が確認されるまでの期間に行われた抗HIV薬の投与については、労災保険の療養の範囲に含めることとされている。

「C型肝炎、エイズ及びMRSA感染症に係る労災保険における取扱いについて」（概要）

| 疾病名 | 法令上の取扱い |
|---|---|
| C型肝炎 | 〔医療従事者の場合〕<br>別表第一の二第六号1<br>〔その他の者の場合〕<br>別表第一の二第六号5 |
| エイズ | 同上 |
| MRSA感染症 | 〔労災患者の場合〕<br>❶ 業務上の負傷の治療過程で感染<br>別表第一の二第一号<br>❷ 業務上疾病の治療過程で感染<br>当初の業務上疾病に付随するもの |

| 医学的事項 | | | | | 法令上の取扱い |
|---|---|---|---|---|---|
| 症状等 | 潜伏期間 | 感染経路 | 感染源 | 病原体 | |
| 〔急性肝炎〕<br>全身倦怠感、発熱、食欲不振、 | 〔C型急性肝炎発症までの期間〕<br>感染後二～一六週間 | HCVに汚染された血液を媒介した感染（輸血、注射針等による）が主 | HCV感染者及びC型肝炎患者の血液等 | C型肝炎ウイルス（HCV） | |
| 〔初期症状（感染者の一部）〕<br>感染の二～八週間後に発熱、下痢、 | 〔エイズ発症までの期間〕<br>三年以内約一〇％、五年以内約三〇％、八年以内約五〇％、一五年以内感染者のほとんどが発症と推定 | ❶感染者・患者との性的接触<br>❷HIVに汚染された血液を媒介した感染（輸血、注射針等による）<br>❸母子感染 | HIV感染者及びエイズ患者の血液等 | ヒト免疫不全ウイルス（HIV） | |
| 〔表層感染〕<br>皮膚の化膿巣、中耳炎等 | | 直接伝播−感染患者・健康保菌者の鼻腔、咽頭、感染病巣等からの接触・飛沫感染<br>間接伝播−MRSAに汚染された医療器具、シーツ、寝具等を介して感染 | MRSA感染患者及び健康保菌者 | メチシリン耐性黄色ブドウ球菌 | として、別表第一の二各号に該当<br>❸通勤災害による傷病の治療過程で感染<br>労災保険法施行規則第一八条の四<br>〔医療従事者の場合〕<br>別表第一の二第六号1<br>〔その他の者の場合〕<br>別表第一の二第六号5 |

| 労災保険上の取扱い | 医学的事項 | |
|---|---|---|
| | 診断 | 症状等 |
| (1)　血液等に接触した場合の取扱い<br>〔血液等への接触の機会〕<br>次の血液等に接触する機会は、「業務上の負傷」として取り扱われる。<br>❶　ＨＣＶに汚染された血液等を含む注射針等（感染性廃棄物を含む。）により手指等を受傷したとき<br>❷　既存の負傷部位（業務外の事 | 臨床症状、肝機能検査及びＨＣＶ抗体検査により診断される。<br>（ＨＣＶ抗体の陽性化は、急性肝炎の発症後おおむね一～三か月） | 嘔吐等があり、自然治ゆ率は約四〇％で、残りの約六〇％が慢性化に移行する。<br>〔慢性肝炎〕<br>自覚症状に乏しいが、自然治ゆ率は二％未満で、徐々に進展して一〇年以上にわたる長期間の経過で肝硬変、肝がんに移行する場合がある。 |
| (1)　血液等に接触した場合の取扱い<br>〔血液等への接触の機会〕<br>次の血液等に接触する機会は、「業務上の負傷」として取り扱われる。<br>❶　ＨＩＶに汚染された血液等を含む注射針等（感染性廃棄物を含む。）により手指等を受傷したとき<br>❷　既存の負傷部位（業務外の事 | ＨＩＶ抗体検査（スクリーニング検査及び確認検査）により診断される。<br>（ＨＩＶ抗体の陽性化は、感染後六～八週間） | 食欲不振、筋・関節痛等の感冒に似た急性症状が出現（二～三週間続く）する。<br>〔エイズ関連症候群〕<br>無症候性キャリアの時期を数年経て、全身性のリンパ節腫脹、一か月以上続く発熱・下痢、一〇％以上の体重減少、倦怠感等の症状が出現する。<br>〔エイズ〕<br>免疫機能の極端な低下により、カリニ肺炎などの日和見感染症、カポジ肉腫などの悪性腫瘍、ＨＩＶ脳症による神経症状等が出現する。 |
| (1)　業務起因性の判断<br>〔労災患者の場合〕<br>❶　療養先の医療機関において、ＭＲＳＡに感染した患者がみられること<br>❷　感染症状が認められる部位からＭＲＳＡが検出されていること<br>❸　療養先の医療機関以外での感染でないこと | | 〔深部感染〕<br>髄膜炎、肺炎、腹膜炎、腸炎、敗血症等 |

労　災　保　険　上　の　取　扱　い

由によるものを含む。）、眼球等にＨＣＶに汚染された血液等が付着したとき

〔療養の範囲〕
右記の受傷等の部位に行われた洗浄、消毒等の処置及びＨＣＶ抗体検査等の検査（受傷等の直後の検査を含む。）は、業務上の負傷に対する療養として保険給付の対象とする。

(2)　Ｃ型肝炎の発症が確認された場合の取扱い

〔業務起因性の判断〕
・Ｃ型急性肝炎の場合
❶　急性肝炎の症状があること
❷　ＨＣＶ汚染血液に業務上接触したこと
❸　急性肝炎発症までの時間的間隔が潜伏期間と一致すること
❹　ＨＣＶ抗体（ＨＣＶ−ＲＮＡ）が陽性であること
❺　業務以外の原因でないこと
・Ｃ型慢性肝炎の場合
業務上のＣ型急性肝炎の既往の事実があると認められること

〔療養の範囲〕
Ｃ型肝炎の発症以後の検査及び治療については、業務上疾病に対する療養として取り扱う。

---

由によるものを含む。）、眼球等にＨＩＶに汚染された血液等が付着したとき

〔療養の範囲〕
右記の受傷等の部位に行われた洗浄、消毒等の処置及びＨＩＶ抗体検査等の検査（受傷等の直後の検査を含む。）は、業務上の負傷に対する療養として保険給付の対象とする。

(2)　ＨＩＶ感染が確認された場合の取扱い

〔業務起因性の判断〕
❶　ＨＩＶ汚染血液に業務上接触したこと
❷　感染したと推定される時期から六～八週間後にＨＩＶ抗体が陽性であること
❸　業務以外の原因でないこと

〔療養の範囲〕
ＨＩＶ感染が明らかとなった以後の検査及びＨＩＶ感染症に対する治療については、業務上疾病に対する療養として取り扱う。

---

〔医療従事者等の場合〕
（表層感染に限る）
❶　勤務先の医療機関において、ＭＲＳＡに感染した患者がみられること
❷　感染症状が認められる部位からＭＲＳＡが検出されていること
❸　業務以外の原因でないこと

(2)　療養の範囲
業務起因性が認められるＭＲＳＡ感染症に関する治療等については、業務上疾病又は通勤による疾病に対する療養として取り扱う。労災患者については、業務起因性が認められない場合でも、当該労災患者の当初の傷病部位からＭＲＳＡが侵入して感染症状を呈するに至ったもので、当初の傷病に対する治療と併せてＭＲＳＡ感染症に対する治療を行う必要があるものについては、療養の範囲に含めるものとする。

## 【C型肝炎、エイズ及びＭＲＳＡ感染症に係る労災保険における取扱いについて（平五・一〇・二九　基発第六一九号、改正：平二三・九・九　基発〇九〇九第一号）】

近年、医療従事者等のC型肝炎や我が国において感染者が増加している後天性免疫不全症候群（以下「エイズ」という。）、さらにはメチシリン耐性黄色ブドウ球菌（以下「ＭＲＳＡ」という。）感染症など、細菌、ウイルス等の病原体による感染症について社会的関心が高まっていることから、これらの感染症に係る労災請求事案を処理するため、今般、標記について下記のとおり取りまとめたので、今後の取扱いに遺漏のないよう万全を期されたい。

記

一　C型肝炎について

(1)　法令上の取扱い

ウイルス性肝炎は、昭和五三年三月三〇日付け基発第一八六号「労働基準法施行規則の一部を改正する省令等の施行について」（以下「一八六号通達」という。）の記の第二の二の(6)のイの(ハ)及び(ニ)により、労働基準法施行規則（以下「労基則」という。）別表第一の二第六号1又は5に定める業務上の疾病に該当することとしているところであるが、その原因となるウイルスが確認されている「C型肝炎」についても、A型肝炎及びB型肝炎と同様一八六号通達に示すウイルス性肝炎として取り扱われるものである。

なお、ウイルス性肝炎は、現在、「ウイルス肝炎」と呼称されていることから、一八六号通達における「ウイルス性肝炎」を「ウイルス肝炎」と改める。

(2)　C型肝炎に係る医学的事項

イ　感染源、感染経路

C型肝炎ウイルス（以下「ＨＣＶ」という。）は、ＨＣＶ感染者及びC型肝炎患者（以下「ＨＣＶ保有者」という。）の血液等の体液（以下「血液等」という。）に含まれているとされているが、感染源として重要なものは血液である。

したがって、ＨＣＶの感染経路は、ＨＣＶに汚染された血液を媒介した感染（輸血、注射針等による）が主であるが、母子感染（母親から子への子宮内あるいは出産時における感染）又はHCV保有者との性的接触等による感染の可能性もあるといわれている。

ロ　潜伏期間

C型肝炎のうち、C型急性肝炎の潜伏期間は、HCV感染後おおむね二週間から一六週間である場合が多いが、これは感染ウイルスの量によって左右されるといわれている。

ハ　症状等

(イ)　C型急性肝炎の症状は、全身倦怠感、発熱、食欲不振、嘔吐等があるが、A型肝炎やB型急性肝炎に比べ軽症例が多く、また、黄疸の出現する頻度は低いとされている。

なお、臨床症状及び肝機能検査成績からは、A型肝炎及びB型急性肝炎と鑑別することは困難であるといわれている。

(ロ)　C型急性肝炎の自然治ゆ率は約四〇％で、残りの約六〇％が慢性化に移行するといわれている。

(ハ)　一方、C型慢性肝炎は、一般に自覚症状に乏しいが、自然治ゆ率は二％に満たないといわれ、無治療のまま放置すれば徐々に進展して、一〇年以上にわたる長期間の経過で肝硬変、さらには肝がんに移行する場合があるとされている。

ニ　診断

C型肝炎の診断は、臨床症状、肝機能検査等に加え、血液中のHCV抗体を検出する検査により行われる。HCV抗体が陽性となるのは、C型急性肝炎の発症後おおむね一か月から三か月であるとされているが、検査方法や症例によって差がみられるといわれている。

また、最近では、HCVの有無の確認方法として、HCV－RNA（HCV遺伝子）を検出する検査が開発されている。

(3)　労災保険上の取扱い

医療機関、試験研究機関、衛生検査所等の労働者又は医療機関等が排出する感染性廃棄物を取り扱う労働者（以下「医療従事者等」という。）が、HCVの感染源であるHCV保有者の血液等に業務上接触したことに起因してHCVに感染し、

C型肝炎を発症した場合には、業務上疾病として取り扱われるとともに、医学上必要な治療は保険給付の対象となる。
なお、感染性廃棄物とは、「感染性病原体（人が感染し、又は感染するおそれのある病原体）が含まれ、若しくは付着している廃棄物又はこれらのおそれのある廃棄物」（廃棄物の処理及び清掃に関する法律施行令別表第一）をいう。

イ　血液等に接触した場合の取扱い

(イ)　血液等への接触の機会

医療従事者等が、ＨＣＶに汚染された血液等に業務上接触する機会としては、次のような場合が考えられ、これらは業務上の負傷として取り扱われる。

ａ　ＨＣＶに汚染された血液等を含む注射針等（感染性廃棄物を含む。）により手指等を受傷したとき。

ｂ　既存の負傷部位（業務外の事由によるものを含む。）、眼球等にＨＣＶに汚染された血液等が付着したとき。

(ロ)　療養の範囲

ａ　前記(イ)に掲げる血液等への接触（以下、記の一において「受傷等」という。）の後、当該受傷等の部位に洗浄、消毒等の処置が行われた場合には、当該処置は、業務上の負傷に対する治療として取り扱われるものであり、当然、療養の範囲に含まれるものである。

ｂ　受傷等の後、ＨＣＶ抗体検査等の検査（受傷等の直後に行われる検査を含む。）が行われた場合には、当該検査結果が、業務上外の認定に当たっての基礎資料として必要な場合もあることから、当該検査は、業務上の負傷に対する治療上必要な検査として保険給付の対象に含めるものとして取り扱うこととするが、当該検査は、医師がその必要性を認めた場合に限られるものである。

なお、受傷等以前から既にＨＣＶに感染していたことが判明している場合のほか、受傷等の直後に行われた検査により、当該受傷等以前からＨＣＶに感染していたことが明らかとなった場合には、その後の検査は療養の範囲には含まれないものである。

ロ　C型肝炎の発症が確認された場合の取扱い

(イ)　業務起因性の判断

ａ　C型急性肝炎

原則として、次に掲げる要件をすべて満たすものについては、業務に起因するものと判断される。

(a)　C型急性肝炎の症状を呈していること（前記(2)のハ参照）。

(b)　HCVに汚染された血液等を取り扱う業務に従事し、かつ、当該血液等に接触した事実が認められること（前記イの(イ)参照）。

(c)　HCVに感染したと推定される時期からC型急性肝炎の発症までの時間的間隔がC型急性肝炎の潜伏期間と一致すること（前記(2)のロ参照）。

(d)　C型急性肝炎の発症以後においてHCV抗体又はHCV－RNAが陽性と診断されていること（前記(2)のニ参照）。

(e)　業務以外の原因によるものでないこと。

b　C型慢性肝炎

前記aのすべての要件を満たす業務に起因するC型急性肝炎の既往の事実があると認められる場合のC型慢性肝炎については、業務に起因するものと判断される。

なお、C型急性肝炎の既往の事実が確認できないC型慢性肝炎については、受傷等の事実が認められており、当該受傷等の後においてHCV抗体が陽性化するなど、当該受傷等以前からのHCV感染が明らかに否定される場合であって、かつ、業務以外の原因によるものでない場合に限って、業務に起因するものとして取り扱う。

(ロ)　療養の範囲

前記(イ)の業務起因性が認められる場合であって、C型肝炎の発症が確認された以後の検査及び治療については、業務上疾病に対する療養の範囲に含まれるものである。

二　エイズについて

(1)　法令上の取扱い

エイズは、その原因となる病原体がウイルスであり、また、後記(2)のロに示すとおり伝染性疾患である。

したがって、業務に起因する医療従事者等のエイズについては、一八六号通達の記の第二の二の(6)のイの(ハ)及び(ニ)に示す「ウイルス性肝炎等」に含まれ、労基則別表第一の二第六号1又は5に定める業務上の疾病に該当するものである。

(2)　エイズに係る医学的事項

イ　エイズの病像等

エイズとは、ヒト免疫不全ウイルス（以下「ＨＩＶ」という。）によって体の免疫機構が破壊され、日和見《ひよりみ》感染症（健康な状態では通常はり患しないが、免疫力が低下したときにしばしばり患する感染症）、悪性腫瘍、神経症状等を伴うに至った病態をいうものである。

また、ＨＩＶの感染によって引き起こされる初期症状から、これに続く無症状の状態（以下「無症候性キャリア」という。）、その後の発熱、下痢、倦怠感等の持続状態（「エイズ関連症候群」）、さらに病期が進行してエイズと診断される病態までの全経過をまとめてＨＩＶ感染症という。

ロ　感染源、感染経路

ＨＩＶは、エイズ患者及びＨＩＶ感染者（以下「ＨＩＶ保有者」という。）の血液等に含まれているとされているが、感染源として重要なものは、血液、精液及び膣分泌液である。

したがって、ＨＩＶの感染経路は、ＨＩＶ保有者との性的接触による感染、ＨＩＶに汚染された血液を媒介した感染（輸血、注射針等による）及び母子感染がある。

しかし、唾液感染や昆虫媒介による感染はなく、また、ＨＩＶに汚染された血液に健常な皮膚が触れただけでは感染しないとされている。

ハ　潜伏期間

ＨＩＶ感染後、エイズ発症までの潜伏期間については、三年以内が約一〇％、五年以内が約三〇％、八年以内が約五〇％であるといわれ、一五年以内に感染者のほとんどがエイズを発症すると推定されている。

ニ　症状等

(イ)　初期症状

ＨＩＶに感染しても一般的には無症状であるが、一部の感染者は、感染の二週間から八週間後に発熱、下痢、食欲不振、筋・関節痛等の感冒に似た急性症状を呈することがあるといわれている。

この急性症状は、二週間から三週間続いた後、自然に消退して無症候性キャリアになるとされている。

(ロ)　エイズ関連症候群

無症候性キャリアの時期を数年経て、その後、全身性のリンパ節腫脹、一か月以上続く発熱や下痢、一〇%以上の体重減少、倦怠感等の症状が現れるとされており、この持続状態を「エイズ関連症候群」と呼んでいる。

なお、このエイズ関連症候群には、軽度の症状からエイズに近い病態までが含まれるものである。

(ハ)　エイズ

エイズ関連症候群がさらに進行して、免疫機能が極端に低下すると、カリニ肺炎などの日和見感染症、カポジ肉腫などの悪性腫瘍、あるいはＨＩＶ脳症による神経症状などを発症するとされている。この時期が「エイズ」と呼ばれる病態で、複数の日和見感染症を併発することが多いとされている。

なお、エイズの予後は不良であり、日和見感染症に対する治療により一時的に好転しても再発を繰り返しやすく、あるいは他の日和見感染症を合併して次第に増悪し、エイズの発症から三年以内に大部分の患者が死亡するといわれている。

ホ　診断

ＨＩＶ感染症の診断は、血液中のＨＩＶ抗体を検出する検査により行われるが、ゼラチン粒子凝集法（ＰＡ法）等のスクリーニング検査によりＨＩＶ抗体が陽性と判定された血液については、さらに精度の高いウエスタンブロット法等による確認検査が行われ、これが陽性であれば、ＨＩＶ感染症と診断される。

なお、ＨＩＶ抗体が陽性となるのは、一般にＨＩＶ感染の六週間から八週間後であるといわれている。

(3)　労災保険上の取扱い

エイズについては、現在、ＨＩＶ感染が判明した段階で専門医の管理下に置かれ、定期的な検査とともに、免疫機能の状態をみてＨＩＶの増殖を遅らせる薬剤の投与が行われることから、ＨＩＶ感染をもって療養を要する状態とみるものである。

したがって、医療従事者等が、ＨＩＶの感染源であるＨＩＶ保有者の血液等に業務上接触したことに起因してＨＩＶに感染した場合には、業務上疾病として取り扱われるとともに、医学上必要な治療は保険給付の対象となる。

イ　血液等に接触した場合の取扱い

(イ)　血液等への接触の機会

医療従事者等が、ＨＩＶに汚染された血液等に業務上接触する機会としては、次のような場合が考えられ、これらは業務上の負傷として取り扱われる。

ａ　ＨＩＶに汚染された血液等を含む注射針等（感染性廃棄物を含む。）により手指等を受傷したとき。

ｂ　既存の負傷部位（業務外の事由によるものを含む。）、眼球等にＨＩＶに汚染された血液等が付着したとき。

(ロ)　療養の範囲

ａ　前記(イ)に掲げる血液等への接触（以下、記の二において「受傷等」という。）の後、当該受傷等の部位に洗浄、消毒等の処置が行われた場合には、当該処置は、業務上の負傷に対する治療として取り扱われるものであり、当然、療養の範囲に含まれるものである。

ｂ　受傷等の後に行われたＨＩＶ抗体検査等の検査（受傷等の直後に行われる検査を含む。）については、前記一の(3)のイの(ロ)のｂと同様に取り扱う。

ｃ　受傷等の後ＨＩＶ感染の有無が確認されるまでの間に行われた抗ＨＩＶ薬の投与は、受傷等に起因して体内に侵入したＨＩＶの増殖を抑制し、感染を防ぐ効果があることから、感染の危険に対し有効であると認められる場合には、療養の範囲として取り扱う。

ロ　ＨＩＶ感染が確認された場合の取扱い

(イ)　業務起因性の判断

原則として、次に掲げる要件をすべて満たすものについては、業務に起因するものと判断される。

ａ　ＨＩＶに汚染された血液等を取り扱う業務に従事し、かつ、当該血液等に接触した事実が認められること（前記イの(イ)参照）。

ｂ　ＨＩＶに感染したと推定される時期から六週間ないし八週間を経てＨＩＶ抗体が陽性と診断されていること（前記(2)のホ参照）。

ｃ　業務以外の原因によるものでないこと。

(ロ)　療養の範囲

前記(イ)の業務起因性が認められる場合であって、ＨＩＶ抗体検査等の検査によりＨＩＶに感染したことが明らかとなった以後に行われる検査及びＨＩＶ感染症に対する治療については、業務上疾病に対する療養の範囲に含まれるものである。

三　ＭＲＳＡ感染症について

(1)　法令上の取扱い

ＭＲＳＡ感染症は、その原因となる病原体がメチシリン耐性黄色ブドウ球菌であり、また、後記(2)のロに示すとおり伝染性をもつものである。

したがって、業務に起因する医療従事者等のＭＲＳＡ感染症については、一八六号通達の記の第二の二の(6)のイの(ハ)及び(ニ)に示す「ウイルス性肝炎等」に含むこととし、労基則別表第一の二第六号1又は5に定める業務上の疾病に該当するものとする。

また、業務上の負傷（皮膚の創傷等）部位からＭＲＳＡが侵入し、又は業務上の負傷の治療過程においてＭＲＳＡに感染することによるＭＲＳＡ感染症は、労基則別表第一の二第一号に該当するものである。

さらに、労基則別表第一の二第一号から第九号に定める業務上の疾病の治療過程においてＭＲＳＡに感染することによるＭＲＳＡ感染症は、当該業務上の疾病に付随する疾病としてそれぞれ取り扱われる。

なお、通勤災害による傷病の治療過程においてＭＲＳＡに感染することによるＭＲＳＡ感染症は、労働者災害補償保険法施行規則第一八条の四に定める通勤による負傷に起因する疾病その他通勤に起因することの明らかな疾病（以下「通勤による疾病」という。）として取り扱われる。

(2)　ＭＲＳＡ感染症に係る医学的事項

イ　ＭＲＳＡの病像等

ＭＲＳＡは、ペニシリン系はもとより、セフェム系抗生物質やアミノ配糖体系抗生物質にも広く耐性を持つ多剤耐性の黄色ブドウ球菌である。

黄色ブドウ球菌は、ヒトの鼻腔、咽頭、口腔、皮膚及び腸管内に常在する細菌であるが、化膿性疾患の主要な原因ともなる細菌である。

黄色ブドウ球菌による感染症の治療には一九四〇年代以降、ペニシリンＧ、テトラサイクリン等が使用されたが、その都度、これらの抗生物質に耐性を持つ黄色ブドウ球菌が出現した。そのため、これらの耐性黄色ブドウ球菌に優れた抗菌力を示すメチシリン、オキサシリン等の抗生物質が開発されたが、さらに、これらの抗生物質にも耐性を持つＭＲＳＡの出現をみるに至った。

その後、第一・第二世代セフェム系抗生物質の使用を経て、第三世代セフェム系抗生物質が広く使用されることとなったが、第三世代セフェム系抗生物質は、黄色ブドウ球菌に対しては第一・第二世代セフェム系抗生物質より抗菌力が劣っていたため、ＭＲＳＡの出現頻度が増大し、近年、ＭＲＳＡによる感染症が多発している状況にある。

ＭＲＳＡは、通常の黄色ブドウ球菌と比べて、特に毒性が強いわけではなく、健康人には無害であるとされているが、免疫不全患者や高齢患者（特に寝たきりの高齢患者）などの易感染性患者（ＭＲＳＡによって重篤な感染症を惹起しやすい患者）が感染すると、重篤な症状を呈するといわれている。

ロ　感染源、感染経路

(イ)　ＭＲＳＡは、主に医療機関内で発生することから、感染の機会も主に医療機関内であり、その主な感染源には次のものがあるとされている。

ａ　ＭＲＳＡに感染した入院患者

(a)　不適切な抗生物質の使用により入院患者がもともと持っている黄色ブドウ球菌がＭＲＳＡに変異する場合

(b)　他の医療機関でＭＲＳＡに感染した患者が入院した場合

ｂ　医療従事者等の健康保菌者

ＭＲＳＡに感染した入院患者等に接触することにより、ＭＲＳＡの保菌状態（ＭＲＳＡ感染による症状を呈していない状態）にある場合

(ロ)　ＭＲＳＡは、感染者又は健康保菌者の鼻腔、咽頭、感染病巣等からの接触・飛沫感染により、ヒトからヒトへ直接伝播する場合とＭＲＳＡに感染された医療器具、シーツ、寝具等を介して間接伝播する場合があるとされている。

ハ　症状等

ＭＲＳＡ感染症は、その特有な多剤耐性という以外は、通常の黄色ブドウ球菌による感染症と同様の臨床像を呈すると

考えられている。

ＭＲＳＡ感染としては、表層感染と深部感染の二つに大別でき、それぞれの概要は次のとおりである。

(イ)　表層感染

表層感染によるＭＲＳＡ感染症としては、皮膚の化膿巣、中耳炎等があるが、一般には良好な経過をたどるものが多いとされている。

しかし、易感染性患者においては、感染症状は遷延化し、時として深部感染に移行する場合がある。

(ロ)　深部感染

深部感染によるＭＲＳＡ感染症としては、髄膜炎、肺炎、腹膜炎、腸炎等があるが、適切な治療が行われないと敗血症に至り、死亡する場合がある。

(3)　労災保険上の取扱い

労災保険におけるＭＲＳＡ感染症の取扱いは、他の細菌による感染症と同様であるが、その感染の機会は医療機関内である場合が多いことから、労災補償の対象となるのは、業務災害又は通勤災害により療養を行っている者（以下「労災患者」という。）及び医療従事者等が考えられる。

したがって、労災患者がその療養中にＭＲＳＡに感染した場合あるいは医療従事者等がＭＲＳＡに業務上感染した場合であって、前記(2)のハに示す症状を呈するに至ったときは、当該ＭＲＳＡ感染症は、前記(1)の区分に従って業務上疾病又は通勤による疾病として取り扱われるとともに、医学上必要な治療（検査を含む。）は保険給付の対象となる。

イ　業務起因性の判断

(イ)　労災患者の場合

労災患者のＭＲＳＡ感染症で、次に掲げる要件をすべて満たすものについては、原則として、業務に起因するもの（通勤災害により療養を行っている者のＭＲＳＡ感染症にあっては、通勤に起因するもの。）と判断される。

ａ　当該労災患者が療養を行っている医療機関において、ＭＲＳＡに感染していることが確認された入院患者等（当該労災患者を含む。）がみられること（前記(2)のロの(イ)参照）。

ｂ　感染症状が認められる部位（当該労災患者が療養を行う原因となった傷病の部位以外の部位を含む。）からＭＲＳ

Ａが検出されていること。

ｃ　当該労災患者が療養を行っている医療機関以外において感染したものでないこと。

(ロ)　医療従事者等の場合

医療従事者等のＭＲＳＡ感染症は、易感染性患者と異なり、一般的には深部感染は考えにくいものである。したがって、表層感染に限り、原則として、次に掲げる要件をすべて満たすものについては、業務に起因するものと判断される。

ａ　当該医療従事者等の勤務する医療機関においてＭＲＳＡに感染していることが確認された入院患者等がみられること（前記(2)のロの(イ)参照)。

ｂ　感染症状が認められる部位からＭＲＳＡが検出されていること。

ｃ　業務以外の原因によるものでないこと。

ロ　療養の範囲

前記イの業務起因性が認められる場合のＭＲＳＡ感染症について、医学上必要な治療（検査を含む。）が行われた場合には、当該治療は、業務上疾病又は通勤による疾病に対する療養の範囲に含まれるものである。

なお、労災患者については、前記イの業務起因性が認められない場合であっても、当該労災患者が療養を行う原因となった傷病の部位からＭＲＳＡが侵入し、感染症状を呈するに至ったものと医学的に認められ、かつ、当該傷病に対する治療の必要上、ＭＲＳＡ感染症に対する治療も併せて行わなければ治療効果が期待できないと認められる場合には、当該ＭＲＳＡ感染症に対する治療は、当該傷病に対する療養の範囲に含めるものとする。

四　（略）

## ３　新型コロナウイルス感染症の認定

新型コロナウイルス感染症の労災認定において、医師・看護師や介護の業務等に従事する者については、業務外で感染したことが明らかな場合を除き、原則として労災保険給付の対象となることや、症状がなくとも感染を拡大させるリスクがあるという特性にかんがみ、当分の間、調査により感染経路が特定されなくとも、業務により感染した蓋然性が高く、業務に起因したものと認められる場合には、これに該当するものとして、労災保険給付の対象とする旨が通知された（「新型コロナウイルス感染症の労災補償における取扱いについて」（令二・四・二八　基補発〇四二八第一号））。

さらに、新型コロナウイルス感染症については、感染性が消失した後であっても、呼吸器や循環器、神経、精神等に係る症状がみられる場合があり、これらのり患後症状についても労災補償の対象となる旨通知された（「新型コロナウイルス感染症による罹患後症状の労災補償における取扱い等について」（令四・五・一二　基補発〇五一二第一号））。

## 【新型コロナウイルス感染症の労災補償における取扱いについて（令二・四・二八　基補発〇四二八第一号、改正：令五・二・一七　基補発〇二一七第三号）】

新型コロナウイルス感染症（以下「本感染症」という。）に係る労災補償業務における留意点については、令和二年二月三日付け基補発〇二〇三第一号で通知しているところであるが、今般、本感染症の労災補償について、下記のとおり取り扱うこととしたので、本感染症に係る労災保険給付の請求や相談があった場合には、これを踏まえて適切に対応されたい。

記

一　労災補償の考え方について

本感染症については、従来からの業務起因性の考え方に基づき、労働基準法施行規則別表（以下「別表」という。）第一の二第六号1又は5に該当するものについて、労災保険給付の対象となるものであるが、その判断に際しては、本感染症の現時点における感染状況と、症状がなくとも感染を拡大させるリスクがあるという本感染症の特性にかんがみた適切な対応が必要となる。

このため、当分の間、別表第一の二第六号5の運用については、調査により感染経路が特定されなくとも、業務により感染した蓋然性が高く、業務に起因したものと認められる場合には、これに該当するものとして、労災保険給付の対象とすること。

二　具体的な取扱いについて

(1)　国内の場合

ア　医療従事者等

患者の診療若しくは看護の業務又は介護の業務等に従事する医師、看護師、介護従事者等が新型コロナウイルスに感染した場合には、業務外で感染したことが明らかである場合を除き、原則として労災保険給付の対象となること。

（以下略　以下は、医療従事者等以外の者に係るものであることから、第五項に掲載した。）

## 【新型コロナウイルス感染症による罹患後症状の労災補償における取扱い等について（令四・五・三　基補発〇五〇三第一号）】

新型コロナウイルス感染症（以下「本感染症」という。）の労災補償の取扱いについては、令和二年四月二八日付け基補発〇四二八第一号「新型コロナウイルス感染症の労災補償における取扱いについて」に基づき実施しているところであり、本感染症の罹患後症状についても労災保険給付の対象としてきたところであるが、今般、「新型コロナウイルス感染症診療の手引き別冊罹患後症状のマネジメント（第一版）」（以下「診療の手引き」という。）が取りまとめられたことを踏まえ、本感染症に係る罹患後症状の労災補償における取扱いを明確にした上で、今後、より一層適切な業務運営の徹底を図ることとするので、下記により、適切な対応に遺漏なきを期されたい。

記

一　基本的な考え方

本感染症については、感染性が消失した後であっても、呼吸器や循環器、神経、精神等に係る症状がみられる場合がある。

新型コロナウイルス感染後のこれらの症状については、いまだ不明な点が多く、国内における定義は定まっていないが、ＷＨＯの定義の「post COVID-19 condition」を「COVID-19後の症状」と訳した上で、診療の手引きでは「罹患後症状」とされた。

これらの罹患後症状については、業務により新型コロナウイルスに感染した後の症状であり療養等が必要と認められる場合は、労災保険給付の対象となるものであること。

二　具体的な取扱い

(1)　療養補償給付

医師により療養が必要と認められる以下の場合については、本感染症の罹患後症状として、療養補償給付の対象となる。

ア　診療の手引きに記載されている症状に対する療養（感染後ある程度期間を経過してから出現した症状も含む）

イ　上記アの症状以外で本感染症により新たに発症した傷病（精神障害も含む）に対する療養

ウ　本感染症の合併症と認められる傷病に対する療養

(2)　休業補償給付

罹患後症状により、休業の必要性が医師により認められる場合は、休業補償給付の対象となる。

なお、症状の程度は変動し、数か月以上続く症状や症状消失後に再度出現することもあり、職場復帰の時期や就労時間等の調整が必要となる場合もあることに留意すること。

(3)　障害補償給付

診療の手引きによれば、本感染症の罹患後症状はいまだ不明な点が多いものの、時間の経過とともに一般的には改善が見込まれることから、リハビリテーションを含め、対症療法や経過観察での療養が必要な場合には、上記のとおり療養補償給付等の対象となるが、十分な治療を行ってもなお症状の改善の見込みがなく、症状固定と判断され後遺障害が残存する場合は、療養補償給付等は終了し、障害補償給付の対象となる。

三　（略）

事例

○人工透析士の非Ａ非Ｂ遷延性肝炎

【事実】　Ａ（二一歳）は、昭和五二年からＢクリニックに透析士として勤務している。Ａの作業内容は、看護師を介助して人工透析のための作業を行うものである。透析終了後、血液回路のビニール管、注射針等の汚物の取り片付け等を行うが、この作業中に時に注射針を手足に刺すことがあった。既往歴は特になし。

【判断】　労基則別表第一の二第六号１に定める業務上の疾病として取り扱われたい（昭五七・二・八　基収第一三号）。

〈編注〉従前、一般にみられるウイルス性肝炎はＡ型Ｂ型とに区分されていたが、その後、これらのいずれにも該当しないウイルス性肝炎が存在することが医学的に解明され、「非Ａ非Ｂ型ウイルス性肝炎」と呼称された。さらにその後、輸血後あるいは散発性の非Ａ非Ｂ型肝炎のほとんどがＨＣＶに起因するＣ型肝炎であることが明らかにされている。

○血液透析業務に従事した准看護師のＣ型肝炎

【事実】　Ａ（二六歳）は、平成二年二月一日から准看護師としてＳ病院に勤務し、透析患者の介助等の業務に従事していたが、平成二年一一月二〇日頃から吐き気、食欲不振、全身倦怠感等の自覚症状を覚えて同月二七日に受診、肝機能検査の結果、ＧＯＴ一一七三、ＧＰＴ一三八七と高値のため入院し、平成三年二月にＣ型肝炎と診断された。その後、四カ所の病院に転医し加療中である。

Ａは、平成二年一〇月八日、ＨＣＶ抗体陽性患者の透析介助に従事した際に、患者の血液を眼に浴びており、またその事故の前後にも患者に使用した注射針を二、三回誤って指に刺したことがあった。

Ａが勤務していたＳ病院は透析専門の病院であり、勤務当時透析患者の半数以上がＨＣＶ抗体陽性であり、Ａは一日三ないし四人の患者の透析の介助を担当していた。

Ａには輸血、献血等の経験はなく、また、家族にＨＣＶ保因者はない。

Ｓ病院では、平成二年三月頃職員全員にＣ型肝炎についての肝機能検査を実施したが、ＡはＨＣＶ抗体陰性であった。

【判断】　本件Ｃ型肝炎は、本人の家族歴、業務の実態及び発症に至る経過等からみて業務と相当因果関係があるものと認められるので業務上である（Ｋ労基局Ｋ監督署認定）。

○肝炎及び肝障害患者の診療に従事していた外科医師の急性肝炎

【事実】

(1)　作業概況

被災者Ｈは、昭和三八年八月から外科医師としてＴ病院北二階病棟を担当し、定床五〇床の入院患者の診療に従事するとともに、外来患者の診療にも当たり、ほとんど連日二人ないし三人の割合で手術を行っていた。なお、被災者の過去一年間に診療を行った患者のうち、二二人は肝炎又は肝障害の患者であり、さらに、そのうちの一名に対しては、肝炎患者の植皮術を数十回実施している。

(2)　症状経過

昭和四二年九月末頃から全身倦怠感を覚え、特に両脚の倦怠を自覚した。また、心窩部に重圧感を覚えたが、過労のためと思い放置していたところ、同年一〇月一一日に至り食欲不振と軽い胸やけが加わり、さらに、同月一五日頃から油物や卵も食べられなくなり、便も白色を帯びてきた。そこで、被災者Ｈの所属するＴ病院の内科医師の診療を受けたところ急性肝炎と診断され、即日、Ｔ大学附属病院に入院したものである。

(3)　主治医の意見

肝炎の感染機会、感染源を証明することは極めて困難であるが、本件の場合は、本人の医療従事の状況及び当該病院の外科関係医に相次いで急性肝炎が発生しているところからみて、医療行為中に感染したものと思われる。

【判断】　本件急性肝炎は、外科診療に従事中、経皮により感染したものと認めるのが相当であり、業務上の疾病と解すべきである（昭四・二・一〇　基収第三七一号）。

○結核病棟勤務看護師の結核

【事実】　Ｙ病院の看護師Ｔ（死亡当時二五歳）は、同病院の結核病棟で結核患者の看護を主とする業務に従事していた時、昭和三八年五月、右第一趾基節部リウマチスの診断名で加療していたが、同部位が悪化して潰瘍を形成し、ついで右前頭部の激痛を訴えて、その後意識不明となり、昭和三九年三月に死亡した。死体はＳ大学において解剖したが、病理解剖所見によると、結核性髄膜炎であり右第一趾基節部位の病炎も結核性のものであることが認められ、また、当該労働者は小学校五年の頃ツベルクリン反応が陽転している。なお、過去の職歴において、結核患者に接する業務は通算約七年にわたっている。

主治医等の意見について、①穿刺脊髄液から培養した結核菌の抗結核剤抵抗性の検査結果では当該結核菌は、少なくともＳＭ、ＰＡＳ及びＩＮＡＨに対しては完全耐性の状態であることが認められ、このことと当該労働者の病歴並びに職歴等を併せ考慮すると、重（再）感染発病であることを否定し難い。②昭和三二年以後の胸部エックス線像をみるも初感染巣より再燃したと考えられるような異常陰影が認め難いことも、結核再感染を考えねばならない。

【判断】　本件労働者の結核髄膜炎は、本人の家族歴、業務の実態及び症状経過よりみて業務と相当因果関係があるものと認められるから業務上である（昭四〇・三・三一　基収第四六四号）。

## ○レントゲン室助手の肺結核

【事実】　鉱山附属病院勤務の看護師でレントゲン室臨床検査室助手であったＴ（二一歳）は、雇入れ後三年四カ月目にエックス線検査により左肺鎖骨下に浸潤型陰影を認められ微熱が出て、肺結核と診断された。

Ｔは、雇入れ前の健診及びその後の健診においてツベルクリン反応はいずれも陰性であったが、雇入れ後三年目に陽転した。Ｔの家族及び同僚たるレントゲン技師、看護師等に結核患者はなく、一方、Ｔの主として勤務したレントゲン室は、多数の開放性結核患者が出入し、勤務の性質上これらの患者と接触し排出された結核菌の吸入を余儀なくされる状況にあった。

【判断】　常に開放性患者と接触の機会を有していたレントゲン室勤務の本件労働者の肺結核は、ツ反応が雇入れ後三年目に陽転したこと及び家族等に結核患者がなく業務に起因しないほかの感染原因が認められないことから業務上と認められる（昭二七・八・七　基収第三五七五号）。

## ○結核患者と接した精神病院医師の肺結核

【事実】　Ｓ精神病院の医師Ｋ（三九歳）は、雇入後九カ月目に実施された健康診断において胸部に異常なく、ツベルクリン反応は陰性で、何ら自覚症状もなかったが、その後入院患者中結核性疾患に罹っている者一〇名余に対し、脳せき髄液の排除、ストレプトマイシンの注入等を行っているうち、全身倦怠高熱胸痛を発し、エックス線検査の結果、右肺浸潤及び左滲出性胸膜炎と診断された。

Ｋは同病院に雇用される唯一人の医師で、院内に居住していた。なお、看護師については現在まで延べ一三、四名使用したうち二名が結核性疾患、胸膜炎で退職している。

【判断】　本件労働者の右肺浸潤及び左滲出性胸膜炎と診断された事例について、雇入後九カ月目に実施された健康診断において胸部に異常なくツ反応が陰性であったこと並びに院内居住であったこと等から業務上と認められる（昭二五・二・二三　基収第二五一号）。

○結核病棟勤務看護師の肺結核

**【事実】**　公立病院勤務の看護師Ｉ（二二歳）は、雇入後二年三カ月目に受診し、右肺上野増殖性肺結核と診断された。

Ｉは、病院勤務の前は国立療養所看護師養成所に生徒として入所していたが、当時ツベルクリン反応が陽転し、それ以後継続して陽性であった。病院においては半年間位ごとに結核―隔離―一般―結核の各病棟を転々として勤務したが、結核病棟においては多数の重症開放性患者に接触しており、発病時期も結核病棟勤務期間中に当たっているので、医師の意見では結核患者からの重感染と推定できるとのことであった。なお、Ｉは雇入れ後年二回の健診においては異常がなく、また、寄宿舎生活をしているが同僚中にも結核患者は認められない。

**【判断】**　本件労働者の右肺上野増殖性肺結核は、病院勤務前にツ反応が陽性であったこと、重感染したと認めるに足る証拠のないことから業務外である（昭三一・三・一五　二九基収第六三七二号）。

○医師の肺結核兼左湿性胸膜炎

**【事実】**　Ｏ赤十字病院医師Ｓ（三七歳）は、胸痛発熱により受診の結果、肺結核兼左湿性胸膜炎と診断された。Ｓは約四年前から現在の病院に勤務しているが、同病院の入院患者はすべて結核患者、外来も八〇パーセントは結核患者で、Ｓはこれらの診療及びエックス線透視等を行い、感染の機会が大であった。なお、Ｓは約一二年前にツベルクリン反応が陽転しており、また、現在の病院に勤務する前は、軍医八年間、結核診療所勤務八カ月の経歴がある。

**【判断】**　本件労働者の肺結核兼左湿性胸膜炎は、約一二年前にツ反応が陽転していたこと、重感染したとするに足るだけの不測の事態等が認められないことから業務外である（昭二五・八・二五　基収第二三五七号）。

○介護労働者に発生した疥癬

※本事例は平成一三年のものであるが、平成二二年に「介護の業務」が第六号1として明示されたことから、ここで収録した。

**【事実】**　有限会社Ａは介護事業を営む事業者で、Ｂ及びＣは当該事業場でホームヘルパーとして就労している労働者である。

平成一三年四月末頃、当該事業場にDから訪問介護の申込みがあったため、この利用者Dに対して、労働者Bは同年五月九日に、労働者Cは同年五月六日に介護サービスを行ったところ、労働者Bは同年五月一五日に、労働者Cは同年五月一〇日に胸及び腕に発疹が出て、かゆみが生じた。しばらく様子を見ていたが、両者とも状態が悪化したため、同年五月一五日、Eクリニックを受診したところ「疥癬」と診断された。このため、労働者Bは同年五月一五日から同年五月二八日まで、労働者Cは同年五月一五日から同年五月二二日までの休業を要した。

当該労働者が疥癬にり患した原因は、利用者Dが介護サービスを受ける以前に疥癬にり患しており（疥癬の治療のため平成一三年四月末までF病院に入院していた。）、その後、利用者Dに対して介護サービスを行ったことによるものと認められ、労働者B及びCともに私的原因による感染の機会の存在は認められず、ほかに原因と考えられるものはなかった。また、主治医も「利用者Dへの介護サービスを行ったあと掻痒感の強い発疹を認めたことから、これによりり患したものと認められる。」と述べている。

**【判断】**　本件の労働者B及びCに発症した疥癬は、業務の実態及び症状の経過よりみて業務と相当因果関係があるものと認められるので、労基則別表第一の二第六号5に該当する業務上の疾病である〈平成二二年以降、労基則別表第一の二第六号1に該当する疾病となる〉。

## ○医療従事者等の新型コロナウイルス感染症事例

※次の事例については、それぞれ一般生活での感染が明らかでなかったことが確認されている。

**【判断】**　医師、看護師、介護従事者等の医療従事者等が新型コロナウイルスに感染した場合は、業務外で感染したことが明らかな場合を除き、原則として労災保険給付の対象となる。

・事例1　医療業　医師

感染経路は特定されなかったが、Aは、日々多数の感染が疑われる患者に対する診療業務に従事していたことが認められたことから、業務上として決定された。

・事例2　医療業　看護師

感染経路は特定されなかったが、Bは、日々多数の感染が疑われる患者に対する問診、採血等の看護業務に従事していたことが認められたことから、業務上として決定された。

・事例3　介護事業　介護職員

感染経路は特定されなかったが、Cは、介護施設で日々複数の感染が疑われる介護利用者に対する介護業務に従事していたことが認められたことから、業務上として決定された。

・事例4　医療業　理学療法士

感染経路は特定されなかったが、Dは、病院で日々多数の感染が疑われる患者に対するリハビリテーション業務に従事していたことが認められたことから、業務上として決定された。

・事例5　医療業　診療放射線技師

感染経路は特定されなかったが、Eは、日々多数の感染が疑われる患者に対するＭＲＩの撮影等の画像検査業務に従事していたことが認められたことから、業務上として決定された。

（令和二年「新型コロナウイルス感染症に係る労災認定事例」）

## 第二項　動物若しくはその死体、獣毛、革その他動物性の物又はぼろ等の古物を取り扱う業務によるブルセラ症、炭疽病等の伝染性疾患

労基則別表第一の二第六号2には「動物若しくはその死体、獣毛、革その他動物性の物又はぼろ等の古物を取り扱う業務によるブルセラ症、炭疽《そ》病等の伝染性疾患」が業務上の疾病として規定されている。

本規定は、人畜共通伝染病の病原体にさらされる作業環境下の業務である動物若しくはその死体、獣毛、革その他動物性の物又はぼろ等の古物を取り扱う業務に従事することにより発生するブルセラ症、炭疽病等の伝染性疾患を業務上の疾病として定めたものである。

ここに示されているブルセラ症及び炭疽病以外の労基則別表第一の二第六号2の疾病としてはペスト、痘瘡等がある。

なお、「その他動物性の物」には、動物の骨、内臓等加工していない動物の身体の部分があり、「ぼろ等の古物」の

わが国で発生のみられる人畜共通伝染病

| | 疾患 | 家畜その他の動物 |
|---|---|---|
| 細菌性 | 炭疽病 | ウシ、ウマ、ヒツジ、ヤギ、ブタ |
| | ブルセラ症 | ウシ、ブタ、ヤギ、ウマ |
| | 結核 | ウシ、ブタ、イヌ、ネコ、サル |
| | サルモネラ症 | ニワトリ、ウマ、ブタ、ネズミ |
| | 赤痢 | サル |
| | 豚丹毒 | ブタ |
| | リステリア症 | ウシ、ヒツジ、ヤギ、ブタ |
| | レプトスピラ症 | ウシ、ブタ、イヌ、ネズミ |
| | 野兎病 | ノウサギ |
| ウイルス性 | 日本脳炎 | ウマ、ブタ、ウシ |
| | ニューカッスル病 | ニワトリ |
| 原虫性 | トキソプラズマ症 | ブタ、ヒツジ、ウシ、イヌ、ネコ |

小笠原一夫ら著「新版微生物学入門」より一部改変

「等」には、使い古した家具調度品がある。

また、人畜共通伝染病とは、脊椎動物からヒトに伝染する疾患をいい、その病原体には細菌、ウイルス、リケッチア、寄生虫等がある。わが国で発生のみられるものは、上表のとおりである。

## (一) ブルセラ症

ブルセラ症はブルセラ属菌の感染により発症する人畜共通伝染病である。

### 1　原因及び感染経路

ブルセラ症の病原体となるブルセラ属菌はグラム陰性、偏性好気性の短い桿菌で、外界、特に有機物の中では抵抗性を示し、長期にわたって感染力が保持されることが知られている。

ウシ、ブタ、ヤギ、ウマのそれぞれを主な宿主とする四種類の菌に分類されるが、ヒトを含めた幅広い動物に対し病原性を示し得る。

ヒトへのブルセラ症感染はこれらの感染動物との直接接触やブルセラで汚染されたミルクの経口摂取等によって起こる。業務との関連で注目される侵入門戸は皮膚の創傷部及び結膜であり、経口感染では消化管粘膜である。

　わが国における症例は比較的少ない。

2　発生職場

獣医の業務、動物の飼育・畜産の事業、食肉処理の事業、農業の事業等特定の事業に従事する者にり患する傾向にある。

3　症状と経過

病原体は侵入部位からリンパ行性に拡がり、血流に入り、肝臓、脾臓等の実質臓器に本疾患に特徴的な所見である肉芽腫状結節をつくり、化膿するに至る。潜伏期間は三～五週間から数か月に及ぶ。

症状は全身性の感染症として発現し、夕刻に悪寒戦慄を伴った体温上昇が認められる特徴を示す。間けつ的に上昇、寛解を反復する発熱曲線の経過から「波状熱」とも呼ばれる。

　本疾患の診断に際しては、培養による病原体証明又は血清学的診断を行う必要がある。

## (二)　炭疽病

炭疽病は、本来動物、特に草食性飼育動物にみられる急性感染症であるが、ヒトにもこれらの動物を介して二次的に感染を起こすことが知られている人畜共通の伝染性疾患である。

### 1　原因及び感染経路

炭疽病の病原体となる炭疽菌はグラム陽性の大型桿菌で、莢膜に包まれ薬剤や外部環境に対して強い抵抗性を示すとともに、芽胞を形成し、長期にわたって感染能を保持する特徴を有している。

広い感染スペクトルを持ち多くの哺乳動物に対して病原性を示し得るが、主にウシ、ヒツジ、ヤギ、ブタ、ウマ等への自然感染が注目される。

ヒトに対しては、感染動物、特に屍獣との接触、毛皮・羊毛等動物製品の取扱いを介して感染を起こすことが知られている。感染は菌の吸入によっても起こり得るが、皮膚の小創傷部を侵入門戸とするのが典型例であり、経口感染は稀であるとされている。

### 2　発生職場

炭疽病は、獣医、食肉処理業、農業、酪農、毛皮・羊毛取扱い業、骨粉製造業、刷毛・筆製造業などに従事する者に罹患する傾向がある。

### 3　症状と経過

ヒトにおける炭疽病の病変は、皮膚、肺、腸等に対して臨床症状を呈するが、なかでも皮膚炭疽が最も一般的であり、炭疽感染全体の九〇～九五パーセントを占める。

皮膚炭疽、すなわち悪性膿疱は、直接的接触感染、特に皮膚に小創傷があった場合に起こるとされている。一～八日の潜伏期を経て侵入部位に発赤が現れ、丘疹を生じ、それが急速に膿疱化し、周囲に浮腫性の浸潤が起こる。この膿疱は無痛性であることを特徴とする。皮膚表面は小さな水疱を生じ、血液膿性の外観を呈するが、乾燥後中心部は黒色の痂皮を形成するようになる。さらに病状が進行すると敗血症を来し死に至ることもある。

肺炭疽は炭疽菌又はその芽胞を吸入した場合に生ずるものであり、"wool sorters disease"（羊毛選別者病）とも称されている。潜伏期間は短く、悪寒戦慄と高熱を伴う症状を発現するとともに急性に経過し一〜二日で死に至る場合もある。

腸炭疽は、感染力のある肉の摂取により生ずるものであり、臨床像は漿液血液性排便を伴った重症の感染性腸炎である。予後は不良で、本症の死亡患者の剖検では著しく肥大し、極度に充血した鮮紅色の脾臓がみられる。

局所の浮腫液、膿汁、血液、喀痰等の検体の塗抹標本を鏡検することにより炭疽菌を証明することが可能であるが、さらに鏡検による診断を確認するために好気的平板培養、検体のマウスへの接種等が行われる。

## ㈢　ブルセラ症、炭疽病等の伝染性疾患の業務上外の認定について

(1)　一般的認定要件

本節第一項㈢1〈三〇七ページ〉と同様であるので省略する。

(2)　医学的診断要件

ア　各種動物若しくは動物製品又はぼろその他の古物に接触した事実の有無及びその作業条件の把握

イ　感染源、感染経路、侵入門戸、感染部位、潜伏期間等から業務により感染したことの確認

ウ　臨床的検査項目

(ア)　炭疽病の場合　分泌物の菌検査、培養

(イ)　培養による病原体証明

エ　他の疾病との鑑別診断

病原体に汚染される業務と発病までの期間がブルセラ症、炭疽病等の潜伏期間におおむね一致するか否かを調査すること。

**事例**

○獣医のブルセラ症

**【事実】**　Y乳業㈱N工場において二名の獣医がブルセラ症にかかったが、当該疾病は病獣から人体に感染するもので、その潜伏期は三～五週間から数カ月に及ぶ場合もある。

両獣医は当該疾病にり患している七頭の乳牛に接し、約二カ月後に発病したもので凝集反応は一名は三二〇倍陽性、一名は八〇倍陽性である。ある医書によると診断基準線は二〇〇倍陽性とされているが、二〇〇倍以下でも診断し得るという説もあり、また、この両名とも環境及び過去に類属反応を起こす野兎病等にかかったことがないこと等からして主治医は当該疾病は乳牛から感染したものと考えると述べている。

**【判断】**　当該病原体を保有する病獣との接触時期と発病経過よりみた感染時期とが一致していること、また、私的原因による感染の機会が存在したとは考えられないから業務上である（昭三三・二・一三　基収第五六八二号）。

## 第三項　湿潤地における業務によるワイル病等のレプトスピラ症

労基則別表第一の二第六号3には「湿潤地における業務によるワイル病等のレプトスピラ症」が業務上の疾病として規定されている。

本規定は、病原体の一種であるレプトスピラで汚染された湿潤地における業務に従事することにより発生するワイル病等のレプトスピラ症を業務上の疾病として定めたものである。

なお、ここにいう「湿潤地」とは、常時湿潤な状態を保有する土地を意味し、水田地帯、地下水の浸出する炭鉱地帯等をいう。

また、「ワイル病等のレプトスピラ症」の「等」には、黄疸出血性レプトスピラ病以外のレプトスピラ症が含まれ、これには無菌性髄膜炎等がある。

### (一)　ワイル病等のレプトスピラ症

レプトスピラ症は、レプトスピラ（鼠の尿中に排泄された病原体）の感染により発症する人畜共通伝染病である。

このうちワイル病は、鼠の尿で汚染された水、土壌、食物等を介して黄疸出血性レプトスピラに経皮的又は経口的に感染することにより起こる代表的なレプトスピラ症である伝染性疾患をいい、黄疸出血性レプトスピラ病とも呼ばれる。足の傷害皮膚、結膜、鼻腔又は口腔粘膜から感染し、潜伏期間は通常七～一〇日、稀に一三日である。症状については、急に悪寒戦慄とともに発熱し（三九～四〇℃）、頭痛、筋肉の痛み、不眠、吐き気、嘔吐、便秘ついで下痢を来し、眼球結膜の充血が著しくなり、発病四〜五日で黄疸が現れ、また、全身いたるところに出血を来す。六〜九月にかけて暑い時期に発生する率が高く、死亡に至る例が多い。レプトスピラは初期には血中に証明されるが、一〜二週以後には証明できなくなる。

### 1　原因及び感染経路

レプトスピラ症の病原体となるレプトスピラ（細い螺旋という意味）は文字どおりの細いスピロヘータであり、他の病原性のスピロヘータと同様、外界の影響に対して一般的に抵抗性が低く、乾燥状態では速やかに死滅する。

レプトスピラは、特異抗原に基づいて血清学的に一〇〇種以上の型、亜型が知られているが、これらは抗原の類縁性により一四群にまとめられている。

齧歯《げっし》類動物、家畜等ほとんどすべての哺乳動物に対して病原性を有しており、病原体は常にこれら動物によって蔓延され長期間にわたって尿中に排泄される。最も重要なレプトスピラ保有動物はネズミ類及び家畜ではブタである。レプトスピラは先に述べたように抵抗性が低く乾燥状態では生存が不可能であるので、レプトスピラを含む尿又は尿で汚染された湿潤環境との接触によってのみ感染が成立する。

感染は、経皮的又は経口的に起こり、皮膚の損傷部位、結膜、鼻腔、口腔等の粘膜が侵入門戸とされている。

### 2　発生職場

本規定に該当する業務例としては、水田、炭坑及び土木工事における業務、街路清掃、じんあい処理等の業務等がある。

なお、本疾患が「湿潤地における業務による」とされていることから、養豚の業務、調理の業務等により発症した

わが国におけるおもなレプトスピラ症

| レプトスピラ種 | 疾患名 | おもな感染源 | 臨床所見 |
|---|---|---|---|
| L.ictero－haemorrhagiae | ワイル病 | ネズミの尿、水 | 黄疸、出血、髄膜炎 |
| L.hebdomadis | 七日熱、秋疫 | ネズミの尿 | 発熱、黄疸 |
| L.autumnalis | 波佐見熱、秋疫 | ネズミの尿 | 発熱、黄疸 |
| L.canicola | 七日熱、秋疫、伝染性黄疸 | イヌの尿 | インフルエンザ様症状、髄膜炎 |

小笠原一夫ら著「新版微生物学入門」より

場合は「湿潤地」における業務ではないことから、労基則別表第一の二第六号5の規定が適用される。

### 3　症状と経過

レプトスピラ症は、レプトスピラ血症を伴う全身性の急性熱性疾患である。

レプトスピラは、侵入部位に反応を起こすことなく宿主体内で増殖する。七～一四日の潜伏期を経て突発性の高熱がみられる。発熱曲線は二峰性で、第一相は五～六日、第二相は三～四日持続する。第一相の間にレプトスピラ血症が起こり、第二相では黄疸、出血傾向、間質性腎炎、漿液性非化膿性髄膜炎等の病変を呈するようになる。

代表的なレプトスピラ症であるワイル病は黄疸出血性レプトスピラ症とも呼ばれ、致死率の高い重篤な病像を呈することが知られている。

わが国における主なレプトスピラ症は、上表のとおりである。

レプトスピラ症の診断は、血清学的方法と血液又は臓器内のレプトスピラの証明（病原体の検出）によって行われる。

## ㈡　業務上外の認定について

(1)　一般的認定要件

本節第一項㈢1〈三〇七ページ〉と同様であるので省略する。

(2)　医学的診断要件

ア　レプトスピラ症り患のおそれのある湿潤地作業に従事した事実の有無及び作業条件の把握

イ　感染経路、侵入門戸、感染部位、潜伏期間等から業務により感染したことの確認

ウ　臨床検査項目

(ア)　一般症状（特に発熱、結膜充血、腓腹筋痛、黄疸、出血傾向等）の検査

(イ)　血中、尿中、臓器中のレプトスピラの検査又は血清学的検査

エ　他の疾病との鑑別診断

病原体に汚染される業務と発病までの期間がレプトスピラ症の潜伏期間におおむね一致するか否かを調査すること。

## 事例

### ○ワイル病による坑内夫の死亡

【事実】　請求人の亡夫Yは、S組に坑内夫として就労していたが、昭和三八年八月一二日、M鉱山㈱A鉱業所坑内間三卸坑道において作業中、発熱頭痛を訴え、翌一三日、F外科医院を受診、同月一八日I病院に入院、「ワイル病」と診断され加療したが、同月二六日死亡した。監督署長は、昭和三八年九月二七日付けにてM鉱山A鉱業所病院長Nより報告されたワイル病原体検索試験結果及びM鉱山A鉱業所衛生管理室T医師のA鉱業所においては、過去二〇年間ワイル病の発生を見なかったとの証明から、A鉱業所坑内にワイル病の感染源があったとは認められないので、感染経路が明らかでない。よって、専門医の意見等を参考にして、感染経路の明らかなワイル病とは判断し難いものと認め、不支給処分とした。これに対し請求人は、坑内では鼠が多く、坑底の溜り水につかって作業することもあり、ワイル病にり患して死亡したものであるから業務上の死亡と考えると主張した。

**【裁決】**　被災者Yの疾病についてはワイル病と専門医は判断し、他の医証においても、これを否定するものはない。したがって、被災者Yの疾病はワイル病であると認定される。

被災者Yの作業及び作業環境等についてみるに、ワイル病の感染が推定される時期において、被災者Yは、坑内の湿潤な環境のなかにあり、ときには、胸腰部まで水浸となり、ときには汚水のために坑内水にて体を洗っている。しかして、坑内には鼠が多いことが認められ、また、坑内現場におけるワイル病病原体の有無については、数種の資料があるが、いずれも、坑内ワイル病病原体の存在を否定し得るものではない。加えて、F労働基準局の昭和三八年の調査によれば、T地帯における炭坑内にはワイル病の発生が認められる。

したがって、被災者Yのワイル病は湿潤地における業務によるワイル病に該当するものと判断するを相当とするので、被災者の死亡を業務上の事由によるものではないとして、請求人に対してなした処分は失当であって取り消されるべきものである（昭四一・二・二八　昭三九労第一四八号）。

○乳牛の診療を行った酪農係員のワイル病

**【事実】**　M乳業㈱K工場に所属し、同社への牛乳配給元であるK酪農組合に駐在して、良好な牛乳確保のため飼育搾乳の指導及び乳牛の診断治療に従事していた酪農係H（四五歳）は、当日F方の乳牛が食欲不振のため診察したところ、急性食物中毒症状を呈していた。これに対し注射を行おうとしたが、牛が動くのでロープで鼻環を梁にくくりつけた際、右手指に擦過傷を負ったが、そのまま静脈注射を行った。その時逆流した乳牛の血液が擦過傷の患部に付着したため、処置後患部をヨードチンキで消毒し、患部は治ゆした。三日後悪寒を催し、五日後には発熱とともに各部リンパ腺の腫脹をみるにいたり、医師によりワイル病と診断された。

Hは農耕は全然行わず、家庭での家畜飼育も行わず、用水は酪農組合の用水を使用しているが、家庭及びその用水利用者にり病者はない。

医師の意見では、Hのワイル病とこの土地の農耕に従事するもののワイル病と異なる点は、前者が腋下リンパ腺の鶏卵大の腫脹を生じたのに、後者はソケイ部リンパ腺の腫脹をみたことである。Hは家畜の妊娠鑑定その他のため家畜の肛門より手を挿入し触診するを常とする点より、ワイル病保菌家畜より経皮感染したこと、また、畜舎に入り込む家鼠等の糞尿に汚染した畜舎内の諸物質等に触れることにより感染したこと等が考えられ、各種検査を行っていないので断定できないが、いずれにしても業務行為により経皮感染したものと考えられる由である。

**【判断】**　本件労働者のワイル病を発した事例について、病原体による汚染業務に起因するものとして業務上である（昭三・三・三　基収第〈二〉号）。

## 第四項　屋外における業務による恙虫病

労基則別表第一の二第六号４には、「屋外における業務による恙虫《つつが》病」が業務上の疾病として規定されている。

本規定は、恙虫病のリケッチアに感染するおそれのある地域の屋外における業務に従事することにより発生する恙虫病を業務上の疾病として定めたものである。

ここにいう「屋外における業務」とは、恙虫の幼虫に刺されるおそれのある地域の屋外における業務をいう。古くは秋田県、新潟県及び山形県の河川流域が感染するおそれのある地域とされていたが（古典的恙虫病）、伊豆七島その他の地方（本州、九州及び四国に散在）の平地又は山地にもこのような危険があるとされている（新型恙虫病）。

恙虫病は、病原体を保有する恙虫の幼虫に刺されたことによって発症する急性発疹性熱性疾患である。

### ㈠　恙虫病の概要

#### １　原因及び感染経路

恙虫病の病原体はリケッチア・ツツガムシ（リケッチア・オリエンターリスともいう。）と呼ばれるリケッチアである。リケッチアは構造と機能は細菌に似ているが、大きさは細菌より小さく、宿主細胞内でのみ増殖するという特性を有する微生物である。

恙虫病はこのリケッチアを保有するダニ目ツツガムシ科に属する微小なダニである恙虫の幼虫（アカムシ・タテツツ

ガムシ等数種）に刺されることによって感染が成立する。
病原体を保有する恙虫の幼虫は脊椎動物、特に野ネズミに寄生するので野ネズミによって幼虫が運搬される。

**２　発生職場**

発生職場としては、先に掲げた北海道を除く全国の地域の屋外における土木工事、護岸作業、農業に係る業務等がある。

**３　症状と経過**

潜伏期間は五～一三日であり、発症時に悪寒を伴った高熱を発し、二～三週間稽留する。また、感染局所の皮膚に刺口といわれる特有な初発病巣を生ずる。これは恙虫幼虫に刺された跡の非特異的な皮膚の反応が消退してから、当該部位にリケッチアが増殖して生ずるものである。当初は丘疹状で小水疱を生じ、発熱時期に一致して壊死を起こし、多くは黒褐色の痂皮を伴った直径数㎜～一㎝の病巣となる。

発疹は顕著であり、粟粒大から小豆大を示し、丘疹状で発病から第三～五病日に出現するといわれている。出現部位は全身に及ぶが、顔面、胸腹部、四肢の屈面に特によくみられる。

重篤度は病型により著しく異なり、いわゆる古典的恙虫病は夏型で致死率が高い（三〇～五〇パーセント）といわれている。これに対して、いわゆる新型恙虫病は冬型で致命率は極めて低い。

診断は刺口の存在、リンパ節の腫脹、発疹、熱型等の臨床症状を確認するとともに、ワイル・フェリックス反応（ＯＸＫ株で凝集価の上昇）、補体結合反応の血清学的検査等を行うことにより確定をする。

恙虫病は、一九五〇年の伝染病予防法による患者届出制度開始当時は年間患者届出数一〇〇例程度であったが、一九六〇～一九七〇年代は少なかった。しかし、その後再び全国各地で恙虫病患者が増加し、一九八四年には九五七例（二〇〇二年までの期間で最多）の届出があった。一九九一年以降は減少傾向にあったが、一九九七年から再び届出数が増加に転じ、感染症法施行後の二〇〇〇年は七九二例であった。二〇〇一年以降は毎年三〇〇～五〇〇例程度が届け出られている。

## ㈡　業務上外の認定について

(1)　一般的認定要件

本節第一項㈢１〈三〇七ページ〉と同様であるので省略する。

(2)　医学的診断要件

ア　恙虫の棲息地域における屋外労働に従事した事実の有無及びその作業条件の把握

イ　感染経路、侵入門戸、感染部位、潜伏期間等から業務により感染したことの確認

ウ　臨床検査項目

(ア)　一般症状の検査（特に特有な熱型、発疹等）

(イ)　尿検査（蛋白、ジアゾ反応）

(ウ)　血清学的検査（ワイル・フェリックス反応等）

(エ)　恙虫刺咬部の病変とリンパ節の腫脹

エ　他の疾病との鑑別診断

病原体に汚染される業務と発病までの期間が恙虫病の潜伏期間におおむね一致するか否かを調査する

（注）本節第一項から第四項に示した各疾患の潜伏期間の情報は報告者により相違が認められるものであり、ここに掲げたものはあくまでも参考であることに留意する必要がある。

## 第五項　細菌、ウイルス等の病原体によるその他の疾病

労基則別表第一の二第六号5には、「1から4までに掲げるもののほか、これらの疾病に付随する疾病その他細菌、ウイルス等の病原体にさらされる業務に起因することの明らかな疾病」が業務上の疾病として規定されている。

本規定は、労基則別表第一の二第六号1から4までに掲げる疾病以外に、①これらの疾病に付随する疾病、②同第六号1から4までに掲げる疾病発生の原因因子によるその他の疾病又は、③同第六号1から4までに掲げる疾病発生の原因因子以外で細菌、ウイルス等の病原体にさらされる作業環境下において業務に従事した結果、発生したものと認められる疾病に対して適用される趣旨で設けられたものである。

(1)　前記①に該当するものとしては、例えば、本節第一項及び第二項に述べた疾病のうち、急性伝染性疾患は二次感染を起こすことがあるが、このような二次感染により起こる疾病に対しては本規定が適用される。

(2)　前記③に該当するものとしては、例えば、次のようなものがある。

ア　病院、診療所又は介護施設等において患者の分泌物又は排泄物等を介して感染したウイルス性肝炎等の伝染性疾患あるいは伝染性疾患ではなくても病原菌にさらされる業務（給食調理等）に従事したことにより起きた細菌性中毒等の疾病

イ　感染症蔓延下における医療従事者等以外の労働者に発症した感染症

ウ　出張先（海外を含む。以下本節において同じ。）又は海外派遣先（海外派遣者特別加入対象者に限る。）において感染した伝染性疾患（いわゆる「風土病」を含む。）

エ　事業主が給した食物（給食、間食等）による食中毒

(3)　業務上外の認定について

前記①から③までに掲げる疾病の認定は、「業務上疾病の認定の基本」（上巻第一篇第三章第三節）に則って行われるべきである。

前記イに関して、医療従事者等以外の者に発症した新型コロナウイルス感染症の業務上外の決定に当たっては、感染経路が特定されたものについて、感染源が業務に内在していたことが明らかに認められる場合には、労災保険給付の対象となることが示されている。また、調査により感染経路が特定されない場合であっても、感染リスクが相対的に高いと考えられる労働環境下での業務（例えば、請求人を含む複数の感染者が確認された労働環境下での業務や顧客等との近接や接触の機会が多い労働環境下での業務）に従事していた労働者が感染したときには、業務により感染した蓋然性が高く、業務に起因したものと認められるか否かを、個々の事案に即して適切に判断すること、この際、新型コロナウイルスの潜伏期間内の業務従事状況、一般生活状況等を調査した上で、医学専門家の意見も踏まえて判断することが示されている（後掲令和二年四月二八日付け「新型コロナウイルス感染症の労災補償における取扱いについて」）。

なお、本規定中の「明らか」の意義については、上巻第四篇第二章第二節一三を参照されたい。

労基則別表第一の二第六号５の疾病について認定上特に留意すべき点は、次のとおりである。

## １　食中毒

食中毒を起こす主な細菌として、サルモネラ、カンピロバクター、腸炎ビブリオ、腸管出血性大腸菌（Ｏ一五七、Ｏ一一一など）、黄色ブドウ球菌、主なウイルスとして、ノロウイルス、Ａ型肝炎ウイルス、Ｅ型肝炎ウイルスがある。

サルモネラ菌による食中毒の主な症状は、食後六～四八時間で、嘔吐、腹痛、下痢、発熱などを起こす。乳幼児や高齢者は、症状が重くなることがある。

原因になりやすい食品は、加熱不足の卵・肉・魚料理などで、具体的には、生卵・オムレツ・自家製マヨネーズ・洋生菓子・牛肉のたたき・レバ刺などがある。

カンピロバクターによる食中毒の主な症状は、食後一～七日で、下痢、発熱、嘔吐、腹痛、筋肉痛などを起こす。下痢には血が混じることがある。子どもや高齢者、抵抗力の落ちている者は、症状が重くなることがある。この菌に感染した数週間後に、手足や顔面のまひなどを起こすことがあるといわれている。

原因になりやすい食品は、生や加熱不足の肉（特に鶏肉や鶏レバー）を食べると症状が出ることがあり、殺菌されていない井戸水や湧き水なども原因になることもある（菌を持っている動物のフンに汚染されている可能性があるため）。

腸炎ビブリオによる食中毒の主な症状は、食後四～九六時間で、激しい下痢、腹痛などを起こす。下痢に血が混じることがある。夏に多発し、高齢者は、症状が重くなることがある。

原因になりやすい食品は、魚介類の刺身や寿司など、また、生の魚介類に使った包丁で切った漬物、生野菜、調理済みの食品なども原因になることがある。

腸管出血性大腸菌（Ｏ一五七、Ｏ一一一など）による食中毒の主な症状は、食後三～八日で、激しい腹痛、下痢、下血などを起こす。子どもや高齢者では、赤血球が壊れて貧血になる、腎臓のはたらきが悪くなって尿量が減る、血小板という出血を止める血液成分が減って皮膚に紫色のあざができる、けいれんを起こすなどの症状が出ることがあり、さらに重症になると死亡することもある。

原因になりやすい食品は、加熱不足の肉などが原因になりやすく、生野菜が原因になることもある。殺菌されていない井戸水や湧き水なども原因になることもある。

黄色ブドウ球菌による食中毒の主な症状は、食後一～六時間で、吐き気、嘔吐、腹痛などを起こす。下痢を起こすこともあるが、発熱はない。

この菌はヒトの皮膚、鼻や口の中、傷口、髪の毛などにいるので、加熱後に手作業を行う食品が原因になる。具体的には、おにぎり、いなりずし、巻きずし、弁当、調理パンなどがある。

ノロウイルスによる食中毒の主な症状は、食後一～二日で、嘔吐、激しい下痢、腹痛などを起こす。幼児や抵抗力が落ちている者では、症状が重くなることがある。

原因としては、ウイルスを含む二枚貝（カキ等）を生や十分加熱せずに食べた場合、感染している者の手を通じウイルスが付着した食品やウイルスの付いた包丁などで調理した食品を食べた場合、ノロウイルスによる食中毒にかかった者の便や吐いたものを通じて感染する場合（乾燥したときにウイルスが舞い上がり、口に入って感染することもある。）などが報告されている。

Ａ型肝炎ウイルスに経口感染した場合、感染してから平均一か月間経つと、発熱、だるさ、食欲不振、嘔吐、黄疸などの症状が出る。小児が感染しても、多くの場合は症状が出ないが、年齢が高くなるにつれ、症状が出る割合が増える。

原因になりやすい食品は、国内の場合、生又は加熱不足の魚介類である。Ａ型肝炎が流行・発生している海外の地域の場合、ウイルスに感染している者・動物の便によって汚染されている生水や生ものが原因となる。

E型肝炎ウイルスに経口感染した場合、感染しても、症状が出ることはほとんどない。一部の者は、感染してから平均六週間経つと、だるさ、黄疸、発熱などの症状が出る。症状が出ても大半の者は治るが、稀に重症化することがある。妊婦や高齢者は特に重症化しやすいという報告がある。

原因になりやすい食品は、国内の場合、生または加熱不足のブタ、イノシシ、シカなどの肉や内臓であり、E型肝炎が流行・発生している海外の地域の場合、ウイルスに感染している人・動物の便によって汚染されている生水や生ものとなる。

## 2　出張先又は海外派遣先において感染した伝染性疾患

(1)　出張のように事業主のもとを離れて業務に従事する場合も、事業主の包括的又は個別的な指示、命令に従って業務についているわけであるから、その意味では事業主の支配下にあるものとみられる。

一般に出張の場合は命令が出て事業場を離れてから、用務を終えて事業場にもどるまでは、その用務の成否や用務の遂行方法等について包括的に事業主の支配を受け、事業主に対して責任を負っているものと解されるので、一応その出張過程全般に業務遂行性があるものと考えられる。

(2)　しかし、出張中の場合は事業主の管理下を離れているので、その間の個々の行為については事業主の拘束を受けることなく出張者の任意にまかされているわけである。したがって、その間には種々の私的行為が行われるものと考えられるが、出張中の場合は、その性質上ある程度の私的行為が行われることはむしろ通常あり得ることと思われるので、積極的な私的行為にわたる場合を除き、その間に行われる食事、喫茶、宿泊、入浴といった、出張に当然又は通常伴う範囲の行為も含めて、一般に業務遂行性が認められるものと解されている。

そこで伝染病が流行している地域や、風土病のある地域に出張して、その伝染病や風土病にり患したような場合には、その出張した者が業務遂行中に病原体に汚染されてり患したことが明らかに認められるものであれば、業務起因性が否定されるような特別な事情、例えば、出張用務以外の私的目的で迂回順路をとって伝染病流行地に入り、り患したというような特別な事情がない限り、業務上の疾病として取り扱われる。

なお、特別加入者の災害に係る業務上外の認定については、国内の労働者の場合に準じて行われる。

海外における業務と感染症との関連については、その取扱いが従来必ずしも明らかではなかったが、後掲のとおり昭和六三年二月一日付け基発第五七号通達によって、その具体的取扱いが示された。

通達は、海外においてり患のおそれのある主な感染症と業務との関連を感染経路等に着目し、感染リスクの観点から四つの型に分類し、それぞれ認定に当たっての留意事項を示している。

感染症の労災認定に当たっては、その感染経路等が判断の重要なポイントになるので、主な感染症の一覧表を次に示す。

なお、海外で労働に従事する者でも、「海外出張」であるか、「海外派遣」であるかによって、労災補償の取扱いに差異が生じるので注意をする必要がある。

**主な感染症一覧**（昭六三・二・一　基発第五七号　参考資料）

| | | 疾病名 | 病原体 | 感染経路 | 潜伏期 | 主な症状 | 分布 |
|---|---|---|---|---|---|---|---|
| 細菌による疾病 | | コレラ | コレラ菌 | 汚染飲食物の摂取 | 六時間～二、三日 | 著しい下痢による脱水症状 | 東南アジア |
| | | ペスト | ペスト菌 | ネズミ等に寄生する感染ノミの刺咬 | 二～六日 | 発熱、嘔吐、血痰、リンパ節腫大 | 東南アジア、アフリカ、北・中南米 |
| | | 細菌性赤痢 | 赤痢菌 | 汚染飲食物の摂取 | 二～四日 | 発熱、腹痛、血便、下痢 | 世界各地（特に開発途上国） |
| | | 腸チフス | チフス菌 | 汚染飲食物の摂取 | 七～一四日 | 悪寒、頭痛、発熱、ばら疹 | 世界各地 |
| | | パラチフス | パラチフスA菌 | 汚染飲食物の摂取 | 一～一〇日 | 腸チフスに類似するが症状はやや軽い。 | 東南アジア、南米 |
| ウイルスによる疾病 | ウイルス肝炎 | A型肝炎 | A型肝炎ウイルス（ＨＡＶ） | 汚染飲食物の摂取 | 二～六週間 | 全身倦怠、吐き気、黄疸 | 世界各地（特にアジア、アフリカ） |
| | | B型肝炎 | B型肝炎ウイルス（ＨＢＶ） | 感染患者の血液・性交 | 一～六カ月 | A型肝炎と類似 | 世界各地（特にアジア、アフリカ） |
| | | デルタ肝炎（D型肝炎） | デルタ因子（ＨＤＶ） | ＨＢＶと同じ（ＨＢＶキャリアに感染するか、ＨＢＶと同時に発症） | B型肝炎と同じ | B型肝炎と類似するが、しばしば重篤化する。 | アフリカ、中近東、南米 |
| | | 非A非B型肝炎 | 未だ分離、同定されていない | 汚染飲食物の摂取、感染患者の血液 | 一五日～六カ月 | B型肝炎と類似 | 世界各地（特にアジア） |
| | | デング熱 | デング熱ウイルス | 媒介蚊の刺咬 | 五～八日 | 悪寒、筋肉痛、発熱、発疹 | 熱帯、亜熱帯 |

| | | | | | | |
|---|---|---|---|---|---|---|
| ウイルスによる疾病 | 日本脳炎 | 日本脳炎ウイルス | 媒介蚊の刺咬 | 四～一四日 | 頭痛、吐き気、発熱 | 東、東南、南の各アジア |
| | 狂犬病 | 狂犬病ウイルス | り患した温血動物の刺咬 | 一～二カ月 | 倦怠感、発熱、幻覚、まひ、過敏反応 | 世界各地 |
| | アフリカ出血熱 | エボラウイルス | 感染患者又は感染動物の血液などの体液 | 一週間 | 発熱、頭痛、筋肉痛、嘔吐、発疹、傾眠 | アフリカ |
| | ラッサ熱 | ラッサ熱ウイルス | 媒介ネズミ等の排泄物 | 六～二〇日 | 発熱、筋肉痛、口腔潰瘍 | 西アフリカ |
| | 黄熱 | 黄熱ウイルス | 媒介蚊の刺咬 | 三～六日 | 嘔吐、筋肉痛、発熱、重症例は黄疸 | アフリカ、南米 |
| | 後天性免疫不全症候群（エイズ） | エイズウイルス | 感染患者の血液・性交 | 六～一〇週間後、エイズ抗体陽性となるが、このうち一〇～一五％が五年以内に急激な免疫機能の低下をきたし、日和見感染症、悪性腫瘍等にり患する。 | | 世界各地（特にアフリカ、北米、ヨーロッパ） |
| | 腎症候性出血熱 | 腎症候性出血熱ウイルス | 媒介ネズミ等の排泄物、あるいは血液、体液のエアゾルの吸入又は経口感染と推定 | 八～四〇日 | 悪寒、発熱、全身倦怠、嘔吐、筋肉痛、重症例はショック症状、腎不全、心不全 | 世界各地 |
| リケッチアによる疾病 | 発疹チフス | リケッチア | 媒介シラミの排泄物 | 一～二週間 | 発熱、悪寒、皮膚乾燥、発疹 | 世界各地 |
| | 発疹熱 | リケッチア | 媒介ノミの排泄物 | 一～二週間 | 発疹チフスと類似 | 世界各地 |
| | ツツガムシ病 | リケッチア | 媒介ツツガムシの刺咬 | 六～一八日 | 斑状発疹、発熱、リンパ節（局所）腫大 | 世界各地 |

| 寄生虫による疾病 | | | | | |
|---|---|---|---|---|---|
| マラリア<br>・三日熱マラリア<br>・四日熱マラリア<br>・熱帯熱マラリア<br>・卵形マラリア | マラリア原虫 | 媒介蚊（アノフェレス）の刺咬 | （三日熱）一〇～一四日<br>（四日熱）二八～三七日<br>（熱帯熱）八～一五日<br>（卵　形）一一～一六日 | 熱発作、脾腫、貧血。特に熱発作は周期的にくり返す。（三日熱、卵形四八時間、四日熱七二時間、熱帯熱は不定） | 熱帯、亜熱帯 |
| トリパノソーマ症<br>アフリカ・トリパノソーマ症 | トリパノソーマ（睡眠病）原虫 | 媒介ツエツエバエの刺咬 | 一〇～二〇日 | 発熱、リンパ節腫脹、頭痛、中枢神経症状 | 熱帯アフリカ |
| トリパノソーマ症<br>アメリカ・トリパノソーマ症 | トリパノソーマ（シャーガス病）原虫 | 媒介サシガメの刺咬 | 五～一四日 | 浮腫、肝・脾の腫大、発熱 | 中南米 |
| リーシュマニア症<br>内臓リーシュマニア症 | カラ・アザール（リーシュマニア）原虫 | 媒介サシチョウバエの刺咬 | 二～四カ月 | 発熱、発汗、脾腫 | 北アフリカ、ロシア、中国、中南米 |
| リーシュマニア症<br>皮膚リーシュマニア症 | 皮膚リーシュマニア（東洋瘤腫）原虫 | 媒介サシチョウバエの刺咬 | 数日～数カ月 | 刺咬部の小丘疹が潰瘍に至る | ヨーロッパ（地中海沿岸）、中近東、インド |
| リーシュマニア症<br>粘膜・皮膚リーシュマニア症 | 粘膜・皮膚リーシュマニア（エスプンジア）原虫 | 媒介サシチョウバエの刺咬 | 数日～数週 | 丘疹→潰瘍→壊死（欠損）の経過をたどる、発熱 | 中南米 |
| アメーバ症（アメーバ赤痢） | 赤痢アメーバ | 汚染食物内の嚢子の摂取 | 二～四週間 | 腹痛、下痢、粘血便、胆嚢炎 | 世界各地（特に熱帯） |
| ジアルジア症 | ランブル鞭毛虫 | 汚染食物内の嚢子の摂取 | 六～二二日 | 下痢、栄養障害 | 世界各地（特に熱帯） |

| | | | | | | |
|---|---|---|---|---|---|---|
| 寄生虫による疾病 | フィラリア症 | 糸状虫 | 媒介蚊の刺咬 | 三カ月～一年 | リンパ節炎、腫脹、発熱、乳び尿、象皮病 | 熱帯、亜熱帯 |
| | オンコルセカ症 | オンコルセカ糸状虫 | 媒介ブユの刺咬 | 一年以上 | 皮膚の線維腫結節、かゆみ、視力障害、失明 | アフリカ、中南米 |
| | 住血吸虫症　日本住血吸虫症 | 日本住血吸虫 | 媒介貝から遊出したセルカリアが皮膚から侵入 | 四～六週間 | 下痢、肝、脾の腫脹、腹水、貧血 | 東、東南アジア |
| | 住血吸虫症　マンソン住血吸虫症 | マンソン住血吸虫 | | | | アフリカ、中近東、中南米 |
| | 住血吸虫症　ビルハルツ住血吸虫症 | ビルハルツ住血吸虫 | | | 排尿時痛、腰痛、血尿 | アフリカ、中近東、南アジア |
| 真菌による疾病 | コクシジオイデス症 | コクシジオイデスイミティス | 気道感染（砂塵中の胞子の吸引） | 不明 | 軽い感冒症状、肺結核類似症状 | アメリカ合衆国の南西部、メキシコ北部、アルゼンチンの一部 |
| | ヒストプラスマ症 | （アメリカ型）ヒストプラスマカプスラーツム | 気道感染（土壌中の胞子の吸引） | | 感冒症状、肝脾腫、リンパ節腫脹、肺結核類似症状 | アメリカ合衆国のオハイオ・ミシシッピ河流域、中南米 |
| | | （アフリカ型）ヒストプラスマドゥボイジイ | | | 皮膚の肉芽腫性～潰瘍性病変 | アフリカ |
| | ブラストミセス症 | ブラストミセスデルマティティディス | 気道感染（胞子の吸引） | | 微熱、咳嗽、喀痰、皮膚に肉芽腫性病変 | 北米 |
| | パラコクシジオイデス症 | パラコクシジオイデスブラジリエンシス | 気道感染（粘膜、皮膚の直接感染もあるとされている。） | | 多くは無症状、粘膜皮膚の肉芽腫性病変 | 南米 |

### 【海外における業務による感染症の取扱いについて（昭六三・二・一　基発第五七号）】

近年の日本企業の海外進出に伴い、海外における業務に従事する労働者が増加しているが、これらの労働者が日本国内においては感染リスクが無いか、又は著しく低い感染症に、海外でり患する事例がみられるところである。これらの海外においてり患した感染症については、業務起因性が認められる場合に、労働基準法施行規則別表第一の二（以下「別表」という。）第六号5に該当する疾病として認定してきたところである。しかしながら、従来、海外における業務と感染症との因果関係について必ずしも明確ではなかったことから、「労働基準法施行規則第三五条定期検討のための専門委員会」（以下「専門委員会」という。）においてこれらの因果関係について検討が行われ、今般、その検討結果が得られた。そこで、これに基づき海外における業務による感染症の取扱いについて下記のとおり取りまとめたので、その事務処理に遺漏のないように配意されたい。

また、認定に当たっての参考として「感染症に関する医学的事項」を別添のとおり作成したので、これを活用し、迅速・適正な認定に努めるとともに、労使等の関係者に対して周知徹底を図られたい。

記

一　海外においてり患した感染症の法令上の取扱い

労働者（労働者災害補償保険法第二七条第六号及び第七号に掲げる者を含む。）が海外においてり患した感染症については、専門委員会の検討結果に基づき、今後においても、個々の事例について感染経路、潜伏期間、臨床症状、診断、業務との関連等を十分調査・検討し、業務起因性が認められる場合には、別表第六号5に該当する疾病として取り扱うこと。

二　感染症と業務との関連及び認定に当たっての留意事項

海外においてり患のおそれのある主な感染症（別表第六号4に掲げた恙《つつが》虫病を除く。）と業務との関連について、感染リスクの観点から次のように分類されるので、業務起因性の判断に当たっては、別添「感染症に関する医学的事項」を参考にして、慎重に判断すること。

(1)　媒介動物と接触の多い業務において感染リスクの高い感染症

媒介ネズミ、媒介昆虫等の媒介動物感染により間接伝播する感染症であって、媒介動物と接触の機会の多い次の業務は、感染リスクが高いと考えられるが、これらの感染症については、媒介動物と接触の機会の多い業務が他の業務に比較して感染リスクが高いと指摘されるものであって、他の業務及び一般生活においても感染リスクは存在するものであるので、業務起因性の判断に当たっては、感染経路、潜伏期間、臨床症状、診断等を十分調査・検討すること。ただし、媒介動物の存在しない地域での業務については、たとえ、ここに掲げる業務であっても、当然、感染リスクが認められないものである。

イ　ペスト　　媒介動物の多い山林地域や船舶内での業務

ロ　黄熱（森林型）　媒介動物の多い山林地域での業務

ハ　住血吸虫症　　媒介貝の棲息する河川内での業務

(2)　業務遂行中及び一般生活に同様の感染の機会がある感染症

汚染飲食物等の媒介物感染により間接伝播する感染症、媒介動物感染により間接伝播する次の感染症（(1)及び(3)のロの感染症を除く。）及び気道感染する真菌感染症は、侵淫《しんいん》地域（当該感染症への感染リスクが高い地域）において、業種や業務内容とは無関係に業務遂行中に感染の機会があるが、感染リスクは、一般生活においても同様に存在するので、ただちに業務上疾病と認めることはできない。

イ　媒介物感染

コレラ、細菌性赤痢、腸チフス、パラチフス、A型肝炎、非A非B型肝炎（水系感染）、アメーバ症、ジアルジア症

ロ　媒介動物感染

デング熱、日本脳炎、狂犬病、ラッサ熱、黄熱（都市型）、発疹チフス、発疹熱、マラリア、トリパノソーマ症、リーシュマニア症、フィラリア症、オンコセルカ症

ハ　気道感染

コクシジオイデス症、ヒストプラスマ症、ブラストミセス症、パラコクシジオイデス症

(3)　医療・研究業務を除いて感染リスクの高い業務が存在しない感染症

次の感染症については、既に別表第六号１に掲げられている「患者の診療若しくは看護の業務又は研究その他の目的で病原体を取り扱う業務」を除いて特に感染リスクの高い業務はないので、通常、これらの業務以外については、業務上疾病と認められない。

なお、腎症候性出血熱は、ごく最近の報告例で実験動物を取り扱う研究機関以外における発症例がみられることから、今後の発症例の報告に留意する必要があるので、研究機関以外における発症事例については、本省に協議すること。

イ　血液、体液等の接触感染

Ｂ型肝炎、デルタ肝炎、非Ａ非Ｂ型肝炎（血液感染）、後天性免疫不全症候群（ＡＩＤＳ）

ロ　媒介動物感染

腎症候性出血熱

(4)　その他

アフリカ出血熱（マールブルグ病）については、ウイルスの生態が未だよく解明されておらず、業務との関連も不明であるので、発症事例については、本省に協議すること。

（別添）「感染症に関する医学的事項」（略）

## 【新型コロナウイルス感染症の労災補償における取扱いについて（令二・四・二八　基補発〇四二八第一号、改正：令五・一・二七　基補発〇一二七第三号）】

新型コロナウイルス感染症（以下「本感染症」という。）に係る労災補償業務における留意点については、令和二年二月三日付け基補発〇二〇三第一号で通知しているところであるが、今般、本感染症の労災補償について、下記のとおり取り扱うこととしたので、本感染症に係る労災保険給付の請求や相談があった場合には、これを踏まえて適切に対応されたい。

記

一　労災補償の考え方について

本感染症については、従来からの業務起因性の考え方に基づき、労働基準法施行規則別表（以下「別表」という。）第一の二第六号１又は５に該当するものについて、労災保険給付の対象となるものであるが、その判断に際しては、本感染症の現時点における感染状況と、症状がなくとも感染を拡大させるリスクがあるという本感染症の特性にかんがみた適切な対応が必要となる。

このため、当分の間、別表第一の二第六号5の運用については、調査により感染経路が特定されなくとも、業務により感染した蓋然性が高く、業務に起因したものと認められる場合には、これに該当するものとして、労災保険給付の対象とすること。

二　具体的な取扱いについて

(1)　国内の場合

ア　医療従事者等

（略　第一項に掲載）

イ　医療従事者等以外の労働者であって感染経路が特定されたもの

感染源が業務に内在していたことが明らかに認められる場合には、労災保険給付の対象となること。

ウ　医療従事者等以外の労働者であって上記イ以外のもの

調査により感染経路が特定されない場合であっても、感染リスクが相対的に高いと考えられる次のような労働環境下での業務に従事していた労働者が感染したときには、業務により感染した蓋然性が高く、業務に起因したものと認められるか否かを、個々の事案に即して適切に判断すること。

この際、新型コロナウイルスの潜伏期間内の業務従事状況、一般生活状況等を調査した上で、必要に応じて医学専門家の意見も踏まえて判断すること。

(ア)　複数（請求人を含む）の感染者が確認された労働環境下での業務

(イ)　顧客等との近接や接触の機会が多い労働環境下での業務

(2)　国外の場合

ア　海外出張労働者

海外出張労働者については、出張先国が多数の本感染症の発生国であるとして、明らかに高い感染リスクを有すると客観的に認められる場合には、出張業務に内在する危険が具現化したものか否かを、個々の事案に即して判断すること。

イ　海外派遣特別加入者
　海外派遣特別加入者については、国内労働者に準じて判断すること。

三　（略）

## 事例

### ○給食による集団食中毒

【事実】　㈱K製鋼所において、昭和三〇年七月二六日、総労働者六、五七一名のうち、工場給食を喫した者は五、九〇三人であったが、そのうち三、四一六人約五七・八％が食中毒により発病した。中毒症状は腹痛、下痢、吐気、発熱、頭痛等で療養のため入院したもの四七人、休業したもの二、二五六人（八日未満のみ）に達した。

　同会社の工場給食は、昭和一六年以来、全労働者に対し栄養価の合理的配合と従業員の厚遇を目的として労働の軽重に応じて量に気をつけ主食副食を給しているが、かかる給食に関しての内部規定は特になく給食費は労働組合との協定によって実費の二分の一を徴収している。給食については、請負者U（業者）との間に工場給食契約が締結され、これに基づき調理されている。

　食中毒の原因としては、プロテウス菌等の原因菌が仕入原料に付着し、これが炊事施設の不備と調理過程の欠陥により細菌を増殖せしめたものと認められる（県衛生研究所等の意見）。なお、衛生管理上の一切の責任は会社側にあり、請負者Uは全面的にその指示に従うことになっている。

【判断】　本件工場給食による食中毒の発生は業務上である（昭三一・九・一三　基収第四八一四号）。

### ○新型コロナウイルス感染症事例

【判断】

（感染経路が特定された場合）

　感染源が業務に内在していることが明らかな場合は、労災保険給付の対象となる。

・事例1　飲食店店員
　飲食店店員のEは、店内での業務に従事していたが、新型コロナウイルス感染者が店舗に来店していたことが確認されたことから、ＰＣＲ検査を受けたところ新型コロナウイルス感染陽性と判定された。

　労働基準監督署における調査の結果、E以外にも同時期に複数の同僚労働者の感染が確認され、クラスターが発生したと認められた。

以上の経過から、Eは新型コロナウイルスに感染しており、感染経路が特定され、感染源が業務に内在していたことが明らかであると判断されたことから、業務上と決定された。

・事例2　建設作業員

建設作業員のFは、勤務中、同僚労働者と作業車に同乗していたところ、後日、作業車に同乗した同僚が新型コロナウイルスに感染していることが確認された。Fはその後体調不良となり、PCR検査を受けたところ新型コロナウイルス感染陽性と判定された。

労働基準監督署における調査の結果、Fについては当該同僚以外の感染者との接触は確認されなかった。

以上の経過から、Fは新型コロナウイルスに感染しており、感染経路が特定され、感染源が業務に内在していたことが明らかであると判断されたことから、業務上と決定された。

・事例3　保育士

G保育士は、保育園で保育業務に従事していたところ、発熱等の症状が出現したため、PCR検査を行ったところ、新型コロナウイルス感染陽性と判定された。

労働基準監督署における調査の結果、G保育士以外にも、同時期に同僚労働者や複数の園児の感染が確認され、クラスターが発生したと認められた。

以上の経過から、G保育士は新型コロナウイルスに感染しており、感染経路が特定され、感染源が業務に内在していたことが明らかであると判断されたことから、業務上と決定された。

（感染経路が特定されない場合）

感染経路が特定されない場合であっても、感染リスクが相対的に高いと考えられる業務（複数の感染者が確認された労働環境下での業務や顧客等との近接や接触の機会が多い労働環境下での業務など）に従事し、業務により感染した蓋然性が高いものと認められる場合は、労災保険給付の対象となる。

・事例4　工事現場施工管理業務従事者

工事現場の施工管理業務従事者であったHは、担当する現場の施工状況を管理する業務に従事していたが、発熱、咳等の症状が出現したため、PCR検査を受けたところ新型コロナウイルス感染陽性と判定された。

労働基準監督署において調査したところ、Hの感染経路は特定されなかったが、発症前の一四日間に、換気が不十分な工事現場の事務室において日々数時間現場作業員らと近接な距離で打合せ等を行っており、Hの他にも、新型コロナウイルスへ感染した者が勤務していたことが認められた。

一方、発症前一四日間の私生活については、自宅で静養するなど外出はほとんど認められず、私生活における感染のリスクは低いものと認められた。

医学専門家からは、換気が不十分な部屋で、他の作業者と近接な距離で打合せを行うなどの状況から、当該労働者の感染は、業務により感染した蓋然性が高いものと認められるとの意見であった。

以上の経過から、Ｈは、新型コロナウイルスに感染しており、感染経路は特定されないが、従事した業務は、複数の感染者が確認された労働環境下での業務と認められ、業務により感染した蓋然性が高く、業務に起因したものと判断されることから、業務上と決定された。

・事例５　建設資材製造技術者

建設資材の製造技術者のＩは、品質管理業務に従事していたが、発熱、倦怠感の症状が出現したため、ＰＣＲ検査を受けたところ新型コロナウイルス感染陽性と判定された。

労働基準監督署において調査したところ、Ｉの感染経路は特定されなかったが、発症前一四日間に、勤務していた職場の事務室において品質管理に係る業務を行っており、Ｉの他にも、新型コロナウイルスに感染した者が勤務していたことが認められた。

一方、発症前一四日間の私生活については、日用品の買い物で家族と自家用車で外出したことが一日あったのみで、家族以外の接触はなく、他人との濃厚接触はなかったことが確認され、私生活における感染のリスクは低いものと認められた。

医学専門家からは、新型コロナウイルスへ感染した者が事務室を往来していること、他の社員との会話の機会等における飛沫感染を否定できないこと等を踏まえると、当該労働者の感染は、業務により感染した蓋然性が高いものと認められるとの意見であった。

以上の経過から、Ｉは、新型コロナウイルスに感染しており、感染経路は特定されないが、従事した業務は、複数の感染者が確認された労働環境下での業務と認められ、業務により感染した蓋然性が高く、業務に起因したものと判断されることから、業務上と決定された。

・事例６　小売店販売員

小売店販売員のＪは、店頭での接客業務等に従事していたが、発熱、咳等の症状が出現したため、ＰＣＲ検査を受けたところ新型コロナウイルス感染陽性と判定された。

労働基準監督署において調査したところ、Ｊの感染経路は特定されなかったが、発症前の一四日間の業務内容については、日々数十人と接客し商品説明等を行っていたことが認められ、感染リスクが相対的に高いと考えられる業務に従事していたものと認められた。

一方、発症前一四日間の私生活での外出については、日用品の買い物や散歩などで、私生活における感染のリスクは低いものと認められた。

医学専門家からは、接客中の飛沫感染や接触感染が考えられるなど、当該販売員の感染は、業務により感染した蓋然性が高いものと認められるとの意見であった。

以上の経過から、Ｊは、新型コロナウイルスに感染しており、感染経路は特定されないが、従事した業務は、顧客との近接や接触が多い労働環境下での業務と認められ、業務により感染した蓋然性が高く、業務に起因したものと判断されることから、業務上と決定された。

・事例７　タクシー乗務員

タクシー乗務員のＫは、乗客輸送の業務に従事していたが、発熱の症状が出現したため、ＰＣＲ検査を受けたところ新型コロナウイルス感染陽性と判定された。

労働基準監督署において調査したところ、Ｋの感染経路は特定されなかったが、発症前の一四日間の業務内容については、日々数十人の乗客（海外や県外からの乗客を含む）を輸送する業務を行っていたことが認められ、感染リスクが相対的に高いと考えられる業務に従事していたものと認められた。

一方、発症前一四日間の私生活での外出については、日用品の買い物などで、私生活における感染のリスクは低いものと認められた。

医学専門家からは、密閉された空間での飛沫感染が考えられるなど、当該乗務員の感染は、業務により感染した蓋然性が高いものと認められるとの意見であった。

以上の経過から、Ｋは、新型コロナウイルスに感染しており、感染経路は特定されないが、従事した業務は、顧客との近接や接触が多い労働環境下での業務と認められ、業務により感染した蓋然性が高く、業務に起因したものと判断されることから、業務上と決定された。

・事例８　港湾荷役作業員

港湾荷役作業員であったＬは、トラックへの荷渡し業務等に従事していたが、発熱の症状が出現したため、ＰＣＲ検査を受けたところ新型コロナウイルス感染陽性と判定された。

労働基準監督署において調査したところ、Ｌの感染経路は特定されなかったが、発症前の一四日間に、荷渡しの際の確認のため、日々不特定多数のトラック運転手等と近距離で会話を行っており、感染リスクが相対的に高いと考えられる業務に従事していたものと認められた。

一方、発症前一四日間の私生活での外出については、日用品の買い物などで、私生活における感染のリスクは低いものと認められた。

医学専門家からは、事業場において不特定多数の者との近接・接触の機会が認められ、当該作業員の感染は、業務により感染した蓋然性が高いものと認められるとの意見であった。

以上の経過から、Ｌは、新型コロナウイルスに感染しており、感染経路は特定されないが、従事した業務は、顧客等との近接や接触が多い労働環境下での業務と認められ、業務により感染した蓋然性が高く、業務に起因したものと判断されることから、業務上と決定された。

・事例9　調剤薬局事務員

調剤薬局事務員のＭは、処方箋の受付、会計、データ入力などの業務に従事していたが、発熱の症状が出現したため、ＰＣＲ検査を受けたところ新型コロナウイルス感染陽性と判定された。

労働基準監督署において調査したところ、Ｍの感染経路は特定されなかったが、発症前の一四日間に、受付カウンターで日々数十人の処方箋の受付などの業務を行っていたことが認められ、感染リスクが相対的に高いと考えられる業務に従事していたものと認められた。

一方、発症前一四日間の私生活での外出については、日用品の買い物程度で、私生活における感染のリスクは低いものと認められた。

医学専門家からは、不特定多数の医療機関受診者に対応した際の飛沫感染等が考えられるなど、当該事務員の感染は、業務により感染した蓋然性が高いものと認められるとの意見であった。

以上の経過から、Ｍは、新型コロナウイルスに感染しており、感染経路は特定されないが、従事した業務は、顧客との近接や接触が多い労働環境下での業務と認められ、業務により感染した蓋然性が高く、業務に起因したものと判断されることから、業務上と決定された。

（令和二年「新型コロナウイルス感染症（COVID-19）に係る労災認定事例」）

〔本節の参照文献〕

1　南山堂医学大辞典（一九七三）：南山堂
2　小笠原一夫ら（一九七四）：新版微生物学入門、朝倉書店
3　Wiesmann。山口英世ら訳（一九八〇）：医微生物学、文光堂
4　原田　尚（一九八一）：急性肝炎をめぐって、金原出版
5　松下　寛（一九八一）：からだの科学九九号、四五―五〇

6　森次保雄（一九八一）：からだの科学九九号、八六―八九
7　吉沢浩司（一九八一）：からだの科学九九号、九〇―九六
8　緒方知三郎編（一九八三）：常用医語事典、金原出版
9　安倍弘彦ら（一九八四）：臨床医、一〇巻六号、二八―三一
10　飯野四郎（一九八四）：臨床医、一〇巻六号、一四―一九
11　内田俊和ら（一九八四）：臨床医、一〇巻六号、七―一三
12　清沢研道ら（一九八四）：臨床医、一〇巻六号、三二―三五
13　古賀満明ら（一九八四）：臨床医、一〇巻六号、五四―五六
14　高橋幸雄ら（一九八四）：臨床医、一〇巻六号、五七―六一
15　豊川秀治ら（一九八四）：臨床医、一〇巻六号、三六―四〇
16　ＩＬＯ（一九八四）：ENCYCLOPAEDIA OF OCCUPATIONAL HEALTH AND SAFETY
17　鈴木宏編（一九九二）：肝炎―増補C型肝炎（改訂第二版）、南江堂

# 第七節　職業がん

## 一　業務上のがんの規定

1　労基則別表第一の二第七号は、「がん原性物質若しくはがん原性因子又はがん原性工程における業務による次に掲げる疾病」として、いわゆる「職業がん」を規定している。

① ベンジジンにさらされる業務による尿路系腫瘍《しゅよう》
② ベーターナフチルアミンにさらされる業務による尿路系腫瘍
③ 四―アミノジフェニルにさらされる業務による尿路系腫瘍
④ 四―ニトロジフェニルにさらされる業務による尿路系腫瘍
⑤ ビス（クロロメチル）エーテルにさらされる業務による肺がん
⑥ ベリリウムにさらされる業務による肺がん
⑦ ベンゾトリクロライドにさらされる業務による肺がん
⑧ 石綿にさらされる業務による肺がん又は中皮腫《しゅ》
⑨ ベンゼンにさらされる業務による白血病
⑩ 塩化ビニルにさらされる業務による肝血管肉腫又は肝細胞がん
⑪ 三・三′―ジクロロ―四・四′―ジアミノジフェニルメタンにさらされる業務による尿路系腫瘍

⑫　オルトートルイジンにさらされる業務による膀胱《ぼうこう》がん
⑬　一・二―ジクロロプロパンにさらされる業務による胆管がん
⑭　ジクロロメタンにさらされる業務による胆管がん
⑮　電離放射線にさらされる業務による白血病、肺がん、皮膚がん、骨肉腫、甲状腺《せん》がん、多発性骨髄腫又は非ホジキンリンパ腫
⑯　オーラミンを製造する工程における業務による尿路系腫瘍
⑰　マゼンタを製造する工程における業務による尿路系腫瘍
⑱　コークス又は発生炉ガスを製造する工程における業務による肺がん
⑲　クロム酸塩又は重クロム酸塩を製造する工程における業務による肺がん又は上気道のがん
⑳　ニッケルの製錬又は精錬を行う工程における業務による肺がん又は上気道のがん
㉑　砒《ひ》素を含有する鉱石を原料として金属の製錬若しくは精錬を行う工程又は無機砒素化合物を製造する工程における業務による肺がん又は皮膚がん
㉒　すす、鉱物油、タール、ピッチ、アスファルト又はパラフィンにさらされる業務による皮膚がん
㉓　①から㉒までに掲げるもののほか、これらの疾病に付随する疾病その他がん原性物質若しくはがん原性因子にさらされる業務又はがん原性工程における業務に起因することの明らかな疾病

なお、がん原性物質とは、特定の化学物質であってがんの原因となることが解明されているもので、第七号の１から14までの物質及び昭和五六年労働省告示第七号第三号に掲げられている化学物質がこれに当たる。

がん原性因子とは、第七号15の電離放射線がこれに当たる。

がん原性工程とは、特定の作業工程に従事する労働者に特定の部位のがんの発生の超過危険が存在することが見いだされている作業工程で、当該作業工程では多種類の化学物質にばく露されるためがん原性物質が特定し得ないものであり、第七号の16から22までの工程及び昭和五六年労働省告示第七号第二号に掲げられている工程がこれに当たる。

**2**　前記のいわゆる職業がんのほか、業務上のがんとして労災補償の対象となり得るものには、例えば、次のがんがあるが、①及び②は稀にしかその発生をみていない。

①　業務上の熱傷等の負傷を受けた部位の組織が長期間にわたって潰瘍等の発生を繰り返すうちにがん化して生ずる皮膚がん（業務上と認定された場合には、労基則別表第一の二第一号が適用される。上巻第四篇第二章第一節第七項二参照。なお、労基則別表第一の二第二号9に該当する熱傷に起因する皮膚がんは、第二号13が適用される。）

②　業務上のウイルス性肝炎が慢性化し、長期間のうちに肝硬変を経て生じた肝臓がん（業務上の負傷に対する治療のための輸血により生じたウイルス性肝炎に係る肝臓がんが業務上と認定された場合には、労基則別表第一の二第一号の規定が適用される。上巻第四篇第二章第一節第七項三参照。その他のウイルス性肝炎に係る肝臓がんが業務上と認定された場合には、労基則別表第一の二第六号5の規定が適用される。）

③　じん肺症に合併した肺がん（労基則別表第一の二第五号の規定が適用される（本章第九節参照）。ただし、石綿肺に合併した肺がんは労基則別表第一の二第七号8が適用される。）

④　亜鉛黄又は黄鉛を製造する工程における業務による肺がん（本章第一〇節参照）。

⑤　ジアニシジンにさらされる業務による尿路系腫瘍（本章第一〇節参照）。

## 二　職業がんに関する医学的研究

がんの原因や発症のメカニズムに関しては不明の部分が多いが、特定の化学物質等への職業的ばく露と特定のがんとの間の因果関係については医学的に解明がなされたものがあり、それらが労基則別表第一の二第七号等に掲げられている。しかし、職業がんの原因、発症のメカニズムについては必ずしも厳密な医学的解明がなされているわけではなく、疫学的研究を主体とする医学における広い分野の研究を総合的に勘案して、原因とがんとの間に因果関係が存在する蓋然性が高いと判断されたものについて因果関係があるものとして取り扱われているものである。

実際の実務に当たっては、職業がんに関する医学的研究の状況や現時点における医学的見解の主要な内容について理解する必要がある。

### ㈠　職業がんに関する医学的研究の概況

職業がんの研究は、がんに関する事象の観察が基本であり、これを分析・評価することの積み重ねにより進められている。

職業がんの最初の確認は、一七七五年、ロンドンの外科医であったPottが、若年の煙突掃除夫に陰のうがんの高率発生を観察し、これを煙突についている石炭燃焼によって生じた「煤煙」への職業的ばく露と関係があると記載したこととされている。

近年になって見いだされた職業がんも、特定の地域や労働者集団において特定のがんの多発傾向が観察されたことがその発見の端緒となっている例がほとんどである。例えばアメリカの化学工場で、塩化ビニルモノマー（塩化ビニルの単体）を重合してポリ塩化ビニルを製造する工程の作業に従事していた労働者三名に肝血管肉腫という希少ながんが発生したことが観察され、一九七四年、CreechとJohnsonがこれを新しい職業がんとして発表したことがあげられる。

わが国においては、二〇一二年（平成二四年）三月、大阪府の印刷事業場で働く労働者らから「化学物質の使用により胆管がんを発症した。」との労災請求を受け、厚生労働省に設置された検討会において業務との因果関係について検討した結果、同検討会は二〇一三年（平成二五年）三月、「①胆管がんは、ジクロロメタン又は一・二―ジクロロプロパンに長期間、高濃度ばく露することにより発症し得ると医学的に推定できる、②本件事業場で発生した胆管がんは、一・二―ジクロロプロパンに長期間、高濃度ばく露したことが原因で発症した蓋然性が極めて高い」との報告書を提出し、業務上と決定されたことが記憶に新しい。

職業がん研究では、右のような特定の化学物質等にばく露された労働者から発生する特定部位のがんの発生頻度を観察することが最も重要であるが、その結果、多発が認められた場合には、次に臨床的研究、病理学的研究あるいは動物による発がん実験その他の研究方法によって発がんの確認が必要である。通常は、これら種々の研究方法によってばく露と発がんの関係が矛盾なく説明されることにより、新しい職業がんが認識される。

## (二)　職業がんに関する臨床的及び病理学的研究

### 1　職業がんの臨床

職業がんにり患した場合に発現する症状や検査所見、その経過等の臨床像は、職業がん以外の一般のがんと変わるところのないことが多く、臨床像を把握することのみによって職業がんとそれ以外のがんとを識別することはできない。しかし、職業がんに係る症例報告は臨床家によってなされることが多いなど臨床的研究は重要である。

## 2　職業がんの病理

個々の職業がんの病理学的な検討は、がんの診断、原発部位（初めてがんが生じた部位）の確認等のために特に重要である。一方、がんの組織型（がんの組織を病理学的に観察して得られるがん細胞の分類）については、職業がんに特有なものはないので、組織型を把握することによって職業がんとそれ以外のがんとを識別することはできない。

### (三)　動物実験成績の人間への外挿の問題点

職業がんの研究の一手法として動物実験を用いる研究がなされ、多くの情報を提供しているが、動物実験による研究の成果をそのまま人間に当てはめて結論を導き出すことは避けるべきであり、疫学的研究その他の研究とあわせて総合的に評価することによって、人間における発がん作用の解明に寄与せしめるべきものであるとされている。

この点については、ＩＬＯ（国際労働機関）が労働安全衛生シリーズ（Occupational Safety and Health Series）№39の「職業がんの予防と管理」（Occupational Cancer-Prevention and Control）において動物実験結果の人への外挿について論及し、実験動物と人との種差（生物学上の差）による外挿の難しさとがん原性物質の量や人体への侵入経路に関して、動物実験では人間の職業性ばく露の状況を再現することは不可能であることを指摘したうえ、要旨次の事項を掲げて、外挿に対する批判を行っている。

①　人間は実験動物より遺伝的に雑種であり、人間の集団の場合は、実験動物のような限定された集団に比較して感受性が高い個体や抵抗性の強い個体が、より多く見いだされるように考えられること

② 栄養や物理的ストレスなどの外部的要因や内部的要因ががん原性物質に対する生体の反応に影響を及ぼすと信じてよい理由があり、動物実験では、これらの要因を規制できるが人間ではできないこと
③ がん原性物質へのばく露開始時期の年齢の相違はばく露に対する生体の反応を左右する重要な要因である。動物実験では年齢、体重等に応じて選定できるが、人間の集団では、年齢、体重等を標準化することができないこと
④ 人間の集団では、一生を通じてある時期に二種類以上のがん原性物質にばく露されることがあり、複数のがん原性物質の協同作用が考えられること。また、がん原性物質の代謝は動物の種により異なり、動物と人間との間でも異なること
⑤ 実験に用いる動物数の制約から、がん原性物質のゼロ影響水準（Zero－effect level：明らかに影響の現れないレベルをいう。）を推定する場合、誤差が大きいこと

## ㈣　職業がんに関する疫学的研究

⑴　特定の地域や労働者集団から特定の部位のがんの多発傾向が認められたり、同職種の間から同種のがんの症例報告が相次いだりすることによって職業がんの存在が疑われることもあるが、このような段階では、がんとその疑われる原因との間の因果関係が立証されたことにはならない。このような場合に、がんの原因を追及ないしは確認するために疫学的研究が用いられるのである。

⑵　疫学研究の方法は、記載疫学と分析疫学に区分される。

記載疫学とは、ある疾病について計画的な調査を行い、その疾病の時間的分布、地理的分布、性別・年齢別分布等をありのまま記載したうえ、これらの分布を説明するための仮説を導くことであり、疫学の第一段階となる。例

えば、ある特定の環境のなかで肺がんの多発傾向が見いだされた場合、環境条件を調査して原因として可能性のある仮説を選定するのである。

分析疫学とは、記載疫学によって得られた仮説が受け入れられるべきものであるか否かを検定する疫学の第二段階の方法である。その方法は大きく分けて二通りあり、第一は、特定の因子にばく露した人間集団とその対照群（その因子にばく露していない集団）の比較により、第二の方法は特定の疾病の患者と健康者の比較を疫学方法論に従って厳密に行うことにより、いずれもその因子と疾病の間の関係を定量的に評価しようとするものである。

疫学的研究によって、特定の有害因子にばく露した労働者集団における特定のがんが対照群に比較して高率に発生しており、統計学的な検定を行った結果有意差があるとされた場合は、そのがんの発生の「超過危険（excess risk）がある」という。このような結果が示されても、なお偶然に有意差が示されることもあるので、因果関係があると判断するには対象労働者集団が十分大きいかどうか、対象労働者集団及び対照群の観察期間（追跡期間）が十分長期にわたっているかどうか、量－反応関係に照らして矛盾がないかどうかその他種々の観点から検討を加えたうえで評価をすべきものである。また、ひとつの疫学的研究の結果のみから有害因子とがんとの因果関係が確立されるものではなく、同じ有害因子にばく露される他の労働者集団について他の研究者が手法を変えて疫学的研究を実施しても同様の結果が得られることが望ましく、さらに、症例報告の集積、臨床的研究、病理学的研究、動物実験による研究その他多方面からの研究の成果を総合的に評価検討して、その因果関係の確立が図られなければならない。

## (五)　職業がんにおける量―反応関係

(1)　職業がんの因果関係の解明に主要な役割を果たしてきている疫学研究は、職業がんの量―反応関係を確立するうえでも重要である。そしてこの量―反応関係は、がん原性物質等の確認に寄与するばかりでなく、がん原性物質等へのばく露量とがん発生の頻度との関係を明らかにし、職業がんの労災認定上のクライテリア（判断基準）の設定に際して重要な役割を果たしている。

しかしながら、疫学的研究によって職業がんの量―反応関係を厳密に示すことは必ずしも容易ではない。その理由としては、①職業がんのり患者の絶対数は多くはなく、がん原性物質等にばく露される量別に分けると解析対象者はさらに小さくなること、②がん原性物質等へのばく露量は十分長期間把握することが必要となるが、古いデータが得られないことが多いこと等があげられる。

このため、職業がんの疫学的研究においてはばく露量に関連するデータとして、ばく露期間、ばく露年代、職種等が代わりに参照されることもある。多くの疫学研究から、職業がんについても一般に量―反応関係が成立することがうかがえる。

なお、がんに関する動物実験の結果を人に対してそのまま外挿することは、前記のＩＬＯの批判のとおり妥当でないが、動物実験におけるがん発生の量―反応関係について一般的に認められる次の事項は、参考となる。

①　がん原性物質の投与量が少ないほど腫瘍発生をみる動物数及び腫瘍数は減少する

②　投与量が少ないほど潜伏期間（投与開始から腫瘍発生までの期間）は一般に長くなる

③　投与量を減少させていくと遂には動物の生存期間中に発がんはみられなくなる

(2)　疫学研究におけるがん発生の量―反応関係の確認に困難を伴うことは前述のとおりであるが、量―反応関係が成立することを比較的明確に示し得た例としてMazumdarら（一九七五）の研究がある〈本節第一八項㈢〈四五九ページ〉参照〉。

## 三　業務上外の認定について

### ㈠　職業がんの認定の基本的な考え方

がんについても、これが業務上の疾病と認定されるためには他の疾病と同様に業務との間に相当因果関係があると認められなければならない。

がんの業務起因性の判断は困難であることが多い。その理由としては発がんの機序が解明されていないことをはじめ種々あるが、職業がんについては次の理由が基本となっていると考えられる。

① がんは、非特異的疾患であり、その臨床像や病理組織像から原因を特定することはできないこと

② がんは、その原因へのばく露開始から長期間を経て発生するので、ばく露条件等を明確に把握することが困難であること

したがって、がんの認定は十分な専門的検討を経て行われなければならないが、認定の基本的なあり方は次のとおりである。

① 労基則別表第一の二第七号又は労基則別表第一の二第一〇号の規定に基づき厚生労働大臣の指定する疾病を定める告示で指定されている職業がんについては、原発部位、ばく露条件等を検討して業務起因性の判断を行うこと

②　前記①の職業がんのように一般的な因果関係の確立はなされていないが、動物実験による研究、疫学的研究、症例報告等から人に対するがん原性が示唆されている化学物質等のばく露を受けた者のがんについては、個別の専門的検討により業務起因性の判断を行うこと

## (二)　職業がんの認定の具体的手法

職業がんの認定に当たっては、次の事項に留意することが必要である。なお、認定基準通達が示されているものについては、これに沿って認定がなされるべきである。

### 1　ばく露条件の把握と評価

職業がんの認定に当たっては、職歴、ばく露を受けたがん原性物質の種類（がん原性工程に係るがんである場合は、作業工程、作業箇所等。電離放射線に係るがんである場合は被ばくした電離放射線の種類）、ばく露濃度（電離放射線に係るがんである場合は被ばく線量）、ばく露期間その他からばく露条件を把握して評価することが業務起因性判断の柱の一つである。

(1)　職歴については、二以上の事業場にわたって所属している場合があるので、それぞれについてがん原性物質等へのばく露の有無やその程度、期間等が把握の対象となるものである。

(2)　ばく露濃度等のばく露の程度については、作業環境測定結果のほか、作業工程、作業方法、作業内容、局所排気装置の設置状況、保護具の使用状況等から判断される場合が多い。これらは、従事していた時期に応じて変化するのが一般的であるので、それぞれの時期ごとに把握、評価されるべきである。

(3)　ばく露条件の評価に医学的な資料が利用されることがある。例えば、タール様物質のばく露を受けた者のガス斑（限局性毛細血管拡張症）、クロム化合物のばく露を受けた者の鼻中隔穿孔等の所見は、ばく露の程度が大きかったことを示唆するものである。しかし、これらの所見がないことのみをもってばく露の程度が小さいと判断することは適当ではない。また、石綿やクロムについては、解剖、肺摘出術等が行われた場合に臓器中の濃度を分析してばく露の程度の評価の参考とされることがある。

## 2　がんの診断

職業がんの業務起因性判断についてのもう一つの柱は、がんに関する的確な診断であり、特にがんの原発部位に関する診断は重要である。

(1)　解剖がなされている場合には、病理学的な検索によりがん及びその原発部位についての最も信頼できる診断結果が得られる。この診断結果は、解剖記録ないしは病理組織学的診断書により把握することができる。

また、手術により臓器を摘出した場合や生検等が実施されている場合には病理組織学的な診断が可能であるので、右に準じた診断結果が得られる。

(2)　病理組織学的な診断結果が得られていない場合には、臨床的な診断に基づいてがん及びその原発部位の判断を行うこととなる。この場合には、主治医の診断結果のみでなく、その診断の根拠となった検査結果等を把握することが必要である。

## 第一項　ベンジジンによる尿路系腫瘍

労基則別表第一の二第七号1には、「ベンジジンにさらされる業務による尿路系腫瘍」が業務上の疾病として規定されている。

### (一)　発生原因と発生職場

ベンジジンは、$H_2N$$NH_2$の化学構造式を有する白色ないし黄味又は赤味を帯びた灰色の結晶性粉末の物質である。

なお、現在は労働安全衛生法第五五条により製造等が禁止されているが、試験研究の業務に限り一定の要件を付して製造等が認められている。

労働安全衛生法による製造等の禁止（昭和四七年）前においては、ベンジジンを原料とする染料及び試薬の製造、取扱いの業務があった。また、ゴム工業でわずかではあるが、ゴムの老化防止剤として使用され、臨床検査における血液の検出、ミルク中の過酸化水素の検出にも用いられた。

ベンジジンによる尿路系腫瘍は多数の発生をみた。

### (二)　業務上外の認定について

ベンジジンによる尿路系腫瘍の認定については、後掲の通達がある。

ベンジジンによる尿路系腫瘍の認定に当たっては、次の事項に留意する必要がある。

(1)　ベンジジンは主として吸入により体内に侵入し、ごくわずか経皮吸収、経口摂取があり得る。ばく露条件によっては、ばく露期間が比較的短くても尿路系腫瘍が発生することがあり、数カ月のばく露によって発生した例もある。また、ばく露開始から発症までの期間（潜伏期間）は長短様々で退職後に発生することも少なくなく、平均値としては一八〜二〇年の報告が多いが、五年未満の例も知られており、三〇年を超えたものもある。

(2)　尿路系腫瘍とは尿路（腎臓、腎盂、尿管、膀胱及び尿道をいう。）に原発した腫瘍（良性腫瘍を含む。）をいうが、ベンジジンによる腫瘍はこのうち腎盂、尿管、膀胱に発生したものが大部分である。

過去においてベンジジンばく露を受ける業務に従事した者については、退職者を含めて定期的な健康診断が実施されているので、尿路系腫瘍が発生した場合でも比較的早期に発見されている。しかし、手術等による治ゆ後においても再発をみることが少なくなく、およそ半数の者が二回以上の再発をみているとの報告もある。

(3)　尿路系腫瘍のスクリーニング又は診断に用いられる主な検査としては、尿沈渣のパパニコラ法による細胞診、膀胱鏡検査、生検、造影エックス線検査等がある。

## ㈢　主要な文献

Caseら（一九五四）は、英国の化学工場でベンジジン又はベンジジンとアニリンにばく露した労働者の疫学調査を行い、潜伏期間はおよそ一六年であり、英国の全男性人口からの期待値は〇・七二であるのに対して死亡診断書による観察値は一〇例（P＜0.001）であったとしている。

日本においては、坂部（一九五九）は某工場におけるベンジジンによる膀胱腫瘍二三例の発生を報告し、Tsuchiya

（一九六九）によれば、一九四八年から一九六五年までに日本におけるベンジジンによる膀胱腫瘍は五八例であったという。

また、石津と山田（一九七五）は、一九四五年から一九七三年までの間に日本の九企業（数社の中小企業をまとめた企業組合を一企業として計上）において、ベンジジン、ベーターナフチルアミン又はアルファーナフチルアミンのばく露を受けた労働者三、三一〇名（退職者を含む。）のうちから一四六例の尿路系腫瘍が発生し、このうちベンジジンのみのばく露を受けた労働者数、尿路系腫瘍り患者数は、それぞれ一、二四六名、一〇六例であったとしている。一四六例における潜伏期間は、最短一年二カ月、最長四五年五カ月、平均一八・一年（標準偏差八・〇）であった。また、ばく露期間と潜伏期間の関係は、次頁の表のようである。

ベンジジンへのばく露期間と尿路腫瘍発生までの潜伏期間の相関（「石津、山田：一九七五年」より作表）

| ばく露期間＼潜伏期間 | 0—年 | 1— | 2— | 3— | 4— | 5— | 10— | 15— | 20— | 25— | 30— | 計 |
|---|---|---|---|---|---|---|---|---|---|---|---|---|
| 0—月 | | | | | | | | | | | | |
| 1— | | | | | | | | | | | | |
| 2— | | | | | | | | | | | | |
| 3— | | | | | | | | | | | (a1) 1 | (a1) 1 |
| 4— | | | | | | | | (a2) 1 | | | | (a2) 1 |
| 5— | | | | | | | | | | | | |
| 6— | | | | | | | | (a3) 1 | | | | (a3) 1 |
| 7— | | | | | | | | 1 | | 1 | | 2 |
| 10— | | | | | | | | (a×1) 1 | 1 | | | (a×2) 2 |
| 1—年 | | | | | 1 | | 2 | (a×2) 5 | | 1 | 1 | (a×2) 10 |
| 2— | | | 1 | | 1 | | 4 | 1 | 1 | 2 | | 10 |
| 3— | | | | | | 1 | | (b×2) 2 | | 2 | 1 | (b×2) 6 |
| 4— | | | | | 1 | 2 | 3 | 1 | | 1 | | 8 |
| 5— | | | | | | 9 | 5 | (b×2) 9 | (a×1) 6 | 2 | (a×1) 3 | (b×2)(a×1) 34 |
| 10— | | | | | | | 6 | (b×1) 9 | 6 | 6 | | (b×2) 27 |
| 15— | | | | | | | | 3 | 3 | 1 | | 7 |
| 20— | | | | | | | | | 1 | 1 | | 2 |
| 25— | | | | | | | | | | 1 | 4 | 5 |
| 30— | | | | | | | | | | | (a×1) 1 | (a×1) 1 |
| 計 | | | 1 | | 3 | 12 | 20 | (b×5)(a×5) 34 | (a×1) 18 | 18 | (a×3) 11 | (b×5)(a×9) 117 |

（ベンジジン最短ばく露期間三か月（注1））

（平均潜伏期間一八年六か月）

（注）1　aはベンジジン以外の発がん性物質へのばく露のあることを示す（a1：アルファ—ナフチルアミン一年一か月、トリジン六か月、ジアニシジン二か月、a2：ベーター—ナフチルアミン四年二か月、a3：ベーター—ナフチルアミン二か月）

2　bは腫瘍の疑いのあるもの

ベンジジンによる尿路系腫瘍に関する主要な文献としては、次のものがある。


1 Scott, T. S. (1952): Brit. J. Ind. Med., 9, 127—132
2 Case, R. A. M. et al (1954): Brit. J. Ind. Med., 11, 75—104
3 坂部弘之（一九五九）：化学と工業、一二、一二、一〇二六—一〇三三
4 Tsuji, I. et al (1961): Jap. J. Cancer Clin., 7(6). 347—355
5 Tsuchiya, K. (1969): XVI Int. Cong. Occup. Health, 1975
6 志岐太一郎（一九七〇）：久留米医学会雑誌、三三（三）、三六三—三八七
7 IARC (1972): IARC Monographs, vol. 80—86
8 石津澄子、山田喬（一九七五）：尿細胞診による職業性膀胱腫瘍の管理、化成品工業協会
9 Tsuchiya et al (1975): Brit. J. Ind. Med., 32, 203—209
10 IARC (1982): IARC Monographs, vol. 29, 149—183
11 IARC (1987): IARC Monographs Supplement 7, 123—125
12 吉田修ら（一九八八）：臨床産業医学全書二（二）、五七九—六三一、医歯薬出版


## 【芳香族化合物のニトロ又はアミノ誘導体による疾病の認定基準について（昭五一・八・四　基発第五六五号、改正：平三・五・七　基発〇五〇七第三号）】

芳香族化合物のニトロ又はアミノ誘導体を取り扱う労働者に発生した疾病の業務上外の認定は、今後下記によることとしたの

で、今後の認定に当っては、この通達の基準を満たすものであって労働基準法施行規則別表第一の二（以下本通達において「別表」という。）第四号の規定に基づく労働省告示第三六号（以下本通達において「告示」という。）表中に掲げる化学物質による疾病（がんを除く。）については別表第四号1、告示により指定された化学物質以外の化学物質による疾病については別表第四号9、がんについては別表第七号に掲げるがん原性物質による疾病に該当するものとしてそれぞれ取り扱い、この通達の基準により判断し難い事案については関係資料を添えて本省にりん伺されたい。

なお、この通達の解説部分は、認定基準の細目を定めたものであり、本文と一体化して取り扱われたい。

おって、「労働基準法施行規則第三五条第二七号に掲げる疾病のうち『ニトロベンゼン』、『クロールニトロベンゼン』及び『アニリン』に因る中毒の認定について（昭和三四年八月二〇日付け基発第五七六号（昭和三九年九月八日付け基発第一〇四九号により一部改正））」は廃止する。

記

一～二（略　本章第四節第一項五㈡3〈一六七ページ〉参照）

三　芳香族化合物のニトロ又はアミノ誘導体のうち「ベンジジン及びその塩」又は「ベーターナフチルアミン及びその塩」にばく露する業務に従事していた者に発生した疾病で次の㈠及び㈡に掲げる要件のいずれにも該当するものであること。

㈠　上記の業務への従事歴が三カ月以上の者に発生した疾病であること。

㈡　尿路（腎臓、腎盂、尿管、膀胱及び尿道をいう。以下同じ。）に原発した腫瘍であること。

なお、上記の業務に従事していた労働者で当該業務への従事歴が三カ月未満のものに係る尿路腫瘍及び上に掲げる物質以外の芳香族化合物のニトロ又はアミノ誘導体にばく露する業務に従事しているか又は従事していた労働者に係る尿路の腫瘍については、当分の間、作業内容、従事期間、ばく露した物質の名称、ばく露の程度、症状（臨床検査、病理組織学的検査、剖検等の所見を含む。）等を調査のうえ本省にりん伺すること。

（解　説）

一～五（略）

六　尿路の腫瘍

本文記の三は、芳香族化合物のニトロ又はアミノ誘導体による尿路の腫瘍について業務起因性の判断要件を示したものである。

表一のC)がん原性物質の物質名称欄に掲げる物質は、芳香族化合物のニトロ又はアミノ誘導体のうち「ひと」に腫瘍が発生することが確認されているか又はそのおそれが強く疑われているものである。業務起因性の判断にあたって留意すべき事項は下記のとおりである。

㈠　ベンジジン及びベーターナフチルアミンについてはわが国でも尿路腫瘍の発生例が多い。これらの腫瘍は、ばく露条件によってはばく露期間が比較的短くても発生することがあり、また、ばく露開始から発症までの期間（いわゆる潜伏期間）については、長短さまざまで退職後に発生することも少なくない（わが国の発症例では潜伏期間が五年未満のものも知られており、三〇年を超えたものもある）。

㈡　表一のC)がん原性物質の物質名称欄に掲げる四物質は労働安全衛生法（昭和四七年法律第五七号）第五五条により製造等が禁止されているので、一般にこれらの物質による腫瘍の発生は、これらの物質にばく露する業務に従事していた者にしかみられないものである。ただし、試験研究の業務については、同条ただし書により製造等が認められていることに留意する必要がある。

七　（略）

表一　芳香族化合物のニトロ又はアミノ誘導体毒性一覧表

A)　ニトロ誘導体 ⎫
B)　アミノ誘導体 ⎭（略）
C)　がん原性物質

| | 物質の名称（別名） | 構造式（※異性体あり） | 備考 |
|---|---|---|---|
| 一 | ベンジジン | 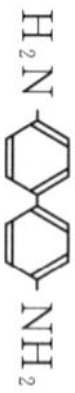 | 主な発がんの部位　尿路 |
| 二 | ベーターナフチルアミン | 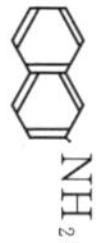 | 〃 |

| | | | |
|---|---|---|---|
| 三 | 四－アミノジフェニル |  | 〃 |
| 四 | 四－ニトロジフェニル |  | 〃 |

(注)　本表は、“IARC Monographs on the evaluation of carcinogenic risk of chemicals to man (1971-1974)”, “U.S.A. Federal Register”等の報告を参考にして作成した。

なお、アルファーナフチルアミンについては学問上ひとに対する発がんの証拠は確認されていないが、実際の産業現場ではアルファーナフチルアミンにベーターナフチルアミンが混入して尿路腫瘍が発生し、これをアルファーナフチルアミンによる腫瘍として処理されているケースがある。

表二及び三
別紙一及び二 }(略)

## 事例

### ○ベンジジン製造事業場における尿管膀胱移行部扁平上皮がん

**【事実】**　H化学工業㈱のベンジジンを製造する製造第二課長であった被災者Y（四三歳）は、半年位前より頻尿、食欲不振、疲労感があったところ断続的血尿をみるにいたり、尿道炎と診断され入院加療中出血増強したのでW大学附属病院へ転医し、左原発性尿管腫瘍の診断で左腎尿管摘出及び膀胱部分切除術を施行し回復したものである。

Yの職歴は、昭和一四年から二一年までM鉱業㈱N製錬所に亜鉛製錬技師として勤務し、二一年から二二年まで家業の山林・蜜柑園等の管理をしていた。

二三年一月にH化学工業㈱製造部研究課に就職し、芒硝製造実験・亜鉛の電解積練実験に従事していたが、二五年三月より第二製造課長としてメタニール酸・石炭酸・H酸・パラニトロアニリン・ベンジジン等工業薬品染料中間体の製造業務の指揮監督に従事しており、なかんずくベンジジンを取り扱う作業には昭和二九年八月末より約一年間従事し、この間約半年間はほとんど現場に常駐していたので、ベンジジンの粉じん、ガス等に侵される程度は直接製造に従事するものと大差ないものと考えられる。

　主治医は被災者がアニリン及びベンジジンに多年接触した経歴よりアニリン及びベンジジンをがん原性物質として発病したものと解するとしている。

**【判断】**　本件労働者の尿管膀胱移行部扁平上皮がんは、ベンジジンの作用によるものと認められるから業務上である（昭三三・八・一五　基収第三五七〇号）。

○ベンジジン製造工場における膀胱障害

**【事実】**　M化成㈱K工場においては、ベンジジン及びその同族体並びにアニリン系統の製品の製造を行っているが、その製造工程中還元反応と転移反応を行う職場において、膀胱がん三名、尿管がん一名、膀胱腫瘍一九名、膀胱ロイコプラキー四名、その他膀胱内充血四〇名等多数の膀胱障害患者がいることが発見された。

　これらの職場においては、いずれもアゾオキシベンゼン、ヒドラゾベンゼン等の有害ガス吸入又は硫酸ベンジジン、ディフェニリン硫酸等の有害物接触の機会が多く、また、患者はこれらの職場に最低一年二カ月、多くは二、三年以上勤務した者のみで、特に膀胱がん、尿管がん患者は四年以上勤務した者である。

　K大医学部泌尿器科医師の意見では、①製造工程、②患者の発生年齢が比較的に若いこと、③集団的に発生していること、④動物実験の結果等よりみてベンジジン等のがん原性物質の取扱いによるものと考えられる由である。

**【判断】**　本件膀胱障害は、ベンジジンの作用によるものと認められるから業務上である（昭三三・五・一　基収第三九三号）。

## 第二項　ベーターナフチルアミンによる尿路系腫瘍

　労基則別表第一の二第七号2には、「ベーターナフチルアミンにさらされる業務による尿路系腫瘍」が業務上の疾病として規定されている。

## ㈠　発生原因と発生職場

ベーターナフチルアミン（別名二―ナフチルアミン）は、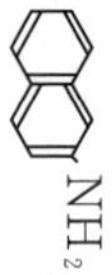の化学構造式を有する無色又は薄桃色の葉状結晶でかすかな芳香がある物質である。

なお、現在は労働安全衛生法第五五条により製造等が禁止されている。ただし、試験研究の業務については、一定の要件を付して製造等が認められている。

労働安全衛生法による製造等の禁止（昭和四七年）前においては、染料及び酸化防止剤の中間体の製造の業務があった。

ベーターナフチルアミンによる尿路系腫瘍は、わが国においても多数の発生をみている。

## ㈡　業務上外の認定について

ベーターナフチルアミンによる尿路系腫瘍の認定については、本節第一項に掲げた通達〈三八一ページ〉がある。

ベーターナフチルアミンによる尿路系腫瘍の認定に当たっては、次の事項に留意する必要がある。

(1)　ベーターナフチルアミンは吸入により体内に侵入し、尿路系腫瘍を生ずる。ばく露条件によってはばく露期間が短くても発生することがあり、数カ月のばく露によって発生した例もある。また、潜伏期間は様々で平均値としては一六年との報告があるが、五年未満の例も知られており、三〇年を超えたものもあり、退職後に発生することも少なくない。

(2)　尿路系腫瘍の定義その他本節第一項㈡(2)及び(3)の記載事項〈三七八ページ〉は、ベーターナフチルアミンについても該当するものである。

## (三)　主要な文献

Caseら（一九五四）は、ベーターナフチルアミンがその製造、使用、精製に携わる労働者に膀胱がんをひき起こすことを報告し、ベーターナフチルアミンばく露労働者における膀胱がんの発生の期待値は〇・三であるのに対して死亡診断書による発生数は二六（P＜0.001）であったとしている。

Goldwaterら（一九六五）は、合成染料工場における履歴研究（retrospective study）によって、ベーターナフチルアミンのみにばく露し、他の芳香族化合物のアミノ誘導体にばく露したことのない四八名の労働者から一二名の尿路系腫瘍を見いだしたことを報告している。

石津と山田（一九七五）は、一九四五年から一九七三年までの間に日本の九企業（数社の中小企業をまとめた企業組合を一企業として計上）においてベンジジン、ベーターナフチルアミン又はアルファーナフチルアミンのばく露を受けた労働者二、三一〇名（退職者を含む。）のうちから一四六例の尿路系腫瘍が発生し、このうち、ベーターナフチルアミンのみのばく露を受けた労働者数、尿路系腫瘍り患者数は、それぞれ四四五名、二八例であったとしている。また、ばく露期間と潜伏期間の関係は、次ページ表のようである。

ベーターナフチルアミンへのばく露期間と尿路腫瘍発生までの潜伏期間の相関（「石津、山田：一九七五年」より作表）

| ばく露期間＼潜伏期間 | 0－年 | 1－ | 2－ | 3－ | 4－ | 5－ | 10－ | 15－ | 20－ | 25－ | 30－ | 計 |
|---|---|---|---|---|---|---|---|---|---|---|---|---|
| 月 0－ | | | | | | | | | | | | |
| 1－ | | | | | | | | | | | | |
| 2－ | | | | | | | | (a$_1$) 1 | | | | (a$_1$) 1 |
| 3－ | | | | | | | | (a$_2$) 1 | | | | (a$_2$) 1 |
| 4－ | | | | | | | | | | | | |
| 5－ | | | | | | | | | | | | |
| 6－ | | | | | | | | | | | | |
| 7－ | | | | | | | | | | | | |
| 10－ | | | | | | | | | | | | |
| 年 1－ | | | | | | | 1 | | 1 | | | 2 |
| 2－ | | | | | | | | | 1 | | | 1 |
| 3－ | | | | | | 1 | | | 2 | | | 3 |
| 4－ | | | | | 1 | 1 | | (a×1) 1 | | | | (a×1) 3 |
| 5－ | | | | | | 4 | | 8 | (b×1) 2 | | (a×1) 1 | (b×1)(a×1) 15 |
| 10－ | | | | | | | | 1 | (a×1) 2 | | (a×1) 1 | (a×1) 4 |
| 15－ | | | | | | | | | | | | |
| 20－ | | | | | | | | | | | | |
| 25－ | | | | | | | | | | | | |
| 30－ | | | | | | | | | | | | |
| 計 | | | | | 1 | 6 | 1 | (a×3) 12 | (b×1)(a×1) 8 | | (a×1) 2 | (b×1)(a×5) 30 |

（注）１　aはベーターナフチルアミン以外の発がん性物質へのばく露のあることを示す。（a$_1$：ベンジジン六か月、a$_2$：ベンジジン一年二か月）

２　bは腫瘍の疑いのあるもの

（ベーターナフチルアミン最短ばく露期間二か月（注１）
平均潜伏期間一四年九か月）

ベーターナフチルアミンによる尿路系腫瘍に関する主要な文献としては、次のものがある。


1　Case, R. A. M. et al（1954）：Brit. J. Ind. Med., 11, 75—104

2　Goldwater, L. J. et al（1965）：Arch. Environ. Health, 11, 814—817

3　Tsuchiya, K.（1969）：XVI Int. Cong. Occup. Health, 224

4　IARC（1972）：IARC Monographs on the evaluation of carcinogenic risk of chemicals to man, vol. 4, 97—111

5　石津澄子、山田喬（一九七五）：尿細胞診による職業性膀胱腫瘍の管理、化成品工業協会

6　IARC（1987）：IARC Monographs Supplement 7, 261—263

7　吉田修ら（一九八八）：臨床産業医学全書二（二）、五七九—六三二、医歯薬出版


## 事例

### ○ベーターナフチルアミン製造を行う事業における労働者の膀胱がん

**【事実】**　S化学工業㈱O製造所の労働者E（三八歳）は、昭和二三年六月より塩化スルフォン酸の精製、ベーターナフチルアミンよりアミノG酸の製造、ベーターナフトールよりベーターナフチルアミンの製造、ナフタリン一・五ジスルフォン酸より一・五ジオキシナフタリンの製造及びナフタリンより一・五クレープ酸と一・七クレープ酸の製造等の作業に約九年間従事していたが、ベーターナフチルアミン製造作業から他の職場に転換後八カ月目に膀胱がんの症状が発生したものである。

初発症状は昭和三二年一〇月七日からで、排尿痛、頻尿、終末出血があり、一〇月九日性病科開業医に受診したところ、尿中に大腸菌が認められ、血尿は膀胱結核か結石によるものと診断されたが、自覚症状が軽快しないので一〇月一〇日S病院を受診、一〇月一四日入院し膀胱検査の結果七カ所に斑紋状に出血が認められたが、細菌性膀胱炎では粘膜全部に発赤があるのに反し、斑紋状に出血のあるのは薬品による

ものであるとされ、ナフチルアミン製造による出血性膀胱炎と診断されたが一〇月一八日退院した。同二〇日より就労しながら通院加療していたが、一一月一二日には治療を中止した。

しかし、三三年五月一三日再度血尿、終末痛、頻尿があり、同月一四日S病院に再受診し、同月一九日入院、膀胱鏡にて腫瘤が発見されたので、同月二六日手術により除去されて組織学的検査の結果、膀胱がんと判明したものである。

S病院I医師は、「膀胱がんの原因は大部分不明であるが、一方、ベーターナフチルアミン、ベンジジン、オルトトルイジン、クロルトルイジン等により起こり得ることが認められており、被災者Eについては、当時の膀胱炎はベーターナフチルアミン等の化学物質の刺激により起こったものと考えられ、一時軽快はしたが、引き続いて膀胱粘膜に乳頭腫を生じ急速に悪性化し、がん細胞の発生となったもの」といっている。

**【判断】**　本件出血性膀胱炎及び膀胱がんは当該作業条件、作業従事期間、症状経過、特にベーターナフチルアミンのばく露を離れて後、発症までの期間については、いわゆる潜伏期と考えられること等から業務との相当因果関係が認められるから業務上である（昭三四・二・五　三三基収第八二〇七号）。

## 第三項　四―アミノジフェニルによる尿路系腫瘍

労基則別表第一の二第七号3には、「四―アミノジフェニルにさらされる業務による尿路系腫瘍」が業務上の疾病として規定されている。

### ㈠　発生原因と発生職場

四―アミノジフェニルは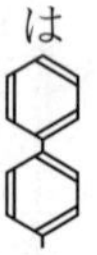$NH_2$の化学構造式を有する無色の葉片状結晶である。

なお、現在は労働安全衛生法第五五条により製造等が禁止されている。ただし、試験研究の業務については、一定の要件を付して製造等が認められている。

労働安全衛生法による製造等の禁止（昭和四七年）前においては、染料及び試薬の製造、取扱いの業務があったとされているが、わが国では、四―アミノジフェニルによる尿路系腫瘍の発生は報告されていない。

## ㈡　業務上外の認定について

四―アミノジフェニルによる尿路系腫瘍については、前記のとおりわが国では発生例がないこと等から慎重な判断が必要である。認定に際しては、ばく露条件の的確な把握と評価及び原発性の尿路系腫瘍であることの信頼し得る診断が基本となる。また、職歴の十分な把握からベンジジン等他のがん原性物質へのばく露の有無とその程度、さらには潜伏期間等についても考慮が払われなければならない。

## ㈢　主要な文献

四―アミノジフェニルに関する主要な研究はMelickら（一九五五）によって行われ、その結果、この物質の広汎な使用を防止することとなった。彼らの研究によると、一九三五～一九五五年にわたって一七一人の男性労働者が四―アミノジフェニルにばく露した。

ばく露期間は人によって相違するが一・五～一九年であった。これらの労働者のなかから一九例（一一・一パーセント）の膀胱腫瘍が発生した。

Melickら（一九七一）はさらに三一五名の男性労働者について調べ、五三例の膀胱腫瘍を見いだした。

Melamedら（一九六〇）及びKossら（一九六五、一九六九）は、Melickらの報告した三一五名も含めて、四―アミノジフェニルにばく露した五〇三人について調べ、組織学的に確認された膀胱がんを三五名に見いだしている。

四―アミノジフェニルによる尿路系腫瘍に関する主な文献は、次のとおりである。


1 Melick, W. F. et al (1955) : J. Urol. (Baltimore), 74, 760

2 Melamed, M. R. et al (1960) : Cancer (Philad.), 13, 67

3 Koss, L. G. et al (1965) : New Engl. J. Med., 272, 767

4 Koss, L. G. et al (1969) : J. Nat. Cancer Inst., 43, 233

5 Melick, W. F. et al (1971) : J. Urol. (Baltimore), 106, 220

6 IARC (1972) : IARC Monographs, vol. 1, 74―79

7 IARC (1987) : IARC Monographs Supplement 7, 91―92


## 第四項　四―ニトロジフェニルによる尿路系腫瘍

労基則別表第一の二第七号4には、「四―ニトロジフェニルにさらされる業務による尿路系腫瘍」が業務上の疾病として規定されている。

### (一) 発生原因と発生職場

(1) 四―ニトロジフェニルは、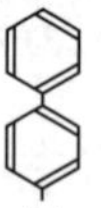$NO_2$の化学構造式を有する常温、常圧で黄色針状結晶の物質である。

なお、現在は労働安全衛生法第五五条により製造等が禁止されている。ただし、試験研究の業務については、一定の条件を付して製造等が認められている。

(2)　労働安全衛生法による製造等の禁止（昭和四七年）前においては、染料中間体として取り扱う業務があったとされているが、わが国では、四－ニトロジフェニルによる尿路系腫瘍の発生は報告されていない。

## (二)　業務上外の認定について

四－ニトロジフェニルによる尿路系腫瘍の認定は、本節第三項(二)〈三九一ページ〉に準じて行われるべきである。

## (三)　主要な文献

四－ニトロジフェニルの人に対する発がん性の報告はない。

しかし、四－ニトロジフェニルは人の体内では膀胱がんをひき起こす四－アミノジフェニルに転化するから両者へのばく露を区別することは不可能であるとされている。

四－ニトロジフェニルによる尿路系腫瘍に関する主な文献は、次のとおりである。

1　IARC（1974）: IARC Monographs, vol. 4, 113－117

## 第五項　ビス（クロロメチル）エーテルによる肺がん

労基則別表第一の二第七号５には、「ビス（クロロメチル）エーテルにさらされる業務による肺がん」が業務上の疾病として規定されている。

### (一)　発生原因と発生職場

ビス（クロロメチル）エーテルは、$(ClCH_2)_2O$の化学式を有する催涙性の揮発性の液体である。

なお、この物質は現在、労働安全衛生法第五五条により製造等が禁止されている。ただし、試験研究の業務については、一定の条件を付して製造等が認められている。

また、かつては工業原料としてのクロロメチルメチルエーテル（$CH_3OCH_2Cl$）に不純物として三～七パーセントのビス（クロロメチル）エーテルが含まれていたが、現在では製造反応過程や条件の改善によって混在量は一パーセント以下となっている。

労働安全衛生法による製造等の禁止（昭和五〇年四月一日）前においては、ポリマー製造のためのアルキル化剤、イオン交換樹脂の製造における重合反応のための溶剤及び有機合成のための中間原料として用いられた。

ビス（クロロメチル）エーテルによる尿路系腫瘍は、わが国においても発生例をみている。

## (二)　業務上外の認定について

本規定における肺がんとは、肺に原発した悪性新生物をいうものである。ビス（クロロメチル）エーテルによる肺がんの認定は、ばく露条件の的確な把握と評価及び原発性肺がんの診断を基本として行われる。認定の一般的事項は、本節三〈三七四ページ〉を参照されたい。

その他認定上留意すべき事項は、次のとおりである。

(1)　クロロメチルメチルエーテルにばく露された労働者の肺がんは、不純物として混入しているビス（クロロメチル）エーテルによることも考えられるので、クロロメチルメチルエーテルのばく露条件に加えて、当該労働者がばく露した時期におけるクロロメチルメチルエーテル中のビス（クロロメチル）エーテルの含有率の把握ないしは推定をしなければならない。

(2)　肺がんの臨床的診断に用いられる主な検査としては、次のものがある。

ア　エックス線撮影による検査　　直接撮影による正面像のほかに、側面撮影、断層撮影、気管支造影法、気管支動脈造影等がある。

イ　エックス線コンピュータ断層撮影装置（ＣＴスキャン）による検査

ウ　喀痰細胞診　　簡易な検査であるためエックス線撮影による検査とともにスクリーニング検査としても用いられる。肺がんの早期発見のための基本的な検査の一つであり、反復することによりがんの確定診断のみならず、細胞形態から肺がんの組織型を判定し得る場合が多い。

エ　気管支鏡検査　　気管支ファイバースコープを用いる。肺がん診断の重要な検査である。

オ　病巣擦過法　気管支ファイバースコープ等を介してがん細胞を採取して細胞診により診断する方法である。

カ　生検　経気管支鏡的肺（組織）生検（TBLB）と経皮的針生検がある。

キ　腫瘍マーカー　血清、胸水等のなかに出現又は増加する物質を測定する方法である。

### (三)　主要な文献

Thiessら（一九七三）は、一九五六年から一九六二年の間にビス（クロロメチル）エーテルのばく露を受けた小グループの履歴研究（retrospective study）を行い、試験室で作業に従事した一八名中に六例の肺がんを見いだし、五〇名の製造工程の労働者にさらに二例の肺がんを発見した。報告された八例中五例は燕麦細胞がん（oat cell carcinoma）であったとしている。

Figueroaら（一九七三）は、クロロメチルメチルエーテル（一～七パーセントのビス（クロロメチル）エーテルが不純物として存在）にばく露した労働者に一四例の肺がんを発見し、うち一二例は燕麦細胞がん（oat cell carcinoma）であったとしている。

Sakabe（一九七三）は、日本のある化学工場で、ビス（クロロメチル）エーテルにばく露した三二名中に五名の肺がん患者が発生したことを報告した。

ビス（クロロメチル）エーテルによる肺がんに関する主要な文献としては、次のものがある。

1　Thiess, A. M. et al (1973) : Zbl. Arbeitmed., 23, 97—102
2　Sakabe, H. (1973) : Ind. Health, 11, 145
3　Figueroa, W. G. (1973) : New Engl. J. Med., 288, 1096

4　IARC (1974) : IARC Monographs, vol. 4, 231−238
5　Lester, R. De Fonso et al (1976) : Arch. Environ. Health, 31, 125
6　坂部弘之（一九八八）：臨床産業医学全書二（一）、七六七－七七〇、医歯薬出版

## 事例

### ○ビス（クロロメチル）エーテルの肺がん

**【事実】**　各種の染料を製造するU化学工業㈱の労働者Y（死亡時年齢四一歳）、K（死亡時年齢三七歳）、及びH（死亡時年齢四七歳）の三名は、クロルスルホン酸、硫酸、パラホルムアルデヒド、銅フタロシアニン、ジメチルアミン、食塩等を反応させて製造する染料の製造作業に七年以上従事したものであるが、いずれも肺がんにり患し死亡した。

この染料の製造工程は、クロルスルホン酸と硫酸を反応釜に仕込み、パラホルムアルデヒドを添加する工程（A工程）と、引き続き銅フタロシアニンと食塩を添加する工程（B工程）とに区分され、A工程においてはビス（クロロメチル）エーテル（BCME）が生成される。このBCMEは取り出されることなくB工程に移行し、銅フタロシアニンを加えることによりそのメチル化が行われ、その後、食塩及びジメチルアミンが加えられる。これらのパラホルムアルデヒド、銅フタロシアニン、食塩の添加作業は、マンホールの蓋をすべらせて開いた口からその都度少量ずつ行われていたが、この開口部からは生成したBCMEが発散する状態にあったうえ、マンホールの蓋は密閉化が不十分であった。したがって、当該作業はたえずBCMEのばく露を受ける作業であった。

**【判断】**　ビス（クロロメチル）エーテルは、がん原性の強い物質で、肺がん発生の危険があることが知られており、三名の労働者とも、このビス（クロロメチル）エーテルにばく露する作業に七年以上従事していること、及び臨床所見、病理解剖所見のいずれもが原発性の肺がんであることを示しているので、当該肺がんは業務に起因した疾病と認められる（昭五一・七・三　基収第六七三号）。

## 第六項　ベリリウムによる肺がん

労基則別表第一の二第七号６には、「ベリリウムにさらされる業務による肺がん」が業務上の疾病として規定されている。

### ㈠　発生原因と発生職場

ベリリウムは金属元素の一つで、元素記号Be、原子番号四である。天然には緑柱石として産出する。銀白色の金属で展性・延性に富む。

ベリリウムは、銅に混ぜてベリリウム銅合金として利用される。銅よりもはるかに強く、銅と同じように電気伝導性がある。また、アルミベリリウム合金も軽量かつ強度が高い特徴があり、Ｆ－１の部品（安全性の観点から二〇〇四年以降は使用禁止）や航空機の部品にも使用されている。また、ベリリウムはＸ線に対する透過率が非常に高いため、Ｘ線源やビームライン、検出器などと外界を隔てる窓として用いられる。ベリリウム中を音が伝わる速度は八～一三km/sとかなり早いので高音域スピーカーのコーンの一部に使用される例がある。

ベリリウムは化学性肺炎である急性ベリリウム症若しくは慢性ベリリウム症として知られる。また、ベリリウム及びベリリウム化合物は、ＷＨＯの下部機関ＩＡＲＣより発癌性がある（Type1）と勧告されている。わが国におけるベリリウムによる肺がんの発生例はない。

### (二)　業務上外の認定について

ベリリウムによる肺がんの認定は、ばく露条件の的確な把握と評価及び原発性肺がんの診断を基本として行われる。認定の一般的事項は、本節三〈三七四ページ〉を参照されたい。

### (三)　主要な文献

1　IARC（1993）：IARC Monographs, vol.58

## 第七項　ベンゾトリクロライドによる肺がん

労基則別表第一の二第七号7には、「ベンゾトリクロライドにさらされる業務による肺がん」が業務上の疾病として規定されている。

### (一)　発生原因と発生職場

ベンゾトリクロライド（別名ベンゾトリクロリド）は、$CCl_3$の化学構造式を有し、無色又は淡黄色で催涙性と刺激臭のある液状の物質である。

なお、ベンゾトリクロライドは、労働安全衛生法第五六条により、その製造には厚生労働大臣の許可を要するとされており、特定化学物質等障害予防規則（昭和四七年労働省令第三九号）の適用を受ける第一類物質である。

ベンゾトリクロライドは、わが国においては、トルエンを沸騰させ、光を照射しながら塩素を通ずる方法によって製造されている。

ベンゾトリクロライドは、ベンゼニル基の導入試薬として有機合成の領域で使用されており、医薬、紫外線吸収剤、農薬、染料、顔料や塩化ベンゾイルやベンゾイルパーオキサイド等の製造に用いられている。

ベンゾトリクロライドによる肺がんは、近年わが国において発生例をみている。

## (二)　業務上外の認定について

ベンゾトリクロライドによる肺がんの認定は、本節三〈三七四ページ〉及び第五項(二)〈三九五ページ〉に準じて行われるべきものである。

## (三)　主要な文献

Sakabeら（一九七六）は、一九五四年から一九七二年までの間に塩化ベンゾイルを製造していた日本の工場（作業者数は通常二〇名程度）で、一九五九年から一九七三年までを観察し、肺がん三例（うち死亡二例）と上顎の悪性リンパ腫一例を見いだした。これら四名の作業従事期間は六～一五年であり、肺がん死亡（二例）は、日本の男性人口の死亡率から求めた期待値〇・〇六より有意に多かった（P＝0.0017）。この作業工程で何ががん発生の主因物質であるかを確かめるため、まず塩化ベンゾイル製造関連諸物質の発がん性を文献的に調べたが、明確な主因物質は見いだされていない。

なお、ベンゾトリクロライドのがん原性に関する動物実験としては、松下ら（一九七五）、福田ら（一九七五）、福田ら（一九七六）による皮膚塗布実験、福田ら（一九七七）による経口投与（胃内注入）実験、竹本ら（一九七七）による吸入実験等があり、これらにより動物に対するがん原性が示されたとされている。

ベンゾトリクロライドによる肺がんに関する主な文献としては、次のものがある。

1　松下秀鶴ら（一九七五）：第四八回日本産業衛生学会講演集、二五二―二五三
2　福田一男ら（一九七五）：第四八回日本産業衛生学会講演集、二五四―二五五
3　Sakabe, H. et al（1976）：Annals New York Acad. Sci., vol. 271, 60―70
4　Sakabe, H. & Fukuda, K.（1977）：Ind. Health, 15, 173―174
5　福田一男ら（一九七六）：第四九回日本産業衛生学会講演集、三九〇―三九一
6　福田一男ら（一九七七）：第五〇回日本産業衛生学会講演集、五一六―五一七
7　竹本和夫ら（一九七七）：第五〇回日本産業衛生学会講演集、五一四―五一五
8　IARC（1982）：IARC Monographs, vol. 29, 73―82
9　松下秀鶴（一九八二）：化学物質取扱業務と健康管理、二四―三〇、産業医学振興財団
10　坂部弘之（一九八八）：臨床産業医学全書二（一）、七七〇―七七一、医歯薬出版

事例

○ベンゾトリクロライドによる肺がん

【事実】　三症例の作業従事歴、療養経過等は以下のとおりである。

(1)　労働者$K_1$（昭和四年一一月一五日生）は、昭和三〇年八月、Ｋ薬品㈱の前身会社に入社し、昭和三〇年八月より昭和四四年まで約一四年間、同社のＴ工場で塩化ベンゾイル製造作業に従事したが、このほか昭和三三年から昭和三四年にかけて一年間ロダンアンモン作業に従事し、昭和四四年塩化ベンゾイル作業の廃止後は、モルフィン、ジスルファイド製造作業、強化プラスチック製造作業等に従事した。

本人の申立てによると、昭和四〇年頃から風邪をひきやすくなり、気管支に痛みを感じるようになり、同時に嗅覚に異常を覚えるようになった。昭和四四年から四五年にかけて手の皮膚が黒くなり、白斑、赤斑等が認められ、また、いぼが発生した。昭和四六年頃からせきが日常みられるようになり、昭和四七年九月に実施した健康診断で肺結核と診断され、同年一〇月、結核予防会Ｉ療養所に入院、昭和四八年二月頃から左肺内部に腫瘤様陰影を認め、昭和四八年四月剥離検査で扁平上皮がんの診断を受け、昭和四八年五月左上葉切除術を受けた。喫煙歴なし。

(2)　労働者Ｉ（大正一五年一一月一七日生）は、昭和二八年二月入社、塩化ベンゾイル製造作業に約一〇年間従事し、昭和三九年退社した。昭和四五年二月エックス線所見で右肺上葉に明らかに肺がんが認められ、昭和四五年三月右肺上葉の切除術を受ける。昭和四七年一一月死亡。病理組織学的診断は不明である。なお、喫煙量は多い方であったという。

(3)　労働者$K_2$（大正五年二月五日生）は、昭和二九年三月入社、塩化ベンゾイル製造作業に約八年間従事、昭和三七年退社、左肺上葉にエックス線検査でがんが発見されたが、既に手術困難のため放射線治療を受け、昭和三八年に死亡した。なお、喫煙量は普通（人並）程度であったという。

【判断】　Ｔ工場の前記三名の肺がんが、人に対する発がんの確定した物質又はきわめて発がんの可能性の高い物質によりひき起こされたかどうかについて同工場の製造工程を詳細に検討したが、そうした物質は見いだし得なかった。したがって、本件については演繹的方法では解決できないので帰納的方法をとることによって判断した。

まず三名に共通していることは、塩化ベンゾイル製造に従事したということが認められる。次に、塩化ベンゾイルの製造工程の労働環境は、当時、作業に従事した人々の話では著しく劣悪であり、労働者が刺激性物質に悩まされるとともに悪臭に対し地域住民から絶えず苦情がもちこまれ、さらに労働条件は悪く、長時間労働であったという。

さらに、会社従業員についての肺がん期待発生数と肺がん発生数との比較、塩化ベンゾイル作業従事年数により肺がん発生に相違があるか否か、塩化ベンゾイル製造に関係のある諸化学物質についてその発がん実験成績の文献的検討を行った。

これらの考慮に基づき結論すると、

(1)　疫学的検討の結果から三名の肺がんは当工場における塩化ベンゾイル製造に比較的長期間従事したことにより発生したものと考えられる。

(2)　これら三名の肺がんをひき起こした物質又は発がんを促進した物質を現在確立することは困難であるが、数物質については、その発がん性がかなり強く疑われる。

(3)　発がん物質を確認するには、発がん性の疑われる物質について動物実験を行わねばならないが、その結果を得るには数年を要するであろう。

(4)　動物実験により、疑わしい数物質の発がん性が立証できなかったとき、疫学的に認められた業務起因性との間の矛盾を解決するためにはさらに検討を要請されるであろう。

の四点があげられる。

以上より、疫学的に認められる肺がん発生の危険度と、発がん性の疑われる物質（ベンゾトリクロライド、塩化ベンゾイル、ベンジルクロライド等）に労働者がかなり長期間ばく露したという二つの観点から三例の肺がんは業務に起因した疾病と考えられる（昭五〇・九・一八、二五、二九　T労基局Ⅰ監督署認定）。

## 第八項　石綿による肺がん又は中皮腫

労基則別表第一の二第七号8には、「石綿にさらされる業務による肺がん又は中皮腫」が業務上の疾病として規定されている。

## (一) 発生原因と発生職場

石綿（アスベスト）は、線維状の耐熱性、耐摩耗性等の性質にすぐれた鉱物性物質であり、これにはクリソタイル（白石綿又は温石綿）、クロシドライト（青石綿）、アモサイト（茶石綿）、トレモライト、アクチノライト及びアンソフィライトがある。

これらの石綿線維の性質は、次ページの表のとおりである。

石綿線維はその耐火性、耐酸性、耐摩性により、極めて広範囲に使用されたが、特定化学物質等障害予防規則の一部改正により昭和五〇年一〇月一日から石綿の吹付けが原則禁止されて以降、段階的に石綿の使用等が禁止され、平成一八年九月一日からは労働安全衛生法施行令等の一部改正により、石綿をその重量の〇・一パーセントを超えて含有するすべての石綿含有製品の製造、輸入、譲渡、提供又は使用が禁止されている。主な石綿含有製品は、建材、摩擦材、接着剤、耐熱版、電気遮断版、シール材等がある。

石綿中最も豊富に産出し、広く使用されているのはクリソタイルである。クリソタイルは使用された全石綿の九五パーセントを占めた。

クロシドライトは、酸と海水に対する抵抗性のため造船業で使用されたほか、石綿耐圧パイプ及びシートの生産を増強するためクリソタイルと混合して使用された。

アモサイトはプラスチックとよく接合するので、床タイル、船舶の耐火板等に使用された。アンソフィライトはタルクに似た石綿で工業的タルクや製糸用に使用された。

石綿製品の主な用途は、後掲の表〈四〇六ページ〉のとおりである。

石綿線維の性質（N. W. Hendry, 1965 及び The Asbestos Information Committee, 1975より作表）

| 性質＼石綿の種類 | クリソタイル Chrysotile | クロシドライト Crocidolite | アモサイト Amosite | トレモライト Tremolite | アクチノライト Actinolite | アンソフィライト Anthophylite |
|---|---|---|---|---|---|---|
| 色調 | 通常白色（淡い緑、茶、ピンク色を呈することあり） | 青 | 薄い灰色ないし淡褐色 | 白色ないし灰色又は淡褐色 | 白色ないし灰色 | 淡緑色ないし暗緑色 |
| 柔軟性 | きわめて柔軟 | 中ないし良 | 良 | もろい | もろい | もろいものから柔軟なものまで |
| きめ | あらいものからなめらかなものまで | あらいものとなめらかなもの | あらい | あらいものからなめらかなものまで | あらい | あらいものからなめらかなものまで |
| 線維長さ | 短いものから三インチまで | 短いものから三インチまで | 四分の一～六インチ | 短いものから長いものまで | 短いものから長いものまで | 短い |
| 張力（×10kg／cm²） | 三一（きわめて大） | 三五（きわめて大） | 一七（中程度） | 七（小） | 五（小） | 五（小） |
| 分解温度℃(注) | 四五〇―七〇〇（耐熱性中） | 四〇〇―六〇〇（耐熱性悪） | 五〇〇―八〇〇（良） | 六〇〇―八五〇（良） | 九五〇―一、〇四〇（きわめて良） | 六二〇―九六〇（良） |
| 耐酸性 | 悪 | 良 | 中 | きわめて良 | きわめて良 | 中 |
| 耐アルカリ性 | きわめて良 | 良 | 良 | きわめて良 | 良 | 良 |
| 紡糸性 | きわめて良 | 中 | 中 | 悪 | 悪 | 悪 |

（注）結晶構造が崩壊して脱水和物又は脱水素を来し、強度を失う温度をいう。

## 石綿製品の主な用途

| 製品名 | 使用部門 | 使用箇所 | 使用石綿の等級 |
|---|---|---|---|
| （石綿製品） | | | |
| 石綿糸 | 熱を使用する各部門 | 石綿布、パッキング | グレード：３、４ |
| 石綿布 | 造船、製鉄、自動車 | 防止カーテン、パッキング蒸気缶の蓋 | ３、４ |
| 石綿パッキング、ひも | 機関車、製鉄、化学工業 | ドアー、蓋の高熱部分のパッキング | ３、４ |
| 石綿ゴム引テープ | 船舶、化学、機械、製紙 | エンジンのカバー、薬品槽の蓋のテープ | ３、４ |
| 石綿ゴム加工 | 船舶、発電所、機械化学 | パッキング | ３、４ |
| 黒鉛塗石綿糸、ひも | 鉄道、製鉄、電力、船舶、製紙、機械 | バルブ、スピンドルのパッキング | ３、４ |
| ジョイントシート | 蒸気を使用する部門 | 蒸気フランジのパッキング、平面部門の高熱パッキング | ３、４、５、６ |
| 石綿板（ミルボード） | 船舶、ガス、鉄鋼、自動車 | 防熱壁、パッキング、ガスケット（エンジン用） | ５、６、７ |
| ブレーキライニング | 船舶、自動車、機械、鉄道 | 捲揚機、自動車のブレーキ部門 | ３、４、５、６、７ |
| ランバー（ヘミット） | 電気工業、鉄道 | 耐熱母体 | ５、６ |
| 電解隔膜 | 硫安工業、ソーダ工業 | 電気分解の隔膜 | ３、４ |
| 石綿紙 | 電気、ソーダ、ダイカスト、保温 | 電線絶縁紙、電解隔膜 | ４、５、６ |
| （セメント製品） | | | |
| 石綿スレート | 一般、工場、家屋 | 防火壁 | ４、５、６、７ |
| 石綿円筒 | 一般、工場、家屋 | 煙突 | ５、６、７ |
| 石綿高圧管 | 電気、水道 | 上水道、電らん | ４、５ブリュー |
| （その他） | | | |
| アスファルト混合 | 建築、自動車 | 屋根、自動車車体低部塗装、タイル | ７、その他 |
| 鋳鉄管ライニング | 機械、土木 | 鋳鉄管 | ４、５ |
| 潤滑用グリース | 機械 | ベアリング用グリース | ７、その他 |

## (二)　業務上外の認定について

石綿による肺がん又は中皮腫の認定については、後掲の通達がある。

石綿による肺がん又は中皮腫の認定に当たっては、次の事項に留意する必要がある。

(1)　石綿による肺がん又は中皮腫が業務上の疾病であると認められるには、まず、石綿にばく露する作業に従事していたか否かが重要である。前記のとおり石綿には優れた特性があることにより広く工業製品の原料として活用されてきたことから、石綿ばく露を受ける機会が様々な業種・業界に及んでいること、石綿又は石綿製品を直接取り扱う作業の周辺等において間接的なばく露を受ける作業に従事していた可能性があること、潜伏期間が長期にわたること等から石綿ばく露の事実を労働者が認識できないこともあることから、石綿のばく露作業の把握には注意が必要である。

(2)　次に医学的所見が認められることが必要である。

ア　石綿肺

石綿粉じんの長期間の吸入により、じん肺の一種である「石綿肺」を生じ得る。療養を要すると認められた石綿肺（通常、じん肺管理区分が管理四と決定されたもの。）は、それ自体が労基則別表第一の二第五号に該当する業務上の疾病であるが、じん肺管理区分が管理四までに進展していない場合でも、エックス線写真上不整形陰影を主体とする石綿肺の医学的所見があるものについては、これにより相当程度の石綿へのばく露があったことを示唆していることから認定基準上、認定要件の一つとしている。

なお、認定基準において「じん肺法に定める胸部エックス線写真の像が第一型以上の石綿肺の所見が得られている」ものについて、石綿ばく露作業の従事期間を要件としていないのは、次の理由による。

石綿肺とは石綿を吸入することによって生じるじん肺の一種であり、じん肺とは粉じんを吸入することによって肺に生じた線維増殖性変化を主体とする疾病をいい、石綿肺の臨床診断には、高濃度の石綿吸入歴を疑わせるだけの職業歴が必要であり、明らかな職業ばく露の証拠となるためである。

イ　胸膜プラーク（胸膜肥厚斑）

胸部エックス線や胸部ＣＴでしばしば認められる「胸膜プラーク（胸膜肥厚斑）」の医学的所見は、過去（おおむね一五〜四〇年前）の石綿ばく露の指標として重要であるとされ、わが国では石綿ばく露によってのみ発生すると考えられている。このため認定基準上、認定要件の一つとしている。したがって、肺がんにり患した者に特徴的な胸膜プラーク（胸膜肥厚斑）所見を認めた場合には、職業性、副次的職業性、近隣性、家族性等何らかの石綿ばく露歴があったことを想定し、石綿ばく露歴が不明であった場合には、改めて詳細な職業歴や居住歴を聞き取り、石綿ばく露歴を把握することが必要である。

胸膜プラーク（胸膜肥厚斑）とは、主として、後外側胸壁の下半分、前胸壁の気管分岐部あたりの高さから上方にかけて、傍脊椎領域下部、横隔膜ドーム等に生じる、原則として両側の胸膜に認められる白色ないし薄いクリーム色を呈する凹凸を有する平板状の隆起であり、組織学的には、表面には正常な中皮細胞が存在し、細胞成分の少ない硝子化を伴う線維組織を主体としたバスケット様の網目状に配列されている。すなわち、石綿ばく露によって発生した胸膜の線維上の盛り上がり状態を意味し、胸膜プラーク（胸膜肥厚斑）それ自身では肺機能障害を伴わず、胸膜の疾患を意味するものではない。

胸膜プラーク（胸膜肥厚斑）は、胸部エックス線よりも胸部ＣＴ検査の方が検出率が高く、胸壁軟部陰影や肋骨随伴陰影との鑑別も容易である。また、胸腔鏡検査、開胸手術及び剖検時に肉眼で観察することができるものである。しかし、小さい又は薄い胸膜プラーク（胸膜肥厚斑）については組織学的検査が必要である。

ウ　石綿小体及び石綿繊維

石綿ばく露で肺内に吸入された比較的長い石綿繊維は、マクロファージ等の貪食によるクリアランス機能が働かず、そのまま長期間肺内に滞留する。そのうちの一部は、多数のマクロファージの作用で亜鈴《あれい》のような形をしたいわゆる「石綿小体（Asbestos Body）」を形成する。石綿繊維の表面に鉄質蛋白（フェリチンやヘモシデリンなど）が付着して亜鈴状になったものである。肺内に石綿小体があれば石綿小体を形成していない通常の「石綿繊維」も何倍か存在している。

石綿小体は、肺内に比較的容易に電子顕微鏡や位相差光学顕微鏡で検出できる医学的所見である。職業ばく露の指標として重要であることから認定基準上、認定要件の一つとしている。

石綿小体や石綿繊維の計測が的確に行える医療機関等は限られており、労災認定の実務においては、石綿確定診断等事業により計測を行う。

(3)　肺がんの診断等については、本節三〈三七四ページ〉及び第五項(二)〈三九五ページ〉を参照されたい。

ア　中皮腫について

中皮腫は、胸腔、心嚢腔、腹腔、精巣鞘膜腔において体腔表面を覆う中皮細胞から発生する。今日の腫瘍学の立場からは、腫瘍の命名は、腫瘍細胞の分化像、すなわち、その腫瘍細胞が正常組織のいずれの細胞に類似が求められるかで行われる。上皮性腫瘍の場合は、腺上皮、扁平上皮などへの類似のもとに、腺がん、扁平上皮がん、未分化がんなどと診断される。非上皮性腫瘍の場合は、その分化像はほぼ発生母組織に存在する細胞のいずれかの特徴を示すので、発生母細胞に基づいた命名、すなわち骨肉腫、軟骨肉腫、横紋筋肉腫、平滑筋肉腫などの名称が用いられる。発生母組織には認められない細胞への分化像を示す場合は、脱分化あるいは先祖がえりとされ、稀にしか起こらない現象としてとらえられている。

こうした腫瘍の名称の立場からは、中皮腫は腫瘍の発生母細胞に基づいた命名であり、中皮細胞が存在する組織以外からは生じないと考えられている。

また、中皮腫の組織型には、上皮様・肉腫様・二相性がある。

なお、従前、肺内腫瘤をつくるとされた限局型の良性中皮腫は、現在では、アデノマトイド腫瘍（adenomatoid tumor）と呼ばれ、中皮腫ではないことが明らかとなっている。

また、中皮腫の石綿ばく露開始から中皮腫発症までの潜伏期間はばく露量が多いほど短くなる。中皮腫の平均潜伏期間は、一般に肺がんより長く、また肺がんと異なり、石綿ばく露開始からの年数を経るほど発生リスクは高くなる。

なお、わが国での平成一一年度から一三年度までの三年間に労災認定された中皮腫症例の潜伏期間は、平均値三八・〇年、中央値三九・五年（最小一一・五年）（表1参照）であった。特に、石綿を不純物として含有する鉱物等の取扱い作業及び間接的なばく露を受けた可能性のある作業については、石綿にばく露したことを認識し得ない場合があるため注意が必要である。

イ　中皮腫の診断について

中皮腫の診断については、病理組織学的検査の裏付けが必須である。従来の中皮腫の診断は、発生部位とその肉眼所見を重視し、病理組織所見と粘液組織化学的所見を加えて総合的に判断されてきた。現在においても、こ

表1　石綿による中皮腫の認定事例（平成11～13年度）に係るばく露期間、年齢、潜伏期間

| 部位（性） | 調査項目 | 症例数 | 最小 | 最大 | 中央 | 平均 | 標準偏差 |
|---|---|---|---|---|---|---|---|
| 胸　膜（男） | ばく露期間　（年） | 70 | 2.3 | 42.7 | 17.4 | 19.8 | 11.3 |
| | 症状確認時年齢 | | 30 | 95 | 60 | 60 | 11.0 |
| | 潜伏期間　（年） | | 11.5 | 54.2 | 38.6 | 36.9 | 9.8 |
| 腹　膜（男） | ばく露期間　（年） | 23 | 4.3 | 47.0 | 20.3 | 21.3 | 11.2 |
| | 症状確認時年齢 | | 49 | 76 | 63 | 63 | 6.0 |
| | 潜伏期間　（年） | | 27.3 | 52.2 | 42.0 | 41.1 | 6.0 |
| 合　計 | ばく露期間　（年） | 93 | 2.3 | 47.0 | 18.3 | 20.2 | 11.3 |
| | 症状確認時年齢 | | 30 | 95 | 61 | 61 | 10.1 |
| | 潜伏期間　（年） | | 11.5 | 54.2 | 39.5 | 38.0 | 9.2 |

㈵1. 胸腹膜及び精巣鞘膜各1例を含む。
2. 表中の潜伏期間とは、ばく露開始から症状確認日までの期間をいう。
「石綿ばく露労働者に発生した疾病の認定基準に関する検討会報告書（平成15年8月26日）」より一部改変

れらの肉眼所見と病理組織所見は重要である。しかし、近年、中皮腫に特異性の高い抗体が開発され、免疫組織化学的所見が診断のなかでより重要な位置を占める状態にある。したがって、中皮腫の病理診断では、いくつかの重要な抗体を用いた免疫組織化学的染色の結果を含めて総合的に判断することが望ましい。

また、中皮腫の診断については次の事項に注意が必要である。

中皮腫のなかでも心膜原発と診断することが難しい場合がある。胸膜中皮腫は末期になれば心膜へ進展するので、胸膜に全く病変がないか、あるいは心膜での進展に比べて胸膜の腫瘍の範囲が狭いことがその根拠となる。臨床経過上、早期から心嚢水の貯留がみられ心不全を呈するなどの症状もある程度参考となる。心膜か胸膜かいずれとも決め難い例は胸膜原発の可能性が高いと考えるべきである。

腹膜でも胸膜と同様、ある部分に中皮腫が限局している場合、その臓器・組織名を診断名につけることがあ

である。例えば、腸間膜中皮腫、大網中皮腫、回腸中皮腫、骨盤中皮腫などであるが、これらはいずれも腹膜中皮腫であることに変わりはないものである。

精巣鞘膜原発の中皮腫の診断については、心膜原発の中皮腫とする際の問題点がそのまま当てはまる。陰嚢の腫大で精巣とその周囲組織が手術的に摘除され、腹腔内には腫瘍がないとされた場合は、精巣鞘膜原発とするのは容易である。しかし、腹腔内と精巣鞘膜は連続性があることから、両者に中皮腫を認めた場合は、原発巣をいずれかに決めることは難しくなる。腹腔内の中皮腫がごく少量で限局性であるなどの場合を除いて、腹膜原発である可能性が高いと考えるべきである。

## 【石綿による疾病の認定基準について（平二四・三・二九　基発〇三二九第二号、改正：令五・三・一　基発〇三〇一第一号）】

石綿による疾病の認定基準については、平成一八年二月九日付け基発第〇二〇九〇〇一号（以下「平成一八年通達」という。）により指示してきたところであるが、今般、「石綿による疾病の認定基準に関する検討会」の検討結果を踏まえ、下記のとおり認定基準を改正したので、今後は本認定基準に基づき業務上外を判断されたい。

なお、本通達の施行に伴い、平成一八年通達及び平成一八年三月一七日付け基発第〇三一七〇一〇号「特別遺族給付金に係る対象疾病の認定について」は廃止する。

記

第一　石綿による疾病と石綿ばく露作業

一　石綿による疾病

石綿との関連が明らかな疾病としては、次のものがある。

(一)　石綿肺

㈡　肺がん
㈢　中皮腫
㈣　良性石綿胸水
㈤　びまん性胸膜肥厚

二　石綿ばく露作業

石綿ばく露作業とは、次に掲げる作業をいう。

㈠　石綿鉱山又はその附属施設において行う石綿を含有する鉱石又は岩石の採掘、搬出又は粉砕その他石綿の精製に関連する作業
㈡　倉庫内等における石綿原料等の袋詰め又は運搬作業
㈢　次のアからオまでに掲げる石綿製品の製造工程における作業
ア　石綿糸、石綿布等の石綿紡織製品
イ　石綿セメント又はこれを原料として製造される石綿スレート、石綿高圧管、石綿円筒等のセメント製品
ウ　ボイラーの被覆、船舶用隔壁のライニング、内燃機関のジョイントシーリング、ガスケット（パッキング）等に用いられる耐熱性石綿製品
エ　自動車、捲揚機等のブレーキライニング等の耐摩耗性石綿製品
オ　電気絶縁性、保温性、耐酸性等の性質を有する石綿紙、石綿フェルト等の石綿製品（電線絶縁紙、保温材、耐酸建材等に用いられている。）又は電解隔膜、タイル、プラスター等の充填剤、塗料等の石綿を含有する製品
㈣　石綿の吹付け作業
㈤　耐熱性の石綿製品を用いて行う断熱若しくは保温のための被覆又はその補修作業
㈥　石綿製品の切断等の加工作業
㈦　石綿製品が被覆材又は建材として用いられている建物、その附属施設等の補修又は解体作業
㈧　石綿製品が用いられている船舶又は車両の補修又は解体作業
㈨　石綿を不純物として含有する鉱物（タルク（滑石）等）等の取扱い作業

(10) (一)から(九)までに掲げるもののほか、これらの作業と同程度以上に石綿粉じんのばく露を受ける作業

(二) (一)から(10)までの作業の周辺等において、間接的なばく露を受ける作業

第二　認定要件

一　石綿肺（石綿肺合併症を含む。）

石綿ばく露作業（第一の二の(一)から(二)までに掲げる作業をいう。以下同じ。）に従事しているか又は従事したことのある労働者（労働者災害補償保険法（昭和二二年法律第五〇号）第三三条に規定する特別加入者を含む。以下「石綿ばく露労働者」という。）に発生した疾病であって、じん肺法（昭和三五年法律第三〇号）第四条第二項に規定するじん肺管理区分が管理四に該当する石綿肺又は石綿肺に合併したじん肺法施行規則（昭和三五年労働省令第六号）第一条第一号から第五号までに掲げる疾病（じん肺管理区分が管理四の者に合併した場合も含む。）は、労働基準法施行規則（昭和二二年厚生省令第二三号）別表第一の二（以下「別表第一の二」という。）第五号に該当する業務上の疾病として取り扱うこと。

二　肺がん

石綿ばく露労働者に発症した原発性肺がんであって、次の(一)から(六)までのいずれかに該当するものは、最初の石綿ばく露作業（労働者として従事したものに限らない。）を開始したときから一〇年未満で発症したものを除き、別表第一の二第七号八に該当する業務上の疾病として取り扱うこと。

(一) 石綿肺の所見が得られていること（じん肺法に定める胸部エックス線写真の像が第一型以上であるものに限る。以下同じ。）。

(二) 胸部エックス線検査、胸部CT検査等により、胸膜プラークが認められ、かつ、石綿ばく露作業への従事期間（石綿ばく露労働者としての従事期間に限る。以下同じ。）が一〇年以上あること。ただし、第一の二の(三)の作業に係る従事期間の算定において、平成八年以降の従事期間は、実際の従事期間の一／二とする。

(三) 次のアからオまでのいずれかの所見が得られ、かつ、石綿ばく露作業への従事期間が一年以上あること。

ア　乾燥肺重量一g当たり五、〇〇〇本以上の石綿小体

イ　乾燥肺重量一g当たり二〇〇万本以上の石綿繊維（五μm超）

ウ　乾燥肺重量一g当たり五〇〇万本以上の石綿繊維（一μm超）

エ　気管支肺胞洗浄液一mℓ中五本以上の石綿小体
オ　肺組織切片中の石綿小体又は石綿繊維
㈣　次のア又はイのいずれかの所見が得られ、かつ、石綿ばく露作業の従事期間が一年以上あること。
ア　胸部正面エックス線写真により胸膜プラークと判断できる明らかな陰影が認められ、かつ、胸部CT画像により当該陰影が胸膜プラークとして確認されるもの。
胸膜プラークと判断できる明らかな陰影とは、次の(ア)又は(イ)のいずれかに該当する場合をいう。
(ア)　両側又は片側の横隔膜に、太い線状又は斑状の石灰化陰影が認められ、肋横角の消失を伴わないもの。
(イ)　両側側胸壁の第六から第一〇肋骨内側に、石灰化の有無を問わず非対称性の限局性胸膜肥厚陰影が認められ、肋横角の消失を伴わないもの。
イ　胸部CT画像で胸膜プラークを認め、左右いずれか一側の胸部CT画像上、胸膜プラークが最も広範囲に描出されたスライスで、その広がりが胸壁内側の一／四以上のもの。
㈤　第一の二の石綿ばく露作業のうち、㈢のア、イ若しくは㈣のいずれかの作業への従事期間又はそれらを合算した従事期間が五年以上あること。ただし、従事期間の算定において、平成八年以降の従事期間は、実際の従事期間の一／二とする。
㈥　第二の四の要件を満たすびまん性胸膜肥厚を発症している者に併発したもの。
三　中皮腫
石綿ばく露労働者に発症した胸膜、腹膜、心膜又は精巣鞘膜の中皮腫であって、次の㈠又は㈡に該当するものは、最初の石綿ばく露作業（労働者として従事したものに限らない。）を開始したときから一〇年未満で発症したものを除き、別表第一の二第七号八に該当する業務上の疾病として取り扱うこと。
㈠　石綿肺の所見が得られていること。
㈡　石綿ばく露作業の従事期間が一年以上あること。
四　びまん性胸膜肥厚（略　本章第四節第七項〈二三二ページ〉参照）
第三　認定に当たっての留意事項

一　肺がん関係

㈠　第二の二の㈢のアに示す乾燥肺重量一g当たりの石綿小体の数については、標準的な方法（独立行政法人労働者健康安全機構・同環境再生保全機構発行「石綿小体計測マニュアル」の最新版に示された方法）により計測されたものを用いること。

㈡　第二の二の㈢のオに示す「肺組織切片中の石綿小体又は石綿繊維」の所見とは、通常、プレパラート上に作成された肺組織の薄切り試料の中に石綿小体又は石綿繊維が光学顕微鏡で確認された場合をいうものであること。

㈢　第二の二の㈣のアにおける「胸膜プラークと判断できる明らかな陰影」の所見については、別添1（「胸部正面エックス線写真により胸膜プラークと判断できる明らかな陰影」に係る画像例及び読影における留意点等）の内容に則して判断されるべきものであること。

二　中皮腫関係

中皮腫は診断が困難な疾病であるため、臨床所見、臨床検査結果だけではなく、病理組織検査結果に基づく確定診断がなされることが重要である。確定診断に当たっては、肺がん、その他のがん、結核性胸膜炎、その他の炎症性胸水などとの鑑別が必要となる。

このため、中皮腫の業務上外の判断に当たっては、病理組織検査記録等も収集の上、確定診断がなされているかを必ず確認すること。

なお、病理組織検査が行われていない事案については、改めて病理組織検査に基づく確定診断が行われるようにし、それが実施できないものであるときは、体液腔細胞診、臨床検査結果（腫瘍マーカーを含む。）、画像所見、臨床経過、他疾患との鑑別を踏まえて診断が行われるようにすること。

三　びまん性胸膜肥厚関係（略　本章第四節第七項〈二三二ページ〉参照）

四〜五　（略）

## 事例

### ○石綿肺結核兼肺がん

【事実】　労働者T（明治三八年五月一七日生・死亡時七一歳）は、昭和一三年にI石綿に就職して以来昭和四三年九月にI石綿を退職するまでの約三〇年間、七事業場において主に混綿作業（カード作業）に従事していたが、昭和五一年七月一六日、石綿肺合併肺がんで死亡した。

療養経過は以下のとおりであり、石綿肺（じん肺の健康管理区分の管理四）に肺がんが合併し死への転帰を辿っている。

昭和五〇年三月　かぜでM医院を受診
昭和五一年四月一三日　咳、痰がひどくF外科を受診
昭和五一年四月一七日　A病院を受診するもK病院を紹介される
昭和五一年五月四日　K病院において「石綿肺」と診断される（じん肺の健康管理区分の管理四）
昭和五一年七月一六日　K病院にて死亡

臨床所見　胸部エックス線写真の像が第三型を呈しており「石綿肺」と診断。左肺下葉に腫瘍が認められ、喀痰細胞診及び気管支鏡下生検細胞診にて肺がん（扁平上皮がん）と診断した。

剖検所見　左肺下葉に腫瘍（扁平上皮がん、左$S^{6}$原発）、第一、二及び第六～九胸椎と第六～八左肋骨にがんの転移あり、脊髄にがんの浸潤を認め、また、両側横隔膜胸膜に白斑が認められ、肺は石綿肺（アスベスト肺）であった。

【判断】　本例は、昭和五三年一〇月二三日付け基発第五八四号「石綿ばく露作業従事労働者に発生した疾病の業務上外の認定について」の第二の二に定める「石綿肺の所見がじん肺法に定めるエックス線写真の像の第一型以上である石綿ばく露作業従事労働者に発生した原発性の肺がんは、労基則別表第一の二第七号7に該当する業務上の疾病として取り扱うこと」という認定要件を具備しているので業務上である（昭五三・一二・四　基収第四三〇号）。

### ○石綿作業従事者の石綿肺に合併した肺がん

【事実】　H（死亡時五九歳）は、昭和七年A石綿工業所にカード工として就職して以来、昭和四五年五月同所を退職するまでの約三八年間のうち、兵役のための四年間及び石綿作業以外の業務に従事した昭和三一年から同三八年までの八年間を除いた二六年間カード工として石綿作業に従事した。

Hは、A石綿工業所を退職した後の昭和四八年二月二六

日、感冒のためB病院を受診したところ、「肺炎兼うっ血性心不全」と診断され、同年四月九日まで入院加療した。

その後、自宅付近の医院にて加療していたが、同年一〇月一五日、血痰を主訴として再びB病院に入院した。この当時の医師所見は、「胸部エックス線にて右肺下野に円形陰影を認める、肺がんの疑いあり」であったが、同年一一月八日、転医したC病院では、「結核菌は喀痰中に認めず、貧血なし。肺機能は二段肺活量比六八・四％、一秒率八五・六％と石綿肺に特徴的な拘束性肺機能障害を示す。胸部エックス線所見より石綿肺二型に肺がんが合併していることを認める。」と所見され、「石綿肺兼肺がん」と診断された。

昭和四九年四月一八日、D病院を受診、「石綿肺、肺がん（右）、肺がん脳転移」と診断され、同月二二日より入院加療を続けたが、同年七月九日死亡した。解剖所見は、「右肺原発の扁平上皮がんであり、両側肺組織内には多数の石綿繊維が認められる。右肺内転移、肝転移、両側腎転移も認められる。」であった。

Hの病歴としては、昭和三九年頃からの慢性気管支炎と昭和四六年の急性肺炎が認められる。また、昭和四八年一月まで紙巻たばこを一日二〇本程度吸っていた。

なお、Hは、昭和四八年一二月二六日、じん肺健康管理区分が管理四と決定された。

**【判断】**　本件の石綿作業への従事期間は通算二六年であり、石綿肺（じん肺健康管理区分が管理四）が認められていることから、石綿ばく露は相当程度であったと考えられる。また、肺がん発生は石綿粉じんへのばく露開始後四一年経過後であり、その潜伏期間は医学経験則の範囲内と認められる。Hの肺がんは原発性のものであり、このがんが脳に転移した後に死亡したことが明らかである。喫煙量は一日に紙巻たばこ二〇本程度であった。これらを総合判断すると、Hの死亡は業務上として取り扱うべきと考えられる（昭五〇・七・五　基収第三〇二号）。

### ○石綿ばく露労働者に発生した胸膜中皮腫

**【事実】**　労働者T（死亡時六七歳）は、昭和三五年にL電気工業株式会社に就職し、当事業場のW倉庫の倉庫要員として約二五年間、倉庫に保有保管されていた石綿シートの荷造り、運搬手配などの出庫作業及び石綿シートの加工作業等に従事していたが、平成一三年七月に「胸膜中皮腫」で死亡した。

療養の経過は、以下のとおりである。

平成一二年八月　労作時に息切れの自覚症状

平成一二年九月　徐々に息切れが増悪したためS病院を受診

胸部エックス線写真上に軽度の粒状影及び左胸水を認めた。胸水からは滲出性でclass1 V／V相当の悪性細胞が検出され、CTでは左胸腔内に前壁及び後壁に腫瘍を認めた。

平成一二年一〇月　S病院からの紹介によりFセンターを受診

当センターでの開胸生検で胸膜中皮腫との診断

地方じん肺診査医の判断

① S病院でのエックス線写真の像は、じん肺法に定めるエックス線写真の像の第一型と考えられ、不整形陰影、胸膜の肥厚等から石綿肺の所見が認められる。

② 左肺の胸膜に胸膜プラーク（胸膜肥厚斑）が認められる。

**【判断】**　本例は、

① 労働者Tは、約二五年間石綿を取り扱う作業に従事していたことから、石綿ばく露作業と認められる。

② 労働者Tは、開胸生検で胸膜中皮腫と診断されている。

以上のことから、労働者Tに発生した胸膜中皮腫は、労基則別表第一の二第七号7に該当する業務上の疾病であると判断する。

### ○石綿ばく露労働者に発生した心膜中皮腫

**【事実】**　労働者M（死亡時五三歳）は、昭和四九年からE株式会社に就職して約二五年間、主に石筆を削り、その削った石筆を用いて「けがき」という鉄板に切断するための線を引く作業に従事していたが、平成一二年七月に「心膜中皮腫」で死亡した。

療養の経過は、以下のとおりである。

平成一〇～平成一一年頃　労作時呼吸困難、全身倦怠感の自覚症状

平成一二年一月　顔面及び両下肢に浮腫が出現、全身疲労、食欲不振のためJ診療所を受診

平成一二年三月　J診療所を受診していたが、呼吸困難、浮腫が増悪してきたためH病院を受診

臨床所見　H病院では、胸腹部CT等の諸検査から両側胸水腹水貯留、心臓周囲には腫瘍陰影が認められ、また、胸水採取による細胞診により、悪性腫瘍細胞が認められた（その細胞の形態から中皮腫が最も強く考えられ、死亡後の剖検において心膜原発の中皮腫であるとされた。）。

病理所見　労働者Mの肺組織から職業ばく露が疑われる相当量の石綿（アクチノライト）が検出された。また、肺組織からは、石筆により線を引いた鉄板を切断するという作業に従事していたことを裏付ける鉄粉も検出された。

**【判断】**　本例は、

① 労働者Mは、約二五年間石綿（アクチノライト）を含有する石筆を用いた作業に従事していたことから、石綿

ばく露作業と認められる。

② 労働者Ｍに発生した疾病は、心膜原発の中皮腫である。

以上のことから、労働者Ｍに発生した心膜中皮腫は、労基則別表第一の二第七号７に該当する業務上の疾病であると判断する。



## 第九項　ベンゼンによる白血病

労基則別表第一の二第七号９には、「ベンゼンにさらされる業務による白血病」が業務上の疾病として規定されている。

### ㈠　発生原因と発生職場

ベンゼン（別名ベンゾール）はの化学構造式を有する無色引火性の液状の物質である。

ベンゼンは、特定化学物質等障害予防規則の適用を受ける第二類物質である。なお、労働安全衛生法施行令第一六条により、ベンゼンを含有するゴムのりで、その含有するベンゼンの容量が当該ゴムのりの溶剤（希釈剤を含む。）の五パーセントを超えるものは、製造等が禁止されている。

ベンゼンのばく露を受ける業務としては、化学合成、洗浄剤、染料、塗料、火薬、燻蒸剤、殺虫剤、皮革、ゴム等の製造・取扱いの業務等がある。

わが国では、昭和三〇年代に大阪、東京等でベンゼン含有ゴムのりを用いて当時流行したヘップバーンサンダルの製造を行っていた女性家内労働者を中心にベンゼン中毒が多発し、そのなかから白血病にり患した者も見いだされている。

なお、このベンゼン中毒の多発は、当時、社会問題化し、有機溶剤中毒予防規則（昭和三五年労働省令第二四号（昭和四七年現行規則制定に伴い廃止））制定の端緒となった。

## ㈡　業務上外の認定について

ベンゼンによる白血病の認定については、本章第四節第一項五㈡2に掲げる通達（昭和五一年一月三〇日付け基発第一二二号）〈一五七ページ〉がある。

ベンゼンによる白血病の認定に当たっては、次の事項に留意する必要がある。

(1)　本規定における白血病とは、造血組織の原発性の悪性新生物をいい、リンパ性又は骨髄性の白血病がある。

(2)　ベンゼンによる白血病は極めて高濃度の慢性ばく露により発生している例が多い。したがって、ベンゼンのばく露濃度、ばく露期間等を的確に把握し、評価しなければならない。

(3)　白血病には慢性又は急性の骨髄性白血病、急性リンパ性白血病、単球性白血病その他稀にしかみられない種類の白血病がいくつかあり、また、類白血病反応と呼ばれるいくつかの種類からなる疾患等もあって、その正確な診断には困難を来しやすい。したがって、十分な臨床検査と臨床経過の把握が必要となる。

白血病の診断に用いられる主な検査としては、例えば、一般末梢血の検査（赤血球数、白血球数、血色素（ヘモグロビン）量、ヘマトクリット値、網状赤血球数その他）、白血球像（好酸球、好塩基球、リンパ球、単核球その他）、骨髄血液像、血液生化学的検査、その他多くの検査があり、自他覚症状の把握等とともに実施される。

## (三)　主要な文献

長期間ベンゼンにばく露すると白血病が起こるのではないかということはすでにDeloreとBorgomao（一九二八）により示唆されている。彼らは五年間ベンゼンにばく露した人に急性リンパ性白血病が発生したことを報告している。その後、ベンゼンによる白血病（リンパ性及び骨髄性の白血病）に関する症例報告はかなりの数にのぼる。例えば、パリ地区では一九五〇～一九六五年の間にベンゼンにばく露した労働者に五〇例の白血病が発生しており、そのうち四四例についてはGoguelら（一九六七）が詳しく調べているが、一三例は慢性骨髄性白血病（二六～六一歳）、八例は慢性リンパ性白血病（三三～六三歳）、一二三例は急性白血病（二六～六八歳）であったとし、さらに四四例中一九例では血中のベンゼンが測定され、七例では血中ベンゼン量が高かったとされている。

日本では野村と原（一九六九）が、ベンゼンばく露による八例の白血病を記載している。

また、Ishimaruら（一九七一）はケース・コントロール研究を行った。一九四五年から一九六七年までに、その病気が始まったときに広島及び長崎に居住した人のなかで白血病と診断された人及び白血病の疑いがあるとされたすべての人について、居住地、性、生年月日（±三〇カ月）、原爆爆発地点からの距離、患者の発症時点で広島か長崎かどちらかに居住していた、という五つの特徴についてマッチしコントロールがＡＢＣＤ登録者から選ばれた。四九二例の白血病症例中四一三例のマッチドペアについて情報を得ることができた。

そして、ベンゼンばく露のある一〇の職業が考慮された。これら一〇の職業をひとまとめにしてみると、これらの職業は白血病のリスクの増大と関係が認められた（三〇ケース、一四コントロール比較危険度二・三、Ｐ＜0.01）。すなわち、ベンゼンばく露と白血病との関連は多くの症例報告から示唆され、この示唆はIshimaruらの報告で強化されたと考えられている。

ベンゼンの白血病に関する代表的な文献としては、次のものがある。

1　Delore, P. and Borgomao, C.（1928）：（Fr.）J. Med. Lyon, 9, 227―233
2　Goguel, A. et al（1967）：（Fr.）Bull. Inst. natl Sante Rech. med., 122, 421―441
3　野村茂、原一郎（一九六九）：職業病とその対策、久保田重孝博士還暦記念出版刊行会（編）、一〇五、興生社
4　Ishimaru, T. et al（1971）：Am. J. Epidemiol., 93, 157―165
5　IARC（1974）：IARC Monographs, vol. 7, 203―221
6　IARC（1981）：IARC Monographs Supplement 7, 120―122
7　IARC（1982）：IARC Monographs, vol. 29, 93―148
8　原一郎、三木文雄（一九八八）：臨床産業医学全書二（二）、三二三―三二一、医歯薬出版

## 事例

### ○ベンゼンによる急性骨髄性白血病

**【事実】**　H化学工業㈱T工場の労働者S（昭和一二年一月一五日生）は、入社時から昭和四四年八月までの約一四年一カ月は主としてレゾルシン製造作業に、その後の五一年二月に発病するまでの六年五カ月間は試験研究所の業務にそれぞれ従事した。レゾルシン製造作業従事期間のうち、初めの二年三カ月間は硫酸化室（ベンゼンを原料として取り扱う五五一―B工程における作業が行われていた。）と隔室で仕切られた抽出室（同一建屋、同一床面）にて五五一―A工程における作業に従事した。

五五一―A工程従事期間中は、ベンゼン受入時、ベンゼン圧送時、ベンゼン揚液器圧抜時、反応器内計量時にベンゼン

蒸気が発生していたほか、終日、計量器から自然蒸発ロスのあったことが認められており、さらに硫酸化室、抽出室及び圧送器の設置されていた室とは相互に通気性があったことから、この工程においてもベンゼンのばく露を受けていたと考えられる。

当該労働者の既往歴、家族歴には特に白血病と関係のあるものは認められていない。入社後の健康状態についても、定期一般健康診断結果及び受診記録では特別な異常所見又は疾病の記録はない。

当該労働者は昭和五一年一月下旬より健康がすぐれず、S病院、K市立病院で治療を受けたが、その診断はともに急性骨髄性白血病であり、昭和五一年七月二一日死亡した。なお、直接死因は肺炎、その原因は急性骨髄性白血病とされている。

五五一―A工程においてばく露を受けた可能性のある化学物質は、ベンゼン、酢酸ブチル、レゾルシン等であるが、造血系に対する影響は、次のとおりである。

ベンゼン…骨髄に作用して再生不良性貧血、白血病を生じる。

酢酸ブチル…血液障害についての記載はない。しかし、消化器障害等による二次的貧血の可能性はある。

レゾルシン…メトヘモグロビン血症を記載した文献があるが、遺伝因子の影響が疑われている。

そこで、ベンゼンばく露との関連を中心に考えると、次のことが明らかとなっている。

(1)　急性骨髄性白血病の病因となる業務以外の原因は見いだされていない。

(2)　五五一―A工程ではある程度のベンゼンばく露があったと推定される。

(3)　当該労働者並びに同僚の血液検査結果から五五一―A工程では少なくとも赤血球系に対して悪影響を及ぼす要因が存在していた可能性が推測され、その要因の一つとしてベンゼンばく露の影響の残存があると考えられる。

また、本件では、ベンゼンばく露が開始されたとみられる昭和三〇年三月から昭和五一年一月、骨髄性白血病発症時までの間に約二一年経過しているが、ベンゼンばく露開始から白血病発生までの期間（いわゆる潜伏期間）が二〇年以上という報告例が知られている。

本件については、相当程度のばく露の有無が問題となる。ベンゼンばく露程度と白血病発生の量・作用関係は、最近の国際会議（ベンゼン中毒に関する国際ワークショップ、一九七六年）においても明らかにすることはできなかったが、「一〇〇ppm以下ではおそらく発生は稀であると考えられた」と記されている。このような段階において白血病が血液の一種のがんであってその閾値が明確でないことを考えると、比較的少ないベンゼンばく露であったとしてもベンゼンばく露がある程度認められるので、業務と白血病発生との間に相当因果関係があるものと考えられる。

【判断】　本件の骨髄性白血病は業務上の疾病として取り扱うべきである（昭五二・八・二四　基収第六七号）。

○ベンゼンを取り扱う陶磁器の絵付作業者の急性骨髄性白血病

【事実】(1)　作業概況　死亡労働者Aは、昭和二四年一月当会社に入社以来絵付部に所属し、上絵付工として陶磁器に絵付した後の絵具のはみ出した部分あるいは汚れを、ベンゼンを布にしみこませて拭きとる作業に従事していた。ベンゼンは瓶より作業台のコーヒー碗（中に綿を入れておく。）に小分けし、このコーヒー碗のベンゼンを布にしみこませて使用するのであるが、コーヒー碗に注入するベンゼンの量は、一回に約三cc位で一日の使用量は全員で約二七〇cc位である。布の大きさはまちまちで、直接手で持って行っていた。作業場の環境測定結果では許容濃度（二五ppm）を大幅に上回る五〇〜二五〇ppmを示し、相当な危険環境であった。

(2)　Aの病状経過　Aの在籍中における定期健康診断（昭三二・五、昭三二・一〇、昭三三・四、昭三三・一〇、昭三四・四）の結果は別段異常はなかったが、昭和三二年以降は病歴を有し健康状態は良好でなく、したがって、出勤状態も良好でなかった。昭和三四年八月、Aは心臓部の不快感、心悸亢進、下肢の紫斑等の自覚症状を訴えてT病院に入院、その後病状悪化のためN大学病院に転医入院したが、昭和三四年九月死亡したものである。

(3)　医師意見　T病院S医師意見　ベンゼンが血液毒として出血性素因、血球形成不全症、類白血病反応を惹起することは諸家により報告されていることである。本患者は職業歴として、ベンゼンを一〇年間以上扱っていたとの由であり、このために本患者は慢性ベンゼン中毒症を発来する可能性を十分持っており、事実本患者が、昭和三三年五月急性大腸炎にて、本院入院時貧血所見（赤血球数二五四万、血色素指数六六％（ザーリー氏法）、白血球数三、四〇〇）を認めたが、この貧血がベンゼン中毒によるものか否かは残念ながら当時解明されていない。そしてまた今回の白血病の誘因としてもベンゼン中毒により誘発される可能性も大なるものであるが、しかしながら白血病誘因のすべてであるとは速断し難いものと思われる。

【判断】　本件は、当該労働者の作業環境及び症状経過よりみてベンゼン中毒によるものと認められるから業務上である（昭三七・五・三　基収第三八七〇号）。

# 第一〇項　塩化ビニルによる肝血管肉腫、肝細胞がん

労基則別表第一の二第七号10には、「塩化ビニルにさらされる業務による肝血管肉腫又は肝細胞がん」が業務上の疾病として規定されている。

## (一)　発生原因と発生職場

塩化ビニル（別名塩化ビニルモノマー）は、$CH_2$=CHClの化学式を有する無色の気体でエーテル臭を呈する物質である。

塩化ビニルのばく露を受ける業務としては、例えば、塩化ビニルの重合及びポリ塩化ビニル（塩化ビニル重合体）の乾燥の業務がある。ポリ塩化ビニル製造工程中最も高濃度の塩化ビニルばく露を受けるおそれのある作業は、重合槽内作業である。また、かつては脱水は密閉化されていない遠心分離器を用いて行われていたが、これも塩化ビニルばく露のおそれが大きい作業である。

塩化ビニルによる肝血管肉腫は、後述するように昭和四九年にアメリカで初めて報告され、国際的にも注目されたが、わが国では少数例の発生をみるにとどまった。

## (二)　業務上外の認定について

塩化ビニルによる肝血管肉腫の認定については、後掲の通達がある。

肝血管肉腫とは、肝原発の血管内皮細胞原性の悪性腫瘍をいう。肝血管肉腫の同義語として悪性血管内皮腫があるが、肝の細網肉腫や悪性細網症とは区別されるべきであるとされている。

塩化ビニルによる肝血管肉腫の認定に当たっては、十分なばく露条件の把握はもとより重要であるが、その診断並びに塩化ビニルばく露との関連については、特に高度の専門的検討を要するものである。

なお、労基則別表第一の二の本項は、平成二二年五月の改正により、それまでの「塩化ビニルにさらされる業務による肝血管肉腫」から、「塩化ビニルにさらされる業務による肝血管肉腫又は肝細胞がん」とされ、「肝細胞がん」が追加された。認定基準は肝血管肉腫を対象としたものから変更はされていないが、塩化ビニルと肝細胞がんに係る医学的事項については「塩化ビニルモノマーばく露と肝細胞癌との因果関係について」（平成二一年三月一日）に示された専門検討会報告書を参照されたい。

## (三)　主要な文献

塩化ビニルへの職業的ばく露ががん発生と関連するという報告は、CreechとJohnson（一九七四）によってなされた。彼らは、塩化ビニルの重合工程における作業に従事していた労働者から一般人口では極めて稀にしかみられない肝血管肉腫が三例発生したことを報告した。

Heathら（一九七五）は、さらに四つの塩化ビニル重合工場で働いた人のなかから右の三例を含めて一三例の肝血管肉腫を発見した。これらの資料から、彼らは観察数の期待数に対する比（比較危険度）は四〇〇倍にも達すると推定した。

その後、世界各国の塩化ビニルばく露労働者について調査が進められ、NIOSH（米国労働安全衛生研究所）は、一九七七年一〇月現在、六四名の死亡者を確認している。

MaltoniとLefemine（一九七四）は、マウスとラットを用いた吸入実験により肝血管肉腫及びその他の腫瘍の発生を報告している。

塩化ビニルによる肝血管肉腫に関する主な文献としては、次のものがある。

1　Maltoni, C. & Lefemine, G (1974)：Rend. Sci. fis. mat. nat. (Lincei), 66, 1―11
2　Creech, J. L. & Johnson, M. N. (1974)：J. occup. Med., 16, 150―151
3　IARC (1974)：IARC Monographs, vol. 7, 291―318
4　Heath, C. W. et al (1975)：Ann. NY Acad. Sci., 241, 231―236
5　Spirtas, R. & Kaminski, R. (1978)：J. occup. Med., 20, 427―429
6　IARC (1979)：IARC Monographs, vol. 19, 377―438
7　IARC (1987)：IARC Monographs Supplement 7, 373―376
8　池田正之、藤沢洌（一九八九）：臨床産業医学全書二（三）、六三一―六四七、医歯薬出版

**【塩化ビニルばく露作業従事労働者に生じた疾病の業務上外の認定について**（昭五一・七・二九　基発第五五六号、改正：平二五・一〇・一　基発一〇〇一第八号）**】**

標記については、さきに昭和五〇年九月一一日付け基発第五三四号「塩化ビニルによる障害の防止及び労災補償の取扱いについて」をもって指示したところであるが、その後本省において「塩化ビニル障害に関する専門家会議」を設け、塩化ビニルモノ

マーによる健康障害全般について検討を行ってきたところである。

今般、同専門家会議からその検討結果をとりまとめ別添の報告書が提出されたので、これに基づき塩化ビニルによる疾病にかかる労災認定については、今後、下記により取り扱うこととしたので事務処理に遺漏のないようにされたい。

なお、この通達により業務起因性が認められる疾病のうち肝血管肉腫については、労働基準法施行規則別表第一の二第七号10、肝血管肉腫以外の疾病については同別表第四号の規定に基づく労働省告示第三六号表中に掲げる塩化ビニルによる疾病に該当するものとして取り扱い、この通達により判断することが困難な事案については関係資料を添えて本省にりん伺されたい。

記

第一　塩化ビニルによる健康障害について
塩化ビニルモノマー（以下単に「塩化ビニル」という。）重合工程等において塩化ビニルにばく露する作業に従事した労働者に発生した疾病の主なものは以下のとおりである。
一　急性ばく露による障害
めまい、羞明、吐気、見当識障害等の自他覚症状を伴う中毒症状のほか、急性の高濃度ばく露による中毒症状としては重症の不整脈、虚脱、意識喪失、あるいは死亡に至った例がある。
二　慢性ばく露による障害
長期反覆ばく露による障害としては、以下に掲げるものが知られている。
㈠　肝血管肉腫
㈡　次のものを伴う肝脾症候群（上記㈠を除く。）
イ　肝脾腫
ロ　食道及び胃の静脈瘤
ハ　門脈圧亢進
ニ　血小板減少等
㈢　指端骨溶解（レイノー様現象を伴うことがある。）
㈣　強皮症様皮膚病変（レイノー様現象を伴うことがある。）

第二　塩化ビニルばく露作業従事労働者に発生した疾病の業務上外の認定について

一　悪性腫瘍の取扱い

㈠　肝血管肉腫

塩化ビニルばく露作業従事労働者に発生した肝血管肉腫であって、次のイおよびロのいずれの要件をも満たすものについては、労働基準法施行規則別表第一の二第七号10に掲げる疾病に該当するものとして取り扱うこと。

イ　塩化ビニル重合工程における塩化ビニルばく露作業従事歴が四年以上の者に発生したものであること。

ロ　原発性のものであること。

ただし、肝血管肉腫についてはその発生と塩化ビニルへのばく露との関連について専門的検討を加える必要があるので、当分の間、作業内容、従事期間、ばく露した化合物の種類、ばく露の程度、症状（病理組織学的検査、剖検等の所見を含む。）等を調査のうえ本省にりん伺すること。

㈡　上記㈠以外の悪性腫瘍

塩化ビニルばく露作業従事労働者に発生した悪性腫瘍のうち、肝血管肉腫以外の腫瘍については、現時点ではその発生と塩化ビニルへのばく露との関連が必ずしも明らかでなく、個々の事案について慎重な検討を要するので、作業内容、従事期間、ばく露した化合物の種類、ばく露の程度、症状（病理組織学的検査、剖検等の所見を含む。）等を調査のうえ本省にりん伺すること。

二～三　（略　本章第四節第一項五㈡１〈一四六ページ〉参照）

## 事例

### ○塩化ビニルばく露作業従事労働者の肝血管肉腫

**【事実】**　B化成㈱I工場の労働者A（昭和六年九月一〇日生）は、昭和二六年三月から昭和四八年七月までの間に、通算二二年二カ月にわたって塩化ビニル重合工程における重合槽、脱水機、乾燥機などの運転業務、清掃業務及び整備業務に従事した。この間、昭和二六年五月から昭和三四年六月までの八年二カ月間は、重合反応終了後の塩化ビニルモノマーの高濃度状態の重合缶内において、同僚数名とともに缶内部に付着した塩化ビニルをヘラによる手作業で取り除く作業等に従事し、相当量の高濃度ばく露（当時の重合缶内塩化ビニルモノマーの濃度は一〇〇～三〇〇ppmと推定される。）を受けた。その後、昭和三四年七月から昭和四八年七月までの約一四年間は、塩化ビニル製造工程における各種設備の運転及び整備業務に従事した。

Ａは、昭和六二年四月にＢ化成㈱を定年退職後、Ｊ㈱に勤務していたが、平成二年一一月二〇日頃から発熱を訴え、同月二七日Ｔ病院において人間ドック検診を受診したところ、肝腫大、貧血とともに肝機能異常（GOT・GPTの軽度上昇、γ-GTP・ALP・LDHの著しい上昇）を指摘されたため、Ｄ病院を受診、平成二年一二月六日から入院のうえ検査を受けて「肝右葉全域を占める肝腫瘍」と診断され、肝右葉切除を受けた。

Ｄ病院での手術前に施行した血液検査の成績では、血清総ビリルビンGOT四五単位、GPT四〇単位、LDH七二四単位、血液一般検査において赤血球数三二三万個／㎣、白血球数六、二〇〇個／㎣、ヘモグロビン一〇・一ｇ／dℓであった。また、超音波所見では超音波上、肝血管腫様を呈し、ＣＴ所見では、造影により肝右葉の腫瘍内さらに結節部が明瞭となり、ＭＲＩ所見では、Ｔ１強調画像で腫瘍内部は不均一であり結節辺縁部を中心に高信号を呈し、血腫を反映した。さらに、血管造影所見では、動脈相から実質相にかけて綿花様所見が広範囲に散在しており、肝血管腫様の血管造影所見としても妥当であった。

Ｄ病院での肝右葉切除手術の際の切除肝のヘマトキシリン・エオジン染色標本における腫瘍部の病理組織学的所見は、腫瘍部の左右を比較すると、腫瘍細胞の密度や核のクロマチン過染性は左半部より右半部の腫瘍の方が高く、かつ、腫瘍細胞によって縁取られているスリット状の血液腔も、左半部の方が右半部より大きく明瞭であった。また、有糸分裂像は左半部より右半部の方がより分化度が低く、左半部においては血液腔に一致する裂隙をとりかこんで血管内皮様に並ぶという腫瘍細胞の性格がより明瞭にうかがい得た。

以上のように病理組織学的には、塩化ビニルモノマーの長期大量ばく露を受けた労働者に発症した肝血管肉腫、並びにその関連病変に一致する所見であった。

【判断】　本症例は、塩化ビニル重合工程における重合槽、脱水機、乾燥機などの運転業務、清掃業務及び整備業務に二二年二カ月間にわたって従事し、その間相当高濃度の塩化ビニルモノマーのばく露を受けたものである。その後、人間ドック検診において肝機能異常を指摘され、精密検査の結果、肝右葉全域を占める肝腫瘍と診断されている。本症例においては、肝右葉切除術が施行され、その肝腫瘍の標本の腫瘍部及び非腫瘍部の病理組織学的所見は、塩化ビニルモノマーの長期ばく露を受けた労働者に発生した肝血管肉腫並びにその関連病変と一致するものである。以上から、本症例の疾患は業務に起因して発生した肝血管肉腫であると考えられるので業務上である（平四・七・二　基収第三八号）。



# 第一一項　三・三′―ジクロロ―四・四′―ジアミノジフェニルメタンによる尿路系腫瘍

労基則別表第一の二第七号11には、「三・三′―ジクロロ―四・四′―ジアミノジフェニルメタンにさらされる業務による尿路系腫瘍」が業務上の疾病として規定されている。

## (一)　発生原因と発生職場

三・三′―ジクロロ―四・四′―ジアミノジフェニルメタン（以下「ＭＯＣＡ」という。）は、$C_{13}H_{12}Cl_2N_2$の化学式を有する無色又淡褐色の固体でかすかなアミン臭を呈する物質である。

ＭＯＣＡのばく露を受ける業務としては、ＭＯＣＡを製造する業務や、ＭＯＣＡを用いた化成品を製造する業務がある。

化成品等を製造する事業場において、ＭＯＣＡを取り扱う業務に従事した複数の労働者から、膀胱がんを発症したとして労災請求がなされたことを契機として、厚生労働省の「芳香族アミン取扱事業場で発生した膀胱がんの業務上外に関する検討会」において、業務と膀胱がんとの因果関係について検討を行い、令和二年一二月に「『芳香族アミン取扱事業場で発生した膀胱がんの業務上外に関する検討会』報告書（膀胱がんと三・三′―ジクロロ―四・四′―ジアミノジフェニルメタン（ＭＯＣＡ）のばく露に関する医学的知見）」がとりまとめられた。

同報告書では、ＭＯＣＡのばく露作業に五年以上従事した労働者で、ばく露開始後一〇年以上経過して発症した膀胱がんについては、業務が相対的に有力な原因となって発症した蓋然性が高いと結論付けた。

## (二)　業務上外の認定について

業務上外の判断は、「芳香族化合物のニトロ又はアミノ誘導体による疾病の認定基準について」（昭和五一年八月四日基発第五六五号）により本省りん伺のうえ、前述の検討会報告書を踏まえて行われる。

## (三)　主要な文献

1　厚生労働省（二〇二〇）：「芳香族アミン取扱事業場で発生した膀胱がんの業務上外に関する検討会」報告書（膀胱がんと三・三′－ジクロロ－四・四′－ジアミノジフェニルメタン（ＭＯＣＡ）のばく露に関する医学的知見）

# 第一二項　オルト―トルイジンによる膀胱がん

労基則別表第一の二第七号12には、「オルト―トルイジンにさらされる業務による膀胱がん」が業務上の疾病として規定されている。

## (一)　発生原因と発生職場

オルト―トルイジンは、$C_7H_9N$の化学式を有する無色の液体で特徴的な臭いを呈する物質である。

オルト―トルイジンのばく露を受ける業務としては、オルト―トルイジンを用いた化成品を製造する業務がある。

染料・顔料の中間体を製造する化学工場において、オルト―トルイジン等の化学物質を取り扱う業務に従事していた労働者から、使用した化学物質が原因で膀胱がんを発症したとして労災請求がなされたことを契機として、厚生労働省の「芳香族アミン取扱事業場で発生した膀胱がんの業務上外に関する検討会」において、業務と膀胱がんとの因果関係について検討を行い、平成二八年の一二月に「『芳香族アミン取扱事業場で発生した膀胱がんの業務上外に関する検討会』報告書（膀胱がんとオルト―トルイジンのばく露に関する医学的知見）」が取りまとめられた。

同報告書ではオルト―トルイジンのばく露業務に一〇年以上従事した労働者で、ばく露開始後一〇年以上経過して発症した膀胱がんについては、業務が相対的に有力な原因となって発症した蓋然性が高いと考えられると結論した。

### ㈡　業務上外の認定について

業務上外の判断は、「芳香族化合物のニトロ又はアミノ誘導体による疾病の認定基準について」（昭和五一年八月四日基発第五六五号）により本省りん伺のうえ、前述の検討会報告書を踏まえて行われる。

### ㈢　主要な文献

1　厚生労働省（二〇一六）：「芳香族アミン取扱事業場で発生した膀胱がんの業務上外に関する検討会」報告書（膀胱がんとオルトートルイジンのばく露に関する医学的知見）

## 第一三項　一・二―ジクロロプロパンによる胆管がん

## 第一四項　ジクロロメタンによる胆管がん

労基則別表第一の二第七号13には、「一・二―ジクロロプロパンにさらされる業務による胆管がん」が、同じく14には「ジクロロメタンにさらされる業務による胆管がん」が業務上の疾病として規定されている。

一・二―ジクロロプロパンは、$C_3H_6Cl_2$の化学式を有する無色透明の液体で特徴的な臭気を呈する物質である。

ジクロロメタンは、$CH_2Cl_2$の化学式を有する無色透明の液体で特徴的な臭気を呈する物質である。

これらの物質のばく露を受ける業務としては、印刷機等の洗浄・払拭業務がある。

## ㈠　発生原因と発生職場

印刷事業場で校正印刷業務等に従事した労働者等から、使用した有機溶剤等の化学物質が原因で胆管がんが発症したとして労災請求がなされたことを契機として、厚生労働省の「印刷事業場で発生した胆管がんの業務上外に関する検討会」において、業務と胆管がんとの因果関係について検討を行い、平成二五年三月に「『印刷事業場で発生した胆管がんの業務上外に関する検討会』報告書（化学物質ばく露と胆管がん発症との因果関係について）」が取りまとめられた。

同報告書では、胆管がんはジクロロメタン又は一・二―ジクロロプロパンに長期間、高濃度ばく露することにより発症し得ると医学的に推定できると結論付けた。

## ㈡　業務上外の認定について

前述の検討会報告書を受けて厚生労働省は「胆管がんに係る労災請求事案の調査に当たって留意すべき事項について」（平二五・四・一六　基労補発〇四一六第一号）を発出した。調査に当たって留意すべき事項は次のとおりである。

### １　職歴、従事業務の種類及び作業態様の把握

⑴　職歴及び従事業務の種類

被災労働者の最終事業場に至るまでのすべての職歴を確認するとともに、各所属事業場において従事した具体的な業務内容を確認すること。

(2)　作業態様の把握

前記(1)の確認の結果、化学物質（ジクロロメタン及び一・二―ジクロロプロパン以外の化学物資を含む。以下同じ。）にばく露する業務に従事していることが確認された場合は、以下の内容について作業態様を把握すること。

ア　作業工程及び作業内容

被災労働者が従事していた業務の作業工程のうち、化学物質にばく露する作業を特定するとともに、作業内容を確認すること。

イ　作業におけるばく露形態

作業内容や後記3の作業環境が同一であっても、作業姿勢（例えば、化学物質の発生源に顔を近づけて行う作業）によっては化学物質のばく露量が大きく変化することから、化学物質に直接ばく露する業務に従事する際のばく露形態を特定すること。

また、被災労働者が直接化学物質を取り扱ってばく露していないが、間接的にばく露した場合、すなわち被災労働者が従事していた作業場内で他の労働者が化学物質を取り扱うことによりばく露していた場合においても、ばく露形態を特定すること。

ウ　作業時間

化学物質にばく露する作業ごとの一回当たりの所要時間及び一日における作業回数について把握すること。また、当該業務に従事した全ての期間の一日における平均的な作業時間についても把握すること。

エ　作業頻度

化学物質にばく露する業務に従事していた作業頻度について、一週間及び一か月についても前記ウと同期間について把握すること。また、繁忙期や閑散期があり、作業時間が季節等により変わる場合には、その状況についても把握すること。

## ２　化学物質の使用状況に係る調査

⑴　使用していた化学物質の把握

被災労働者が勤務していた事業場で化学物質の使用が確認された場合、当該化学物質を含む製品のＳＤＳ（安全データシート）等の情報を入手し、使用された化学物質を特定するとともに、物質ごとの含有量を把握すること。当該製品について客観的資料が現存しない場合（使用されていた期間のうち、一部の期間について現存しない場合を含む。以下同じ。）は、聴取等から、色、臭い、揮発性等当該製品の特徴を確認すること。

なお、ジクロロメタン及び一・二ージクロロプロパンについては、これまでの請求事案の調査において、都道府県労働局（以下「局」という。）で収集したＳＤＳから得られた情報を整理した資料を別途送付するので、参考にすること。

⑵　化学物質の使用量及び使用時期

化学物質の使用量及び使用時期については、仕入伝票や化学物質が含まれる製品のＳＤＳ等の客観的資料を基に以下の調査を行うこと。

なお、客観的資料が現存しない場合は、事業主、仕入担当者（経理担当者）、化学物質の管理担当者、同僚等の事業場関係者のほか、事業場の取引業者等からの聴取により推定すること。

ア　使用量

仕入れ量から一日又は一定期間（一週間、一か月等）における使用量を把握すること。
なお、聴取等により使用量を推定した場合は、当該化学物質を使用する作業内容や作業回数から想定される使用量と比較して妥当と認められる使用量を検討すること。

イ　使用時期

使用された製品ごとの使用時期を確認するとともに、当該製品の名称や製造業者名を確認すること。

## 3　作業環境に係る調査

被災労働者が勤務していた事業場で化学物質の使用が確認された場合、作業環境を把握するため、以下の内容について調査を行うこと。

なお、事業場が現存せず、作業場所の見取り図等の関係書類が廃棄されている等の場合においては、事業場関係者からの聴取等により、作業環境を推定すること。

(1)　作業場の気積、換気状況等

ア　作業場の気積

作業場の気積は実測又は図面により確認すること。

イ　作業場の換気状況

(ア)　換気設備の設置状況

換気設備の種類及び台数を確認すること。

(イ)　換気設備の能力

前記(ア)で確認した換気設備について、換気設備ごとの排気能力（㎥／min若しくは㎥／h）を仕様書等から確認すること。仕様書等が現存しない場合には、メーカーや設置業者に問い合わせる等により確認すること。なお、換気能力が不明である場合であっても、換気扇であればその羽根径から推定が可能であることから、羽根径を確認すること。

(ウ)　換気設備の稼働状況

前記(ア)で確認した換気設備について、稼働状況（稼働開始・終了時間、作業中の稼働の有無など）を事業場関係者から具体的に聴取すること。

(エ)　その他

ａ　化学物質にばく露する作業場所が狭隘である場合は、当該作業場所周辺の化学物質の濃度は、作業場全体の濃度よりも高くなる可能性があるため、事業場関係者からの聴取等において、狭隘な場所での作業の有無について確認すること。

ｂ　作業場内に外気に通じる窓等がある場合は、当該窓等の大きさ、開閉状況を事業場関係者から具体的に聴取すること。

ウ　その他

作業時における被災労働者の保護具の着用状況を把握すること。

(2)　作業環境測定の結果

ア　事業場が作業環境測定を実施している場合

事業場から作業環境測定の結果を入手すること。

なお、作業環境は過去の状況についても把握する必要があることから、直近の測定結果だけでなく、現存している過去の測定結果についても入手すること。

イ　事業場が作業環境測定を実施していない場合

監督・安全衛生担当部署に情報提供し、指導等に基づいて実施された作業環境測定の結果を入手すること。

なお、使用していた化学物質について、作業環境測定の実施が法令により義務付けられていない事業場については、本省にその取扱いを協議すること。

## ４　臨床・病理所見に係る資料の収集

被災労働者の診断名、発症部位、臨床経過、既往歴、嗜好等を確認するため、医療機関から以下の資料を収集すること。

また、臨床経過の確認に当たっては、必要に応じて、事業主に定期健康診断及び有機溶剤業務に係る健康診断結果の提出を求めること。

(1)　診療録

(2)　次の各種検査等記録

ア　ＣＴ、ＭＲＩ、超音波、内視鏡検査等

イ　病理組織診断

ウ　生化学検査

肝胆領域における異常の有無に係る検査としては、総ビリルビン（Ｔ－ＢＩＬ）、ＡＳＴ（ＧＯＴ）、ＡＬＴ

（GPT）、ALP及びγ－GTPの各検査があること。

エ　腫瘍マーカー検査

肝胆領域における腫瘍マーカー検査としては、CEA及びCA19－9の各検査があること。

オ　感染症検査

B型肝炎及びC型肝炎の既往感染の有無に係る検査としては、HBs抗原、HBs抗体及びHCV抗体の各検査があること。

(3)　標　本

被災労働者が診療を受けた医療機関に対しては、手術、生検により採取された組織の標本の有無を確認し、標本がある場合には、当該標本の借用を依頼すること。

なお、標本の借用依頼に当たっては、標本の利用目的について、原発性・転移性の区別、肝硬変等のリスク因子の有無等の確認のほか、大阪府の印刷事業場の症例でみられた所見との共通性の有無等の確認をするものであり、業務上外の検討に当たって必要な資料となる旨を説明し、医療機関の理解を得ること。また、当該標本の借用を依頼する時期については、本省へのりん伺に併せて送付できるよう依頼を行うこと。

(4)　医学意見書

主治医に提出を依頼する医学意見書については、確定診断名、発症時期、原発性・転移性の区別のほか、胆管系の慢性炎症（原発性硬化性胆管炎、肝内結石、肝吸虫感染）のほか、慢性ウイルス性肝炎（B型・C型）、肝硬変、膵・胆管合流異常症等の胆管がんのリスク因子の有無について記載を求めること。

### ㈢　消滅時効

労災保険の保険給付請求権の消滅時効は、民法第一一六条第一項により「権利を行使できるとき」から進行するものであり、一・二―ジクロロプロパン、ジクロロメタンのばく露を受ける業務と胆管がんの発症との関係は、平成二五年三月一四日の厚生労働省検討会報告書の公表までは一般的に明らかでなかったことから、一・二―ジクロロプロパン、ジクロロメタンのばく露を受けたことにより胆管がんを発症した労働者に関する労災保険の保険給付請求権の消滅時効は、報告書公表日までは進行していないとされた。

### ㈣　主要な文献

1　厚生労働省（二〇一三）：「印刷事業場で発生した胆管がんの業務上外に関する検討会」報告書

## 事例

○校正印刷業務に従事した労働者の胆管がん

【事実】　印刷事業場に勤務する労働者一六名に胆管がんが発症し、このうち七名が死亡した（平成二四年一二月末日時点）。

本件事業場には、校正印刷部門のほか、営業、事務部門等に所属する者がおり、現在の社屋となった平成三年四月から平成二四年一二月までの間、一八〇名が事業場に在籍していたが、胆管がんを発症した者はいずれも校正印刷部門所属の者で、営業、事務部門等の校正印刷部門以外に所属していた者（八九名）に胆管がんを発症した者はいない。胆管がんを発症した一六名全員がばく露した化学物質は、校正印刷業務で洗浄剤として多量に使用されていた一・二―ジクロロプロパンであった。また、一六名中一一名が一・二―ジクロロプロパンだけでなくジクロロメタンにもばく露していた。
**【判断】** 本件事業場で発生した胆管がんは、一・二ージクロロプロパンに長期間、高濃度ばく露したことが原因で発症した蓋然性が極めて高いと判断された。（平二五・三・一四検討会報告書）

## 第一五項　電離放射線によるがん

労基則別表第一の二第七号15には、「電離放射線にさらされる業務による白血病、肺がん、皮膚がん、骨肉腫、甲状腺がん、多発性骨髄腫又は非ホジキンリンパ腫」が業務上の疾病として規定されている。

### (一)　発生原因と発生職場

電離放射線の定義、電離放射線を被ばくすることのある業務等については、上巻第四篇第二章第二節五を参照されたい。

### (二)　業務上外の認定について

電離放射線によるがんの認定については、後掲の通達がある。

なお、労基則別表第一の二の本項は、平成二二年五月の改正により、それまでの「電離放射線にさらされる業務による白血病、肺がん、皮膚がん、骨肉腫または甲状腺がん」から、「電離放射線にさらされる業務による白血病、肺がん、皮膚がん、骨肉腫、甲状腺がん、多発性骨髄腫又は非ホジキンリンパ腫」と改定され、「多発性骨髄腫又は非ホジキンリンパ腫」が追加された。認定基準は白血病、皮膚がん、甲状腺がん、肺がん、骨の悪性新生物、肝及び胆道系の悪性新生物を対象としたものから変更はされていないが、電離放射線と多発性骨髄腫及び非ホジキンリンパ腫に係る医学的事項については、専門検討会報告書「多発性骨髄腫と放射線被ばくとの因果関係について」（平成一六年二月六日）及び「悪性リンパ腫、特に非ホジキンリンパ腫と放射線被ばくとの因果関係について」（平成二〇年一〇月一〇日）を参照されたい。

この他、胃がん、食道がん、結腸がん、膀胱がん、喉頭がん、肺がん、甲状腺がん、肝がん、膵がん、脳腫瘍、咽頭がん、悪性黒色腫、前立腺がん、腎臓がん、直腸がん、精巣腫瘍（精巣がん）について専門検討会における検討結果を受け、次の通達が発出されているので、認定基準と合わせて理解する必要がある。

・「胃がん、食道がん及び結腸がんと放射線被ばくに関する医学的知見について」とこれに基づいた労災補償の考え方について（平二四・九・二八　基労発〇九二八第一号）

・「膀胱がん、喉頭がん及び肺がんと放射線被ばくに関する医学的知見について」とこれに基づいた労災補償の考え方について（平二七・一・二八　労災発〇一二七第二号）

・電離放射線障害の業務上外に関する検討会報告書「甲状腺がんと放射線被ばくに関する医学的知見について」とこれを踏まえた労災補償の考え方について（平二八・一二・一六　労災発一二一六第一号）

・電離放射線障害の業務上外に関する検討会報告書「肝がんと放射線被ばくに関する医学的知見について」とこれを踏まえた労災補償の考え方について（平二九・一〇・二五　労災発一〇二五第一号）

・電離放射線障害の業務上外に関する検討会報告書「膵がんと放射線被ばくに関する医学的知見について」とこれを踏まえた労災補償の考え方について（平三〇・六・二六　労災発〇六二六第二号）

・電離放射線障害の業務上外に関する検討会報告書「脳腫瘍と放射線被ばくに関する医学的知見について」とこれを

踏まえた労災補償の考え方について（令二・三・一九　労災発〇三一九第一号）

・咽頭がん・悪性黒色腫と放射線被ばくに関する医学的知見報告書とこれを踏まえた労災補償の考え方について（令三・九・八　労災発〇九〇八第一号）

・前立腺がんと放射線被ばくに関する医学的知見報告書とこれを踏まえた労災補償の考え方等について（令四・六・二八　労災発〇六二八第一号）

・腎臓がんと放射線被ばくに関する医学的知見報告書及びこれを踏まえた労災補償の考え方について（令四・一二・二三　労災発一二二三第二号）

・直腸がん・精巣腫瘍（精巣がん）と放射線被ばくに関する医学的知見報告書とこれを踏まえた労災補償の考え方について（令五・五・一七　労災発〇五一七第一号）

なお、労基則別表第一の二第七号15に列記されていない「がん」については、同第七号23に該当するものとして認定する。

電離放射線障害の特徴については、上巻第四篇第二章第二節五に掲げたが、電離放射線によるがんについては他の職業がん（がん原性物質又はがん原性工程によるがん）と比較すると、さらに次の特徴があげられる。

(1)　他の職業がんにおいては、り患者の過去における正確なばく露条件の把握が困難であるが、電離放射線によるがんについては、放射線計測学の進歩等により被ばく線量の相当程度正確な把握が可能であり、これに基づく疫学的知見が豊富であること。特に、原子力施設における放射線業務従事者の被ばくについては、原子力放射線業務従事者被ばく線量登録管理制度により管理されていること。

(2)　電離放射線の単位線量当たりの発がんのリスク（リスク係数）が求められていること。

なお、被ばく開始からがんの発生までの潜伏期間が長いことについては他の職業がんと同じであるが、生ずるがんの種類によってその長さは異なり、被ばくからがんが発現するまでには数年から数十年に及び、例えば白血病では五年から七年で発生頻度が最大となり、他のがんはより長いとされている。

## (三)　主要な文献

電離放射線によるがんについては、国際的な研究機関又はこれに準ずる機関によって多くの医学的知見が集約されているので、これを紹介することとする。

1　国際放射線防護委員会（ICRP）（一九六五）：国際放射線防護委員会勧告、ICRP Publication 9, 日本アイソトープ協会、仁科記念財団（発行一九六七）
2　国際放射線防護委員会（ICRP）（一九七七）：国際放射線防護委員会勧告、ICRP Publication 26, 日本アイソトープ協会、仁科記念財団
3　原子放射線の影響に関する国連科学委員会（UNSCEAR）（一九七七）：放射線の線源と影響、放射線医学総合研究所（監訳）、アイ・エス・ユー
4　国際放射線防護委員会（ICRP）（一九七七）：「害の指標」をつくるときの諸問題、ICRP Publication 27, 日本アイソトープ協会、仁科記念財団（発行一九七八）
5　米国研究審議会、米国科学アカデミー（編）電離放射線の生物学的影響に関する委員会（BEIR）（一九八〇）：低線量電離放射線の被曝によるヒト集団への影響（BEIR—Ⅲ報告書）、ソフトサイエンス社
6　原子放射線の影響に関する国連科学委員会（UNSCEAR）（一九八二）：放射線科学、第二七巻第二号及び第三号

7　原子放射線の影響に関する国連科学委員会（UNSCEAR）（一九八八）：実業公報社
8　国際放射線防護委員会（ICRP）（一九九〇）：国際放射線防護委員会勧告、ICRP Publication 60, 日本アイソトープ協会、仁科記念財団
9　原子放射線の影響に関する国連科学委員会（UNSCEAR）（二〇〇六）：放射線の影響、放射線医学総合研究所
10　国際放射線防護委員会（ICRP）（二〇〇七）：国際放射線防護委員会勧告、ICRP Publication103, 日本アイソトープ協会
11　原子放射線の影響に関する国連科学委員会（UNSCEAR）（二〇一〇）：ICRP Publication 10311, 放射線医学総合研究所
12　食品安全委員会評価書「食品中に含まれる放射性物質」（二〇一一）

## 【電離放射線に係る疾病の業務上外の認定基準について（昭五一・一一・八　基発第八一〇号、改正：令五・一・一八　基発〇一一八第八号）】

標記疾病の認定については、今後、下記によることとし、これに関する従来の通達（昭和三八年三月一二日付け基発第二三九号（昭和三九年九月八日付け基発第一〇四九号により一部改正））は廃止することとしたので、了知されるとともに事務処理に遺憾のないようにされたい。

なお、この取扱いの改正は、「電離放射線障害の業務上外の認定基準の検討に関する専門家会議」において先般取りまとめられた結論に基づいて行ったものである。

また、この通達の解説部分は、電離放射線障害の類型、電離放射線障害の認定基準及び被ばく線量の評価について解説したものであり、通達本文と一体のものとして取り扱われるべきものである。

記

第一　電離放射線障害の類型について

電離放射線障害防止規則（昭和四七年労働省令第四一号）第二条第一項に規定する電離放射線（以下「電離放射線」とい

う。）に被ばくする業務に従事し、又は従事していた労働者に電離放射線に起因して発生すると考えられる疾病は、次のとおりである。

一～二（略　上巻第四篇第二章第二節五参照）

三　電離放射線による悪性新生物

電離放射線に被ばくした後、比較的長い潜伏期間を経て現われる悪性新生物をいい、これに該当するものは、次のとおりである。

(一)　白血病

(二)　電離放射線の外部被ばくによって生じた次に掲げる原発性の悪性新生物

イ　皮膚がん

ロ　甲状腺がん

ハ　骨の悪性新生物

(三)　電離放射線の内部被ばくによって生じた次に掲げる特定臓器の悪性新生物

イ　肺がん

ロ　骨の悪性新生物

ハ　肝及び胆道系の悪性新生物

ニ　甲状腺がん

四（略）

第二　電離放射線に係る疾病の認定について

電離放射線に被ばくする業務に従事し、又は従事していた労働者に上記第一の「電離放射線障害の類型」のうち、急性放射線症、急性放射線皮膚障害、慢性放射線皮膚障害、放射線造血器障害（白血病及び再生不良性貧血を除く。）、白血病又は白内障が発生した場合で、これらの疾病ごとに以下に掲げる要件に該当し、医学上療養が必要であると認められるときは、白血病以外の疾病については、労働基準法施行規則別表第一の二第二号5、白血病については同別表第七号15に該当する業務上の疾病として取り扱う。

なお、以下に認定基準を定めていない電離放射線障害、認定基準を定めている疾病のうち白血病及び認定基準により判断し難い電離放射線障害に係る事案の業務上外の認定については、別添「電離放射線に係る疾病の業務起因性判断のための調査実施要領」（略）により調査して得た関係資料を添えて本省にりん伺されたい。

一～四　（略）

五　白血病

次に掲げる要件のいずれにも該当すること。

㈠　相当量の電離放射線に被ばくした事実があること。

㈡　被ばく開始後少なくとも一年を超える期間を経た後に発生した疾病であること。

㈢　骨髄性白血病又はリンパ性白血病であること。

六　（略）

（解　説）

第一　電離放射線障害の類型について

一　疾病分類の趣旨

本文記の第一は、電離放射線障害の業務起因性の判断上の便宜を考慮して分類したものである。

なお、電離放射線被ばくには、外部被ばくと内部被ばく（吸入、経口摂取又は無傷な若しくは傷のある皮膚を通じて体内に入った放射線物質により受ける被ばくをいう。）があり、被ばくの態様により障害の発生のし方が異なる場合があるので分類の際は特にこれを考慮した。

二　（略）

第二　電離放射線に係る疾病の認定について

電離放射線障害は、その現われる症状や性質は極めて複雑多岐であり、かつ、特異性がなく、個々の例においては他の原因により生ずる疾病との識別が困難なものが多い。

したがって、電離放射線障害に関する業務起因性の判断に当たっては、その医学的診断、症状のみならず、被災労働者の職歴（特に業務の種類、内容及び期間）、疾病の発生原因となるべき身体への電離放射線被ばくの有無及びその量等について別添「電離放射線障害に係る疾病の業務起因性判断のための調査実施要領」（略）により調査し、検討する必要がある。

一～四（略）

五　白血病について

㈠　本文記の第二の五の㈠の「相当量」とは、業務により被ばくした線量の集積線量が次式で算出される値以上の線量をいう。

○・五レム（編者注：国際単位系（SI）では、五ミリシーベルト）×（電離放射線被ばくを受ける業務に従事した年数）

㈡　白血病を起こす誘因としては、電離放射線被ばくが唯一のものではない。また、白血病の発生が電離放射線被ばくと関連があると考えられる症例においても、業務による電離放射線被ばく線量に医療上の電離放射線被ばく線量等の業務以外の被ばく線量が加わって発生することが多い。このような場合には、業務による電離放射線被ばく線量が上記㈠の式で示される値に比較的近いものでこれを下廻るときは、医療上の被ばく線量を加えて上記㈠で示される値に該当するか否かを考慮する必要がある。この場合、労働安全衛生法等の法令により事業者に対し義務づけられた労働者の健康診断を実施したために被ばくしたエックス線のような電離放射線の被ばく線量は、業務起因性の判断を行うに際しては業務上の被ばく線量として取り扱う。

六（略）

第三（略）

## 事例

### ○放射線科医師に発生した慢性放射線皮膚障害及び皮膚がん

【事実】　T中央病院の放射線科医師O（四四歳）は、昭和二七年四月から同三六年一二月までY医科大学において、昭和三七年一月から同四八年一二月までT中央病院において、エックス線、アイソトープによる患者の検査治療の業務に従事していたが、この間の昭和三七年頃に右手指（特に中、環指）の皮膚弾性の減少、乾燥がみられるようになり、昭和三九年頃には指先が固くなり、指紋が消失する等の皮膚炎症状が出現し、昭和四七年九月頃には右手環指指先部に化膿をみるようになった。昭和四八年一〇月に至り、Oは勤務するT中央病院を受診したところ、すでに右手環指には潰瘍が現れ、爪はほとんど破壊されている状態であったため、右手環指を第一指骨中央部で切断手術した。

T中央病院では、手指のエックス線被ばくによる皮膚炎、続いて潰瘍を発し、さらに皮膚がんに転化したものであると診断した。

Oのエックス線及びアイソトープによる検査・治療業務での手への被ばくについては、手の被ばく線量は測定したことがなく不明であるが、エックス線は透視による直接線であり、散乱線はほとんどないこと、必要に応じて防護手袋を外して触診することがしばしばあったこと、のべ四万人余の患者の検査・治療を行っていること等から、発症までに相当量の線量を被ばくしたと推定される。

**【判断】**　当該労働者の作業状況、発症の時期、症状経過等から、本疾病は業務との因果関係が認められるから業務上である（昭四九・一二・四　基収第五三二一号）。

○診療放射線技師に発症した急性リンパ性白血病

**【事実】**　請求にかかる労働者Sは、昭和二四年四月から同二六年三月まで二カ所の病院でエックス線技師見習として勤務した後、昭和二六年九月から同六〇年八月までの約三四年間、S病院にエックス線技師として勤務していたが、昭和六〇年九月に急性リンパ性白血病と診断された。

当人のエックス線業務の電離放射線の被ばく線量は、昭和四五年九月にフィルムバッジによる測定で一カ月二〇ミリレムに、昭和四九年二月以降同六〇年八月までの間フィルムバッジによる測定で〇・一五レムとなっているが、それ以外の期間における被ばく線量は不明である。

**【判断】**　１　本件における臨床検査結果、臨床症状からみて、本件疾病は急性リンパ性白血病と判断される。

２　本件については、被ばく線量は確定できないが、専門家の調査によると、昭和二六年九月一日から昭和四九年二月二四日までの被ばく線量を七二・八レムと推定している。これは、当時の診療放射線業務の作業条件等を勘案すると、妥当な線量評価によるものと考えられる。

また、昭和四九年二月二五日以降の被ばく線量は、フィルムバッジによる測定記録によると、〇・一五レムである。

以上から、同人が昭和二六年九月以前に勤務した二カ所の病院における被ばく線量を除外しても、昭和二六年九月一日以降約三四年間の放射線業務による推定被ばく線量は七二・九五レムとなり、これは、認定基準に示されている相当量の判断基準となる被ばく線量一七・〇レム（〇・五レム×三四年）を大幅に上回る被ばく量である。

3　同人は、職歴等からみて診療放射線業務以外の放射線被ばくの事実はなく、また、家族性の発症も認められない。

以上から判断すれば、本件の急性リンパ性白血病と同人が従事した業務との間に相当因果関係が認められるものと考えられる。

したがって、同人の死亡原因である本件疾病は、労働基準法施行規則別表第一の二に掲げる業務上の疾病に該当するものと判断する（平二・二・九　基収第四九二号）。

## 第一六項　オーラミン製造工程による尿路系腫瘍

労基則別表第一の二第七号16には、「オーラミンを製造する工程における業務による尿路系腫瘍」が業務上の疾病として規定されている。

### (一)　発生原因と発生職場

オーラミンは、

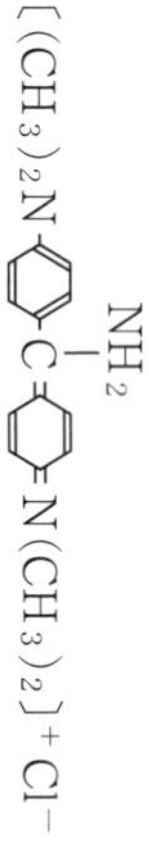

の化学構造式を有する分子の結晶水をもつ黄色の粉末の物質である。

本規定に該当する業務としては、防腐剤又は染料を製造する工程における業務がある。

オーラミンを製造する工程における業務に従事した者の尿路系腫瘍の発生例は、わが国においては報告されていない。

## (二)　業務上外の認定について

尿路系腫瘍の定義については、本節第一項〈三七七ページ〉を参照されたい。

オーラミン製造工程による尿路系腫瘍の認定に当たっては、次の点に留意する必要がある。

(1)　オーラミンを製造する工程のようながん原性工程については、がんの原因となる化学物質が同定されていないので、当該工程における特定の化学物質の気中濃度は、がん発生におけるばく露条件の評価のための直接的な指標とはならない。しかし、そのような気中濃度であってもこれが十分に低く維持されている場合には作業環境が良好に管理されていることを示唆するものであり、その逆も一般に成立するものと考えられるので、認定上参考とすべき資料である。

(2)　特定の化学物質へのばく露濃度の評価には右のような制約があるので、がん原性工程によるがんの認定は、当該工程における業務への従事歴が重要となる。

一般に作業環境は時期によって異なり、従事した時期が古いほど悪いと考えられるので、右にいう従事歴は、単に期間のみではなく、どの時期にどれだけの期間従事していたか、また、当時の作業環境がどのように管理されていたか等を把握することが必要である。

また、当該工程における業務に従事していた場合でも常態的に従事していないような形態があり、例えば、一時的ないしは一定期間応援のような形で当該工程に従事した場合、保安工としてあるいは原材料や製品の運搬のために随時当該工程に出入りするような場合がこれに当たる。このような場合は、当該工程における作業の頻度や作業時間を把握ないしは推定して評価することが必要である。

(3)　尿路系腫瘍の診断等については、本節第一項〈三七七ページ〉を参照されたい。

## (三)　主要な文献

CaseとPearson（一九五四）は、オーラミン製造に従事した労働者における膀胱腫瘍の比較的高い発生率を報告している。潜伏期間は九〜二八年で、期待値〇・一三に対して死亡数は六（P＜0.005）であった。

また、Von Müller（一九三三）はオーラミン製造に従事した人々に二例の膀胱がんの発生したことを報告している。

オーラミン製造工程による尿路系腫瘍に関する主な文献は、次のとおりである。

1　Von Müller, A.（1933）：Z. urol. Chir., 36, 202
2　Case, R. A. M. & Pearson, J. T.（1954）：Brit. J. industr. Med., 11, 213
3　IARC（1972）：IARC Monographs, vol. 69—3
4　IARC（1987）：IARC Monographs Supplement 7, 118—119

# 第一七項　マゼンタ製造工程による尿路系腫瘍

労基則別表第一の二第七号17には、「マゼンタを製造する工程における業務による尿路系腫瘍」が業務上の疾病として規定されている。

## ㈠　発生原因と発生職場

マゼンタ（別名フクシン、ロザニリン、ローズアニリン）は、次の化学構造式を有し、緑色の金属光沢のある結晶（正方晶系）性の物質である。

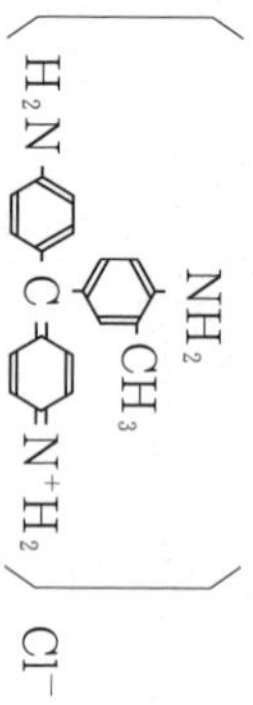

本規定に該当する業務としては、染料又は分析試薬を製造する工程における業務がある。

マゼンタを製造する工程における業務に従事した者の尿路系腫瘍の発生例は、わが国においては報告されていない。

## ㈡　業務上外の認定について

尿路系腫瘍の定義については、本節第一項〈三七七ページ〉を参照されたい。

マゼンタ製造工程による尿路系腫瘍の認定に当たっては、本節第一六項㈡〈四五四ページ〉の留意事項を参照されたい。

### (三)　主要な文献

Rehn（一八九五）は、初めてマゼンタ製造に関連する三例の膀胱腫瘍を報告した。

CaseとPearson（一九五四）は、マゼンタの製造に従事し、アルファ―ナフチルアミン、ベータ―ナフチルアミン及びベンジジンにばく露したことのない労働者八五名中に五例の膀胱がんを見いだし、死亡した三例に対して期待値は〇・一三（比較危険度は三二・〇、P＜0.005）であったと報告している。

マゼンタ製造工程による尿路系腫瘍に関する主な文献は、次のとおりである。


1　Rehn, L.（1895）：Arch. Klin. Chir., 50, 588

2　Case, R. A. M. & Pearson, J. T.（1954）：Brit. J. industr. Med., 11, 213

3　IARC（1974）：IARC Monographs, vol. 4, 57―64

4　IARC（1987）：IARC Monographs Supplement 7, 238―239


## 第一八項　コークス又は発生炉ガスの製造工程による肺がん

労基則別表第一の二第七号18には、「コークス又は発生炉ガスを製造する工程における業務による肺がん」が業務上の疾病として規定されている。

## ㈠　発生原因と発生職場

コークスとは、石炭の高温乾留によって得られる多孔質の炭素質燃料である。

発生炉ガスとは、コークス、石炭等の燃料に空気又は空気と水蒸気の混合気を送入し、ガス化反応を行わせて得られる低発熱量の燃料用ガスをいう。

なお、コークス炉又はガス発生炉からの揮発物は、本章第四節第三項〈二〇八ページ〉において解説した「タール様物質」に該当するので参照されたい。

製鉄用コークス又は製鉄用ガス発生炉ガスを製造する業務のうち炉上作業（製鉄用コークス炉作業の場合は炉側作業を含む。）に係る業務に従事した労働者では、肺がん発生の危険の高いことが認められているが、その他の業務では現時点においてこのような肺がん発生の超過危険は認められていない。なお、製鉄用以外のコークス炉において揮発物へのばく露条件がこれに類似した業務に従事した者に発生した肺がんについて個別の検討により業務起因性が認められた場合には、本項が適用される。

黒田と川畑（一九三六）が初めて発生炉ガス作業者の肺がんを報告して以来、わが国では多数の発生をみている。

## ㈡　業務上外の認定について

コークス又は発生炉ガスの製造工程による肺がんについては、後掲の通達がある。

肺がんの定義、診断等については、本節第五項㈡〈三九五ページ〉を参照されたい。

コークス又は発生炉ガスの製造工程による肺がんの認定に当たっては、本節三〈三七四ページ〉を参照するとともに、次の点に留意する必要がある。

(1) コークス又は発生炉ガスの製造工程による肺がんについては、症例数も多く国の内外において多くの疫学的研究がなされており、また、量—反応関係を示した報告もあるので、これらの医学的知見に照らした認定が重要である。

(2) コークス炉又はガス発生炉からの揮発物（タール様物質）にばく露する労働者に好発するガス斑（限局性毛細血管拡張症）の存在は、ばく露の指標の一つとなると考えられている。

## (三) 主要な文献

1　黒田と川畑（一九三六）は、一九三五年一月、当時としては比較的珍しい原発性肺がんの三例を経験した。これら三例はいずれも製鋼用ガス発生炉作業者であったことから、黒田らは、本症の業務起因性を疑って過去の検診記録を検討したところ、一九三三年以来四例の肺がん患者の存在がわかった。さらに一九三五年に実施した当該作業者の健康診断で四例の肺がんが発見され、これらとたまたま来院した肺がん患者が当該作業の元従業者であった一例を加えた一二例について報告がなされている。この報告によると、当時使用のKerpey式製鋼用ガス発生炉は摂氏一、二〇〇度の高温で、攪拌や石炭装入の作業時にはその突孔から一mに及ぶ火炎が吹き上がり、熱気とともに高温のガス、タール成分（ガス中に約〇・七パーセント含有）、粉じんを噴き出しており、作業者はこのような環境下で絶えずこの攪拌と装入の作業に従事したとしている。黒田らは、これらの肺がんの原因はガス発生炉作業に伴ってばく露されるタール成分及び粉じんであるとしており、これが世界でも初めての指摘である。

その後、Kawahata（一九三八）は、一九三六年に五例、一九三七年に四例の同様の肺がんを見いだし、先の一二例と合わせた二一例に関する報告を行っている。

**2** Lloyd（一九七一）は、米国における一二の製鉄業のコークス炉作業従事者における肺がん発生について、次のような疫学調査を報告している。すなわち、一九五三年以前に製鉄用コークスプラント関連業務に従事した労働者三、五三〇名について、一九五三年から一九六一年までの九年間にわたり追跡調査を実施した結果、

⑴　コークスプラントに従事する者で、肺がんが特に多く認められるのは、コークス炉作業者であり、その肺がん発生は、期待値の二・五倍（危険率一パーセントで有意）、五年以上従事した者では三・五倍（危険率一パーセントで有意）であった。

⑵　コークス炉作業者の肺がん発生を作業部署別にみると大きな差がみられる。すなわち、肺がんの発生が多くみられたのは、炉上作業者で期待値の五倍を示し、そのうち専ら炉上作業に従事する者は、期待値の七倍（危険率一パーセントで有意）であった。専ら炉側で働く者では期待値の一・二五倍（有意差なし）であった。

⑶　コークス炉作業に五年以上従事した労働者のうち、炉上作業のみの者では、期待値の一〇倍（危険率一パーセントで有意）、炉上（五年以上従事）及び炉側の両部署で働いた作業者では、期待値の二・八倍（危険率一パーセントで有意）であったが、炉側作業者では期待値の一・四倍（有意差なし）であった。

⑷　コークス炉作業従事期間が五年以下の労働者では、期待値四・七に対し観察数は四（有意差なし）であった。さらに、これをコークス炉作業部署別に細分してみても、炉上作業に臨時に従事する者又は常時従事する労働者であっても五年以下の者のなかには、肺がんの発生はみられなかった。

⑸　Lloydは、炉温と肺がんとの関連を多くの調査報告から次表のようにまとめている。

乾溜室の温度範囲と肺がん発生超過率

| 温度範囲（摂氏） | 肺がん発生超過率（パーセント） |
|---|---|
| 四〇〇～五〇〇 | 二七 |
| 九〇〇～一、一〇〇 | 八三 |
| 一、二〇〇～一、四〇〇 | 二五五 |
| 一、五〇〇以上 | 八〇〇 |

（編注）肺がん発生超過率とは、年齢構成と観察期間を考慮し、対象集団における発生率を一〇〇としたときの調査対象集団の発生率から一〇〇を減じた数値をいう。

3　Sakabeら（一九七五）は、製鉄業四社、都市ガス製造業四社並びにコークス製造化学工業及びコークス製造業（専業）三社の合計一一社について、コークス炉作業に従事した退職者のがん発生状況を調査解析し、報告している。

この調査は、一九四九年から一九七三年までのコークス炉作業従事退職者二、一七八名について観察したもので、同期間の日本人男性の肺がん発生率に年齢訂正をほどこして求めた肺がん発生の期待数と比較検討しており、その結果は次のとおりである。

(1)　一一社における肺がんの期待数一一・六七に対して観察数は一五であり、有意差は認められなかった。また、全がんについても有意差は認められなかった。

(2)　業種別に区分して解析すると、製鉄業四社における肺がんについて期待数三・三八に対して観察数は八であり（二・三七倍）、危険率二・二パーセントで有意差が認められた。製鉄業四社の全がん並びに都市ガス製造業四社の全がん及び肺がんについては有意差は認められなかった。なお、コークス製造化学工業及びコークス製造業（専業）においては追跡し得た退職者数が少なかったため検討できなかった。

(3) 全がんに対する肺がんの比率についてみると、製鉄業における肺がんが期待比率一〇・六パーセントに対して観察比率二二・二パーセントと危険率五パーセントで有意差を示したほかは有意差が認められていない。

(4) 肺がん例のコークス炉在業歴はすべて五年以上であり、これを製鉄業についてだけみると一〇年以上であった。

(5) コークス炉作業従事期間とコークス炉作業離脱から発症までの期間の関係について判明した一三例をみると、当該従事期間が一八年未満の者は、当該作業離脱から七年以上経過して肺がんを発症しており、また、コークス炉作業従事期間が一八年以上の者は二例を除きコークス炉作業離脱から三年以内に肺がんを発病している。

**コークス炉発散物へのばく露（ベンゼン可溶性成分mg／m³×ばく露期間）と肺がん発生との関係**

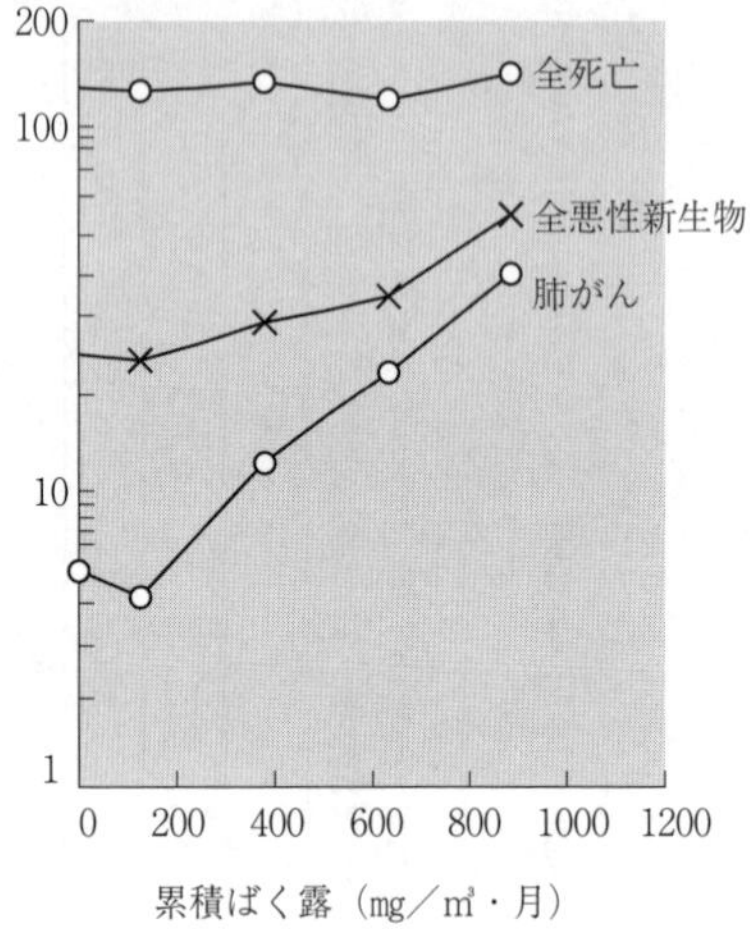


4　タール様物質による肺がん発生の危険度をばく露量と直接関連づけた研究は、Mazumdar（一九七五）の報告が唯一のものとされている。この研究は、Redmondら（一九七二）の報告で対象とされた一〇工場において、一九六六年に三一九の測定点を設け、作業環境中のコールタールピッチ揮発成分を測定した。これらの作業環境濃度から一一種類の職種を三群にまとめ、各群の平均的環境濃度の推定値を決め、各作業者の業務歴から、「推定濃度×就業月数」の合計を

もって累積ばく露量の指標とした。その結果、前頁の図のように白人以外のコークス炉作業者では累積ばく露指標の増加とともに肺がん死亡率が増加する量―反応関係が認められた。

コールタール又は発生炉ガスの製造工程による肺がんに関する主な文献としては、次のものがある。

1　黒田静・川畑是辰（一九三六）：日本医事新報、七二七、七―八

2　Kuroda, S. and Kawahata. K.（1936）：Z. Krebsforsch., 45, 36―39

3　Kawahata, K.（1938）：Gann., 32, 367―388

4　河合正武（一九六九）：医学のあゆみ、七〇、二五一―二五二、医歯薬出版

5　Lloyd（1971）：J. Occup. Med., 13, 53―68

6　Redmond, C. K. et al（1972）：J. Occup. Med., 14, 621―629

7　Sakabe, H. et al（1975）：Ind. Health, 13, 57

8　Mazumdar, S. et al（1975）：J. Air Poll. Cont. Assoc., 25, 382―389

9　IARC（1984）：IARC Monographs, vol. 34, 65―131

10　IARC（1987）：IARC Monographs Supplement 7, 175―176

11　松山恒雄（一九八八）：臨床産業医学全書二（一）、七六〇―七六七、医歯薬出版

## 【タール様物質による疾病の認定基準について（昭五七・九・二七　基発第六四〇号、改正：令五・一・一八　基発〇一一八第八号）】

標記について、今般、下記のとおり定めたので、タール様物質にばく露する作業に従事した労働者に発症した疾病については、今後、これより処理されたい。

なお、本通達は「タール様物質とがんの検討に関する専門家会議」において、先般取りまとめられた結論を参考として定めたものである。

おって、本通達の解説部分は、認定基準の細目を示したものであるから、本文と一体のものとして取り扱われるべきものである。

記

第一　がんについて

一　肺がん

㈠　製鉄用コークス又は製鉄用発生炉ガスを製造する工程における業務のうち、コークス炉上若しくはコークス炉側又はガス発生炉上において行う業務に従事した労働者に発症した肺がんであって、次のイ及びロのいずれの要件をも満たすものは、労働基準法施行規則別表第一の二（以下「別表第一の二」という。）第七号18に該当する疾病として取り扱うこと。

イ　上記の業務に五年以上従事した労働者に発症したものであること。

ロ　原発性のものであること。

㈡　上記㈠の業務の従事歴が五年未満の労働者又は上記㈠の業務以外の業務であって、その作業条件（炉の型式、炉温、タール様物質の気中濃度、作業従事歴等）からみて、上記㈠の業務に匹敵するようなタール様物質へのばく露が認められるものに従事した労働者に発症した原発性の肺がんについては、当分の間、関係資料を添えて本省にりん伺すること。

二　（略　本節第二二項〈四八五ページ〉参照）

第二　（略　本章第四節第三項〈二〇八ページ〉参照）

（解　説）

一　（略　同前）

二　タール様物質にばく露する作業場について

㈠　（略　同前）

㈡　コークス炉作業であっても炉上作業とそれ以外の作業とでは、タール様物質にばく露する程度が異なるように、同一作業場でも職種により、また、作業環境の改善等により、そのばく露量が異なることから、作業内容、作業従事時期等の詳細な検討が必要である。

三　がんについて

㈠　がんの量—反応関係

イ　タール様物質による肺がん発症の超過危険度（excess risk）は、製鉄用コークスは製鉄用発生炉ガスを製造する業務のうち、①コークス炉上作業又はガス発生炉上作業、②コークス炉上及び同炉側の両方で行う作業、③コークス炉側作業の順で高く、また、作業従事年数については、五年以上の者に危険度が高いことが認められている。

このことから、タール様物質へのばく露と肺がん発症との間には量—反応関係の存在が推定されている。

ロ　皮膚がんの発症について、その量—反応関係を示すことは現段階では困難である。

㈡　肺がん

イ　肺がんについては、原発性のものであることが必要であるので、原発性のものであるか、転移性のものであるかの鑑別に留意しなければならない。

ロ　タール様物質による肺がんについては、その臨床像及び組織所見に関して、非職業性の肺がんとの間に差異を見い出せない。ただし、ガス斑が存在する皮膚の所見は、タール様物質へのばく露を裏付けるよい指標となるものである。

㈢　（略　本節第二一項〈四八六ページ〉参照）

四　（略　本章第四節第三項〈二〇九ページ〉参照）

**事例**

○水性ガス工場労働者の肺がん

**【事実】**　M合成工業㈱水性ガス工場のブロワー室に勤務する発生炉ガス工A（三七歳）は、約二年三カ月間同一業務に従事し、この間装置よりもれるタールを含んだ霧状ガスを吸引したものと認められるが、右側下顎偶角に腫瘤形成し疼痛を訴え、受診の結果、唾石二個を摘出された。その後再び右顎下部が腫脹し、またエックス線撮影により左右ほとんど全肺野に網状及び周辺不明瞭の斑点状陰影の散在しているのを認められたが、結核菌は証明されずがんのリンパ管による広範な浸潤と診断され、その後肺のエックス線放射により当該所見は著しく消退した。なお、身体他部の検査によっても他にがん腫の原発巣と思われるものがなく、がんの原発巣は肺と考えられ、肺がんと診断された。

　医師の意見では、「肺がんの原因としては遺伝的関係もがん腫の基礎となりうるが、Aは既往症もなく、作業によりタール含有ガスに接することが多く、タール内に発がん性物質が含有されていることは事実であるので、これが肺がんの原因的因子となったことは否定できない」とのことである。

**【判断】**　本件労働者が右顎に腫がんが形成し治療中肺がんが発見されたことは、作業条件、作業従事期間、発症部位、病状経過等から、本号に該当する疾病であるから業務上である（昭二四・三・一五　基災収第五八三四号）。

○タールにさらされる業務に従事した労働者の肺がん

**【事実】**　M工業㈱の労働者K（昭和二年三月一九日生）は、昭和二四年四月から同四五年三月までの間及びその後、同四八年三月までの間、それぞれK工場及びS工場において、コークス製造工程におけるコークス出荷作業、コールタール製造工程におけるタール蒸留作業及びピッチコークス製造工程におけるタール蒸留作業に関連する計器操作等の作業に通算二四年間にわたり従事した。これらの作業は、いずれも主として工場内に設けられたコークス炉から発散したコールタール揮発物を含む粉じんにばく露する作業であった。

　労働者Kは、昭和四八年九月初旬、頭がふらつくとの症状を訴え、同月一九日、M労災病院内科で精密検査を受けたところ、右肺下部に陰影が認められ、さらに同年一〇月一日に組織検査の結果、肺がんと診断され、翌四九年六月一六日死亡した。なお、剖検所見からは右肺下葉に原発巣を有する肺がんであることが確認されている。

　本例について考察した結果は以下のとおりである。⑴コールタール揮発物へのばく露を受ける作業への従事期間は通算二〇年余にわたっており、また、当該作業に従事し始めてから肺がんの初発症状が発現した時までの期間は約二四年間経過しており、これらのデータは肺がん発生との関連性の存在を否定するものではない。しかし、当該作業はその大部分が間接ばく露作業であって、コールタール揮発物へのばく露の程度はコークス炉の炉上又は炉側作業における場合と比べると著しく低いものと考えられる。なお、過去の作業環境においてコールタール揮発物へのばく露に関し、特に揮発時の温度が高温で高濃度ばく露があったとか局所的に高濃度ばく露があったという事実は認められていない。また、(2)労働者Kと同職種のコールタール揮発物への間接ばく露作業従事労働者に肺がんの高率発生は現在まで報告されていない。(3)病理学上、肺のがん発生部位における病変と外因性のばく露を関連づけるような所見は認められなかった。(4)労働者Kや間接ばく露作業者にコールタールによる皮膚の異常所見は認められていない。

**【判断】**　以上より本件については、肺がんと業務との間の関連性は認められないので業務外である（昭五一・六・三〇　基収第五〇四号）。

## 第一九項　クロム酸塩製造工程による肺がん又は上気道のがん

労基則別表第一の二第七号19には、「クロム酸塩又は重クロム酸塩を製造する工程における業務による肺がん又は上気道のがん」が業務上の疾病として規定されている。

クロム酸塩又は重クロム酸塩を製造する工程（以下「クロム酸塩製造工程」という。）による肺がんについては、Pfeil（一九三五）が症例報告を行っているが、わが国においては昭和四八年、北海道栗山地方に肺がんが多発していることが見いだされ、疫学調査を実施した結果、同地方のクロム酸塩製造工程を有する事業場において当該工程における業務に従事した労働者に、疫学的に有意に高い頻度で肺がんが発生していることが判明した。

また、昭和五〇年には、東京の同種の事業場の鉱さい廃棄問題を端緒に、労働者の肺がん、鼻中隔穿孔等の職業性疾病の問題を含めて大きな社会問題が生じた経緯がある。

### ㈠　発生原因と発生職場

クロム酸塩は、クロム酸ナトリウム、クロム酸カリウム等のクロム酸とアルカリの塩からなる化合物である。重クロム酸塩は、重クロム酸アンモニウム、重クロム酸カリウム、重クロム酸ナトリウム等の重クロム酸とアルカリの塩からなる化合物である。

本規定に該当する業務には、クロム鉱石からクロム酸塩又は重クロム酸塩を製造する業務がある。

### ㈡　業務上外の認定について

クロム酸塩製造工程による肺がん又は上気道のがんの認定については、後掲の通達がある。肺がんの定義等については、本節第五項〈三九五ページ〉を参照されたい。

上気道のがんとは、鼻腔、副鼻腔、鼻咽腔又は喉頭に原発したがんをいうものである。

### ㈢　主要な文献

クロム酸塩製造作業における最初の本格的な疫学調査は、Machle と Gregorius（一九四八）によって行われた。彼らは、米国における七つの工場のクロム酸塩製造作業者について工場ごとに最長一九三〇〜一九四七年の一七年間、最短一九四四〜一九四七年の三年間観察した。この間の死亡総数は一九三名、そのうち肺がんによる死亡は四二名（二一・八パーセント）で生命保険加入産業労働者集団から求めた期待死亡比一・四パーセントの一六倍であった。雇用関係記録の保存が十分でなかった一工場を除く六工場における肺がんの死亡率（年間千対）でも、クロム酸塩製造作業者の群では二・六三で、対照として用いられた石油精製作業従事労働者の群の〇・〇九に比較して高かった。年齢区分の判明している四工場におけるがん死亡率をみると、五〇歳以下の群における肺がん死亡率は対照の三九・四倍、五一歳以上の群においては二一・八倍で、五〇歳以下の若年側で比較危険度が高かったことが示されている。

Baetjer（一九五〇）は、その総説のなかで、Gross（一九三九）に基づいたドイツのクロム酸塩製造工場における肺がん三九症例、ほかに米国におけるクロム酸塩製造工場における肺がん四九症例及びドイツのクロム色素製造工場における肺がん一〇症例の計九八症例についてクロム化合物へのばく露期間、すなわちこれらの工場における従事期間を表のようにまとめている。

なお、この米国における肺がん症例のなかには、Machle と Gregorius（一九四八）によって認められた症例が含まれている。

**クロム酸塩製造工場及びクロム色素製造工場における従事期間別肺がん症例**

Baetjer（1950）

| 従事期間＊（ばく露期間）（年） | クロム酸塩製造工場 ドイツ | クロム酸塩製造工場 米国 | クロム色素製造工場 ドイツ |
|---|---|---|---|
| 〇－五 | 二 | 一 | － |
| 六－一〇 | 六 | 一一 | 四 |
| 一一－一五 | 七 | 一五 | 三 |
| 一六－二〇 | 二 | 一〇 | 二 |
| 二一－二五 | 七 | 六 | 一 |

| | | | |
|---|---|---|---|
| 二六－三〇 | 三 | 四 | ー |
| 三一－三五 | 八 | ー | ー |
| 三六－四〇 | 三 | ー | ー |
| 四一－四五 | 一 | 一 | ー |
| 四六－五〇 | ー | 一 | ー |
| 平　均 | 二一年 | 一六年 | 一一年 |

（注）1　著者によれば、＊印を付した従事期間＝ばく露期間と述べている。
2　最小ばく露期間は四年。

わが国においては、渡部ら（一九七四）が北海道のクロム酸塩製造工場で従事歴が九年以上の労働者一三六名を追跡している。一九六〇年から一九七三年までの一四年間の観察で、一、五四九名／年のなかに五例の肺がんを認めたが、この肺がん死亡は全国男性人口の死亡率から求めた年齢訂正期待値〇・三三を有意に上回っていた（比較危険度一五・一五）。

クロム酸塩製造工程による肺がん又は上気道のがんに関する主な文献には、次のものがある。

1　Pfeil, E.（1935）：Dtsch. med. Wschr., 61, 1197－1200
2　Machle, W. & Gregorius, F.（1948）：Public Health Rep., 63, 1114－1127
3　Baetjer, A. M.（1950）：A. M. A. Arch. Indust. Hyg. Occup. Med., 2, 487－504
4　IARC（1973）：IARC Monographs, vol. 2, 100－125
5　渡部真也ら（一九七四）：第四七回日本産業衛生学会講演集、三三四－三三五

6　IARC (1980): IARC Monographs, vol. 23, 205—323
7　クロム障害に関する専門家会議（一九八四）：クロム化合物による健康障害に関する検討結果報告書
8　IARC (1987): IARC Monographs Supplement 7, 165—168
9　大崎饒（一九八八）：臨床産業医学全書二（一）、七四九—七五四、医歯薬出版
10　IARC (1990): IARC Monographs, vol. 49, 49—256

## 【クロム又はその化合物（合金を含む。）による疾病の認定基準について（昭五九・一二・四　基発第六四六号、改正：令五・一・一八　基発〇一一八第八号）】

クロム又はその化合物（合金を含む。以下「クロム化合物等」という。）による疾病の認定基準については、昭和五一年一月三一日付け基発第一二四号通達により示したところであるが、その後「クロム障害に関する専門家会議」において医学的検討が行われ、今般、その検討結果報告書が提出されたことに伴い、これを参考として標記の認定基準を下記のとおり改めたので、今後の事務処理に遺憾のないよう万全を期されたい。

なお、本通達の解説部分は認定基準の細目を示したものであるから、本文と一体のものとして取り扱われるべきものである。

また、本通達の施行に伴い、昭和五一年一月三一日付け基発第一二四号通達は、これを廃止する。

記

一　がんについて

(一)　クロム酸塩又は重クロム酸塩を製造する工程における業務に従事した労働者に発生した肺がん又は上気道のがん

クロム酸塩又は重クロム酸塩を製造する工程における業務に従事した労働者に発生した肺又は上気道のがんであって、次のイ及びロのいずれにも該当するものは、労働基準法施行規則（昭和二二年厚生省令第二三号）別表第一の二第七号19に該

当する疾病として取り扱うこと。

イ　クロム酸塩又は重クロム酸塩を製造する工程における業務への従事歴が四年以上である者に発生した疾病であること。

ロ　原発性の肺又は上気道のがんであること。

㈡（略　本章第一〇節二〈七二五ページ〉参照）

二（略　本章第四節第一項二㈡2〈六〇ページ〉参照）

（解　説）

一　がんについて

㈠　クロム酸塩又は重クロム酸塩を製造する工程における業務に従事した労働者に発生した肺がん又は上気道のがん

イ「クロム酸塩又は重クロム酸塩を製造する工程」とは、作業環境の著しい改善（良好な作業環境における新規の操業を含む。以下同じ。）がなされるよりも以前のばく露条件下にある工程と同程度のばく露条件下にある工程を指すものである。従って、作業環境の著しい改善がなされた後の工程における業務に初めて従事し始めた労働者の肺がん又は上気道のがんについては、クロム化合物等のばく露を受ける業務との関連について専門的検討を加える必要があるので、関係資料を添えて本省にりん伺すること。

ロ　原発性の肺がんとは、肺、気管又は気管支に原発したがんをいい（記の一の㈡において同じ。）、原発性の上気道のがんとは、鼻腔、副鼻腔、鼻咽腔又は喉頭に原発したがんをいうものである。

㈡（略　本章第一〇節二〈七二六ページ〉参照）

㈢　その他

クロム化合物等のばく露を受ける業務に従事した労働者に発生したがんのうち、記の一の㈠に該当し、業務起因性があると判断されたがん以外のがんについては、当分の間、クロム化合物等のばく露を受ける業務との関連について専門的検討を加える必要があるので、関係資料を添えて本省にりん伺すること。

二（略　本章第四節第一項二㈡2〈六一ページ〉参照）

事例

○法施行後にクロム酸塩製造工程における電気機器の補修等の作業に従事した労働者に発生した肺がん

【事実】　労働者Ｏ（明治四一年一一月九日生、昭和四六年一〇月三一日死亡、死亡時六二歳）は、昭和三年九月一八日にＮ製錬㈱（Ｎ化学工業㈱の前身）Ｋ工場に入社以来、同工場南工場建屋内において昭和一八年（月日不詳）に同工場電気部電工に配置換えになるまでの間、約一五年間、原料の調合、焙焼等のクロム酸塩製造作業に従事していた。

当人は、昭和一八年Ｋ工場南工場電気部に配置換えになって以降昭和三八年一一月九日停年退職するまでの約二〇年間は、直接クロム酸塩製造作業に従事していないが、この間に四週のうち二週間は南工場建屋内（原料調合、焙焼、浸出、反応等の作業場所付近）においてほぼ常態として電気機器の補修、配線工事等の作業に従事し、四週のうちの残る二週の勤務日においても一勤務当たり約一時間同工場建屋内（主として焙焼、仕上げ等の作業場所付近）において配線盤のメーター監視のための工場内巡視等の作業に従事していた。

昭和三九年九月に環境測定機関Ｒが実施した同社「南工場労働環境気中クロム測定成績」によれば、サンプル（測定点）数一六、各測定点の濃度範囲〇・〇七～一・三〇㎎／㎥、平均クロム酸$CrO_3$濃度〇・二六五㎎／㎥となっており、平均値はＡＣＧＩＨの許容濃度〇・一㎎／㎥（$CrO_3$として）を上回っていた。

がんに関する臨床所見は、昭和四二年七月に事業場実施の健康診断を契機にＵ診療所を受診し、その際に実施された胸部エックス線撮影にて肺がんの初発症状を窺わせる異常陰影が認められており、昭和四三年二月七日にＧ病院において施行された気管支鏡下の生検による細胞診で、右肺原発性の扁平上皮がんとの診断がなされている。

なお、法施行前より継続して法施行後においても疾病発生の原因となった業務に従事しており、かつ、その業務に従事中又は業務を離れた後に発生した疾病が業務起因性を有するものである場合には、法施行後において当該業務に従事した期間の長短を問わず保険給付の対象となり得るものであり、当該Ｏについては、法施行時以降昭和三八年に退職した時点までの約一六年にわたり従事したクロム酸塩製造工程における電気機器の補修等の作業については、クロム酸塩製造作業とほぼ同程度のクロム化合物へのばく露があると考えられる作業が含まれており、このような作業に継続して従事した場合には肺がんを起こすおそれがあるものと考えられる。

【判断】　本件Ｏの肺がんは、原発性の肺がんであり、法施行前及び法施行後にクロム酸塩製造作業ないしクロム酸塩製造工程における補修作業に従事していたことは昭和五一年一月三一日付け基発第一二四号通達記の第二の一のイの要件を具備するものと認められるので、業務上である（昭五一・一一・三基収第一六六五号）。

## 第二〇項　ニッケル製（精）錬工程による肺がん又は上気道のがん

労基則別表第一の二第七号20には、「ニッケルの製錬又は精錬を行う工程における業務による肺がん又は上気道のがん」が業務上の疾病として規定されている。

### (一)　発生原因と発生職場

ニッケルは、銀白色で、空気中で発火する金属元素である。

製錬とは、鉱石から金属を抽出する工程のうち不純物を含んだ金属を分離する操作をいう。また、精錬とは、製錬後の金属から不純物を分離することにより、金属を精製する操作をいう。

本規定に該当する業務としては、ニッケル鉱石の製錬又は精錬に係る全工程における業務がある。

わが国には、ニッケルの製（精）錬工程による肺がん又は上気道のがんの発生例の報告はない。

### (二)　業務上外の認定について

肺がんの定義、診断等については、本節第五項(二)〈三九五ページ〉を参照されたい。

上気道のがんについては、本節第一九項(二)〈四六八ページ〉を参照されたい。

ニッケル製（精）錬工程による肺がん又は上気道のがんの認定に当たっては、本節三〈三七四ページ〉を参照されたい。

## (三) 主要な文献

英国の首席工場監督官年報（Annual Report of the Chief Inspector of Factories）（一九三三）は、一九三二年、South Walesの大きなニッケル精製会社の労働者に一〇例の鼻腔がんの発生したことを報告している。また、同年報（一九五二）は、一九五〇年までにニッケル製錬所から五二例の鼻腔がんと九三例の肺がんの発生したことを報告している。

Dollら（一九七〇）は、ニッケル製錬所で五年以上働き、また、一九四四年以前に雇用された労働者八四五名の追跡調査を行った。その結果は、一九二五年以前に雇用された人では、肺がん死亡は全国比率からの期待数の約五～一〇倍であり、鼻腔がんは期待数の一〇〇～九〇〇倍であった。そして、一九二五年以後に雇用された人ではこれらのがんによる超過死亡はみられないということであった。

ニッケル製（精）錬工程による肺がん及び上気道のがんに関する主な文献としては、次のものがある。

1 Chief Inspector of Factories（1933）: Annual Report of the Chief Inspector of Factories for the Year 1932, London, HMSO, 103
2 Doll, R. et al（1970）: Brit. J. Cancer, 24, 623−632
3 IARC（1976）: IARC Monographs, vol. 11, 75−112
4 IARC（1987）: IARC Monographs Supplement 7, 264−269

5　IARC（1990）：IARC Monographs, vol. 49, 257−445

## 第二一項　砒素化合物に係る製（精）錬工程又は製造工程による肺がん又は皮膚がん

労基則別表第一の二第七号21には、「砒素を含有する鉱石を原料として金属の製錬若しくは精錬を行う工程又は無機砒素化合物を製造する工程における業務による肺がん又は皮膚がん」が業務上の疾病として規定されている。

### (一)　発生原因と発生職場

本規定における砒素を含有する鉱石とは、砒素を比較的多量に含んでおり、銅等の金属の製錬若しくは精錬を行う工程において肺がん又は皮膚がんの発生危険が高い鉱石（金瓜石等）をいう。

また、無機砒素化合物とは、三酸化砒素又は砒酸鉛、砒酸カルシウム等の砒酸とアルカリの塩からなる化合物をいう。

本規定に該当する業務としては、三酸化砒素の製造、砒素を含む鉱石を原料として行う銅の製錬又は精錬に係る全工程における業務、砒酸鉛、砒酸カルシウム等の無機砒素化合物（主として農薬として使用）の製造の業務等がある。

砒素化合物に係る製（精）錬工程及び製造工程による肺がんについては、わが国においても発生例がある。

## (二)　業務上外の認定について

肺がんの定義等については、本節第五項(二)〈三九五ページ〉を参照されたい。皮膚がんとは、皮膚に原発した上皮性の悪性腫瘍をいうものである。砒素化合物に係る製（精）錬工程又は製造工程による皮膚がんは、全身どこにでも生じて多発性であることが特徴的であるとされている。また、砒素化合物によって生ずることのある皮膚角化症との関連が指摘されている。

## (三)　主要な文献

HillとFaning（一九四八）は、無機砒素を含む洗羊液（sheep—dip）の製造に従事する労働者の比較死亡率（Proportionate mortality）を調べた。砒素に対するばく露レベルは最高四mg／m³であった。高濃度にばく露された労働者では肺と皮膚のがんによる死亡の相対超過（relative excess）があった。そして、この発がんの増加は砒素化合物によるとした。

鉱山及び製錬所に関しては、LeeとFraumeni（一九六九）が大規模な疫学調査結果を報告している。彼らは、一九三八年から一九六三年にわたって金属製錬に従事する八、〇四七名の労働者を調査した。職業的ばく露の程度は、三酸化砒素と亜硫酸ガスの両方について高、中、低の三つに分けられた。同じ州の男性人口に比較して製錬労働者の呼吸器系のがんによる死亡は三倍の超過を示した（観察値一四七、期待値四四・七、標準化死亡率（SMR）＝三二九、P＜0.01）。この超過は一五年以上働き、かつ、高濃度の砒素にばく露した労働者では八倍に達した。呼吸器系のがんによる死亡の危険は砒素と亜硫酸ガスのばく露の程度に比例して上昇した。これらの結果は、吸入された砒素が呼吸器の発がん因子になるという考え方に一致するが、亜硫酸ガスやその他の因子の影響も無視できないであろうとした。

わが国においては、銅製錬作業におけるKuratsuneら（一九七四）、TokudomeとKuratsune（一九七六）による疫学的研究報告、農薬工場におけるHoriguchi（一九七九）の症例報告等がある。

TokudomeとKuratsune（一九七六）は、大分県所在の銅製錬所の労働者二、六七五名を一九四九年から一九七一年まで観察し（四六、四四三・〇人年）、死亡三二五例中肺がんは二九例で、全国男性人口の死亡率から求めた期待値二・四四に比較して有意の増加を認めた（観察値の期待値に対する比O／E＝11.89，P＜0.01）。銅製錬作業者群を職種をもとにばく露の程度が高度、中等度、軽度の三つに分けると肺がん死亡のO／E比はいずれの群でも有意に高く（P＜0.01）、それぞれ一四・八五、一二・五〇、六・三五となり、正の量―反応関係がみられた。また、肺がん死亡を従事期間別に区分して解析した場合及び従事期間とばく露の時期を考慮して区分し、解析した場合にも、そのO／E比は正の量―反応関係を示した旨報告している。

砒素化合物に係る製（精）錬工程又は製造工程による肺がん又は皮膚がんに関する主な文献は、次のとおりである。

1　Hill, A. B. & Faning, E. L.（1948）：Brit. J. ind. Med., 5, 1―5
2　Lee, A. M. & Fraumeni, J. F., Jr（1969）：J. natl. Cancer Inst., 42, 1045―1052
3　IARC（1973）：IARC Monographs, vol. 2, 48―73
4　Kuratsune, M. et al（1974）：Int. J. Cancer, 13, 552―558
5　Tokudome, S. & Kuratsune, M.（1976）：Int. J. Cancer, 17, 310―317
6　Horiguchi, S.（1979）：Osaka City Med. J., 25(1), 45―51
7　IARC（1980）：IARC Monographs, vol. 23, 39―141
8　IARC（1987）：IARC Monographs Supplement 7, 100―106

9　徳留信寛（一九八八）：臨床産業医学全書二（一）、七五四―七六〇、医歯薬出版

**事例**

## ○砒酸鉛製造作業者の肺がんによる死亡

**【事実】**　N農薬㈱O工場の労働者S（死亡時年齢四二歳）は、昭和二三年から通算約九年間にわたり、砒素系農薬である砒酸鉛を製造する作業に従事していたが、昭和二四年頃から腰のまわりに黒斑、白斑ができ、昭和二七年頃からは手掌、足蹠に角化症が認められるようになり、昭和三九年にO大学病院を受診したところ、ボーエン氏病と診断され、手指の上皮移植手術を受けた。また、昭和三三年頃より背中にも異常が認められていたので同所見について昭和四一年に再びO大学病院で診察を受けたところ、やはりボーエン氏病との診断により再度植皮手術を受けた。その後、昭和四四年頃から激しい咳が続いたのでS医院を受診、当初は気管支炎とのことであったが、その後のエックス線断層撮影の結果、昭和四五年二月に「肺腫瘍の疑い」と診断された。同年三月にA病院に精密検査目的で転医し、自宅療養を続けていたが、同年四月発作が起き、K病院に入院するも呼吸困難が続き、同年六月治療の効果が得られないまま死への転帰を辿った。

死後の解剖所見は、主診断として、右肺気管支がん（低分化扁平上皮がん）とその転移（右腋窩リンパ節、右副腎）。副所見としては、左手指砒素性角化症及び類ボーエン氏病変化、前胸部及び背部皮膚色素沈着症等を記載するとともに、臓器に脂肪変性が認められたとしている。

なお、当該労働者が従事した砒酸鉛製造工程は主にろ過、乾燥及び粉砕作業であるが、当該事業場においては昭和三五年まで同工程をオープン方式で行っており、特に乾燥した製品を粉砕機に投入する作業については、かなりの発じんが認められ、不十分な保護具を使用するのみで作業を行っており、相当量の粉じんにばく露する環境下での作業であったことが認められる。

**【判断】**　当該労働者の肺がんについては、作業期間並びにその間の作業環境や作業内容及びボーエン氏病等の砒素ばく露を窺わせるいくつかの特徴的な身体状況の変化等からみて発がん物質である砒素化合物へのばく露歴があるので業務との相当因果関係が認められ、業務上である（昭四六・八・一四　基収第四九四六号）。

# 第二二項　すす、鉱物油、タール、ピッチ、アスファルト又はパラフィンによる皮膚がん

労基則別表第一の二第七号22には、「すす、鉱物油、タール、ピッチ、アスファルト又はパラフィンにさらされる業務による皮膚がん」が業務上の疾病として規定されている。

## (一)　発生原因と発生職場

すす、鉱物油及びタールについては、本章第四節第三項〈二〇一ページ〉を参照されたい。

ピッチとは、石炭、木材等の乾留によって得られる黒色の炭素質固形残留物である。代表的なものにコールタールピッチがあり、これは煉炭等の粘結剤その他防水、防錆、防腐等のための塗料に用いられる。

アスファルトは、固体又は半固体の瀝青質混合物であり、天然アスファルトと石油アスファルトがある。主成分は炭化水素で一般にイオウ、窒素等の化合物を含有するが、パラフィンはほとんど含まない。道路舗装、防水、電気絶縁等に用いられる。

パラフィンは、石炭又は石油から得られる高級の鎖式炭化水素化合物を成分とする白色半透明のろう状物質である。ろうそく、パラフィン紙等の製造に用いられる。

本規定に該当する業務としては、例えば、次の業務がある。

すす、鉱物油及びタールについては、本章第四節第三項〈二〇一ページ〉を参照されたい。

ピッチについては、コールタールピッチの製造・取扱いの業務等がある。

アスファルトについては、アスファルト又はこれを用いた電気絶縁材の製造・取扱いの業務等がある。

パラフィンについては、パラフィン又はその加工品の製造・取扱いの業務等がある。

わが国では、これらの業務による皮膚がんは、極めて少数例の発生しかみていない。

## (二)　業務上外の認定について

1　タール様物質による皮膚がんについては、後掲の通達がある。
2　本規定にいう皮膚がんとは、皮膚に原発した上皮性の悪性腫瘍をいうものであり、病理学的に確認されるべきものである。

皮膚がんは、すす、鉱物油、タール、ピッチ、アスファルト又はパラフィンの粉じん、蒸気、液体等に皮膚が繰り返しばく露されることにより稀に生ずることがあるものであり、ばく露物質の種類と性状、作業の内容と方法、ばく露の量と期間等を十分把握する必要がある。

## (三)　主要な文献

IARC（一九七三）は、要旨を次のようにまとめている。

### 1　すす（煤）及びカーボンブラック（soot and carbon black）

すすが人間に皮膚がんをひき起こす原因になるということがわかったのは、一八七五年、Pottが〝この疾患は陰嚢のひだにすすがたまるために起きるように思える〟と書いてからである。続いて、Butlin（一八九二）は煙突掃除人のがんは皮膚や内臓にもみられるとした。

このすすへのばく露と皮膚がんとの間に関連があるということは、英国においてその予防対策が実施されてから煙突掃除人の陰嚢がんの発生が減少したことにより支持された（Schamberg, 1910）。

この皮膚のがんは八～四七歳の間で起こった。しかし、パラフィンやタールへのばく露によるがんは三四～六〇歳の間で起きている。がん発生の年齢が両者で著しく相違するのは、当時の煙突掃除夫の徒弟制度が一部の原因であり得るとされている。商業的に製造されたすすがカーボンブラックである。Ingalls（一九五〇）、Tara（一九六〇）によればカーボンブラック労働者に発がんのriskの増加はないとされているが、Henry（一九六四）によると、ゴム工場でカーボンブラックとオイルの混合においてがんが発生したという。すす又はカーボンブラックに接触する職業におけるがん発生において古い文献と新しい文献で明らかに相違するのは、新技術、衛生の発達及び工場関係立法の施行によると一般に説明されている。

## 2　鉱物油（mineral oil）

一八七五年、Volkmanはコールタールの蒸留によりパラフィンを製造する労働者に陰嚢がんの発生することを記載した。しかしその後、純粋なパラフィンへのばく露では起きないとされ、パラフィン労働者のがんはパラフィンによるものではなく、処理中にできるオイルのなかの不純物によるとした（Leitch, 1922他）。一八七六年、Bellは初めてスコットランドの頁岩油（shale oil）労働者の陰嚢がんを記載した。

Henry（一九四六）によると、二三年間に四九名のスコットランドのパラフィン労働者が皮膚がんにり患し、そのうち一三名は陰嚢の皮膚がんであったという。

英国における木綿のミュール精紡機紡績工場は紡錘の潤滑のために頁岩油を使用した。一九二〇年から一九四三年までに英国のこうした紡績工場において法的に届け出られた皮膚がんの数は一、三〇三例で、うち八二四例は陰嚢の皮膚がんであった。そして、一九一一年から一九三八年までに陰嚢がんの死亡例は五七五例に達した（Henry, 1946）。

しかし、一九五三年以来、油は硫酸で精製されたものが使用され、紡績工の健診が六カ月ごとに実施されるとともにミュール精紡工程が著しく減少したため、陰嚢がんは減少の一途をたどった。

金属を切断するために労働者により使用される切削油（cutting oil）は英国のバーミンガムで皮膚がんの危険を、ことに自動機械工場の労働者で増大させていたことがわかった。一九五〇年から一九六七年までにこの地方で一八七例の陰嚢がんが発生したが、そのうち少なくとも三分の二は油によるものとされ得るという（Waterhouse, 1971）。フランスでSavoy AlpsのArve河の渓谷で一九五五年以来少なくとも五〇例の陰嚢がんが皮膚がんの多数例とともに自動機械工（decolleteurs）にみられた（Thony, 1970）。彼らは希釈されていない切削油に接触していた。

### 3　コールタール及びピッチ（coal-tar and pitch）

Butlin（一八九二）は、コールタール及びピッチ工場における労働者の皮膚がんを記載した。主としてHenry（一九四六、一九四七）の報告によって、タール産物の組成の相違が、コールタール労働者における皮膚がんの発生頻度に関連するということがわかった。一九〇七年、英国の労災補償法は公式に皮膚の上皮腫（epithelioma）はピッチ又はタール状物質によりひき起こされ得るとした。

ピッチに対するばく露はコールタール労働者だけでなく、光学ガラス研磨工、電気器具工、港湾労働者、ケーブルふ設工等にもみられ、クレオソート油へのばく露は木材耐水加工工、煉瓦工、タイル工にもみられる。

煙突掃除夫のがんと比べて、タールとピッチへの職業的ばく露では、主に陰嚢以外の部位の皮膚が侵される。一九二〇年から一九四五年までに英国において届け出られた職業性皮膚がん三、七五三名中二、二二九名はピッチ又はタールによると考えられる（Henry, 1946, 1947）。

また、一九四六年から一九五五年の間には二、〇四一例の新しい職業性皮膚がんが届け出られているが、そのうち一、〇五三例はタール及びピッチによると考えられる（Bogovski, 1960）。タール労働者の皮膚がんの大多数は英国から報告されているが、米国、オランダ、ドイツ、フランスからも報告がある。

クレオソート油及びアントラセン油にばく露した後で皮膚がんが発生したという報告がある。

すす、鉱物油、タール、ピッチ、アスファルト又はパラフィンによる皮膚がんに関する主な文献には、次のものがある。

1　丸岡紀之（一九四八）：臨床皮膚泌尿器科二、四

2　IARC（1973）：IARC Monographs, vol. 3, 22—42

3　タール様物質とがんの検討に関する専門家会議（一九八〇）：タール様物質とがんの検討に関する専門家会議検討結果報告書

4　IARC（1987）：IARC Monographs Supplement 7, 174—176, 252—254, 343—344

5　荒尾龍喜（一九八七）：臨床産業医学全書四、三〇四—三一四、医歯薬出版

## 【タール様物質による疾病の認定基準について（昭五七・九・二七　基発第六四〇号、改正：令五・一・一八　基発〇一一八第八号）】

標記について、今般、下記のとおり定めたので、タール様物質にばく露する作業に従事した労働者に発症した疾病については、今後、これより処理されたい。

なお、本通達は「タール様物質とがんの検討に関する専門家会議」において、先般取りまとめられた結論を参考として定めたものである。

おって、本通達の解説部分は、認定基準の細目を示したものであるから、本文と一体のものとして取り扱われるべきものである。

記

第一　がんについて

一　（略　本節第一八項〈四六四ページ〉参照）

二　皮膚がん

タール様物質にばく露する業務に従事した労働者に発症した皮膚がんであって、次のイ及びロのいずれの要件をも満たすものは、別表第一の二第七号22に該当する疾病として取り扱うこと。ただし、皮膚がんについては、その発症とタール様物質へのばく露との関連について専門的検討を加える必要があるので、当分の間、作業内容、従事期間、ばく露した物質の種類、タール様物質へのばく露の程度、日光へのばく露の程度、症状（病理組織学的検査等による皮膚の所見を含む。）等を調査のうえ本省にりん伺すること。

イ　タール様物質にばく露する業務に相当期間従事した労働者に発症したものであること。

ロ　皮膚に原発した上皮性のものであること。

第二　（略　本章第四節第三項〈二〇八ページ〉参照）

（解　説）

一〜二　（略　本章第四節第三項〈二〇八ページ〉又は本節第一八項〈四六五ページ〉参照）

三　がんについて

(一)　がんの量―反応関係

イ　（略　本節第一八項〈四六五ページ〉参照）

ロ　皮膚がんの発症について、その量―反応関係を示すことは現段階では困難である。

(二)　（略　同前）

(三)　皮膚がん

イ　皮膚がんが発症するおそれのある主な作業場としては、タール蒸留所、煉炭製造工場、コークスガス製造工場等がある。

ロ　皮膚がんは、病理組織学的には、棘細胞がんが多いが、ボーエン病の組織型もあり、また、まれには基底細胞がんもみられることがある。その発症部位は、作業工程、取扱い物質の性状、作業衣の汚染の状態、労働者の生活習慣等にも関係するが、一般に顔面、頸部、上肢（特に前腕）及び陰のうに好発し、当該部位にはタール様物質による多様な皮膚病変が共存することが多い。

ハ　皮膚がんの発症に影響を与える要因としては、気中のタール様物質の濃度、ばく露期間、皮膚露出の状態、作業衣の汚染の状態、タール様物質の直接取扱い量、日光へのばく露の程度等が挙げられる。

ニ　性、年齢、人種等の生理的素因、遺伝的素因等も皮膚がんの発症に影響を与えるほか、熱傷瘢痕等の先行性病変上に皮膚がんが発症することも多い。

四　（略　本章第四節第三項〈二〇九ページ〉参照）

## 事例

### ○タールピッチ取扱い労働者の皮膚がん

**【事実】**　(1)　従事歴及び作業の内容

M（五二歳）は、昭和二六年五月にK工業㈱U工場に入社、昭和三六年一二月までの約一〇年間煉炭の原料の運搬の作業に、昭和三七年一月から昭和四〇年二月までの約三年間煉炭の製造作業に従事した。K工業の煉炭製造工程は、原料炭の秤量、粉砕、粘結剤の混合、混煉、成型からなっており、粘結剤として、コールタール、ピッチが使用されていた。

(2)　療養経過

昭和五二年二月に実施された健康診断で、四肢に慢性疾患があることが発見され、同年七月、S大学病院皮膚科を受診し、色素性乾皮症と診断された。Mの症状は、視診上、小紡錘状、黒色の丘疹状の湿疹が耳、顔、頸等にあり、皮膚は光線過敏症を呈し、色素性乾皮症様変化を呈しており、また、陰茎にも、紡錘状、黒色の小丘疹があった。これが治療に仲々反応しなかったことから、生検をしたところ、がん性変化（第一度）（基底細胞がん）をしていることが判明した。

当人の皮膚の病変は、コールタール、ピッチによる皮膚の典型的な変化であり、また、陰茎と皮膚とは組織的に同じではなく、この変化が皮膚の変化と関連があるかどうかを考えなければならないが、丘疹状変化が、耳、顔、頸等のものと全く同質のものであることから、陰茎の丘疹もコールタール、ピッチによるものと考えられ、最終的に皮膚がんの所見が認められたものである。

【判断】　本件の皮膚がんは、長年コールタール、ピッチのばく露を受けたことによって生じたものと判断された（昭五三・一一・六　O労基局N監督署認定）。

## 第二三項　がん原性物質、がん原性因子又はがん原性工程によるその他の疾病

労基則別表第一の二第七号23には、「1から22までに掲げるもののほか、これらの疾病に付随する疾病その他がん原性物質若しくはがん原性因子にさらされる業務又はがん原性工程における業務に起因することの明らかな疾病」が業務上の疾病として規定されている。いわゆる包括救済規定である。

本項の規定に基づき労災請求事案が調査され、その結果、三・三′−ジクロロ−四・四′−ジアミノジフェニルメタン、オルト−トルイジン、一・二−ジクロロプロパン、ジクロロメタンが新たに労基則別表第一の二第七号の11、

12、13、14にそれぞれ例示列挙されることとなった。

本項に基づく労災請求事案の業務上外の決定に当たっては、上巻第四篇第一章第一節「業務上疾病の認定のための調査」に基づいて調査し、医学的検討を踏まえて業務上外を決定することとなるが、本節第一三項に示した一・二ージクロロプロパン、本節第一四項に示したジクロロメタンに関連して、平成二五年四月一六日付基労補発〇四一六第一号「胆管がんに係る労災請求事案の調査に当たって留意すべき事項について」があり、胆管がん以外の化学物質によるがんに係る労災請求事案の調査に応用されるべきものでる。

なお、化学物質等の発がん性リスクについてはＷＨＯの下部機関であるＩＡＲＣが「発がん性リスク一覧」でグループ分類をしている（グループ１（ヒトに対する発がん性が認められる）、グループ２Ａ（ヒトに対する発がん性がおそらくある）、グループ２Ｂ（ヒトに対する発がん性が疑われる）、グループ３（ヒトに対する発がん性が分類できない）、グループ４（ヒトに対する発がん性がおそらくない））。また、労働安全衛生法施行令別表第九及び別表第三第一号に掲げるラベル表示・ＳＤＳ（安全データシート）交付義務対象八九六物質（令和六年四月一日時点）について、ＳＤＳに記載された「危険有害性情報」も理解しておかなければならない。

また、化学物質へのばく露の程度を評価するに当たっては、日本産業衛生学会が勧告する許容濃度基準が参考となる（ただし、許容濃度基準は、がん等の発症を予防するため安全側により厳しく設定されていることに留意する必要がある）。

なお、学会は、勧告に当たり次に留意することを求めている。

１　許容濃度等は、労働衛生についての十分な知識と経験をもった人々が利用すべきものである。

２　許容濃度等は、許容濃度等を設定するに当たって考慮されたばく露時間、労働強度を越えている場合には適用できない。

３　許容濃度等は、産業における経験、人および動物についての実験的研究から得られた多様な知見に基礎をおいており、許容濃度等の設定に用いられた情報の量と質は必ずしも同等のものではない。

４　許容濃度等を決定する場合に考慮された生体影響の種類は物質等によって異なり、ある種のものでは、明瞭な健康障害に、また他のものでは、不快、刺激、中枢神経抑制などの生体影響に根拠が求められている。したがって、許容濃度等の数値は、単純に、毒性の強さの相対的比較の尺度として用いてはならない。

５　人の有害物質等への感受性は個人毎に異なるので、許容濃度等以下のばく露であっても、不快、既存の健康異常の悪化、あるいは職業病の発生を防止できない場合があり得る。

６　許容濃度等は、安全と危険の明らかな境界を示したものと考えてはならない。したがって、労働者に何らかの健康異常がみられた場合に、許容濃度等を越えたことのみを理由として、その物質等による健康障害と判断してはならない。また逆に、許容濃度等を越えていないことのみを理由として、その物質等による健康障害ではないと判断してはならない。

また、有害因子へのばく露と当該疾病の発症時期の関係についても注意する必要がある。ばく露と疾病発生について医学的に了解できるものでなければならない。

〈本節の参照文献〉

１　坂部弘之（一九七五）：日本医師会雑誌、七四巻、一二号、一四四一―一四五六
２　永野允ら編（一九七八）：内科診療Ⅲ、六法出版社
３　大久保利晃（一九七九）：産業医学ジャーナル、二巻、一号、一―八
４　池田正之ら編（一九八一）：産業中毒便覧、医歯薬出版

５　産業医学振興財団（一九八二）：化学物質取扱業務と健康管理
６　吉澤康雄（一九八四）：放射線健康管理学、東京大学出版会
７　厚生労働省（二〇一八）：労働基準法施行規則第三五条専門検討会報告書
８　ＩＡＲＣ（二〇一九）：IARC発がん性リスク一覧

# 第八節　過重な負荷による脳・心臓疾患（過労死等）

脳内出血等の脳血管疾患及び心筋梗塞等の虚血性心疾患は、労働の場における特定の危険有害因子に起因して生じる職業性疾病とは本質的に異なる。例えば先天性心疾患等（高血圧性心疾患、心筋症、心筋炎等を含む。）を有する場合、これらの疾患が原因となって慢性的な経過で増悪し、又は不整脈等を併発して死亡等の重篤な状態に至ることが多いことから、単に重篤な状態が業務遂行中に起こったとしても、直ちに業務と発症との関連を認めることはできない。

しかしながら、その病態が安定しており、直ちに重篤な状態に至るとは考えられない場合であって、業務による明らかな過重負荷によって自然経過を超えて著しく重篤な状態に至ったと認められる場合には、業務と脳・心臓疾患の発症との関連が認められることになるのではないかとの考えが台頭した。このことに関し、脳・心臓疾患を業務上の疾病として取り扱うためには業務が発症の相対的に有力な原因であることを要する旨の合意形成がなされ、対象疾病、過重負荷の要件等について検討が進められ、これまで**表1**のとおり数次にわたる認定基準の改正が行われてきた。

また、平成二六年に過労死等防止対策推進法（平成二六年法律第一〇〇号）が成立し、同法第二条において、過労死等が、「この法律において『過労死等』とは、業務における過重な負荷による脳血管疾患若しくは心臓疾患を原因とする死亡若しくは業務における強い心理的負荷による精神障害を原因とする自殺による死亡又はこれらの脳血管疾患若しくは心臓疾患若しくは精神障害をいう。」と定義されたことにより、本節で解説する「過重な負荷による脳血管疾患若しくは心臓疾患」は、次節の「強い心理的負荷による精神障害」とあわせて「過労死等」である業務上の疾病として位置づけられた。

**表１　脳・心臓疾患労災認定基準改正経過**

| |
|---|
| **1　昭和36年２月　基準を策定** |
| 【中枢神経系及び循環器疾患（脳卒中、急性心臓死等）の業務上外認定基準】<br>・業務における異常な出来事を評価 |
| **2　昭和62年10月　新たな医学的知見に基づく見直し** |
| ・異常な出来事に加えて、短期間（発症前１週間）の過重業務を評価<br>・対象疾病の特定<br>脳出血、くも膜下出血、脳梗塞、高血圧性脳症、一次性心停止、狭心症、心筋梗塞症、解離性大動脈瘤 |
| **3　平成７年２月　新たな医学的知見に基づく見直し** |
| ・日常業務に比較して、特に過重な業務を評価<br>・発症前１週間より前の業務について、当該業務も含めて総合的に判断<br>・基礎疾患を有する者に対する考え方を追加 |
| **4　平成８年１月　新たな医学的知見に基づく見直し** |
| ・対象疾病の追加<br>不整脈による突然死等 |
| **5　平成13年12月　最高裁判決を契機として医学的知見を収集した上で見直し** |
| ・長期間（発症前おおむね６か月）の過重業務を評価<br>・対象疾病をICD-10に準拠した疾患名に整理<br>脳内出血（脳出血）、くも膜下出血、脳梗塞、高血圧性脳症、心筋梗塞、狭心症、心停止（心臓性突然死を含む。）、解離性大動脈瘤<br>・労働時間以外の業務における負荷要因を明確化<br>不規則な勤務、拘束時間の長い勤務、出張の多い勤務、交替制勤務・深夜勤務など |
| **6　令和３年９月　新たな医学的知見に基づく見直し** |
| ・長期間の過重業務の評価に当たり、労働時間と労働時間以外の負荷要因を総合評価して労災認定することを明確化<br>・長期間の過重業務、短期間の過重業務の労働時間以外の負荷要因を見直し<br>・短期間の過重業務、異常な出来事の業務と発症との関連性が強いと判断できる場合を明確化<br>・対象疾病に「重篤な心不全」を追加、「解離性大動脈瘤」の表記を「大動脈解離」に修正 |

過重負荷の考え方の整理は次のとおりである。

(1)　脳・心臓疾患は、血管病変等の形成、進行及び増悪によって発症する。この血管病変等の形成、進行及び増悪には、主に加齢、食生活、生活環境等の日常生活による諸要因や遺伝等の個人に内在する要因（以下「基礎的要因」という。）が密接に関連し、脳・心臓疾患は、このような基礎的要因による生体が受ける通常の負荷により、長年の生活の営みのなかで、徐々に血管病変等が形成、進行及び増悪するといった自然経過をたどり、労働者に限らず発症するものである。

(2)　しかしながら、加齢や日常生活などにおける通常の負荷による血管病変等の形成、進行及び増悪という自然経過の過程において、業務が血管病変等の形成に当たって直接の要因とはならないものの、業務による過重な負荷が加わることにより、発症の基礎となる血管病変等がその自然経過を超えて著しく増悪し、脳・心臓疾患が発症する場合がある。

(3)　ここで「過重負荷」とは、医学経験則に照らして、脳・心臓疾患の発症の基礎となる血管病変等をその自然経過を超えて著しく増悪させ得ることが客観的に認められる負荷と定義されるが、この脳・心臓疾患の発症に影響を及ぼす業務による過重負荷としては、脳・心臓疾患の発症に近接した時期における急性の負荷（発生状態を時間的、場所的に明確にし得る異常な出来事への遭遇、発症に近接した時期における特に過重な業務への就労）のほか、長期間にわたる著しい疲労の蓄積をもたらす特に過重な業務がある。

(4)　これらの業務による過重負荷の判断に当たっては、労働時間の長さ等で表される業務量や、業務内容、作業環境等を具体的かつ客観的に把握し、総合的に判断する必要がある。

(5)　業務による過重負荷と脳・心臓疾患の発症のパターンは、次の①～③のように考えられる（図１）が、いずれの

図1　発症に至るまでの概念図

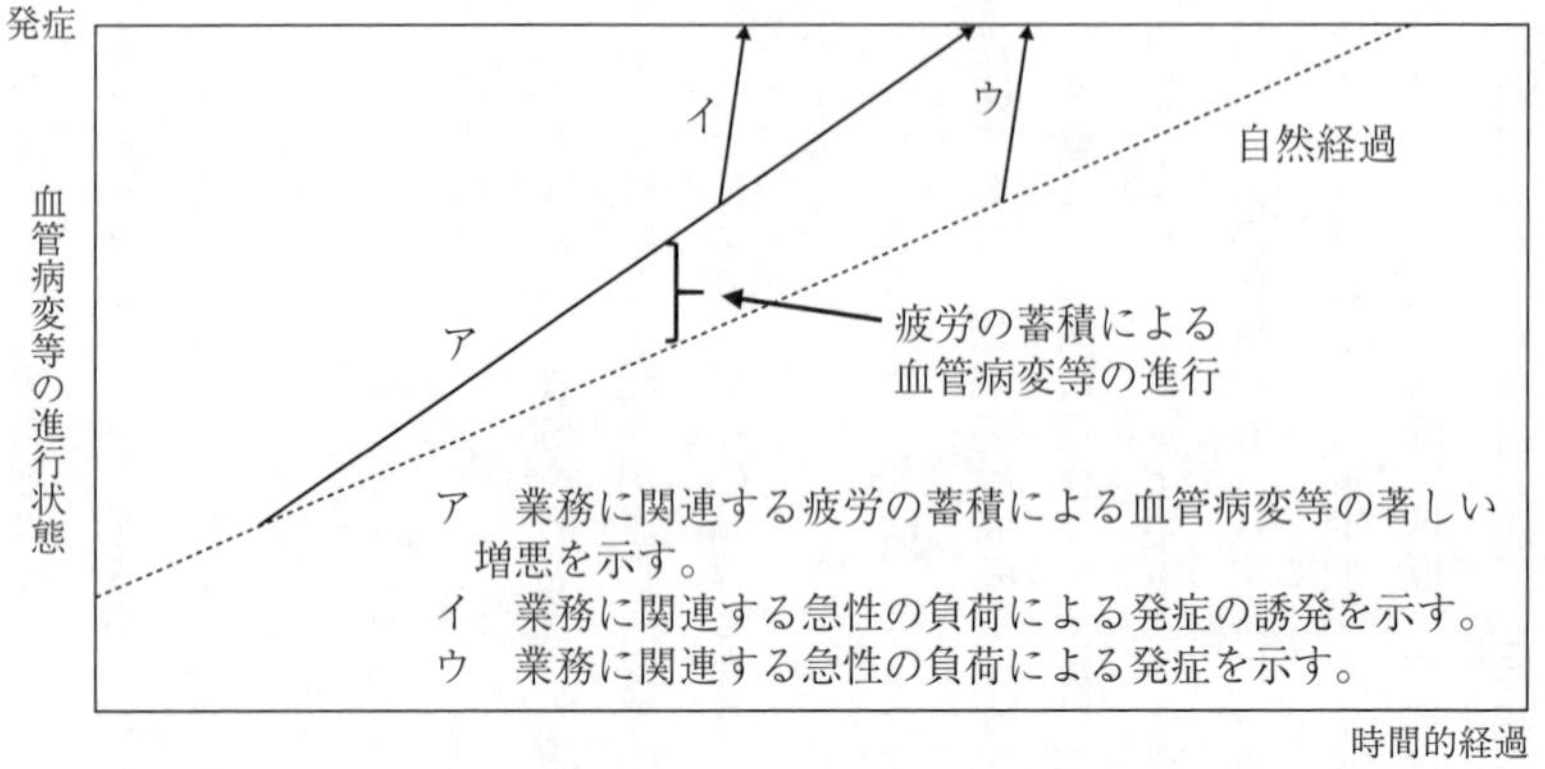


場合であっても、業務の過重性を総合的に考察した上で、業務による明らかな過重負荷を発症前に受けたことが認められ、このことが原因で脳・心臓疾患を発症した場合は、業務起因性が認められると判断できる。

① アに示すように長時間労働等業務による負荷が長期間にわたって生体に加わることによって疲労の蓄積が生じ、それが血管病変等をその自然経過を超えて著しく増悪させ発症する。

② アに示す血管病変等の著しい増悪に加え、イで示される発症に近接した時期の業務による急性の負荷とあいまって発症する。

③ ウに示すように急性の負荷を原因として発症する。

ここで、発症に近接した時期とは、発症直前から発症前おおむね一週間、長期間とは、同じく発症前おおむね六か月をいう。

(6) 認定基準は、特に過重な業務に就労したと認められるには、業務量、業務内容、作業環境等を考慮し、「同種労働者」にとっても、特に過重な身体的、精神的負荷と認められる業務といえるかという観点から、客観的かつ総合的に判断されなければならないとしている。これは、労災保険制度が、業務に内在する危険が現実化したものに対する補償を行う制度であることから、業務に内在する危険を判断するに当たり、本人で

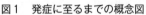

はなく本人と同種の労働者を抽象的に想定して業務に着目し、当該業務が過重であったか否かを客観的に判断するという枠組みが不可欠であることによる。

「同種労働者」の定義について平成一三年認定基準では、当該労働者と同程度の「年齢、経験等を有する者」と定義されていたが、令和三年改正認定基準で「職種、職場における立場や職責、年齢、経験等が類似する者」と改めて記載された。

なお、同種労働者については、平成一三年検討会の整理のとおり、「基礎疾患を有していたとしても日常業務を支障なく遂行できる労働者は現に多数就労していることから、これらの者の保護に欠けることのないよう、基礎疾患を有していたとしても日常業務を支障なく遂行できる者を含む」ものである。

一方で、脳・心臓疾患に係る重篤な基礎疾患を有し、日常生活を営む上で受けるわずかな負荷（例えば、入浴や排便等）によっても発症し得る労働者については、その病態が安定していたと評価することができないものであり、このような労働者が、業務遂行中にたまたま対象疾病を発症したとしても、これは、自然経過によるものと評価せざるを得ず、このような場合に業務起因性を認めることはできない。

認定基準の具体的な解説をする前に、脳・心臓疾患に関し、労災認定実務上必要な基礎的事項について以下に述べる。

## ㈠　医学的事項

### １　危険因子（リスクファクター）

脳血管疾患の危険因子としては、高血圧、糖尿病、脂質異常症（高脂血症）、心疾患・不整脈（心房細動）、喫煙、過度の飲酒、睡眠時無呼吸症候群、メタボリックシンドローム、慢性腎臓病、年齢、性、家族歴が挙げられる。

虚血性心疾患等の危険因子は冠危険因子と呼ばれ、主要な原因である動脈硬化に深く関係している。主な危険因子としては、高血圧、糖尿病、脂質異常症（高脂血症）、喫煙、メタボリックシンドローム、慢性腎臓病、冠動脈疾患の既往、高尿酸血症、年齢、性、家族歴がある。

これらの危険因子のうち、年齢（加齢）、性（男性であること）、家族歴（家族に虚血性心疾患や、脂質異常症など危険因子となる他の疾患を発症した者がいること）はコントロールが不可能なものである。

また、危険因子の影響は、動脈硬化の病型により異なる。細動脈硬化では高血圧が最大の危険因子であるが、粥状硬化症には脂質異常症の関与が大きい。また、複数の危険因子が加わると、加重的に発症危険度が増すことが知られている。

以下に、主な危険因子ごとにその概要を述べる。

(1)　年齢（加齢）

年齢階層が上がるに従って、脳卒中や心筋梗塞など動脈硬化性疾患の発症及び死亡のリスクは増加する。

慢性疾患は、一朝一夕に生じるものではなく、危険因子へのばく露が長年続くと、心臓や血管への負担が重なり、ついに病変が発生・進展していくこととなる。病変がある程度以下の間は全く症状がなく、検査しても異常がみられない。その病変がある程度以上に達したとき、何らかのきっかけで血管が破れて出血したり、動脈のアテローム硬化病変部に血栓が生じて血管内腔を狭窄・閉塞する。これが臨床的に発症としてとらえることができる顕著な病状を呈する状態である。

この発症機序から明らかなように、危険度は危険因子の影響度とばく露期間に依存し、ばく露期間の目安のひとつが年齢であるから、加齢とともに脳・心臓疾患の発症頻度は高くなるのである。

（2）　性（男性であること）

日本人における脳梗塞の年齢調整発症率（一〇万人／年）は、女性は男性の五〇～七〇パーセント程度である。心筋梗塞に関しても女性は男性に比べて発症及び死亡リスクは低く、二〇一九年の人口動態統計によると心疾患（高血圧性を除く。）による年齢調整死亡率（人口一〇万対）は、男性六二・〇、女性三一・三である。

（3）　家族歴

脳卒中の家族歴と脳卒中死亡リスクに関し、日本人八、〇三七人（男性三、五八六人、女性四、四五一人）を対象としたコホート研究において、脳卒中家族歴と脳卒中死亡リスクとの関連は認められなかったが、六〇歳以上の男性及び六〇歳未満の女性について、高血圧家族歴と脳卒中死亡リスクとの有意な関連が認められたとの報告がある。

一方、冠動脈疾患の家族歴と冠動脈疾患発症リスクに関し、欧米では一九七〇年代より冠動脈疾患の家族歴は冠動脈疾患の危険因子になることが報告されていた。フラミンガム研究では、両親の少なくとも一人に冠動脈疾患がある場合は、冠動脈疾患のリスクの年齢調整オッズ比が男性で二・六、女性で二・三であった。Ｊ-ＬＩＴ（Japan Lipid Intervention Trial）研究においては、冠動脈疾患の家族歴の存在は冠動脈性疾患発症の相対リスクを約三倍増加させたと報告した。

（4）　高血圧

血圧は、血圧値そのもののレベルを危険因子とみなし、いくつかの段階に区分けして観察したり、高血圧の有無に分けて検討したりする。また、収縮期血圧、拡張期血圧あるいは両者を組み合わせた分類（例えばＷＨＯの専門委員会と国際高血圧学会（ＩＳＨ）とが協同して二〇一九年に発表したガイドライン、日本高血圧学会（ＪＳＨ）が日本人向けに修正したガイドライン（**表2**））などが用いられる。

### 表２　成人における血圧値の分類と脳心血管病リスク層別化

#### ❶　成人における血圧値の分類（診察室血圧）

| 分　類 | 収縮期血圧(mmHg) | | 拡張期血圧(mmHg) |
|---|---|---|---|
| 正常血圧 | ＜120 | かつ | ＜80 |
| 正常高値血圧 | 120～129 | かつ | ＜80 |
| 高値血圧 | 130～139 | かつ／または | 80～89 |
| Ⅰ度高血圧 | 140～159 | かつ／または | 90～99 |
| Ⅱ度高血圧 | 160～179 | かつ／または | 100～109 |
| Ⅲ度高血圧 | ≧180 | かつ／または | ≧110 |
| （孤立性）収縮期高血圧 | ≧140 | かつ | ＜90 |

#### ❷　診察室血圧に基づいた脳心血管病リスク層別化

| 血圧分類／リスク層 | 高値血圧 130～139/80～89 mmHg | Ⅰ度高血圧 140～159/90～99 mmHg | Ⅱ度高血圧 160～179/100～109 mmHg | Ⅲ度高血圧 ≧180/≧110 mmHg |
|---|---|---|---|---|
| リスク第一層 予後影響因子がない | 低リスク | 低リスク | 中等リスク | 高リスク |
| リスク第二層 年齢（65歳以上）、男性、脂質異常症、喫煙のいずれかがある | 中等リスク | 中等リスク | 高リスク | 高リスク |
| リスク第三層 脳心血管病既往、非弁膜症性心房細動、糖尿病、蛋白尿のあるCKDのいずれか、または、リスク第二層の危険因子が三つ以上ある | 高リスク | 高リスク | 高リスク | 高リスク |

（日本高血圧学会の高血圧治療ガイドライン2019より引用）

高血圧は、脳出血、くも膜下出血及び脳梗塞に共通の最大の危険因子である。血圧値と脳卒中（脳出血、くも膜下出血及び脳梗塞）発症率との関係は直線的な正の相関関係にあり、血圧が高いほど脳卒中の発症率は高くなる。一四件の降圧薬の介入試験をメタアナリシスにより解析した成績によれば、三～五年間の五～六mmHgの拡張期血圧の下降により脳卒中の発症率は四二パーセント減少する。同様に、高血圧患者を含む、すべての降圧治療に関する六八件のＲＣＴ（randomized controlled trial）のメタアナリシスでは、冠動脈イベント、心血管イベントよりも脳卒中の発症率は三六パーセント減少した。

また、高血圧は、冠動脈疾患などの脳心血管病及び心不全、慢性腎臓病（ＣＫＤ）などの臓器障害の重要な危険因子である。

国内の一〇コホート研究（男女計七万人）のメタ解析であるEPOCH-JAPANの結果では、至適血圧（一二〇／八〇mmHg未満）を超えて血圧レベルが高くなるほど脳・心臓疾患による死亡のハザード比（ＨＲ）が上昇し、その関連は高齢者と比較して中壮年者で強かった。EPOCH-JAPANによる試算では、脳・心臓疾患による死亡の五〇パーセント、冠動脈疾患による死亡の五九パーセントが、至適血圧を超える血圧高値に起因する死亡と評価され、いずれにおいてもⅠ度高血圧者からの死亡数が占める割合が最も高かった。

(5)　糖尿病

糖尿病患者には血管系の合併症が多発する傾向がある。高血糖による血管障害は細小血管を特に侵しやすく、網膜や腎臓の細小血管障害が高頻度に発生する。

糖尿病は脳梗塞の確立された危険因子である。最近のメタアナリシスでは、糖尿病は脳梗塞の発症リスクを二・二七倍高めるのみならず、出血性脳卒中のリスクも一・五六倍に高めることが示された。

また、糖尿病は動脈硬化性疾患の重要な危険因子である。NIPPON DATA80では、糖尿病患者の冠動脈疾患死亡リスクは二・八と有意に高いと報告している。心血管疾患のリスクは、糖尿病発症前の耐糖能異常（ＩＧＴ）の時期から高まる。ＪＰＨＣ研究（Japan Public Health Center-based Prospective Study on Cancer and Cardiovascular Diseases）では虚血性心疾患の発症リスクは、境界型群で一・六五倍、糖尿病群で三・〇五倍と糖尿病発症前からの上昇が認められた。

(6)　脂質異常症（高脂血症）

過食する者、脂肪を多くとる者は、血液中のコレステロールや中性脂肪の数値が高く、脂質異常症になりやすい。

脂肪は水に溶けないので、血液中のコレステロールは、すべて微小な脂肪粒子の表面をアポたんぱくが覆うような形をとっている。この複合体であるリポたんぱくは、比重が高いリポたんぱく（ＨＤＬ）と比重が低いリポたんぱく（ＬＤＬ）に分けられる。ＬＤＬに含まれるコレステロールは、動脈壁に取り込まれて動脈硬化を促進する。ＨＤＬに含まれるコレステロールは、逆に動脈壁のコレステロールを酵素の動きを介して取り込み、肝臓へ運搬しそこで分解される。したがって、ＨＤＬコレステロールは抗動脈硬化作用をもつが、ＬＤＬコレステロールの高値は動脈硬化の危険因子である。

海外の研究では、高コレステロール血症は脳梗塞の危険因子であることが報告されている。また、低ＨＤＬ‐コレステロール血症と脳梗塞に関する日本人を対象とした研究では、低ＨＤＬ‐コレステロール血症が脳卒中及び脳梗塞の独立した危険因子であることが報告された。その後、総コレステロールと脳卒中に関しては二九のコホート研究を解析したAsian Pacific Cohort Studies Collaborationの結果が発表され、総コレステロールが一mmol／L（三八・七㎎／dL）増えると、脳梗塞の発症が二五パーセント増加することが示された。

冠動脈疾患と脂質異常症に関するわが国の数多くのコホート研究により、総コレステロール（ＴＣ）の上昇に伴い、冠動脈疾患発症率・死亡率が上昇することが報告されてきた。NIPPON DATA80では、二四年間の追跡から、ＴＣ二二〇mg／dL以上の冠動脈疾患死亡のハザード比は、二二〇mg／dL未満の群に比べ一・五五倍であった。また、Ｎｏｎ‐ＨＤＬコレステロールと冠動脈疾患の関連については、国内から多くの疫学調査成績が報告され、ＨＤＬ‐Ｃの低値は冠動脈疾患や脳梗塞の発症リスクとなり、逆に高いほどリスクが減少するとしている。

(7)　心疾患・不整脈（心房細動）

不整脈（心房細動）は脳梗塞の危険因子である。心房細動患者の脳梗塞発症率は平均五パーセント／年であり、心房細動のない人々の二～七倍高い。日本脳卒中データバンク事業の二〇〇〇～二〇一八年の集計では、発症後七日以内に入院した脳梗塞患者の二三・六パーセントに心房細動を合併していた。フラミンガム研究では、心房細動、高血圧、冠動脈疾患、心不全の疾患がない被験者と比較して、年齢調整した脳卒中の発生率は、冠動脈疾患の場合で二倍以上、高血圧の場合で三倍以上、心不全で四倍以上、心房細動の場合で五倍以上だった。

(8)　喫　煙

紙巻たばこの喫煙は、肺がんや慢性気管支炎の原因となるのみでなく、急性心筋梗塞などによる急死の危険因子にもなる。喫煙習慣と虚血性心疾患の発症率には、強い相関が認められている。

これまでの研究から、喫煙は欧米において脳卒中の危険因子であることが報告されている。わが国においても、男性では二〇本／日以上の喫煙が脳梗塞の危険因子であることや、ラクナ梗塞あるいはアテローム血栓性脳梗塞の危険因子であることが報告されている。

ＪＰＨＣ研究では、四〇～五九歳の喫煙者四六万一、七六一例において脳卒中の発症を調査した結果によれば喫煙の相対危険度は、男性では全脳卒中一・二七、脳梗塞一・六六、脳出血〇・七二、くも膜下出血三・六〇であり、女性では全脳卒中一・九八、脳梗塞一・五七、脳出血一・五三、くも膜下出血二・七〇であった。男性では喫煙本数が増えると脳卒中の発症が増える用量依存性がみられた。

また、喫煙が冠動脈疾患の危険因子であることも国内外で数多くのコホート研究、そのメタ解析などで報告されている。

喫煙が動脈硬化性疾患の危険因子であることは、わが国のみでの検討においても多くのコホート研究で一致しており、メタ解析では冠動脈疾患のり患・死亡の相対危険度は生涯非喫煙者と比べて、一日二〇本以下の喫煙で二・一五倍、一日二〇本を超える喫煙では三・二八倍である。

喫煙によって二型糖尿病の発症リスクは、一・四倍に増加し、メタボリックシンドローム発症リスクが喫煙本数に従って増加する。喫煙者は、非喫煙者と比較してＨＤＬ－Ｃが低く、ＬＤＬ－Ｃ、ＴＧが高いことがメタ解析で示され、また用量反応関係が認められている。

喫煙は単独で動脈硬化性疾患の危険因子であるばかりでなく、糖尿病、脂質異常症、メタボリックシンドロームの発症リスクを上げることも相まって、動脈硬化性疾患リスク増加に関与している。

(9)　飲　酒

飲酒は二つの方向に作用する。一つは比重が高いリポたんぱく（ＨＤＬ）を増加させる作用で、これは動脈硬化を軽減させる。これと逆に血圧を上げる効果もあり、血液凝固能や線溶系の変化、脳血管の収縮による脳血流の低下など多彩な作用機序を介して脳血管疾患や動脈硬化の危険因子となる。

最近の研究から、出血性脳卒中の発症率と飲酒量との間には直線的な正の相関関係があることが認められている。

一方、脳梗塞の発症率と飲酒量との間にはＪ（又はＶ）カーブ現象がみられ、非飲酒者と比べ、少量～中等量の飲酒者では脳梗塞の発症率は低く、大量飲酒者では高いことがいえる。ＪＰＨＣ研究では、機会飲酒者と比べ、大量飲酒（エタノール四五〇ｇ／週以上）者で全脳卒中の発症率が六八パーセント増加し、特にくも膜下出血の発症率が著しく増加した。一方、少量～中等量（エタノール一～一四九ｇ／週）の飲酒者では、機会飲酒者と比べ、脳梗塞の発症率が三九パーセント少なかった。

⑽　睡眠時無呼吸症候群

睡眠時無呼吸症候群（ＳＡＳ）の重要な指標となる習慣性いびきが脳梗塞の独立した危険因子であることが報告されている。

急性期脳梗塞患者一八一例と健常者一八一例での患者対照研究では、ＳＡＳの随伴症状である過剰な日中の眠気が脳卒中（オッズ比：ＯＲ三・〇七）に関連することも報告されている。また、閉塞性無呼吸を有する六九七人の前向き調査では、脳卒中あるいは死亡が起こる危険は、年齢、性、人種、喫煙、飲酒、ＢＭＩ、糖尿病、脂質異常症、心房細動、高血圧の有無を調整した場合は、ハザード比（ＨＲ）一・九七であると報告されている。七〇歳以上の高齢者八一〇人の前向き調査で無呼吸指数が三〇以上の重症の閉塞性無呼吸では、脳梗塞発症はハザード比二・五二であると報告された。

⑾　メタボリックシンドローム

肥満は、様々な生活習慣病を引き起こす温床となる。脳血管疾患、虚血性心疾患、高血圧、糖尿病などはいずれも肥満が要因となることが明らかになってきている。しかも、それらは相互に関連しながら進行する。これらの病気は、かなり進行しないと自覚症状が現れず、また、発症してから肥満を解消しても、病気を治すのは難しいことが多い。肥満の人がみな短命であるわけではないが、いろいろな調査からも、肥満があると病気を併発しやすく、死亡率が高くなることは明らかである。肥満度がプラス三〇パーセント以上になると、合併症を起こす危険が目立って高くなるといわれている。

肥満は、メタボリックシンドロームの重要な構成要素であり、メタボリックシンドロームに特有の腹部内臓肥満はインスリン抵抗性に深く関与し、糖尿病、脂質異常症、高血圧を次々と引き起こし（メタボリックドミノ）、心血管イベントの発症リスクを高める。

メタボリックシンドロームが構成する各因子と独立して脳卒中発症に寄与しているかどうかは明らかでないが、脳梗塞を含む心血管イベントの既往がない日本人（四〇〜六九歳）九、〇八七例を一八年間追跡調査した結果では、脳梗塞のハザード比は、男性二・〇、女性一・五であった。

⑿　慢性腎臓病

慢性腎臓病（ＣＫＤ）は、腎臓に何らかの異常所見が見出される、もしくは糸球体濾過量（ＧＦＲ）が六〇㎖／分／一・七三㎡未満の腎機能が三か月以上持続するものと定義される。

ＣＫＤは脳卒中を含む心血管疾患の独立した危険因子である。

脳卒中病型別にＣＫＤの寄与を検討したわが国のＣＩＲＣＳ研究（Circulatory Risk in Communities Study）で、一般住民一万二、二二二例を一七年追跡した検討では、ＣＫＤは男性で一・六三倍、女性で一・五一倍脳卒中リスクを高め、特に男性では脳出血、女性では脳梗塞の有意な危険因子であった。

また、日本人の健診者九万一、四一四例以上を一〇年間観察したコホート研究によればＧＦＲ六〇㎖／分／一・七三㎡未満の心血管疾患のリスクはＧＦＲ六〇㎖／分／一・七三㎡以上と比較して、冠動脈疾患で男性一・〇八倍、女性一・一三倍、脳卒中で男性一・九八倍、女性一・八五倍と報告されている。

また、冠動脈疾患発症者の健診結果を一〇年前まで遡って分析した労働省作業関連疾患総合対策研究班の調査では、発症者は非発症者に比し、ＢＭＩ、血圧、空腹時血糖、血清脂質が軽度ではあるが有意に高く、かつ一〇年間持続していたことが確認された。NIPPON DATA80でも、危険因子保有数の増加に伴って冠動脈疾患や脳卒中による死亡の相対危険度が上昇していることが示された。

## ２　認定基準に示された疾患の概要－脳血管疾患－

労基則別表第一の二第八号の「脳出血、くも膜下出血、脳梗塞、高血圧性脳症」について、その病像等を次に説明する。

### (1)　脳出血

#### ア　概　要

脳実質内の小血管が破綻し、脳内に血腫を形成したものを脳出血という。全体の八〇パーセント以上は高血圧が原因である。脳出血の結果として、血腫が脳組織を圧迫し、局所神経症候及び頭蓋内圧亢進を示す。血腫の部位、大きさによって様々な程度の頭痛、意識障害、局所神経症候（巣症状）が起こる。

#### イ　成　因

非外傷性脳出血は、小血管の変性に伴うもの（高血圧性脳出血と脳アミロイドアンギオパチー（ＣＡＡ））、血管形態の異常によるもの（脳動静脈奇形、海綿状血管腫、もやもや病など）、血液疾患によるもの（抗凝固療法によるものを含む血液凝固異常など）、その他二次性のもの（脳腫瘍、脳梗塞、脳ヘルニア等に伴うもの）に区分される。

高血圧は最も主要な脳出血の原因である。脳アミロイドアンギオパチーは、髄膜及び脳内の血管壁にアミロイド化したタンパク（特定の構造をもつ水に溶けない繊維状のタンパク質）の沈着を認めるもので、遺伝性のもの、加齢等に伴う孤発性のものがあり、高齢者に多くみられ、脳出血の原因となる。

脳出血は出血部位により、被殻出血、視床出血、脳幹出血（橋出血）、小脳出血、皮質下出血（脳葉出血）等に分類されるが、皮質下出血については、他の部位の脳出血と異なり、高血圧ではなく血管病変に由来するものが多く、若年者では脳動静脈奇形、高齢者では脳アミロイドアンギオパチーによるものが多い。

(2)　くも膜下出血

ア　概　要

何らかの原因疾患によりくも膜下腔に存在する脳表面の動脈が破綻し、くも膜下腔に出血が生じた病態をくも膜下出血という。くも膜下腔に流入した血液によって脳が圧迫され、ごく短時間で頭蓋内圧が亢進するとともに、血管の破綻により脳循環不全（脳血流の低下）を来す。頭蓋内圧の亢進や脳循環不全によって、脳灌流圧が低下して脳が虚血状態となり、意識障害等が生じる。突然の激しい頭痛が特徴的な症状である。

非外傷性くも膜下出血は、最新の国内登録研究でも二三パーセントの致死率が報告されており、致死性脳卒中の代表である。

イ　成　因

非外傷性くも膜下出血の原因としては、脳動脈瘤、脳動静脈奇形、脳出血、もやもや病、脳腫瘍、脳血管炎などの頭蓋内疾患、凝固異常・線溶異常などの血液疾患があげられる。このうち、八〇パーセント以上は脳動脈瘤の破裂であり、四〇～六〇代の女性に好発する。次いで多いのが脳動静脈奇形で、二〇～四〇代の男性に好発する。

(3)　脳梗塞

ア　概　要

脳梗塞は、脳実質に血液を供給する動脈が閉塞し、その動脈に栄養される脳実質が虚血状態に陥り、壊死を起こした病態である。障害部位により、様々な局所神経症候を来す。

脳梗塞は、病型として、アテローム血栓性脳梗塞、心原性脳塞栓症、ラクナ梗塞、その他の脳梗塞に分けられる。脳梗塞の病型別頻度をみると、アテローム血栓性梗塞が約三三パーセント、心原性脳塞栓症が約二八パーセント、ラクナ梗塞が約三一パーセントとなっている。

アテローム血栓性塞栓症は、安静時に好発し、血管の狭窄が徐々に進行することにより階段状、進行性に悪化するものが多いが、塞栓性の機序によるもの（頸動脈などの粥状硬化部にできた血栓の一部がはがれて塞栓子となり脳動脈を閉塞させるもの）については、急激に発症することもある。一過性脳虚血発作（ＴＩＡ）の先行が二〇〜三〇パーセントにみられる。

心原性脳塞栓症は、突発的に症状が完成するものが多く、塞栓子により急激に脳動脈が閉塞するため、側副血行路の発達が不良で皮質を含む広範な脳梗塞となることが多い。意識障害、頭痛、嘔吐、失禁、けいれん発作などを伴うこともあり、脳梗塞の臨床病型の中でもっとも重篤で予後不良である。また、急性期の再発例が多い。

ラクナ梗塞は、近年の高血圧の管理により減少傾向にある。一般に症状は軽く回復も早いが、多発すると血管性認知症やパーキンソン症候群の原因となることがある。

イ　成　因

アテローム血栓性脳梗塞は、脳・頸部の大血管の粥状硬化を基盤として生じる脳梗塞で、ＴＯＡＳＴ分類では責任血管である主幹動脈の五〇パーセント以上の狭窄、閉塞が基準となる。日本人を含む東アジア人には頭蓋内動脈の粥状硬化が多く見られるが、近年の食事習慣の欧米化などに伴い、頸部動脈を原因とするものも増えている。動脈硬化の進行する中高年に好発する。

心原性脳塞栓症は、心臓内（特に左房）に形成された血栓や、シャント性疾患を介する静脈・右心系からの血栓が脳に飛来することによって生じる脳梗塞である。もっとも頻度が高い原因疾患は心房細動、特に非弁膜性心房細動である。

ラクナ梗塞は、脳の細動脈病変による単一穿通枝領域の脳梗塞である。原則としていわゆるラクナ症候群（純粋運動性不全片麻痺、純粋感覚性脳卒中、運動失調性不全片麻痺、構音障害―手不器用症候群、感覚運動性脳卒中）を呈する。高血圧を有する高齢者に好発し、通常直径一五㎜未満（急性期拡散強調画像では二〇㎜未満）の小さい梗塞巣が多発することが多い。

その他の非心原性脳梗塞として、脳動脈解離や、奇異性塞栓症、播種性血管内凝固症候群（ＤＩＣ）、高安病、もやもや病などがある。

### (4) 高血圧性脳症

#### ア　概　念

急激な血圧上昇や持続的な高血圧が誘因となり、脳循環自動調節能が障害され、脳血管関門に破綻が生じ、血管透過性が亢進し発生する疾患である。脳毛細血管内から血管外へ血漿成分が漏出して脳浮腫が起こり、頭蓋内圧が亢進する。頭痛、悪心、嘔吐といった頭蓋内圧亢進症状で発症し、進行すると意識障害、けいれんが出現する。血圧の管理が普及した現在、高血圧性脳症は稀な疾患となっている。

**図２　脳の動脈**

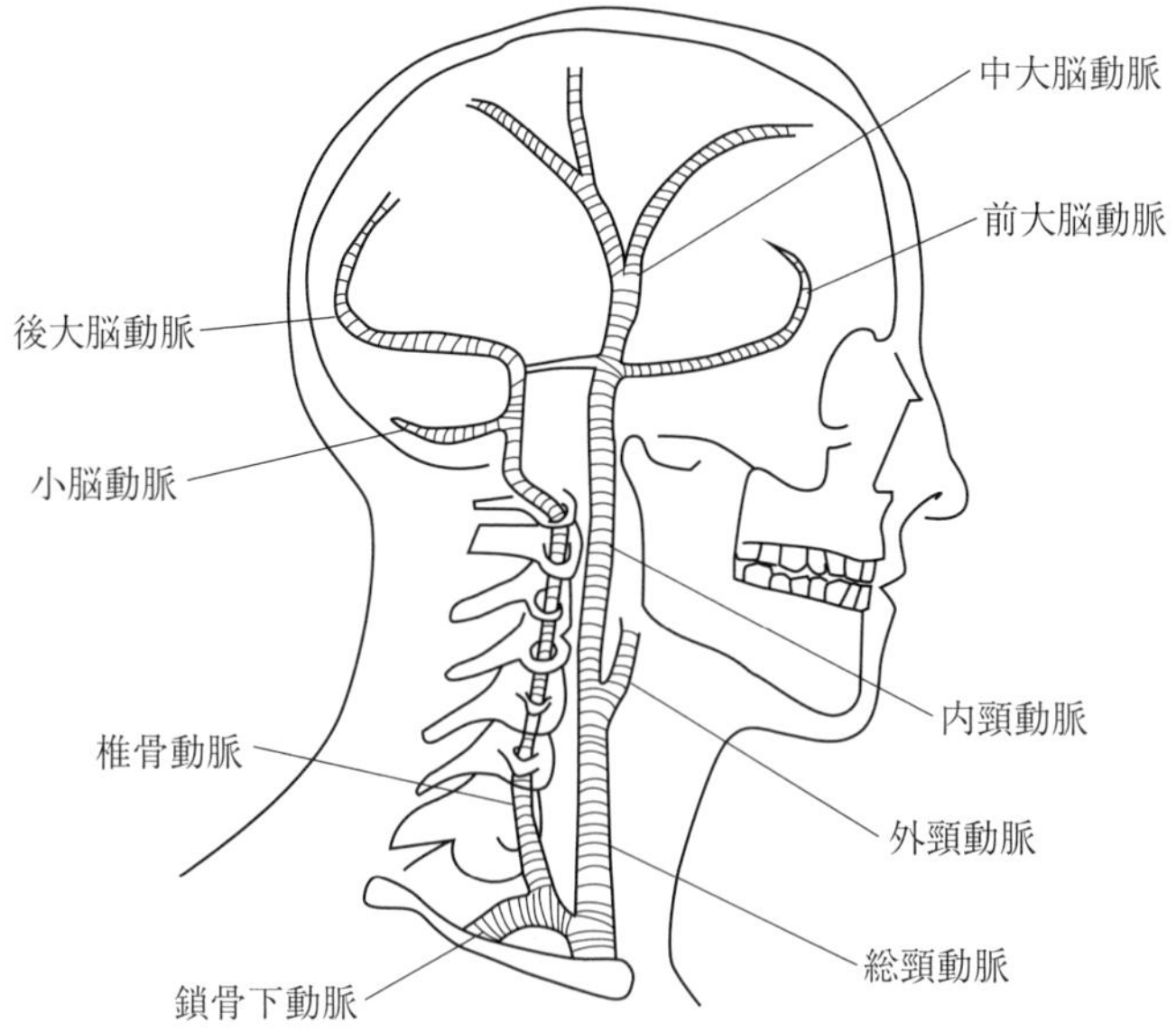
中大脳動脈
前大脳動脈
後大脳動脈
小脳動脈
内頸動脈
椎骨動脈
外頸動脈
総頸動脈
鎖骨下動脈

**図３　髄膜**

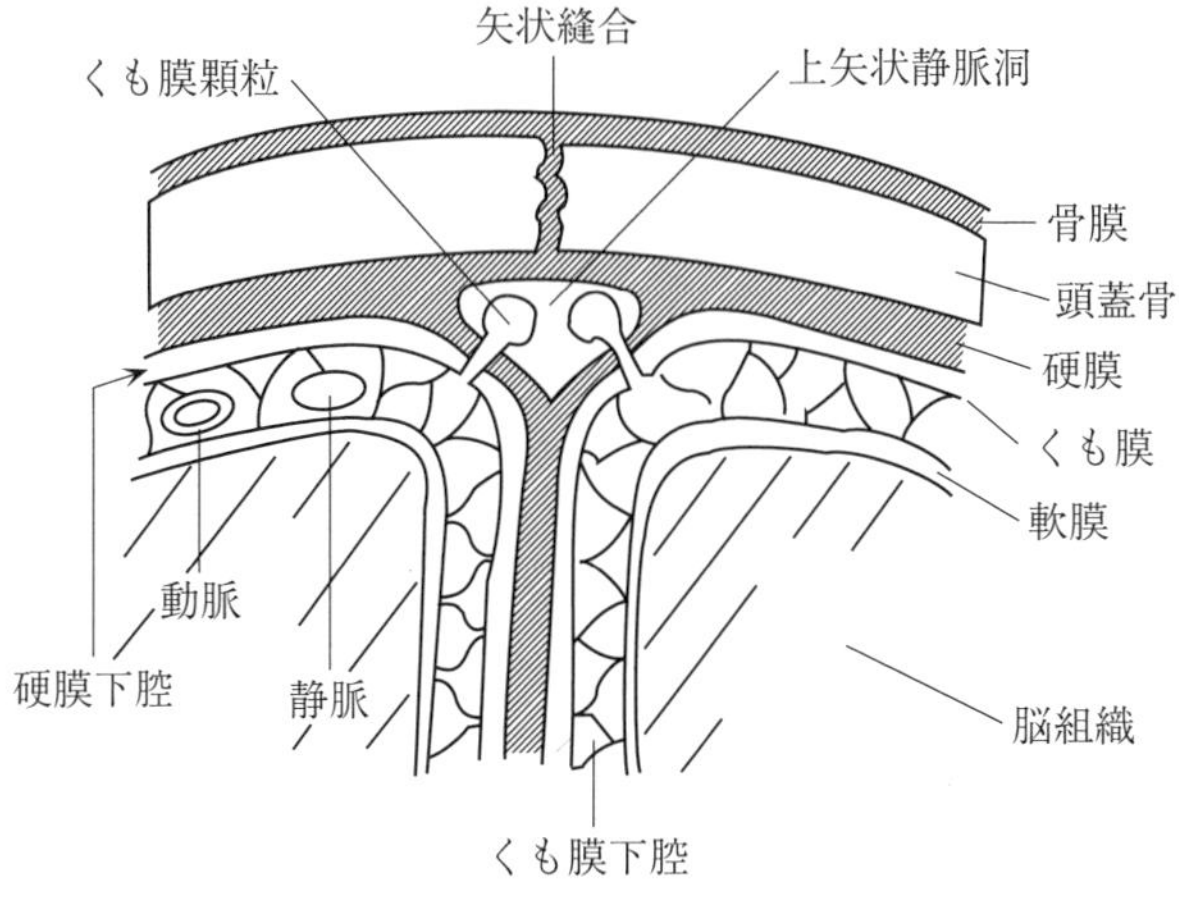
矢状縫合
くも膜顆粒
上矢状静脈洞
骨膜
頭蓋骨
硬膜
くも膜
軟膜
動脈
硬膜下腔
静脈
脳組織
くも膜下腔

**図４　脳血管疾患の発症機序**

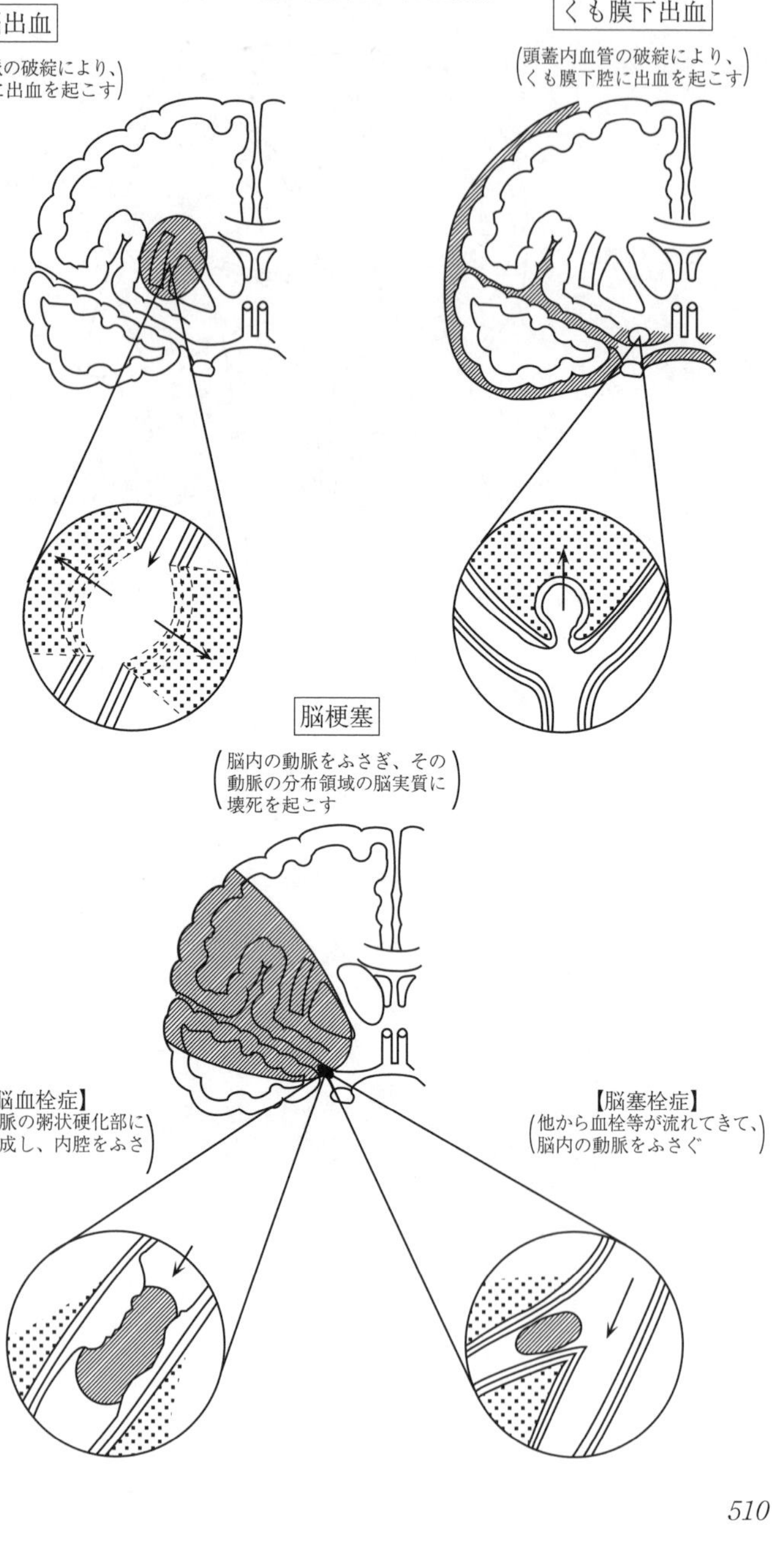
脳出血
（脳内の動脈の破綻により、脳実質内に出血を起こす）
（脳内の動脈をふさぎ、その動脈の分布領域の脳実質に壊死を起こす）
【脳血栓症】
（脳内の動脈の粥状硬化部に血栓を形成し、内腔をふさぐ）
（他から血栓等が流れてきて、脳内の動脈をふさぐ）

イ　成　因

高血圧が引き起こす疾病である。長期にわたり、コントロールが不良な高血圧症の増悪期に高血圧性脳症が出現する場合と、もともと血圧が正常な人に急性腎炎や妊娠高血圧症候群などで著しい血圧の上昇が起こり高血圧性脳症が出現する場合とがある。

## ３　認定基準に示された疾患の概要－虚血性心疾患等－

次に、労基則別表第一の二第八号の「心筋梗塞、狭心症、心停止（心臓性突然死を含む。）、重篤な心不全若しくは大動脈解離」についてその病像等を説明する。

### (1)　心筋梗塞

ア　概　要

心筋梗塞は、病理学的に遷延する心筋虚血に起因する心筋細胞の壊死と定義される。初期に心電図上でＳＴが上昇するものと正常又は下降を示すものがあり、ＳＴ上昇型急性心筋梗塞と非ＳＴ上昇型急性心筋梗塞に大別される。わが国での二〇一九年の急性心筋梗塞の死亡率は人口一〇万対で二五・五（男女）であり、心疾患（高血圧性を除く）の一五パーセントを占めている。

急性心筋梗塞は、突然発症する例と発症前に典型的狭心症や何らかの虚血症状が先行する例がある。約五〇パーセントは、不安定狭心症から急性心筋梗塞に移行する。発症時の症状は胸痛・胸部絞扼感が七〇～七五パーセント、呼吸困難感が一〇～一二パーセント、嘔吐が二～一〇パーセント、失神が二～五パーセントであった。

心筋梗塞の発症は自宅が六六・七パーセントと全体の約三分の二を占め、その内訳は睡眠中が一四・二パーセント、食事中が一二・三パーセント、飲酒中が七・四パーセント、安静時が五・六パーセント、排便・排尿中が四・六パーセントを示し、自宅外の発症は三三・三パーセントであった。また、時刻別の発症頻度は起床数時間後の八時〜一二時及び夜間の二〇時〜二二時にピークを持つ二峰性を示し、労作時発症では午前中のピークが顕著であることも報告されている。地震等の驚愕的な出来事で、心臓死が増加することも認められており、引き金因子が推測可能な場合もある。

イ　成　因

心筋梗塞は、多くの場合、冠動脈硬化病変の脂質に富んだプラーク（血管内膜の限局性肥厚）の破裂に伴う血栓形成で冠動脈内腔の閉塞を来し血流が途絶し、その持続により心筋代謝の維持が不可能となり、心筋壊死が生じ発症するものである。梗塞部位の心筋は壊死し、壊死した細胞はマクロファージによって取り除かれ、線維組織に置き換わる結果、薄く、収縮できなくなる。一方で、この梗塞は梗塞が起こらなかった領域にも影響し、血液拍出量を維持するための代償機転として、非梗塞領域の拡大等が生じる。これらの結果、心筋梗塞を発症した者は、不整脈や心不全を生じさせやすくなる。

(2)　狭心症

ア　概　要

狭心症は、冠動脈の異常（基質的狭窄あるいは機能的狭窄）により、心筋の需要に応じた酸素の供給不足から誘発される一過性の心筋虚血から生じる狭心痛（胸部が締め付けられる等の胸部絞扼感など）を主徴候とする症候群である。労作性狭心症、冠攣《れん》縮性狭心症、急性冠症候群に含まれる不安定狭心症に大別される。

イ　成　因

労作性狭心症は、動脈硬化性の冠動脈病変により内腔狭小化がある場合、一定以上の労作によって誘発され、安静により通常三～五分程度で消失する。発作時の息切れ、呼吸困難感として自覚されることもある。

冠攣縮性狭心症は、冠攣縮（心臓の表面を走行する比較的太い冠動脈が一過性に異常に収縮した状態）を原因とする狭心症で、夜間～早朝、安静時に発作（狭心痛）が出現することが特徴である。

不安定狭心症は、重症・増悪型の狭心症で、最近急に出現した、狭心痛の発作頻度が増加する、労作時のみだった発作が安静時や軽い労作でも生じる、痛みが強くなる、持続時間が長くなるなど、症状が増悪（不安定化）した場合に相当する。その病態は、冠動脈硬化病変のプラークの破裂やびらんに伴う血栓形成で冠動脈内腔の狭窄が進行したことにより冠動脈血流は高度に障害され不安定な状態である。

(3)　心停止（心臓性突然死を含む。）

ア　概　要

心停止とは、心拍出が無となり循環が停止した状態を指す。多くは、心電図上、心静止、心室細動のいずれかを示す。何らの前兆なしに突然心停止を来す場合、救急蘇生が速やかに行われないと突然死に至る。心室細動は、心電図上でどれが心室興奮か識別できない興奮波が連続している状態で、心室での興奮波のリエントリー（旋回興奮）が機序となっている。

突然死は器質的心疾患、脳血管障害、大動脈破裂、肺梗塞などに起因するが、最も多い原因は心疾患であり、心臓性突然死（心臓突然死）と呼称される。急性冠症候群のうち、虚血による心臓突然死がこれに当たる。医学的な突然死の時間にかかわる定義は、瞬時に死に至るというもの、元気な姿（突然死を予測できない状態）が突然死発覚前の一～二時間以内に確認されているもの、二四時間以内とするものなど幅広い。

**図6　心臓の外形図**

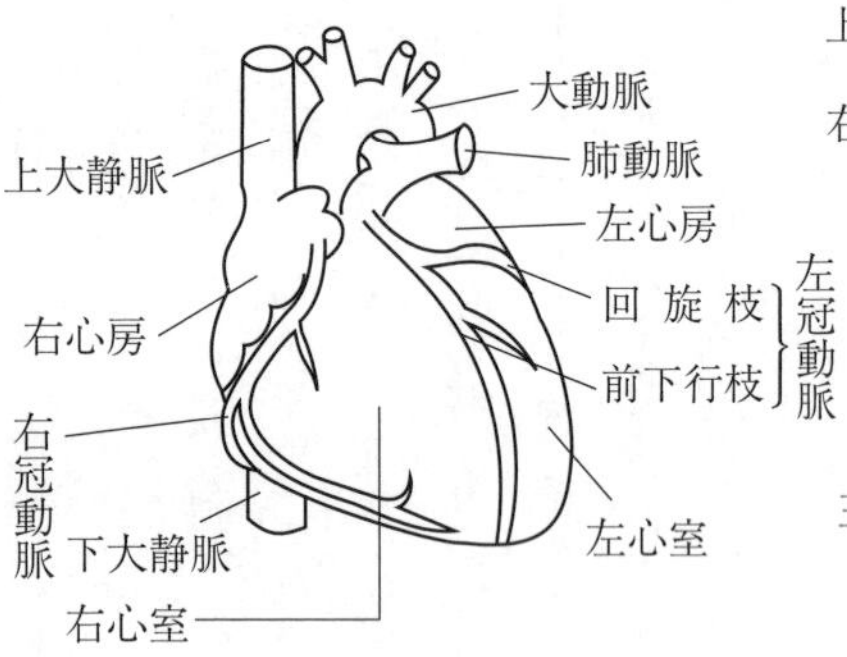


**図5　心臓の室と弁**

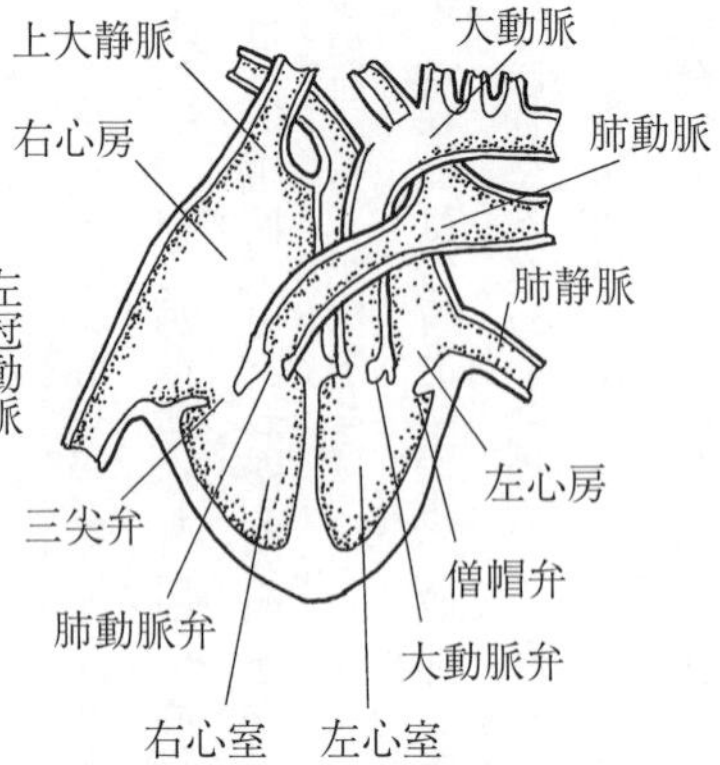


**図7　狭心症、心筋梗塞の発症機序**

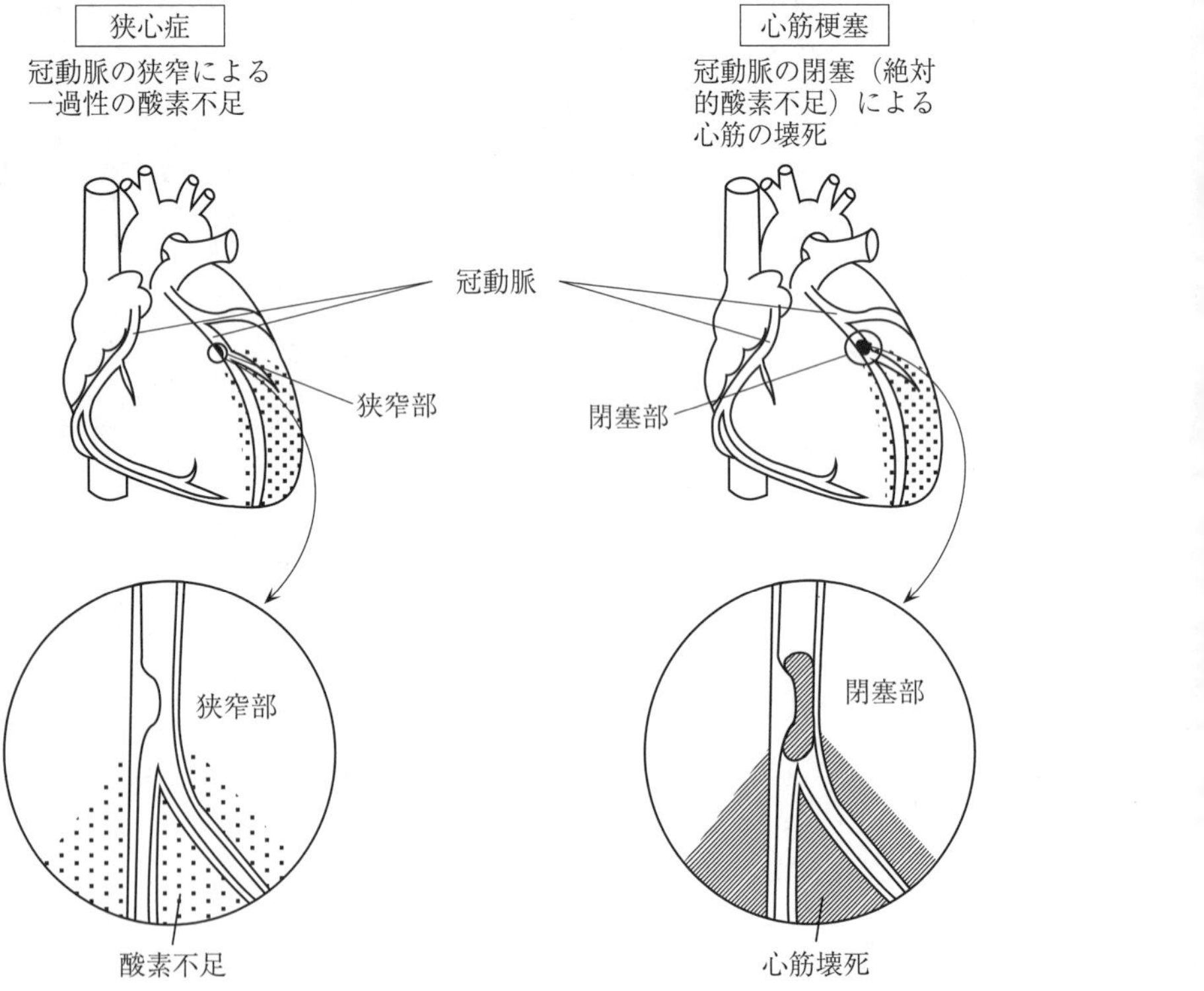

**図８　心停止の成因**

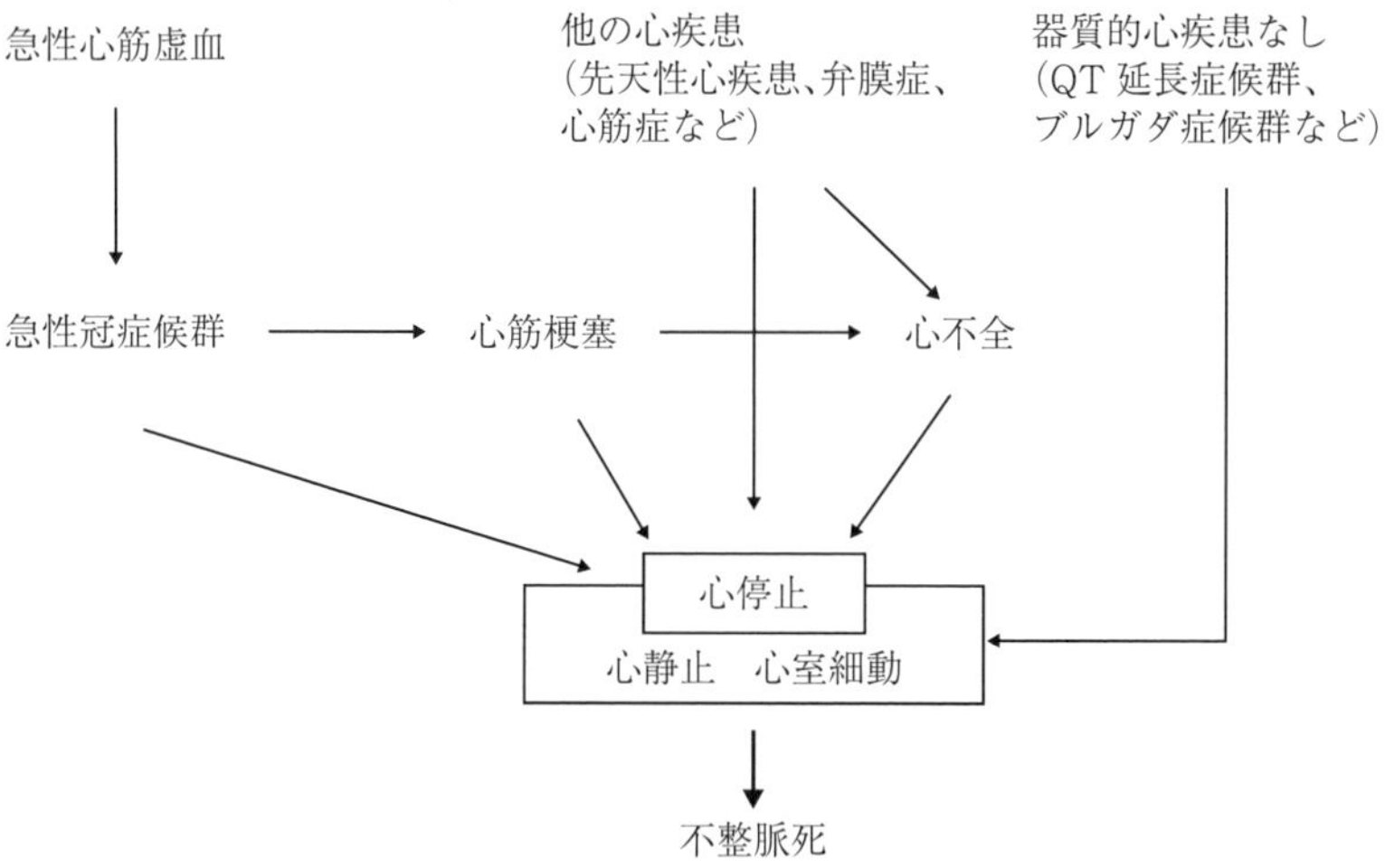


イ　成　因

　心停止の成因を図８に示す。ホルター（長時間）心電図記録中に発生した突然死の解析によると、七〇～八〇パーセントに心室頻拍（ＶＴ）、心室細動（ＶＦ）などの頻拍性不整脈、二〇パーセント弱に房室ブロックなどの徐脈性不整脈が記録されている。心室頻拍、心室細動など致死的頻拍性不整脈の原因として、特に壮年期以後では、急性冠症候群が最大の理由と考えられている。若年者の突然死としては、非虚血性の原因（先天性ＱＴ延長症候群、ブルガダ症候群、早期再分極症候群、カテコラミン誘発性多形性心室頻拍（ＣＰＶＴ）、心筋症、劇症型心筋炎など）を考えるべきである。

　不整脈を生じさせ心停止の原因となる基礎心疾患には、急性冠症候群、心筋疾患（肥大型心筋症、拡張型心筋症、その他の心筋疾患）、遺伝性不整脈などがある。

(4)　重篤な心不全

ア　概　要

　心不全とは、「急性・慢性心不全診療ガイドライン」によれば「なんらかの心臓機能障害、すなわち、心臓に器質的および／あるいは機能的異常が生じて心ポンプ機能の代償機転が破綻した結果、呼吸困難・倦怠感や浮腫が出現し、それに伴い運動耐容能が低下する臨床症候群」と定義される。

また、心不全のうち急性心不全とは、「心臓の構造的および／あるいは機能的異常が生じることで、心ポンプ機能が低下し、心室の血液充満や心室から末梢への血液の駆出が障害されることで、種々の症状・徴候が複合された症候群が急性に出現あるいは悪化した病態」である。急性心不全は、急速に心原性ショックや心肺停止に移行する可能性のある逼迫した状態である。

心不全の経過は多くの場合慢性・進行性である。大多数の心不全は急性心不全として発症するが、代償化され（心臓のポンプ機能が他の機転で補われ）、慢性心不全に移行する。その後は慢性に進行するが、急性増悪により非代償性急性心不全を反復しやすい。急性増悪を反復することにより徐々に重症化していく。さらに経過中に突然死を来すこともある。

心不全は、次のイのとおりその基礎となる疾患が様々であり、また、身体活動に制限がない状態から、急性心不全までを含む幅広い状態名であるところ、労災補償の対象疾病としては、基礎疾患の自然経過によるものではなく、業務による明らかな過重負荷によって基礎疾患がその自然経過を超えて著しく増悪したものと判断できる必要があることから、入院による治療を必要とする急性心不全を念頭に、対象疾病が「重篤な心不全」と限定されている。

イ　成　因

心不全は、腔内に血液を充満させ、それを駆出するという心臓の主機能になんらかの障害が生じた結果出現するため、心外膜や心筋、心内膜疾患、弁膜症、虚血性心疾患、大動脈疾患、不整脈、内分泌異常など、様々な要因により引き起こされる。例えば、心房細動は、心不全患者に最も多く併発する不整脈のひとつであり、心機能や血行動態に悪影響を及ぼし、さらに心不全を悪化させることが知られている。

心不全の原因疾患には、心筋梗塞や心筋症のように心筋組織が直接的に障害を受けて心不全を発症する場合、弁膜症や高血圧などにより心筋組織に長期的に負荷が加わり機能障害から心不全を発症する場合、頻脈性ないし徐脈性不整脈により血行動態の悪化を招く場合などがある。また、全身性の内分泌・代謝疾患、炎症性疾患などの一表現型としての心不全、栄養障害や薬剤、化学物質といった外的因子による心筋障害から発症する心不全など、心不全の根本原因が心臓以外に存在する場合もある。日本におけるデータでは、入院した心不全患者の原因疾患として多いものは順に、虚血性心疾患、高血圧、弁膜症であった。

(5)　大動脈解離

ア　概　要

大動脈解離とは「内膜の裂孔（エントリー）からの血液流入で大動脈壁が中膜のレベルで二層に剥離し、大動脈の走行に沿ってある長さをもち二腔になった状態」で、大動脈壁内に血流又は血腫（血流のある型がほとんどであるが、血流のない＝血栓化した型もある。）が存在し、急性期にはその状態は変化する動的な病態である。大動脈解離は本来の大動脈内腔（真腔）と新たに生じた壁内腔（偽腔）からなり、両者は剥離した解離フラップ（内膜と中膜の一部からなる隔壁）により隔てられる。

本症は瘤化を認めないことも多く、通常は「大動脈解離」と称する。「解離性大動脈瘤」という名称は、急性期から慢性期にかけて瘤形成を認めた場合に使用される。他の原因による大動脈瘤は、成因を区分するために非解離性と記載されることもある。

急性大動脈解離の臨床症状には、解離そのものによって生じる痛み・失神と、解離が生じたことによって起こる続発症（合併症）がある。大半の症例で発症時に胸部・背部に激痛を訴え、突然発症が特徴的である。一方で、急性大動脈解離の六パーセント程度は無痛、九〜一〇パーセントは典型的疼痛がなく失神を来したとの報告がある。

イ　成　因

大動脈解離は、大動脈中膜の筋・弾性組織の障害（弾性板の断裂、線維化、嚢状中膜壊死、中膜壊死）による脆弱性が原因となる。

若年（五〇歳未満）の例では遺伝性を考える。家族性に大動脈拡張を呈する例では、遺伝子異常が不明な例も多い。また、妊娠中の女性にも発症する。

後天的には、慢性の高血圧、閉塞型睡眠時無呼吸、炎症性大動脈疾患（大動脈炎症候群等）、大動脈粥状硬化等

図９　大動脈解離

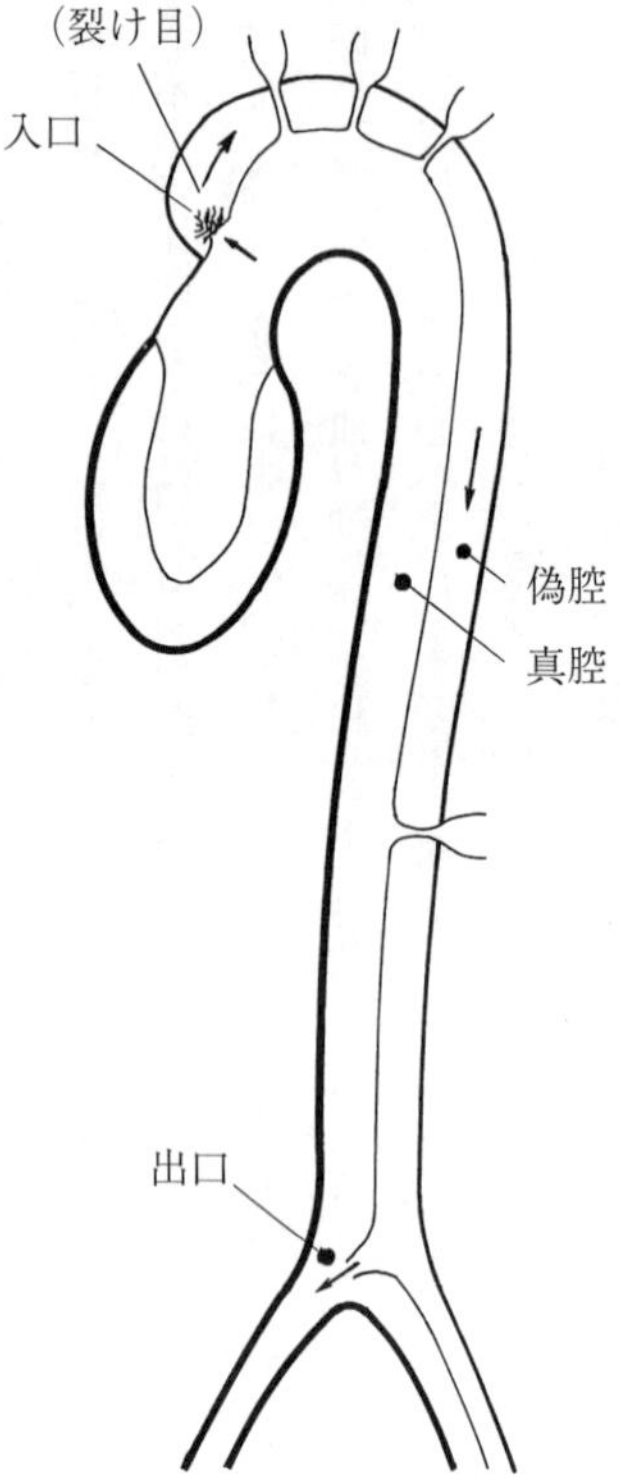

が関与する。また、交通事故等の外傷、医原性（カテーテル操作あるいは心臓外科手術等）によっても起こる。

解離発症の引き金は、壁への血行力学的ストレスであり、解離の準備状態（前臨床段階）から種々の要因が関与して発症に至る。大動脈解離の発症は、冬場に多く、夏場に少ない。また、時間的には活動時間帯である日中の発症頻度が高く、特に六～一二時に多い。

大動脈解離の発症様式は、大動脈拡張がなく内膜の裂孔（エントリー）から壁内に血液が流入して発症する場合と、大動脈拡張が進行して裂孔ができる（あるいは大動脈破裂に至る）場合がある。裂孔は大動脈のあらゆる部位に生じる可能性があるが、好発部位は、壁への力学的ストレスの高い、上行大動脈近位部（上下動している大動脈基部から二cm程度の部位）、大動脈の固定部位である腕頭動脈分岐部及び大動脈峡部（左鎖骨下動脈起始部直下）である。

## ㈡　脳・心臓疾患の発症に影響を及ぼす疲労の蓄積

疲労の蓄積をもたらす業務による負荷要因としては、医学的知見等を踏まえ、労働時間（恒常的な長時間労働）のほか、勤務時間の不規則性、事業場外における移動を伴う業務、心理的負荷を伴う業務、身体的負荷を伴う業務及び作業環境の各要因が挙げられる。

ここでは、疲労の蓄積に関する評価の中心となる労働時間と脳・心臓疾患発症との関連性についての医学研究の現状について整理する。

疲労の蓄積の概念が認定基準に導入されたのは平成一三年改正認定基準からである。疲労の蓄積の概念、すなわち「発症前一か月間におおむね一〇〇時間又は発症前二か月間ないし六か月間にわたって、一か月当たりおおむね八〇

図10　労働者の１日の生活時間

（男女、15歳以上、有業者〔主に仕事〕、平日）

| 睡眠 | 食事等 | 仕事 | 余暇 |
|---|---|---|---|
| 7.2 | 5.3 | 8.1 | 3.4 |

（注）１　食事等は、食事、身の回りの用事、通勤等の時間である。
　　　２　余暇は、趣味・娯楽、休養・くつろぎ等の時間である。
総務省統計局「平成28年社会生活基本調査」

時間を超える時間外労働が認められる場合は、業務と発症との関連性が強いと評価できる。」との結論がどのようにして導き出されたのかについて以下に述べる。

平成一三年検討会の議論は、「長期間にわたる長時間労働やそれによる睡眠不足に由来する疲労の蓄積が血圧の上昇などを生じさせ、その結果、血管病変等をその自然経過を超えて著しく増悪させる可能性があり、長時間労働に着目してみた場合、一日四～六時間程度の睡眠が確保できない状態が、継続していたかどうかという視点で検討することが妥当である。」とした。

ここで、**図10**の労働者の一日の生活時間を前提とすると、一か月当たりの時間外労働時間おおむね一〇〇時間という水準は、一日五時間程度の睡眠が確保できない状態が一か月継続した状態（二四時間から生活を営む上で必要な睡眠（五時間）・食事等・仕事を引いた時間数に一か月の平均勤務日数二一・七日を乗じた概数）であり、一か月当たりの時間外労働時間おおむね八〇時間という水準は、一日六時間程度の睡眠が確保できない状態が一か月継続した状態（前記の睡眠を六時間として同様に算出した概数）となる。すなわち、一か月当たりの時間外労働時間おおむね一〇〇時間、八〇時間は、毎日の睡眠時間を五ないし六時間確保できるぎりぎりのレベルということができる。

### １　睡眠時間と脳・心臓疾患の発症等に関する主要な疫学調査

睡眠時間と脳・心臓疾患の発症等との関係についての疫学調査は多数あり、様々なコホート研究が行われ、また、それら複数の疫学調査の結果を統計的に統合したメタアナリシスが実施されている。

平成一三年の認定基準改正後における医学的知見においても、睡眠時間と脳・心臓疾患の発症又は死亡との関係について、多くの文献で六時間未満（又は以下）の睡眠との有意な関連がみられている。一方で、有意な関連を認めなかった文献、五時間未満（又は以下）の睡眠とのみ有意な関連を認めた文献も複数ある。全体としてみると、一日の睡眠時間七時間ないし七～八時間の群を対照群として、それよりも睡眠が短い群も長い群も脳・心臓疾患のリスクが高くなる傾向があるといえる。

ここで、労働時間が長いことにより生じ得る短時間睡眠の影響についてみると、Gallicchioら（2009）は、全死因に関する一六の研究（対象者一三七万六、七二八人）、心血管疾患による死亡に関する五の研究（対象者一〇万四、四六八人）についてメタアナリシスを行い、短時間睡眠（多くの研究で六～七時間未満、全死因に係る一研究は八時間未満）の群は、全死因について相対リスク（ＲＲ）が有意に高かったが、心血管疾患による死亡とは有意な関連がなかったとしている。

Cappuccioら（2011）は、一五の研究（対象者四七万四、六八四人）についてメタアナリシスを行い、短時間睡眠（多くの研究で五～六時間以下、一研究は七時間未満）の群は、脳卒中（ＲＲ一・一五）及び冠動脈性心疾患（ＲＲ一・四八）の発症又は死亡と有意な関連がみられたが、全心血管疾患とは関連がみられなかったとしている。

Geら（2015）は、一二のコホート研究についてメタアナリシスを行い、対照群（多くの研究で七～八時間、一部六～八時間又は七～九時間）に比較して、短時間睡眠（多くの研究で五～六時間未満、一部四時間以下）の群は、脳卒中の発症又は死亡と有意な関連がみられた（ＨＲ一・一三）としている。

Liら（2016）は、脳卒中の発症に関する一一の研究及び死亡に関する七の研究についてメタアナリシスを行い、対照群（睡眠時間七時間の群）に比較して、睡眠時間が一時間短くなるごとに、脳卒中の発症に有意な増加がみられた（ＲＲ一・〇七）が、脳卒中の死亡に関しては有意差がなかったとしている。また、一六の研究についてメタアナリシスを行い、睡眠時間と脳卒中の発症又は死亡との間には概してＪ字型の関連がみられるとしている。

Wangら（2016）は、一四の研究についてメタアナリシスを行い、対照群（睡眠時間七時間の群）に比較して、睡眠時間が一時間短くなるごとに、冠動脈疾患の発症に有意な増加がみられた（ＲＲ一・一一）としている。また、二三の研究（対象者五一万七、四四〇人）についてメタアナリシスを行い、睡眠時間と冠動脈性心疾患の発症との間にはＵ字型の関連があり、睡眠時間七～八時間が最も発症リスクが低いとしている。

Itaniら（2017）は、死亡に関する三六の研究、脳卒中に関する一四の研究、冠動脈性心疾患に関する一九の研究、全心血管疾患に関する二四の研究についてメタアナリシスを行い、短い睡眠時間（五時間又は六時間以下、一部四時間又は七時間以下）は、対照群（多くの研究で七時間又は七～八時間、一部六～七時間、六～八時間又は七～九時間）に比較して、死亡（ＲＲ一・一二）、冠動脈性心疾患（ＲＲ一・二六）、全心血管疾患（ＲＲ一・一六）と有意な関連がみられたが、脳卒中とは有意な関連がなかったとしている。

## 2　労働時間と脳・心臓疾患の発症等に関する主要な疫学調査

労働時間と脳・心臓疾患の発症等との関係についての疫学調査は、睡眠時間と脳・心臓疾患の発症等との関係についての疫学調査に比べ限られた数となるが、一定規模のコホート研究が行われ、また、それら複数の疫学調査の結果を統計的に統合したメタアナリシスが実施されている。

O'Reillyら（2013）は、北アイルランドの週三五時間以上働く労働者四一万四、九四九人（男性二七万一一人、女性一四万四、九三八人）を二〇〇一年から八・七年間追跡したコホート研究において、週の労働時間が三五～四〇時間（対照群）、四一～四八時間、四九～五四時間、五五時間以上の群で比較した。職業階層を考慮しない男女別の分析では、いずれの労働時間も、総死亡リスクとの有意な関連はみられなかったが、職業階層（管理職、中間職、自営業、単純労働職）別の分析では、週五五時間以上労働の男性・単純労働職について、対照群と比較して、総死亡（ＨＲ一・三一）、全心血管疾患（ＨＲ一・四九）、虚血性心疾患（ＨＲ一・五三）、脳血管疾患（ＨＲ二・六五）の死亡リスクが有意に高かったとしている。

Kivimäkiら（2015）は、前記O'Reillyの研究を含め、冠動脈性心疾患に関する二一件の研究（対象者計五九万八、四七〇人）及び脳血管疾患に関する一四件の研究（対象者計五二万九、二五人）についてメタアナリシスを行い、発症の相対リスクを週の労働時間が三五～四〇時間（対照群）と五五時間以上の群で比較した。その結果、週の労働時間が五五時間以上の群は、対照群と比較して、冠動脈性心疾患（ＲＲ一・一三）、脳血管疾患（ＲＲ一・三三）の発症リスクが有意に高かったとしている。

Hannerzら（2018）は、デンマークの週三二時間以上働く労働者一四万五、八六一人を二〇〇一四年まで平均七・七年追跡したコホート研究において、週の労働時間が三二～四〇時間（対照群）、四一～四八時間、四八時間超の群で比較した。週四八時間を超えて労働する群は、対照群と比較して、虚血性心疾患の発症リスクに有意な差はなかったとしている。ただし、低い社会経済的地位の層に限ると、週四八時間を超えて労働する群は、対照群と比較して、虚血性心疾患の発症リスクが有意に高かった（ＲＲ一・二七）。

さらに、Hannerzらは、デンマークの週三五時間以上働く労働者一四万九、八一一人を二〇一四年まで追跡したコホート研究において、週の労働時間が三五～四〇時間（対照群）、四一～四八時間、四九～五四時間、五五時間超の群

としている。

Virtanenら（2018）は、前記KivimäkiらとHannerzらの研究（虚血性心疾患に関する対象者七四万四、三三一人、脳血管疾患に関する対象者七一万九、九六〇人）についてメタアナリシスを行い、発症の相対リスクを週の労働時間が三五～四〇時間（対照群）と五五時間以上の群で比較した。その結果、週の労働時間が五五時間以上の群は、対照群と比較して、虚血性心疾患（ＲＲ一・一二）、脳血管疾患（ＲＲ一・二一）の発症リスクが有意に高かったとしている。

Hayashiら（2019）は、日本の四〇～五九歳の男性一万五、二七七人を一九九三年から二〇一二年まで約二〇年間追跡したコホート研究において、一日の労働時間が七～九時間未満（対照群）、九～一一時間未満、一一時間以上の群で比較した。その結果、一日の労働時間が一一時間以上の群は、対照群と比較して、急性心筋梗塞の発症リスクが有意に高かった一方（ＨＲ一・六三）、脳血管疾患及び全心血管疾患では発症リスクに有意な差はなかったとしている。

Liら（2020）は、前記Kivimäkiら、Hannerzら、Hayashiらの研究等（虚血性心疾患の発症に関し二二研究、対象者三三三万九、六八〇人、同死亡に関し一六研究、対象者七二万六、八〇三人）についてメタアナリシスを行い、虚血性心疾患の発症・死亡の相対リスクを週の労働時間が三五～四〇時間（対照群）と五五時間以上の群で比較した。その結果、週の労働時間が五五時間以上の群は、対照群と比較して、虚血性心疾患の発症（ＲＲ一・一三）と死亡（ＲＲ一・一七）について、リスクが有意に高かったとしている。

Descathaら（2020）は、前記Kivimäkiら、Hayashiらの研究等（脳血管疾患の発症に関し一六研究、対象者四一万二、七四二人、同死亡に関し一〇研究、対象者六六万四、六四七人）についてメタアナリシスを行い、脳血管疾患の発症・死亡の相対リスクを週の労働時間が三五～四〇時間（対照群）と五五時間以上の群で比較した。その結果、週の労働時間が五五時間以上の群は、対照群と比較して、脳血管疾患の発症リスクが有意に高かった一方（ＲＲ一・三五）、脳血管疾患の死亡リスクには有意な差はなかったとしている。

### 3　長時間労働と脳・心臓疾患との関係についての考察

業務において、労働時間の長さは疲労の蓄積をもたらす最も重要な要因と考えられる。令和三年検討会では、長時間労働が脳・心臓疾患に影響を及ぼす理由として、①長時間労働のため睡眠時間が不足すること、②長時間労働のため睡眠以外の休憩・休息や余暇活動の時間が不足し制限され、かつ、生活習慣に悪影響があること、③長時間にわたり業務を遂行しなければならないこと自体が直接的な負荷要因となること、④就労態様による負荷要因（心理的負荷、身体的負荷等を含む。）へのばく露時間が長くなることなどがあると判断された。この整理は、平成一三年検討会における整理と基本的に同一のものである。

そのなかでも、疲労の蓄積をもたらす要因として睡眠不足は深く関わっているといえ、令和三年検討会では、現時点の疫学調査の結果を踏まえても、引き続き、一日五～六時間程度の睡眠が確保できない状態が継続していた場合には、そのような短時間睡眠となる長時間労働（業務）と発症との関連性が強いと評価できるものと判断された。これは、前記1の睡眠時間と脳・心臓疾患の発症等との関係についての疫学調査の結果だけでなく、前記2の労働時間と脳・心臓疾患の発症等との関係についての疫学調査の結果も一部重なる部分となる。

前記のとおり、一日六時間程度の睡眠が確保できない状態が一か月継続した場合としては、おおむね八〇時間を超える時間外労働が想定され、一日五時間程度の睡眠が確保できない状態が一か月継続した場合としては、おおむね一〇〇時間を超える時間外労働が想定される。

また、現時点の疫学調査の結果を全体としてみると、前記のとおり、一日の睡眠時間七時間ないし七～八時間の群を対照群として、それよりも睡眠が短い群も長い群も脳・心臓疾患のリスクが高くなる傾向があるといえる。これを踏まえ、令和三年検討会では、引き続き、その日の疲労がその日の睡眠等で回復できる状態であったかどうかは、一日七～八時間程度の睡眠ないしそれに相当する休息が確保できていたかどうかという視点で検討することが妥当と判断された。

一日七・五時間程度の睡眠が確保できる状態は、一日の労働時間八時間を超え、二時間程度の時間外労働を行った場合に相当し、これが一か月継続した状態は、おおむね四五時間の時間外労働が想定される。

一か月おおむね四五時間を超える時間外労働に従事していない場合には、疲労の蓄積は生じないものと考えられ、また、それ以前の長時間労働によって生じた疲労の蓄積は、徐々に解消していくものと考えられる。労働時間の長さに着目すると、このような場合には業務と発症との関連性が弱く、一か月おおむね四五時間を超えて時間外労働時間が長くなるほど、業務と発症との関連性が徐々に強まると評価できる。

さらに、令和三年検討会では、前記**2**の疫学調査の結果（長時間労働と脳・心臓疾患の関係について有意性を認めるものがあるが、調査や疾病によっては有意性を否定するものもあり、日本人を対象とする大規模な調査も現時点では一件に限られること）やその研究の限界も踏まえると、当該知見のみでは労働時間の長さ（量的な評価）のみで業務と発症との関連性が強いと評価するには十分ではないが、労働時間の長さと就労態様（労働時間以外の負荷要因の質的な評価）を総合的に考慮して業務と発症との関連性が強いかどうかを判断する際には、当該知見の内容を踏まえて検討することが適切であるとされた。

前記**2**の労働時間と脳・心臓疾患の発症等に関する主要な疫学調査のうち、長時間労働と脳・心臓疾患の発症等との間に有意性を認めたものでは、長時間労働を「週五五時間以上の労働時間」又は「一日一一時間以上の労働時間」として調査・解析している。この水準は、一日の労働時間八時間を超え、三時間程度の時間外労働を行った場合に相当し、これが一か月継続した状態は、おおむね六五時間を超える時間外労働が想定される。また、支給決定事例において、労働時間の長さだけでなく一定の拘束時間などの労働時間以外の負荷要因を考慮して認定した事案についてみると、一か月当たりの時間外労働は、一か月当たりおおむね六五時間から七〇時間以上のものが多かった。このような時間外労働に加えて、労働時間以外の負荷要因で一定の強さのものが認められるときには、全体として、労働時間のみで業務と発症との関連性が強いと認められる水準と同等の過重負荷と評価し得る場合があることに十分に留意すべきであることが、令和三年検討会で指摘されている。

## ㈢　業務上外の認定について

脳・心臓疾患の業務上外の認定については、後掲の認定基準「血管病変等を著しく増悪させる業務による脳血管疾患及び虚血性心疾患等の認定基準について」（令三・九・一四　基発〇九一四第一号、改正：令五・一〇・一八　基発一〇一八第一号）に基づいて判断することになる。

この認定基準は、労基則別表第一の二第八号に定める「長期間にわたる長時間の業務その他血管病変等を著しく増悪させる業務による脳出血、くも膜下出血、脳梗塞、高血圧性脳症、心筋梗塞、狭心症、心停止（心臓性突然死を含む。）、重篤な心不全若しくは大動脈解離又はこれらの疾病に付随する疾病」について認定要件を定めている。

なお、業務上の負傷に起因して脳・心臓疾患が発症した場合の業務上外の認定基準については、上巻第四篇第二章第一節第一項に示した。

## １　調査事項

脳・心臓疾患の業務上外の認定に関し必要な調査事項は、①対象疾病の確認、②過重業務の確認（長期間の過重業務、短期間の過重業務、異常な出来事）、③危険因子の状態の確認についてである。

### (1)　疾患名及び発症時期の特定

脳・心臓疾患の発症と業務との関連性を判断する上で、発症した疾患名は重要であり、また、過重性の評価の起点となる発症時期についても特定する必要がある。

まず、主治医意見書等から疾患名及び発症時期を特定し、対象疾病に該当することを確認する必要がある。

ア　疾患名の特定

認定基準が対象とする脳・心臓疾患は次のとおりである。

〈脳血管疾患〉

① 脳内出血（脳出血）
② くも膜下出血
③ 脳梗塞
④ 高血圧性脳症

〈虚血性心疾患等〉

⑤ 心筋梗塞
⑥ 狭心症
⑦ 心停止（心臓性突然死を含む。）

⑧　重篤な心不全

⑨　大動脈解離

この中で、「重篤な心不全」は、令和三年改正認定基準により追加されたものである。平成一三年改正認定基準においては、不整脈が一義的な原因となった心不全症状等については「心停止（心臓性突然死を含む。）」に含めて取り扱うこととされていた。しかし、心停止とは異なる病態である心不全を「心停止（心臓性突然死を含む。）」に含めて取り扱うことは適切でなく、また、不整脈によらず、心筋症等の基礎疾患を有する場合にも、業務による明らかな過重負荷によって当該基礎疾患が自然経過を超えて著しく増悪し、重篤な心不全が生じることが考えられることから、不整脈によるものも含め「重篤な心不全」が対象疾病に追加されたものである。

また、「大動脈解離」については、平成一三年改正認定基準においては「解離性大動脈瘤」として対象疾病とされていたものからの表記の変更である。大動脈瘤を形成しない大動脈解離も対象疾病であることを明確にする必要があること、また、臨床的には解離性大動脈瘤の場合を含めて大動脈解離の診断名が付されることが多いことから、「大動脈解離」に表記が改められたものである。

なお、対象疾病以外の体循環系の各動脈の閉塞又は解離に係る請求については、認定基準の第５の２⑴「動脈の閉塞又は解離」において、基礎疾患の状況や業務の過重性等を個別に検討し、対象疾病と同様の経過で発症し、業務が相対的に有力な原因であると判断できる場合には、労基則別表第一の二第一一号の「その他業務に起因することの明らかな疾病」として取り扱うこととされている。

イ　発症時期の特定

脳・心臓疾患の発症とは、血管病変等が破綻（出血）若しくは閉塞した状態又は循環異常を急性に来した状態（自覚症状又は他覚所見が明らかに認められる）をいい、臨床所見、症状の経過等から症状が出現した日を特定し、その日をもって発症日とする。

なお、前駆症状（脳・心臓疾患発症の警告の症状）が認められる場合であって、当該前駆症状と発症した脳・心臓疾患との関連性が医学的に明らかにされたときは、当該前駆症状が確認された日をもって発症日とする。

(2)　過重業務の確認

ア　長期間の特に過重な業務への従事の有無の確認

認定基準は、長期間の過重業務について、①発症前一か月間におおむね一〇〇時間又は②発症前二か月間ないし六か月間にわたって、一か月当たりおおむね八〇時間を超える時間外労働が認められる場合は、業務と発症との関連性が強いと評価できるとしている。

イ　短期間の特に過重な業務への従事の有無の確認

認定基準は、短期間の過重業務について、①発症直前から前日までの間の業務が特に過重であるか否か、②①の業務が特に過重であると認められない場合、発症前おおむね一週間以内に業務が特に過重であるか否かを判断するとしている。したがって、発症直前から前日まで及び発症前おおむね一週間において、この要件に関する事実の有無、事実の内容について、タイムカード、ＰＣの使用時間、事業者の現認等の客観的な記録から、正確な労働時間数、作業内容、作業の困難性等必要な情報を収集する。

ウ　異常な出来事の有無の確認

発症直前から前日までの二四時間において、認定基準に示された次に掲げる出来事の有無について確認する。

・極度の緊張、興奮、恐怖、驚がく等の強度の精神的負荷を引き起こす事態
・急激で著しい身体的負荷を強いられる事態
・急激で著しい作業環境の変化

(3)　労働時間の調査

労働時間の調査は、前記(2)にも記載したが、長期間の過重な業務への従事の有無の確認については、発症前一か月間、発症前二か月間ないし六か月間の労働時間数、休日労働日数について必要な情報を収集し整理する。

この整理は、発症日から三〇日ごと発症前一か月、発症前二か月と順に遡り、発症前六か月まで遡り整理する（発症前一か月間におおむね一〇〇時間、発症前二か月間ないし六か月間にわたって、一か月当たりおおむね八〇時間を超える時間外労働が認められる場合には、当該発症前月で整理作業を中断してよい。）。

なお、労働基準法第一〇八条及び同法施行規則第五四条により、使用者は、労働者ごとに、労働日数、労働時間数、休日労働時間数、時間外労働時間数、深夜労働時間数といった事項を賃金台帳に適正に記入しなければならないとされている。また、使用者は、労働者名簿、賃金台帳のみならず、出勤簿やタイムカード等の労働時間の記録に関する書類について、労働基準法第一〇九条に基づき、三年間保存しなければならないとされている。

賃金台帳等の記録が正確でない等の申し立てが行われた場合には、前記(2)のとおり、タイムカード、ＰＣの使用時間や事業者の現認等収集可能な客観的資料から、実際の労働時間を導き出す作業が必要である。事業者には「労働時間の適正な把握のために使用者が講ずべき措置に関するガイドライン」（平成二九年一月二〇日策定）に基づき、労働時間の適正な把握が求められており、事業者の協力を得て必要な資料を収集する。

〈参考〉労働時間の適正な把握のために使用者が講ずべき措置に関するガイドライン（抜粋）

1～3　略

4　労働時間の適正な把握のために使用者が講ずべき措置

(1)　始業・終業時刻の確認及び記録

使用者は、労働時間を適正に把握するため、労働者の労働日ごとの始業・終業時刻を確認し、これを記録すること。

(2)　始業・終業時刻の確認及び記録の原則的な方法

使用者が始業・終業時刻を確認し、記録する方法としては、原則として次のいずれかの方法によること。

ア　使用者が、自ら現認することにより確認し、適正に記録すること。

イ　タイムカード、ＩＣカード、パソコンの使用時間の記録等の客観的な記録を基礎として確認し、適正に記録すること。

(3)　自己申告制により始業・終業時刻の確認及び記録を行う場合の措置

上記(2)の方法によることなく、自己申告制によりこれを行わざるを得ない場合、使用者は次の措置を講ずること。

ア　自己申告制の対象となる労働者に対して、本ガイドラインを踏まえ、労働時間の実態を正しく記録し、適正に自己申告を行うことなどについて十分な説明を行うこと。

イ　実際に労働時間を管理する者に対して、自己申告制の適正な運用を含め、本ガイドラインに従い講ずべき措置について十分な説明を行うこと。

ウ　自己申告により把握した労働時間が実際の労働時間と合致しているか否かについて、必要に応じて実態調査を実施し、所要の労働時間の補正をすること。

特に、入退場記録やパソコンの使用時間の記録など、事業場内にいた時間の分かるデータを有している場合に、労働者からの自己申告により把握した労働時間と当該データで分かった事業場内にいた時間との間に著しい乖離が生じているときには、実態調査を実施し、所要の労働時間の補正をすること。

エ　自己申告した労働時間を超えて事業場内にいる時間について、その理由等を労働者に報告させる場合には、当該報告が適正に行われているかについて確認すること。

その際、休憩や自主的な研修、教育訓練、学習等であるため労働時間ではないと報告されていても、実際には、使用者の指示により業務に従事しているなど使用者の指揮命令下に置かれていたと認められる時間については、労働時間として扱わなければならないこと。

オ　自己申告制は、労働者による適正な申告を前提として成り立つものである。このため、使用者は、労働者が自己申告できる時間外労働の時間数に上限を設け、上限を超える申告を認めない等、労働者による労働時間の適正な申告を阻害する措置を講じてはならないこと。

また、時間外労働時間の削減のための社内通達や時間外労働手当の定額払等労働時間に係る事業場の措置が、労働者の労働時間の適正な申告を阻害する要因となっていないかについて確認するとともに、当該要因となっている場合においては、改善のための措置を講ずること。

さらに、労働基準法の定める法定労働時間や時間外労働に関する労使協定（いわゆる三六協定）により延長することができる時間数を遵守することは当然であるが、実際には延長することができる時間数を超えて労働しているにもかかわらず、記録上これを守っているようにすることが、実際に労働時間を管理する者や労働者等において、慣習的に行われていないかについても確認すること。

(4)　労働時間以外の負荷要因の調査

労働時間以外の負荷要因については、勤務時間の不規則性（拘束時間の長い勤務、休日のない連続勤務、勤務間インターバルが短い勤務、不規則な勤務・交替制勤務・深夜勤務）、事業場外における移動を伴う業務（出張の多い業務、その他事業場外における移動を伴う業務）、心理的負荷を伴う業務、身体的負荷を伴う業務及び作業環境（温度環境、騒音）に整理され、その検討の視点についても明確化されており、これに従って労働時間以外の負荷要因の有無、その内容・程度について説明できる資料を収集・調査する。

(5)　危険因子の状態の確認

脳・心臓疾患の労災認定に当たっては、業務による明らかな過重負荷が加わることによって、血管病変等がその自然経過を超えて著しく増悪したことが認められる必要がある。

血管病変等が、長い年月の生活の営みの中で徐々に形成、進行及び増悪している状態であったのかを知るためには、労働者の危険因子の状態を確認する必要がある。このため、事業場が実施した健康診断結果、医療機関への受診がある場合には診療録等の医療記録を収集し、前記(一)1で述べた危険因子の状態を確認する。

以上の調査は、次項に述べる業務上外の判断を行うためのものであるから、次項の内容を踏まえ、的確に行う必要がある。

なお、調査に当たっては、発症事業場から提出されている就業規則、時間外・休日労働に関する協定届（三六協定）及び過去の労働時間監督指導や安全衛生監督指導の内容等について、労災主務課以外の担当課とも連携を取り、情報を整理する必要がある。

## 2　業務上外の具体的判断

### (1)　労働時間の評価期間

業務の過重性の評価期間については、長期間の過重業務については発症前おおむね六か月、短期間の過重業務については発症前おおむね一週間、異常な出来事については発症直前から前日までの間とされている。

発症前おおむね六か月より前の業務については、就労実態を示す明確で評価できる資料があり、特に身体的、精神的負荷が認められる場合に、疲労の蓄積に係る業務の過重性を評価するに当たり付加的要因として考慮する。

また、長期間の過重業務の判断に当たって、疲労の蓄積に加え急性の負荷とあいまって発症する場合があることから、発症に近接した時期に一定の負荷要因（心理的負荷となる出来事等）が認められる場合には、それらの負荷要因についても十分に検討する必要がある。すなわち、長期間の過重業務の判断に当たって、短期間の過重業務（発症に近接した時期の負荷）についても総合的に評価すべき事案がある。

なお、短期間の過重業務の判断に当たり、業務による過重な負荷は、時間的にみた場合に発症に近ければ近いほど影響が強いと考えられることを踏まえ、①、②の順番とする。

① 発症に最も密接な関連性を有する業務は、発症直前から前日までの間の業務であるので、まず、この間の業務が特に過重であるか否かを判断する

② 前記①の業務が特に過重であると認められない場合、発症前おおむね一週間以内の業務が特に過重であるか否かを判断する

また、発症前おおむね一週間より前の業務については、原則として長期間の負荷として評価されることとなるが、発症前一か月間より相当短い期間のみに過重な業務が集中し、それより前の業務の過重性が低いために、長期間の過重業務とは認められないような場合には、発症前一週間を含めた当該期間に就労した業務の過重性を評価し、それが特に過重な業務と認められるときは、短期間の過重業務として認めることが妥当である。

(2) 業務の過重性の具体的な評価

ア 労働時間の評価

発症前一か月間におおむね一〇〇時間、又は、発症前二か月間ないし六か月間にわたって一か月当たりおおむね八〇時間を超える時間外労働が認められる場合は、業務と発症との関連性が強いと評価でき、そのような時間外労働に就労した場合には、原則として、特に過重な業務に就労したものと認められる。ただし、そのような時

間外労働に就労していても、例えば、労働基準法第四一条第三号の監視又は断続的労働に相当する業務、作業自体が本来間欠的に行われるもので、休憩時間は少ないが手待時間が多い業務等、労働密度が特に低いと認められるものについては、直ちに業務と発症との関連性が強いと評価することは適切ではない場合がある。

なお、発症前二か月間ないし六か月間とは、発症前二か月間、発症前三か月間、発症前四か月間、発症前五か月間、発症前六か月間のいずれかの期間をいい、過重性の評価は、次の手順による。

① 発症前六か月間のうち、まず、発症前一か月間の時間外労働時間数を算出し、次に発症前二か月間の一か月当たりの時間外労働時間数、さらに発症前三か月間の一か月当たりの時間外労働時間数と順次期間を拡げ、発症前六か月間までの六通りの一か月当たりの時間外労働時間数を算出する。

② ①で算出した時間外労働時間数の一か月当たりの時間数が最大となる期間を総合評価の対象とし、当該期間の一か月当たりの時間数を認定基準の第４の２⑷ウ㈠に当てはめて検討した上で、当該期間における労働時間以外の負荷要因の評価と併せて業務の過重性を判断する。ただし、より短い期間をもって特に過重な業務に就労したと評価できる場合は、その期間だけで判断して差し支えない。

イ　労働時間以外の負荷要因の評価

労働時間と労働時間以外の負荷要因の総合的な評価として、労働時間のみで業務と発症との関連性が強いと認められる水準には至らないが、これに近い時間外労働に加えて一定の労働時間以外の負荷が認められる場合には、業務と発症との関連性が強いと評価できる。ここでいう「これに近い時間外労働」については、労働時間がより長ければ労働時間以外の負荷要因による負荷がより小さくとも業務と発症との関連性が強い場合があり、また、労働時間以外の負荷要因による負荷がより大きければ又は多ければ労働時間がより短くとも業務と発症との関連性が強い場合があることから、労働時間以外の負荷要因の状況によって異なるものであり具体的な時間数について一律に示すことは困難である。

なお、脳・心臓疾患の労災認定の基準に関する専門検討会報告書（令和三年七月。以下本節で「令和三年報告書」という。）においては、①長時間労働と脳・心臓疾患の発症等との間に有意性を認めた疫学調査では、長時間労働を「週五五時間以上の労働時間」又は「一日一一時間以上の労働時間」として調査・解析しており、これが一か月継続した状態としてはおおむね六五時間を超える時間外労働の水準が想定されたこと、②支給決定事例において、労働時間に加えて一定の労働時間以外の負荷要因を考慮して認定した事例についてみると、一か月当たりの時間外労働は、おおむね六五時間から七〇時間以上のものが多かったこと、そして、③このような時間外労働に加えて、労働時間以外の負荷要因で一定の強さのものが認められるときには、全体として、労働時間のみで業務と発症との関連性が強いと認められる水準と同等の過重負荷と評価し得る場合があることを報告している。

労働時間と労働時間以外の負荷要因を総合的に考慮するに当たっては、当該報告を踏まえ、適切な評価を行う必要がある。

(ア)　勤務時間の不規則性

平成一三年改正認定基準における負荷要因のうち、「不規則な勤務」、「拘束時間の長い勤務」、「交替制勤務・深夜勤務」に関する負荷等については、いずれも勤務時間の不規則性に関するものと整理される。その上で、「勤務時間の不規則性」を負荷要因として掲げ、その細目として、医学的知見等を踏まえ、「拘束時間の長い勤務」、「休日のない連続勤務」、「勤務間インターバルが短い勤務」、「不規則な勤務・交替制勤務・深夜勤務」について検討し、評価することが必要である。

a　拘束時間の長い勤務

拘束時間とは、労働時間、休憩時間その他の使用者に拘束されている時間（始業から終業までの時間）をいう。

令和三年報告書は、平成一三年改正認定基準以降、令和三年改正認定基準策定時点までの医学的知見をみても、「拘束時間それ自体に関する医学的知見は確認されなかったが、拘束時間の長い勤務においては、睡眠時間が十分確保されない場合があることが想定され、睡眠時間と脳・心臓疾患の発症等との関係についての医学的知見等を考慮する必要がある。一方で、労働時間の評価と重複した評価になることも適切ではなく、拘束時間の長い勤務については、拘束時間数、実労働時間数だけではなく拘束時間中の実態等について十分検討する必要がある。」としている。認定基準では、「拘束時間の長い勤務については、拘束時間数、実労働時間数、労働密度（実作業時間と手待時間との割合等）、休憩・仮眠時間数及び回数、休憩・仮眠施設の状況（広さ、空調、騒音等）、業務内容等の観点から検討し、評価すること。なお、一日の休憩時間がおおむね一時間以内の場合には、労働時間の項目における評価との重複を避けるため、この項目では評価しない。」としている。

b　休日のない連続勤務

休日のない（少ない）連続勤務については、平成一三年改正認定基準では負荷要因として掲げられていないが、労働時間の項目の中で、「休日のない連続勤務が長く続くほど業務と発症との関連性をより強める」、「休日が十分確保されている場合は、疲労は回復ないし回復傾向を示す」ことが示されており、令和三年改正認定基準において、「休日のない連続勤務」を勤務時間の不規則性に関する負荷要因の細目としている。

認定基準は、「休日のない（少ない）連続勤務については、連続労働日数、連続労働日と発症との近接性、休日の数、実労働時間数、労働密度（実作業時間と手待時間との割合等）、業務内容等の観点から検討し、評価すること。その際、休日のない連続勤務が長く続くほど業務と発症との関連性をより強めるものであり、逆に、休日が十分確保されている場合は、疲労は回復ないし回復傾向を示すものであることを踏まえて適切に評価すること。」としている。

c　勤務間インターバルが短い勤務

勤務間インターバルとは、終業から始業までの時間をいう。

勤務間インターバルが短い勤務については、平成一三年改正認定基準では負荷要因として掲げられていないが、交替制勤務・深夜勤務の項目の中で、「勤務と次の勤務までの時間」の観点からも検討し、評価することとされていた。

勤務間インターバルが短い勤務においては、睡眠時間が十分確保されない場合があることが想定され、勤務間インターバルと睡眠の短さ、疲労感、高血圧等との関係についての疫学調査でも、勤務間インターバルの時間数、勤務間インターバルが短い勤務の有無やその回数が、睡眠の短さ、疲労感、高血圧等に有意に関連すると報告されている。

これらの状況を踏まえ、令和三年改正認定基準において、「勤務間インターバルが短い勤務」を勤務時間の不規則性に関する負荷要因の細目として掲げている。

認定基準は、「勤務間インターバルが短い勤務については、その程度（時間数、頻度、連続性等）や業務内容等の観点から検討し、評価すること。」としている。

また、特に睡眠時間と脳・心臓疾患の発症等との関係についての医学的知見を踏まえ、「長期間の過重業務の判断に当たっては、睡眠時間の確保の観点から、勤務間インターバルがおおむね一一時間未満の勤務の有無、時間数、頻度、連続性等について検討し、評価すること。」としている。

d　不規則な勤務・交替制勤務・深夜勤務

不規則な勤務・交替制勤務・深夜勤務については、勤務時間帯やその変更が生体リズム（概日リズム）と生活リズムの位相のずれを生じさせ、疲労の蓄積に影響を及ぼすことが考えられる。交替制勤務等と脳・心臓疾患の発症等に関する疫学調査では、多くの研究において、交替制勤務者の脳・心臓疾患のリスクが有意に高いことを報告している。なお、平成一三年改正認定基準において、「不規則な勤務」と「交替制勤務・深夜勤務」は異なる負荷要因とされているが、これらは前記のとおり勤務時間帯やその変更が生体リズム（概日リズム）と生活リズムの位相のずれを生じさせるという点で共通するものである。

これらを踏まえ、令和三年改正認定基準においては、「不規則な勤務・交替制勤務・深夜勤務」を勤務時間の不規則性に関する負荷要因の細目として掲げている。

認定基準は、本項目については、「予定された始業・終業時刻が変更される勤務、予定された始業・終業時刻が日や週等によって異なる交替制勤務（月ごとに各日の始業時刻が設定される勤務や、週ごとに規則的な日勤・夜勤の交替がある勤務等）、予定された始業又は終業時刻が相当程度深夜時間帯に及び夜間に十分な睡眠を取ることが困難な深夜勤務をいう。」とした上で、「不規則な勤務・交替制勤務・深夜勤務については、予定された業務スケジュールの変更の頻度・程度・事前の通知状況、予定された業務スケジュールの変更の予測の度合、交替制勤務における予定された始業・終業時刻のばらつきの程度、勤務のため夜間に十分な睡眠が取れない程度（勤務の時間帯や深夜時間帯の勤務の頻度・連続性）、一勤務の長さ（引き続いて実施される連続勤務の長さ）、一勤務中の休憩の時間数及び回数、休憩や仮眠施設の状況（広さ、空調、騒音等）、業務内容及びその変更の程度等の観点から検討し、評価すること。」としている。

(イ)　事業場外における移動を伴う業務

平成一三年改正認定基準における「出張の多い業務」について、令和三年改正認定基準においては、出張を「特定の用務を果たすために通常の勤務地を離れて行うもの」と整理した上で、通常の勤務として事業場外における移動を伴う業務の負荷についても検討するため項目名が修正され、その細目として「出張の多い業務」と「その他事業場外における移動を伴う業務」が明示された。

a　出張の多い業務

出張とは、一般的に事業主の指揮命令により、特定の用務を果たすために通常の勤務地を離れて用務地へ赴き、用務を果たして戻るまでの一連の過程をいう。

出張の多い業務と脳・心臓疾患の発症等に関する疫学調査は確認されなかったが、出張業務による負荷を報告した症例報告がある。また、飛行による時差については、平成一三年改正認定基準では五時間を超えるものを検討することとなっているが、睡眠リズムの研究においては時差がおおむね四～五時間を超えると生体がこれに直ちに適応することは困難とされており、その考え方を前提に、四時間の時差に生体が直ちに適応できないことを確認した研究がある。これに加えて、近年はより短い時差の影響も注目されており、二〇一四年のアメリカ睡眠医学会による時差障害の診断基準においては、二時間を超える時差となるジェット機飛行が診断基準に含まれている。

これらのことから、令和三年報告書では、「時差の程度については時間数にかかわらず評価の対象とし、特に四時間以上の時差について重視することが適切である。」とされている。

認定基準は、「出張の多い業務については、出張（特に時差のある海外出張）の頻度、出張が連続する程度、出張期間、交通手段、移動時間及び移動時間中の状況、移動距離、出張先の多様性、宿泊の有無、宿泊施設の状況、出張中における睡眠を含む休憩・休息の状況、出張中の業務内容等の観点から検討し、併せて出張による疲労の回復状況等も踏まえて評価すること。」としている。

b　その他事業場外における移動を伴う業務

出張を、特定の用務を果たすために通常の勤務地を離れて行うものと整理した場合にも、長距離輸送の業務に従事する運転手や航空機の客室乗務員等、通常の勤務として事業場外における移動を伴う業務についての負荷を検討する必要がある。

認定基準は、「その他事業場外における移動を伴う業務については、移動（特に時差のある海外への移動）の頻度、交通手段、移動時間及び移動時間中の状況、移動距離、移動先の多様性、宿泊の有無、宿泊施設の状況、宿泊を伴う場合の睡眠を含む休憩・休息の状況、業務内容等の観点から検討し、併せて移動による疲労の回復状況等も踏まえて評価すること。」としている。

(ウ)　心理的負荷を伴う業務

脳・心臓疾患の発症に精神的負荷が関与することについては、昭和六一年策定認定基準から了解されていた。ただし、それは異常な出来事（極度の緊張、興奮、恐怖、驚がく等の強度の精神的負荷を引き起こす突発的又は予測困難な異常な事態）においてであり、いわゆるストレスフルな業務への理解ではなかった。

しかし、平成一三年改正認定基準の第４の２⑵ウ㈦ｇの項において「精神的緊張を伴う業務については、別紙の『精神的緊張を伴う業務』に掲げられている具体的業務又は出来事に該当するものがある場合には、負荷の程度を評価する視点により検討し、評価すること。」とされた。

令和三年改正認定基準においては、業務による心理的負荷を広く評価対象とする趣旨で、項目名も「精神的緊張を伴う業務」から「心理的負荷を伴う業務」に修正された。また、平成一三年改正認定基準で示した「精神的緊張を伴う業務」の表の内容も大幅に充実させている。特に、令和三年改正認定基準別表２の「心理的負荷を伴う具体的出来事」は、心理的負荷による精神障害の認定基準（平二三・一二・二六　基発一二二六第一号。さらにその後、改正された心理的負荷による精神障害の認定基準（令五・九・一　基発〇九〇一第二号）が定める「業務による心理的負荷評価表」を踏まえて改正）が定める「業務による心理的負荷評価表」を参考に、具体的出来事の内容が拡充されたものである。具体的には、業務による心理的負荷評価表に記載された具体的出来事のうち、労働時間（仕事の量）に関するものを除き、平均的な心理的負荷の強度がⅢ及びⅡ（強～中程度）のものが取り上げられている。

令和三年改正認定基準別表１及び別表２に掲げられていない具体的出来事等に関して強い心理的負荷が認められる場合には、負荷の程度を評価する視点でいう具体的出来事「等」として評価することとなる。

なお、平成一三年改正認定基準においては、精神的緊張の程度が特に著しいと認められるものについて評価することとされており、また、業務に関連する出来事について、発症に近接した時期におけるものが評価の対象とされていたが、令和三年改正認定基準においてはそれらの限定はなされていない。これは、平成一三年改正認定基準策定以降、令和三年改正認定基準策定までの業務による心理的負荷と脳・心臓疾患の発症等に関する疫学調査では、多くの研究において、仕事の要求度が高く、コントロールが低く、周囲からの支援が少ない場合など、心理的負荷の高い群は脳・心臓疾患のリスクが有意に高いことが認められていることを踏まえたものである。

(エ)　身体的負荷を伴う業務

令和三年改正認定基準において新規に追加された項目である。

身体的負荷を伴う業務については、平成一三年改正認定基準では負荷要因として掲げられていないが、平成一三年改正認定基準の運用上の留意点（平一三・一二・一二　基補発第三一号）において、日常業務と質的に著しく異なる業務の評価に関して、「例えば、事務職の労働者が激しい肉体労働を行うことにより、日々の業務を超える身体的、精神的負荷を受けたと認められる場合」などを評価することが示されていた。

平成一三年改正認定基準策定以降、令和三年改正認定基準時点までの業務による身体的負荷と脳・心臓疾患の発症等に関する疫学調査から、身体的負荷が高く、心肺持久力が劣ると自覚している労働者は、心血管疾患による死亡リスクが有意に高いとするもの、相対最大酸素摂取量又は相対安静時酸素摂取量が高い労働が、急性心筋梗塞のリスク増加と関連があったとするものなどがみられることから、「身体的負荷を伴う業務」が負荷要因として掲げられたものである。

認定基準では、「身体的負荷を伴う業務については、業務内容のうち重量物の運搬作業、人力での掘削作業などの身体的負荷が大きい作業の種類、作業強度、作業量、作業時間、歩行や立位を伴う状況等のほか、当該業務が日常業務と質的に著しく異なる場合にはその程度（事務職の労働者が激しい肉体労働を行うなど）の観点から検討し、評価すること。」としている。

なお、日常的に強度の肉体労働を行っている場合にも負荷要因として検討し、労働時間の状況等と合わせて評価することが必要である。

(オ)　作業環境

作業環境については、平成一三年改正認定基準において、「過重性の評価に当たっては付加的に考慮する」こととされていたところ、令和三年改正認定基準においても、「長期間の過重業務の判断に当たっては付加的に考慮するもの」とされている。

作業環境については、後述の短期間の過重業務の判断において重視し、長期間の過重業務においては付加的に検討することとなる。

a　温度環境

平成一三年改正認定基準では寒冷を高温より重視していたが、令和三年改正認定基準では寒冷と高温を同様に検討する趣旨の改正が行われた。

これは、令和三年検討会において、寒冷刺激や極端な温度差は特に出血性の脳卒中を起こしやすくすることには確立した知見があり、また、高温のばく露は、脱水による循環器病の発症リスクとして考えていくべきであって、寒冷と高温は並列して検討することが適切と考えられるとの結論に至ったことによる。

認定基準では、「温度環境については、寒冷・暑熱の程度、防寒・防暑衣類の着用の状況、一連続作業時間中の採暖・冷却の状況、寒冷と暑熱との交互のばく露の状況、激しい温度差がある場所への出入りの頻度、水分補給の状況等の観点から検討し、評価すること。」としている。

b　騒音

認定基準では、「騒音については、おおむね八〇dBを超える騒音の程度、そのばく露時間・期間、防音保護具の着用の状況等の観点から検討し、評価すること。」としている。

ウ　短期間の過重負荷の評価

短期間の過重業務について認定基準は、発症に近接した時期において、「特に過重な業務に就労したこと」としている。

例えば、①発症直前から前日までの間に特に過度の長時間労働が認められる場合、②発症前おおむね一週間継続して深夜時間帯に及ぶ時間外労働を行うなど過度の長時間労働が認められる場合等（手待時間が長いなど特に労働密度が低い場合を除く。）には、業務と発症との関係性が強いと評価できる。

なお、労働時間の長さのみで過重負荷の有無を判断できない場合には、労働時間と労働時間以外の負荷要因を総合的に考慮して判断する必要がある。

労働時間以外の負荷要因は、長期間の過重業務における労働時間以外の負荷要因と同様である。ただし、作業環境については、短期間の過重業務の判断において重視し、長期間の過重業務においては付加的に考慮することが妥当である。

エ　異常な出来事の評価

平成一三年改正認定基準においては、「発症直前から前日までの間において、発生状態を時間的及び場所的に明確にし得る異常な出来事に遭遇したこと。」を認定要件として掲げていた。これは、生体が異常な出来事に遭遇した場合に、当該過重負荷が急激な血圧変動や血管収縮等を引き起こし、血管病変等を急激に著しく増悪させ、脳・心臓疾患の発症の原因となると考えられるからである。

異常な出来事における「異常」とは、当該出来事によって急激な血圧変動や血管収縮等を引き起こすことが医学的にみて妥当と認められる程度のものであることを指しており、出来事の異常性・突発性や予測の困難性は、出来事による身体的、精神的負荷が著しいと認められるか否かの検討の視点として重要なものであるが、異常な出来事に不可欠のものではない。したがって、

①　極度の緊張、興奮、恐怖、驚がく等の強度の精神的負荷を引き起こす事態

②　急激で著しい身体的負荷を強いられる事態

③　急激で著しい作業環境の変化

がこれに該当するものと考えることが妥当である。

令和三年改正認定基準においては、その趣旨で具体的な出来事からそれ以前の認定基準で示された「突発的又は予測困難な異常な」の表記が削除されており、令和三年改正認定基準に示された検討の視点及び業務と発症との関連性が強いと評価できる場合の例示（①業務に関連した重大な人身事故や重大事故に直接関与した場合、②事故の発生に伴って著しい身体的、精神的負荷のかかる救助活動や事故処理に携わった場合、③生命の危険を感じさせるような事故や対人トラブルを体験した場合、④著しい身体的負荷を伴う消火作業、人力での除雪作業、身体訓練、走行等を行った場合、⑤著しく暑熱な作業環境下で水分補給が阻害される状態や著しく寒冷な作業環境下での作業、温度差のある場所への頻回な出入りを行った場合等には、業務と発症との関連性が強いと評価できることを踏まえて判断すること）を踏まえ、過重負荷の有無の判断を適切に行う必要がある。

### 3　危険因子の評価

脳・心臓疾患は、その発症の基礎となる血管病変等が、主に加齢、生活習慣等の日常生活による諸要因等の負荷により、長い年月の生活の営みの中で徐々に形成、進行及び増悪するといった自然経過をたどり発症するもので、血管病変等の進行には、高血圧、糖尿病、脂質異常症、喫煙、飲酒等の危険因子の関与が指摘されており、特に複数の危険因子を有する者は、発症のリスクが高いとされている。

このため、業務起因性の判断に当たっては、脳・心臓疾患を発症した労働者の健康状態を把握して、基礎疾患等の程度を十分検討する必要があるが、認定基準の要件に該当する事案については、明らかに業務以外の原因により発症したと認められる場合等の特段の事情がない限り、業務起因性が認められる。

### 4　複数業務要因災害における脳・心臓疾患の認定

労働者災害補償保険法の改正により、令和二年九月から、複数事業労働者の複数の事業の業務を要因とする傷病等について、複数業務要因災害として新たな保険給付がなされることとなった。

令和三年検討会は、令和二年七月、複数業務要因災害における脳・心臓疾患の認定の考え方を次のとおり取りまとめており、異なる事業場における労働時間を通算して評価すること等について報告した。これを踏まえ、認定基準にもその旨が示されている。

## 複数業務要因災害における脳・心臓疾患の認定について

令和二年七月一七日
脳・心臓疾患の労災認定の基準に関する専門検討会

・複数業務要因災害においても、「脳血管疾患及び虚血性心疾患等（負傷に起因するものを除く。）の認定基準」（平成一三年一二月一二日付け基発第一〇六三号別添。以下「認定基準」という。）に基づき、過重性の評価に係る「業務」を「複数業務」と解した上で、労災保険給付の対象となるか否かを判断することが適当である。

・複数業務要因災害について、認定基準に基づき、複数業務による過重負荷を評価するに当たっては、次のとおり運用することが適当である。

①　「短期間の過重業務」及び「長期間の過重業務」について、労働時間を評価するに当たっては、異なる事業場における労働時間を通算して評価する。

具体的には、

➤　「短期間の過重業務」について、異なる事業場における労働時間を通算し、業務の過重性を評価する。

➤　「長期間の過重業務」について、異なる事業場における労働時間を通算し、週四〇時間を超える労働時間数を時間外労働時間数として、業務の過重性を評価する

②　「短期間の過重業務」及び「長期間の過重業務」について、労働時間以外の負荷要因を評価するに当たり、異なる事業場における負荷を合わせて評価する。

③　「異常な出来事」については、これが認められる場合には、単独の事業場における業務災害に該当すると考えられることから、一般的には、異なる事業場における負荷を合わせて評価する問題は生じないと考えられる。

# 【血管病変等を著しく増悪させる業務による脳血管疾患及び虚血性心疾患等の認定基準について（令三・九・一四　基発〇九一四第一号、改正：令五・一〇・一八　基発一〇一八第一号）】

標記については、平成一三年一二月一二日付け基発第一〇六三号（以下「一〇六三号通達」という。）により示してきたところであるが、今般、「脳・心臓疾患の労災認定の基準に関する専門検討会」の検討結果を踏まえ、別添の認定基準を新たに定め、令和三年九月一五日から施行するので、今後の取扱いに遺漏なきを期されたい。

なお、本通達の施行に伴い、一〇六三号通達及び昭和六二年一〇月二六日付け基発第六二〇号は廃止する。

（別添）

血管病変等を著しく増悪させる業務による脳血管疾患及び虚血性心疾患等の認定基準

第１　基本的な考え方

脳血管疾患及び虚血性心疾患等（負傷に起因するものを除く。以下「脳・心臓疾患」という。）は、その発症の基礎となる動脈硬化等による血管病変又は動脈瘤、心筋変性等の基礎的病態（以下「血管病変等」という。）が、長い年月の生活の営みの中で徐々に形成、進行及び増悪するといった自然経過をたどり発症するものである。

しかしながら、業務による明らかな過重負荷が加わることによって、血管病変等がその自然経過を超えて著しく増悪し、脳・心臓疾患が発症する場合があり、そのような経過をたどり発症した脳・心臓疾患は、その発症に当たって業務が相対的に有力な原因であると判断し、業務に起因する疾病として取り扱う。

このような脳・心臓疾患の発症に影響を及ぼす業務による明らかな過重負荷として、発症に近接した時期における負荷及び長期間にわたる疲労の蓄積を考慮する。

これらの業務による過重負荷の判断に当たっては、労働時間の長さ等で表される業務量や、業務内容、作業環境等を具体的かつ客観的に把握し、総合的に判断する必要がある。

第２　対象疾病

本認定基準は、次に掲げる脳・心臓疾患を対象疾病として取り扱う。
1　脳血管疾患
(1)　脳内出血（脳出血）
(2)　くも膜下出血
(3)　脳梗塞
(4)　高血圧性脳症
2　虚血性心疾患等
(1)　心筋梗塞
(2)　狭心症
(3)　心停止（心臓性突然死を含む。）
(4)　重篤な心不全
(5)　大動脈解離

第３　認定要件
次の(1)、(2)又は(3)の業務による明らかな過重負荷を受けたことにより発症した脳・心臓疾患は、業務に起因する疾病として取り扱う。
(1)　発症前の長期間にわたって、著しい疲労の蓄積をもたらす特に過重な業務（以下「長期間の過重業務」という。）に就労したこと。
(2)　発症に近接した時期において、特に過重な業務（以下「短期間の過重業務」という。）に就労したこと。
(3)　発症直前から前日までの間において、発生状態を時間的及び場所的に明確にし得る異常な出来事（以下「異常な出来事」という。）に遭遇したこと。

第４　認定要件の具体的判断
1　疾患名及び発症時期の特定
認定要件の判断に当たっては、まず疾患名を特定し、対象疾病に該当することを確認すること。

また、脳・心臓疾患の発症時期は、業務と発症との関連性を検討する際の起点となるものである。通常、脳・心臓疾患は、発症の直後に症状が出現（自覚症状又は他覚所見が明らかに認められることをいう。）するとされているので、臨床所見、症状の経過等から症状が出現した日を特定し、その日をもって発症日とすること。

なお、前駆症状（脳・心臓疾患発症の警告の症状をいう。）が認められる場合であって、当該前駆症状と発症した脳・心臓疾患との関連性が医学的に明らかとされたときは、当該前駆症状が確認された日をもって発症日とすること。

２　長期間の過重業務

(1)　疲労の蓄積の考え方

恒常的な長時間労働等の負荷が長期間にわたって作用した場合には、「疲労の蓄積」が生じ、これが血管病変等をその自然経過を超えて著しく増悪させ、その結果、脳・心臓疾患を発症させることがある。

このことから、発症との関連性において、業務の過重性を評価するに当たっては、発症前の一定期間の就労実態等を考察し、発症時における疲労の蓄積がどの程度であったかという観点から判断することとする。

(2)　特に過重な業務

特に過重な業務とは、日常業務に比較して特に過重な身体的、精神的負荷を生じさせたと客観的に認められる業務をいうものであり、日常業務に就労する上で受ける負荷の影響は、血管病変等の自然経過の範囲にとどまるものである。

ここでいう日常業務とは、通常の所定労働時間内の所定業務内容をいう。

(3)　評価期間

発症前の長期間とは、発症前おおむね六か月間をいう。

なお、発症前おおむね六か月より前の業務については、疲労の蓄積に係る業務の過重性を評価するに当たり、付加的要因として考慮すること。

(4)　過重負荷の有無の判断

ア　著しい疲労の蓄積をもたらす特に過重な業務に就労したと認められるか否かについては、業務量、業務内容、作業環境等を考慮し、同種労働者にとっても、特に過重な身体的、精神的負荷と認められる業務であるか否かという観点から、客観的かつ総合的に判断すること。

ここでいう同種労働者とは、当該労働者と職種、職場における立場や職責、年齢、経験等が類似する者をいい、基礎疾患を有していたとしても日常業務を支障なく遂行できるものを含む。

イ　長期間の過重業務と発症との関係について、疲労の蓄積に加え、発症に近接した時期の業務による急性の負荷とあいまって発症する場合があることから、発症に近接した時期に一定の負荷要因（心理的負荷となる出来事等）が認められる場合には、それらの負荷要因についても十分に検討する必要があること。

すなわち、長期間の過重業務の判断に当たって、短期間の過重業務（発症に近接した時期の負荷）についても総合的に評価すべき事案があることに留意すること。

ウ　業務の過重性の具体的な評価に当たっては、疲労の蓄積の観点から、以下に掲げる負荷要因について十分検討すること。

(ア)　労働時間

a　労働時間の評価

疲労の蓄積をもたらす最も重要な要因と考えられる労働時間に着目すると、その時間が長いほど、業務の過重性が増すところであり、具体的には、発症日を起点とした一か月単位の連続した期間をみて、

①　発症前一か月間ないし六か月間にわたって、一か月当たりおおむね四五時間を超える時間外労働が認められない場合は、業務と発症との関連性が弱いが、おおむね四五時間を超えて時間外労働時間が長くなるほど、業務と発症との関連性が徐々に強まると評価できること

②　発症前一か月間におおむね一〇〇時間又は発症前二か月間ないし六か月間にわたって、一か月当たりおおむね八〇時間を超える時間外労働が認められる場合は、業務と発症との関連性が強いと評価できること

を踏まえて判断すること。

ここでいう時間外労働時間数は、一週間当たり四〇時間を超えて労働した時間数である。

b　労働時間と労働時間以外の負荷要因の総合的な評価

労働時間以外の負荷要因（後記(イ)から(カ)までに示した負荷要因をいう。以下同じ。）において一定の負荷が認められる場合には、労働時間の状況をも総合的に考慮し、業務と発症との関連性が強いといえるかどうかを適切に判

断すること。

その際、前記ａ②の水準には至らないがこれに近い時間外労働が認められる場合には、特に他の負荷要因の状況を十分に考慮し、そのような時間外労働に加えて一定の労働時間以外の負荷が認められるときには、業務と発症との関連性が強いと評価できることを踏まえて判断すること。

ここで、労働時間と労働時間以外の負荷要因を総合的に考慮するに当たっては、労働時間がより長ければ労働時間以外の負荷要因による負荷がより小さくとも業務と発症との関連性が強い場合があり、また、労働時間以外の負荷要因による負荷がより大きければ又は多ければ労働時間がより短くとも業務と発症との関連性が強い場合があることに留意すること。

(イ)　勤務時間の不規則性

ａ　拘束時間の長い勤務

拘束時間とは、労働時間、休憩時間その他の使用者に拘束されている時間（始業から終業までの時間）をいう。

拘束時間の長い勤務については、拘束時間数、実労働時間数、労働密度（実作業時間と手待時間との割合等）、休憩・仮眠時間数及び回数、休憩・仮眠施設の状況（広さ、空調、騒音等）、業務内容等の観点から検討し、評価すること。

なお、一日の休憩時間がおおむね一時間以内の場合には、労働時間の項目における評価との重複を避けるため、この項目では評価しない。

ｂ　休日のない連続勤務

休日のない（少ない）連続勤務については、連続労働日数、連続労働日と発症との近接性、休日の数、実労働時間数、労働密度（実作業時間と手待時間との割合等）、業務内容等の観点から検討し、評価すること。

その際、休日のない連続勤務が長く続くほど業務と発症との関連性をより強めるものであり、逆に、休日が十分確保されている場合は、疲労は回復ないし回復傾向を示すものであることを踏まえて適切に評価すること。

ｃ　勤務間インターバルが短い勤務

勤務間インターバルとは、終業から始業までの時間をいう。

勤務間インターバルが短い勤務については、その程度（時間数、頻度、連続性等）や業務内容等の観点から検討し、評価すること。

なお、長期間の過重業務の判断に当たっては、睡眠時間の確保の観点から、勤務間インターバルがおおむね一一時間未満の勤務の有無、時間数、頻度、連続性等について検討し、評価すること。

d　不規則な勤務・交替制勤務・深夜勤務

「不規則な勤務・交替制勤務・深夜勤務」とは、予定された始業・終業時刻が変更される勤務、予定された始業・終業時刻が日や週等によって異なる交替制勤務（月ごとに各日の始業時刻が設定される勤務や、週ごとに規則的な日勤・夜勤の交替がある勤務等）、予定された始業又は終業時刻が相当程度深夜時間帯に及び夜間に十分な睡眠を取ることが困難な深夜勤務をいう。

不規則な勤務・交替制勤務・深夜勤務については、予定された業務スケジュールの変更の頻度・程度・事前の通知状況、予定された業務スケジュールの変更の予測の度合、交替制勤務における予定された始業・終業時刻のばらつきの程度、勤務のため夜間に十分な睡眠が取れない程度（勤務の時間帯や深夜時間帯の勤務の頻度・連続性）、一勤務の長さ（引き続いて実施される連続勤務の長さ）、一勤務中の休憩の時間数及び回数、休憩や仮眠施設の状況（広さ、空調、騒音等）、業務内容及びその変更の程度等の観点から検討し、評価すること。

(ウ)　事業場外における移動を伴う業務

a　出張の多い業務

出張とは、一般的に事業主の指揮命令により、特定の用務を果たすために通常の勤務地を離れて用務地へ赴き、用務を果たして戻るまでの一連の過程をいう。

出張の多い業務については、出張（特に時差のある海外出張）の頻度、出張が連続する程度、出張期間、交通手段、移動時間及び移動時間中の状況、移動距離、出張先の多様性、宿泊の有無、宿泊施設の状況、出張中における睡眠を含む休憩・休息の状況、出張中の業務内容等の観点から検討し、併せて出張による疲労の回復状況等も踏まえて評価すること。

ここで、飛行による時差については、時差の程度（特に四時間以上の時差の程度）、時差を伴う移動の頻度、移動の方向等の観点から検討し、評価すること。
また、出張に伴う勤務時間の不規則性についても、前記(イ)により適切に評価すること。

b　その他事業場外における移動を伴う業務

その他事業場外における移動を伴う業務については、移動（特に時差のある海外への移動）の頻度、交通手段、移動時間及び移動時間中の状況、移動距離、移動先の多様性、宿泊の有無、宿泊施設の状況、宿泊を伴う場合の睡眠を含む休憩・休息の状況、業務内容等の観点から検討し、併せて移動による疲労の回復状況等も踏まえて評価すること。

なお、時差及び移動に伴う勤務時間の不規則性の評価については前記ａと同様であること。

(エ)　心理的負荷を伴う業務

心理的負荷を伴う業務については、別表１及び別表２に掲げられている日常的に心理的負荷を伴う業務又は心理的負荷を伴う具体的出来事等について、負荷の程度を評価する視点により検討し、評価すること。

(オ)　身体的負荷を伴う業務

身体的負荷を伴う業務については、業務内容のうち重量物の運搬作業、人力での掘削作業などの身体的負荷が大きい作業の種類、作業強度、作業量、作業時間、歩行や立位を伴う状況等のほか、当該業務が日常業務と質的に著しく異なる場合にはその程度（事務職の労働者が激しい肉体労働を行うなど）の観点から検討し、評価すること。

(カ)　作業環境

長期間の過重業務の判断に当たっては、付加的に評価すること。

a　温度環境

温度環境については、寒冷・暑熱の程度、防寒・防暑衣類の着用の状況、一連続作業時間中の採暖・冷却の状況、寒冷と暑熱との交互のばく露の状況、激しい温度差がある場所への出入りの頻度、水分補給の状況等の観点から検討し、評価すること。

b　騒音

騒音については、おおむね八〇dBを超える騒音の程度、そのばく露時間・期間、防音保護具の着用の状況等の観点から検討し、評価すること。

3　短期間の過重業務

(1)　特に過重な業務

特に過重な業務の考え方は、前記2(2)と同様である。

(2)　評価期間

発症に近接した時期とは、発症前おおむね一週間をいう。

ここで、発症前おおむね一週間より前の業務については、原則として長期間の負荷として評価するが、発症前一か月間より短い期間のみに過重な業務が集中し、それより前の業務の過重性が低いために、長期間の過重業務とは認められないような場合には、発症前一週間を含めた当該期間に就労した業務の過重性を評価し、それが特に過重な業務と認められるときは、短期間の過重業務に就労したものと判断する。

(3)　過重負荷の有無の判断

ア　特に過重な業務に就労したと認められるか否かについては、業務量、業務内容、作業環境等を考慮し、同種労働者にとっても、特に過重な身体的、精神的負荷と認められる業務であるか否かという観点から、客観的かつ総合的に判断すること。

イ　短期間の過重業務と発症との関連性を時間的にみた場合、業務による過重な負荷は、発症に近ければ近いほど影響が強いと考えられることから、次に示す業務と発症との時間的関連を考慮して、特に過重な業務と認められるか否かを判断すること。

①　発症に最も密接な関連性を有する業務は、発症直前から前日までの間の業務であるので、まず、この間の業務が特に過重であるか否かを判断すること。

②　発症直前から前日までの間の業務が特に過重であると認められない場合であっても、発症前おおむね一週間以内に過重な業務が継続している場合には、業務と発症との関連性があると考えられるので、この間の業務が特に過重であるか否かを判断すること。

なお、発症前おおむね一週間以内に過重な業務が継続している場合の継続とは、この期間中に過重な業務に就労した日が連続しているという趣旨であり、必ずしもこの期間を通じて過重な業務に就労した日が間断なく続いている場合のみをいうものではない。したがって、発症前おおむね一週間以内に就労しなかった日があったとしても、このことをもって、直ちに業務起因性を否定するものではない。

ウ　業務の過重性の具体的な評価に当たっては、以下に掲げる負荷要因について十分検討すること。

(ア)　労働時間

労働時間の長さは、業務量の大きさを示す指標であり、また、過重性の評価の最も重要な要因であるので、評価期間における労働時間については十分に考慮し、発症直前から前日までの間の労働時間数、発症前一週間の労働時間数、休日の確保の状況等の観点から検討し、評価すること。

その際、①発症直前から前日までの間に特に過度の長時間労働が認められる場合、②発症前おおむね一週間継続して深夜時間帯に及ぶ時間外労働を行うなど過度の長時間労働が認められる場合等（手待時間が長いなど特に労働密度が低い場合を除く。）には、業務と発症との関係性が強いと評価できることを踏まえて判断すること。

なお、労働時間の長さのみで過重負荷の有無を判断できない場合には、労働時間と労働時間以外の負荷要因を総合的に考慮して判断する必要がある。

(イ)　労働時間以外の負荷要因

労働時間以外の負荷要因についても、前記２(4)ウ(イ)ないし(カ)において各負荷要因ごとに示した観点から検討し、評価すること。ただし、長期間の過重業務における検討に当たっての観点として明示されている部分を除く。

なお、短期間の過重業務の判断においては、前記２(4)ウ(カ)の作業環境について、付加的に考慮するのではなく、他の負荷要因と同様に十分検討すること。

４　異常な出来事

(1)　異常な出来事

異常な出来事とは、当該出来事によって急激な血圧変動や血管収縮等を引き起こすことが医学的にみて妥当と認められる出来事であり、具体的には次に掲げる出来事である。

ア　極度の緊張、興奮、恐怖、驚がく等の強度の精神的負荷を引き起こす事態

イ　急激で著しい身体的負荷を強いられる事態
ウ　急激で著しい作業環境の変化

(2)　評価期間
異常な出来事と発症との関連性については、通常、負荷を受けてから二四時間以内に症状が出現するとされているので、発症直前から前日までの間を評価期間とする。

(3)　過重負荷の有無の判断
異常な出来事と認められるか否かについては、出来事の異常性・突発性の程度、予測の困難性、事故や災害の場合にはその大きさ、被害・加害の程度、緊張、興奮、恐怖、驚がく等の精神的負荷の程度、作業強度等の身体的負荷の程度、気温の上昇又は低下等の作業環境の変化の程度等について検討し、これらの出来事による身体的、精神的負荷が著しいと認められるか否かという観点から、客観的かつ総合的に判断すること。

その際、①業務に関連した重大な人身事故や重大事故に直接関与した場合、②事故の発生に伴って著しい身体的、精神的負荷のかかる救助活動や事故処理に携わった場合、③生命の危険を感じさせるような事故や対人トラブルを体験した場合、④著しい身体的負荷を伴う消火作業、人力での除雪作業、身体訓練、走行等を行った場合、⑤著しく暑熱な作業環境下で水分補給が阻害される状態や著しく寒冷な作業環境下での作業、温度差のある場所への頻回な出入りを行った場合等には、業務と発症との関連性が強いと評価できることを踏まえて判断すること。

第５　その他
１　基礎疾患を有する者についての考え方
器質的心疾患（先天性心疾患、弁膜症、高血圧性心疾患、心筋症、心筋炎等）を有する場合についても、その病態が安定しており、直ちに重篤な状態に至るとは考えられない場合であって、業務による明らかな過重負荷によって自然経過を超えて著しく重篤な状態に至ったと認められる場合には、業務と発症との関連が認められるものであること。

ここで、「著しく重篤な状態に至った」とは、対象疾病を発症したことをいう。
２　対象疾病以外の疾病の取扱い
(1)　動脈の閉塞又は解離

対象疾病以外の体循環系の各動脈の閉塞又は解離については、発生原因が様々であるが、前記第1の基本的考え方により業務起因性の判断ができる場合もあることから、これらの疾病については、基礎疾患の状況や業務の過重性等を個別に検討し、対象疾病と同様の経過で発症し、業務が相対的に有力な原因であると判断できる場合には、労働基準法施行規則別表第一の二第十一号の「その他業務に起因することの明らかな疾病」として取り扱うこと。

(2)　肺塞栓症

肺塞栓症やその原因となる深部静脈血栓症については、動脈硬化等を基礎とする対象疾病とは発症機序が異なることから、本認定基準の対象疾病としていない。

肺塞栓症等については、業務による座位等の状態及びその継続の程度等が、深部静脈における血栓形成の有力な要因であったといえる場合に、労働基準法施行規則別表第一の二第三号五の「その他身体に過度の負担のかかる作業態様の業務に起因することの明らかな疾病」として取り扱うこと。

第6　複数業務要因災害

労働者災害補償保険法第七条第一項第二号に定める複数業務要因災害による脳・心臓疾患に関しては、本認定基準における過重性の評価に係る「業務」を「二以上の事業の業務」と、また、「業務起因性」を「二以上の事業の業務起因性」と解した上で、本認定基準に基づき、認定要件を満たすか否かを判断する。

その上で、前記第4の2ないし4に関し以下に規定した部分については、これにより判断すること。

1　二以上の事業の業務による「長期間の過重業務」及び「短期間の過重業務」の判断

前記第4の2の「長期間の過重業務」及び同3の「短期間の過重業務」に関し、業務の過重性の検討に当たっては、異なる事業における労働時間を通算して評価する。また、労働時間以外の負荷要因については、異なる事業における負荷を合わせて評価する。

2　二以上の事業の業務による「異常な出来事」の判断

前記第4の4の「異常な出来事」に関し、これが認められる場合には、一の事業における業務災害に該当すると考えられることから、一般的には、異なる事業における負荷を合わせて評価することはないものと考えられる。

別表1　日常的に心理的負荷を伴う業務

<table>
<tr><th></th><th>具体的業務</th><th>負荷の程度を評価する視点</th></tr>
<tr><td>1</td><td>常に自分あるいは他人の生命、財産が脅かされる危険性を有する業務</td><td rowspan="4">危険性の度合、業務量（労働時間、労働密度）、就労期間、経験、適応能力、会社の支援、予想される被害の程度等</td></tr>
<tr><td>2</td><td>危険回避責任がある業務</td></tr>
<tr><td>3</td><td>人命や人の一生を左右しかねない重大な判断や処置が求められる業務</td></tr>
<tr><td>4</td><td>極めて危険な物質を取り扱う業務</td></tr>
<tr><td>5</td><td>決められた時間（納期等）どおりに遂行しなければならないような困難な業務</td><td>阻害要因の大きさ、達成の困難性、ペナルティの有無、納期等の変更の可能性等<br>業務量（労働時間、労働密度）、就労期間、経験、適応能力、会社の支援等</td></tr>
<tr><td>6</td><td>周囲の理解や支援のない状況下での困難な業務</td><td>業務の困難度、社内での立場等</td></tr>
</table>

別表2　心理的負荷を伴う具体的出来事

| | 出来事の類型 | 具体的出来事 | 負荷の程度を評価する視点 |
|---|---|---|---|
| 1 | ①事故や災害の体験 | 業務により重度の病気やケガをした | ・病気やケガの内容及び程度（苦痛や日常生活への支障の状況を含む）等<br>・その継続する状況（苦痛や支障の継続する状況、死の恐怖、事故等を再度体験することへの恐怖、回復の期待・失望の状況等の症状の経過を含む）<br>・後遺障害の程度、社会復帰の困難性等 |

| | | | |
|---|---|---|---|
| 2 | ①事故や災害の体験 | 業務に関連し、悲惨な事故や災害の体験、目撃をした | ・本人が体験した場合、予感させる被害の内容及び程度、死の恐怖、事故等を再度体験することへの恐怖等<br>・他人の事故を目撃した場合、被害の内容及び程度、被害者との関係、本人が被災していた可能性や救助できた可能性等 |
| 3 | ②仕事の失敗、過重な責任の発生等 | 業務に関連し、重大な人身事故、重大事故を起こした | ・事故の内容、大きさ・重大性、社会的反響の大きさ、加害の程度等<br>・ペナルティ・責任追及の有無及び程度、事後対応の困難性、その後の業務内容・業務量の程度、職場の人間関係、職場の支援・協力の有無及び内容等<br>(注) 本人に過失がない場合も含む。 |
| 4 | | 多額の損失を発生させるなど仕事上のミスをした | ・ミスやその結果（損失、損害等）の内容、程度、社会的反響の大きさ等<br>・ペナルティ・責任追及の有無及び程度、事後対応の困難性、その後の業務内容・業務量の程度、職場の人間関係、職場の支援・協力の有無及び内容等 |
| 5 | | 会社で起きた事故、事件について、責任を問われた | ・事故、事件の内容、程度、当該事故等への関与・責任の程度、社会的反響の大きさ等<br>・ペナルティの有無及び程度、責任追及の程度、事後対応の困難性、その後の業務内容、業務量の程度、職場の人間関係、職場の支援・協力の有無及び内容等<br>(注) この項目は、部下が起こした事故等、本人が直接引き起こしたものではない事故、事件について、監督責任等を問われた場合の心理的負荷を評価する。本人が直接引き起こした事故等については、項目4で評価する。 |
| 6 | | 業務に関連し、違法な行為や不適切な行為等を強要された | ・違法性・不適切の程度、強要の程度（頻度、方法、本人の拒否等の状況との関係）、本人の関与の程度等<br>・事後のペナルティの程度、事後対応の困難性、その後の業務内容・業務量の程度、職場の人間関係、職場の支援・協力の有無及び内容等 |

| | | | |
|---|---|---|---|
| 7 | | 達成困難なノルマが課された・対応した・達成できなかった | ・ノルマの内容、困難性、強制の程度、達成できなかった場合の影響、ペナルティの有無及び内容等<br>・ノルマに対応するための業務内容、業務量の程度、職場の人間関係、職場の支援・協力の有無及び内容等<br>・未達成による経営上の影響度、ペナルティの有無及び内容等<br>・未達成による事後対応の困難性、その後の業務内容、業務量の程度、職場の人間関係、職場の支援・協力の有無及び内容等<br>（注）ノルマには、達成が強く求められる業績目標等を含む。<br>　また、未達成については、期限に至っていない場合でも、達成できない状況が明らかになったときにはこの項目で評価する。<br>（注）パワーハラスメントに該当する場合は、項目16で評価する。 |
| 8 | ②仕事の失敗、過重な責任の発生等 | 新規事業や、大型プロジェクト（情報システム構築等を含む）などの担当になった | ・新規事業等の内容、本人の職責、困難性の程度、能力と業務内容のギャップの程度等<br>・その後の業務内容、業務量の程度、職場の人間関係、職場の支援・協力の有無及び内容等 |
| 9 | | 顧客や取引先から対応が困難な注文や要求等を受けた | ・顧客・取引先の重要性、注文・要求・指摘の内容、会社の被る負担・損害の内容、程度等<br>・事後対応の困難性、その後の業務内容、業務量の程度、職場の人間関係、職場の支援・協力の有無及び内容等<br>（注）ここでいう「要求等」とは、契約に付帯して商慣習上あり得る要求や、納品物の不適合の指摘等をいう。<br>（注）顧客からの指摘等が本人のミスによる場合は、項目4で評価する。<br>また、顧客等の行為が著しい迷惑行為に該当する場合は、項目21で評価する。 |

| | | | |
|---|---|---|---|
| 10 | ③仕事の質 | 仕事内容の大きな変化を生じさせる出来事があった | ・業務の内容、困難性、能力・経験と業務内容のギャップ、職場の支援・協力の有無及び内容等<br>・時間外労働、休日労働の状況とその変化の程度、勤務間インターバルの状況等<br>・業務の密度の変化の程度、仕事内容、責任の変化の程度、仕事内容の変化の原因に係る社会的反響の大きさ等 |
| 11 | | 感染症等の病気や事故の危険性が高い業務に従事した | ・業務の内容・困難性（ばく露のおそれがある病原体・化学物質等の有害因子の性質・危険性等を含む）、能力・経験と業務内容のギャップ、職場の支援・協力（教育訓練の状況や防護・災害防止対策の状況等を含む）の有無及び内容等<br>・当該業務に従事する経緯、その予測の度合、当該業務の継続期間等 |
| 12 | ④役割・地位の変化等 | 退職を強要された | ・退職強要・退職勧奨に至る理由・経緯、退職強要等の態様、強要の程度、職場の人間関係等<br>・解雇に至る理由・経過、解雇通告や理由説明の態様、職場の人間関係等<br>(注) ここでいう「解雇」には、労働契約の形式上期間を定めて雇用されている者であっても、当該契約が期間の定めのない契約と実質的に異ならない状態となっている場合の雇止めの通知を含む。 |
| 13 | | 転勤・配置転換等があった | ・職種、職務の変化の程度、転勤・配置転換等の理由・経緯等<br>・転勤の場合、単身赴任の有無、海外の治安の状況等<br>・業務の困難性、能力・経験と業務内容のギャップ等<br>・その後の業務内容、業務量の程度、職場の人間関係、職場の支援・協力の有無及び内容等<br>(注) 出向を含む。 |
| 14 | | 複数名で担当していた業務を一人で担当するようになった | ・職務、責任、業務内容、業務量の変化の程度等<br>・その後の業務内容、業務量の程度、職場の人間関係、職場の支援・協力の有無及び内容等 |

| | | | |
|---|---|---|---|
| 15 | ④役割・地位の変化等 | 雇用形態や国籍、性別等を理由に、不利益な処遇等を受けた | ・不利益な処遇等（差別に該当する場合も含む）の理由・経緯、内容、程度、職場の人間関係等<br>・その継続する状況 |
| 16 | ⑤パワーハラスメント | 上司等から、身体的攻撃、精神的攻撃等のパワーハラスメントを受けた | ・指導・叱責等の言動に至る経緯や状況等<br>・身体的攻撃、精神的攻撃等の内容、程度、上司（経営者を含む）等との職務上の関係等<br>・反復・継続など執拗性の状況<br>・就業環境を害する程度<br>・会社の対応の有無及び内容、改善の状況等<br>（注）当該出来事の評価対象とならない対人関係のトラブルは、出来事の類型「対人関係」の各出来事で評価する。<br>（注）「上司等」には、職務上の地位が上位の者のほか、同僚又は部下であっても、業務上必要な知識や豊富な経験を有しており、その者の協力が得られなければ業務の円滑な遂行を行うことが困難な場合、同僚又は部下からの集団による行為でこれに抵抗又は拒絶することが困難である場合も含む。 |
| 17 | ⑥対人関係 | 同僚等から、暴行又はひどいいじめ・嫌がらせを受けた | ・暴行又はいじめ・嫌がらせに至る経緯や状況等<br>・暴行又はいじめ・嫌がらせの内容、程度、同僚等との職務上の関係等<br>・反復・継続など執拗性の状況<br>・会社の対応の有無及び内容、改善の状況等 |
| 18 | | 上司とのトラブルがあった | ・トラブルに至る経緯や状況等<br>・トラブルの内容、程度、回数、上司（経営者を含む）との職務上の関係等<br>・その後の業務への支障等<br>・会社の対応の有無及び内容、改善の状況等 |

| | | | |
|---|---|---|---|
| 19 | ⑥対人関係 | 同僚とのトラブルがあった | ・トラブルに至る経緯や状況等<br>・トラブルの内容、程度、回数、同僚との職務上の関係等<br>・その後の業務への支障等<br>・会社の対応の有無及び内容、改善の状況等 |
| 20 | | 部下とのトラブルがあった | ・トラブルに至る経緯や状況等<br>・トラブルの内容、程度、回数、部下との職務上の関係等<br>・その後の業務への支障等<br>・会社の対応の有無及び内容、改善の状況等 |
| 21 | | 顧客や取引先、施設利用者等から著しい迷惑行為を受けた | ・迷惑行為に至る経緯や状況等<br>・迷惑行為の内容、程度、顧客等（相手方）との職務上の関係等<br>・反復・継続など執拗性の状況<br>・その後の業務への支障等<br>・会社の対応の有無及び内容、改善の状況等<br>（注）著しい迷惑行為とは、暴行、脅迫、ひどい暴言、著しく不当な要求等をいう。 |
| 22 | ⑦セクシュアルハラスメント | セクシュアルハラスメントを受けた | ・セクシュアルハラスメントの内容、程度等<br>・その継続する状況<br>・会社の対応の有無及び内容、改善の状況、職場の人間関係等 |

## 【血管病変等を著しく増悪させる業務による脳血管疾患及び虚血性心疾患等の認定基準に係る運用上の留意点について（令三・九・一四　基補発〇九一四第一号、改正：令五・一〇・一八　基補発一〇一八第一号）】

血管病変等を著しく増悪させる業務による脳血管疾患及び虚血性心疾患等（以下「脳・心臓疾患」という。）の認定基準については、令和三年九月一四日付け基発〇九一四第一号「血管病変等を著しく増悪させる業務による脳血管疾患及び虚血性心疾患等の認定基準について」（以下「認定基準」という。）をもって指示されたところであるが、その具体的運用に当たっては、下記の事項に留意の上、適切に対応されたい。

なお、本通達の施行に伴い、平成一三年一二月一二日付け基労補発第三一号「脳血管疾患及び虚血性心疾患等（負傷に起因するものを除く。）の認定基準の運用上の留意点等について」（以下「旧通達」という。）は廃止する。

また、「脳・心臓疾患の労災認定の基準に関する専門検討会報告書（令和三年七月）」（以下「報告書」という。）には、認定基準の考え方等が示されているので、認定基準の理解を深めるため、適宜参照されたい。

記

第１　検討の経緯及び改正の趣旨

脳・心臓疾患については、平成一三年一二月一二日付け基発第一〇六三号「脳血管疾患及び虚血性心疾患等（負傷に起因するものを除く。）の認定基準について」（以下「旧認定基準」という。）に基づき労災認定を行ってきたところであるが、旧認定基準の発出から約二〇年が経過する中で、働き方の多様化や職場環境の変化が生じていることから、脳・心臓疾患の労災認定の基準に関する専門検討会において、最新の医学的知見を踏まえた検証が行われたところである。

今般、その検討結果を踏まえ、基準の具体化、明確化により業務の過重性の客観的かつ総合的な評価を一層適切に行う等の観点から、認定基準の改正が行われたものである。

また、昭和六二年一〇月二六日付け基発第六二〇号については、疾病名等について現行の医学的知見との齟齬が生じていることから、今般、併せて廃止されたものである。

第２　主な改正点

1　標題

認定基準の標題は、平成二二年五月に改正された労働基準法施行規則別表第一の二（以下「別表第一の二」という。）第八号の規定を踏まえ改められたものであること。

2　基本的な考え方

過重負荷に関する旧認定基準の基本的な考え方は報告書において現時点でも妥当と判断されており、過重負荷の考え方に実質的な変更はないこと。

3　対象疾病

(1)「重篤な心不全」の追加

旧認定基準においては不整脈が一義的な原因となった心不全症状等について、「心停止（心臓性突然死を含む。）」に含めて取り扱うこととされていた。

しかし、心停止とは異なる病態である心不全を「心停止（心臓性突然死を含む。）」に含めて取り扱うことは適切でなく、また、不整脈によらず、心筋症等の基礎疾患を有する場合にも、業務による明らかな過重負荷によって当該基礎疾患が自然経過を超えて著しく増悪し、重篤な心不全が生じることが考えられる。

このため、不整脈によるものも含め「重篤な心不全」が対象疾病に追加されたこと。

(2)「大動脈解離」への表記の修正

旧認定基準においては「解離性大動脈瘤」が対象疾病とされていたが、大動脈瘤を形成しない大動脈解離も対象疾病であることを明確にする必要があること、臨床的にも現在は解離性大動脈瘤の場合を含めて大動脈解離の診断名が付されることが多いこと等から、「大動脈解離」に表記が改められたこと。

旧認定基準にいう「解離性大動脈瘤」は、すべて「大動脈解離」に含まれることとなる。

4　認定要件

認定基準第3の認定要件の記載内容に変更はないが、別表第一の二第八号の規定等を踏まえ、記載順が変更されたものであること。

5　認定要件の具体的判断

(1)　長期間の過重業務

評価期間について変更はないが、発症に近接した時期の負荷についても総合的に評価すべき事案があることが明示されたこと。

また、過重負荷の有無の判断に当たって評価の基準となる労働者について、明確化等の観点から、「同種労働者」と表記を改めるとともにその定義が一部修正されたこと。

さらに、労働時間と労働時間以外の負荷要因の総合的な評価として業務と発症との関連性が強いと評価できる場合があることが明示されたこと。

あわせて、短期間の過重業務とも共通して、労働時間以外の負荷要因について、勤務時間の不規則性（拘束時間の長い勤務、休日のない連続勤務、勤務間インターバルが短い勤務、不規則な勤務・交替制勤務・深夜勤務）、事業場外における移動を伴う業務（出張の多い業務、その他事業場外における移動を伴う業務）、心理的負荷を伴う業務、身体的負荷を伴う業務及び作業環境（温度環境、騒音）に整理され、その検討の視点についても明確化されたこと。

(2)　短期間の過重業務

評価期間について、発症前一か月間より短い期間のみに過重な業務が集中し、それより前の業務の過重性が低い場合の取扱いが明示されたこと。なお、本取扱いは、旧通達において示していたものと同様である。

また、労働時間の負荷要因の検討の視点についてより明確化されるとともに、業務と発症との関連性が強いと評価できる場合の例示がなされたこと。

(3)　異常な出来事

異常な出来事の考え方が認定基準において示されるとともに、具体的な三つの出来事について、医学的知見や裁判例等を踏まえ、その表記が一部修正されたこと。

あわせて、検討の視点がより明確化されるとともに、業務と発症との関連性が強いと評価できる場合の例示がなされたこと。

6　その他

「基礎疾患を有する者についての考え方」及び「対象疾病以外の疾病の取扱い」について明確化されたこと。

なお、「基礎疾患を有する者についての考え方」については、平成七年二月一日付け基発第三八号「脳血管疾患及び虚血性心疾患等（負傷に起因するものを除く。）の認定基準について」において示された考え方と同一である。

第３　運用上の留意点

１　対象疾病等

⑴　疾患名及び発症時期の特定

脳・心臓疾患の発症と業務との関連性を判断する上で、発症した疾患名は重要であることから、主治医意見書等から疾患名を特定し、対象疾病に該当することを確認すること。

なお、脳・心臓疾患の発症とは、血管病変等が破綻（出血）若しくは閉塞した状態又は循環異常を急性に来した状態をいう。

⑵　別表第一の二との関係

（削除）

⑶　心不全の取扱い

心不全とは、何らかの心臓機能障害が生じて心ポンプ機能の代償機転（心臓から十分な血液を送り出す機能）が破綻した結果、呼吸困難・倦怠感や浮腫が出現し、運動耐容能が低下した状態を指す。その基礎となる疾患は様々であり、また、心不全は身体活動に制限がない状態から、急性心不全と呼ばれる急速に心原性ショックや心肺停止に移行する可能性のあるひっ迫した状態までを含む幅広い状態名であるものである。

労災補償の対象疾病としては、基礎疾患の自然経過によるものではなく、業務による明らかな過重負荷によって基礎疾患がその自然経過を超えて著しく増悪したものと判断できる必要があることから、入院による治療を必要とする急性心不全を念頭に、対象疾病が「重篤な心不全」と限定されたものである。

このため、疾患名が心不全である場合には、その基礎となる疾患及び心不全の程度についても併せて確認し、治療内容や予後等も含め病状の全体像をみて、業務による負荷及び基礎疾患の状況と心不全の発症との関係を判断する必要があり、基礎疾患がその自然経過を超えて著しく増悪したものと認められる場合に労災保険給付の対象となるものであること。

また、心不全は幅広い状態名であることから、その発症時期の特定が困難な事案については、当課職業病認定対策室に相談すること。

(4)　不整脈による突然死等の取扱い

平成八年一月二二日付け基発第三〇号で対象疾病とされていた「不整脈による突然死等」は、旧認定基準においては「心停止（心臓性突然死を含む。）」に含めて取り扱うこととされていたところである。

当該疾病は、具体的には、心室細動や心室静止等の致死的不整脈による心停止、又は心室頻拍、心房頻拍、心房粗・細動等による心不全症状あるいは脳虚血症状などにより死亡又は療養が必要な状態になったものをいうことから、その症状に応じて、心停止、重篤な心不全、脳梗塞など対象疾病のいずれに当たるかを確認し、該当する疾病として取り扱うこと。

(5)　脳卒中の取扱い

脳内出血、くも膜下出血及び脳梗塞については、一過性脳虚血発作（脳梗塞の症状が短時間で消失するもの）も含めて脳卒中と総称される。

脳卒中として請求された事案については、疾患名を確認し、対象疾病以外の疾病であることが確認された場合を除き、認定基準によって判断して差し支えない。

(6)　対象疾病以外の疾病に係る請求の取扱い

認定基準においては、医学的に過重負荷に関連して発症すると考えられる脳・心臓疾患が対象疾病に掲げられ、取り扱う疾病の範囲が明確にされたものであるが、認定基準の第５の２(1)を踏まえ、対象疾病以外の疾病が過重負荷により発症したとして請求された事案については、当課職業病認定対策室に相談すること。

２　過重負荷

認定基準第１の基本的な考え方に基づき、過重負荷とは、医学経験則に照らして、脳・心臓疾患の発症の基礎となる血管病変等をその自然経過を超えて著しく増悪させ得ることが客観的に認められる負荷をいうものである。

また、ここでいう自然経過とは、加齢、一般生活等において生体が受ける通常の要因による血管病変等の形成、進行及び増悪の経過をいう。

ないこと。

なお、前記第2の4の認定要件の記載順の変更に関わらず、過重業務と発症との関連性を時間的にみた場合、医学的には業務による過重な負荷は発症に近ければ近いほど影響が強いと考えられるとする考え方については、旧認定基準から変更はないこと。

3　長期間の過重業務

(1)　過重負荷の評価の基準となる「同種労働者」

過重負荷の評価の基準となる「同種労働者」については、旧認定基準で示されていた年齢及び経験のほか、職種、職場における立場や職責などについても類似する者であることが明示されたことを踏まえ、心理的負荷・身体的負荷等の評価を適切に行うこと。

また、「基礎疾患を有していたとしても日常業務を支障なく遂行できる者」を同種労働者に含むことは旧認定基準と同様であり、このことから、基礎疾患の状況などの健康状態についても、年齢等と同様に考慮対象となることに留意すること。

(2)　評価期間

評価期間について変更はなく、疲労の蓄積を評価する期間として発症前おおむね六か月間を評価することとされた。なお、当該評価に当たっては、引き続き一か月間を三〇日として計算すること。

また、長期間の過重業務の判断に当たり、疲労の蓄積に加えて発症に近接した時期に一定の負荷要因が認められる場合には、それらの負荷も含め総合的に長期間の過重業務の評価を行うべきことは当然であるが、あらためて当該取扱いが明示されたものであり、適切な評価を行うこと。

(3)　業務の過重性の具体的な評価

ア　発症前一か月間におおむね一〇〇時間又は発症前二か月間ないし六か月間にわたって、一か月当たりおおむね八〇時間を超える時間外労働が認められる場合は、業務と発症との関連性が強いと評価できるとする考え方については、旧認定基準から変更はないこと。したがって、そのような時間外労働に就労した場合には、原則として特に過重な業務に就労したものと認められること。

ただし、そのような時間外労働に就労していても、例えば、労働基準法第四一条第三号の監視又は断続的労働に相当する業務、すなわち、原則として一定部署にあって監視を行うことを本来の業務とし、常態として身体又は精神的緊張の少ない業務や作業自体が本来間欠的に行われるもので、休憩時間は少ないが手待時間が多い業務等、労働密度が特に低いと認められるものについては、直ちに業務と発症との関連性が強いと評価することは適切ではない場合があることに留意する必要があること。

なお、発症前二か月間ないし六か月間とは、発症前二か月間、発症前三か月間、発症前四か月間、発症前五か月間、発症前六か月間のいずれかの期間をいい、過重性の評価は、次の手順によること。

①　発症前六か月間のうち、まず、発症前一か月間の時間外労働時間数を算出し、次に発症前二か月間の一か月当たりの時間外労働時間数、さらに発症前三か月間の一か月当たりの時間外労働時間数と順次期間を拡げ、発症前六か月間までの六通りの一か月当たりの時間外労働時間数を算出する。

②　①で算出した時間外労働時間数の一か月当たりの時間数が最大となる期間を総合評価の対象とし、当該期間の一か月当たりの時間数を認定基準の第４の２⑷ウ㈠に当てはめて検討した上で、当該期間における労働時間以外の負荷要因の評価と併せて業務の過重性を判断する。

ただし、より短い期間をもって特に過重な業務に就労したと評価できる場合は、その期間だけで判断して差し支えない。

イ　発症前一か月間ないし六か月間にわたって、一か月当たりおおむね四五時間を超える時間外労働が認められない場合は、疲労の蓄積が生じないとされていることから、業務と発症との関連性が弱いと評価できるとされたことについても、旧認定基準から変更はないこと。したがって、一般的にこの時間外労働のみから、特に過重な業務に就労したとみることは困難であること。

なお、発症前一か月間ないし六か月間とは、発症前一か月間、発症前二か月間、発症前三か月間、発症前四か月間、発症前五か月間、発症前六か月間のすべての期間をいうものである。

ウ　労働時間と労働時間以外の負荷要因の総合的な評価として、労働時間のみで業務と発症との関連性が強いと認められる水準には至らないがこれに近い時間外労働に加えて一定の労働時間以外の負荷が認められる場合には、業務と発症との関連性が強いと評価できることが明示された。

ここでいう「これに近い時間外労働」については、労働時間がより長ければ労働時間以外の負荷要因による負荷がより小さくとも業務と発症との関連性が強い場合があり、また、労働時間以外の負荷要因による負荷がより大きければ又は多ければ労働時間がより短くとも業務と発症との関連性が強い場合があることから、労働時間以外の負荷要因の状況によって異なるものであり具体的な時間数について一律に示すことは困難である。

一方で、報告書においては、①長時間労働と脳・心臓疾患の発症等との間に有意性を認めた疫学調査では、長時間労働を「週五五時間以上の労働時間」又は「一日一一時間以上の労働時間」として調査・解析しており、これが一か月継続した状態としてはおおむね六五時間を超える時間外労働の水準が想定されたこと、②支給決定事例において、労働時間に加えて一定の労働時間以外の負荷要因を考慮して認定した事例についてみると、一か月当たりの時間外労働は、おおむね六五時間から七〇時間以上のものが多かったこと、そして、③このような時間外労働に加えて、労働時間以外の負荷要因で一定の強さのものが認められるときには、全体として、労働時間のみで業務と発症との関連性が強いと認められる水準と同等の過重負荷と評価し得る場合があることが掲記されている。

労働時間と労働時間以外の負荷要因を総合的に考慮するに当たっては、当該掲記を踏まえ、別紙１「労働時間以外の負荷要因の評価に当たっての留意事項」にも留意して、適切な評価を行うこと。また、別紙２の事例も参考とすること。

４　短期間の過重業務

(1)　過重負荷の評価の基準となる「同種労働者」

留意点は前記３(1)と同様であること。

(2)　業務の過重性の具体的な評価

負荷要因のうち労働時間の評価については、認定基準に示された検討の視点及び業務と発症との関連性が強いと評価できる場合の例示を踏まえ、過重負荷の有無の判断を適切に行うこと。

また、労働時間以外の負荷要因の評価についての留意点は、別紙１のとおりであり、労働時間及び労働時間以外の負荷要因を客観的かつ総合的に判断する必要があることは従前と同様であること。

５　異常な出来事

異常な出来事における「異常」とは、当該出来事によって急激な血圧変動や血管収縮等を引き起こすことが医学的にみて妥当と認められる程度のものであることを指しており、出来事の異常性・突発性や予測の困難性は、出来事による身体的、精神的負荷が著しいと認められるか否かの検討の視点として重要なものであるが、異常な出来事に不可欠のものではない。

認定基準においては、その趣旨で具体的な出来事から「突発的又は予測困難な異常な」の表記が削除されているものであり、認定基準に示された検討の視点及び業務と発症との関連性が強いと評価できる場合の例示を踏まえ、過重負荷の有無の判断を適切に行うこと。

6　危険因子の評価

脳・心臓疾患は、その発症の基礎となる血管病変等が、主に加齢、生活習慣等の日常生活による諸要因等の負荷により、長い年月の生活の営みの中で徐々に形成、進行及び増悪するといった自然経過をたどり発症するもので、血管病変等の進行には、高血圧、糖尿病、脂質異常症、喫煙、飲酒等の危険因子の関与が指摘されており、特に複数の危険因子を有する者は、発症のリスクが高いとされている。

このため、業務起因性の判断に当たっては、脳・心臓疾患を発症した労働者の健康状態を把握して、基礎疾患等の程度を十分検討する必要があるが、認定基準の要件に該当する事案については、明らかに業務以外の原因により発症したと認められる場合等の特段の事情がない限り、業務起因性が認められるものである。

第4　調査中の事案等の取扱い

認定基準施行日において調査中の事案及び審査請求中の事案については、認定基準に基づいて決定すること。

また、認定基準施行日において係争中の訴訟事案のうち、認定基準に基づいて判断した場合に訴訟追行上の問題が生じる可能性のある事件については、当課労災保険審理室に協議すること。

第5　認定基準の周知等

1　認定基準の周知

脳・心臓疾患の労災認定に関し相談等があった場合には、おって示すリーフレット等を活用することにより、認定基準等について懇切・丁寧に説明を行うこと。

また、各種関係団体に対しても、機会をとらえて周知を図ること。

なお、旧認定基準のパンフレットについては、当面、当該リーフレットを挟み込んで使用すること。

2　職員研修等の実施

労働局において、職員研修等を計画的に実施し、認定基準に関する職員の理解を深めること。

また、地方労災医員等に対しても、同様に認定基準について情報提供し、その考え方等について説明すること。

別紙1

労働時間以外の負荷要因の評価に当たっての留意事項

労働時間以外の負荷要因の評価に当たっての留意事項及び旧認定基準からの改正の趣旨は、次のとおりである。

なお、負荷要因の評価に当たっては、労働時間も含め、各負荷要因について全体を総合的に評価することが適切であり、ある就労実態について評価を行う際には、各負荷要因において示された検討の視点についてそれぞれ検討し、評価することが必要であるが、これは同一の実態について二重に評価する趣旨ではないことはこれまでと同様である。

一　勤務時間の不規則性

㈠　拘束時間の長い勤務

旧認定基準から大きな変更はなく、検討の視点について一部改正が行われるとともに、定義が明らかにされ、また、労働時間の項目における評価との重複を避けるための記載が追加されたものであること。

㈡　休日のない連続勤務

新規に追加された項目であり、旧認定基準においては、労働時間の項目の中で評価されていた内容について、独立した負荷要因として明らかにされたものであること。

なお、休日がない場合だけでなく、休日が少ない場合もこの項目で評価するものであること。ここでいう「連続勤務」は労働日が連続することを指し、二四時間連続勤務のような引き続いて実施される一勤務が長い状況については、本項目ではなく「不規則な勤務・交替制勤務・深夜勤務」の項目において評価すること。

㈢　勤務間インターバルが短い勤務

新規に追加された項目であり、旧認定基準においては、「交替制勤務・深夜勤務」の項目で「勤務と次の勤務までの時間」

として評価を行っていた内容であるが、交替制勤務等に限らず、時間外労働により終業時刻が遅くなり、次の始業時刻までの時間が短くなった場合も含めて本項目で評価すること。

また、長期間の過重業務の判断に当たって、検討の対象とする時間数が示されているが、勤務間インターバルがおおむね一一時間未満であるか否かだけでなく、勤務間インターバルの時間数、頻度、連続性等についても検討する必要があるものであること。

㈣　不規則な勤務・交替制勤務・深夜勤務

旧認定基準における「不規則な勤務」と「交替制勤務・深夜勤務」について、負荷となる理由の共通性や、実際の事例における区分の困難性等の観点から統合されたものであること。

本項目は、勤務時間帯やその変更が生体リズム（概日リズム）と生活リズムの位相のずれを生じさせ、疲労の蓄積に影響を及ぼすことを評価するものであることから、交替制勤務がスケジュールどおり実施されている場合や、日常的に深夜勤務を行っている場合であっても、負荷要因として検討し、労働時間の状況等と合わせて評価する必要があるものであること。

二　事業場外における移動を伴う業務

旧認定基準における「出張の多い業務」について、出張を「特定の用務を果たすために通常の勤務地を離れて行うもの」と整理した上で、通常の勤務として事業場外における移動を伴う業務の負荷についても検討する必要があるとされたことから項目名が修正され、その細目として「出張の多い業務」と「その他事業場外における移動を伴う業務」が明示されたものであること。

㈠　出張の多い業務

旧認定基準における負荷要因の検討の視点について一部改正が行われるとともに、定義が明らかにされたものであること。

また、旧認定基準において作業環境の細目とされていた時差についても、出張に伴う負荷であることから本項目で評価することとされたものである。時差については、時間数を限定せず検討の対象とされたが、特に四時間以上の時差が負荷として重要であることに留意すること。

なお、時差を検討するに当たっては、東への移動（一日の時間が短くなる方向の移動）は、西への移動よりも負荷が大きいとされており、検討の視点に示された「移動の方向」とはその趣旨であること。

出張に伴う勤務時間の不規則性については、本項目ではなく、前記一の項目において併せて評価する必要があること。

(二)　その他事業場外における移動を伴う業務

長距離輸送の業務に従事する運転手や航空機の客室乗務員等、通常の勤務として事業場外における移動を伴う業務の負荷について検討する項目であり、検討の視点は、一部を除き「出張の多い業務」とおおむね同様であること。

三　心理的負荷を伴う業務

旧認定基準における「精神的緊張を伴う業務」について、業務による心理的負荷を広く評価対象とする趣旨で、項目名が修正されたものであること。

認定基準別表１の「日常的に心理的負荷を伴う業務」は、旧認定基準の別紙のうち「日常的に精神的緊張を伴う業務」に対応したものであるところ、旧認定基準に記載があり、認定基準に記載がない業務については、認定基準別表２の「心理的負荷を伴う具体的出来事」として評価することが想定されているものである。

また、認定基準別表２の「心理的負荷を伴う具体的出来事」は、旧認定基準の別紙のうち「発症に近接した時期における精神的緊張を伴う業務に関連する出来事」に対応したものであるが、心理的負荷による精神障害の認定基準（平成二三年一二月二六日付け基発一二二六第一号）が定める「業務による心理的負荷評価表」を参考に、具体的出来事の内容が拡充され、さらにその後、改正された心理的負荷による精神障害の認定基準（令和五年九月一日付け基発〇九〇一第二号）が定める「業務による心理的負荷評価表」（以下「評価表」という。）を踏まえて改正がなされたものである。具体的には、評価表に記載された具体的出来事のうち、労働時間（仕事の量）に関するものを除き、平均的な心理的負荷の強度がⅢ及びⅡ（強～中程度）のものが掲記されている。したがって、別表２に記載された用語の解釈は評価表と同一である。

さらに、認定基準別表１及び別表２に掲げられていない具体的出来事等に関して強い心理的負荷が認められる場合には、検討の視点でいう具体的出来事「等」として評価することとなる。

なお、旧認定基準においては、精神的緊張の程度が特に著しいと認められるものについて評価することとされており、また、業務に関連する出来事について、発症に近接した時期におけるものが評価の対象とされていたが、認定基準においてはそれらの限定はなされていないことに留意すること。

四　身体的負荷を伴う業務
　新規に追加された項目である。旧通達において、日常業務と質的に著しく異なる業務として、事務職の労働者が激しい肉体労働を行うことにより、日々の業務を超える身体的、精神的負荷を受けたと認められる場合を例示していたが、そのような場合も含めて本項目で評価すること。
　また、日常的に強度の肉体労働を行っている場合にも負荷要因として検討し、労働時間の状況等と合わせて評価すること。

五　作業環境
　作業環境については、旧認定基準において、過重性の評価に当たっては付加的に考慮することとされていたところ、認定基準においても、長期間の過重業務の判断に当たっては付加的に考慮するものとされたこと。
　一方、短期間の過重業務の判断に当たっては、他の負荷要因と同じく十分に検討すること。
　㈠　温度環境
　旧認定基準における負荷要因の検討の視点について、旧認定基準では寒冷を高温より重視していたが、寒冷と高温を同様に検討する趣旨の改正が行われたこと。
　㈡　騒音
　旧認定基準から変更はないこと。

別紙２
　労働時間と労働時間以外の負荷要因を総合的に考慮して業務と発症との関連性が強いと評価される例
【事例１】
　Ａさんは、トラックの運転手として、県内で製造された電気製品等を国内各地に所在するホームセンターの物流センターに配送する業務に従事していた。Ａさんは、これらの業務に従事し、発症前二か月平均で月約七一時間の時間外労働を行っていた。
　夜間運行を基本とし、二〇時から二三時に出勤し、翌朝八時から九時、遅い日では一五時頃まで勤務していた。発症前六か月の拘束時間は、発症前一か月から順に、二一六時間、三〇二時間、二七八時間、二六六時間、二一九時間、二九一時間となっていた。

Aさんは、配送先の物流センターで製品の積み込み作業中に倒れた。物流センターの作業員が倒れていたAさんを発見し、救急車を呼び病院に搬送したが、Aさんは、心筋梗塞により死亡した。

【事例2】

Bさんは、関東に所在する水産加工工場に勤務し、水産物の仕入れや営業担当業務に従事していた。Bさんは、これらの業務に従事し、発症前三か月平均で月約六四時間の時間外労働を行っていた。

この三か月の全ての勤務は泊付きの出張であり、主に仕入業者との商談や営業のため、関西と九州方面の港に出張していた。発症前三か月の泊付きの出張日数は六四日、工場から関西や九州方面へ移動を要した日数は二四日に及んだ。

Bさんは出張先で、痙攣、めまい、吐き気の症状を訴え、救急車を呼び病院に搬送され、脳梗塞と診断された。

## 事例

### ○タンクローリー運転手に発症した脳梗塞（業務上）

【事実】　被災者は、タンクローリーの運転手として、ガソリンや灯油などを配送する業務に従事し、発症前二か月平均で月約八二時間の時間外労働を行っていた。被災者は、製油所でガソリンをタンクローリーに積んでいたところ、言葉が不明瞭となり、呂律が回らなくなった。被災者の異常に気がついた製油所の社員が救急車を呼び、被災者は病院に搬送され、脳梗塞と診断された。

【判断】　「脳梗塞」は、対象疾病に該当する。発症前二か月平均の時間外労働時間数は約八二時間である。したがって、発症前二か月間にわたって、一か月当たりおおむね八〇時間を超える時間外労働が認められることから、業務と発症との関連性が強いと評価でき、業務起因性が認められた。

### ○トラック運転手に発症した心筋梗塞（業務上）

【事実】　被災者は、トラックの運転手として、県内で製造された電気製品等を国内各地に所在するホームセンターの物流センターに配送する業務に従事し、発症前二か月平均で月約七一時間の時間外労働を行っていた。運行形態は夜間運行を基本とし、二〇時から二三時に出勤し、翌朝八時～九時、遅い日では一五時頃まで勤務していた。発症前六か月の拘束時間は、発症前一か月から順に、二一六時間、三〇二時間、二七八時間、二六六時間、二一九時間、二九一時間となっていた。

　被災者は、配送先の物流センターで製品の積み込み作業中に倒れた。物流センターの作業員が倒れていた被災者を発見し、救急車を呼び病院に搬送したが、被災者は、心筋梗塞により死亡した。

【判断】　「心筋梗塞」は、対象疾病に該当する。発症前二か月平均の時間外労働時間数は約七一時間である。労働時間以外の負荷要因として、「勤務時間の不規則性」（拘束時間の長い勤務、不規則な勤務・交替制勤務・深夜勤務）が認められる。労働時間数は業務と発症との関連性が強いと評価できる水準には至らないが、これに近い時間外労働が認められ、労働時間以外の負荷要因を十分に考慮すると、一定の負荷が認められることから、業務と発症との関連性が強いと評価でき、業務起因性が認められた。

○営業従事者に発症した脳梗塞（業務上）

【事実】　被災者は、関東に所在する水産加工工場に勤務し、水産物の仕入れや営業担当業務に従事し、発症前三か月平均で月約六四時間の時間外労働を行っていた。この三か月の全ての勤務は泊付きの出張であり、主に仕入業者との商談や営業のため、関西と九州方面の港に出張していた。発症前三か月の泊付きの出張日数は六四日、工場から関西や九州方面へ移動を要した日数は二四日に及んだ。
　被災者は出張先で、痙攣、めまい、吐き気の症状を訴え、救急車を呼び病院に搬送され、脳梗塞と診断された。
【判断】　「脳梗塞」は、対象疾病に該当する。発症前三か月平均の時間外労働時間数は約六四時間である。労働時間以外の負荷要因として、「事業場外における移動を伴う業務」（出張の多い業務）が認められる。労働時間数は業務と発症との関連性が強いと評価できる水準には至らないが、これに近い時間外労働が認められ、労働時間以外の負荷要因を十分に考慮すると、一定の負荷が認められることから、業務と発症との関連性が強いと評価でき、業務起因性が認められた。

○業務に関連する異常な出来事に遭遇したために発症したとする脳内出血（業務上）

【事実】　(1)　事案の概要
　被災者は、Ａ電機㈱の構内下請事業場である㈱Ｂ工業所の事務所長として勤務していた。五月三一日の午前二時四〇分頃就寝中であったが、Ａ電機㈱より同じく構内下請事業場である㈱Ｃ社より出火し、現在㈱Ｂ工業所にも延焼中であるとの連絡を受けた。責任者として事態に対応すべく午前三時頃出社し、消火作業を手助けし、鎮火後には、消防署、警察署の現場検証に立ち会い、午後になって、焼け跡の後片付けと仮事務所の開設等事後処理を行っていたところ、午後五時過ぎに急に気分が悪くなり、そのまま意識を失った。救急車で病院に搬送され、「高血圧性脳内出血」と診断されたものである。

(2)　業務内容

①　通常の業務内容

被災者の勤務している㈱B工業所は、A電機㈱の下請け部門とA電機㈱構内の営繕作業部門に分けられ、被災者はこの両部門の総括責任者で、その業務内容は、①下請け部門については、下請け部門従事者の詰所へ電話で出勤状況を確認し人員配置を行う、②営繕作業部門については、事務所において出勤状況の確認を行う、③営業活動のため発注元であるA電機㈱の各課を訪問し、工事関係の見積もり、受注を行うというものである。

②　通常の勤務形態

所定労働時間は午前八時二五分から午後五時一〇分迄で、休憩時間は四五分、実労働時間は八時間である。休日は、隔週週休二日及び祝祭日である。

(3)　発症前の勤務状況

①　発症当日の勤務状況は次のとおりである。

発症当日、就寝中の午前二時四〇分頃発注元であるA電機㈱保安係から「隣接する㈱C社から出火し、延焼中のため緊急に出社するように」との電話要請があり、午前三時頃自家用車で出社した。現場は延焼により事業所及び詰所はほぼ全焼していたが、消火作業を手助けした後、消防署、警察署の事情聴取を受け、その後、本社社長と発注元への報告等を行い現場の後片付けと仮事務所の開設等事後処理を行っていた。

これらの事後処理は、休憩なしの一四時間にも及ぶ連続勤務であり、また、当日は給料日であったため、給料の支払事務を行う必要があり、労働者全員が勤務を終了するまで仮事務所で待機していなければならず、待機中の午後五時過ぎ、急に気分が悪くなり、立ち上がろうとした時、意識を失い、救急車で病院に搬送されたものである。

②　発症前一週間及びそれ以前の勤務状況は、ほとんど通常業務を行っており、時間外労働は行っても一日一時間程度であった。

(4)　健康状態等

被災者の健康状態について、三年ほど前より定期健診で高血圧症、高脂血症等を指摘されていたが、血圧等を下げるなどの投薬も行っていなかった。体型は身長一六三cm、体重六四kgである。嗜好については、飲酒は付き合い程度でビール一本程度、喫煙習慣はなく、食事については肉類を好んで食していた。

(5)　専門医の意見

①　健康診断結果より、少なくとも二～三年前から高血圧の

傾向が明らかで、高血圧症であることは知っていたが、血圧を下げる処置はしておらず、高脂血症も認められており、動脈硬化も進行していた可能性もあるが、糖尿病はなく、脳梗塞の既往歴もない。
② 発症日以前、特に脳動脈硬化の悪化の兆候を示すものはなかった。
③ 被災者は未明に火事ということで呼び出され、約一四時間現場での消火作業、現場検証の立ち会い、現場の後片付け等を行ったものであるが、火事により重要書類、借受中の設計図、社屋を焼失し、この出来事への対応が精神的、身体的負荷になったと考えられる。
④ これらの業務に関連する精神的、身体的負荷のために高血圧症が増悪し、脳内出血を発症したものと考えられ、本件、自然発症型の脳内出血であるとの根拠は認めがたく、業務に関連する突発的な出来事に遭遇したことによって発症したものと医学的に考えることが妥当である。

【判断】 (1) 被災者に発症した本件疾病は、発症状況、医証等から判断して脳内出血であると認められる。
(2) 発症前の勤務状況については、日常業務に比較して、特に過重な業務に従事した事実は認められず、また、業務上の負傷も認められていないところであるが、本件火災事故の事後処理等の作業は被災者にとって事務所の責任者として、また発注元との関係において緊急に対応せざるを得ないものであり、㈱B工業所本社、発注元、消防署、警察署などへの対応を含めて一連の作業が極度の緊張、興奮、恐怖、驚がく等の強度の精神的負荷及び緊急に強度の身体的負荷を強いられたものと認められる。
(3) 医証においても、本件は、医学経験則上の異常な出来事に遭遇したことにより発症したものと判断されている。
(4) 業務に関連する異常な出来事に遭遇してから症状の出現までの時間的経過が医学上妥当なものと認められる。
(5) 以上のことから、被災者の脳内出血は、業務に関連する異常な出来事に遭遇したことにより発症したものと判断されるので、労働基準法施行規則別表第一の二第八号に該当する疾病として取り扱うのが妥当である。

## ○急激で著しい作業環境の変化が原因で発症したとする作業員のくも膜下出血（業務外）

【事実】 (1) 事案の概要
被災者は、食料品製造工場の盛りつけ係として就労していたが、一月二七日午後五時頃、工場外部の洗い場で仕出し弁当用の容器を水洗していた際に気分が悪くなり、その場に座り込み手をつきながら倒れたところを同僚に発見され、直ちに救急車で病院に搬送されたが、約一か月後くも膜下出血により死亡した。

発見時において、被災者はすでに意識がなく、頭部打撲等の外傷は認められていない。

(2)　業務内容

会社の事業内容は、仕出し弁当やコンビニエンスストア等で販売する弁当等の製造で被災者は、約一〇年前に採用され、弁当の盛りつけ、仕出し弁当用の容器の洗浄、工場内片付け、周辺の草取り等の雑務作業を担当していた。

所定労働時間は、午前八時から午後五時まで、休憩時間は午前一二時から午後一時までの実働八時間である。

所定休日は、毎週日曜日、祝祭日である。

発症前の勤務状況は、次のとおりである。

発症当日及び発症前一週間の勤務状況は、いずれの日においても、午前八時から午後五時までの所定労働時間及び一～二時間程度の残業に従事しており、所定休日は完全に取得している。

発症前一か月間の勤務状況をみても、この期間における出勤日の出退勤時刻はほぼ同じである。

(3)　作業環境

作業場は、鉄筋平屋建で、面積約一五〇㎡、コンクリート床である。

暖房は、食品衛生上最低限のものであり、石油ストーブ一台だけである。石油ストーブは通常午後四時頃には後片付けのため消火しており、当日も同様であった。

建物の構造、暖房設備の状況、着衣等からみて、屋内と屋外の作業環境に著しい温度変化があったとは認められない。

気象台による観測結果では、発症当日における平均気温五・九℃、平均風速三・〇ｍ／ｓで気温は前日に比べ若干低めであったが、風速は弱く、天候は午前中は雨、午後は晴れであった。

(4)　健康状態等

被災者は、事業場の行った定期健康診断で、血圧に関し要精検と所見されており、これまで五年間にわたり治療を受けてきた。

**【判断】**　被災者に発症した疾病は、発症状況、医証等から判断して、脳動脈瘤破裂によるくも膜下出血であると認められる。

一般にくも膜下出血は、加齢や日常生活等における諸種の要因により血管病変等を生じ、自然経過のなかで増悪し、遂には発症に至るもので通常、業務が直接にその要因となるものではないことから、その発症が業務上の事由に該当するためには、明らかに自然経過を超えて、症状が著しく増悪したと認めるに足りる業務による過重負荷が存在しなければならない。

この観点から本件について検討すると、

・　発症前においてくも膜下出血を発症させ得る負傷の事実

は認められない。

・発症状態を時間的及び場所的に明確にし得る業務に関連した異常な出来事、すなわち、極度の緊張、興奮、恐怖、驚がく等の強度の精神的負荷を引き起こす突発的又は予測困難な異常な事態、緊急に強度の身体的負荷を強いられる突発的又は予測困難な異常な事態、あるいは急激で著しい作業環境の変化に遭遇した事実は認められない。

この点について、請求人は、発症当日はその冬一番寒い日であり、屋内作業から屋外作業による急激な温度変化が原因と思うと述べているが、当日は、気温が低めであったとしても、前日に比較して若干の差に過ぎず、風速は前日よりも低いものであり、この時期としては、特に異常な気象条件下にあったとは言えないものであって、屋内外の温度差についても作業場の構造や食品衛生上の問題、さらには、わずかな暖房も消されている時間であること等から判断すれば、屋内外の温度差があったとしても、日常生活でも往々遭遇する程度の差と考えざるを得ないので、急激に著しい作業環境の変化に遭遇したと認めることはできない。

・被災者にとって発症当日は、所定どおりの就労状況であり、後片付けとしての屋外での弁当箱の洗浄作業も通常業務の域を出るものではなく、被災者にとっては手慣れた作業であって、発症前一週間及びそれ以前の勤務状況についても、一～二時間程度の残業は認められるものの特に日常業務と異なる就労状況ではなく、この間において所定休日も確保されていることから、日常業務に比較して特に過重な業務に就労していたとは認められない。

・被災者には高血圧症の持病があり、被災者の基礎疾患が、本件疾病の発症に加功した可能性は否定できない。

・医証においても、業務との因果関係があるとは考えにくいとされ、本件疾病と業務との因果関係を否定している。

以上の事実に基づいて総合判断すると、被災者の死亡は、同人に存在した基礎疾患である脳動脈瘤が自然経過のなかで増悪し、破裂したことによるくも膜下出血によってもたらされたものと解するのが相当で、業務との相当因果関係は認められないので、業務上の疾病とは認められないと判断する。

### ○夜間当直業務に加え昼間の警備業務に従事していた警備員に発症した脳梗塞（業務上）

**【事実】**　⑴　事案の概要

被災者は、営業職、自営業、会社役員を経て、A警備㈱に入社し、巡回、電話番等の夜間警備業務に従事していた。

被災者は、発症前日の九月六日午後七時から通常通りビルの夜間警備業務に従事していたが、発症当日の九月七日昼間の警備員に欠員が生じたため、引き続き昼間の警備員として午前八時から交通整理の業務に従事することとなった。

午後四時三〇分頃、歩行者を誘導していたところ、急に体がだるくなり、その場にしゃがみこみ、さらに声を発することができなくなったため、同僚の車で病院に搬送されたところ脳梗塞と診断された。

(2)　業務内容

通常の夜間警備業務の内容は、午後七時から七時三〇分の間に出勤し、翌日の午前七時まで業務を行う。

具体的には、午後七時から七時三〇分の間に出勤し、翌日の警備業務の配置表を見て、勤務場所、時間等の連絡が取れていない警備員に連絡をする、午後八時～九時頃夜間立哨する警備員に対し、誘導灯、乾電池等を手渡す準備等を行い、手渡した後、巡回状況等に関する定時連絡を受ける。

午後一〇時～一一時頃二度目の定時連絡を受け、その後ビル内の巡回を行う。所要時間は三〇～四〇分である。

巡回終了後、午前〇時～午前四時までは仮眠し、仮眠後、午前四時過ぎから再度ビル内の巡回を行う。

午前五時過ぎに、夜間立哨から帰ってきた警備員から誘導灯、乾電池等を受け取った後、宿直日誌に記帳して、午前七時勤務終了となる。

この他、巡回及び仮眠以外の時間にあっては、電話や外来者の応対、ときには、清掃業者の立会い等を行いながら緊急事態に備えている。

また、補助的に警備員の振分け業務を行うほか、昼間の警備業務の欠員の穴埋めに、夜勤終了後に引き続き警備業務に従事することもある。

なお、被災者はこれらの業務に一人で従事していた。

通常の勤務形態は、所定労働時間午後七時から翌日の午前七時までで、そのうち実労働時間は七～八時間、休憩・仮眠時間は四～五時間、所定休日は毎週日曜日となっている。

なお、所定休日の日曜日については発症前の七月の終わりに臨時職員が退職したため、代替要員がすぐに補充できなかったことにより、休日出勤を行わざるを得ない状況であった。

昼間の警備業務については、被災者は夜勤後に引き続き昼間の警備業務に従事することがあったが、具体的には、建設現場などの交通誘導業務であった。

被災者の業務は夜間警備業務が主であるが、昼間の警備員が相次いで退職したことから人手不足の状態となっており、自然に被災者が交通誘導業務を頼まれることが多かった。

交通誘導業務は、担当する場所によって交通量に差があり、交通量が多いところでは絶えず誘導作業に追われることとなる。

(3) 発症前の勤務状況

① 発症前日から当日における勤務状況

発症前日は午後七時に出勤し、途中に四時間ほど仮眠（正確な時間は不明）を取りながら、巡回、電話番等の通常業務に従事していた。

発症当日の午前七時頃、警備員の一人から「急に出勤できなくなった」旨の連絡があったため、被災者は帰宅せずそのまま交通誘導業務に従事した。

午後四時三〇分頃、歩行者を誘導していたところ、急にその場にしゃがみこみ、同僚の車で病院に搬送された。

② 発症前一週間の勤務状況

発症前一週間における勤務状況は、下表のとおりである。通常の夜間警備業務に加えて、昼間の交通誘導業務に四日、約二九時間従事し、帰宅できなかった日が二日ある。この間休日は取得していない。

③ 発症前一週間より前の勤務状況

発症前の八月一日～三〇日の勤務状況は、夜間警備業務に加え、昼間の交通誘導業務に一九日、約一三九時間従事しており、帰宅できなかった日が九日あり、この間休日は一日取得しただけで、暦日単位での休日は一日も取得していない。

発症前１週間における勤務状況

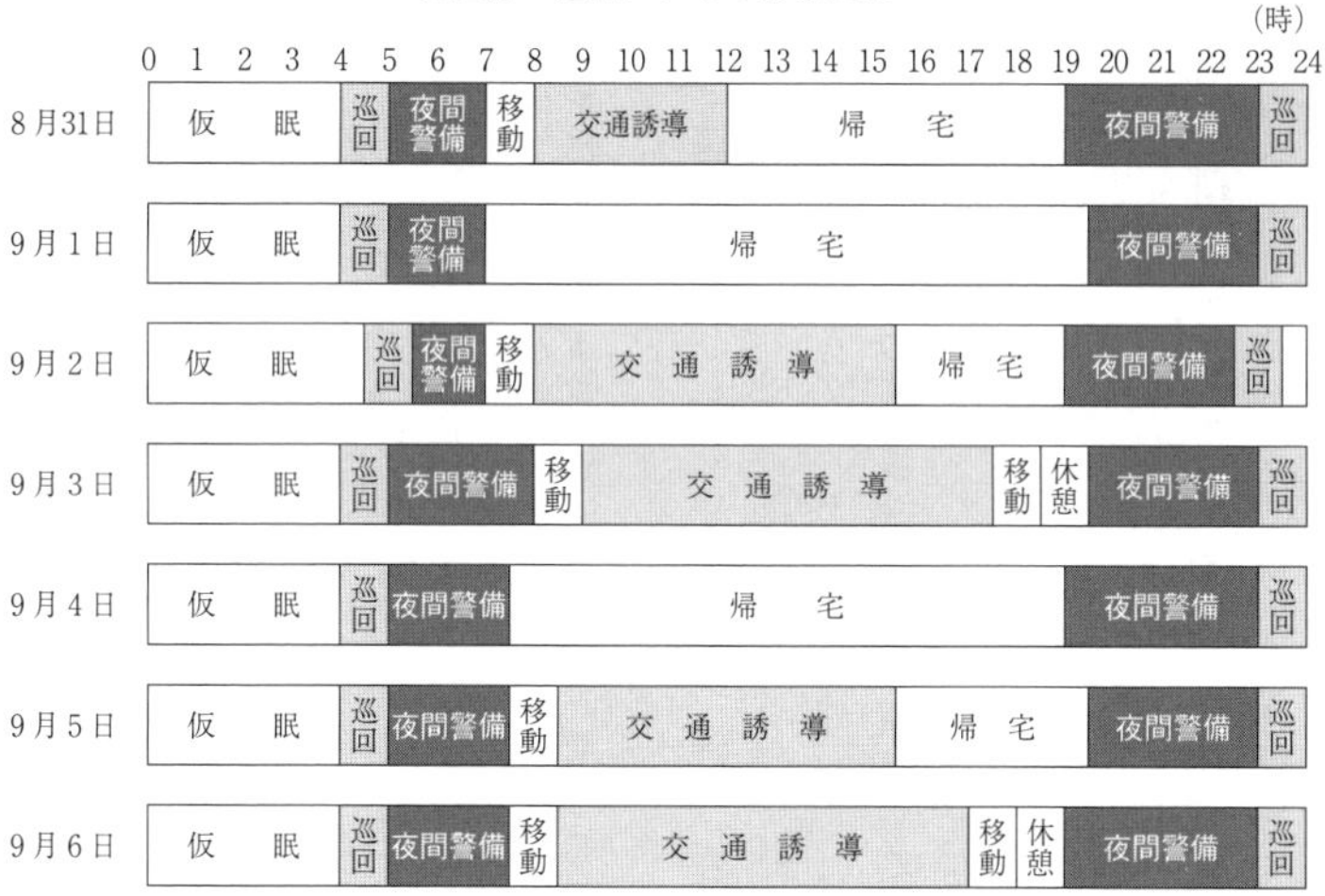

(4)　作業環境

夜間の仮眠施設については、夏場はクーラーが、冬場はストーブが用意されてはいるが、仮眠については寝具・夜具がなく、ソファーで取らざるを得ない状況にあり、十分にくつろげる環境であったとはいえない。

発症当日の気温は最高二八・二℃、最低二二・五℃と少し暑く、同僚によれば、通常と比べて道路状況が混雑していたうえ、人通りも多かったということであり、通常の交通誘導業務と比較して、身体的、精神的な負荷は強かったと考えられる。

(5)　健康状態等

被災者は、各種健康診断を受診していなかった。また、嗜好については、酒は飲んでいないが、煙草は一日四〇本程度であった。

(6)　専門医の意見

発症直前の業務は、量的にみて明らかに過重負荷となったと判断され、業務と脳梗塞の発症との間には相当因果関係があるものと総合判断される。

**【判断】**　被災者に発症した疾病は、発症状況、医証等から判断して脳梗塞と認められる。

被災者は、発症直前に通常の夜間警備業務終了後、昼間の警備員に欠員が生じたため、引き続き交通誘導業務に従事し、発症前に二一時間三〇分の連続勤務に従事している。

発症当日の交通誘導業務については、気温がやや高かったこと、同僚によれば通常と比較して道路状況が混雑しており、人通りも多かったということであり、通常の交通誘導業務と比べて、身体的、精神的な負荷は強かったと考えられる。

これらのことから被災者が発症前に従事していた業務は、日常業務に比較して過重な業務であったことが認められる。

しかし、発症前日から当日にかけて従事していた夜間警備業務は巡回、電話番、緊急事態への備え等の業務であり、その内容は比較的軽易であることから、発症直前の業務量、業務内容等を総合判断すると、被災者は発症直前に日常業務に比較して特に過重な業務に就労したとは認められない。

発症前一週間の勤務状況についてみると、通常の夜間警備業務に加えて、昼間の交通誘導業務に四日、約二九時間従事し、帰宅できなかった日が二日ある。この間、休日は取得していないことから、この間の業務については、日常業務を相当程度超えていることは認められるが、夜間警備業務の内容が比較的軽易であることなどを踏まえて総合判断すると、この間の業務が日常業務と比較して特に過重であるとは認められない。

発症前一週間以前の八月一日～三〇日の勤務状況については、通常の夜間警備業務に加え、昼間の交通誘導業務に一九日、約一三九時間従事しており、帰宅できなかった日が九日あり、この間、休日は一日取得しただけで、暦日単位での休日は一日も取得していないことをみれば、一か月につき三日に二回は夜間警備業務・昼間の交通誘導業務・夜間警備業務と連続した業務に就労していることになり、季節的に交通誘導業務の際は気温が相当高くなっていたことなどをも併せて考慮すれば、夜間警備業務の内容が比較的軽易であったとしても日常業務に比較して特に過重な業務に就労していたと認められる。

専門医の意見でも、被災者の業務量は、明らかな過重負荷であると判断し、業務との因果関係については相当因果関係があると総合的に判断している。

以上のことから、被災者は、日常業務に比較して特に過重な業務に従事し、被災者の脳梗塞は業務による明らかな過重負荷を受けたことにより発症したものと判断されるので、業務上として取り扱うのが妥当である。

## ○営業職に発症した脳内出血（業務外）

**【事実】**　⑴　事案の概要

被災者は、入社以来得意先である小売店へのコンピュータ登録作業、コンピュータの操作指導及び不具合調整、消耗品の受注等の業務を行っていた。

四月三日に、通常は二週間かかる新規店のコンピュータ登録作業を四月一〇日までに行うよう突然命じられ、発症前日まで連日時間外労働が続いていた。

四月八日は休日であったため寝室で睡眠をとっていたが、同日午後四時頃、自宅台所で倒れているところを発見され、救急車で病院に搬送されたが、すでに死亡していた。

⑵　業務内容

通常の業務内容は、三〇店程度の得意先である小売店を担当し、外勤業務としてコンピュータの新規受注活動及び買換えの促進、コンピュータ操作指導及び不具合調整、消耗品の受注、集金を行い、内勤業務としては受注したコンピュータの登録作業、消耗品の発送作業、小売店向けのコンピュータ操作マニュアルの作成及び月二、三回の電話当番を行っていた。

被災者は、得意先への訪問に際しては電車を利用し、直行・直帰はせずに事務所によってから出張・帰宅していた。

通常の勤務形態は、所定労働時間は午前九時から午後五時四五分まで、休憩時間は午前一二時から午後一時までの実働七時間四五分、休日は日曜日、祝祭日、年末年始、土曜休日が年間三五日である。

四月三日、同僚が開拓した新規店のコンピュータ登録作業を四月一〇日までに行うよう突然命ぜられた。

発症前１週間における勤務状況

| 月　　日 | 労働時間 | 業務内容等 |
|---|---|---|
| ４月２日<br>（発症６日前） | 休　　日 | |
| ４月３日<br>（発症５日前） | 9:00〜21:00<br>（３時間残業） | 外勤とコンピュータ登録作業 |
| ４月４日<br>（発症４日前） | 9:00〜21:00<br>（３時間残業） | 終日コンピュータ登録作業 |
| ４月５日<br>（発症３日前） | 9:00〜21:00<br>（３時間残業） | 外勤とコンピュータ登録作業 |
| ４月６日<br>（発症２日前） | 9:00〜21:00<br>（３時間残業） | 終日コンピュータ登録作業 |
| ４月７日<br>（発症日前日） | 9:00〜22:00<br>（４時間残業） | ミーティング及びコンピュータ登録作業 |
| ４月８日<br>（発症当日） | 休　　日 | 午後４時30分頃、自宅台所にて倒れているところを帰宅した母親に発見された。 |

同僚が開拓した新規店であったため予備知識のないまま処理を行わざるを得ず、また、店の規模が大きかったためたびたび入力トラブルがあった。

新規店のコンピュータ登録作業は通常二週間程度で行うが、本件の場合は期間が一週間以内しかなかったうえに、通常業務を行いながらの作業であったため、発症前日まで連日三時間ないしは四時間の残業が続いていた。

発症前一週間より前の勤務状況については、所定時間のほかに一時間程度の時間外労働をほぼ毎日行っていた。年休等の取得はしていない。

(3)　健康状態等

被災者の健康状態については、定期健診において肝炎ウイルスと白血球減少が指摘されていた。嗜好については飲酒、喫煙はなく、食事については和食が中心で、和菓子を好物としていた。

(4)　専門医の意見

被災者の脳内出血は、脳動静脈奇形が存在し、それによる出血の可能性が高いと推定されるが、脳動静脈奇形が業務により自然経過を著しく超えて進展したとする医学的根拠は乏しい。

**【判断】**　被災者に発症した疾病は、発症状況、医証等から判断して脳内出血と認められる。

被災者の発症前の業務において、突発的または予測困難な異常な事態に遭遇した事実は認められない。

被災者の発症前一週間の業務は、予備知識のない新規店のコンピュータ登録作業を通常より短期間で行わなければならず、また、通常業務を行ったうえでの作業であったが、被災者は営業職として一三年の勤務経験があり、連日三時間程度の時間外労働で期限までに作業を終了させている。

専門医の意見では、脳動静脈奇形が業務により自然経過を著しく超えて進展したとする医学的根拠は乏しいとされている。

以上のことから、被災者の発症前の業務量、業務内容等を総合的に判断すると、被災者は発症前に発症の要因となり得る負傷の事実は認められず、また、業務による明らかな過重負荷を受けた事実も認められない。

よって、本件は業務外として取り扱うのが妥当である。

○お歳暮時期の長時間労働によって営業所長に発症した心臓性突然死（業務上）

【事実】　(1)　事案の概要

被災者は、宅配便事業を営むA運輸㈱において、約一三年間、営業所長として各営業所の管理・運営業務に携わってきたが、一月五日午前八時三〇分頃、自宅にて出勤の用意を行っていたところで倒れ、救急車にて病院に搬送されたが、午前一〇時三〇分頃死亡したものである。

(2)　業務内容

被災者の業務内容は、副営業所長と二人で、営業所の管理・運営業務全般を担当しているもので、具体的には、

①　配送業務等の進捗状況の確認
②　顧客からの問い合わせ・苦情に対する対応
③　内勤者の応援
④　配送中の交通事故の処理
⑤　売上金の管理

などである。

通常の勤務形態は、次のとおりである。

| | |
|---|---|
| 所定労働時間 | 八：〇〇～一七：〇〇（八時間） |
| 所定休憩時間 | 一二：〇〇～一三：〇〇（一時間） |
| 所　定　休　日 | 年間一一七日 |

(3)　発症前の勤務状況

①　発症前日から直前の勤務状況

発症は出勤前の自宅であることから、発症日には就労は行われていない。

発症前日は正月休み明けの初日であり、翌日出席予定の会議の準備を行っていたが、繁忙であったということはなかった。また、精神的・身体的負荷が認められるような異常な出来事もなかった。

②　発症前一週間の勤務状況

被災者の発症前一週間の勤務状況は、左表のとおりである。

| 月　　日 | 労働時間 | 時間外労働時間数 | 業務内容 |
|---|---|---|---|
| 12 月 29 日（発症日の７日前） | 7:50～21:01 | ４時間11分 | 通常の管理・運営業務及び年末・年始の準備を行う。 |
| 12 月 30 日（発症日の６日前） | 7:50～21:12 | ４時間22分 | 通常の管理・運営業務を行う。 |
| 12 月 31 日（発症日の５日前） | 7:50～20:46 | ３時間56分 | 通常の管理・運営業務及び年末・年始の準備を行う。 |
| １ 月 １ 日（発症日の４日前） | 7:50～20:27 | ３時間37分 | アルバイトの賃金締切日のため、コンピュータで集計作業等を行う。 |
| １ 月 ２ 日（発症日の３日前） | 休日 | | |
| １ 月 ３ 日（発症日の２日前） | 休日 | | |
| １ 月 ４ 日（発症日の前日） | 7:50～20:16 | ３時間26分 | 通常の管理・運営業務を行う。 |

③　発症前の長期間（六か月間）の勤務状況

被災者の発症前六か月間の勤務状況は、次のとおりである。

| 期　間 | 総労働時間数 | 時間外労働時間数 | 休日数 |
|---|---|---|---|
| 12/６～１/４ | 276時間13分 | 108時間13分 | 6 |
| 11/６～12/５ | 230時間44分 | 62時間44分 | 9 |
| 10/７～11/５ | 233時間05分 | 73時間05分 | 11 |
| ９/７～10/６ | 234時間55分 | 58時間55分 | 11 |
| ８/８～９/６ | 261時間31分 | 72時間18分 | 10 |
| ７/９～８/７ | 258時間51分 | 95時間33分 | 10 |

上記時間外労働時間数から、発症前一か月間の時間外労働時間数及び発症前二か月間ないし六か月間における一か月当たりの平均時間外労働時間数は、次のとおりである。

| 平均期間数 | 平均時間外労働時間数 |
|---|---|
| 発症前１か月間 | 108時間 |
| 発症前２か月間 | 85時間 |
| 発症前３か月間 | 81時間 |
| 発症前４か月間 | 75時間 |
| 発症前５か月間 | 75時間 |
| 発症前６か月間 | 78時間 |

営業所の営業時間が、午前八時から午後九時までの一三時間となっていたため、管理者として当該時間すべてを管理しようと、常態として時間外労働時間が長時間化していた。

また、発症前一か月間についてはお歳暮の時期であることから、取扱量の急増により、①アルバイトを多数雇用するための面接、それらの者への業務指導等の管理業務、②配送ミス等に係る苦情の処理等が増大した。

このようなことから、一日の労働時間が長時間化するほか、休日についても六日と他の月に比べて取得日数が減少していた状況にあった。

(4)　健康状態等

①　身長一七四・五cm、体重七九・四kgの体格であった。

②　発症前年の定期健康診断において、次のことが指摘されていた。

肥満度：肥満傾向であり、体重のコントロールをすること。

血　圧：年々高くなっているので、注意すること。

③　嗜好としては、一日二〇本程度の喫煙と一日缶ビール一本程度の飲酒があった。

(5)　専門医の意見

①　疾病名：心臓性突然死

②　被災者は健康診断において心疾患の指摘を受けた事実はないが、冠動脈狭窄が潜在的に進行しており、出勤時に急性心筋梗塞の発生、あるいは急性の心筋虚血に致死的不整脈を合併して死亡したものと考えられ、心臓性突然死と判断される。

③　死体検案書には心筋症の疑いありとの記載があるが、心筋肥大以外にこれを裏付ける所見はなく、その根拠に乏しい。仮に心筋症が合併していたとしても、虚血性心疾患を否定することにはならない。

④　また、労働時間の調査によれば、発症前一か月間は一〇八時間の時間外労働があり、発症前二か月間及び三か月間の月平均の時間外労働時間は八〇時間を超過していることから、発症前数か月間には著しい疲労の蓄積があったものと考えられる。

⑤　よって、本件の発症前の超過労働と心臓性突然死との

間には、相当の因果関係があるものと思料する。

【判断】

(1) 被災者に発症した疾病は、発症状況、医証等から判断して心臓性突然死と認められる。

心臓性突然死は、認定基準に示されている「心停止（心臓性突然死を含む。）」に該当するものである。

(2) 発症前一週間の勤務状況をみると、特に過重な業務に就労したとは認められないが、発症前一か月間の勤務状況をみると、一〇八時間の時間外労働が認められる。これは、認定基準に示された「発症前一か月間におおむね一〇〇時間を超える時間外労働」にあたるものであり、業務と発症との関連性は強いと評価できる。

また、発症前一か月間はお歳暮の時期であり、取扱量の増加に伴うアルバイト等の増加、苦情処理の増加等が認められ、これらを総合的に判断すると、特に過重な業務に就労したと評価できる。

(3) 専門医も、本件について、超過労働と心臓性突然死との間には相当な因果関係がある旨の意見であり、業務との因果関係を肯定している。

(4) 以上、被災者は、発症前数か月間にわたって長時間労働に従事しており、当該労働の過重な負荷により発症時において「疲労の蓄積」が生じていたと認められ、これが血管病変等を自然経過を超えて著しく増悪させ、本件疾病を発症させたものと判断されることから、本件については、業務上として取り扱うのが妥当である。

〈本節の参照文献〉


1　日本循環器学会ら（二〇一〇）：心臓突然死の予知と予防法のガイドライン（二〇一〇年改訂版）

2　日本循環器学会ら（二〇一三）：冠攣縮性狭心症の診断と治療に関するガイドライン（二〇一三年改訂版）

3　日本循環器学会ら（二〇一五）：虚血性心疾患一次予防ガイドライン（二〇一二年改訂版）

4　総務省統計局（二〇一六）：平成二八年社会生活基本調査

5　日本動脈硬化学会（二〇一七）：動脈硬化性疾患予防ガイドライン（二〇一七年改訂版）

6　日本循環器学会ら（二〇一八）急性・慢性心不全診療ガイドライン（二〇一七年改訂版）

7　日本循環器学会ら（二〇一九）：急性冠症候群ガイドライン（二〇一八年改訂版）

8　厚生労働省（二〇一九）：人口動態統計二〇一九

9　日本高血圧学会（二〇一九）：高血圧治療ガイドライン二〇一九

10　日本循環器学会ら（二〇一九）心筋症診療ガイドライン（二〇一八年改訂版）
11　日本循環器学会ら（二〇二〇）：二〇二〇年改訂版大動脈瘤・大動脈解離診療ガイドライン
12　厚生労働省（二〇二一）：脳・心臓疾患の労災認定の基準に関する専門検討会報告書
13　日本脳卒中学会（二〇二三）：脳卒中治療ガイドライン二〇二一（改訂二〇二三）

# 第九節　強い心理的負荷による精神障害（過労死等）

精神障害は、前節で解説した脳・心臓疾患と同様、労働の場における特定の危険有害因子に起因して生じる職業性疾病とは本質的に異なる。

昭和五〇年代までに精神障害が労災補償の対象となった例は、業務上の頭部外傷を受けたことによって生じた精神障害（労基則別表第一の二第一号に該当）、業務上の一酸化炭素中毒、マンガン中毒によって生じた精神障害（同第四号一に該当）等があった。

しかし、昭和五九年になって、業務の遂行の困難性からうつ病を発病した設計技術者が自殺未遂によって両下肢を切断した事例の疑義照会に対し、労働省労働基準局長が業務上と回答する行政通達を発出したことにより、業務による精神的負担が原因となって精神障害を発病した場合についても、業務起因性が認められる途が開かれた（昭五九・二・一四　基収第三三〇号）。

そのような中、長時間労働等により精神の変調を来し自殺した入社二年目の青年の両親が会社を相手取り訴訟を提起した過労自殺事件（いわゆる電通事件）の一審判決が、平成八年三月二八日、東京地裁で言い渡された。判決は、上司が労働時間軽減の措置をとらなかったことに過失を認めて一億二六〇〇万円の支払いを命じた（控訴審（東京高裁平成九年九月二六日判決）は、一審を支持しながらも、当人の性格要因と当人と親の配慮義務とを斟酌して過失相殺を適用し、賠償額を八九〇〇万円に減額。平成一二年三月二四日、最高裁は、過失相殺は採用せず、青年の死に対する企業の責任（注意義務違反）を全面的に認め、高裁に差し戻す。）。本件は労災請求事件ではなく民事損害賠償請求事件ではあったが、労働省（現・厚生労働省）は、今後同種の事案が労災請求された場合に備え、認定基準の策定が必要と判断した。

平成九年一二月、労働省は、精神障害等の労災認定に係る専門検討会（以下「一一年専門検討会」という。）を設置した。一一年専門検討会は、全体会議一六回、専門部会五回の検討を経て、平成一一年七月二九日、報告書（以下、本節で「一一年報告書」という。）を提出した。労働省労働基準局長は、この報告を踏まえ、「心理的負荷による精神障害等に係る業務上外の判断指針」（以下「判断指針」という。）を通達（平一一・九・一四　基発第五四四号）した。

その後、ハラスメントが社会問題化し、「セクシュアルハラスメントによる精神障害等の業務上外の認定について」（平一七・一二・一　基労補発第一二〇一〇〇一号）及び「上司の『いじめ』による精神障害等の業務上外の認定について」（平二〇・二・六　基労補発第〇二〇六〇〇一号）が厚生労働省労働基準局労災補償部長から通知され、また、判断指針で示されていた職場における心理的負荷評価表についても、平成二一年三月に専門検討会から提出された報告書を踏まえ、判断指針別表の改正（平二一・四・六　基発第〇四〇六〇〇一号）が行われた（以上の判断指針によって示された職場の心理的負荷評価表についての修正を含め「判断指針評価表」という。）。

平成二二年五月には、それまで労基則別表第一の二で「その他業務に起因することが明らかな疾病（旧第九号）」と整理されていた精神障害は、脳・心臓疾患と同様、労基則別表第一の二に掲げる列挙疾病として独立し、「人の生命にかかわる事故への遭遇その他心理的に過度の負担を与える事象を伴う業務による精神及び行動の障害又はこれに付随する疾病」（新第九号）として追加された。

このことも踏まえ、厚生労働省は判断指針を見直すため、平成二二年一〇月、精神障害の労災認定の基準に関する専門検討会（以下「二三年専門検討会」という。）での検討を開始した。その理由は次のとおりである。

①　判断指針が策定される直前の平成一〇年度の精神障害の労災請求件数は四二件であったものが、平成二一年度に

は一一八一件に達するとともに、今後も増加が見込まれること。

② このような状況の下で、精神障害の事案の審査には平均して約八・六か月（平成二二年度）の期間を要し、また、その審査に当たり多くの事務量が費やされていること。

③ 厚生労働省の自殺・うつ病等への対策（平成二二年五月プロジェクトチーム報告書）でも精神障害事案に対する労災手続の迅速化に言及されている等、労災請求に対する審査の迅速化が不可欠となっていること。

二三年専門検討会は平成二二年一〇月より平成二三年一〇月までの間一〇回の全体会議及びセクシュアルハラスメント事案に係る分科会を五回開催し、平成二三年一一月八日、報告書（以下、本節で「二三年報告書」という。）を提出した。

厚生労働省労働基準局長は、この報告を踏まえ、「心理的負荷による精神障害の認定基準について」を通達した（平二三・一二・二六　基発一二二六第一号。以下、本節で「平成二三年認定基準」という。）。

その後、労働施策の総合的な推進並びに労働者の雇用の安定及び職業生活の充実等に関する法律におけるパワーハラスメント防止対策が実施された際にも、専門家による検討が行われ、平成二三年認定基準別表一の「業務による心理的負荷評価表」（以下「平成二三年評価表」という。）に「パワーハラスメント」を出来事として追加するなどの改正が行われた（令二・五・二九　基発〇五二九第一号）。

また、令和二年九月から、労働者災害補償保険法の改正により、事業主が同一でない二以上の事業に同時に使用されている労働者（複数事業労働者）について、複数の事業の業務を要因として発症した傷病と認められる場合には複数業務要因災害として新たに保険給付がなされるとされたことを受けて、複数の事業の業務を要因として精神障害を発病した場合の取扱いに関しても、平成二三年認定基準に所要の改正が行われた（令二・八・二一　基発〇八二一第四号）。

さらに、平成二三年認定基準の発出以降、働き方の多様化が進み労働者を取り巻く職場環境が変貌するといった社会情勢の変化が生じ、また、精神障害の労災保険給付請求件数も年々増加するという状況がみられた。こうした社会情勢の変化と労働者の心身の健康に対する関心の高まりをかんがみ、精神障害の労災認定の基準に関する専門検討会（「令和五年専門検討会」という。）において、平成二三年認定基準について、最新の医学的知見を踏まえた多角的な検討が行われた。令和五年専門検討会は、令和三年一二月より令和五年六月までの間一四回の会議を開催し、令和五年七月四日、報告書（以下、本節で「令和五年報告書」という。）を提出した。厚生労働省労働基準局長は、この報告を踏まえ、新たな心理的負荷による精神障害の認定基準を通達した（令五・九・一　基発〇九〇一第二号。以下、本節で「令和五年認定基準」という。）。

また、前節の「過重な負荷による脳血管疾患若しくは心臓疾患（過労死等）」と同様に、本節で解説する「強い心理的負荷による精神障害（過労死等）」は、平成二六年に過労死等防止対策推進法（平成二六年法律第一〇〇号）が成立したことにより、「過労死等」である業務上の疾病として位置づけられている。

令和五年認定基準の具体的な解説をする前に、精神障害に関し、労災認定実務上必要と考えられる基礎的事項について以下に整理する。

## (一)　医学的事項

### 1　精神障害の成因

(1)　ストレス―脆弱性理論

精神障害の成因は単一のものではなく、疾患により程度の差はあっても、様々な要因（環境由来の要因と個体側の要因）が組み合わされて発病するものといえる。その成因について、判断指針及び平成二三年認定基準、令和五年認定基準は、精神障害の発病に至る原因の考え方として「ストレス－脆弱性理論」に依拠している。「ストレス－脆弱性理論」は、環境由来の心理的負荷（ストレス）と、個体側の反応性、脆弱性との関係で精神的破綻が生じるかどうかが決まり、心理的負荷が非常に強ければ、個体側の脆弱性が小さくても精神的破綻が起こるし、脆弱性が大きければ、心理的負荷が小さくても破綻が生ずるとする考え方である。この場合のストレス強度は、環境由来のストレスを、多くの人々が一般的にどう受け止めるかという客観的な評価に基づくものによる。

一一年報告書が依拠した精神障害の成因に関する考え方、すなわちストレス－脆弱性理論について、二三年報告書は、「平成一一年以後の精神医学上の知見を考慮しても最も有力な考え方といえ、また、裁判例においても是認されている。したがって、本検討会においても、精神障害の成因としては、『ストレス－脆弱性理論』に依拠することが適当と考える。」と結論付けた。

令和五年報告書も、「ストレス－脆弱性理論」について、「平成二三年以降の精神医学上の知見を考慮しても最も有力な考え方といえ、また、裁判例においても是認されているところである。したがって、本検討会においても、精神障害の発病に至る原因の考え方として『ストレス－脆弱性理論』によることが、現時点での医学的知見に照らして妥当と判断する。」としているものである。

⑵　精神障害の成因の理解の経緯

ア　一一年報告書の要旨

一一年報告書によって示された精神障害の成因に関する考え方は以下のとおりである。

精神障害の成因については、精神医学上、これまで様々な議論がなされてきた。今日では、多くの精神障害の発病には単一の病因ではなく、素因、身体因、心因の複数の病因が、程度の差こそあれ、それぞれが複雑に関与すると考えられているが、そこに至るまでの経過においては様々な議論がなされてきた。

すなわち、二〇世紀前半の精神医学にあっては、精神障害の成因の区別として、まず外因、心因に分け、それに沿った形で器質性精神障害、心因性精神障害に分類した。そして、なお原因のよく分からない精神障害を（素因、特に遺伝因が強いだろうという推定のもとに）内因性精神障害と呼んだ。器質性精神障害は事故や中毒によって脳の器質が傷害されて起こるもの、心因性精神障害は強いストレスに対する明らかな反応と認められるもので、原因と結果が説明できるものである。一方、内因性精神障害は、統合失調症や躁うつ病等多くが原因のよく分からない精神障害とされた。そして、実際には精神障害の多くが内因性精神障害に区分された。

しかし、二〇世紀後半に入り、脳科学の進歩、精神障害の心理社会的研究の発展、時代の変遷による精神障害そのものの多様化、変貌もあり、従来のような外因、心因、内因の三分類では精神障害を分類できなくなった。例えば、従来、統合失調症の発病はある時自然に発病するものと理解されてきたが、最近の研究では強いストレスを受けた後に発病する症例も少なからず認められ、統合失調症の発病に心因を無視するわけにはいかなくなってきている。そして、このような研究成果のなかから「ストレス―脆弱性」理論が提唱されるようになった。

「ストレス―脆弱性」理論とは、前記(1)のとおり、環境由来のストレスと個体側の反応性、脆弱性との関係で精神的破綻が生じるかどうかが決まるという考え方である。すなわち、ストレスが非常に強ければ個体側の脆弱性が小さくても精神障害が起こるし、脆弱性が大きければ、ストレスが小さくても破綻が生ずる。

「ストレス―脆弱性」理論は統合失調症の研究において発展したものではあるが、今日、精神医学、心理学で広く受け入れられており、疾患により程度の差はあっても、あらゆる精神障害において普遍的に採用できる理論である。

イ　「ストレス－脆弱性」モデル

ストレスと個体側要因の関係をモデル図で示すと、**図１**のようになる。

このモデルでａ、ｂ、ｃ、ｄ、ｅはそれぞれ発病ラインである。

ａ、ｂは主としてストレスがその発病に関与するもの、ｄ、ｅは主として個体側要因（反応性・脆弱性）が関与して発病する。しかし、ｂのようにストレスの強い例でも個体側要因が多少とも関与する場合、ｄのように個体側要因の強い例でもストレスが多少とも関与する場合もある。実際にはａ、ｅのケースは稀で、ｂ、ｃ、ｄに位置する精神障害が圧倒的に多いといわれている。

**図１　「ストレス―脆弱性」モデル**

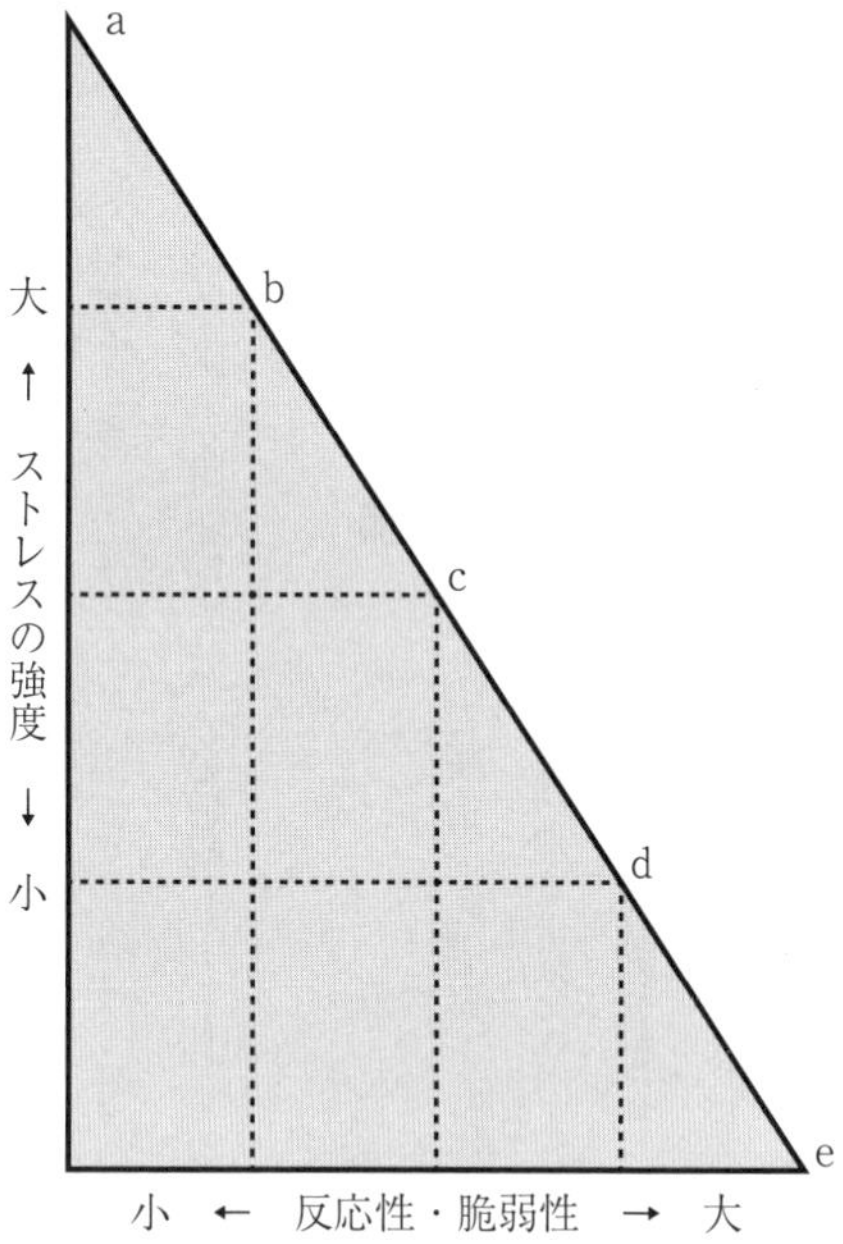


なお、この場合のストレス強度は、環境由来のストレスを多くの人々が一般的にどう受け止めるかという客観的な評価に基づくものによって理解される。

なぜならば、あるストレスをどう受け止めるかは個々人によって異なるが、ある人が一般的にはそれほど強くはないストレスをより過大に受け止めて精神障害を発病した場合に、その人にとって当該ストレスは強かったと評価することになると、ストレスを原因とするすべての精神障害は**図１**のａの状態で発病したことになり、逆にｂからｅまでの精神障害は存在しないこととなり適切ではないからである。

「ストレス－脆弱性」理論はストレスを主観的に理解するのではなく、客観的に理解し、その客観的なストレスと個体側の反応性、脆弱性の関係を理解しようとするものである。

## ２　ストレス強度の客観的評価

⑴　職場における心理的負荷評価表（判断指針評価表）の作成

「ストレス－脆弱性」理論によって、精神障害の成因をストレスの強度と個体側の反応性、脆弱性の関係で理解するとした場合、ストレスの強度の客観化が必要となる。

ストレスの分類としては生物学的・物理化学的ストレス（細菌、カビ、ウイルス、花粉、寒冷、暑熱、湿度、騒音、刺激性ガスなど生物・物理・化学的に認識できるもの）と心理社会的ストレス（様々な要求や期待に対処できない場合、対処について支援がないと認知した場合等に心理面に生じるストレス）に大別されるが、精神障害の発病原因を考える場合には、後者の心理社会的ストレスが重要である。

精神障害発病に関係するストレスとはいかなるものかを解明するため、そしてその予防に資するため、これまで心理社会的ストレスの客観的評価について様々な研究が行われてきた。

一一年専門検討会は、この心理社会的ストレスの客観的評価について労災認定実務に採用すべく、その体系化について検討した。業務による心理的負荷により精神障害が発病したと認定するためには、業務による心理的負荷が相対的に有力な原因となって発病したとの合理的説明が必要であるからである。

一一年専門検討会は、それまでに報告された夏目ら、山崎ら、土屋ら、加藤ら、Holmesら、Williams、Cooper、

## 職場における心理的負荷評価表【判断指針評価表（当初)】

（別表１）

| 出来事の類型 | (1)平均的な心理的負荷の強度<br>具体的出来事 | 心理的負荷の強度 Ⅰ | Ⅱ | Ⅲ | (2)心理的負荷の強度を修正する視点<br>修正する際の着眼事項 |
|---|---|---|---|---|---|
| ①事故や災害の体験 | 大きな病気やケガをした | | | ☆ | 被災の程度、後遺障害の有無・程度、社会復帰の困難性等 |
| | 悲惨な事故や災害の体験（目撃）をした | | ☆ | | 事故や被害の大きさ、恐怖感、異常性の程度等 |
| ②仕事の失敗、過重な責任の発生等 | 交通事故（重大な人身事故、重大事故）を起こした | | | ☆ | 事故の大きさ、加害の程度、処罰の有無等 |
| | 労働災害（重大な人身事故、重大事故）の発生に直接関与した | | | ☆ | 事故の大きさ、加害の程度、処罰の有無等 |
| | 会社にとっての重大な仕事上のミスをした | | | ☆ | 失敗の大きさ・重大性、損害等の程度、ペナルティの有無等 |
| | 会社で起きた事故（事件）について、責任を問われた | | ☆ | | 事故の内容、関与・責任の程度、社会的反響の大きさ、ペナルティの有無等 |
| | ノルマが達成できなかった | | ☆ | | ノルマの内容、困難性・強制性・達成率の程度、ペナルティの有無、納期の変更可能性等 |
| | 新規事業の担当になった、会社の建て直しの担当になった | | ☆ | | プロジェクト内での立場、困難性の程度、能力と仕事内容のギャップの程度等 |
| | 顧客とのトラブルがあった | ☆ | | | 顧客の位置付け、会社に与えた損害の内容、程度等 |
| ③仕事の量・質の変化 | 仕事内容・仕事量の大きな変化があった | | ☆ | | 業務の困難度、能力・経験と仕事内容のギャップの程度等 |
| | 勤務・拘束時間が長時間化した | | ☆ | | 変化の程度等 |
| | 勤務形態に変化があった | ☆ | | | 交替制勤務、深夜勤務等変化の程度等 |
| | 仕事のペース、活動の変化があった | ☆ | | | 変化の程度、強制性等 |
| | 職場のOA化が進んだ | ☆ | | | 研修の有無、強制性等 |
| ④身分の変化等 | 退職を強要された | | | ☆ | 解雇又は退職強要の経過等、強要の程度、代償措置の内容等 |
| | 出向した | | ☆ | | 在籍・転籍の別、出向の理由・経過、不利益の程度等 |
| | 左遷された | | ☆ | | 左遷の理由、身分・職種・職制の変化の程度等 |
| | 仕事上の差別、不利益取扱いを受けた | | ☆ | | 差別、不利益の程度等 |

| (3)出来事に伴う変化等を検討する視点 |
|---|
| 出来事に伴う問題、変化への対処等 |
| ○仕事の量（労働時間等）の変化<br>・所定外労働、休日労働の増加の程度<br>・仕事密度の増加の程度<br>○仕事の質・責任の変化<br>・仕事の内容・責任の変化の程度、経験、適応能力との関係等<br>○仕事の裁量性の欠如<br>・他律的な労働、強制性等<br>○職場の物的・人的環境の変化<br>・騒音、暑熱、多湿、寒冷等の変化の程度<br>・職場の人間関係の変化<br>○会社の講じた支援の具体的内容・実施時期等<br>・訴えに対する対処、配慮の状況等<br>○その他(1)の出来事に派生する変化 |

| 総合評価 | | |
|---|---|---|
| 弱 | 中 | 強 |
| | | |

## 職場における心理的負荷評価表【判断指針評価表（当初)】　（別表１）

| | | | | | |
|---|---|---|---|---|---|
| ⑤役割・地位等の変化 | 転勤をした | | ☆ | | 職種、職務の変化の程度、転居の有無、単身赴任の有無等 |
| | 配置転換があった | | ☆ | | 職種、職務の変化の程度、合理性の有無等 |
| | 自分の昇格・昇進があった | ☆ | | | 職務・責任の変化の程度等 |
| | 部下が減った | ☆ | | | 業務の変化の程度等 |
| | 部下が増えた | ☆ | | | 教育・指導・管理の負担の程度等 |
| ⑥対人関係のトラブル | セクシュアルハラスメントを受けた | | ☆ | | セクシュアルハラスメントの内容、程度等 |
| | 上司とのトラブルがあった | | ☆ | | トラブルの程度、いじめの内容、程度等 |
| | 同僚とのトラブルがあった | ☆ | | | トラブルの程度、いじめの内容、程度等 |
| | 部下とのトラブルがあった | ☆ | | | トラブルの程度、いじめの内容、程度等 |
| ⑦対人関係の変化 | 理解してくれていた人の異動があった | ☆ | | | |
| | 上司が変わった | ☆ | | | |
| | 昇進で先を越された | ☆ | | | |
| | 同僚の昇進・昇格があった | ☆ | | | |

（注）・⑴の具体的出来事の平均的な心理的負荷の強度は☆で表現しているが、この強度は平均値である。また、心理的負荷の強度Ⅰは日常的に経験する心理的負荷で一般的に問題とならない程度の心理的負荷、心理的負荷の強度Ⅲは人生の中でまれに経験することもある強い心理的負荷、心理的負荷の強度Ⅱはその中間に位置する心理的負荷である。

・⑵の「心理的負荷の強度を修正する視点」は、出来事の具体的態様、生じた経緯等を把握した上で、「修正する際の着眼事項」に従って平均的な心理的負荷の強度をより強くあるいはより弱く評価するための視点である。

・⑶「出来事に伴う変化等を検討する視点」は、出来事に伴う変化等がその後どの程度持続、拡大あるいは改善したのかについて具体的に検討する視点である。各項目は⑴の具体的出来事ごとに各々評価される。

・「総合評価」は、⑵及び⑶の検討を踏まえた心理的負荷の総体が客観的にみて精神障害を発病させるおそれのある程度の心理的負荷であるか否かについて評価される。

中央労働災害防止協会中高年齢労働者ヘルスケア検討委員会ストレス小委員会報告等におけるストレス強度の客観的評価に係る研究（本節末尾の参照文献4～11）を基に、独自に職場におけるストレス評価表及び職場以外のストレス評価表（一一年報告書別表1及び別表2）を作成し、これらの内容が判断指針に反映された（【判断指針評価表（当初）】）。

この判断指針評価表に基づき、業務による心理的負荷の強度が、「客観的に精神障害を発病させるおそれのある程度の心理的負荷」と認められるか、すなわち、判断指針評価表の総合評価が「強」と認められる程度の心理的負荷であるかを評価することとなった。

判断指針策定以降、労働環境の急激な変化等により、業務の集中化による心理的負荷、職場でのひどいいじめによる心理的負荷など、新たな心理的負荷が生ずる出来事が認識され、判断指針評価表（当初）における具体的出来事への当てはめが困難な事案が少なからず見受けられる状況になったことから、「職場における心理的負荷評価表の見直し等に関する検討会」を設け、判断指針評価表（当初）に係る具体的出来事の追加又は修正等を検討課題とし、主として、ストレス評価に関する委託研究結果を基に精神医学的見地からの検討が行われた。

その検討結果を踏まえ、平成一一年四月に判断指針評価表（当初）等について一部改正が行われた（次ページ表参照）。

(2)　判断指針評価表見直し（平成二三年評価表の作成）

1)　判断指針評価表見直しのための委託研究

厚生労働省は、判断指針によって示された職場における心理的負荷評価表の策定から約一〇年が経過し、社会情勢や職場環境が大きく変化していることから、労災認定の基準に関して検討を行うため、改めて現在の職場における労働者のストレスを評価する必要があるとして、平成二二年度に日本産業精神保健学会に対し「ストレス

## 職場における心理的負荷評価表【判断指針】

（別表１）

| 出来事の類型 | (1)平均的な心理的負荷の強度<br>具体的出来事 | 心理的負荷の強度 Ⅰ | Ⅱ | Ⅲ | (2)心理的負荷の強度を修正する視点<br>修正する際の着眼事項 |
|---|---|---|---|---|---|
| ①事故や災害の体験 | 重度の病気やケガをした | | | ☆ | 被災の程度、後遺障害の有無・程度、社会復帰の困難性等 |
| | 悲惨な事故や災害の体験（目撃）をした | | ☆ | | 事故や被害の大きさ、恐怖感、異常性の程度等 |
| ②仕事の失敗、過重な責任の発生等 | 交通事故（重大な人身事故、重大事故）を起こした | | | ☆ | 事故の大きさ、加害の程度、処罰の有無等 |
| | 労働災害（重大な人身事故、重大事故）の発生に直接関与した | | | ☆ | 事故の大きさ、加害の程度、処罰の有無等 |
| | 会社の経営に影響するなどの重大な仕事上のミスをした | | | ☆ | 失敗の大きさ・重大性、損害等の程度、ペナルティの有無等 |
| | 会社で起きた事故（事件）について、責任を問われた | | ☆ | | 事故の内容、関与・責任の程度、社会的反響の大きさ、ペナルティの有無等 |
| | 違法行為を強要された | | ☆ | | 行為の内容、強要に対する諾否の自由の有無、強要の程度、社会的影響の大きさ、ペナルティの有無等 |
| | 自分の関係する仕事で多額の損失を出した | | ☆ | | 損失の内容・程度、関与・責任の程度、ペナルティの有無等 |
| | 達成困難なノルマが課された | | ☆ | | ノルマの困難性、強制の程度、ペナルティの有無、達成できなかった場合の影響等 |
| | ノルマが達成できなかった | | ☆ | | ノルマの内容、困難性・強制性・達成率の程度、ペナルティの有無、納期の変更可能性等 |
| | 新規事業の担当になった、会社の建て直しの担当になった | | ☆ | | プロジェクト内での立場、困難性の程度、能力と仕事内容のギャップの程度等 |
| | 顧客や取引先から無理な注文を受けた | | ☆ | | 顧客・取引先の位置付け、要求の内容等 |
| | 顧客や取引先からクレームを受けた | | ☆ | | 顧客・取引先の位置付け、会社に与えた損害の内容・程度等 |
| | 研修、会議等の参加を強要された | ☆ | | | 研修・会議等の内容、業務内容と研修・会議等の内容とのギャップ、強要に対する諾否の自由の有無、強要の程度、ペナルティの有無等 |
| | 大きな説明会や公式の場での発表を強いられた | ☆ | | | 説明会等の規模、業務内容と発表内容のギャップ、強要・責任の程度等 |
| | 上司が不在になることにより、その代行を任された | ☆ | | | 内容、責任の程度・代行の期間、本来業務との関係等 |
| ③仕事の量・質の変化 | 仕事内容・仕事量の大きな変化を生じさせる出来事があった | | ☆ | | 業務の困難度、能力・経験と仕事内容のギャップ、責任の変化の程度等 |
| | 勤務・拘束時間が長時間化する出来事が生じた | | ☆ | | 勤務・拘束時間の変化の程度、困難度等 |
| | 勤務形態に変化があった | ☆ | | | 交替制勤務、深夜勤務等変化の程度等 |
| | 仕事のペース、活動の変化があった | ☆ | | | 変化の程度、強制性等 |
| | 職場のＯＡ化が進んだ | ☆ | | | 研修の有無、強制性等 |

| (3)(1)の出来事後の状況が持続する程度を検討する視点（「総合評価」を行う際の視点）<br>出来事に伴う問題、変化への対処等 | 持続する状況を検討する際の着眼事項例 |
|---|---|
| ○仕事の量（労働時間等）の変化後の持続する状況<br>・所定外労働、休日労働の増加の程度<br>・仕事密度の増加の程度 | ①恒常的な長時間労働が出来事以後にみられた<br>②多忙な状況となり、所定労働時間内に仕事が処理できず、時間外労働が増えた<br>③休日出勤が増えた<br>④勤務時間中はいつも仕事に追われる状況となった<br>⑤その他（仕事の量（労働時間等）の変化に関すること） |
| ○仕事の質・責任の変化後の持続する状況<br>・仕事の内容・責任の変化の程度、経験、適応能力との関係等 | ①ミスが許されないような、かなり注意を集中する業務となった<br>②それまでの経験が生かされず、新たな知識、技術が求められることとなった<br>③深夜勤務を含む不規則な交替制勤務となった<br>④24時間連絡が取れるなど、すぐ仕事に就ける状態を求められるようになった<br>⑤以前より高度の知識や技術が求められるようになった<br>⑥その他（仕事の質・責任の変化後の持続する状況に関すること） |
| ○仕事の裁量性の欠如<br>・他律的な労働、強制性等 | ①仕事が孤独で単調となった<br>②自分で仕事の順番・やり方を決めることができなくなった<br>③自分の技能や知識を仕事で使うことが要求されなくなった<br>④その他（仕事の裁量性の欠如に関すること） |
| ○職場の物的・人的環境の変化後の持続する状況<br>・騒音、暑熱、多湿、寒冷等の変化の程度<br>・対人関係・人間関係の悪化 | ①対人関係のトラブルが持続している<br>②職場内で孤立した状況になった<br>③職場での役割・居場所がない状況になった<br>④職場の雰囲気が悪くなった<br>⑤職場の作業環境（騒音、照明、温度、湿度、換気、臭気など）が悪くなった<br>⑥その他（職場の物的・人的環境の変化に関すること） |
| ○職場の支援・協力等の欠如の状況<br>・訴えに対する対処、配慮の欠如の状況等<br>・上記の視点に関わる調査結果を踏まえ、客観的にみて問題への対処が適切になされていたか等 | ①仕事のやり方の見直し改善、応援体制の確立、責任の分散等、支援・協力がなされていない等<br>②職場内のトラブルに対する対処がなされていない等<br>③その他（職場の支援・協力等の欠如の状況に関すること） |

## 職場における心理的負荷評価表【判断指針】

（別表1）

| | | | | | |
|---|---|---|---|---|---|
| ④身分の変化等 | 退職を強要された | | | ☆ | 解雇又は退職強要の経過等、強要の程度、代償措置の内容等 |
| | 出向した | | ☆ | | 在籍・転籍の別、出向の理由・経過、不利益の程度等 |
| | 左遷された | | ☆ | | 左遷の理由、身分・職種・職制の変化の程度等 |
| | 非正規社員であるとの理由等により、仕事上の差別、不利益取扱いを受けた | | ☆ | | 差別、不利益の内容・程度等 |
| | 早期退職制度の対象となった | ☆ | | | 対象者選定の合理性、代償措置の内容等 |
| ⑤役割・地位等の変化 | 転勤をした | | ☆ | | 職種、職務の変化の程度、転居の有無、単身赴任の有無、海外の治安の状況等 |
| | 複数名で担当していた業務を1人で担当するようになった | | ☆ | | 業務の変化の内容・程度等 |
| | 配置転換があった | | ☆ | | 職種、職務の変化の程度、合理性の有無等 |
| | 自分の昇格・昇進があった | ☆ | | | 職務・責任の変化の程度等 |
| | 部下が減った | ☆ | | | 職場における役割・位置付けの変化、業務の変化の内容・程度等 |
| | 部下が増えた | ☆ | | | 教育・指導・管理の負担の内容・程度等 |
| | 同一事業場内での所属部署が統廃合された | ☆ | | | 業務の変化の内容・程度等 |
| | 担当ではない業務として非正規社員のマネージメント、教育を行った | ☆ | | | 教育・指導・管理の負担の内容・程度等 |
| ⑥対人関係のトラブル | ひどい嫌がらせ、いじめ、又は暴行を受けた | | | ☆ | 嫌がらせ、いじめ、暴行の内容、程度等 |
| | セクシュアルハラスメントを受けた | | ☆ | | セクシュアルハラスメントの内容、程度等 |
| | 上司とのトラブルがあった | | ☆ | | トラブルの内容、程度等 |
| | 部下とのトラブルがあった | | ☆ | | トラブルの内容、程度等 |
| | 同僚とのトラブルがあった | ☆ | | | トラブルの内容、程度、同僚との職務上の関係等 |
| ⑦対人関係の変化 | 理解してくれていた人の異動があった | ☆ | | | |
| | 上司が替わった | ☆ | | | |
| | 昇進で先を越された | ☆ | | | |
| | 同僚の昇進・昇格があった | ☆ | | | |

| | |
|---|---|
| ○その他 | |
| (1)の出来事に派生する状況が持続する程度 | |

| 総合評価 | | |
|---|---|---|
| 弱 | 中 | 強 |
| | | |

（注）・(1)の具体的出来事の平均的な心理的負荷の強度は☆で表現しているが、この強度は平均値である。また、心理的負荷の強度Ⅰは日常的に経験する心理的負荷で一般的に問題とならない程度の心理的負荷、心理的負荷の強度Ⅲは人生の中でまれに経験することもある強い心理的負荷、心理的負荷の強度Ⅱはその中間に位置する心理的負荷である。

・(2)の「心理的負荷の強度を修正する視点」は、出来事の具体的態様、生じた経緯等を把握した上で、「修正する際の着眼事項」に従って平均的な心理的負荷の強度をより強くあるいはより弱く評価するための視点である。

・(3)「(1)の出来事後の状況が持続する程度を検討する視点」は、出来事後の状況がどの程度持続、拡大あるいは改善したのかについて、「持続する状況を検討する際の着眼事項例」を評価に当たっての着眼点として具体的に検討する視点である。各項目は(1)の具体的出来事ごとに各々評価される。

・「総合評価」は、(2)及び(3)の検討を踏まえた心理的負荷の総体が客観的にみて精神障害を発病させるおそれのある程度の心理的負荷であるか否かについて評価される。

評価に関する調査研究」（以下「平成二二年度ストレス調査」という。）を委託した。

厚生労働省は委託に当たって、次の条件を付した。

① 職場において発生する様々な出来事のストレス強度が一般的にどの程度のものであるか、ライフイベント法を用い、科学的に解析・評価するとともに、精神科医、産業医、臨床心理士、公衆衛生学等の専門家による検討を加えること。

② 以下の項目について調査を行い、ストレス強度の平均点ランキングを解析すること。

・ 判断指針評価表（平成二一年三月の改正後）に掲げる四三項目

・ 判断指針評価表に掲げられていないが、最近の研究報告等から、職場において、多数の人がストレスを感じる出来事を一〇項目程度

③ 労働者からの有効回答数は五〇〇〇以上とし、調査表には「性別」、「年代別」、「業種別」、「職種別」、「雇用形態別」、「職位別」、「従業員数別」の項目を盛り込んだうえで、解析すること。

平成二三年三月、日本産業精神保健学会は平成二二年度ストレス調査に関する報告書を提出した。

2) 平成二三年評価表の作成

二三年専門検討会は、前記1)のストレス調査は、規模が大きく対象業種等も広汎であるだけでなく、職場における心理的負荷評価表に掲げられた具体的出来事の心理的負荷の大きさを網羅的に調査した唯一の研究であり、かつ、ストレス研究の専門家等によって選定された職場で実際に見られる新たなストレッサーについても調査した優れた研究であると評価し、その結果に基づき、判断指針評価表（別表１）に示す出来事の平均的な心理的負荷の強度を見直した。

別表１

## 業務による心理的負荷評価表【平成23年評価表】

特別な出来事

| 特別な出来事の類型 | 心理的負荷の総合評価を「強」とするもの | |
|---|---|---|
| 心理的負荷が極度のもの | ・生死にかかわる、極度の苦痛を伴う、又は永久労働不能となる後遺障害を残す業務上の病気やケガをした<br>（業務上の傷病により６か月を超えて療養中に症状が急変し極度の苦痛を伴った場合を含む） | …項目１関連 |
| | ・業務に関連し、他人を死亡させ、又は生死にかかわる重大なケガを負わせた（故意によるものを除く） | …項目３関連 |
| | ・強姦や、本人の意思を抑圧して行われたわいせつ行為などのセクシュアルハラスメントを受けた | …項目37関連 |
| | ・その他、上記に準ずる程度の心理的負荷が極度と認められるもの | |
| 極度の長時間労働 | ・発病直前の１か月におおむね160時間を超えるような、又はこれに満たない期間にこれと同程度の（例えば３週間におおむね120時間以上の）時間外労働を行った（休憩時間は少ないが手待ち時間が多い場合等、労働密度が特に低い場合を除く） | …項目16関連 |

※「特別な出来事」に該当しない場合には、それぞれの関連項目により評価する。

特別な出来事以外

（総合評価における共通事項）

１　出来事後の状況の評価に共通の視点

出来事後の状況として、表に示す「心理的負荷の総合評価の視点」のほか、以下に該当する状況のうち、著しいものは総合評価を強める要素として考慮する。

①　仕事の裁量性の欠如（他律性、強制性の存在）。具体的には、仕事が孤独で単調となった、自分で仕事の順番・やり方を決めることができなくなった、自分の技能や知識を仕事で使うことが要求されなくなった等。

②　職場環境の悪化。具体的には、騒音、照明、温度（暑熱・寒冷）、湿度（多湿）、換気、臭気の悪化等。

③　職場の支援・協力等（問題への対処等を含む）の欠如。具体的には、仕事のやり方の見直し改善、応援体制の確立、責任の分散等、支援・協力がなされていない等。

④　上記以外の状況であって、出来事に伴って発生したと認められるもの（他の出来事と評価できるものを除く。）

２　恒常的長時間労働が認められる場合の総合評価

①　具体的出来事の心理的負荷の強度が労働時間を加味せずに「中」程度と評価される場合であって、出来事の後に恒常的な長時間労働（月100時間程度となる時間外労働）が認められる場合には、総合評価は「強」とする。

②　具体的出来事の心理的負荷の強度が労働時間を加味せずに「中」程度と評価される場合であって、出来事の前に恒常的な長時間労働（月100時間程度となる時間外労働）が認められ、出来事後すぐに（出来事後おおむね10日以内に）発病に至っている場合、又は、出来事後すぐに発病には至っていないが事後対応に多大な労力を費しその後発病した場合、総合評価は「強」とする。

③　具体的出来事の心理的負荷の強度が、労働時間を加味せずに「弱」程度と評価される場合であって、出来事の前及び後にそれぞれ恒常的な長時間労働（月100時間程度となる時間外労働）が認められる場合には、総合評価は「強」とする。

## 業務による心理的負荷評価表【平成23年評価表】

（具体的出来事）

| | 出来事の類型 | 平均的な心理的負荷の強度 具体的出来事 | 心理的負荷の強度 Ⅰ | Ⅱ | Ⅲ | 心理的負荷の総合評価の視点 | 心理的負荷の強度を「弱」「中」「強」と判断する具体例 弱 | 中 | 強 |
|---|---|---|---|---|---|---|---|---|---|
| 1 | ①事故や災害の体験 | （重度の）病気やケガをした | | | ☆ | ・病気やケガの程度<br>・後遺障害の程度、社会復帰の困難性等 | 【解説】<br>右の程度に至らない病気やケガについて、その程度等から「弱」又は「中」と評価 | | ○重度の病気やケガをした。<br>【「強」である例】<br>・長期間（おおむね２か月以上）の入院を要する、又は労災の障害年金に該当する若しくは原職への復帰ができなくなる後遺障害を残すような業務上の病気やケガをした<br>・業務上の傷病により６か月を超えて療養中の者について、当該傷病により社会復帰が困難な状況にあった、死の恐怖や強い苦痛が生じた |
| 2 | | 悲惨な事故や災害の体験、目撃をした | | ☆ | | ・本人が体験した場合、予感させる被害の程度<br>・他人の事故を目撃した場合、被害の程度や被害者との関係等 | 【「弱」になる例】<br>・業務に関連し、本人の負傷は軽症・無傷で、悲惨とまではいえない事故等の体験、目撃をした | ○悲惨な事故や災害の体験、目撃をした<br>【「中」である例】<br>・業務に関連し、本人の負傷は軽症・無傷で、右の程度に至らない悲惨な事故等の体験、目撃をした | 【「強」になる例】<br>・業務に関連し、本人の負傷は軽度・無傷であったが、自らの死を予感させる程度の事故等を体験した<br>・業務に関連し、被災者が死亡する事故、多量の出血を伴うような事故等特に悲惨な事故であって、本人が巻き込まれる可能性がある状況や、本人が被災者を救助することができたかもしれない状況を伴う事故を目撃した（傍観者的な立場での目撃は、「強」になることはまれ） |
| 3 | ②仕事の失敗、過重な責任の発生等 | 業務に関連し、重大な人身事故、重大事故を起こした | | | ☆ | ・事故の大きさ、内容及び加害の程度<br>・ペナルティ・責任追及の有無及び程度、事後対応の困難性等 | 【解説】<br>負わせたケガの程度、事後対応の内容等から「弱」又は「中」と評価 | | ○業務に関連し、重大な人身事故、重大事故を起こした<br>【「強」である例】<br>・業務に関連し、他人に重度の病気やケガ（長期間（おおむね２か月以上）の入院を要する、又は労災の障害年金に該当する若しくは原職への復帰ができなくなる後遺障害を残すような病気やケガ）を負わせ、事後対応にも当たった<br>・他人に負わせたケガの程度は重度ではないが、事後対応に多大な労力を費した（減給、降格等の重いペナルティを課された、職場の人間関係が著しく悪化した等を含む） |
| 4 | | 会社の経営に影響するなどの重大な仕事上のミスをした | | | ☆ | ・失敗の大きさ・重大性、社会的反響の大きさ、損害等の程度<br>・ペナルティ・責任追及の有無及び程度、事後対応の困難性等 | 【解説】<br>ミスの程度、事後対応の内容等から「弱」又は「中」と評価 | | ○会社の経営に影響するなどの重大な仕事上のミスをし、事後対応にも当たった<br>【「強」である例】<br>・会社の経営に影響するなどの重大な仕事上のミス（倒産を招きかねないミス、大幅な業績悪化に繋がるミス、会社の信用を著しく傷つけるミス等）をし、事後対応にも当たった<br>・「会社の経営に影響するなどの重大な仕事上のミス」とまでは言えないが、その事後対応に多大な労力を費した（懲戒処分、降格、月給額を超える賠償責任の追及等重いペナルティを課された、職場の人間関係が著しく悪化した等を含む） |

## 業務による心理的負荷評価表【平成23年評価表】

| | 出来事の類型 | 平均的な心理的負荷の強度 具体的出来事 | 心理的負荷の強度 Ⅰ | Ⅱ | Ⅲ | 心理的負荷の総合評価の視点 | 心理的負荷の強度を「弱」「中」「強」と判断する具体例 弱 | 中 | 強 |
|---|---|---|---|---|---|---|---|---|---|
| 5 | | 会社で起きた事故、事件について、責任を問われた | | ☆ | | ・事故、事件の内容、関与・責任の程度、社会的反響の大きさ等<br>・ペナルティの有無及び程度、責任追及の程度、事後対応の困難性等<br>（注）この項目は、部下が起こした事故等、本人が直接引き起こしたものではない事故、事件について、監督責任等を問われた場合の心理的負荷を評価する。本人が直接引き起こした事故等については、項目４で評価する。 | 【「弱」になる例】<br>・軽微な事故、事件（損害等の生じない事態、その後の業務で容易に損害等を回復できる事態、社内でたびたび生じる事態等）の責任（監督責任等）を一応問われたが、特段の事後対応はなかった | **○会社で起きた事故、事件について、責任を問われた**<br>【「中」である例】<br>・立場や職責に応じて事故、事件の責任（監督責任等）を問われ、何らかの事後対応を行った | 【「強」になる例】<br>・重大な事故、事件（倒産を招きかねない事態や大幅な業績悪化に繋がる事態、会社の信用を著しく傷つける事態、他人を死亡させ、又は生死に関わるケガを負わせる事態等）の責任（監督責任等）を問われ、事後対応に多大な労力を費した<br>・重大とまではいえない事故、事件ではあるが、その責任（監督責任等）を問われ、立場や職責を大きく上回る事後対応を行った（減給、降格等の重いペナルティが課された等を含む） |
| 6 | | 自分の関係する仕事で多額の損失等が生じた | | ☆ | | ・損失等の程度、社会的反響の大きさ等<br>・事後対応の困難性等<br>（注）この項目は、取引先の倒産など、多額の損失等が生じた原因に本人が関与していないものの、それに伴う対応等による心理的負荷を評価する。本人のミスによる多額の損失等については、項目４で評価する。 | 【「弱」になる例】<br>・多額とはいえない損失（その後の業務で容易に回復できる損失、社内でたびたび生じる損失等）等が生じ、何らかの事後対応を行った | **○自分の関係する仕事で多額の損失等が生じた**<br>【「中」である例】<br>・多額の損失等が生じ、何らかの事後対応を行った | 【「強」になる例】<br>・会社の経営に影響するなどの特に多額の損失（倒産を招きかねない損失、大幅な業績悪化に繋がる損失等）が生じ、倒産を回避するための金融機関や取引先への対応等の事後対応に多大な労力を費した |
| 7 | ②<br>仕事の失敗、過重な責任の発生等 | 業務に関連し、違法行為を強要された | | ☆ | | ・違法性の程度、強要の程度（頻度、方法）等<br>・事後のペナルティの程度、事後対応の困難性等 | 【「弱」になる例】<br>・業務に関連し、商慣習としてはまれに行われるような違法行為を求められたが、拒むことにより終了した | **○業務に関連し、違法行為を強要された**<br>【「中」である例】<br>・業務に関連し、商慣習としてはまれに行われるような違法行為を命じられ、これに従った | 【「強」になる例】<br>・業務に関連し、重大な違法行為（人の生命に関わる違法行為、発覚した場合に会社の信用を著しく傷つける違法行為）を命じられた<br>・業務に関連し、反対したにもかかわらず、違法行為を執拗に命じられ、やむなくそれに従った<br>・業務に関連し、重大な違法行為を命じられ、何度もそれに従った<br>・業務に関連し、強要された違法行為が発覚し、事後対応に多大な労力を費した（重いペナルティを課された等を含む） |
| 8 | | 達成困難なノルマが課された | | ☆ | | ・ノルマの内容、困難性、強制の程度、達成できなかった場合の影響、ペナルティの有無等<br>・その後の業務内容・業務量の程度、職場の人間関係等 | 【「弱」になる例】<br>・同種の経験等を有する労働者であれば達成可能なノルマを課された<br>・ノルマではない業績目標が示された（当該目標が、達成を強く求められるものではなかった） | **○達成困難なノルマが課された**<br>【「中」である例】<br>・達成は容易ではないものの、客観的にみて、努力すれば達成も可能であるノルマが課され、この達成に向けた業務を行った | 【「強」になる例】<br>・客観的に、相当な努力があっても達成困難なノルマが課され、達成できない場合には重いペナルティがあると予告された |
| 9 | | ノルマが達成できなかった | | ☆ | | ・達成できなかったことによる経営上の影響度、ペナルティの程度等<br>・事後対応の困難性等<br>（注）期限に至っていない場合でも、達成できない状況が明らかになった場合にはこの項目で評価する。 | 【「弱」になる例】<br>・ノルマが達成できなかったが、何ら事後対応は必要なく、会社から責任を問われること等もなかった<br>・業績目標が達成できなかったものの、当該目標の達成は、強く求められていたものではなかった | **○ノルマが達成できなかった**<br>【「中」である例】<br>・ノルマが達成できなかったことによりペナルティ（昇進の遅れ等を含む）があった | 【「強」になる例】<br>・経営に影響するようなノルマ（達成できなかったことにより倒産を招きかねないもの、大幅な業績悪化につながるもの、会社の信用を著しく傷つけるもの等）が達成できず、そのため、事後対応に多大な労力を費した（懲戒処分、降格、左遷、賠償責任の追及等重いペナルティを課された等を含む） |

## 業務による心理的負荷評価表【平成23年評価表】

| | 出来事の類型 | 平均的な心理的負荷の強度<br>具体的出来事 | 心理的負荷の強度<br>Ⅰ | Ⅱ | Ⅲ | 心理的負荷の総合評価の視点 | 心理的負荷の強度を「弱」「中」「強」と判断する具体例<br>弱 | 中 | 強 |
|---|---|---|---|---|---|---|---|---|---|
| 10 | ②<br>仕事の失敗、過重な責任の発生等 | 新規事業の担当になった、会社の建て直しの担当になった | | ☆ | | ・新規業務の内容、本人の職責、困難性の程度、能力と業務内容のギャップの程度等<br>・その後の業務内容、業務量の程度、職場の人間関係等 | 【「弱」になる例】<br>・軽微な新規事業等（新規事業であるが、責任が大きいとはいえないもの）の担当になった | ○新規事業の担当になった、会社の建て直しの担当になった<br>【「中」である例】<br>・新規事業等（新規プロジェクト、新規の研究開発、会社全体や不採算部門の建て直し等、成功に対する高い評価が期待されやりがいも大きいが責任も大きい業務）の担当になった | 【「強」になる例】<br>・経営に重大な影響のある新規事業等（失敗した場合に倒産を招きかねないもの、大幅な業績悪化につながるもの、会社の信用を著しく傷つけるもの、成功した場合に会社の新たな主要事業になるもの等）の担当であって、事業の成否に重大な責任のある立場に就き、当該業務に当たった |
| 11 | | 顧客や取引先から無理な注文を受けた | | ☆ | | ・顧客・取引先の重要性、要求の内容等<br>・事後対応の困難性等 | 【「弱」になる例】<br>・同種の経験等を有する労働者であれば達成可能な注文を出され、業務内容・業務量に一定の変化があった<br>・要望が示されたが、達成を強く求められるものではなく、業務内容・業務量に大きな変化もなかった | ○顧客や取引先から無理な注文を受けた<br>【「中」である例】<br>・業務に関連して、顧客や取引先から無理な注文（大幅な値下げや納期の繰上げ、度重なる設計変更等）を受け、何らかの事後対応を行った | 【「強」になる例】<br>・通常なら拒むことが明らかな注文（業績の著しい悪化が予想される注文、違法行為を内包する注文等）ではあるが、重要な顧客や取引先からのものであるためこれを受け、他部門や別の取引先と困難な調整に当たった |
| 12 | | 顧客や取引先からクレームを受けた | | ☆ | | ・顧客・取引先の重要性、会社に与えた損害の内容、程度等<br>・事後対応の困難性等<br>（注）この項目は、本人に過失のないクレームについて評価する。本人のミスによるものは、項目４で評価する。 | 【「弱」になる例】<br>・顧客等からクレームを受けたが、特に対応を求められるものではなく、取引関係や、業務内容・業務量に大きな変化もなかった | ○顧客や取引先からクレームを受けた<br>【「中」である例】<br>・業務に関連して、顧客等からクレーム（納品物の不適合の指摘等その内容が妥当なもの）を受けた | 【「強」になる例】<br>・顧客や取引先から重大なクレーム（大口の顧客等の喪失を招きかねないもの、会社の信用を著しく傷つけるもの等）を受け、その解消のために他部門や別の取引先と困難な調整に当たった |
| 13 | | 大きな説明会や公式の場での発表を強いられた | ☆ | | | ・説明会等の規模、業務内容と発表内容のギャップ、強要、責任、事前準備の程度等 | ○大きな説明会や公式の場での発表を強いられた | 【解説】<br>説明会等の内容や事前準備の程度、本人の経験等から評価するが、「強」になることはまれ | |
| 14 | | 上司が不在になることにより、その代行を任された | ☆ | | | ・代行した業務の内容、責任の程度、本来業務との関係、能力・経験とのギャップ、職場の人間関係等<br>・代行期間等 | ○上司が不在になることにより、その代行を任された | 【解説】<br>代行により課せられた責任の程度、その期間や代行した業務内容、本人の過去の経験等とのギャップ等から評価するが、「強」になることはまれ | |
| 15 | ③<br>仕事の量・質 | 仕事内容・仕事量の（大きな）変化を生じさせる出来事があった | | ☆ | | ・業務の困難性、能力・経験と業務内容のギャップ等<br>・時間外労働、休日労働、業務の密度の変化の程度、仕事内容、責任の変化の程度等<br>（注）発病前おおむね６か月において、時間外労働時間数に変化がみられる場合には、他の項目で評価される場合でも、この項目でも評価する。 | 【「弱」になる例】<br>・仕事内容の変化が容易に対応できるもの（※）であり、変化後の業務の負荷が大きくなかった<br>※会議・研修等の参加の強制、職場のOA化の進展、部下の増加、同一事業場内の所属部署の統廃合、担当外業務としての非正規職員の教育等<br>・仕事量（時間外労働時間数等）に、「中」に至らない程度の変化があった | ○仕事内容・仕事量の大きな変化を生じさせる出来事があった<br>【「中」である例】<br>・担当業務内容の変更、取引量の急増等により、仕事内容、仕事量の大きな変化（時間外労働時間数としてはおおむね20時間以上増加し１月当たりおおむね45時間以上となるなど）が生じた | 【「強」になる例】<br>・仕事量が著しく増加して時間外労働も大幅に増える（倍以上に増加し、１月当たりおおむね100時間以上となる）などの状況になり、その後の業務に多大な労力を費した（休憩・休日を確保するのが困難なほどの状態となった等を含む）<br>・過去に経験したことがない仕事内容に変更となり、常時緊張を強いられる状態となった |

## 業務による心理的負荷評価表【平成23年評価表】

| | 出来事の類型 | 平均的な心理的負荷の強度 具体的出来事 | 心理的負荷の強度 Ⅰ | Ⅱ | Ⅲ | 心理的負荷の総合評価の視点 | 心理的負荷の強度を「弱」「中」「強」と判断する具体例 弱 | 中 | 強 |
|---|---|---|---|---|---|---|---|---|---|
| 16 | ③仕事の量・質 | １か月に80時間以上の時間外労働を行った | | ☆ | | ・業務の困難性<br>・長時間労働の継続期間<br>（注）この項目の「時間外労働」は、すべて休日労働時間を含む。 | 【「弱」になる例】<br>・１か月に80時間未満の時間外労働を行った<br>（注）他の項目で評価されない場合のみ評価する。 | **○１か月に80時間以上の時間外労働を行った**<br>（注）他の項目で評価されない場合のみ評価する。 | 【「強」になる例】<br>・発病直前の連続した２か月間に、１月当たりおおむね120時間以上の時間外労働を行い、その業務内容が通常その程度の労働時間を要するものであった<br>・発病直前の連続した３か月間に、１月当たりおおむね100時間以上の時間外労働を行い、その業務内容が通常その程度の労働時間を要するものであった |
| 17 | ③仕事の量・質 | ２週間以上にわたって連続勤務を行った | | ☆ | | ・業務の困難性、能力・経験と業務内容のギャップ等<br>・時間外労働、休日労働、業務密度の変化の程度、業務の内容、責任の変化の程度等 | 【「弱」になる例】<br>・休日労働を行った | **○２週間（12日）以上にわたって連続勤務を行った**<br>【「中」である例】<br>・平日の時間外労働だけではこなせない業務量がある、休日に対応しなければならない業務が生じた等の事情により、２週間（12日）以上にわたって連続勤務を行った（１日あたりの労働時間が特に短い場合、手待ち時間が多い等の労働密度が特に低い場合を除く） | 【「強」になる例】<br>・１か月以上にわたって連続勤務を行った<br>・２週間（12日）以上にわたって連続勤務を行い、その間、連日、深夜時間帯に及ぶ時間外労働を行った（いずれも、１日あたりの労働時間が特に短い場合、手待ち時間が多い等の労働密度が特に低い場合を除く） |
| 18 | ③仕事の量・質 | 勤務形態に変化があった | ☆ | | | ・交替制勤務、深夜勤務等変化の程度、変化後の状況等 | **○勤務形態に変化があった** | 【解説】<br>変更後の勤務形態の内容、一般的な日常生活とのギャップ等から評価するが、「強」になることはまれ | |
| 19 | ③仕事の量・質 | 仕事のペース、活動の変化があった | ☆ | | | ・変化の程度、強制性、変化後の状況等 | **○仕事のペース、活動の変化があった** | 【解説】<br>仕事のペースの変化の程度、労働者の過去の経験等とのギャップ等から評価するが、「強」になることはまれ | |
| 20 | ④役割・地位の変化等 | 退職を強要された | | | ☆ | ・解雇又は退職強要の経過、強要の程度、職場の人間関係等<br>（注）ここでいう「解雇又は退職強要」には、労働契約の形式上期間を定めて雇用されている者であっても、当該契約が期間の定めのない契約と実質的に異ならない状態となっている場合の雇止めの通知を含む。 | 【解説】<br>退職勧奨が行われたが、その方法、頻度等からして強要とはいえない場合には、その方法等から「弱」又は「中」と評価 | | **○退職を強要された**<br>【「強」である例】<br>・退職の意思のないことを表明しているにもかかわらず、執拗に退職を求められた<br>・恐怖感を抱かせる方法を用いて退職勧奨された<br>・突然解雇の通告を受け、何ら理由が説明されることなく、説明を求めても応じられず、撤回されることもなかった |
| 21 | ④役割・地位の変化等 | 配置転換があった | | ☆ | | ・職種、職務の変化の程度、配置転換の理由・経過等<br>・業務の困難性、能力・経験と業務内容のギャップ等<br>・その後の業務内容、業務量の程度、職場の人間関係等<br>（注）出向を含む。 | 【「弱」になる例】<br>・以前に経験した業務等、配置転換後の業務が容易に対応できるものであり、変化後の業務の負荷が軽微であった | **○配置転換があった**<br>（注）ここでの「配置転換」は、所属部署（担当係等）、勤務場所の変更を指し、転居を伴うものを除く。 | 【「強」になる例】<br>・過去に経験した業務と全く異なる質の業務に従事することとなったため、配置転換後の業務に対応するのに多大な労力を費した<br>・配置転換後の地位が、過去の経験からみて異例なほど重い責任が課されるものであった<br>・左遷された（明らかな降格であって配置転換としては異例なものであり、職場内で孤立した状況になった） |

## 業務による心理的負荷評価表【平成23年評価表】

| | 出来事の類型 | 平均的な心理的負荷の強度<br>具体的出来事 | 心理的負荷の強度<br>Ⅰ | <br>Ⅱ | <br>Ⅲ | 心理的負荷の総合評価の視点 | 心理的負荷の強度を「弱」「中」「強」と判断する具体例<br>弱 | <br>中 | <br>強 |
|---|---|---|---|---|---|---|---|---|---|
| 22 | | 転勤をした | | ☆ | | ・職種、職務の変化の程度、転勤の理由・経過、単身赴任の有無、海外の治安の状況等<br>・業務の困難性、能力・経験と業務内容のギャップ等<br>・その後の業務内容、業務量の程度、職場の人間関係等 | 【「弱」になる例】<br>・以前に経験した場所である等、転勤後の業務が容易に対応できるものであり、変化後の業務の負荷が軽微であった | **○転勤をした**<br>（注）ここでの「転勤」は、勤務場所の変更であって転居を伴うものを指す。<br>　なお、業務内容の変化についての評価は、項目21に準じて判断する。 | 【「強」になる例】<br>・転勤先は初めて赴任する外国であって現地の職員との会話が不能、治安状況が不安といったような事情から、転勤後の業務遂行に著しい困難を伴った |
| 23 | | 複数名で担当していた業務を１人で担当するようになった | | ☆ | | ・業務の変化の程度等<br>・その後の業務内容、業務量の程度、職場の人間関係等 | 【「弱」になる例】<br>・複数名で担当していた業務を一人で担当するようになったが、業務内容・業務量はほとんど変化がなかった | **○複数名で担当していた業務を一人で担当するようになった**<br>【「中」である例】<br>・複数名で担当していた業務を一人で担当するようになり、業務内容・業務量に何らかの変化があった | 【「強」になる例】<br>・業務を一人で担当するようになったため、業務量が著しく増加し時間外労働が大幅に増えるなどの状況になり、かつ、必要な休憩・休日も取れない等常時緊張を強いられるような状態となった |
| 24 | ④役割・地位の変化等 | 非正規社員であるとの理由等により、仕事上の差別、不利益取扱いを受けた | | ☆ | | ・差別・不利益取扱いの理由・経過、内容、程度、職場の人間関係等<br>・その継続する状況 | 【「弱」になる例】<br>・社員間に処遇の差異があるが、その差は小さいものであった | **○非正規社員であるとの理由等により、仕事上の差別、不利益取扱いを受けた**<br>【「中」である例】<br>・非正規社員であるとの理由、又はその他の理由により、仕事上の差別、不利益取扱いを受けた<br>・業務の遂行から疎外・排除される取扱いを受けた | 【「強」になる例】<br>・仕事上の差別、不利益取扱いの程度が著しく大きく、人格を否定するようなものであって、かつこれが継続した |
| 25 | | 自分の昇格・昇進があった | ☆ | | | ・職務・責任の変化の程度等<br>・その後の業務内容、職場の人間関係等 | **○自分の昇格・昇進があった** | 【解説】<br>本人の経験等と著しく乖離した責任が課せられる等の場合に、昇進後の職責、業務内容等から評価するが、「強」になることはまれ | |
| 26 | | 部下が減った | ☆ | | | ・職場における役割・位置付けの変化、業務の変化の内容・程度等<br>・その後の業務内容、職場の人間関係等 | **○部下が減った** | 【解説】<br>部下の減少がペナルティの意味を持つものである等の場合に、減少の程度（人数等）等から評価するが、「強」になることはまれ | |
| 27 | | 早期退職制度の対象となった | ☆ | | | ・対象者選定の合理性、代償措置の内容、制度の事前周知の状況、その後の状況、職場の人間関係等 | **○早期退職制度の対象となった** | 【解説】<br>制度の創設が突然であり退職までの期間が短い等の場合に、対象者選定の基準等から評価するが、「強」になることはまれ | |
| 28 | | 非正規社員である自分の契約満了が迫った | ☆ | | | ・契約締結時、期間満了前の説明の有無、その内容、その後の状況、職場の人間関係等 | **○非正規社員である自分の契約満了が迫った** | 【解説】<br>事前の説明に反した突然の契約終了（雇止め）通告であり契約終了までの期間が短かった等の場合に、その経過等から評価するが、「強」になることはまれ | |

## 業務による心理的負荷評価表【平成23年評価表】

<table>
<tr><th rowspan="3"></th><th rowspan="3">出来事の類型</th><th colspan="4">平均的な心理的負荷の強度</th><th rowspan="3">心理的負荷の総合評価の視点</th><th colspan="3" rowspan="2">心理的負荷の強度を「弱」「中」「強」と判断する具体例</th></tr>
<tr><th rowspan="2">具体的出来事</th><th colspan="3">心理的負荷の強度</th></tr>
<tr><th>Ⅰ</th><th>Ⅱ</th><th>Ⅲ</th><th>弱</th><th>中</th><th>強</th></tr>
<tr><td rowspan="2">29</td><td rowspan="2">⑤<br>パワーハラスメント</td><td rowspan="2">上司等から、身体的攻撃、精神的攻撃等のパワーハラスメントを受けた</td><td rowspan="2"></td><td rowspan="2"></td><td rowspan="2">☆</td><td rowspan="2">・指導・叱責等の言動に至る経緯や状況<br>・身体的攻撃、精神的攻撃等の内容、程度等<br>・反復・継続など執拗性の状況<br>・就業環境を害する程度<br>・会社の対応の有無及び内容、改善の状況<br>（注）当該出来事の評価対象とならない対人関係のトラブルは、出来事の類型「対人関係」の各出来事で評価する。<br>（注）「上司等」には、職務上の地位が上位の者のほか、同僚又は部下であっても、業務上必要な知識や豊富な経験を有しており、その者の協力が得られなければ業務の円滑な遂行を行うことが困難な場合、同僚又は部下からの集団による行為でこれに抵抗又は拒絶することが困難である場合も含む。</td><td colspan="2">【解説】<br>上司等による身体的攻撃、精神的攻撃等が「強」の程度に至らない場合、心理的負荷の総合評価の視点を踏まえて「弱」又は「中」と評価</td><td rowspan="2">**○上司等から、身体的攻撃、精神的攻撃等のパワーハラスメントを受けた**<br>【「強」である例】<br>・上司等から、治療を要する程度の暴行等の身体的攻撃を受けた場合<br>・上司等から、暴行等の身体的攻撃を執拗に受けた場合<br>・上司等による次のような精神的攻撃が執拗に行われた場合<br>▶人格や人間性を否定するような、業務上明らかに必要性がない又は業務の目的を大きく逸脱した精神的攻撃<br>▶必要以上に長時間にわたる厳しい叱責、他の労働者の面前における大声での威圧的な叱責など、態様や手段が社会通念に照らして許容される範囲を超える精神的攻撃<br>・心理的負荷としては「中」程度の身体的攻撃、精神的攻撃等を受けた場合であって、会社に相談しても適切な対応がなく、改善されなかった場合</td></tr>
<tr><td>【「弱」になる例】<br>・上司等による「中」に至らない程度の身体的攻撃、精神的攻撃等が行われた場合</td><td>【「中」になる例】<br>・上司等による次のような身体的攻撃・精神的攻撃が行われ、行為が反復・継続していない場合<br>▶治療を要さない程度の暴行による身体的攻撃<br>▶人格や人間性を否定するような、業務上明らかに必要性がない又は業務の目的を逸脱した精神的攻撃<br>▶必要以上に長時間にわたる叱責、他の労働者の面前における威圧的な叱責など、態様や手段が社会通念に照らして許容される範囲を超える精神的攻撃</td></tr>
<tr><td rowspan="2">30</td><td rowspan="3">⑥<br>対人関係</td><td rowspan="2">同僚等から、暴行又は（ひどい）いじめ・嫌がらせを受けた</td><td rowspan="2"></td><td rowspan="2"></td><td rowspan="2">☆</td><td rowspan="2">・暴行又はいじめ・嫌がらせの内容、程度等<br>・反復・継続など執拗性の状況<br>・会社の対応の有無及び内容、改善の状況</td><td colspan="2">【解説】<br>同僚等による暴行又はいじめ・嫌がらせが「強」の程度に至らない場合、心理的負荷の総合評価の視点を踏まえて「弱」又は「中」と評価</td><td rowspan="2">**○同僚等から、暴行又はひどいいじめ・嫌がらせを受けた**<br>【「強」である例】<br>・同僚等から、治療を要する程度の暴行等を受けた場合<br>・同僚等から、暴行等を執拗に受けた場合<br>・同僚等から、人格や人間性を否定するような言動を執拗に受けた場合<br>・心理的負荷としては「中」程度の暴行又はいじめ・嫌がらせを受けた場合であって、会社に相談しても適切な対応がなく、改善されなかった場合</td></tr>
<tr><td>【「弱」になる例】<br>・同僚等から、「中」に至らない程度の言動を受けた場合</td><td>【「中」になる例】<br>・同僚等から、治療を要さない程度の暴行を受け、行為が反復・継続していない場合<br>・同僚等から、人格や人間性を否定するような言動を受け、行為が反復・継続していない場合</td></tr>
<tr><td>31</td><td>上司とのトラブルがあった</td><td></td><td>☆</td><td></td><td>・トラブルの内容、程度等<br>・その後の業務への支障等</td><td>【「弱」になる例】<br>・上司から、業務指導の範囲内である指導・叱責を受けた<br>・業務をめぐる方針等において、上司との考え方の相違が生じた（客観的にはトラブルとはいえないものも含む）</td><td>**○上司とのトラブルがあった**<br>【「中」である例】<br>・上司から、業務指導の範囲内である強い指導・叱責を受けた<br>・業務をめぐる方針等において、周囲からも客観的に認識されるような対立が上司との間に生じた</td><td>【「強」になる例】<br>・業務をめぐる方針等において、周囲からも客観的に認識されるような大きな対立が上司との間に生じ、その後の業務に大きな支障を来した</td></tr>
</table>

## 業務による心理的負荷評価表【平成23年評価表】

| | 出来事の類型 | 平均的な心理的負荷の強度<br>具体的出来事 | 心理的負荷の強度<br>Ⅰ | Ⅱ | Ⅲ | 心理的負荷の総合評価の視点 | 心理的負荷の強度を「弱」「中」「強」と判断する具体例<br>弱 | 中 | 強 |
|---|---|---|---|---|---|---|---|---|---|
| 32 | ⑥対人関係 | 同僚とのトラブルがあった | | ☆ | | ・トラブルの内容、程度、同僚との職務上の関係等<br>・その後の業務への支障等 | 【「弱」になる例】<br>・業務をめぐる方針等において、同僚との考え方の相違が生じた（客観的にはトラブルとはいえないものも含む） | ○同僚とのトラブルがあった<br>【「中」である例】<br>・業務をめぐる方針等において、周囲からも客観的に認識されるような対立が同僚との間に生じた | 【「強」になる例】<br>・業務をめぐる方針等において、周囲からも客観的に認識されるような大きな対立が多数の同僚との間に生じ、その後の業務に大きな支障を来した |
| 33 | | 部下とのトラブルがあった | | ☆ | | ・トラブルの内容、程度等<br>・その後の業務への支障等 | 【「弱」になる例】<br>・業務をめぐる方針等において、部下との考え方の相違が生じた（客観的にはトラブルとはいえないものも含む） | ○部下とのトラブルがあった<br>【「中」である例】<br>・業務をめぐる方針等において、周囲からも客観的に認識されるような対立が部下との間に生じた | 【「強」になる例】<br>・業務をめぐる方針等において、周囲からも客観的に認識されるような大きな対立が多数の部下との間に生じ、その後の業務に大きな支障を来した |
| 34 | | 理解してくれていた人の異動があった | ☆ | | | | ○理解してくれていた人の異動があった | | |
| 35 | | 上司が替わった | ☆ | | | （注）上司が替わったことにより、当該上司との関係に問題が生じた場合には、項目31で評価する。 | ○上司が替わった | | |
| 36 | | 同僚等の昇進・昇格があり、昇進で先を越された | ☆ | | | | ○同僚等の昇進・昇格があり、昇進で先を越された | | |
| 37 | ⑦セクシュアルハラスメント | セクシュアルハラスメントを受けた | | ☆ | | ・セクシュアルハラスメントの内容、程度等<br>・その継続する状況<br>・会社の対応の有無及び内容、改善の状況、職場の人間関係等 | 【「弱」になる例】<br>・「○○ちゃん」等のセクシュアルハラスメントに当たる発言をされた場合<br>・職場内に水着姿の女性のポスター等を掲示された場合 | ○セクシュアルハラスメントを受けた<br>【「中」である例】<br>・胸や腰等への身体接触を含むセクシュアルハラスメントであっても、行為が継続しておらず、会社が適切かつ迅速に対応し発病前に解決した場合<br>・身体接触のない性的な発言のみのセクシュアルハラスメントであって、発言が継続していない場合<br>・身体接触のない性的な発言のみのセクシュアルハラスメントであって、複数回行われたものの、会社が適切かつ迅速に対応し発病前にそれが終了した場合 | 【「強」になる例】<br>・胸や腰等への身体接触を含むセクシュアルハラスメントであって、継続して行われた場合<br>・胸や腰等への身体接触を含むセクシュアルハラスメントであって、行為は継続していないが、会社に相談しても適切な対応がなく、改善されなかった又は会社への相談等の後に職場の人間関係が悪化した場合<br>・身体接触のない性的な発言のみのセクシュアルハラスメントであって、発言の中に人格を否定するようなものを含み、かつ継続してなされた場合<br>・身体接触のない性的な発言のみのセクシュアルハラスメントであって、性的な発言が継続してなされ、かつ会社がセクシュアルハラスメントがあると把握していても適切な対応がなく、改善がなされなかった場合 |

また、これと併せ、各請求事案における「具体的出来事」への当てはめを容易にさせる観点から、①類似する項目、極めて頻度が小さい（請求件数が少ない）項目は統合する、②最近の職場環境の変化に伴い、業務による心理的負荷として感じられることが多い出来事を追加するという見直しを行った。このほか、「具体的出来事」の一部について、より正確な表現とする趣旨の修正を行った。

さらに、「出来事の類型」についても、分かりやすさの観点から、①類似するものは統合するとともに、②セクシュアルハラスメントは、「対人関係のトラブル」という分類から想定される、対人関係の相互性のなかで生じるものに限らないとする分科会報告書の内容に基づき、これを独立した類型とした。

このような検討を経て、平成二三年評価表が作成された。

3）平成二三年評価表の考え方

平成二三年評価表は次のような考え方に基づき作成されている。

ア　特別な出来事の評価

出来事それ自体の心理的負荷が極めて大きいため、出来事後の状況に関係なく強い心理的負荷を与えると認め得るものについては、「心理的負荷が極度のもの」と整理した。また、数週間にわたり生理的に必要な最小限度の睡眠時間を確保できない状況をその期間における労働時間数として示し、「極度の長時間労働」として強い心理的負荷を与えると認め得る出来事とした。

これらの出来事については、その事実が認められればその事実のみで業務による心理的負荷を「強」と判断できる「特別な出来事」として平成二三年評価表別表1の冒頭に掲げた。

この整理は判断指針でも示されており、①心理的負荷が極度のもの、②業務上の傷病により六か月を超えて療養中の者に発病した精神障害（症状が急変し極度の苦痛を伴った場合など）、③極度の長時間労働の特別な出来事に該当する場合は、総合評価を「強」とするとされていた。

平成二三年評価表では、判断指針に例示された特別な出来事について見直し、次の出来事を特別な出来事として心理的負荷の総合評価を「強」とするとした。

①　生死にかかわる、極度の苦痛を伴う、又は永久労働不能となる後遺障害を残す業務上の病気やけがをした（業務上の傷病により六か月を超えて療養中に症状が急変し極度の苦痛を伴った場合を含む）

②　業務に関連し、他人を死亡させ、又は生死にかかわる重大なけがを負わせた（故意によるものを除く）

③　強姦や、本人の意思を抑圧して行われたわいせつ行為などのセクシュアルハラスメントを受けた

④　その他、上記に準ずる程度の心理的負荷が極度と認められるもの

⑤　発病直前の一か月におおむね一六〇時間を超えるような、又はこれに満たない期間にこれと同程度の（例えば三週間におおむね一二〇時間以上の）時間外労働を行った（休憩時間は少ないが手待ち時間が多い場合等、労働密度が特に低い場合を除く）

なお、平成二三年評価表は、これら「特別な出来事」に該当しない場合には、次のイにより、関連する「具体的出来事」に当てはめ、その心理的負荷の強度についてさらに検討する仕組みとなっている。

イ　特別な出来事以外の評価

判断指針では、業務による心理的負荷の強度の評価は、原則として①発生した出来事を判断指針評価表に記載された「具体的出来事」に当てはめ、②その「出来事」自体の心理的負荷の強度を事案に応じて修正・評価し、さらに、③「出来事後の状況が持続する程度」の評価を順次行い、これらの組み合わせにより総合判断す

ることとしていたが、平成二三年評価表もこれに沿った形式となっている。

ただし、平成二三年評価表では、冒頭の「特別な出来事」の例示に引き続き、「特別な出来事以外」の出来事について「総合評価における共通事項」（「出来事後の状況の評価に共通の視点」、「恒常的長時間労働が認められる場合の総合評価」）を示している。

また、「恒常的長時間労働が認められる場合の総合評価」としては、次の①から③を示した。

① 具体的出来事の心理的負荷の強度が労働時間を加味せずに「中」程度と評価される場合であって、出来事の後に恒常的な長時間労働（月一〇〇時間程度となる時間外労働）が認められる場合には、総合評価は「強」とする。

② 具体的出来事の心理的負荷の強度が労働時間を加味せずに「中」程度と評価される場合であって、出来事の前に恒常的な長時間労働（月一〇〇時間程度となる時間外労働）が認められ、出来事後すぐに（出来事後おおむね一〇日以内に）発病に至っている場合、又は、出来事後すぐに発病には至っていないが事後対応に多大な労力を費やしその後発病した場合、総合評価は「強」とする。

③ 具体的出来事の心理的負荷の強度が、労働時間を加味せずに「弱」程度と評価される場合であって、出来事の前及び後にそれぞれ恒常的な長時間労働（月一〇〇時間程度となる時間外労働）が認められる場合には、総合評価は「強」とする。

ウ　出来事ごとの総合評価の具体例

平成二三年評価表には、「特別な出来事以外」の項に七つの出来事の類型と三七の具体的出来事を示し、判断指針評価表にはなかった「心理的負荷の強度を「弱」「中」「強」と判断する具体例」欄を設け、具体的出来事ごとに心理的負荷の総合評価が「強」、「中」、「弱」と判断される具体例や、その判断に当たって参考となる解説が示されている。

判断指針では、業務による心理的負荷の強度について、まず出来事の心理的負荷の強度を評価し、次に、出来事後の状況が持続する程度を評価し、これらを総合評価して業務による心理的負荷を判断していたが、平成二三年認定基準では、「出来事」と「出来事後の状況」を一括して心理的負荷を「強」、「中」、「弱」と判断することとして、平成二三年評価表のなかに具体例を示す形式をとった。

なお、平成二三年評価表の「具体例」はあくまでも例示であるので、これ以外は「強」にならないというものではない。また、いじめやセクシュアルハラスメントのように出来事が繰り返されるものについては、繰り返される出来事を一体のものとして評価し、また、「その継続する状況」は、心理的負荷が強まるものとしている。

以上、ア、イ、ウの整理により、平成二三年評価表は判断指針評価表に比べ、出来事の心理的負荷強度の評価、修正が分かりやすく、認定実務においてより実践的になったといえる。

### (3) 平成二三年評価表見直し（令和五年評価表の作成）

#### 1) 平成二三年評価表見直しのための委託研究

厚生労働省は、労働者を取り巻く社会状況の変化と請求件数の増加の状況を踏まえ、令和二年度に、委託事業として、心理的負荷を生じさせる業務上の出来事による心理的負荷の強度について「ストレス評価に関する調査研究」（日本産業精神保健学会が受託。以下「令和二年度ストレス調査」という。）を実施した。

令和二年度ストレス調査では、職場において発生する様々な出来事のストレス強度が一般的にどの程度のものであるかライフイベント法を用いて科学的に解析・評価し、専門家による検討が行われた。

ストレスイベントについては、平成二三年評価表に掲げる具体的出来事三七項目のほか、最近の研究報告等から必要と思われる新規設定項目が追加された。これらのストレスイベントの体験の有無とそのストレス強度について、三万名を対象としたインターネットアンケート調査を用いて調べた。得られたデータを使って記述統計解析及び項目反応理論を用いた解析を行い、それぞれのストレスイベントのストレス強度の評価が行われたものである。

令和三年三月、日本産業精神保健学会は令和二年度ストレス調査に関する報告書を提出した。

2)　令和五年評価表の作成

令和五年専門検討会は、平成二三年評価表について検証し、同評価表は平成二二年度ストレス調査に関する報告書を踏まえた詳細なものとなっているが、一部に類似性の高い項目が重複している、「強」と判断されることが稀な項目が多くあるなど、労災認定の指標としては、詳細であるがゆえの分かりにくさがあったのではないかとの問題意識を踏まえ、近年の請求件数の一層の増大と、労働者を取り巻く職場環境の変化等に対応して、各項目への当てはめや心理的負荷の強度の評価が、適切かつ効率的に行えるようにする必要があるとの観点から、新たな評価表（令和五年評価表）を取りまとめた。

取りまとめに当たっては、できる限り項目ごとの重複を避け、細分化された項目を一定程度統合するとともに必要な項目は追加し、また、各項目において事実を客観的に評価でき、かつその内容が明確化・具体化されるよう検討がなされた。

その際、前記1)の令和二年度ストレス調査について、調査規模が大きいこと、対象業種、雇用形態、職種、年齢等の回答者属性も労働力調査による労働者全体の属性と近いこと、現行評価表に掲げられた具体的出来事の心理的負荷の大きさを網羅的に調査した唯一の研究であることに加えて、職場環境等の変化を踏まえストレス研究の専門家等によって選定された新たな出来事（ストレス要因）についても調査し、かつ、労働者のストレスの受け止め方についての最新の状況を把握した優れた研究であると評価し、その結果に基づき、新たな評価表に示すべき具体的出来事やその平均的な心理的負荷の強度等が検討された。さらに、決定事例や裁判例等を精査し、総合評価の視点及び強度ごとの具体例を拡充すべく検討がなされたものである。

令和五年評価表〈六二五ページ以下参照〉は上記の考え方に基づき作成されており、「特別な出来事」と「特別な出来事以外」に区分されていること、「特別な出来事以外」について、「心理的負荷の強度を「弱」「中」「強」と判断する具体例」欄を設けていること等、基本的な構成は平成二三年評価表と同じである。

平成二三年評価表からの主な変更点は次のとおりである。

①　具体的出来事の追加、類似性の高い具体的出来事の統合等

・「顧客や取引先、施設利用者等から著しい迷惑行為を受けた」（いわゆるカスタマーハラスメント）の項目を追加

・「感染症等の病気や事故の危険性が高い業務に従事した」の項目を追加

・「配置転換があった」と「転勤をした」の項目を「転勤・配置転換等があった」に統合するなど、類似性の高い項目を統合

これらの見直しにより、七つの出来事の類型と二九の具体的出来事が示された。

②　心理的負荷の強度が「強」、「中」、「弱」となる具体例や、総合評価の視点等を拡充

## 業務による心理的負荷評価表【令和５年評価表】

別表１

### 特別な出来事

| 特別な出来事の類型 | 心理的負荷の総合評価を「強」とするもの | |
|---|---|---|
| 心理的負荷が極度のもの | ・生死にかかわる、極度の苦痛を伴う、又は永久労働不能となる後遺障害を残す業務上の病気やケガをした<br>（業務上の傷病による療養中に症状が急変し極度の苦痛を伴った場合を含む） | …項目１関連 |
| | ・業務に関連し、他人を死亡させ、又は生死にかかわる重大なケガを負わせた（故意によるものを除く） | …項目３関連 |
| | ・強姦や、本人の意思を抑圧して行われたわいせつ行為などのセクシュアルハラスメントを受けた | …項目29関連 |
| | ・その他、上記に準ずる程度の心理的負荷が極度と認められるもの | |
| 極度の長時間労働 | ・発病直前の１か月におおむね160時間を超えるような、又はこれに満たない期間にこれと同程度の（例えば３週間におおむね120時間以上の）時間外労働を行った | …項目12関連 |

### 特別な出来事以外

（総合評価の留意事項）

・出来事の総合評価に当たっては、出来事それ自体と、当該出来事の継続性や事後対応の状況、職場環境の変化などの出来事後の状況の双方を十分に検討し、例示されているもの以外であっても出来事に伴って発生したと認められる状況や、当該出来事が生じるに至った経緯等も含めて総合的に考慮して、当該出来事の心理的負荷の程度を判断する。

・職場の支援・協力が欠如した状況であること（問題への対処、業務の見直し、応援体制の確立、責任の分散その他の支援・協力がなされていない等）は、総合評価を強める要素となる。

・仕事の裁量性が欠如した状況であること（仕事が孤独で単調となった、自分で仕事の順番・やり方を決めることができなくなった、自分の技能や知識を仕事で使うことが要求されなくなった等）は、総合評価を強める要素となる。

（具体的出来事）

| | 出来事の類型 | 具体的出来事 | 平均的な心理的負荷の強度 | | | 心理的負荷の総合評価の視点 | 心理的負荷の強度を「弱」「中」「強」と判断する具体例 | | |
|---|---|---|---|---|---|---|---|---|---|
| | | | Ⅰ | Ⅱ | Ⅲ | | 弱 | 中 | 強 |
| 1 | ①事故や災害の体験 | 業務により重度の病気やケガをした | | | ☆ | ・病気やケガの内容及び程度（苦痛や日常生活への支障の状況を含む）等<br>・その継続する状況（苦痛や支障の継続する状況、死の恐怖、事故等を再度体験することへの恐怖、回復の期待・失望の状況等の症状の経過を含む）<br>・後遺障害の程度、社会復帰の困難性等 | 【「弱」になる例】<br>・休業を要さない又は数日程度の休業を要するものであって、後遺障害を残さない業務上の病気やケガをした | 【「中」になる例】<br>・短期間の入院を要する業務上の病気やケガをした<br>・業務上の病気やケガをし、一部に後遺障害を残すも、現職への復帰に支障がないようなものであった | 【「強」である例】<br>・長期間の入院を要する業務上の病気やケガをした<br>・大きな後遺障害を残すような（労災の障害年金に該当する、現職への復帰ができなくなる、外形的に明らかで日常生活にも支障を来すなどの）業務上の病気やケガをした<br>・業務上の病気やケガで療養中の者について、当該傷病により社会復帰が困難な状況にあった、死の恐怖や強い苦痛が生じた<br>（注）生死にかかわる等の業務上の病気やケガは、特別な出来事として評価 |

## 業務による心理的負荷評価表【令和５年評価表】

| | 出来事の類型 | 具体的出来事 | 平均的な心理的負荷の強度 | | | 心理的負荷の総合評価の視点 | 心理的負荷の強度を「弱」「中」「強」と判断する具体例 | | |
|---|---|---|---|---|---|---|---|---|---|
| | | | Ⅰ | Ⅱ | Ⅲ | | 弱 | 中 | 強 |
| 2 | ①<br>事故や災害の体験 | 業務に関連し、悲惨な事故や災害の体験、目撃をした | | ☆ | | ・本人が体験した場合、予感させる被害の内容及び程度、死の恐怖、事故等を再度体験することへの恐怖等<br>・他人の事故を目撃した場合、被害の内容及び程度、被害者との関係、本人が被災していた可能性や救助できた可能性等 | 【「弱」になる例】<br>・業務に関連し、本人の負傷は軽症・無傷で、悲惨とまではいえない事故等の体験、目撃をした | 【「中」である例】<br>・業務に関連し、本人の負傷は軽症・無傷で、生命等に支障はないような悲惨な事故等の体験、目撃をした<br>・特に悲惨な事故を目撃したが、被災者との関係は浅く、本人が被災者を救助できる状況等でもなかった | 【「強」になる例】<br>・業務に関連し、本人の負傷は軽度・無傷であったが、自らの死を予感させる、あるいは重大な傷病を招きかねない程度の事故等を体験した<br>・業務に関連し、被災者が死亡する事故、多量の出血を伴うような事故等特に悲惨な事故であって、本人が巻き込まれる可能性がある状況や、本人が被災者を救助することができたかもしれない状況を伴う事故を目撃した |
| 3 | ②<br>仕事の失敗、過重な責任の発生等 | 業務に関連し、重大な人身事故、重大事故を起こした | | | ☆ | ・事故の内容、大きさ・重大性、社会的反響の大きさ、加害の程度等<br>・ペナルティ・責任追及の有無及び程度、事後対応の困難性、その後の業務内容・業務量の程度、職場の人間関係、職場の支援・協力の有無及び内容等<br>（注）本人に過失がない場合も含む。 | 【「弱」になる例】<br>・軽微な物損事故を生じさせたが特段の責任追及・事故対応はなかった<br>・軽微な物損事故を生じさせ、再発防止のための対応等を行った | 【「中」になる例】<br>・他人に負わせたケガの程度は重度ではないが、事後対応に一定の労力を要した（強い叱責を受けた、職場の人間関係が悪化した等を含む） | 【「強」である例】<br>・業務に関連し、他人に重度の病気やケガ（項目１参照）を負わせ、事後対応にも当たった<br>・他人に負わせたケガの程度は重度ではないが、事後対応に多大な労力を費やした（減給、降格等の重いペナルティを課された、職場の人間関係が著しく悪化した等を含む）<br>（注）他人を死亡させる等の事故は、特別な出来事として評価 |
| 4 | | 多額の損失を発生させるなど仕事上のミスをした | | ☆ | | ・ミスやその結果（損失、損害等）の内容、程度、社会的反響の大きさ等<br>・ペナルティ・責任追及の有無及び程度、事後対応の困難性、その後の業務内容・業務量の程度、職場の人間関係、職場の支援・協力の有無及び内容等 | 【「弱」になる例】<br>・軽微な仕事上のミスをしたが、通常想定される指導等を受けたほかは、特段の事後対応は生じなかった<br>・軽微な仕事上のミスをし、再発防止のための対応等を行った<br>・多額とはいえない損失（その後の業務で容易に回復できる損失、社内でたびたび生じる損失等）等を生じさせ、何らかの事後対応を行った<br>・不正行為等の疑いのため事実確認の間、自宅待機等が命じられたが、他の例と比べても均衡を失するものではなく、会社の手続に瑕疵はなかった | 【「中」である例】<br>・会社に大きな損害を与えるなどのミスをしたが、通常想定される指導等を受けたほかは、特段の事後対応は生じなかった<br>・業務上製造する製品の品質に大きく影響する、取引先との関係に大きく影響するなどのミスをし、事後対応にも当たった（取引先からの叱責、ペナルティを課された等も含む）<br>・多額の損失等を生じさせ、何らかの事後対応を行った | 【「強」になる例】<br>・会社の経営に影響するなどの重大な仕事上のミス（倒産を招きかねないミス、大幅な業績悪化に繋がるミス、会社の信用を著しく傷つけるミス等）をし、事後対応にも当たった<br>・会社の経営に影響するなどの重大な仕事上のミスとまではいえないが、その事後対応に多大な労力を費やした（懲戒処分、降格、月給額を超える賠償責任の追及等重いペナルティを課された、職場の人間関係が著しく悪化した等を含む） |

## 業務による心理的負荷評価表【令和５年評価表】

| | 出来事の類型 | 具体的出来事 | 平均的な心理的負荷の強度 | | | 心理的負荷の総合評価の視点 | 心理的負荷の強度を「弱」「中」「強」と判断する具体例 | | |
|---|---|---|---|---|---|---|---|---|---|
| | | | Ⅰ | Ⅱ | Ⅲ | | 弱 | 中 | 強 |
| 5 | | 会社で起きた事故、事件について、責任を問われた | | ☆ | | ・事故、事件の内容、程度、当該事故等への関与・責任の程度、社会的反響の大きさ等<br>・ペナルティの有無及び程度、責任追及の程度、事後対応の困難性、その後の業務内容、業務量の程度、職場の人間関係、職場の支援・協力の有無及び内容等<br>（注）この項目は、部下が起こした事故等、本人が直接引き起こしたものではない事故、事件について、監督責任等を問われた場合の心理的負荷を評価する。本人が直接引き起こした事故等については、項目４で評価する。 | 【「弱」になる例】<br>・軽微な事故、事件（損害等の生じない事態、その後の業務で容易に損害等を回復できる事態、社内でたびたび生じる事態等）の責任（監督責任等）を一応問われたが、特段の事後対応はなかった | 【「中」である例】<br>・立場や職責に応じて事故、事件の責任（監督責任等）を問われ、何らかの事後対応を行った | 【「強」になる例】<br>・重大な事故、事件（倒産を招きかねない事態や大幅な業績悪化に繋がる事態、会社の信用を著しく傷つける事態、他人を死亡させ、又は生死に関わるケガを負わせる事態等）の責任（監督責任等）を問われ、事後対応に多大な労力を費やした<br>・重大とまではいえない事故、事件ではあるが、その責任（監督責任等）を問われ、立場や職責を大きく上回る事後対応を行った（減給、降格等の重いペナルティが課された等を含む） |
| 6 | ②<br>仕事の失敗、過重な責任の発生等 | 業務に関連し、違法な行為や不適切な行為等を強要された | | ☆ | | ・違法性・不適切の程度、強要の程度（頻度、方法、本人の拒否等の状況との関係）、本人の関与の程度等<br>・事後のペナルティの程度、事後対応の困難性、その後の業務内容・業務量の程度、職場の人間関係、職場の支援・協力の有無及び内容等 | 【「弱」になる例】<br>・業務に関連し、商慣習としてはまれに行われるような違法行為、不適切な行為・言動を求められたが、拒むことにより終了した | 【「中」である例】<br>・業務に関連し、商慣習としてはまれに行われるような違法行為や、商慣習上不適切とされる行為、社内で禁止されている行為・言動等を命じられ、これに従った | 【「強」になる例】<br>・業務に関連し、重大な違法行為（人の生命に関わる違法行為、発覚した場合に会社の信用を著しく傷つける違法行為）を命じられた<br>・業務に関連し、反対したにもかかわらず、違法行為等を執拗に命じられ、やむなくそれに従った<br>・業務に関連し、重大な違法行為を命じられ、何度もそれに従った<br>・業務に関連し、強要された違法行為等が発覚し、事後対応に多大な労力を費やした（重いペナルティを課された等を含む） |
| 7 | | 達成困難なノルマが課された・対応した・達成できなかった | | ☆ | | ・ノルマの内容、困難性、強制の程度、達成できなかった場合の影響、ペナルティの有無及び内容等<br>・ノルマに対応するための業務内容、業務量の程度、職場の人間関係、職場の支援・協力の有無及び内容等<br>・未達成による経営上の影響度、ペナルティの有無及び内容等<br>・未達成による事後対応の困難性、その後の業務内容、業務量の程度、職場の人間関係、職場の支援・協力の有無及び内容等 | 【「弱」になる例】<br>・同種の経験等を有する労働者であれば達成可能なノルマを課された<br>・ノルマではない業績目標が示された（当該目標が、達成を強く求められるものではなかった）<br>・ノルマが達成できなかったが、何ら事後対応は必要なく、会社から責任を問われること等もなかった<br>・業績目標が達成できなかったものの、当該目標の達成は、強く求められていたものではなかった | 【「中」である例】<br>・達成は容易ではないものの、客観的にみて、努力すれば達成も可能であるノルマが課され、この達成に向けた業務を行った<br>・達成が容易ではないノルマが課され、この達成に向け一定の労力を費やした<br>・ノルマが達成できなかったことにより、その事後対応に一定の労力を費やした、または一定のペナルティを受けた、強い叱責を受けた、職場の人間関係が悪化した | 【「強」になる例】<br>・客観的に相当な努力があっても達成困難なノルマが課され、これが達成できない場合には著しい不利益を被ることが明らかで、その達成のため多大な労力を費やした<br>・経営に影響するようなノルマ（達成できなかったことにより倒産を招きかねないもの、大幅な業績悪化につながるもの、会社の信用を著しく傷つけるもの等）が達成できず、そのため、事後対応に多大な労力を費やした（懲戒処分、降格、左遷、賠償責任の追及といった重いペナルティを課された等を含む） |

## 業務による心理的負荷評価表【令和５年評価表】

| | 出来事の類型 | 具体的出来事 | 平均的な心理的負荷の強度 Ⅰ | Ⅱ | Ⅲ | 心理的負荷の総合評価の視点 | 心理的負荷の強度を「弱」「中」「強」と判断する具体例 弱 | 中 | 強 |
|---|---|---|---|---|---|---|---|---|---|
| | | | | | | （注）ノルマには、達成が強く求められる業績目標等を含む。<br>　また、未達成については、期限に至っていない場合でも、達成できない状況が明らかになったときにはこの項目で評価する。<br>（注）パワーハラスメントに該当する場合は、項目22で評価する。 | | | ・客観的に相当な努力があっても達成困難なノルマが達成できず、事後対応にも多大な労力を費やした（重いペナルティを課された等を含む） |
| 8 | | 新規事業や、大型プロジェクト（情報システム構築等を含む）などの担当になった | | ☆ | | ・新規事業等の内容、本人の職責、困難性の程度、能力と業務内容のギャップの程度等<br>・その後の業務内容、業務量の程度、職場の人間関係、職場の支援・協力の有無及び内容等 | 【「弱」になる例】<br>・軽微な新規事業等（新規事業であるが、責任が大きいとはいえないもの、期限が定められていないもの等）の担当になった | 【「中」である例】<br>・新規事業等（新規・大型プロジェクト、新規研究開発、新規出店の統括、大型システム導入、会社全体や不採算部門の建て直し等、成功に対する高い評価が期待されやりがいも大きいが責任も大きい業務）の担当になり、当該業務に当たった | 【「強」になる例】<br>・経営に重大な影響のある新規事業等（失敗した場合に倒産を招きかねないもの、大幅な業績悪化につながるもの、会社の信用を著しく傷つけるもの、成功した場合に会社の新たな主要事業になるもの等）の担当であって、事業の成否に重大な責任のある立場に就き、当該業務に当たった |
| 9 | ②<br>仕事の失敗、過重な責任の発生等 | 顧客や取引先から対応が困難な注文や要求等を受けた | | ☆ | | ・顧客・取引先の重要性、注文・要求・指摘の内容、会社の被る負担・損害の内容、程度等<br>・事後対応の困難性、その後の業務内容、業務量の程度、職場の人間関係、職場の支援・協力の有無及び内容等<br>（注）ここでいう「要求等」とは、契約に付帯して商慣習上あり得る要求や、納品物の不適合の指摘等をいう。<br>（注）顧客からの指摘等が本人のミスによる場合は、項目４で評価する。<br>　また、顧客等の行為が著しい迷惑行為に該当する場合は、項目27で評価する。 | 【「弱」になる例】<br>・同種の経験等を有する労働者であれば達成可能な注文を出され、業務内容・業務量に一定の変化があった<br>・要望が示されたが、達成を強く求められるものではなく、業務内容・業務量に大きな変化もなかった<br>・顧客等から何らかの指摘を受けたが、特に対応を求められるものではなく、取引関係や、業務内容・業務量に大きな変化もなかった | 【「中」である例】<br>・業務に関連して、顧客や取引先から対応が困難な注文（大幅な値下げや納期の繰上げ、度重なる設計変更等）を受け、何らかの事後対応を行った<br>・業務に関連して、顧客等から納品物の不適合の指摘等その内容は妥当であるが対応が困難な指摘・要求を受け、その事後対応に従事した<br>・業務に関連して、顧客等から対応が困難な要求等を受け、その対応に従事した | 【「強」になる例】<br>・通常なら拒むことが明らかな注文（業績の著しい悪化が予想される注文、不適切な行為を内包する注文等）ではあるが、重要な顧客や取引先からのものであるためこれを受け、他部門や別の取引先と困難な調整に当たる等の事後対応に多大な労力を費やした<br>・顧客や取引先から重大な指摘・要求（大口の顧客等の喪失を招きかねないもの、会社の信用を著しく傷つけるもの等）を受け、その解消のために他部門や別の取引先と困難な調整に当たった |
| 10 | | 上司や担当者の不在等により、担当外の業務を行った・責任を負った | ☆ | | | ・担当外の業務の内容、責任、業務量の程度、本来業務との関係、能力・経験とのギャップ、職場の人間関係、職場の支援・協力の有無及び内容等<br>・代行期間等 | 【「弱」である例】<br>・上司等の不在時に上司等が担当していた業務を代行したが、当該業務は以前から経験しているものであった<br>・上司等の不在時に自らが当該業務の責任者の立場となったが、特に責任ある判断を求められる事態や追加の業務が生じる事態は生じなかった | 【「中」になる例】<br>・上司が長期間不在となり、各労働者との調整が必要なシフト表の作成等、一定の労力を要し責任もある業務を継続的に代行した | 【「強」になる例】<br>・上司等の急な欠員により、能力・経験に比して高度かつ困難な担当外の業務・重大な責任のある業務を長期間担当することを余儀なくされ、当該業務の遂行に多大な労力を費やした |

## 業務による心理的負荷評価表【令和５年評価表】

| | 出来事の類型 | 具体的出来事 | 平均的な心理的負荷の強度 | | | 心理的負荷の総合評価の視点 | 心理的負荷の強度を「弱」「中」「強」と判断する具体例 | | |
|---|---|---|---|---|---|---|---|---|---|
| | | | Ⅰ | Ⅱ | Ⅲ | | 弱 | 中 | 強 |
| 11 | ③<br>仕事の量・質 | 仕事内容・仕事量の大きな変化を生じさせる出来事があった | | ☆ | | ・業務の内容、困難性、能力・経験と業務内容のギャップ、職場の支援・協力の有無及び内容等<br>・時間外労働、休日労働の状況とその変化の程度、勤務間インターバルの状況等<br>・業務の密度の変化の程度、仕事内容、責任の変化の程度、仕事内容の変化の原因に係る社会的反響の大きさ等<br>（注）発病前おおむね６か月において、時間外労働時間数に大きな変化がみられる場合には、他の項目で評価される場合でも、この項目でも評価する。 | 【「弱」になる例】<br>・仕事内容の変化が容易に対応できるもの（※）であり、変化後の業務の負荷が大きくなかった<br>※多額とはいえない損失の事後対応、大きな説明会での発表、部下の増加・減少、所属部署の統廃合等<br>・仕事量（時間外労働時間数等）に、「中」に至らない程度の変化があった | 【「中」である例】<br>・担当業務内容の変更、初めて担当する業務や日常的には実施していない困難な業務の実施、損失や不具合の発生への対応等により、仕事内容の大きな変化が生じた<br>・取引量の急増、担当者の減少等により、仕事量の大きな変化（時間外労働時間数としてはおおむね20時間以上増加し１月当たりおおむね45時間以上となるなど）が生じた<br>・担当取引先からの契約を打ち切られるなど多額の損失が見込まれる事態が生じ、その原因に本人は関与していないが、当該損失を補うために積極的な営業活動等の事後対応を行った | 【「強」になる例】<br>・過去に経験したことがない仕事内容、能力・経験に比して質的に高度かつ困難な仕事内容等に変更となり、常時緊張を強いられる状態となった又はその後の業務に多大な労力を費やした<br>・仕事量が著しく増加して時間外労働も大幅に増える（おおむね倍以上に増加し１月当たりおおむね100時間以上となる）などの状況になり、業務に多大な労力を費やした（休憩・休日を確保するのが困難なほどの状態となった等を含む）<br>・会社の経営に影響するなどの特に多額の損失（倒産を招きかねない損失、大幅な業績悪化に繋がる損失等）が生じ、その原因に本人は関与していないが、倒産を回避するための金融機関や取引先への対応等の事後対応に多大な労力を費やした |
| 12 | | １か月に80時間以上の時間外労働を行った | | ☆ | | ・業務の困難性、能力・経験と業務内容のギャップ、職場の支援・協力の有無及び内容等<br>・業務の密度、業務内容、責任等<br>・長時間労働の継続期間、労働時間数、勤務間インターバルの状況等<br>（注）発病前おおむね６か月において、１か月におおむね80時間以上の時間外労働がみられる場合には、他の項目（項目11の仕事量の変化を除く）で評価される場合でも、この項目でも評価する。 | 【「弱」になる例】<br>・１か月におおむね80時間未満の時間外労働を行った<br>（注）他の項目で労働時間の状況が評価されない場合に評価する。 | 【「中」である例】<br>・１か月におおむね80時間以上の時間外労働を行った | 【「強」になる例】<br>・発病直前の連続した２か月間に、１月当たりおおむね120時間以上の時間外労働を行った<br>・発病直前の連続した３か月間に、１月当たりおおむね100時間以上の時間外労働を行った<br>（注）発病直前の１か月におおむね160時間を超える等の極度の長時間労働は、特別な出来事として評価 |
| 13 | | ２週間以上にわたって休日のない連続勤務を行った | | ☆ | | ・業務の困難性、能力・経験と業務内容のギャップ、職場の支援・協力の有無及び内容等<br>・業務の密度、業務内容、責任等及びそれらの変化の程度等<br>・連続勤務の継続期間、労働時間数、勤務間インターバルの状況等 | 【「弱」になる例】<br>・休日労働を行った<br>・休日出勤により連続勤務となったが、休日の労働時間が特に短いものであった | 【「中」である例】<br>・平日の時間外労働だけではこなせない業務量がある、休日に対応しなければならない業務が生じた等の事情により、２週間以上にわたって連続勤務を行った（１日当たりの労働時間が特に短い場合を除く） | 【「強」になる例】<br>・１か月以上にわたって連続勤務を行った<br>・２週間以上にわたって連続勤務を行い、その間、連日、深夜時間帯に及ぶ時間外労働を行った（いずれも、１日当たりの労働時間が特に短い場合を除く） |

## 業務による心理的負荷評価表【令和５年評価表】

| | 出来事の類型 | 具体的出来事 | 平均的な心理的負荷の強度 Ⅰ | Ⅱ | Ⅲ | 心理的負荷の総合評価の視点 | 心理的負荷の強度を「弱」「中」「強」と判断する具体例 弱 | 中 | 強 |
|---|---|---|---|---|---|---|---|---|---|
| 14 | | 感染症等の病気や事故の危険性が高い業務に従事した | | ☆ | | ・業務の内容・困難性（ばく露のおそれがある病原体・化学物質等の有害因子の性質・危険性等を含む）、能力・経験と業務内容のギャップ、職場の支援・協力（教育訓練の状況や防護・災害防止対策の状況等を含む）の有無及び内容等<br>・当該業務に従事する経緯、その予測の度合、当該業務の継続期間等 | 【「弱」になる例】<br>・重篤ではない感染症等の病気や事故の危険性がある業務に従事した<br>・感染症等の病気や事故の危険性がある業務ではあるが、防護等の対策の負担は大きいものではなかった | 【「中」である例】<br>・感染症等の病気や事故の危険性が高い業務に従事し、防護等対策も一定の負担を伴うものであったが、確立した対策を実施すること等により職員のリスクは低減されていた | 【「強」になる例】<br>・新興感染症の感染の危険性が高い業務等に急遽従事することとなり、防護対策も試行錯誤しながら実施する中で、施設内における感染等の被害拡大も生じ、死の恐怖等を感じつつ業務を継続した |
| 15 | ③<br>仕事の量・質 | 勤務形態、作業速度、作業環境等の変化や不規則な勤務があった | ☆ | | | ・交替制勤務、深夜勤務等、勤務形態の変化の内容、変化の程度、変化に至る経緯、変化後の状況等<br>・作業速度（仕事のペース）、作業環境（騒音、照明、温度、湿度、換気、臭気等）、作業場所の変化の内容、変化の程度、変化に至る経緯、変化後の状況等<br>・勤務の不規則な程度、一般的な日常生活・労働者の過去の経験とのギャップ、深夜勤務や勤務間インターバルの状況等 | 【「弱」である例】<br>・日勤から夜勤、交替制勤務等に変更になったが、業務内容・業務量にも変更はなかった<br>・自分の勤務形態がテレワークになった、部下、上司、同僚等がテレワークになった | 【「中」になる例】<br>・客観的に夜勤への対応が困難な事情があり、これを会社が把握していたにもかかわらず頻回の夜勤を含む勤務に変更となり、睡眠時間帯が不規則な状況となった | 【「強」になる例】<br>・勤務形態が頻回の急な変更により著しく不規則となり、その予測も困難であって、生理的に必要な睡眠時間をまとまって確保できない状況となり、かつこれが継続した |
| 16 | ④<br>役割・地位の変化等 | 退職を強要された | | | ☆ | ・退職強要・退職勧奨に至る理由・経緯、退職強要等の態様、強要の程度、職場の人間関係等<br>・解雇に至る理由・経過、解雇通告や理由説明の態様、職場の人間関係等<br>（注）ここでいう「解雇」には、労働契約の形式上期間を定めて雇用されている者であっても、当該契約が期間の定めのない契約と実質的に異ならない状態となっている場合の雇止めの通知を含む。 | 【「弱」になる例】<br>・退職勧奨が行われたが、退職強要とはいえず、断ることによって終了し、職場の人間関係への悪影響もなかった<br>・業務状況や労働条件に関する面談の中で上司等から退職に関する発言があったが、客観的に退職勧奨がなされたとはいえないものであった<br>・早期退職制度の対象となり、年齢等の要件に合致して早期退職者の募集とこれに係る個人面談が複数回なされたが、当該制度の利用が強いられたものではなかった | 【「中」になる例】<br>・強い退職勧奨（早期退職制度の強い利用勧奨を含む）が行われたが、その方法、頻度等からして強要とはいえないものであった | 【「強」である例】<br>・退職の意思のないことを表明しているにもかかわらず、長時間にわたり又は威圧的な方法等により、執拗に退職を求められた<br>・突然解雇の通告を受け、何ら理由が説明されることなく又は明らかに不合理な理由が説明され、更なる説明を求めても応じられず、撤回されることもなかった |

## 業務による心理的負荷評価表【令和５年評価表】

| | 出来事の類型 | 具体的出来事 | 平均的な心理的負荷の強度 Ⅰ | Ⅱ | Ⅲ | 心理的負荷の総合評価の視点 | 心理的負荷の強度を「弱」「中」「強」と判断する具体例 弱 | 中 | 強 |
|---|---|---|---|---|---|---|---|---|---|
| 17 | ④役割・地位の変化等 | 転勤・配置転換等があった | | ☆ | | ・職種、職務の変化の程度、転勤・配置転換等の理由・経緯等<br>・転勤の場合、単身赴任の有無、海外の治安の状況等<br>・業務の困難性、能力・経験と業務内容のギャップ等<br>・その後の業務内容、業務量の程度、職場の人間関係、職場の支援・協力の有無及び内容等<br>（注）出向を含む。 | 【「弱」になる例】<br>・以前に経験した場所・業務である等、転勤・配置転換等の後の業務が容易に対応できるものであり、変化後の業務の負荷が軽微であった | 【「中」である例】<br>・過去に経験した場所・業務ではないものの、経験、年齢、職種等に応じた通常の転勤・配置転換等であり、その後の業務に対応した<br>（注）ここでの「転勤」は、勤務場所の変更であって転居を伴うものを指す。「配置転換」は、所属部署（担当係等）、勤務場所の変更を指し、転居を伴うものを除く。 | 【「強」になる例】<br>・転勤先は初めて赴任する外国であって現地の職員との会話が不能、治安状況が不安といったような事情から、転勤後の業務遂行に著しい困難を伴った<br>・配置転換後の業務が、過去に経験した業務と全く異なる質のものであり、これに対応するのに多大な労力を費やした<br>・配置転換後の地位が、過去の経験からみて異例なほど重い責任が課されるものであり、これに対応するのに多大な労力を費やした<br>・配置転換の内容が左遷（明らかな降格で配置転換としては異例、不合理なもの）であって職場内で孤立した状況になり、配置転換後の業務遂行に著しい困難を伴った |
| 18 | | 複数名で担当していた業務を１人で担当するようになった | | ☆ | | ・職務、責任、業務内容、業務量の変化の程度等<br>・その後の業務内容、業務量の程度、職場の人間関係、職場の支援・協力の有無及び内容等 | 【「弱」になる例】<br>・複数名で担当していた業務を一人で担当するようになったが、業務内容・業務量はほとんど変化がなかった、職場の支援が十分になされていた<br>・複数名で担当していた業務を一人で担当するようになったが、研修・引継期間等の終了に伴うもので、本来一人で担当することが予定されたものであった | 【「中」である例】<br>・複数名で担当していた業務を一人で担当するようになり、業務内容・業務量が増加するとともに、職場の支援が少なく業務に係る相談や休暇取得が困難となった | 【「強」になる例】<br>・人員削減等のため業務を一人で担当するようになり、職場の支援等もなされず孤立した状態で業務内容、業務量、責任が著しく増加して業務密度が高まり、必要な休憩・休日も取れない等常時緊張を強いられるような状態となって業務遂行に著しい困難を伴った |
| 19 | | 雇用形態や国籍、性別等を理由に、不利益な処遇等を受けた | | ☆ | | ・不利益な処遇等（差別に該当する場合も含む）の理由・経緯、内容、程度、職場の人間関係等<br>・その継続する状況 | 【「弱」になる例】<br>・労働者間に処遇の差異があるが、その差は小さいものであった、又は理由のあるものであった<br>・軽微な不利益処遇を受けたが、理由のあるものであった（客観的には不利益とはいえないものも含む） | 【「中」である例】<br>・非正規雇用労働者であるなどの雇用形態や国籍、性別等の理由、又はその他の理由により、不利益な処遇等を受けた | 【「強」になる例】<br>・雇用形態や国籍、人種、信条、性別等を理由になされた仕事上の差別、不利益取扱いの程度が著しく大きく、人格を否定するようなものであって、かつこれが継続した<br>※性的指向・性自認に関する差別等を含む。 |
| 20 | | 自分の昇格・昇進等の立場・地位の変更があった | ☆ | | | ・職務・責任、職場における役割・位置付けの変化の程度等<br>・その後の業務内容、職場の人間関係等 | 【「弱」である例】<br>・昇進し管理業務等を新たに担当することとなったが、本人の能力や経験と乖離したものではなかった | 【「中」になる例】<br>・本人の経験等と著しく乖離した責任が課せられたものであったが、職場内における研修・支援等があり、昇進後の職責は困難なものではなかった | 【「強」になる例】<br>・本人の経験等と著しく乖離した重い責任・極めて困難な職責が課せられ、職場の支援等もなされず孤立した状態で当該職責を果たすこととなり、当該昇進後の業務に多大な労力を費やした |

## 業務による心理的負荷評価表【令和５年評価表】

| | 出来事の類型 | 具体的出来事 | 平均的な心理的負荷の強度 | | | 心理的負荷の総合評価の視点 | 心理的負荷の強度を「弱」「中」「強」と判断する具体例 | | |
|---|---|---|---|---|---|---|---|---|---|
| | | | Ⅰ | Ⅱ | Ⅲ | | 弱 | 中 | 強 |
| 21 | ④役割・地位の変化等 | 雇用契約期間の満了が迫った | ☆ | | | ・契約締結時、期間満了前の説明の有無、その内容、その後の状況、職場の人間関係等 | 【「弱」である例】<br>・契約期間の満了が迫ったが、契約更新が見込まれるものであった<br>・契約終了（雇止め）の通告があったが、事前に十分な説明が尽くされる等、契約更新が期待されるものではなかった<br>・派遣先における派遣期間の終了が迫ったが、派遣元において雇用維持がなされる状況であった | 【「中」になる例】<br>・事前の説明が尽くされていない突然の契約終了（雇止め）通告であり契約終了までの期間が短かった | 【「強」になる例】<br>・契約の更新等を強く期待することが合理的な状況であった（上司等がそのような言動を継続的に行っていた）にもかかわらず、突然に契約終了（雇止め）が通告され、通告時の態様も著しく配慮を欠くものであった |
| 22 | ⑤パワーハラスメント | 上司等から、身体的攻撃、精神的攻撃等のパワーハラスメントを受けた | | | ☆ | ・指導・叱責等の言動に至る経緯や状況等<br>・身体的攻撃、精神的攻撃等の内容、程度、上司（経営者を含む）等との職務上の関係等<br>・反復・継続など執拗性の状況<br>・就業環境を害する程度<br>・会社の対応の有無及び内容、改善の状況等<br>（注）当該出来事の評価対象とならない対人関係のトラブルは、出来事の類型「対人関係」の各出来事で評価する。<br>（注）「上司等」には、職務上の地位が上位の者のほか、同僚又は部下であっても、業務上必要な知識や豊富な経験を有しており、その者の協力が得られなければ業務の円滑な遂行を行うことが困難な場合、同僚又は部下からの集団による行為でこれに抵抗又は拒絶することが困難である場合も含む。 | 【「弱」になる例】<br>・上司等による「中」に至らない程度の身体的攻撃、精神的攻撃等が行われた | 【「中」になる例】<br>・上司等による次のような身体的攻撃・精神的攻撃等が行われ、行為が反復・継続していない<br>▶治療を要さない程度の暴行による身体的攻撃<br>▶人格や人間性を否定するような、業務上明らかに必要性がない又は業務の目的を逸脱した精神的攻撃<br>▶必要以上に長時間にわたる叱責、他の労働者の面前における威圧的な叱責など、態様や手段が社会通念に照らして許容される範囲を超える精神的攻撃<br>▶無視等の人間関係からの切り離し<br>▶業務上明らかに不要なことや遂行不可能なことを強制する等の過大な要求<br>▶業務上の合理性なく仕事を与えない等の過小な要求<br>▶私的なことに過度に立ち入る個の侵害 | 【「強」である例】<br>・上司等から、治療を要する程度の暴行等の身体的攻撃を受けた<br>・上司等から、暴行等の身体的攻撃を反復・継続するなどして執拗に受けた<br>・上司等から、次のような精神的攻撃等を反復・継続するなどして執拗に受けた<br>▶人格や人間性を否定するような、業務上明らかに必要性がない又は業務の目的を大きく逸脱した精神的攻撃<br>▶必要以上に長時間にわたる厳しい叱責、他の労働者の面前における大声での威圧的な叱責など、態様や手段が社会通念に照らして許容される範囲を超える精神的攻撃<br>▶無視等の人間関係からの切り離し<br>▶業務上明らかに不要なことや遂行不可能なことを強制する等の過大な要求<br>▶業務上の合理性なく仕事を与えない等の過小な要求<br>▶私的なことに過度に立ち入る個の侵害<br>・心理的負荷としては「中」程度の身体的攻撃、精神的攻撃等を受けた場合であって、会社に相談しても又は会社がパワーハラスメントがあると把握していても適切な対応がなく、改善がなされなかった<br>※性的指向・性自認に関する精神的攻撃等を含む。 |
| 23 | ⑥対人関係 | 同僚等から、暴行又はひどいいじめ・嫌がらせを受けた | | | ☆ | ・暴行又はいじめ・嫌がらせに至る経緯や状況等<br>・暴行又はいじめ・嫌がらせの内容、程度、同僚等との職務上の関係等<br>・反復・継続など執拗性の状況<br>・会社の対応の有無及び内容、改善の状況等 | 【「弱」になる例】<br>・同僚等から、「中」に至らない程度の言動を受けた | 【「中」になる例】<br>・同僚等から、治療を要さない程度の暴行を受け、行為が反復・継続していない<br>・同僚等から、人格や人間性を否定するような言動を受け、行為が反復・継続していない | 【「強」である例】<br>・同僚等から、治療を要する程度の暴行等を受けた<br>・同僚等から、暴行等を反復・継続するなどして執拗に受けた<br>・同僚等から、人格や人間性を否定するような言動を反復・継続するなどして執拗に受けた<br>・心理的負荷としては「中」程度の暴行又はいじめ・嫌がらせを受けた場合であって、会社に相談しても又は会社が暴行若しくはいじめ・嫌がらせがあると把握していても適切な対応がなく、改善がなされなかった<br>※性的指向・性自認に関する いじめ等を含む。 |

## 業務による心理的負荷評価表【令和５年評価表】

| | 出来事の類型 | 具体的出来事 | 平均的な心理的負荷の強度 Ⅰ | Ⅱ | Ⅲ | 心理的負荷の総合評価の視点 | 心理的負荷の強度を「弱」「中」「強」と判断する具体例 弱 | 中 | 強 |
|---|---|---|---|---|---|---|---|---|---|
| 24 | ⑥対人関係 | 上司とのトラブルがあった | | ☆ | | ・トラブルに至る経緯や状況等<br>・トラブルの内容、程度、回数、上司（経営者を含む）との職務上の関係等<br>・その後の業務への支障等<br>・会社の対応の有無及び内容、改善の状況等 | 【「弱」になる例】<br>・上司から、業務指導の範囲内である指導・叱責を受けた<br>・業務をめぐる方針等において、上司との考え方の相違が生じた（客観的にはトラブルとはいえないものも含む） | 【「中」である例】<br>・上司から、業務指導の範囲内である強い指導・叱責を受けた<br>・業務をめぐる方針等において、周囲からも客観的に認識されるような大きな対立が上司との間に生じた | 【「強」になる例】<br>・業務をめぐる方針等において、周囲からも客観的に認識されるような大きな対立が上司との間に生じ、その後の業務に大きな支障を来した |
| 25 | | 同僚とのトラブルがあった | | ☆ | | ・トラブルに至る経緯や状況等<br>・トラブルの内容、程度、回数、同僚との職務上の関係等<br>・その後の業務への支障等<br>・会社の対応の有無及び内容、改善の状況等 | 【「弱」になる例】<br>・業務をめぐる方針等において、同僚との考え方の相違が生じた（客観的にはトラブルとはいえないものも含む） | 【「中」である例】<br>・業務をめぐる方針等において、周囲からも客観的に認識されるような大きな対立が同僚との間に生じた<br>・同僚との対立により、本来得られるべき業務上必要な協力が得られず、業務に一定の影響が生じた | 【「強」になる例】<br>・業務をめぐる方針等において、周囲からも客観的に認識されるような大きな対立が多数の同僚との間に又は頻繁に生じ、その後の業務に大きな支障を来した |
| 26 | | 部下とのトラブルがあった | | ☆ | | ・トラブルに至る経緯や状況等<br>・トラブルの内容、程度、回数、部下との職務上の関係等<br>・その後の業務への支障等<br>・会社の対応の有無及び内容、改善の状況等 | 【「弱」になる例】<br>・業務をめぐる方針等において、部下との考え方の相違が生じた（客観的にはトラブルとはいえないものも含む） | 【「中」である例】<br>・業務をめぐる方針等において、周囲からも客観的に認識されるような大きな対立が部下との間に生じた<br>・部下との対立により、本来得られるべき業務上必要な協力が得られず、業務に一定の影響が生じた | 【「強」になる例】<br>・業務をめぐる方針等において、周囲からも客観的に認識されるような大きな対立が多数の部下との間に又は頻繁に生じ、その後の業務に大きな支障を来した |
| 27 | | 顧客や取引先、施設利用者等から著しい迷惑行為を受けた | | ☆ | | ・迷惑行為に至る経緯や状況等<br>・迷惑行為の内容、程度、顧客等（相手方）との職務上の関係等<br>・反復・継続など執拗性の状況<br>・その後の業務への支障等<br>・会社の対応の有無及び内容、改善の状況等<br>（注）著しい迷惑行為とは、暴行、脅迫、ひどい暴言、著しく不当な要求等をいう。 | 【「弱」になる例】<br>・顧客等から、「中」に至らない程度の言動を受けた | 【「中」である例】<br>・顧客等から治療を要さない程度の暴行を受け、行為が反復・継続していない<br>・顧客等から、人格や人間性を否定するような言動を受け、行為が反復・継続していない<br>・顧客等から、威圧的な言動などその態様や手段が社会通念に照らして許容される範囲を超える著しい迷惑行為を受け、行為が反復・継続していない | 【「強」になる例】<br>・顧客等から、治療を要する程度の暴行等を受けた<br>・顧客等から、暴行等を反復・継続するなどして執拗に受けた<br>・顧客等から、人格や人間性を否定するような言動を反復・継続するなどして執拗に受けた<br>・顧客等から、威圧的な言動などその態様や手段が社会通念に照らして許容される範囲を超える著しい迷惑行為を、反復・継続するなどして執拗に受けた<br>・心理的負荷としては「中」程度の迷惑行為を受けた場合であって、会社に相談しても又は会社が迷惑行為を把握していても適切な対応がなく、改善がなされなかった |

## 業務による心理的負荷評価表【令和5年評価表】

| | 出来事の類型 | 具体的出来事 | 平均的な心理的負荷の強度 | | | 心理的負荷の総合評価の視点 | 心理的負荷の強度を「弱」「中」「強」と判断する具体例 | | |
|---|---|---|---|---|---|---|---|---|---|
| | | | Ⅰ | Ⅱ | Ⅲ | | 弱 | 中 | 強 |
| 28 | ⑥対人関係 | 上司が替わる等、職場の人間関係に変化があった | ☆ | | | ・人間関係の変化の内容等<br>・その後の業務への支障等 | 【「弱」である例】<br>・上司が替わったが、特に業務内容に変更もなく、上司との関係に問題もなかった<br>・良好な関係にあった上司、同僚等が異動・退職した<br>・同僚・後輩に昇進で先を越されたが、人間関係に問題が生じたものではなかった | (注) 上司が替わった、同僚等に昇進で先を越された等に伴い、上司・同僚等との関係に問題が生じたときには、項目22～25で評価する。 | |
| 29 | ⑦セクシュアルハラスメント | セクシュアルハラスメントを受けた | | ☆ | | ・セクシュアルハラスメントの内容、程度等<br>・その継続する状況<br>・会社の対応の有無及び内容、改善の状況、職場の人間関係等 | 【「弱」になる例】<br>・「○○ちゃん」等のセクシュアルハラスメントに当たる発言をされた<br>・職場内に水着姿の女性のポスター等を掲示された | 【「中」である例】<br>・胸や腰等への身体接触を含むセクシュアルハラスメントであっても、行為が継続しておらず、会社が適切かつ迅速に対応し発病前に解決した<br>・身体接触のない性的な発言のみのセクシュアルハラスメントであって、発言が継続していない<br>・身体接触のない性的な発言のみのセクシュアルハラスメントであって、複数回行われたものの、会社が適切かつ迅速に対応し発病前にそれが終了した | 【「強」になる例】<br>・胸や腰等への身体接触を含むセクシュアルハラスメントであって、継続して行われた<br>・胸や腰等への身体接触を含むセクシュアルハラスメントであって、行為は継続していないが、会社に相談しても適切な対応がなく、改善がなされなかった又は会社への相談等の後に職場の人間関係が悪化した<br>・身体接触のない性的な発言のみのセクシュアルハラスメントであって、発言の中に人格を否定するようなものを含み、かつ継続してなされた<br>・身体接触のない性的な発言のみのセクシュアルハラスメントであって、性的な発言が継続してなされ、会社に相談しても又は会社がセクシュアルハラスメントがあると把握していても適切な対応がなく、改善がなされなかった<br>(注) 強姦や、本人の意思を抑圧して行われたわいせつ行為などのセクシュアルハラスメントは、特別な出来事として評価 |
| 【恒常的長時間労働がある場合に「強」となる具体例】 | | | | | | 1か月おおむね100時間の時間外労働を「恒常的長時間労働」の状況とし、次の①～③の場合には当該具体的出来事の心理的負荷を「強」と判断する。<br>①　具体的出来事の心理的負荷の強度が労働時間を加味せずに「中」程度と評価され、かつ、出来事の後に恒常的長時間労働が認められる場合<br>②　具体的出来事の心理的負荷の強度が労働時間を加味せずに「中」程度と評価され、かつ、出来事の前に恒常的長時間労働が認められ、出来事後すぐに（出来事後おおむね10日以内に）発病に至っている場合、又は、出来事後すぐに発病には至っていないが事後対応に多大な労力を費やしその後発病した場合<br>③　具体的出来事の心理的負荷の強度が、労働時間を加味せずに「弱」程度と評価され、かつ、出来事の前及び後にそれぞれ恒常的長時間労働が認められる場合 | | | |

・パワーハラスメントの六類型すべての具体例、性的指向・性自認に関する精神的攻撃等を含むことを明記
・一部の心理的負荷の強度しか具体例が示されていなかった具体的出来事について、他の強度の具体例を明記
・上記のほか、各具体例や総合評価の視点欄の記載を全般に拡充
・「出来事後の状況の評価に共通の視点」に代えて「総合評価の留意事項」として次の三点を明示。
➤出来事の総合評価に当たっては、出来事それ自体と、当該出来事の継続性や事後対応の状況、職場環境の変化などの出来事後の状況の双方を十分に検討し、例示されているもの以外であっても出来事に伴って発生したと認められる状況や、当該出来事が生じるに至った経緯等も含めて総合的に考慮して、当該出来事の心理的負荷の程度を判断する。

➤職場の支援・協力が欠如した状況であること（問題への対処、業務の見直し、応援体制の確立、責任の分散その他の支援・協力がなされていない等）は、総合評価を強める要素となる。

➤仕事の裁量性が欠如した状況であること（仕事が孤独で単調となった、自分で仕事の順番・やり方を決めることができなくなった、自分の技能や知識を仕事で使うことが要求されなくなった等）は、総合評価を強める要素となる。

## ３　精神障害の範囲と診断

### (1)　対象疾病

二三年専門検討会は、業務上疾病の対象となる精神障害について、改めてすべての精神障害を検討対象としたうえで次のとおり結論付けた。

「対象疾病に関して、（一一年報告書が、）原則として、国際疾病分類第一〇回改訂版（以下『ＩＣＤ－10』という。）第Ⅴ章に示される『精神および行動の障害』（中略）を対象とするとしている趣旨は、精神障害の分類方法等について世界保健機関（ＷＨＯ）が定めた基準を用いることを明示したものであり、精神障害事案を斉一的に取り扱うため、今後もこれを維持することが適当である。また、これはアメリカ精神医学会による基準（ＤＳＭ-Ⅳ-ＴＲ）など他の診断基準を否定するものではない。さらに、業務に関連して発病する可能性の高い精神障害は、ＩＣＤ－10の分類でいうＦ０からＦ４に分類される精神障害であるが、そのうちＦ０〈症状性を含む器質性精神障害〉及びＦ１〈精神作用物質使用による精神及び行動の障害〉に分類される精神障害については、他の認定基準等により頭部外傷、脳血管疾患、中枢神経変性疾患等、器質性脳疾患の併発疾病としての認定が行われるべきこと、Ｆ５からＦ９に分類される精神障害については業務との関連で発病することは少ないと考えられること、いわゆる心身症は本検討会で検討する精神障害には含まれないこと及び自殺の取扱いに関することについても、一一年報告書に示された考え方を維持することが適当である。」

さらに令和五年報告書が取りまとめられる段階では、ＩＣＤの最新版となる第一一回改訂版（以下「ＩＣＤ－11」という。）が発効されていたが、統計法に基づく統計基準「疾病、傷害及び死因の統計分類」（平成二七年二月一三日総務省告示第三五号）改正のためのＩＣＤ－11の日本語訳は作成中の状況であったことから、令和五年検討会として

表１　ICD－10第Ｖ章「精神及び行動の障害」分類

| 分類コード | 疾病の種類 |
|---|---|
| Ｆ０ | 症状性を含む器質性精神障害 |
| Ｆ１ | 精神作用物質使用による精神及び行動の障害 |
| Ｆ２ | 統合失調症、統合失調症型障害及び妄想性障害 |
| Ｆ３ | 気分［感情］障害 |
| Ｆ４ | 神経症性障害、ストレス関連障害及び身体表現性障害 |
| Ｆ５ | 生理的障害及び身体的要因に関連した行動症候群 |
| Ｆ６ | 成人の人格及び行動の障害 |
| Ｆ７ | 知的障害〈精神遅滞〉 |
| Ｆ８ | 心理的発達の障害 |
| Ｆ９ | 小児〈児童〉期及び青年期に通常発症する行動及び情緒の障害、詳細不明の精神障害 |

は、「対象疾病について現時点では現行〈平成二三年〉認定基準の内容を維持することとし、ＩＣＤ－11の日本語訳の確立を待って別途検討することが妥当と判断する」とされ、前記の整理が維持された。

これを踏まえ、認定基準の対象疾病は、ＩＣＤ－10第Ｖ章「精神及び行動の障害」に分類される精神障害であって、器質性のもの及び有害物質に起因するものを除くとされている。

(2)　対象疾病の概要

対象疾病のうち主なものについて、その病像等を次に説明する。

Ｆ20　統合失調症（Schizophrenia）

統合失調症性障害の一般的特徴は、思考及び知覚の基本的で特徴的な歪曲であり、感情の不適切又は鈍麻である。通常は意識清明で知的能力は保たれているが、時間の経過とともに何らかの認知的欠損が発現し進展していくことがある。最も重要な精神病理学的症状としては、考想化声、考想吹入又は考想奪取、考想伝播、妄想知覚及びさせられ妄想、影響され又は動かされる体験、第三者の形で患者を批評したり話題にする幻声、思考障害及び陰性症状がある。

統合失調症性障害の経過は、持続性であるか、又は挿間性であって進行性又は継続性の欠陥を伴うか、あるいは完全又は不完全な寛解を伴う一回又は複数のエピソードがあるかである。

顕著な抑うつ性又は躁性の症状がある場合には、感情障害に先行して統合失調症症状があったことが明白でない限りは、統合失調症の診断をしてはならない。また、明らかな脳疾患が存在したり、あるいは薬物中毒又は離脱状態の間も、統合失調症と診断してはならない。統合失調症に類似する障害がてんかん又はその他の脳疾患があって生じた場合にはＦ06・2に分類するべきであり、精神作用物質による類似の障害はＦ10－Ｆ19で共通四桁項目・5を付けて分類するべきである。

Ｆ30－39　気分［感情］障害（Mood [affective] disorders）

本中間分類は基本的な障害が、感情又は気分の抑うつ（不安を伴う場合と伴わない場合がある）、又は高揚への変化である障害を含んでいる。この気分変化は通常は活動性の全体的水準の変化を伴っており、その他の症状のほとんどのものは気分と活動性の変化から二次性に生じるものであるか、そのような変化からの前後関係において容易に理解されるものである。これらの障害のほとんどは反復する傾向があり、個々のエピソードの発病はしばしばストレスの多い出来事や状況に関連させることができる。

Ｆ30　躁病エピソード（Manic episode）

本項目のなかの四桁細分類項目はすべて、一回のエピソードに対してのみ使用するべきである。過去に一回以上の感情病のエピソード（うつ病、軽躁病、躁病、混合性のいずれでも）を有する患者における軽躁病又は躁病のエピソードは双極性感情障害〈躁うつ病〉（Ｆ31・－）としてコードするべきである。

Ｆ30・０　軽躁病

この障害の特徴は、気分の持続的な軽度の高揚、気力と活動性の増加、そしてしばしば幸福感の亢進と著明な心身能力増進感である。社交性増大、多弁、過度の馴れ馴れしさ、性的活力増大及び睡眠欲求減少がしばしば存在するが、仕事の大きな破綻を招いたり、社会的に排除される程にまでは至らない。通常は多幸的で社交的であるが、それが焦燥感や思い上がり、粗野な行動に替わることもある。気分と行動の障害に幻覚又は妄想を伴うことはない。

Ｆ30・１　精神病症状を伴わない躁病

患者が置かれた状況とは不釣り合いに気分が高揚し、呑気な陽気さからほとんど制御できない興奮に至るまでの間で変化する。気分高揚は活力増大を伴い、活動過多や談話心迫、睡眠欲求減少を生じる。注意を持続できず、しばしば転導性が亢進する。自尊心は増大し、誇大観念や自信過剰を伴う。正常な社会的抑制の喪失は、無謀で向こう見ずな、又は状況に対して不適切な、その人らしくない行動を生じることがある。

Ｆ30・２　精神病症状を伴う躁病

Ｆ30・１に記載された臨床像に加えて、妄想（通常は誇大的）又は幻覚（通常は患者に直接話しかけて来る幻声）が存在し、興奮や運動活動性過多、観念奔逸が非常に極端なので患者は通常のコミュニケーションでは了解できず、また、接近できない。

Ｆ31　双極性感情障害〈躁うつ病〉（Bipolar affective disorder）

この障害の特徴は、患者の気分と活動性水準が著明に障害されるような二回以上のエピソードがあることで、ある時には気分が高揚し意欲と活動性が亢進するが（軽躁病又は躁病）、他の場合には気分が沈滞し意欲と活動性が低下する（うつ病）。軽躁病又は躁病のエピソードだけを反復している患者はその他の双極性感情障害として分類するべきである。

Ｆ32　うつ病エピソード（Depressive episode）

下記の典型的な軽症、中等症又は重症のうつ病エピソードでは、患者は気分沈滞及び意欲減退、活動性低下にり患している。生活を楽しみ、何かに興味を持ち、何かに集中する能力が障害され、最小限の努力をしただけでも後では著明な疲労感を生じるのが普通である。通常は睡眠が障害され、食欲も減退する。自尊心と自信はほとんど常に低下し、軽症型でも何らかの罪責念慮又は自己無価値感がしばしば存在する。気分沈滞は来る日も来る日もほとんど変化せず、環境の変化にも反応せず、いわゆる〝身体的〟症状を伴い、物事への興味や嬉しいという感じが失われ、朝起きる普通の時間よりも数時間も早く目覚めてしまう。抑うつ気分は朝が最悪であり、著明な精神運動性減退、激越興奮、食欲喪失、体重減少、性欲喪失がある。これらの症状が存在する数及び重症度によって、うつ病エピソードを軽症、中等症又は重症と特定することができる。

Ｆ32・０　軽症うつ病エピソード

通常は上記の症状の少なくとも二ないし三種類の症状が存在する。通常、患者はこれらの症状で悩まされはするが、恐らくほとんどの活動は遂行が可能である。

Ｆ32・１　中等症うつ病エピソード

通常は上記の症状の四種類以上が存在し、患者は日常的活動を続けることに恐らく多大の困難を感じる。

Ｆ32・２　精神病症状を伴わない重症うつ病エピソード

このうつ病エピソードでは数種類の症状が著明にあり、患者を悩ませる。特徴的に見られるのは、自尊心の喪失と、自己無価値感ないし罪責念慮である。自殺念慮と自殺企図は一般的に見られ、通常いくつもの〝身体的〟症状が存在する。

Ｆ32・３　精神病症状を伴う重症うつ病エピソード

Ｆ32・２に記載されたうつ病エピソードがあるが、さらに幻覚、妄想、精神運動性抑制又は昏迷が非常に重症なので通常の社会的活動は不可能になる。自殺又は脱水、飢餓による死の危険があることがある。幻覚と妄想は気分に調和していることもしていないこともある。

Ｆ33　反復性うつ病性障害（Recurrent depressive disorder）

この障害の特徴は、うつ病エピソード（Ｆ32・－）に記載されたようなうつ病のエピソードを反復することであるが、気分高揚と意欲増進（躁病）の独立したエピソードは過去の病歴に一回もない。しかし軽症の気分高揚と活動過多（軽躁病）の短いエピソードがうつ病エピソードの直後に見られる場合があり、時には抗うつ薬治療がそれを促進することがある。

反復性うつ病性障害のより重症型（Ｆ33・２及びＦ33・３）は躁うつ病やメランコリー、生気うつ病及び内因性うつ病といった以前からの概念と共通点が多い。第一回目のエピソードは小児〈児童〉期から老年期に至るどの年齢で生じてもよい。発病は急激のことも緩徐のこともあり、障害の持続期間は数週から数か月くらいの幅がある。反復性うつ病性障害の患者に躁病のエピソードが生じるのではないかという危険性が完全に消え去ることはないが、実際に患者たちが経験して来たのは、多くのうつ病エピソードなのである。

もしも躁病エピソードが生じたら、診断は双極性感情障害〈躁うつ病〉（Ｆ31・－）に変更するべきである。

Ｆ34　持続性気分［感情］障害（Persistent mood [affective] disorders）

持続性でいつも変動している気分障害であり、個々のエピソードの大多数は軽躁病又は軽症うつ病エピソードの記載に該当するほど十分には重くない。この障害は長年続き、時には患者の成人後の人生の多大な部分にわたって続くので、かなりの苦痛と能力障害を引き起こす。ある時には、持続性感情障害のうえに反復性又は単発の躁病又はうつ病のエピソードが付け加わることがある。

Ｆ34・0　気分循環症〈Cyclothymia〉

抑うつと軽度の気分高揚の時期が数多くあるような、気分の持続的な不安定性がある。気分変動のどれを取っても、双極性感情障害〈躁うつ病〉（Ｆ31・－）又は反復性うつ病性障害（Ｆ33・－）と診断するのに十分なほどには重くないし、長引かない。この障害は双極性感情障害の患者の血縁者にしばしば見いだされる。気分循環症の患者でついには双極性感情障害を発現するものもある。

Ｆ34・1　気分変調症〈Dysthymia〉

少なくとも数年間は持続する慢性の抑うつ気分であるが、それほどは重症でなく、個々のエピソードもそれほどは遷延しないのであり、反復性うつ病性障害（Ｆ33・－）の重症、中等症又は軽症のどの型の診断にも適合しない。

Ｆ40　恐怖症性不安障害（Phobic anxiety disorders）

現実には危険のない状況であるのに、一定の明確な状況においてだけ、又は主としてそういう状況で不安が誘発される一群の障害である。その結果として、それらの状況は特徴的に回避され、又は恐怖をもって耐え忍ばれる。患者の関心は動悸や失神しそうだというような個々の症状に集中しており、しばしば死や自制喪失や狂気への二次的恐怖に関連している。恐怖症状況へ入ることを頭で考えただけでも、通常は予期不安が発生する。恐怖症性不安はうつ病としばしば共存する。恐怖症性不安とうつ病エピソードという二つの診断が必要なのか、又はどちらかただ一つの診断で良いのかは二つの病態の時間経過と相談の際の治療的配慮によって決定される。

F40・0　広場恐怖（症）

かなり明確な一群の恐怖症で、次のものに対する恐怖を含む。家を離れること。店、群衆及び人の集まる場所に入ること。列車やバス、飛行機での一人旅。

恐慌性〈パニック〉障害は現在と過去の両者のエピソードでしばしば特徴的に見られる。うつ病症状と強迫症状と社会恐怖は副次的な症状としてしばしば見られる。恐怖状況の回避は顕著に見られ、恐怖症患者のなかには恐怖状況を回避できるのでほとんど不安を感じないという人もいる。

F40・1　社会恐怖（症）

他人に見つめられる（視線）恐怖は、社交状況の回避に導く。より広い範囲に及んだ社会恐怖（症）は通常自尊心低下と批判恐怖に関連している。赤面、手指振戦、吐き気、又は尿意促迫が見られることがある。患者は時として不安の二次的徴候の一つを根本の問題だと信じてしまうことがある。症状は恐慌〈パニック〉発作へと進行する。

F40・2　特定の［個別的］恐怖（症）

非常に特異的な状況に限定された恐怖症で、次のようなことへの接近状況が恐怖症を生じる。特別の動物、高所、雷、くらやみ、飛行、閉所、公衆便所での排尿や排便、特定の食物を食べること、歯科受診又は出血・負傷の光景。

誘発状況には個人差があるが、それに接触すると、広場恐怖（症）や社会恐怖（症）の場合のように、恐慌〈パニック〉を誘発する可能性がある。

Ｆ41　その他の不安障害（Other anxiety disorders）

不安の出現が主要な症状であり、それはどんな特別な環境状況にも限定されていない。抑うつや強迫症状さらには恐怖症性不安の何らかの要素すら存在することがあるが、それらの症状は明らかに二次性又はより軽症である。

Ｆ41・０　恐慌性〈パニック〉障害［挿間性発作性不安］

本質的特徴は、反復する高度の不安発作と恐慌〈パニック〉であり、それは特別の状況又は一定の環境に限定されないので、予知不能である。他の不安障害と同じように、主要な症状としては突然始まる動悸、胸痛、窒息感、めまい及び非現実感（離人症又は現実感消失）がある。また、死んでしまうとか、自制心を失うとか、気が狂いそうだという二次的な恐怖もしばしばある。もしも患者が発作の発症時にうつ病性障害であれば、恐慌性〈パニック〉障害を主要診断とするべきではない。そのような場合には、恐慌〈パニック〉発作はおそらくうつ病の二次性のものであろう。

Ｆ41・１　全般性不安障害

全般性で持続性の不安であり、それは特別の環境状況において非常に優勢であったとしても、その環境状況に限定されることはない（つまり〝浮動性〟である）。主要症状は変動するが、それに含まれる訴えとしてはいつも神経がいらいらする、身震いがする、筋肉の緊張感、発汗、頭がふらふらする、動悸、めまい、心窩部不快感などがある。患者又は親類縁者が近いうちに病気になるとか事故に遭うとかいう恐怖その他の心配ごとがしばしば述べられる。

Ｆ41・２　混合性不安抑うつ障害

本項目は不安と抑うつの症状が両者とも存在する場合に用いられるべきである。しかし、不安と抑うつのどちらも明らかに優勢とは言えず、どちらのタイプの症状も個別に考えた場合、一方の診断を付けるほどには重症ではない。不安と抑うつの両者の症状が存在して、個々の診断を付けるのに十分なほどに重症である場合には、両者の診断名が記録されるべきであり、本項目は用いられるべきでない。

Ｆ42　強迫性障害〈強迫神経症〉（Obsessive-compulsive disorder）

本質的特徴は反復する強迫思考又は強迫行為である。強迫思考は患者の心に繰り返し繰り返し決まりきった形で浮かんでくる考えや、イメージ又は衝動である。それはほとんど常に患者を悩ませるものであり、患者はしばしばそれに抵抗するが、成功しない。

強迫思考は不随意的であり、しばしば不愉快なものであるが、患者自身の考えだと認識されている。強迫行為又は強迫儀式は決まりきった行動を繰り返し繰り返し反復するものである。それらは元来楽しいものではなく、もともと有益な仕事をやり遂げるといったものではない。その働きは、客観的にはありそうもない出来事が起こるのを防ぐことである。ありそうもない出来事として、しばしば見られるのは他人から害を与えられるとか、患者が他人に害を与えてしまうということで、患者は強迫行為をしなければそれが起こってしまうと心配するのである。通常、強迫行動は患者によって無意味で無駄なものだと認識されており、抵抗する試みが繰り返してなされるが、不安はほとんど変わらずに存在する。この強迫行為に対して抵抗すると不安がより強くなる。

Ｆ42・０　主として強迫思考又は反復思考

強迫思考は考え、精神的イメージ又は行為への衝動という形をとり、ほとんど常に患者を悩ませるものである。時には、その考えは些細なことだが日常生活では決定しなければならないことができなくなってしまうことに関連して、ものごとが決められず、終わりなくそれに替わるものを考えていることになる。強迫的反芻とうつ病との関係は特に密接であり、強迫障害の診断は反芻がうつ病エピソードのない時に生じて持続する場合にのみ選ばれるべきである。

Ｆ42・１　主として強迫行為［強迫儀式］

強迫行為の大多数が関係しているのは清潔にすること（特に手洗い）、潜在的に危険な状況が進展しないことを確認するために反復照合すること、又は整理整頓などである。実際に現れる強迫行動の基礎にあるのは、患者に対する危険又は患者により引き起こされる危険への恐怖であり、強迫儀式は危険を避けるための無駄な試みないしは象徴的試みである。

Ｆ43　重度ストレスへの反応及び適応障害（Reaction to severe stress, and adjustment disorders）

本項目に含まれる障害は他のものとは異なっており、単に症状学と経過を根拠にして同定するだけではなく、病因的影響を与える二つの要因のうちのどれか一つに基づいて同定されるのである。その二つの要因は、急性ストレス反応を生じるような極端にストレスが強い生活上の出来事（ライフイベント）、又は適応障害を生じるような持続性の不愉快な環境状況に導く重要な生活上の変化である。それより強くない心理社会的ストレス（〝ライフイベント〟）であっても、Ｆ４中の他の場所に分類されている非常に広い範囲の障害の発病誘因となるか、又はそれらの障害の存在に貢献することがあるが、その場合の軽いストレス（ライフイベント）の病因的重要性は必ずしも明確ではなく、各症例では個別的なしばしば特異体質的な脆弱性に依存していることが分かるであろう。つまり、軽いストレス要因（ライフイベント）はそのような障害の発生と形を説明するのには必要でもないし十分でもない。それに較べて、ここに集められた障害は常に急性重度ストレス又は持続性外傷体験の直接の結果として生じると考えられる。ストレスの多い出来事又は持続性の不愉快な環境要因は一次性で最大の病因的因子であり、この障害はそのようなストレスがなければ生じなかったであろう。F43の障害は、重度な又は持続性のストレスへの不適応反応であると考えられ、そのことにおいて、それらは有効な対処機能を妨げ、それゆえ社会的機能の障害へと導いている。

F43・0　急性ストレス反応

一過性の障害であり、その他にはいかなる明白な精神障害もないような人物において、極端な身体的及び精神的ストレスへの反応として発現するが、通常は数時間又は数日以内に消退する。個人の脆弱性と対処能力は急性ストレス反応の発生と重症度を決める役割を演じている。症状は典型的な混合型で変化する病像を示し、初期には〝ぼうっとした〟状態が見られ、意識野の何らかの狭窄、注意の狭小、刺激を理解できないこと及び失見当（識）などが見られる。この状態に続いて、周囲の状況からさらに引きこもるか（解離性昏迷の程度まで－F44・2）、又は興奮と過動（逃走反応又は遁走〈フーグ〉）を示す。恐慌〈パニック〉の不安における自律神経症状（心悸亢進、発汗、潮紅）は普通に見られる。症状はストレスの多い刺激又は出来事の衝撃から数分以内に出現し、二～三日間（しばしば数時間以内）で消失する。エピソードについては部分的又は完全な健忘（F44・0）を生じることがある。症状が持続する場合には、診断（及び治療）の変更を考慮するべきである。

F43・1　外傷後ストレス障害

ほとんど誰にでも広範な苦悩を引き起こしそうで、極端に脅威的又は破局的な性質を持った、ストレスの多い出来事又は状況（短期でも長期でも）に対する遅延又は遷延反応として生じる。人格傾向（例えば強迫的、無力的）又は神経症の既往のような素質的要因はこの症候群の発生に対する閾《いき》値を低下させたり、その経過を増悪させることがあるが、それによって本症候群の発生を説明するには必要でもないし十分でもない。典型的な症状としては、払っても消えない思い出として外傷の再体験を反復するエピソード（〝フラッシュバック〟）、〝感情がない〟感じと感情鈍麻が持続する背景に対して生じる夢又は悪夢、他の人々からの孤立、周囲への反応低下、快楽消失、外傷を思い出させるような活動や状況を避けることがある。通常は自律神経系の過剰覚醒状態、及び驚愕反応亢進、不眠などがある。不安と抑うつが一般的に上述の自他覚症状に関連し、自殺念慮も稀ではない。外傷に続く発病の前に数週から数か月の範囲の潜伏期がある。経過は変動するが、大多数の症例では回復が期待できる。一部の患者では、この病態は何年にもなる慢性経過を示すことがあり、持続性の人格変化（Ｆ62・０）へ移行することもある。

Ｆ43・２　適応障害

自覚的苦悩と感情障害がある状態であり、通常は社会的機能と役割遂行を損ない、生活上の重大な変化又はストレスの多い生活上の出来事への適応期に生じる。ストレス因子は個人の社会的ネットワークのまとまりを侵したり（死別、別離体験）、より広い社会的支持システム及び社会的価値システムを侵したり（移民、難民状態）、又は発達過程での大きな過渡期や危機を表すものであったりする（学校へ行くこと、親になること、念願の個人的目標達成の失敗、引退）。個人の素質ないし脆弱性はこの適応障害の発生リスク及び症状の形成に重要な影響を与えるが、しかしこの病態はストレス因子なしに生じるものではない。症状は様々であり、抑うつ気分、不安、心配（これらの混合）、困難に対処し将来の計画を立て又は現在の状況を維持することができないと感じることを含んでいる。同様に日常普通の決まった行動にも多少の障害がある。行為障害が特に青年期では関連していることがある。主要な症状は短期又は遷延性の抑うつ反応又はその他の感情と行為の障害であろう。

F44　解離性［転換性］障害（Dissociative [conversion] disorders）

解離又は転換障害に共通することは、過去の記憶、同一性意識及び直接感覚の間の正常の統合身体的運動調節が部分的又は完全に失われることである。解離性障害のすべての型は数週から数か月後には回復する傾向にあり、その発病が外傷性の生活上の出来事に関連する場合は特にそうである。もしも発病が解決困難な問題や対人関係上の困難に関連する場合は、もっと慢性の障害、特に麻痺や無感覚が生じることがある。これらの障害は以前は〝転換ヒステリー〟の種々の形に分類されていた。それらは心因性の起源と考えられ、外傷性の出来事、解決できない耐えられないような問題、又は障害された人間関係の問題と時間的に密接に関連している。症状は身体疾患にどのような症状があるかについての患者の考えをしばしば表している。医学的診察や検査をしても既知の身体疾患や神経疾患は一つも見つからない。さらに、機能喪失は感情的葛藤や欲求の表現であるという証拠がある。症状は心理的ストレスと密接な関係をもって発展し、突然に出現する。正常では随意的に支配されている身体機能の障害と感覚喪失だけがここに含められる。疼痛及びその他の自律神経系が介在する複雑な身体感覚を含む障害は、身体化障害（F45・0）として分類される。後になって重大な身体的又は精神医学的な障害が現れる可能性を常に考えておくべきである。

F45　身体表現性障害（Somatoform disorders）

主要症状は検査所見に異常がなく、また医師がその症状には身体的根拠がないと保証するにもかかわらず、身体症状を反復して訴え、絶えず医学的検査を要求する。

たとえ何らかの身体的障害が存在するとしても、それは患者の訴える症状の性質や程度、あるいは患者の苦悩や症状へのとらわれを説明できない。

Ｆ48　その他の神経症性障害（Other neurotic disorders）

Ｆ48・０　神経衰弱

この障害の発現にはかなりの文化的相違があり、かなり重複する二つの主要な型がある。

第一の型では、主な特徴は精神的作業の後に疲労性亢進を訴え、しばしば日常の仕事の処理能率や職業遂行能力のある程度の低下に関連している。精神的易疲労性は、気を散らすような考えや過去の記憶が入ってきて不愉快であり、注意の集中が困難で、全般に効率よく考えられないということに典型的に描写されている。第二の型で強調されるのは、身体やその活動力の無力感と、わずかな仕事の後でも疲れ切ってしまい、筋肉の痛い感じがあり、リラックスできないことである。両者の型において、その他の不快な身体感覚の種々のものが一般的に見られており、例えば、めまい、緊張性頭痛、全身の不安定な感じなどである。精神と身体の健康減退の心配、焦燥感、快感消失及び変動する軽度の抑うつと不安の両者の訴えなどはすべて一般的に見られる。睡眠は入眠期と中間期がしばしば障害されるが、睡眠過剰もまた著明にみられる。

(3)　診　断

精神障害の診断に当たっては、ＩＣＤ－10作成の専門家チームが作成した「臨床記述と診断ガイドライン」（以下「ＩＣＤ－10診断ガイドライン」という。）に基づき実施されることとなる。

なお、診断に当たっては、ＩＣＤ－10診断ガイドラインのほかに、米国精神医学会の「精神疾患の分類と診断の手引」（ＤＳＭ－５）などが用いられる場合がある。

## (二)　業務上外の認定について

### 1　調査事項

心理的負荷に関連する精神障害の労災認定については、後掲の令和五年認定基準に基づいて判断することとなる。

令和五年認定基準は、認定要件として、「次の①、②及び③のいずれの要件も満たす対象疾病は、労働基準法施行規則別表第一の二第九号に該当する業務上の疾病として取り扱う。」としている。

① 対象疾病を発病していること。

② 対象疾病の発病前おおむね六か月の間に、業務による強い心理的負荷が認められること。

③ 業務以外の心理的負荷及び個体側要因により対象疾病を発病したとは認められないこと。

また、要件を満たす対象疾病に併発した疾病については、対象疾病に付随する疾病として認められるか否かを個別に判断し、これが認められる場合には当該対象疾病と一体のものとして、労働基準法施行規則別表第一の二第九号に該当する業務上の疾病として取り扱う。

したがって、労働基準監督署における調査は、この認定要件に該当するか否かについて判断ができるよう、必要な資料を収集する必要がある。

(1)　対象疾病の発病及び発病時期の確認

業務上外の判断の前提として、まず、精神障害の発病の有無、発病時期等を確認しなければならないが、治療歴のある事案と治療歴のない（自殺）事案では異なる。

治療歴のある事案にあっては、主治医に対する意見照会により、主治医の考える疾患名、発病時期、それらの診断根拠を明確にする必要がある。その際、発病の有無やその時期の判断は、基本的に、ＩＣＤ－10に準拠した診断意見となるように意見照会を行う。

なお、発病時期は心理的負荷の評価において重要であり、主治医からの医学意見を求めるに当たっては、発病時期について、できる限り時期を絞り込んだ意見を求める必要がある。

一方、治療歴のない事案にあっては、家族、職場の上司、同僚、部下等の関係者（以下「関係者」という。）から、前記(一)３(2)の疾病像の特徴に関連すると思われるエピソード等について、いつ、どのようなエピソードがあったかを具体的に聴取する。

多くの自殺事案にみられるように、治療歴はないが精神障害の発病が疑われる事案については、関係者に対して当該労働者の行動、言動、様子等精神障害に特徴的な症状に関する調査を尽くし、精神障害の発病の可能性、発病時期等の医学的判断が的確に行うことができるようにする。

(2)　業務による強い心理的負荷の有無の調査

関係者から、発病前おおむね六か月の間に、業務による過重な心理的負荷となる出来事として、いつ頃、どのようなことがあったかを聴取する。

労働時間に関する資料（第八節における労働時間に関する調査事項を参照）、業務の内容に関する資料（業務計画書、作業日報等）、その他当該労働者が過重な心理的負荷であったとする出来事及び出来事後の変化等について客観的な資料を収集する。

なお、職場の健康管理を全般的に行っている産業医から、当該労働者が所属する職場における労働衛生水準に関する意見、当該職場の精神健康面の問題点の有無、過去の精神健康上の問題についての意見を求めることは有益な情報となる。

(3)　業務以外の心理的負荷及び個体側要因の調査

関係者から、発病前おおむね六か月の間に、令和五年認定基準で示された「業務以外の心理的負荷評価表」（以下「令和五年認定基準別表2」という。）に該当する出来事として、いつ頃、どのようなことがあったかを確認する。

なお、令和五年認定基準別表２で心理的負荷の強度をⅢとしている出来事の存在が明らかな場合に、その詳細を調査することで足りる。

また、個体側要因とは、個人に内在している脆弱性・反応性であり、ストレスチェック及び医師面接指導記録等も参考となるが、労災請求をしている者から積極的に情報開示される場合を除きその収集は一般的に困難である。

このため、既往の精神障害や現在治療中の精神障害、アルコール依存状況等の存在が明らかな場合にその内容等を調査する。

## 2　業務上外の判断

### (1)　業務起因性の基本

精神障害に関する労災請求事案については、発病の原因が業務にあることが主張されるが、業務による出来事の心理的負荷が一般には強いと推定される事案であっても、同時期に業務以外の強い心理的負荷が生じている場合や、個体側要因が顕著に現れている場合があり得る。

このため、精神障害の業務起因性を判断するに当たっては、業務による心理的負荷の有無、程度を判断し、業務以外の心理的負荷や個体側要因についても確認したうえで、業務による強い心理的負荷が認められ、業務以外の強い心理的負荷や個体側要因が認められない場合には業務起因性を肯定し、業務による強い心理的負荷が認められない場合や、明らかに業務以外の心理的負荷や個体側要因によって発病したと認められる場合には、業務起因性が否定される。

判断の基本となるのは、「業務による強い心理的負荷」が客観的に認められることであり、本人にとってではなく、一般の労働者にとっても強い心理的負荷を与えると評価される出来事（その前後の状況を含む。）に遭遇したという事実によって判断されなければならない。出来事によって受ける心理的負荷の強さの程度は、個人ごとに差があるが、本節の冒頭、「ストレス―脆弱性理論」の項で説明したとおり、一般の労働者にとって強い心理的負荷とは言えないが本人にとって強い心理的負荷であったということであれば、それは個体側要因に負うところが大きいと言わざるを得ない。

ただし、一般の労働者といっても労働者の職種や経験等は様々であることから、労働者に与える心理的負荷の程度を一律に定めることは適当ではないため、労働者の属性に基づく修正をすることによって公平性を保つ必要がある。

したがって、精神障害を発病した労働者と職種、職責、年齢、経験等が類似する者を想定し、そのような者にとってどの程度の心理的負荷であるかを判断する方法が合理的であり、結局、「同種の労働者」が一般的にどう受け止めるかにより判断することになる。

⑵　発病の有無等の判断

心理的負荷の評価を行うに当たり、精神障害の発病の有無及びその発病時期を正しく把握することは、極めて重要である。

令和五年認定基準は、「対象疾病の発病の有無及び疾患名は、診断ガイドラインに基づき、主治医の意見書や診療録等の関係資料、請求人や関係者からの聴取内容、その他の情報から得られた認定事実により、医学的に判断する」としている。

なお、治療歴のない事案における発病の有無の判断に当たっては医学的見解が必須であることから、専門医による意見を求め、判断する。

また、発病時期について、令和五年認定基準は、「発病時期についても診断ガイドラインに基づき判断する。その特定が難しい場合にも、心理的負荷となる出来事との関係や、自殺事案については自殺日との関係等を踏まえ、できる限り時期の範囲を絞り込んだ医学意見を求めて判断する」としている。

この発病時期の範囲の絞り込みについて、令和五年認定基準は、次のとおり具体的判断を示している。

① 強い心理的負荷と認められる出来事の前と後の両方に発病の兆候と理解し得る言動があるものの、診断基準を満たした時期の特定が困難な場合には、出来事の後に発病したものと取り扱う

② 精神障害の治療歴のない自殺事案についても、請求人や関係者からの聴取等から得られた認定事実を踏まえ、医学専門家の意見に基づき発病時期を判断する。その際、精神障害は発病していたと考えられるものの、診断ガイドラインに示す診断基準を満たした時期の特定が困難な場合には、遅くとも自殺日までには発病していたものと判断する

③ 生死にかかわるケガ、強姦等の特に強い心理的負荷となる出来事を体験した場合、出来事の直後に解離等の心理的反応が生じ、受診時期が遅れることがある。このような場合には、当該心理的反応が生じた時期（特に強い心理的負荷となる出来事の直後）を発病時期と判断して当該出来事を評価の対象とする

(3)　業務による出来事の強度の評価

ア　業務による出来事の評価の範囲（評価期間）

令和五年認定基準は、認定要件として「対象疾病の発病前おおむね六か月の間に、業務による強い心理的負荷が認められること」としている。

判断指針、平成二三年認定基準及び令和五年認定基準のいずれも、評価期間は「発病前おおむね六か月」としている。

その理由について、令和五年報告書は、「ＩＣＤ－10診断ガイドラインにおいては、Ｆ43・1心的外傷後ストレス障害について、『トラウマ後、数週から数カ月にわたる潜伏期間（しかし六カ月を超えることはまれ）を経て発症する』と、また、Ｆ43・2適応障害について、『発症は通常ストレス性の出来事、あるいは生活の変化が生じてから一カ月以内であり』」としている。ＤＳＭ－5診断の手引においても、適応障害について「ストレス因の始まりから三カ月以内に情動面または行動面の症状が出現」とされている。このように、外傷的出来事（トラウマ）から遅れて発症することがある心的外傷後ストレス障害でも診断に六か月を超えることはまれであることが診断基準に示されている。近年の医学的知見においても「多くの研究が、疾病はきっかけとなる出来事から三－六か月以内に発病すると報告していた」と整理されている。また、平成二三年報告書では、「ライフイベント調査において面接により詳細な内容の調査を行う場合には、六か月を超えると個人の記憶の精度が大きく低下するため調査期間を六か月以内としているものが多いとされているところ、その根拠となった医学的知見について、これを否定するような新たな研究等もない」ことを挙げている。

以上のとおり、業務による出来事の評価の範囲は発病前おおむね六か月の間となるが、令和五年認定基準は、当該期間における心理的負荷を的確に評価するため、①ハラスメントやいじめのように出来事が繰り返されるものについては、繰り返される出来事を一体のものとして評価することとなるので、発病の六か月よりも前にそれが開始されている場合でも、発病前おおむね六か月の期間にも継続しているときは、開始時からのすべての行為を評価の対象とすること、②出来事の起点が発病の六か月より前であっても、その出来事（出来事後の状況）が継続している場合にあっては、発病前おおむね六か月の間における状況や対応について評価の対象とすることについて留意事項として示した。

イ　出来事の心理的負荷の強度の評価

(ア)　特別な出来事の評価

令和五年評価表に示す「特別な出来事」（「心理的負荷が極度のもの」、「極度の長時間労働」）が認められる場合は「強」と評価される。

令和五年評価表には、「心理的負荷が極度のもの」として、①生死にかかわる、極度の苦痛を伴う、又は永久労働不能となる後遺障害を残す業務上の病気やけが、②業務に関連し、他人を死亡させ、又は生死にかかわる重大なけがを負わせた、③強姦、本人の意思を抑圧して行われたわいせつ行為、④その他これらに準ずる程度の心理的負荷が極度のもの、が例示されている。

また、「極度の長時間労働」として、発病直前の一か月におおむね一六〇時間を超えるような、又はこれに満たない期間にこれと同程度（例えば三週間におおむね一二〇時間以上）の時間外労働を行ったことが示されている。

(イ)　特別な出来事以外の評価

「特別な出来事」以外の出来事については、調査によって得られた発病前おおむね六か月の間に認められた業務による出来事が、令和五年評価表の「具体的出来事」のどれに該当するか判断する。ただし、実際に起きた出来事が令和五年評価表の例示に完全に一致することはむしろ稀であるので、合致しない場合にも近い「具体的出来事」に当てはめることになる。

令和五年評価表別表1には、具体的出来事に「平均的な心理的負荷の強度」が示されているが、これを踏まえ、調査結果に基づき、当該出来事の総合評価を行う。

(ウ)　心理的負荷の総合評価の視点及び具体例

該当する「具体的出来事」に示された「心理的負荷の強度を「弱」「中」「強」と判断する具体例」（以下「具体例」という。）の内容に、認定した出来事及び出来事後の状況についての事実関係が合致する場合には、その強度で評価する。

事実関係が具体例に合致しない場合には、「具体的出来事」ごとに示している「心理的負荷の総合評価の視点」及び「総合評価の留意事項」に基づき、具体例も参考としつつ個々の事案ごとに評価することになる。

「心理的負荷の総合評価の視点」及び具体例は、次のa、bの考え方に基づいて示されており、この考え方は個々の事案の判断においても適用すべきものである。

a　出来事の類型①「事故や災害の体験」は、出来事自体の心理的負荷の強弱を特に重視した評価としている。

b　類型①以外の出来事については、「出来事」と「出来事後の状況」の両者を軽重の別なく評価しており、総合評価を「強」と判断するのは次のような場合である。

(a)　出来事自体の心理的負荷が強く、その後に当該出来事に関する本人の対応を伴っている場合

(b)　出来事自体の心理的負荷としては「中」程度であっても、その後に当該出来事に関する本人の特に困難な対応を伴っている場合

なお、令和五年評価表の具体例はあくまでも例示であるので、具体例の「強」の欄で示したもの以外は「強」と判断しないというものではない。

(エ)　総合評価の留意事項

出来事の総合評価に当たっては、令和五年評価表の「総合評価の留意事項」を踏まえ、評価しなければならない。

すなわち、出来事の総合評価に当たっては、出来事それ自体と、当該出来事の継続性や事後対応の状況、職場環境の変化などの出来事後の状況の双方を十分に検討し、例示されているもの以外であっても出来事に伴って発生したと認められる状況や、当該出来事が生じるに至った経緯等も含めて総合的に考慮して、当該出来事の心理的負荷の程度を判断する。その際、職場の支援・協力が欠如した状況であること（問題への対処、業務の見直し、応援体制の確立、責任の分散その他の支援・協力がなされていない等）や、仕事の裁量性が欠如した状況であること（仕事が孤独で単調となった、自分で仕事の順番・やり方を決めることができなくなった、自分の技能や知識を仕事で使うことが要求されなくなった等）は、総合評価を強める要素となる。

(オ)　長時間労働等の心理的負荷の評価

a　極度の長時間労働

極度の長時間労働、例えば数週間にわたる生理的に必要な最小限度の睡眠時間を確保できないほどの長時

間労働は、心身の極度の疲弊、消耗を来し、うつ病等の原因となると考えられている。臨床経験上、発病直前の一か月におおむね一六〇時間を超えるような時間外労働を行っている場合や、発病直前の三週間におおむね一二〇時間以上の時間外労働を行っているような場合には、ここでいう「心身の極度の疲弊、消耗を来し、うつ病等の原因となる場合」に該当するものと考えられている。

令和五年認定基準は、「発病直前の一か月におおむね一六〇時間を超える時間外労働を行った場合等には、当該極度の長時間労働に従事したことのみで心理的負荷の総合評価を『強』とする。」としている。

なお、ここでいう時間外労働とは、週四〇時間を超える労働時間をいうが、時間外労働時間数に基づく具体例等については、いずれも、休憩時間は少ないが手待時間が多い場合等、労働密度が特に低い場合を除くものであり、また、その業務内容が通常その程度の労働時間を要するものである場合を想定したものである（下記b、cにおいても同様）。

b　「具体的出来事」としての長時間労働の評価

判断指針では、極度の長時間労働の場合を除き、長時間労働それ自体は心理的負荷の生じる出来事として評価していなかった（出来事に伴う変化として評価）。

平成二三年認定基準では、日本産業精神保健学会のストレス調査の結果も踏まえ、特に、他に出来事が存在しない場合には、長時間労働それ自体を「出来事」とみなして平成二三年評価表に盛り込み、その心理的負荷を評価することができるよう改めた。すなわち、平成二三年評価表の項目16に「一か月に八〇時間以上の時間外労働を行った」が新たに設けられた。

令和五年認定基準においても、仕事内容・仕事量の大きな変化を生じさせる出来事により時間外労働が大幅に増えた場合（項目11）のほか、一か月に八〇時間以上の時間外労働が生じるような長時間労働となった状況それ自体を「出来事」とし（項目12）、その心理的負荷を評価することとしている。

c　恒常的長時間労働がある場合の他の出来事の総合評価

出来事に対処するために生じた長時間労働は、心身の疲労を増加させ、ストレス対応能力を低下させる要因となることや、長時間労働は一般に精神障害の準備状態を形成する要因となることから、恒常的な長時間労働の下で発生した出来事の心理的負荷は平均より強く評価される必要があると考えられ、そのような出来事と発病との近接性や、その出来事に関する対応の困難性等を踏まえて、出来事に係る心理的負荷の総合評価を行う。

このことから、令和五年評価表では、一か月おおむね一〇〇時間の時間外労働を「恒常的長時間労働」の状況とし、恒常的長時間労働がある場合に心理的負荷の総合評価が「強」となる具体例を次のとおり示している。

①　具体的出来事の心理的負荷の強度が労働時間を加味せずに「中」程度と評価され、かつ、出来事の後に恒常的長時間労働が認められる場合

②　具体的出来事の心理的負荷の強度が労働時間を加味せずに「中」程度と評価され、かつ、出来事の前に恒常的長時間労働が認められ、出来事後すぐに（出来事後おおむね一〇日以内に）発病に至っている場合、又は、出来事後すぐに発病には至っていないが事後対応に多大な労力を費しその後発病した場合

③　具体的出来事の心理的負荷の強度が、労働時間を加味せずに「弱」程度と評価され、かつ、出来事の前及び後にそれぞれ恒常的長時間労働が認められる場合

(カ)　ハラスメント等に関する心理的負荷の評価

ハラスメントやいじめのように出来事が繰り返されるものについては、繰り返される出来事を一体のものとして評価し、また、「その継続する状況」は、心理的負荷が強まるものと評価する。

また、令和五年評価表において、一定の行為を「反復・継続するなどして執拗に受けた」としている部分がある。これは、「執拗」と評価される事案について、一般的にはある行動が何度も繰り返されている状況にある場合が多いが、たとえ一度の言動であっても、これが比較的長時間に及ぶものであって、行為態様も強烈で悪質性を有する等の状況がみられるときにも「執拗」と評価すべき場合があるとの趣旨である。

ウ　複数の出来事の評価

令和五年認定基準では、精神障害発病前おおむね六か月の間に対象疾病の発病に関与したと考えられる業務による出来事が複数ある場合については、次のように業務による心理的負荷の全体を総合的に評価することとしている。

①　前記イによりそれぞれの具体的出来事について総合評価を行い、いずれかの具体的出来事によって「強」の評価が可能な場合は、業務による心理的負荷を「強」と判断する。

②　いずれの出来事でも単独では「強」と評価できない場合には、それらの複数の出来事について、関連して生じているのか、関連なく生じているのかを判断したうえで、次により心理的負荷の全体を総合的に判断する。

ａ　出来事が関連して生じている場合には、その全体を一つの出来事として評価することとし、原則として最初の出来事を具体的出来事として令和五年評価表に当てはめ、関連して生じた各出来事は出来事後の状況とみなす方法により、その全体について総合的な評価を行う。

具体的には、「中」である出来事があり、それに関連する別の出来事（それ単独では「中」の評価）が生じた場合には、後発の出来事は先発の出来事の出来事後の状況とみなし、当該後発の出来事の内容、程度により「強」又は「中」として全体を総合的に評価する。

なお、同一時点で生じた事象を異なる視点から検討している場合や、同一の原因により複数の事象が生じている場合、先発の出来事の結果、次の出来事が生じている場合等については、複数の出来事が関連して生じた場合と考えられる。

b　ある出来事に関連せずに他の出来事が生じている場合であって、単独の出来事の評価が「中」と評価する出来事が複数生じているときには、それらの出来事が生じた時期の近接の程度、各出来事と発病との時間的な近接の程度、各出来事の継続期間、各出来事の内容、出来事の数等によって、総合的な評価が「強」となる場合もあり得ることを踏まえつつ、事案に応じて心理的負荷の全体を評価する。この場合、全体の総合的な評価は、「強」又は「中」となる。

当該評価に当たり、それぞれの出来事が時間的に近接・重複して生じている場合には、「強」の水準に至るか否かは事案によるとしても、全体の総合的な評価はそれぞれの出来事の評価よりも強くなると考えられる。一方、それぞれの出来事が完結して落ち着いた状況となった後に次の出来事が生じているときには、原則として、全体の総合的な評価はそれぞれの出来事の評価と同一になると考えられる。

「中」と評価する出来事が一つあるほかには「弱」と評価する出来事しかない場合には原則として全体の総合的な評価も「中」であり、「弱」と評価する出来事が複数生じている場合には原則として全体の総合的な評価も「弱」となる。

(4)　業務以外の心理的負荷及び個体側要因による発病でないことの判断

精神障害の業務起因性は、業務以外の心理的負荷又は個体側要因によって発病したことが明らかな場合には否定される。

ただし、実際の労災請求事案において、業務による強い心理的負荷が認められたにもかかわらず、業務以外の心理的負荷又は個体側要因により発病したとして業務外と判断されたものはほとんどなく、審査の迅速化、請求人の負担軽減を図る観点から、業務以外の心理的負荷及び個体側要因の調査は簡略化を図ることが適当である。

具体的には、業務以外の心理的負荷及び個体側要因の調査は、基本的に本人・家族に提出を求める申立書等の定型的な文書により行われ、この調査や主治医から得られた医証等から、顕著な事情が認められた場合に限ってその詳細を確認する方式により行われているところである。

なお、行政で行う業務以外の心理的負荷又は個体側要因の調査には限界があることから、調査により顕著な事情が確認できなかった場合においても、そうした事情がないと確定することは適当ではないため、「確認できなかった。」と整理されている。

そのうえで、業務による強い心理的負荷が認められ、

①　業務以外の心理的負荷及び個体側要因が確認できない場合

②　業務以外の心理的負荷又は個体側要因は認められるものの、業務以外の心理的負荷又は個体側要因によって発病したことが医学的に明らかであると判断できない場合

には、業務起因性が肯定されることとなる。

ア　業務以外の心理的負荷の評価

判断指針では、職場以外の心理的負荷評価表により主要な業務以外の出来事による平均的な心理的負荷の強度を示し、これによりその心理的負荷を評価し、業務起因性の有無の判断の際に考慮するとされていたが、二三年認定基準、令和五年認定基準においてもこの基本的な考え方は維持されている。

具体的には、業務による強い心理的負荷が認められる事案については、業務以外の心理的負荷評価表（令和五年認定基準別表２）において強度「Ⅲ」に該当する業務以外の出来事のうち心理的負荷が極めて強いものが確認された場合や、強度「Ⅲ」に該当する業務以外の出来事が複数ある場合等であって、業務以外の心理的負荷によって発病したことが医学的にみて明らかであると判断できるときに限って、業務起因性を否定する。

なお、心理的負荷が強いとは判断されない業務以外の出来事（令和五年認定基準別表２において心理的負荷の強度をⅡ又はⅠとしている出来事）については、業務起因性の有無の判断に当たって、特に考慮する必要はない。

イ　個体側要因の評価

個体側要因とは、個人に内在している脆弱性・反応性であって、精神障害の発病に至るまでに、生来性の要因や、幼少期から成人に至るまでの成長過程における学習や対人関係のなかで獲得された個人の特性を含め、ストレス対処の対応方法・対策のなかで獲得された個人のストレス耐性の程度により個体側要因（脆弱性・反応性）の程度が決定されるものである。判断指針では、個体側要因の具体的内容として、①既往歴、②生活史（社会適応状況）、③アルコール等依存状況、④性格傾向及び⑤家族歴を挙げ、これらを総合して個体側要因を精神医学的に判断するとされており、二三年報告書及び令和五年報告書においてもこの基本的な考え方が維持されている。

具体的には、業務による強い心理的負荷が認められる事案については、重度のアルコール依存状況がある等の顕著な個体側要因がある際に、個体側要因によって発病したことが医学的にみて明らかであると判断できる場合に限って業務起因性を否定する。どのような場合が「個体側要因によって発病したことが医学的にみて明らかであると判断できる場合」であるのかを一律に例示することは困難であり、医学的に慎重な検討が必要である。

(5)　既に発病している精神障害の悪化の業務起因性

既に軽度の精神障害を発病している者が、新たな心理的負荷を要因として精神障害を重症化させることは、臨床において経験する。ここで、業務外の精神障害を発病している労働者が、発病後に生じた業務による心理的負荷が要因となって、精神障害を悪化させた場合の業務起因性について検討しておく必要がある。

精神障害を発病して治療が必要な状態にある者（過去に精神障害を発病したが既に治ゆしている者とは異なる。）は、一般に、病的状態に起因した思考から自責的・自罰的になり、ささいな心理的負荷に過大に反応するため、悪化の原因は必ずしも大きな心理的負荷によるものとは限らない。また、自然経過によって悪化する過程において、たまたま業務による心理的負荷が重なっていたにすぎない場合もある。このような精神障害の特性を考慮すると、業務起因性が認められない精神障害の悪化の前に強い心理的負荷となる業務による出来事が認められたことをもって、直ちにそれが精神障害の悪化の原因であるとまで判断することはできない。

このため、令和五年認定基準は、「別表1の特別な出来事があり、その後おおむね六か月以内に対象疾病が自然経過を超えて著しく悪化したと医学的に認められる場合には、当該特別な出来事による心理的負荷が悪化の原因であると推認し、悪化した部分について、業務起因性を認める。また、特別な出来事がなくとも、悪化の前に業務による強い心理的負荷が認められる場合には、当該業務による強い心理的負荷、本人の個体側要因（悪化前の精神障害の状況）と業務以外の心理的負荷、悪化の態様やこれに至る経緯（悪化後の症状やその程度、出来事と悪化との近接性、発病から悪化までの期間など）等を十分に検討し、業務による強い心理的負荷によって精神障害が自然経過を超えて著しく悪化したものと精神医学的に判断されるときには、悪化した部分について業務起因性を認める」とした。

なお、既存の精神障害について、一定期間、通院・服薬を継続しているものの、症状がなく、又は安定していた状態で、通常の勤務を行っている状況にあって、その後、症状の変化が生じたものについては、精神障害の発病後の悪化としてではなく、症状が改善し安定した状態が一定期間継続した後の新たな発病として、前記1の認定要件に照らして判断すべきものがある。

### 3　専門家の意見の聴取

判断指針では、発病時期や業務起因性の判断に関して、すべての事案について、複数の専門医（地方労災医員等）の合議制によって行う（専門部会意見に基づき判断する）ことを求めていたが、二三年認定基準ではこれを改め、主治医の意見に基づき判断する事案、専門医の意見に基づき判断する事案を定めた。さらに、その後の決定事案の集積と請求件数の増大等の事情に加え、認定基準の一層の具体化や明確化を図ったことを踏まえ、より効率的な審査ができるようにするため、令和五年認定基準では、次のとおり判断することとされている。

(1)　主治医の意見に基づき判断する事案

対象疾病の治療歴がない自殺事案を除くすべての事案について、主治医から、疾患名、発病時期、主治医の考える発病原因及びそれらの判断の根拠についての意見を求める。

その結果、主治医が対象疾病を発病したと診断しており、労働基準監督署長（以下「署長」という。）が認定した業務による心理的負荷に係る事実と主治医の診断の前提となっている事実が対象疾病の発病時期やその原因に関して合致するとともに、その事実に係る心理的負荷の評価が「強」に該当することが明らかであって、業務以外の心理的負荷や個体側要因に顕著なものが認められない場合には、認定要件を満たすものと判断する。

(2)　専門医の意見に基づき判断する事案

対象疾病の治療歴がない自殺事案については、地方労災医員等の専門医に意見を求め、その意見に基づき認定要件を満たすか否かを判断する。

また、業務による心理的負荷に係る認定事実の評価について「強」に該当することが明らかでない事案及び署長が主治医意見に補足が必要と判断した事案については、主治医の意見に加え、地方労災医員等の専門医に対して意見を求め、その意見に基づき認定要件を満たすか否かを判断する。

(3)　専門医の合議による意見（専門部会意見）に基づき判断する事案

前記(1)及び(2)にかかわらず、専門医又は署長が高度な医学的検討が必要と判断した事案については、主治医の意見に加え、地方労災医員協議会精神障害専門部会に協議して合議による意見を求め、その意見に基づき認定要件を満たすか否かを判断する。

(4)　法律専門家の意見の聴取

関係者が相反する主張をする場合の事実認定の方法や関係する法律の内容等について、法律専門家の助言が必要な場合には、医学専門家の意見とは別に、法務専門員等の法律専門家の意見を求める。

これは、業務上外の決定に当たっては、発病の有無、疾患名、発病時期、心理的負荷の強度といった医学的事項のほかに、関係者が相反する主張をする場合の事実認定の方法や関係する法律の内容等について法律専門家の助言が必要な場合もあるので、そのような場合には、専門部会等の医学専門家の意見とは別に、法務専門員等の法律専門家の意見を求めることにより適切に対応することが必要な場合があるからである。

## 4　療養及び治ゆ

精神障害の治療においては、薬物療法等の身体療法と精神療法が患者の症状、病態に応じて行われ、それらに加え、精神症状が一定程度改善・安定した後に、早期の社会復帰を目的に職場復帰プログラム等を活用したリハビリテーション療法が行われることが通例である。

医学的なリハビリテーション療法が実施された場合には、それが行われている間は療養期間となるが、それが終了した時点では、一般に、職場復帰が果たされるか、あるいは、症状の大きな変動がない状態に達するので、診察・投薬等が継続している場合であっても、その時点が通常は治ゆ（症状固定）となる。

また、一般的に個体側要因に大きな問題がある精神障害、すなわち、反復性の認められる精神障害の既往がある場合と異なり、個体側の心理面の反応性、脆弱性があまり問題とされない心理的負荷による精神障害にあっては、その原因を取り除き、適切な療養を行えば全治する場合が多い。

さらに、精神障害事案に限らず、労災保険制度においては、「急性症状が消退し慢性症状は持続しても医療効果を期待し得ない状態となった場合」には症状固定と判断されることから、就労が可能な状態でなくとも症状固定の状態にある場合もある。

これらを踏まえ、令和五年認定基準は次のとおり示している。

「心理的負荷による精神障害は、その原因を取り除き、適切な療養を行えば全治し、再度の就労が可能となる場合が多いが、就労が可能な状態でなくとも治ゆ（症状固定）の状態にある場合もある。

例えば、精神障害の症状が現れなくなった又は症状が改善し安定した状態が一定期間継続している場合や、社会復帰を目指して行ったリハビリテーション療法等を終えた場合であって、通常の就労が可能な状態に至ったときには、投薬等を継続していても通常は治ゆ（症状固定）の状態にあると考えられる。また、「寛解」との診断がない場合も含め、療養を継続して十分な治療を行ってもなお症状に改善の見込みがないと判断され、症状が固定しているときには、治ゆ（症状固定）の状態にあると考えられるが、その判断は、医学意見を踏まえ慎重かつ適切に行う必要がある。

療養期間の目安を一概に示すことは困難であるが、例えばうつ病の経過は、未治療の場合、一般的に（約九〇％以上は）六か月～二年続くとされている。また、適応障害の症状の持続は遷延性抑うつ反応（F43・21）の場合を除いて通常六か月を超えず、遷延性抑うつ反応については持続は二年を超えないとされている。」

なお、治ゆ（症状固定）後、増悪の予防のため診察や投薬等が必要とされる場合のアフターケア制度や、一定の症状を残したまま症状固定となった場合の後遺障害に対する補償（障害（補償）等給付）が、それぞれ適切に実施される必要がある。

### ５　再　発

業務上の精神障害が治ゆした後再び精神障害が発病した場合については、発病のたびにその時点での業務による心理的負荷、業務以外の心理的負荷及び個体側要因を各々検討し、業務起因性が判断される。

これは、「判断指針」が精神障害は外的環境からの心理的負荷と個体側の心理面の反応性、脆弱性の関係で決まるという「ストレス－脆弱性」理論に基づき、認定に当たっては、主として業務による心理的負荷の強さの客観的評価をすることによって行うこととされており、再び発病した場合においても当然にこの考えに基づいて行われるべきものであるからである。

個体側の心理面の脆弱性が精神障害を経過することによって増幅され、発病しやすくなるとの仮説もあるが、現代の精神医学において精神障害すべてに対して一般化できる理論として受け入れられているわけではない。その仮説を受け入れたとしても、個体側の脆弱性がどの程度増幅されたかの評価は困難であるし、初回の認定においても特に顕著な個体側要因が認められない限り個体側の脆弱性を問題にすることなく、客観的な出来事による心理的負荷の強さによって判断することとしていることから、発病の都度個別に判断するのが適当である。

なお、この際、精神障害の業務上外の判断は、業務による心理的負荷、業務以外の心理的負荷、個体側要因のそれぞれを評価して当該精神障害の発病にどの要因が有力に関わったのかを判断することとなるが、一回目の業務上の精神障害が二回目の精神障害の業務起因性を検討するに当たって個体側要因としての既往歴として絶対視することは適切ではない。一回目の精神障害の療養経過、予後等は二回目の精神障害の発病を理解するうえでの参考資料として評価されることとなる。

## ６　精神障害による自殺の取扱い

⑴　精神障害による自殺の取扱い

判断指針は、業務によりＩＣＤ－10のＦ０からＦ４に分類される精神障害を発病したと認められる者が自殺を図った場合には、精神障害によって正常の認識、行為選択能力が著しく阻害され、あるいは自殺行為を思いとどまる精神的抑制力が著しく阻害されている状態に陥ったものと推定し、業務起因性を認めるとした。このことは、二三年認定基準、令和五年認定基準でも維持されている。

また、二三年認定基準、令和五年認定基準は、「その他、精神障害による自殺の取扱いについては、従前の例（平成一一年九月一四日付け基発第五四五号〈後掲七〇六ページ〉）による。」としている。

この従前の例とは、労働基準局長通達「精神障害による自殺の取扱いについて」のことであり、労災保険法第一二条の二の二第一項の「故意」の解釈に関するものである。

労災保険法第一二条の二の二第一項は、「労働者が、故意に負傷、疾病、障害若しくは死亡又はその直接の原因となつた事故を生じさせたときは、政府は、保険給付を行わない。」ことを定めている。ここでいう「故意」については、「労働者災害補償保険法の一部を改正する法律の施行について」（昭四〇・七・三一　基発第九〇一号）により、結果の発生を意図した故意であると解釈してきた。しかしながら、一一年専門検討会は、精神障害を有するものが自殺した場合の取扱いについて、「業務上の精神障害によって、正常の認識、行為選択能力が著しく阻害され、又は自殺行為を思いとどまる精神的な抑制力が著しく阻害されている状態で自殺が行われたと認められる場合には、結果の発生を意図した故意には該当しない。」と報告し、これを受けて前記通達の発出となった経緯がある。

ＩＣＤ－10分類のＦ０からＦ４に分類される多くの精神障害では、精神障害の病態としての自殺念慮が出現する蓋然性が高いと医学的に認められることから、業務による心理的負荷によってこれらの精神障害が発病したと認められる者が自殺を図った場合には、当該精神障害によって正常の認識、行為選択能力が著しく阻害され、又は自殺行為を思いとどまる精神的な抑制力が著しく阻害されている状態で自殺が行われたものと推定され、故意が阻却されることによって、原則として業務起因性が認められることとなる。

しかし、Ｆ０からＦ４に分類される精神障害のうち必ずしも自殺念慮の出現の蓋然性が高いとまではいえない精神障害にあっては、この推定が直ちに適用されることは問題となる。また、Ｆ０からＦ４に分類される精神障害のうち自殺念慮が高いとされるものであっても、発病後治療等が行われ相当期間経過した後の自殺については、治ゆの可能性やその経過のなかでの業務以外の様々な心理的負荷要因の発生の可能性があり、自殺が当該疾病の「症状」の結果と認められるかどうかは、さらに療養の経過、業務以外の心理的負荷要因の内容等を総合して判断する必要がある。

(2)　遺書等の取扱い

「正常な判断、行為選択能力」の判断に当たって遺書等の取扱いの問題がある。判断指針では、遺書等の存在については、それ自体で正常な認識、行為選択能力が著しく阻害されていなかったと判断することは必ずしも妥当ではなく、遺書等の表現、内容、作成時の状況等を把握のうえ、自殺に至る経緯に係る一資料として評価するとした。認定基準策定後の取扱いについても従前の取り扱いを変更するものではない。

なお、例えば、文字の乱れもなく、理路整然とした遺書で、精神障害にり患した者にありがちな自罰的傾向が認められない遺書については、正常な認識、行為選択能力がある証拠となり得るものと考えられる。

## 7　複数業務要因災害における精神障害の認定

労働者災害補償保険法の改正により、令和二年九月から、複数事業労働者の複数の事業の業務を要因とする傷病等について、複数業務要因災害として新たな保険給付がなされることとなった。

精神障害の労災認定の基準に関する専門検討会は、令和二年七月、複数業務要因災害における精神障害の認定の考え方を次のとおり取りまとめており、異なる事業場における労働時間を通算して評価すること等について報告し、これを踏まえ認定基準にもその旨が示されている。

## 複数業務要因災害における精神障害の認定について

令和二年七月一七日
精神障害の労災認定の基準に関する専門検討会

・複数業務要因災害においても、「心理的負荷による精神障害の認定基準」に基づき、認定基準における心理的負荷の評価に係る「業務」を「複数業務」と解した上で、労災保険給付の対象となるか否かを判断することが適当である。
・複数業務による心理的負荷の評価に当たっては、次のとおり個別の状況も踏まえ、医学専門家の意見に基づき判断することが適当である。
① 異なる事業における業務による出来事がそれぞれあることにより出来事が複数ある場合には、それぞれの事業場における業務による出来事を、別個に心理的負荷評価表の具体的出来事に当てはめ心理的負荷の強度を評価した上で、心理的負荷の強度を全体的に評価する。その際、異なる事業における出来事が関連して生じることはまれであることから、原則として、認定基準における関連のない複数の出来事の評価方法に従い、それらの出来事の数、各出来事の内容、各出来事の時間的な近接の程度を基に、その全体的な心理的負荷の強度を評価する。
② 心理的負荷を評価する際、異なる事業場における労働時間、労働日数は、それぞれ通算する。
③ 以上の判断に当たっては、それぞれの事業における職場の支援等の心理的負荷の緩和要因をはじめ、二以上の事業で労働することによる個別の状況を十分検討して、心理的負荷の強度を全体的に評価する。

## 【心理的負荷による精神障害の認定基準（令五・九・一　基発〇九〇一第二号）】

別添

心理的負荷による精神障害の認定基準

第一　対象疾病

本認定基準で対象とする疾病（以下「対象疾病」という。）は、疾病及び関連保健問題の国際統計分類第一〇回改訂版（以下「ＩＣＤ－10」という。）第Ｖ章「精神及び行動の障害」に分類される精神障害であって、器質性のもの及び有害物質に起因するものを除く。

対象疾病のうち業務に関連して発病する可能性のある精神障害は、主としてＩＣＤ－10のＦ２からＦ４に分類される精神障害である。

なお、器質性の精神障害及び有害物質に起因する精神障害（ＩＣＤ－10のＦ０及びＦ１に分類されるもの）については、頭部外傷、脳血管障害、中枢神経変性疾患等の器質性脳疾患に付随する疾病や化学物質による疾病等として認められるか否かを個別に判断する。

また、心身症は、本認定基準における精神障害には含まれない。

第二　認定要件

次の１、２及び３のいずれの要件も満たす対象疾病は、労働基準法施行規則別表第一の二第九号に該当する業務上の疾病として取り扱う。

１　対象疾病を発病していること。

２　対象疾病の発病前おおむね六か月の間に、業務による強い心理的負荷が認められること。

３　業務以外の心理的負荷及び個体側要因により対象疾病を発病したとは認められないこと。

また、要件を満たす対象疾病に併発した疾病については、対象疾病に付随する疾病として認められるか否かを個別に判断し、これが認められる場合には当該対象疾病と一体のものとして、労働基準法施行規則別表第一の二第九号に該当する業務上の疾病として取り扱う。

第三　認定要件に関する基本的な考え方

対象疾病の発病に至る原因の考え方は、環境由来の心理的負荷（ストレス）と、個体側の反応性、脆弱性との関係で精神的破綻が生じるかどうかが決まり、心理的負荷が非常に強ければ、個体側の脆弱性が小さくても精神的破綻が起こり、脆弱性が大きければ、心理的負荷が小さくても破綻が生ずるとする「ストレス－脆弱性理論」に依拠している。

このため、心理的負荷による精神障害の業務起因性を判断する要件としては、対象疾病が発病しており、当該対象疾病の発病の前おおむね六か月の間に業務による強い心理的負荷が認められることを掲げている。

さらに、これらの要件が認められた場合であっても、明らかに業務以外の心理的負荷や個体側要因によって発病したと認められる場合には、業務起因性が否定されるため、認定要件を前記第二のとおり定めた。

第四　認定要件の具体的判断

1　発病等の判断

(1)　発病の有無等

対象疾病の発病の有無及び疾患名は、「ＩＣＤ－10　精神及び行動の障害臨床記述と診断ガイドライン」（以下「診断ガイドライン」という。）に基づき、主治医の意見書や診療録等の関係資料、請求人や関係者からの聴取内容、その他の情報から得られた認定事実により、医学的に判断する。

自殺に精神障害が関与している場合は多いことを踏まえ、治療歴がない自殺事案については、うつ病エピソードのように症状に周囲が気づきにくい精神障害もあることに留意しつつ関係者からの聴取内容等を医学的に慎重に検討し、診断ガイドラインに示す診断基準を満たす事実が認められる場合又は種々の状況から診断基準を満たすと医学的に推定される場合には、当該疾患名の精神障害が発病したものとして取り扱う。

(2)　発病時期

発病時期についても診断ガイドラインに基づき判断する。その特定が難しい場合にも、心理的負荷となる出来事との関係や、自殺事案については自殺日との関係等を踏まえ、できる限り時期の範囲を絞り込んだ医学意見を求めて判断する。

その際、強い心理的負荷と認められる出来事の前と後の両方に発病の兆候と理解し得る言動があるものの、診断基準を満たした時期の特定が困難な場合には、出来事の後に発病したものと取り扱う。

また、精神障害の治療歴のない自殺事案についても、請求人や関係者からの聴取等から得られた認定事実を踏まえ、医学専門家の意見に基づき発病時期を判断する。その際、精神障害は発病していたと考えられるものの、診断ガイドラインに示す診断基準を満たした時期の特定が困難な場合には、遅くとも自殺日までには発病していたものと判断する。

さらに、生死にかかわるケガ、強姦等の特に強い心理的負荷となる出来事を体験した場合、出来事の直後に解離等の心理的反応が生じ、受診時期が遅れることがある。このような場合には、当該心理的反応が生じた時期（特に強い心理的負荷となる出来事の直後）を発病時期と判断して当該出来事を評価の対象とする。

2　業務による心理的負荷の強度の判断

(1)　業務による強い心理的負荷の有無の判断

認定要件のうち「２　対象疾病の発病前おおむね六か月の間に、業務による強い心理的負荷が認められること」（以下「認定要件２」という。）とは、対象疾病の発病前おおむね六か月の間に業務による出来事があり、当該出来事及びその後の状況による心理的負荷が、客観的に対象疾病を発病させるおそれのある強い心理的負荷であると認められることをいう。

心理的負荷の評価に当たっては、発病前おおむね六か月の間に、対象疾病の発病に関与したと考えられるどのような出来事があり、また、その後の状況がどのようなものであったのかを具体的に把握し、その心理的負荷の強度を判断する。

その際、精神障害を発病した労働者が、その出来事及び出来事後の状況を主観的にどう受け止めたかによって評価するのではなく、同じ事態に遭遇した場合、同種の労働者が一般的にその出来事及び出来事後の状況をどう受け止めるかという観点から評価する。この「同種の労働者」は、精神障害を発病した労働者と職種、職場における立場や職責、年齢、経験等が類似する者をいう。

その上で、後記(2)及び(3)により、心理的負荷の全体を総合的に評価して「強」と判断される場合には、認定要件２を満たすものとする。

(2)　業務による心理的負荷評価表

業務による心理的負荷の強度の判断に当たっては、別表１「業務による心理的負荷評価表」（以下「別表１」という。）

する。

を指標として、前記(1)により把握した出来事による心理的負荷の強度を、次のとおり「強」、「中」、「弱」の三段階に区分

　なお、別表１においては、業務による強い心理的負荷が認められるものを心理的負荷の総合評価が「強」と表記し、業務による強い心理的負荷が認められないものを「中」又は「弱」と表記している。「弱」は日常的に経験するものや一般に想定されるもの等であって通常弱い心理的負荷しか認められないものであり、「中」は経験の頻度は様々であって「弱」よりは心理的負荷があるものの強い心理的負荷とは認められないものである。

ア　特別な出来事の評価

　発病前おおむね六か月の間に、別表１の「特別な出来事」に該当する業務による出来事が認められた場合には、心理的負荷の総合評価を「強」と判断する。

イ　特別な出来事以外の評価

「特別な出来事」以外の出来事については、当該出来事を別表１の「具体的出来事」のいずれに該当するかを判断し、合致しない場合にも近い「具体的出来事」に当てはめ、総合評価を行う。

　別表１では、「具体的出来事」ごとにその「平均的な心理的負荷の強度」を、強い方から「Ⅲ」、「Ⅱ」、「Ⅰ」として示し、その上で、「心理的負荷の総合評価の視点」として、その出来事に伴う業務による心理的負荷の強さを総合的に評価するために典型的に想定される検討事項を明示し、さらに、「心理的負荷の強度を「弱」「中」「強」と判断する具体例」（以下「具体例」という。）を示している。

　該当する「具体的出来事」に示された具体例の内容に、認定した出来事及び出来事後の状況についての事実関係が合致する場合には、その強度で評価する。事実関係が具体例に合致しない場合には、「心理的負荷の総合評価の視点」及び「総合評価の留意事項」に基づき、具体例も参考としつつ個々の事案ごとに評価する。

　なお、具体例はあくまでも例示であるので、具体例の「強」の欄で示したもの以外は「強」と判断しないというものではない。

ウ　心理的負荷の総合評価の視点及び具体例

「心理的負荷の総合評価の視点」及び具体例は、次の考え方に基づいて示しており、この考え方は個々の事案の判断

においても適用すべきものである。

(ア)　類型①「事故や災害の体験」は、出来事自体の心理的負荷の強弱を特に重視した評価としている。

(イ)　類型①以外の出来事については、出来事と出来事後の状況の両者を軽重の別なく評価しており、総合評価を「強」と判断するのは次のような場合である。

ａ　出来事自体の心理的負荷が強く、その後に当該出来事に関する本人の対応を伴っている場合

ｂ　出来事自体の心理的負荷としては中程度であっても、その後に当該出来事に関する本人の特に困難な対応を伴っている場合

エ　総合評価の留意事項

出来事の総合評価に当たっては、出来事それ自体と、当該出来事の継続性や事後対応の状況、職場環境の変化などの出来事後の状況の双方を十分に検討し、例示されているもの以外であっても出来事に伴って発生したと認められる状況や、当該出来事が生じるに至った経緯等も含めて総合的に考慮して、当該出来事の心理的負荷の程度を判断する。

その際、職場の支援・協力が欠如した状況であること（問題への対処、業務の見直し、応援体制の確立、責任の分散その他の支援・協力がなされていない等）や、仕事の裁量性が欠如した状況であること（仕事が孤独で単調となった、自分で仕事の順番・やり方を決めることができなくなった、自分の技能や知識を仕事で使うことが要求されなくなった等）は、総合評価を強める要素となる。

オ　長時間労働等の心理的負荷の評価

別表１には、時間外労働時間数（週四〇時間を超えて労働した時間数をいう。以下同じ。）等を指標とする具体例等を次のとおり示しているので、長時間労働等が認められる場合にはこれにより判断する。ここで、時間外労働時間数に基づく具体例等については、いずれも、休憩時間は少ないが手待時間が多い場合等、労働密度が特に低い場合を除くものであり、また、その業務内容が通常その程度の労働時間を要するものである場合を想定したものである。

なお、業務による強い心理的負荷は、長時間労働だけでなく、仕事の失敗、過重な責任の発生、役割・地位の変化や対人関係等、様々な出来事及び出来事後の状況によっても生じることから、具体例等で示された時間外労働時間数に至らない場合にも、時間数のみにとらわれることなく、心理的負荷の強度を適切に判断する。

(ア)　極度の長時間労働

極度の長時間労働、例えば数週間にわたる生理的に必要な最小限度の睡眠時間を確保できないほどの長時間労働は、心身の極度の疲弊、消耗を来し、うつ病等の原因となることから、発病直前の一か月におおむね一六〇時間を超える時間外労働を行った場合等には、当該極度の長時間労働に従事したことのみで心理的負荷の総合評価を「強」とする。

(イ)　「具体的出来事」としての長時間労働の評価

仕事内容・仕事量の大きな変化を生じさせる出来事により時間外労働が大幅に増えた場合（項目11）のほか、一か月に八〇時間以上の時間外労働が生じるような長時間労働となった状況それ自体を「出来事」とし（項目12）、その心理的負荷を評価する。

(ウ)　恒常的長時間労働がある場合の他の出来事の総合評価

出来事に対処するために生じた長時間労働は、心身の疲労を増加させ、ストレス対応能力を低下させる要因となることや、長時間労働は一般に精神障害の準備状態を形成する要因となることから、恒常的な長時間労働の下で発生した出来事の心理的負荷は平均より強く評価される必要があると考えられ、そのような出来事と発病との近接性や、その出来事に関する対応の困難性等を踏まえて、出来事に係る心理的負荷の総合評価を行う必要がある。

このことから、別表１では、一か月おおむね一〇〇時間の時間外労働を「恒常的長時間労働」の状況とし、恒常的長時間労働がある場合に心理的負荷の総合評価が「強」となる具体例を示している。

なお、出来事の前の恒常的長時間労働の評価期間は、発病前おおむね六か月の間とする。

(エ)　連続勤務

連続勤務（項目13）に関する具体例についても、時間外労働に関するものと同様に、休憩時間は少ないが手待時間が多い場合等、労働密度が特に低い場合を除くものであり、また、その業務内容が通常その程度の労働時間（労働日数）を要するものである場合を想定したものである。

カ　ハラスメント等に関する心理的負荷の評価

ハラスメントやいじめのように出来事が繰り返されるものについては、繰り返される出来事を一体のものとして評価し、それが継続する状況は、心理的負荷が強まるものと評価する。

また、別表１において、一定の行為を「反復・継続するなどして執拗に受けた」としている部分がある。これは、「執拗」と評価される事案について、一般的にはある行動が何度も繰り返されている状況にある場合が多いが、たとえ一度の言動であっても、これが比較的長時間に及ぶものであって、行為態様も強烈で悪質性を有する等の状況がみられるときにも「執拗」と評価すべき場合があるとの趣旨である。

(3) 複数の出来事の評価

対象疾病の発病に関与する業務による出来事が複数ある場合には、次のように業務による心理的負荷の全体を総合的に評価する。

ア　前記(2)によりそれぞれの具体的出来事について総合評価を行い、いずれかの具体的出来事によって「強」の判断が可能な場合は、業務による心理的負荷を「強」と判断する。

イ　いずれの出来事でも単独では「強」と評価できない場合には、それらの複数の出来事について、関連して生じているのか、関連なく生じているのかを判断した上で、次により心理的負荷の全体を総合的に判断する。

(ア) 出来事が関連して生じている場合には、その全体を一つの出来事として評価することとし、原則として最初の出来事を具体的出来事として別表１に当てはめ、関連して生じた各出来事は出来事後の状況とみなす方法により、その全体について総合的な評価を行う。

具体的には、「中」である出来事があり、それに関連する別の出来事（それ単独では「中」の評価）が生じた場合には、後発の出来事は先発の出来事の出来事後の状況とみなし、当該後発の出来事の内容、程度により「強」又は「中」として全体を総合的に評価する。

なお、同一時点で生じた事象を異なる視点から検討している場合や、同一の原因により複数の事象が生じている場合、先発の出来事の結果次の出来事が生じている場合等については、複数の出来事が関連して生じた場合と考えられる。

(イ) ある出来事に関連せずに他の出来事が生じている場合であって、単独の出来事の評価が「中」と評価する出来事が複数生じているときには、それらの出来事が生じた時期の近接の程度、各出来事と発病との時間的な近接の程度、各出来事の継続期間、各出来事の内容、出来事の数等によって、総合的な評価が「強」となる場合もあり得ることを踏まえつつ、事案に応じて心理的負荷の全体を評価する。この場合、全体の総合的な評価は、「強」又は「中」となる。

当該評価に当たり、それぞれの出来事が時間的に近接・重複して生じている場合には、「強」の水準に至るか否かは事案によるとしても、全体の総合的な評価はそれぞれの出来事の評価よりも強くなると考えられる。

一方、それぞれの出来事が完結して落ち着いた状況となった後に次の出来事が生じているときには、原則として、全体の総合的な評価はそれぞれの出来事の評価と同一になると考えられる。

また、単独の出来事の心理的負荷が「中」である出来事が一つあるほかには「弱」の出来事しかない場合には原則として全体の総合的な評価も「中」であり、「弱」の出来事が複数生じている場合には原則として全体の総合的な評価も「弱」となる。

(4)　評価期間の留意事項

認定要件2のとおり、業務による心理的負荷の評価期間は発病前おおむね六か月であるが、当該期間における心理的負荷を的確に評価するため、次の事項に留意する。

ア　ハラスメントやいじめのように出来事が繰り返されるものについては、前記(2)カのとおり、繰り返される出来事を一体のものとして評価することとなるので、発病の六か月よりも前にそれが開始されている場合でも、発病前おおむね六か月の期間にも継続しているときは、開始時からのすべての行為を評価の対象とすること。

イ　出来事の起点が発病の六か月より前であっても、その出来事（出来事後の状況）が継続している場合にあっては、発病前おおむね六か月の間における状況や対応について評価の対象とすること。例えば、業務上の傷病により長期療養中の場合、その傷病の発生は発病の六か月より前であっても、当該傷病により発病前おおむね六か月の間に生じている強い苦痛や社会復帰が困難な状況等を出来事として評価すること。

3　業務以外の心理的負荷及び個体側要因による発病でないことの判断

(1)　業務以外の心理的負荷及び個体側要因による発病でないことの判断

認定要件のうち、「3　業務以外の心理的負荷及び個体側要因により対象疾病を発病したとは認められないこと」とは、次のア又はイの場合をいう。

ア　業務以外の心理的負荷及び個体側要因が確認できない場合

イ　業務以外の心理的負荷又は個体側要因は認められるものの、業務以外の心理的負荷又は個体側要因によって発病したことが医学的に明らかであると判断できない場合

(2)　業務以外の心理的負荷の評価

業務以外の心理的負荷の評価については、対象疾病の発病前おおむね六か月の間に、対象疾病の発病に関与したと考えられる業務以外の出来事の有無を確認し、出来事が一つ以上確認できた場合は、それらの出来事の心理的負荷の強度について、別表2「業務以外の心理的負荷評価表」を指標として、心理的負荷の強度を「Ⅲ」、「Ⅱ」又は「Ⅰ」に区分する。

出来事が確認できなかった場合には、前記(1)アに該当するものと取り扱う。心理的負荷の強度が「Ⅱ」又は「Ⅰ」の出来事しか認められない場合は、原則として前記(1)イに該当するものと取り扱う。

心理的負荷の強度が「Ⅲ」と評価される出来事の存在が明らかな場合には、その内容等を詳細に調査し、「Ⅲ」に該当する業務以外の出来事のうち心理的負荷が特に強いものがある場合や、「Ⅲ」に該当する業務以外の出来事が複数ある場合等について、それが発病の原因であると判断することの医学的な妥当性を慎重に検討し、前記(1)イに該当するか否かを判断する。

(3)　個体側要因の評価

個体側要因とは、個人に内在している脆弱性・反応性であるが、既往の精神障害や現在治療中の精神障害、アルコール依存状況等の存在が明らかな場合にその内容等を調査する。

業務による強い心理的負荷が認められる事案について、重度のアルコール依存状況がある等の顕著な個体側要因がある場合には、それが発病の主因であると判断することの医学的な妥当性を慎重に検討し、前記(1)イに該当するか否かを判断する。

第五　精神障害の悪化と症状安定後の新たな発病

1　精神障害の悪化とその業務起因性

精神障害を発病して治療が必要な状態にある者は、一般に、病的状態に起因した思考から自責的・自罰的になり、ささいな心理的負荷に過大に反応するため、悪化の原因は必ずしも大きな心理的負荷によるものとは限らないこと、また、自然経

過によって悪化する過程においてたまたま業務による心理的負荷が重なっていたにすぎない場合もあることから、業務起因性が認められない精神障害の悪化の前に強い心理的負荷となる業務による出来事が認められても、直ちにそれが当該悪化の原因であると判断することはできない。

ただし、別表１の特別な出来事があり、その後おおむね六か月以内に対象疾病が自然経過を超えて著しく悪化したと医学的に認められる場合には、当該特別な出来事による心理的負荷が悪化の原因であると推認し、悪化した部分について業務起因性を認める。

また、特別な出来事がなくとも、悪化の前に業務による強い心理的負荷が認められる場合には、当該業務による強い心理的負荷、本人の個体側要因（悪化前の精神障害の状況）と業務以外の心理的負荷、悪化の態様やこれに至る経緯（悪化後の症状やその程度、出来事と悪化との近接性、発病から悪化までの期間など）等を十分に検討し、業務による強い心理的負荷によって精神障害が自然経過を超えて著しく悪化したものと精神医学的に判断されるときには、悪化した部分について業務起因性を認める。

なお、既存の精神障害が悪化したといえるか否かについては、個別事案ごとに医学専門家による判断が必要である。

２　症状安定後の新たな発病

既存の精神障害について、一定期間、通院・服薬を継続しているものの、症状がなく、又は安定していた状態で、通常の勤務を行っている状況にあって、その後、症状の変化が生じたものについては、精神障害の発病後の悪化としてではなく、症状が改善し安定した状態が一定期間継続した後の新たな発病として、前記第二の認定要件に照らして判断すべきものがあること。

第六　専門家意見と認定要件の判断

認定要件を満たすか否かについては、医師の意見と認定した事実に基づき次のとおり判断する。

１　主治医意見による判断

対象疾病の治療歴がない自殺事案を除くすべての事案について、主治医から、疾患名、発病時期、主治医の考える発病原因及びそれらの判断の根拠についての意見を求める。

その結果、主治医が対象疾病を発病したと診断しており、労働基準監督署長（以下「署長」という。）が認定した業務による心理的負荷に係る事実と主治医の診断の前提となっている事実が対象疾病の発病時期やその原因に関して合致するとともに、その事実に係る心理的負荷の評価が「強」に該当することが明らかであって、業務以外の心理的負荷や個体側要因に顕著なものが認められない場合には、認定要件を満たすものと判断する。

２　専門医意見による判断

対象疾病の治療歴がない自殺事案については、地方労災医員等の専門医に意見を求め、その意見に基づき認定要件を満たすか否かを判断する。

また、業務による心理的負荷に係る認定事実の評価について「強」に該当することが明らかでない事案及び署長が主治医意見に補足が必要と判断した事案については、主治医の意見に加え、専門医に意見を求め、その意見に基づき認定要件を満たすか否かを判断する。

３　専門部会意見による判断

前記１及び２にかかわらず、専門医又は署長が高度な医学的検討が必要と判断した事案については、主治医の意見に加え、地方労災医員協議会精神障害専門部会に協議して合議による意見を求め、その意見に基づき認定要件を満たすか否かを判断する。

４　法律専門家の助言

関係者が相反する主張をする場合の事実認定の方法や関係する法律の内容等について、法律専門家の助言が必要な場合には、医学専門家の意見とは別に、法務専門員等の法律専門家の意見を求める。

第七　療養及び治ゆ

心理的負荷による精神障害は、その原因を取り除き、適切な療養を行えば全治し、再度の就労が可能となる場合が多いが、就労が可能な状態でなくとも治ゆ（症状固定）の状態にある場合もある。

例えば、精神障害の症状が現れなくなった又は症状が改善し安定した状態が一定期間継続している場合や、社会復帰を目指して行ったリハビリテーション療法等を終えた場合であって、通常の就労が可能な状態に至ったときには、投薬等を継続していても通常は治ゆ（症状固定）の状態にあると考えられる。また、「寛解」との診断がない場合も含め、療養を継続して十分な治療を行ってもなお症状に改善の見込みがないと判断され、症状が固定しているときには、治ゆ（症状固定）の状態にあると考えられるが、その判断は、医学意見を踏まえ慎重かつ適切に行う必要がある。

療養期間の目安を一概に示すことは困難であるが、例えばうつ病の経過は、未治療の場合、一般的に（約九〇％以上は）六か月～二年続くとされている。また、適応障害の症状の持続は遷延性抑うつ反応（Ｆ43・21）の場合を除いて通常六か月を超えず、遷延性抑うつ反応については持続は二年を超えないとされている。

なお、対象疾病がいったん治ゆ（症状固定）した後において再びその治療が必要な状態が生じた場合は、新たな発病と取り扱い、改めて前記第二の認定要件に基づき業務起因性が認められるかを判断する。

治ゆ後、増悪の予防のため診察や投薬等が必要とされる場合にはアフターケア（平成一九年四月二三日付け基発第〇四二三〇〇二号）を、一定の障害を残した場合には障害（補償）等給付（労働者災害補償保険法第一五条）を、それぞれ適切に実施する。

第八　その他
１　自殺について
業務によりＩＣＤ－10のＦ０からＦ４に分類される精神障害を発病したと認められる者が自殺を図った場合には、精神障害によって正常の認識、行為選択能力が著しく阻害され、あるいは自殺行為を思いとどまる精神的抑制力が著しく阻害されている状態に陥ったものと推定し、業務起因性を認める。

その他、精神障害による自殺の取扱いについては、従前の例（平成一一年九月一四日付け基発第五四五号）による。
２　セクシュアルハラスメント事案の留意事項
セクシュアルハラスメントが原因で対象疾病を発病したとして労災請求がなされた事案の心理的負荷の評価に際しては、特に次の事項に留意する。
ア　セクシュアルハラスメントを受けた者（以下「被害者」という。）は、勤務を継続したいとか、セクシュアルハラスメントを行った者（以下「行為者」という。）からのセクシュアルハラスメントの被害をできるだけ軽くしたいとの心理などから、やむを得ず行為者に迎合するようなメール等を送ることや、行為者の誘いを受け入れることがあるが、これらの事実はセクシュアルハラスメントを受けたことを単純に否定する理由にはならないこと。
イ　被害者は、被害を受けてからすぐに相談行動をとらないことがあるが、この事実は心理的負荷が弱いと単純に判断する理由にならないこと。

ウ　被害者は、医療機関でもセクシュアルハラスメントを受けたということをすぐに話せないこともあるが、初診時にセクシュアルハラスメントの事実を申し立てていないことは心理的負荷が弱いと単純に判断する理由にならないこと。

エ　行為者が上司であり被害者が部下である場合や行為者が正規雇用労働者であり被害者が非正規雇用労働者である場合等のように行為者が雇用関係上被害者に対して優越的な立場にある事実は心理的負荷を強める要素となり得ること。

3　調査等の留意事項

請求人が主張する出来事の発生時期が評価期間より前である場合等であっても、評価期間における業務の状況等について調査し、当該期間中に業務内容の変化や新たな業務指示等があれば、これを出来事として心理的負荷を評価する必要があること。

4　本省協議

ＩＣＤ－10のＦ５からＦ９に分類される対象疾病に係る事案及び本認定基準により判断し難い事案については、本省に協議すること。

第九　複数業務要因災害

労働者災害補償保険法第七条第一項第二号に定める複数業務要因災害による精神障害に関しては、本認定基準を後記1のとおり読み替えるほか、本認定基準における心理的負荷の評価に係る「業務」を「二以上の事業の業務」と、また、「業務起因性」を「二以上の事業の業務起因性」と解した上で、本認定基準に基づき、認定要件を満たすか否かを判断する。

その上で、前記第四の2及び第六に関し後記2及び3に規定した部分については、これにより判断すること。

1　認定基準の読み替え

前記第二の「労働基準法施行規則別表第一の二第九号に該当する業務上の疾病」を「労働者災害補償保険法施行規則第一八条の三の六に規定する労働基準法施行規則別表第一の二第九号に掲げる疾病」と読み替える。

2　二以上の事業の業務による心理的負荷の強度の判断

(1)　二以上の事業において業務による出来事が事業ごとにある場合には、前記第四の2(2)により異なる事業における出来事をそれぞれ別表1の具体的出来事に当てはめ心理的負荷を評価した上で、前記第四の2(3)により心理的負荷の強度を全体的に評価する。ただし、異なる事業における出来事が関連して生じることはまれであることから、前記第四の２⑶イについては、原則として、(イ)により判断することとなる。

⑵　心理的負荷を評価する際、異なる事業における労働時間、労働日数は、それぞれ通算する。

⑶　前記⑴及び⑵に基づく判断に当たっては、それぞれの事業における職場の支援等の心理的負荷の緩和要因をはじめ、二以上の事業で労働することによる個別の状況を十分勘案して、心理的負荷の強度を全体的に評価する。

３　専門家意見と認定要件の判断

複数業務要因災害に関しては、前記第六の１において主治医意見により判断する事案に該当するものについても、主治医の意見に加え、専門医に意見を求め、その意見に基づき認定要件を満たすか否かを判断する。

別表１　業務による心理的負荷評価表（略）〈六二五～六三四ページ〉

別表２

業務以外の心理的負荷評価表

| 出来事の類型 | 具体的出来事 | 心理的負荷の強度 | | |
|---|---|---|---|---|
| | | Ⅰ | Ⅱ | Ⅲ |
| ①　自分の出来事 | 離婚又は配偶者と別居した | | | ☆ |
| | 自分が重い病気やケガをした又は流産した | | | ☆ |
| | 自分が病気やケガをした | | ☆ | |
| | 配偶者とのトラブル、不和があった | ☆ | | |
| | 自分が妊娠した | ☆ | | |
| | 定年退職した | ☆ | | |
| ②　自分以外の家族・親族の出来事 | 配偶者、子供、親又は兄弟姉妹が死亡した | | | ☆ |
| | 配偶者や子供が重い病気やケガをした | | | ☆ |
| | 親類の誰かで世間的にまずいことをした人が出た | | | ☆ |
| | 親族とのつきあいで困ったり、辛い思いをしたことがあった | | ☆ | |
| | 親が重い病気やケガをした | | ☆ | |
| | 家族が婚約した又はその話が具体化した | ☆ | | |
| | 子供の入試・進学があった又は子供が受験勉強を始めた | ☆ | | |
| | 親子の不和、子供の問題行動、非行があった | ☆ | | |
| | 家族が増えた（子供が産まれた）又は減った（子供が独立して家を離れた） | ☆ | | |
| | 配偶者が仕事を始めた又は辞めた | ☆ | | |
| ③　金銭関係 | 多額の財産を損失した又は突然大きな支出があった | | | ☆ |
| | 収入が減少した | | ☆ | |
| | 借金返済の遅れ、困難があった | | ☆ | |
| | 住宅ローン又は消費者ローンを借りた | ☆ | | |
| ④　事件、事故、災害の体験 | 天災や火災などにあった又は犯罪に巻き込まれた | | | ☆ |
| | 自宅に泥棒が入った | | ☆ | |
| | 交通事故を起こした | | ☆ | |
| | 軽度の法律違反をした | ☆ | | |
| ⑤　住環境の変化 | 騒音等、家の周囲の環境（人間環境を含む）が悪化した | | ☆ | |
| | 引越した | | ☆ | |
| | 家屋や土地を売買した又はその具体的な計画が持ち上がった | ☆ | | |
| | 家族以外の人（知人、下宿人など）が一緒に住むようになった | ☆ | | |
| ⑥　他人との人間関係 | 友人、先輩に裏切られショックを受けた | | ☆ | |
| | 親しい友人、先輩が死亡した | | ☆ | |
| | 失恋、異性関係のもつれがあった | | ☆ | |
| | 隣近所とのトラブルがあった | | ☆ | |

（注）　心理的負荷の強度ⅠからⅢは、別表１と同程度である。

## 【心理的負荷による精神障害の認定基準に係る運用上の留意点について（令五・九・一　基補発〇九〇一第一号）】

心理的負荷による精神障害の認定基準については、令和五年九月一日付け基発〇九〇一第二号「心理的負荷による精神障害の認定基準について」（以下「認定基準」という。）をもって指示されたところであるが、その具体的運用に当たっては、下記の事項に留意の上、適切に対応されたい。

なお、本通達の施行に伴い、平成二三年一二月二六日付け基労補発一二二六第一号「心理的負荷による精神障害の認定基準の運用等について」及び令和二年五月二九日付け基補発〇五二九第一号「心理的負荷による精神障害の認定基準の改正に係る運用上の留意点について」は廃止する。

また、「精神障害の労災認定の基準に関する専門検討会報告書（令和五年七月）」（以下「報告書」という。）には、認定基準の考え方等が示されているので、認定基準の理解を深めるため、適宜参照されたい。

記

第一　検討の経緯及び改正の趣旨

心理的負荷による精神障害については、平成二三年一二月二六日付け基発一二二六第一号「心理的負荷による精神障害の認定基準について」（以下「旧認定基準」という。）に基づき労災認定を行ってきたところであるが、旧認定基準の発出以降、働き方の多様化が進み労働者を取り巻く職場環境が変貌するといった社会情勢の変化が生じており、また、精神障害の労災保険給付請求件数も年々増加しているところである。

こうした社会情勢の変化と労働者の心身の健康に対する関心の高まりを鑑み、精神障害の労災認定の基準に関する専門検討会において、旧認定基準について、最新の医学的知見を踏まえた多角的な検討が行われた。

今般、その検討結果を踏まえ、業務による心理的負荷の評価をより適切かつ効率的に行う等の観点から、認定基準の改正が行われたものである。

第二　主な改正点及び運用上の留意点

1　対象疾病（認定基準第一関係）

対象疾病については、報告書において、現時点では旧認定基準の内容を維持することが妥当と判断されており、実質的な変更はない。

なお、疾病及び関連保健問題の国際統計分類については、第一一回改訂版が発効されているが、その日本語訳はまだ確立していないことから、その確立を待って別途検討することが妥当とされている。

２　認定要件及び認定要件に関する基本的な考え方（認定基準第二及び第三関係）

認定要件及びこれに関する基本的な考え方については、報告書において、旧認定基準の内容が現時点でも妥当と判断されており、実質的な変更はない。

３　認定要件の具体的判断（認定基準第四関係）

(1)　発病等の判断

ア　発病の有無等

発病の有無等の判断については実質的な変更はない。

なお、請求に係る診療の以前から精神障害による通院がなされている事案については、請求に係る精神障害が、新たな精神障害の発病であるのか等が問題になる。ある精神障害を有する者が、新たに別の精神障害を併発することもあれば、もとの精神障害の症状の現れにすぎない（その精神障害の動揺の範囲内であって新たな精神障害の発病・悪化を来したものでない）場合、もとの精神障害の悪化の場合、もとの精神障害の症状安定後の新たな発病の場合もある。

これらの鑑別については個別事案ごとに医学専門家による判断が必要であることから、精神障害による通院がなされている事案であっても、症状の経過等について、主治医の意見書や診療録等の関係資料を収集し、また、心理的負荷となる出来事等についても調査を行った上で、新たな発病の有無等について医学的な判断を求める必要があることに留意すること。

イ　発病時期

発病時期については、精神障害の治療歴のない自殺事案に係る考え方が明示されたほか、旧認定基準において、出来事の評価の留意事項とされていたもののうち、発病時期に関連する事項が当該項目において示されたものである。

(2)　業務による心理的負荷の強度の判断

ア　業務による強い心理的負荷の有無の判断
業務による強い心理的負荷の有無の判断に係る考え方については、実質的な変更はない。

心理的負荷の評価の基準となる同種の労働者に係る事項は、旧認定基準第三で示されていたものと同旨であり、心理的負荷の評価に当たっては、旧認定基準と同様に、精神障害を発病した労働者と職種、職場における立場や職責、年齢、経験等が類似する「同種の労働者」が一般的にその出来事及び出来事後の状況をどう受け止めるかという観点から評価すること。

例えば、新規に採用され、従事する業務に何ら経験を有していなかった労働者が精神障害を発病した場合には、ここでいう「同種の労働者」としては、当該労働者と同様に、業務経験のない新規採用者を想定すること。

イ　業務による心理的負荷評価表
認定基準別表１「業務による心理的負荷評価表」（以下「認定基準別表１」という。）については、各具体的出来事への当てはめや心理的負荷の強度の評価が適切かつ効率的に行えるようにするとの観点から、別紙１「業務による具体的出来事の統合等」のとおり具体的出来事の統合、追加、表記の修正、平均的な心理的負荷の強度の修正が行われ、あわせて、総合評価の視点及び強度ごとの具体例の拡充等が行われた。

認定基準別表１に基づき業務による心理的負荷の強度を判断するに当たっては、別紙２「業務による心理的負荷評価表に基づく心理的負荷の強度の判断に当たっての留意事項」にも留意して、適切な評価を行うこと。

なお、旧認定基準において「強」と判断されていたものは、認定基準においても、基本的に「強」と判断されること。

ウ　複数の出来事の評価
複数の出来事の評価の枠組みについては、実質的な変更はない。評価に当たっての考慮要素等がより明確化されており、当該考慮要素等を踏まえ、適切な評価を行うこと。

また、別紙３「複数の出来事があり業務による心理的負荷が強いと評価される例」も参考とすること。

エ　評価期間の留意事項
評価期間については、発病前おおむね六か月であることに変更はないが、これに係る留意事項について、出来事の起点が発病の六か月より前であっても、その出来事（出来事後の状況）が継続している場合にあっては、発病前おおむね六か月の間における状況や対応について評価の対象とすることが明確化されており、これを踏まえ、適切な評価を行うこと。

(3) 業務以外の心理的負荷及び個体側要因による発病でないことの判断

業務以外の心理的負荷及び個体側要因の考え方並びに業務以外の心理的負荷の評価について、実質的な変更はない。

個体側要因について、個体側要因により発病したことが明らかな場合を一律に例示することは困難であることから、当該例示は削除され、あわせて、調査の効率化等の観点から、調査対象となる事項等が明示された。

個体側要因とは、個人に内在している脆弱性・反応性であるが、その調査には限界があるところであり、既往の精神障害や現在治療中の精神障害、アルコール依存状況等の存在が明らかな場合に、その内容等を調査すること。

4 精神障害の悪化と症状安定後の新たな発病（認定基準第五関係）

(1) 精神障害の悪化とその業務起因性

旧認定基準の内容を変更し、特別な出来事に該当する出来事がなくとも、悪化の前に業務による強い心理的負荷が認められる事案について、十分な検討の上で、業務起因性を認める場合があることが示された。

その際、業務起因性が認められない精神障害について、その悪化の前に強い心理的負荷となる業務による出来事が認められても、直ちにそれが当該悪化の原因であると判断することはできないとする考え方は旧認定基準と同様であり、悪化の前に業務による強い心理的負荷が認められる場合には、業務による強い心理的負荷によって精神障害が自然経過を超えて著しく悪化したものと精神医学的に判断されるか否かについて、認定基準に記載された考慮要素を踏まえ、十分に検討することが必要であること。

なお、認定基準第五の1にいう「治療が必要な状態」とは、実際に治療が行われているものに限らず、医学的にその状態にあると判断されるものを含むものであること。

(2) 症状安定後の新たな発病

通院・服薬を継続している者であっても、精神障害の発病後の悪化としてではなく、症状が改善し安定した状態が一定期間継続した後の新たな発病として判断すべきものがあることが明示された。

なお、この症状安定後の新たな発病の考え方は、「精神障害の労災認定の基準に関する専門検討会報告書（平成二三年一一月）」において示されていたものと同旨である。

ここで、既存の精神障害が悪化したのか、認定基準第五の２にいう「症状が改善し安定した状態が一定期間継続した後の新たな発病」に当たるのか等については、個別事案ごとに医学専門家による判断が必要であること。当該「一定期間」についても、個々の事案に応じて判断する必要があるが、例えばうつ病については、おおむね六か月程度症状が安定して通常の勤務ができていた場合には、このような症状安定後の発病として、認定基準第二の認定要件に照らして判断できる場合が多いものと考えられること。

５　専門家意見と認定要件の判断（認定基準第六関係）

より効率的な審査を行う観点から、旧認定基準の内容を変更し、専門部会意見を求める事案について一律に定めず個別に高度な医学的検討が必要と判断した事案とされ、また、専門医意見を求める事案についても旧認定基準から一部限定がなされた。

なお、認定基準第六の２にいう「業務による心理的負荷に係る認定事実の評価について「強」に該当することが明らかでない事案」とは、当該事実の評価が「強」に該当しない（「中」又は「弱」である）事案及び当該事実の評価が「強」に該当するか判断し難い事案をいうものであること（別紙４「専門家の意見の聴取・判断の流れ」参照）。

６　療養及び治ゆ（認定基準第七関係）

療養及び治ゆの考え方については、実質的な変更はないが、治ゆ（症状固定）の状態にある場合等がより明確化された。

７　その他及び複数業務要因災害（認定基準第八及び第九関係）

いずれも実質的な変更はない。

なお、認定基準第八の３の調査等の留意事項として示されている事項は、旧認定基準第四の２⑸において出来事の評価の留意事項④として示されていたものと同旨である。

また、認定基準第八の４の本省協議に関し、認定基準第四の２⑵イを踏まえてもなお認定基準別表１に示された「具体的出来事」のいずれにも当てはめることができない出来事の評価については、「本認定基準により判断し難い事案」として協議対象となること。

第三　（略）

第四　（略）

業務による具体的出来事の統合等　　別紙１

| 出来事の類型 | 改正前 | | | 改正後 | | |
|---|---|---|---|---|---|---|
| | 番号 | 具体的出来事 | 平均的な心理的負荷の強度 | 番号 | 具体的出来事 | 平均的な心理的負荷の強度 |
| ①　事故や災害の体験 | 1 | （重度の）病気やケガをした | Ⅲ | 1 | 業務により重度の病気やケガをした | Ⅲ |
| | 2 | 悲惨な事故や災害の体験、目撃をした | Ⅱ | 2 | 業務に関連し、悲惨な事故や災害の体験、目撃をした | Ⅱ |
| ②　仕事の失敗、過重な責任の発生等 | 3 | 業務に関連し、重大な人身事故、重大事故を起こした | Ⅲ | 3 | 業務に関連し、重大な人身事故、重大事故を起こした | Ⅲ |
| | 4 | 会社の経営に影響するなどの重大な仕事上のミスをした | Ⅲ | 4 | 多額の損失を発生させるなど仕事上のミスをした | Ⅱ |
| | 5 | 会社で起きた事故、事件について、責任を問われた | Ⅱ | 5 | 会社で起きた事故、事件について、責任を問われた | Ⅱ |
| | 6 | 自分の関係する仕事で多額の損失等が生じた | Ⅱ | | 項目11に統合<br>（項目４も参照） | |
| | 7 | 業務に関連し、違法行為を強要された | Ⅱ | 6 | 業務に関連し、違法な行為や不適切な行為等を強要された | Ⅱ |
| | 8 | 達成困難なノルマが課された | Ⅱ | 7 | 達成困難なノルマが課された・対応した・達成できなかった | Ⅱ |
| | 9 | ノルマが達成できなかった | Ⅱ | | 項目７に統合 | |
| | 10 | 新規事業の担当になった、会社の建て直しの担当になった | Ⅱ | 8 | 新規事業や、大型プロジェクト（情報システム構築等を含む）などの担当になった | Ⅱ |
| | 11 | 顧客や取引先から無理な注文を受けた | Ⅱ | 9 | 顧客や取引先から対応が困難な注文や要求等を受けた | Ⅱ |
| | 12 | 顧客や取引先からクレームを受けた | Ⅱ | | 項目９に統合 | |
| | 13 | 大きな説明会や公式の場での発表を強いられた | Ⅰ | | 項目10・11に統合 | |
| | 14 | 上司が不在になることにより、その代行を任された | Ⅰ | 10 | 上司や担当者の不在等により、担当外の業務を行った・責任を負った | Ⅰ |
| ③　仕事の量・質 | 15 | 仕事内容・仕事量の（大きな）変化を生じさせる出来事があった | Ⅱ | 11 | 仕事内容・仕事量の大きな変化を生じさせる出来事があった | Ⅱ |
| | 16 | １か月に80時間以上の時間外労働を行った | Ⅱ | 12 | １か月に80時間以上の時間外労働を行った | Ⅱ |
| | 17 | ２週間以上にわたって連続勤務を行った | Ⅱ | 13 | ２週間以上にわたって休日のない連続勤務を行った | Ⅱ |
| | | （新規） | | 14 | 感染症等の病気や事故の危険性が高い業務に従事した | Ⅱ |
| | 18 | 勤務形態に変化があった | Ⅰ | 15 | 勤務形態、作業速度、作業環境等の変化や不規則な勤務があった | Ⅰ |
| | 19 | 仕事のペース、活動の変化があった | Ⅰ | | 項目15に統合 | |

| 出来事の類型 | 改正前 | | | 改正後 | | |
|---|---|---|---|---|---|---|
| | 番号 | 具体的出来事 | 平均的な心理的負荷の強度 | 番号 | 具体的出来事 | 平均的な心理的負荷の強度 |
| ④　役割・地位の変化等 | 20 | 退職を強要された | Ⅲ | 16 | 退職を強要された | Ⅲ |
| | 21 | 配置転換があった | Ⅱ | 17 | 転勤・配置転換等があった | Ⅱ |
| | 22 | 転勤をした | Ⅱ | | 項目17に統合 | |
| | 23 | 複数名で担当していた業務を１人で担当するようになった | Ⅱ | 18 | 複数名で担当していた業務を１人で担当するようになった | Ⅱ |
| | 24 | 非正規社員であるとの理由等により、仕事上の差別、不利益取扱いを受けた | Ⅱ | 19 | 雇用形態や国籍、性別等を理由に、不利益な処遇等を受けた | Ⅱ |
| | 25 | 自分の昇格・昇進があった | Ⅰ | 20 | 自分の昇格・昇進等の立場・地位の変更があった | Ⅰ |
| | 26 | 部下が減った | Ⅰ | | 項目11に統合 | |
| | 27 | 早期退職制度の対象となった | Ⅰ | | 項目16に統合 | |
| | 28 | 非正規社員である自分の契約満了が迫った | Ⅰ | 21 | 雇用契約期間の満了が迫った | Ⅰ |
| ⑤　パワーハラスメント | 29 | 上司等から、身体的攻撃、精神的攻撃等のパワーハラスメントを受けた | Ⅲ | 22 | 上司等から、身体的攻撃、精神的攻撃等のパワーハラスメントを受けた | Ⅲ |
| ⑥　対人関係 | 30 | 同僚等から、暴行又は（ひどい）いじめ・嫌がらせを受けた | Ⅲ | 23 | 同僚等から、暴行又はひどいいじめ・嫌がらせを受けた | Ⅲ |
| | 31 | 上司とのトラブルがあった | Ⅱ | 24 | 上司とのトラブルがあった | Ⅱ |
| | 32 | 同僚とのトラブルがあった | Ⅱ | 25 | 同僚とのトラブルがあった | Ⅱ |
| | 33 | 部下とのトラブルがあった | Ⅱ | 26 | 部下とのトラブルがあった | Ⅱ |
| | | （新規） | | 27 | 顧客や取引先、施設利用者等から著しい迷惑行為を受けた | Ⅱ |
| | 34 | 理解してくれていた人の異動があった | Ⅰ | | 項目28に統合 | |
| | 35 | 上司が替わった | Ⅰ | 28 | 上司が替わる等、職場の人間関係に変化があった | Ⅰ |
| | 36 | 同僚等の昇進・昇格があり、昇進で先を越された | Ⅰ | | 項目19・28に統合 | |
| ⑦　セクシュアルハラスメント | 37 | セクシュアルハラスメントを受けた | Ⅱ | 29 | セクシュアルハラスメントを受けた | Ⅱ |

別紙２　業務による心理的負荷評価表に基づく心理的負荷の強度の判断に当たっての留意事項
認定基準別表１に基づく心理的負荷の強度の判断に当たっての留意事項及び旧認定基準からの改正の趣旨は、次のとおりである。
なお、心理的負荷の強度の評価に当たっては、複数の出来事も含めて、心理的負荷の全体を総合的に評価することが適切であり、出来事及び出来事後の状況の評価を行う際には、各具体的出来事において示された心理的負荷の総合評価の視点を踏まえてそれぞれ検討し、評価することが必要であるが、これは同一の状況について二重に評価する趣旨ではないことはこれまでと同様である。

1　特別な出来事
旧認定基準における特別な出来事と同旨であり、特別な出来事に該当しない場合にはそれぞれの関連項目により評価する。

なお、極度の長時間労働について、旧認定基準において記載されていた「休憩時間は少ないが手待ち時間が多い場合等、労働密度が特に低い場合を除く」との記載が削除されているが、長時間労働等の心理的負荷の評価に共通する事項として認定基準第四の２⑵オに同旨が記載されており、趣旨を変更するものではない。

2　特別な出来事以外
⑴　総合評価の留意事項
旧認定基準における「出来事後の状況の評価に共通の視点」として示されていた事項と一部共通するものであるが、心理的負荷の総合評価の視点を明確化する観点から、改めて整理され、示されたものである。本項目に示されている内容は、出来事後の状況の評価に限らず、出来事それ自体の評価に当たっても留意する。また、著しいもののみを評価する趣旨ではない。
あわせて、出来事それ自体と、当該出来事の継続性や事後対応の状況、職場環境の変化などの出来事後の状況の双方を十分に検討し、出来事に伴って発生したと認められる状況や、当該出来事が生じるに至った経緯等も含めて総合的に考慮して、心理的負荷の程度を判断する。
⑵　具体的出来事
ア　項目１「業務により重度の病気やケガをした」等
旧認定基準の項目（以下「旧項目」という。）１「（重度の）病気やケガをした」と同旨である。入院期間の短期化等の社会情勢の変化等を踏まえ「強」の具体例が一部修正されており、入院期間が二か月に満たない場合でも、医学意見により長期間の入院と判断する場合もあることが示されたものである。

また、旧項目１は、「重度の」病気等を前提に平均的な心理的負荷を「Ⅲ」としつつ、重度とはいえない病気やケガの場合にも本項目に当てはめる趣旨で括弧書きがなされていたが、他の具体的出来事の表記との整合性、分かりやすさ等の観点から、括弧が削除された。このことは、項目11「仕事内容・仕事量の大きな変化を生じさせる出来事があった」及び項目23「同僚等から、暴行又はひどいいじめ・嫌がらせを受けた」についても同様である。

イ　項目４「多額の損失を発生させるなど仕事上のミスをした」

旧項目４「会社の経営に影響するなどの重大な仕事上のミスをした」については、令和二年度ストレス評価に関する調査研究の結果や、決定事例において重大なミスの事案よりもこれに至らないミスの事案が多かったこと等を踏まえ、会社の経営に影響するなどの重大なミスに至らないものが具体的出来事として示されるとともに、平均的な心理的負荷の強度が「Ⅱ」に変更された。

なお、「強」の具体例は、旧認定基準に準じたものが示されており、旧認定基準において「強」と判断される事実関係があれば、認定基準においても、「強」と判断されるものである。

また、旧項目６「自分の関係する仕事で多額の損失等が生じた」に関し、本人のミスによる損失等について本項目で評価することに変更はなく、その旨も表記の修正により明確にされた。

ウ　項目６「業務に関連し、違法な行為や不適切な行為等を強要された」

旧項目７「業務に関連し、違法行為を強要された」と同旨であるが、違法行為に至らない不適切な行為等を強要された場合にも本項目で評価することが明確にされた。

エ　項目７「達成困難なノルマが課された・対応した・達成できなかった」

旧項目８「達成困難なノルマが課された」及び旧項目９「ノルマが達成できなかった」が統合された項目である。ノルマが課された時点が評価期間前であり、評価期間中に達成できなかったことが確定していない場合であっても、評価期間において当該ノルマの達成のための対応を行っていた場合にはその心理的負荷を評価することを明らかにする趣旨で、表記が修正された。

オ　項目８「新規事業や、大型プロジェクト（情報システム構築等を含む）などの担当になった」

旧項目10「新規事業の担当になった、会社の立て直しの担当になった」と同旨であるが、社会情勢の変化等を踏まえて表記が修正された。

カ　項目９「顧客や取引先から対応が困難な注文や要求等を受けた」

旧項目11「顧客や取引先から無理な注文を受けた」及び旧項目12「顧客や取引先からクレームを受けた」が統合された項目である。本項目の「対応が困難な注文や要求等」とは、大幅な値下げ、納期の繰り上げ等の注文や、納品物の不適合の指摘等をいう。対人関係における「著しい迷惑行為」に該当する場合には、項目27で評価する。

キ　項目10「上司や担当者の不在等により、担当外の業務を行った・責任を負った」

旧項目13「大きな説明会や公式の場での発表を強いられた」及び旧項目14「上司が不在になることにより、その代行を任された」が統合され、あわせて、表記がより一般化され、発表や上司の代行以外にも担当外の業務・責任を担うことになったことの心理的負荷を評価する項目とされた。

なお、旧項目13「大きな説明会や公式の場での発表を強いられた」について、それが当該労働者の本来の業務範囲内における業務内容の変化である場合には、項目11で評価する。

ク　項目11「仕事内容・仕事量の大きな変化を生じさせる出来事があった」

旧項目15「仕事内容・仕事量の（大きな）変化を生じさせる出来事があった」と同旨であるが、旧項目６「自分の関係する仕事で多額の損失等が生じた」、旧項目13「大きな説明会や公式の場での発表を強いられた」及び旧項目26「部下が減った」についても、これらの出来事による仕事内容・仕事量の変化については本項目として評価することが適切であるとして統合された。

また、心理的負荷の総合評価の視点において、勤務間インターバルの状況等についても考慮要素となることが明確化されており、これは、項目12、項目13及び項目15においても同様である。

ケ　項目12「一か月に八〇時間以上の時間外労働を行った」

旧項目16「一か月に八〇時間以上の時間外労働を行った」と同旨であり、長時間労働それ自体を「出来事」とみなして評価するものである。項目12では、項目11と異なり、労働時間数がそれ以前と比べて増加している必要はない。

また、旧項目16は他の項目で評価されない場合にのみ評価する（本項目で「強」と判断される場合を除く。）こととされていたが、より的確な評価を行うため、評価期間において一か月におおむね八〇時間以上の時間外労働がみられる場合には、他の項目（項目11の仕事量の変化を除く。）で評価される場合でも、この項目でも評価するよう注が修正された。

なお、「強」の具体例について、「その業務内容が通常その程度の労働時間を要するものであった」との記載が削除されているが、長時間労働等の心理的負荷の評価に共通する事項として認定基準第四の２⑵オに同旨が記載されており、趣旨を変更するものではない。

コ　項目13「二週間以上にわたって休日のない連続勤務を行った」
旧項目17「二週間以上にわたって連続勤務を行った」と同旨であり、業務量が多いこと等から本来取得できるはずの休日が取得できず、連続勤務を行ったことの心理的負荷を評価するものである。

なお、「中」及び「強」の具体例について、「手待ち時間が多い等の労働密度が特に低い場合を除く」との記載が削除されているが、認定基準第四の２⑵オ㈡に同旨が記載されており、趣旨を変更するものではない。

サ　項目14「感染症等の病気や事故の危険性が高い業務に従事した」
社会情勢の変化等を踏まえ、業務による心理的負荷として感じられる出来事として新設された。新興感染症の感染拡大等に伴い、危険性の高い業務に新たに従事したことの心理的負荷を評価する項目である。

シ　項目15「勤務形態、作業速度、作業環境等の変化や不規則な勤務があった」
旧項目18「勤務形態に変化があった」及び旧項目19「仕事のペース、活動の変化があった」が統合され、あわせて、作業環境等の変化や不規則な勤務も評価する項目とされた。

なお、旧認定基準における「出来事後の状況の評価に共通の視点」において示されていた「職場環境の悪化。具体的には、騒音、照明、温度（暑熱・寒冷）、湿度（多湿）、換気、臭気の悪化等。」がある場合には、本項目で評価する。

ス　項目16「退職を強要された」
旧項目20「退職を強要された」と同旨であるが、旧項目27「早期退職制度の対象となった」についても、退職に関わるものであり、本項目として評価することが適切であるとして統合された。

セ　項目17「転勤・配置転換等があった」
旧項目21「配置転換があった」及び旧項目22「転勤をした」が統合された項目である。出向についても、本項目で評価する。

ソ　項目18「複数名で担当していた業務を一人で担当するようになった」
　旧項目23「複数名で担当していた業務を一人で担当するようになった」と同旨であるが、業務を一人で担当することによる職場の支援の減少等の心理的負荷を評価する項目であることが明確化された。複数名で担当していた業務を一人で担当することにより業務量が増加した場合には、項目11でも評価する。
タ　項目19「雇用形態や国籍、性別等を理由に、不利益な処遇等を受けた」
　旧項目24「非正規社員であるとの理由等により、仕事上の差別、不利益取扱いを受けた」と同旨であるが、処遇等の理由となった事由をより具体的に記載するとともに、「差別、不利益取扱い」とまではいえない処遇を受けた場合についても本項目で評価する趣旨で表記が修正された。

　なお、旧項目36「同僚等の昇進・昇格があり、昇進で先を越された」について、一般的には項目28で評価するが、国籍等を理由とした不利益な処遇等に該当する場合には、本項目で評価する。

　また、性的指向・性自認に関する事案を含むことが明確化されており、これは、項目22及び項目23においても同様である。
チ　項目20「自分の昇格・昇進等の立場・地位の変更があった」
　旧項目25「自分の昇格・昇進があった」と同旨であるが、表記がより一般化され、昇格・昇進以外にも立場・地位の変更があったことの心理的負荷を評価する項目とされた。
ツ　項目21「雇用契約期間の満了が迫った」
　旧項目28「非正規社員である自分の契約満了が迫った」と同旨である。
テ　項目22「上司等から、身体的攻撃、精神的攻撃等のパワーハラスメントを受けた」
　旧項目29「上司等から、身体的攻撃、精神的攻撃等のパワーハラスメントを受けた」と同旨であり、「パワーハラスメント」とは、労働施策の総合的な推進並びに労働者の雇用の安定及び職業生活の充実等に関する法律（昭和四一年法律第一三二号）及び「事業主が職場における優越的な関係を背景とした言動に起因する問題に関して雇用管理上講ずべき措置等についての指針（令和二年厚生労働省告示第五号）」（以下「指針」という。）の定義を踏まえ、「職場において行われる優越的な関係を背景とした言動であって、業務上必要かつ相当な範囲を超えたものにより、その雇用する労働者の就業環境が害される」ことをいうものである。

なお、「中」及び「強」の具体例については、指針において職場におけるパワーハラスメントの代表的な言動の類型として掲げられている、身体的な攻撃、精神的な攻撃、人間関係からの切り離し、過大な要求、過小な要求及び個の侵害の六類型すべての例に拡充されている。

また、具体的出来事の当てはめを行うに当たり、「職場におけるパワーハラスメント」に該当するか否かは、指針に基づき判断することになるが、労災補償においては、業務による出来事について、別表1のいずれの「具体的出来事」で評価することが適当かという観点から「具体的出来事」への当てはめを行い、評価を適切に行うことが重要であり、「パワーハラスメント」に該当するか否かを厳格に認定することが目的でないことに留意すること。

このため、例えば、調査の結果、業務上必要かつ相当な範囲で行われる適正な業務指導や指示であるか否かが客観的な資料等によって明らかでない場合であっても、当事者等からの聴取等により被害者の主張がより具体的で合理的である場合等には、職場におけるパワーハラスメントに該当する事実があったと認定できる場合に当たると考えられることから、適切に評価すること。

あわせて、「職場におけるパワーハラスメント」に該当しないことが明らかであって、上司と部下の間で、仕事をめぐる方針等において明確な対立が生じたと周囲にも客観的に認識されるような事態や、その態様等も含めて業務上必要かつ相当な範囲内と評価される指導・叱責などが認められる場合は、項目24で評価する。

ト　項目23「同僚等から、暴行又はひどいいじめ・嫌がらせを受けた」

旧項目30「同僚等から、暴行又は（ひどい）いじめ・嫌がらせを受けた」と同旨であるが、顧客や取引先、施設利用者等からの暴行等については、項目27で評価する。

ナ　項目25「同僚とのトラブルがあった」

裁判例等を踏まえ「強」の具体例が一部修正されており、大きな対立が頻繁に生じ、その後の業務に大きな支障を来した場合が含まれることが明確化されたものである。項目26「部下とのトラブルがあった」についても同様である。

ニ　項目27「顧客や取引先、施設利用者等から著しい迷惑行為を受けた」

社会情勢の変化等を踏まえ、業務による心理的負荷として感じられる出来事として新設された。顧客や取引先、施設利用者等から、暴行、脅迫、ひどい暴言、著しく不当な要求等の著しい迷惑行為を受けたことの心理的負荷を評価する項目である。

ヌ　項目28「上司が替わる等、職場の人間関係に変化があった」

旧項目34「理解してくれていた人の異動があった」、旧項目35「上司が替わった」及び旧項目36「同僚等の昇進・昇格があり、昇進で先を越された」が統合された項目である。

なお、上司が替わった、同僚等に昇進で先を越された等に伴い、上司・同僚等との関係に問題が生じたときには、項目22～25で評価する。

(3)　心理的負荷の総合評価の視点

具体的出来事ごとの心理的負荷の総合評価の視点について、これを明確化する観点から、当該具体的出来事に特有の視点だけでなく、共通して考慮すべき視点等について改めて整理され、示されたものである。

(4)　心理的負荷の強度を「弱」「中」「強」と判断する具体例

旧認定基準においては、平均的な心理的負荷の強度に対応した具体例しか示されていない具体的出来事が多数あったが、認定基準別表１においては、明確化の観点から具体例が拡充され、項目28の「中」及び「強」の欄を除き、すべての強度に対応した例が示されたものである。

(5)　恒常的長時間労働がある場合に「強」となる具体例

旧認定基準における「恒常的長時間労働が認められる場合の総合評価」として示されていた事項と同旨であるが、いずれも総合評価を「強」とすることとなるため、「恒常的長時間労働がある場合に「強」となる具体例」として示されたものである。

別紙３　複数の出来事があり業務による心理的負荷が強いと評価される例

【事例１：複数の出来事が関連して生じている場合】

Ａさんは、発病前六か月以前に新製品開発・製造・納品の事務局として中心的な役割を担当することとなり、発病まで引き続きこの業務に従事した。納期が短く取引先から厳しい対応が求められる中、上司とは十分な意思疎通ができず適切な支援・協力がない困難な状況で、他部署との連携を図りつつ開発及び継続的な納品を行っており、労働時間についても、発病前六か月間は毎月六〇～七五時間程度の時間外労働が生じていた。このことは、「新規事業や、大型プロジェクト（情報システム構築等を含む）などの担当になった」に該当し、心理的負荷の強度は「中」と評価した。

このような状況の中で、発病約二か月前に、当該新製品に納品規格に適合しないものが生じた。この結果、納期に間に合わない事態となった上、当該製品は廃棄処分となり、多額の損失が生じた。Aさんは上司から叱責され、また、期限に追われる中で原因解明、製造工法の見直しをし、再度の製造・納品を行った。このことは、「多額の損失を発生させるなど仕事上のミスをした」に該当し、心理的負荷の強度は「中」と評価した。

これらの出来事は、新製品開発・製造の主担当になったことを契機として生じているものであり、関連する出来事であって、全体として新規事業の困難性が高く、かつ、その事案の成否に重大な責任のある立場に就き当該業務に当たったものとして、全体の総合的な評価は「強」とした。

【事例2：複数の出来事が関連せずに生じている場合】

Bさんは、製造会社の材料供給・品質管理責任者であったが、自社製品の大部分に使われる材料を製造している海外の外注先で異物混入事故が発生し、五〇億円程度の機会損失回避のため、代替品の手配、外注先との交渉、材料製造手順の確認、現地での監査など、事態を収束するまで発病前三か月から発病時期にかけて、約三か月間対応した。このことは、「会社で起きた事故、事件について、責任を問われた」に該当し、心理的負荷の強度は「中」と評価した。

また、Bさんは、発病の六か月前から別の材料外注先の工場移転に伴う諸手続を実施していたが、移転先でトラブルが生じるなどして移転が遅れ、発病のおおむね三か月前には当該遅れのため自社工場の製造の一部が滞ることとなった。このため、他の外注先から材料の在庫の保存について苦情・要求を受け、対応に苦慮していた。在庫の引き取り、保管場所の確保等を求める要求内容自体は妥当なものであったが、温度等の保存条件や保存期間に制限があること等から切迫した強い要求で、その実現は容易ではなかった。これについて、外部倉庫の確保や在庫の一部廃棄等の対応を、その費用負担等について対立する社内意見の板挟みになりつつ調整し、移転が完了する発病時期まで継続して対応した。このことは、「顧客や取引先から対応が困難な注文や要求等を受けた」に該当し、心理的負荷の強度は「中」と評価した。

これらの出来事は、それぞれ関連せずに生じているところ、互いに近接、重層的に、かつ発病とも近接して生じており、その内容、程度及び発病に至るまでの経緯等を踏まえ、全体の総合的な評価は「強」とした。

専門家の意見の聴取・判断の流れ　別紙４

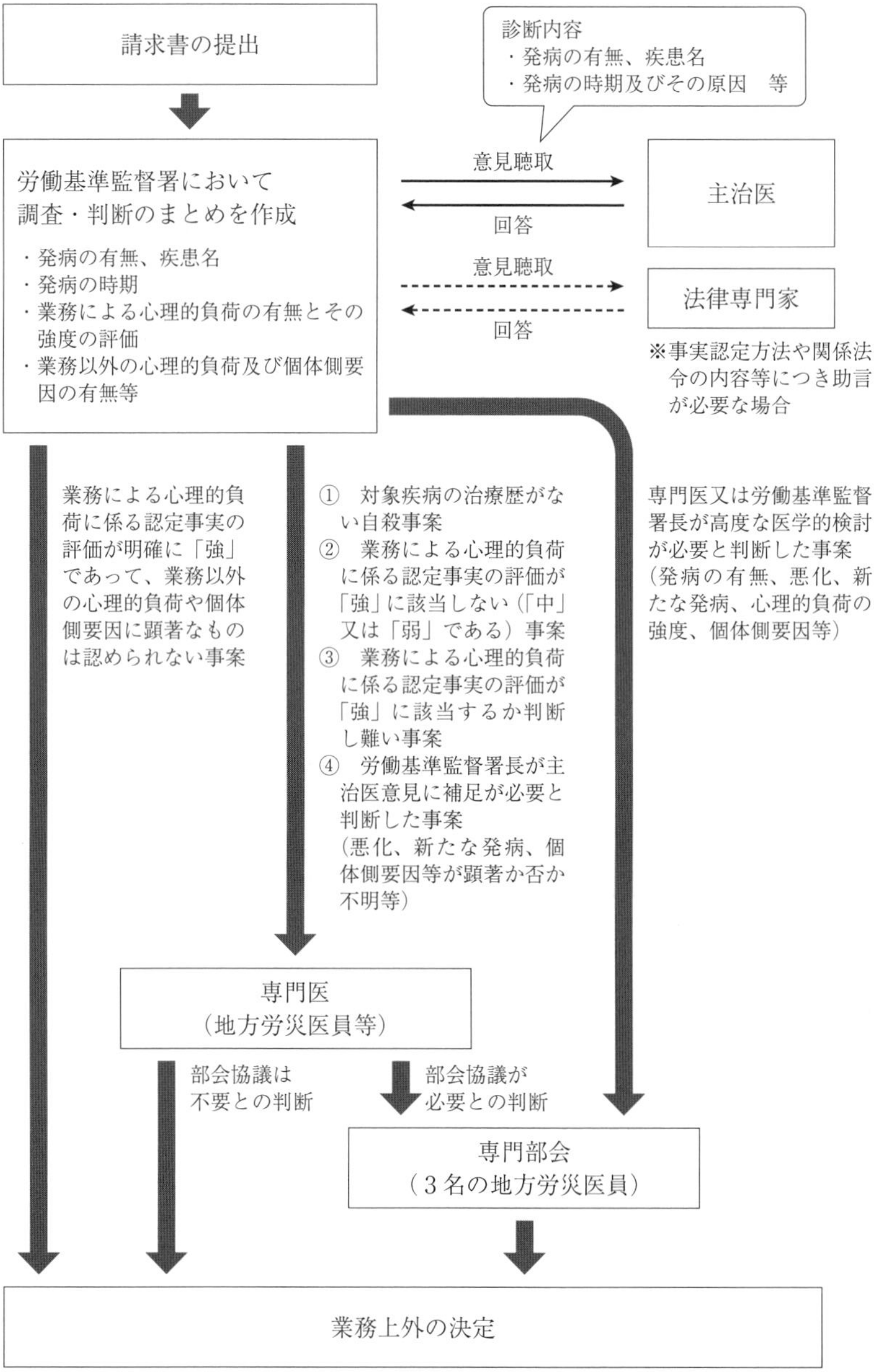
請求書の提出
診断内容
・発病の有無、疾患名
・発病の時期及びその原因　等
労働基準監督署において
調査・判断のまとめを作成
・発病の有無、疾患名
・発病の時期
・業務による心理的負荷の有無とその強度の評価
・業務以外の心理的負荷及び個体側要因の有無等
意見聴取
回答
主治医
意見聴取
回答
法律専門家
※事実認定方法や関係法令の内容等につき助言が必要な場合
業務による心理的負荷に係る認定事実の評価が明確に「強」であって、業務以外の心理的負荷や個体側要因に顕著なものは認められない事案
①　対象疾病の治療歴がない自殺事案
②　業務による心理的負荷に係る認定事実の評価が「強」に該当しない（「中」又は「弱」である）事案
③　業務による心理的負荷に係る認定事実の評価が「強」に該当するか判断し難い事案
④　労働基準監督署長が主治医意見に補足が必要と判断した事案
（悪化、新たな発病、個体側要因等が顕著か否か不明等）
専門医又は労働基準監督署長が高度な医学的検討が必要と判断した事案
（発病の有無、悪化、新たな発病、心理的負荷の強度、個体側要因等）
専門医
（地方労災医員等）
部会協議は
不要との判断
部会協議が
必要との判断
専門部会
（３名の地方労災医員）
業務上外の決定

【精神障害による自殺の取扱いについて（平一一・九・一四　基発第五四五号）】

労働者災害補償保険法第一二条の二の二第一項の「故意」については、昭和四〇年七月三一日付基発第九〇一号「労働者災害補償保険法の一部を改正する法律の施行について」により、結果の発生を意図した故意であると解釈してきたところであるが、このことに関し、精神障害を有するものが自殺した場合の取扱いについては下記のとおりとするので、今後遺漏のないようされたい。

記

業務上の精神障害によって、正常の認識、行為選択能力が著しく阻害され、又は自殺行為を思いとどまる精神的な抑制力が著しく阻害されている状態で自殺が行われたと認められる場合には、結果の発生を意図した故意には該当しない。

事例

○コンピュータープログラマーの墜死（自殺）

【事実】　Ａ（死亡時二四歳）は、平成八年四月、Ｂ社に入社し、開発部に配属され、主にコンピュータープログラムの作成を担当していた。

翌年一〇月より、事務所経理ソフトウエアを構成するプログラムの一つである給与ソフトのプログラミングのメインプログラマーを初めて担当することとなったが、Ａは自分の担当するソフトウエアの開発が上手く進まず、同年一二月頃より何かと悩むようになり、そして、慢性的な長時間労働が続く中、翌年三月、八階建てビルから飛び降り、「外傷性ショック・全身打撲傷」で死亡したものである。

【判断】　(1)　平成九年一二月、Ａに現れた食欲の低下、倦怠感や動作の緩慢、無気力、精神活動力の低下、希死念慮とも理解できる言動の現れ等の症状から、ＩＣＤ－10診断ガイドラインに照らしてＦ32うつ病エピソードにＡがり患していたと判断されること。

(2)　Ａの精神障害り患の原因となったと考えられるコンピューターソフトのプログラム製作担当者への就任、入社二年に満たないAに対する過大な責任、支援体制の欠如、Aの経験からして相当困難なものと認められること。担当就任以前から月間八〇時間程度の時間外労働が認められているが、担当就任以後は月間一四〇時間を超え、会社に泊り込んだ日も相当程度認められる等の恒常的な長時間労働等を併せて評価すれば、その心理的負荷の強度は総合評価として精神障害を発病するおそれのある程度の心理的負荷と認められること。

(3)　業務以外の心理的負荷は特段認められないこと。

(4)　Aの性格傾向はいわゆる執着気質に分類されるが、個体側要因に顕著な問題点は認められないこと。

以上のことから、Aの精神障害り患は、業務による心理的負荷が相対的に有力な発病原因であったと認められ、また、Aの墜死（自殺）は、当該精神障害の病態としての自殺念慮によるものと認められ、業務上である。

○作業指揮者の縊死（自殺）

**【事実】**　C（死亡時五〇歳）は、平成一〇年七月から軌道建設工事に作業指揮者として従事していたが、平成一〇年八月六日、午前九時三〇分頃Cほか三名の作業員が乗っていた作業台車が突然逸走し、当該現場で作業を行っていた車両や駅舎等に激突し、Cを含め作業員九名が死傷するという事故に遭った。

Cは病院に搬送され、入院治療を行っていたが、事故発生二週間後に同病院の屋上の物干し台で、浴衣の紐を首に巻き縊死したものである。

**【判断】**　(1)　Cに現れた症状等をＩＣＤ－10診断ガイドラインに照らせば、Cは事故によって多数の死傷者を出してしまったという出来事を契機に、Ｆ43急性ストレス反応によるうつ状態に陥り、そのような異常心理の中で自殺したものと判断できること。

(2)　Cの精神障害り患の原因となったと考えられる作業中における人身事故という出来事は、作業台車に同乗していた同僚の死亡のほか、多数の死傷者を発生させるという事故や損害の大きさ、作業指揮者としての責任の程度や事故後本人の入院中にあった操作ミスを指摘する新聞報道等を評価すれば、生死に関わる事故への遭遇等及びその責任は、極度の心理的負荷と評価できるものであり、その心理的負荷の強度は総合評価として精神障害を発病するおそれのある程度のものと認められること。

(3)　業務以外の心理的負荷は特段認められないこと。

(4)　Cには毎日ビール二～三本程度の習慣飲酒が認められるが、アルコールによる失敗等のエピソードもなく、個体側要因に顕著な問題点は認められないこと。

以上のことから、Cの精神障害り患は、業務による心理的負荷が相対的に有力な発病原因であったと認められ、また、Cの縊死（自殺）は、当該精神障害の病態としての自殺念慮によるものと認められ、業務上である。

○作業所長の縊死（自殺）

【事実】　D（死亡時年齢四五歳）は、平成八年一二月から着工したマンション建設工事の作業所長をしていたが、平成九年九月に当該建設現場において死亡災害が発生し、その結果、当初の工期予定が遅れることとなり、工期や予算面で厳しい対応に追い込まれることとなった。

Dは当該死亡災害発生以降、長時間労働を余儀なくされ、疲れがみられるようになり、平成九年一一月頃には部下に精神安定剤のサンプルの入手を依頼するなど、精神面の疲労もあった。

平成一〇年に入ると、Dは上司等に再三にわたって「退職したい」と申し出るなど、かなり追いつめられた状況であり、このような状況の中、平成一〇年三月に現場事務所で縊死しているところを発見された。

【判断】　⑴　Dに現れた症状等をＩＣＤ－10診断ガイドラインに照らせば、Dは平成九年一〇月頃からＦ32うつ病エピソードにり患し、そのうつ状態下で自殺したものと判断できること。

⑵　Dの精神障害り患の原因となったと考えられる建設現場におけるスラブの崩壊に伴う死亡災害の発生という出来事は、事故や損害の大きさ、スラブの支保工設計を承認したDの責任の程度、事故後の災害原因の究明、工程の見直し、下請業者の再手配等の仕事を一人でこなし、このため労働時間も大幅に増加するとともに、結果として工期の遅れ、巨額の赤字の発生が現実のものとなるとの客観的予測が立ったこと等を評価すれば、その心理的負荷の強度は総合評価として精神障害を発病するおそれのある程度のものと認められること。

⑶　業務以外の心理的負荷としては息子の進学問題、住宅ローンの存在等はいくつか認められるものの、時間的経過からみて本件発病に関与したとは認められないこと。

⑷　個体側要因に顕著な問題点は認められないこと。

以上のことから、Dの精神障害り患は、業務による心理的負荷が相対的に有力な発病原因であったと認められ、また、Dの縊死（自殺）は、当該精神障害の病態としての自殺念慮によるものと認められ、業務上である。

○パート従業員の外傷後ストレス障害（ＰＴＳＤ）

【事実】　Eは、平成一〇年一月から飲食店で早朝パートタイマーとして働いていたが、同年九月にいつものように出勤し、タイムカードを打刻して更衣室に戻ったところ、厨房の裏口から強盗が店内に侵入してきた。強盗はEにナイフを突きつけ「金を出せ」と脅し、Eに金庫を開けさせて、多額の売上金を奪って逃走した。

Eは事件後一週間はベッドとトイレしか行くことができず、全身の力が抜けて何もできない状態が続き、食事を食べようとしても気持ちが悪くなり、三kgほど痩せた。

一カ月ほど経ってEはやっと外出できるようになったが、犯人に似た者を見ると真っ青になってしまい、その他、時折強盗事件の夢を見たりするなど、強盗事件以後、様々な心身の異常が生じた。

**【判断】**　(1)　Eに現れた症状等をICD－10診断ガイドラインに照らせば、Eは強盗事件後、F43・1外傷後ストレス障害（PTSD）にり患したと判断できること。

(2)　Eが体験した業務遂行中の出来事は、犯人にナイフをずっと突きつけられて死の恐怖を体験するという極度の心理的負荷を伴うものであったこと。

(3)　強盗事件とそれに伴って発症したフラッシュバック等の症状やその症状の軽快に係る時間的経過が、医学的にみて妥当であること。

(4)　Eには、業務以外の心理的負荷や個体側要因は特に認められないこと。

以上のことから、Eの外傷後ストレス障害は、業務による心理的負荷が相対的に有力な発病原因であったと認められ、業務上である。

## ○プロジェクトリーダーの適応障害

**【事実】**　Fは、大学卒業後、デジタル通信関連会社に設計技師として勤務していたところ、三年目にプロジェクトリーダーに昇格し、新たな分野の商品開発に従事することとなった。しかし、同社にとって初めての技術が多く、設計は難航し、Fの帰宅は翌日の午前二時頃に及ぶこともあり、以後、会社から特段の支援もないまま一か月当たりの時間外労働時間数は九〇～一二〇時間で推移した。新プロジェクトに従事してから約四か月後、抑うつ気分、食欲低下といった症状が生じ、心療内科を受診したところ「適応障害」と診断された。

**【判断】**　①「適応障害」は、対象疾病に該当する。②新たな分野の商品開発のプロジェクトリーダーとなったことは、認定基準別表1の具体的出来事「新規事業や、大型プロジェクト（情報システム構築等を含む）などの担当になった」に該当する。失敗した場合に大幅な業績悪化につながるものではなく、心理的負荷「中」の具体例である「新規事業等の担当になり、当該業務に当たった」に合致し、さらに、この出来事後に恒常的長時間労働が認められることから、総合評価は

「強」と判断される。③発病直前に妻が交通事故で軽傷を負う出来事があったが、その他に業務以外の心理的負荷、個体側要因はいずれも顕著なものはなかった。①②③から、Fは労災認定された。

○営業職のうつ病

**【事実】**　Gは、総合衣料販売店に営業職として勤務していたところ、異動して係長に昇格し、主に新規顧客の開拓などに従事することとなった。新部署の上司はGに対して連日のように叱責を繰り返し、その際には、「辞めてしまえ」、「死ね」といった発言や書類を投げつけるなどの行為を伴うことも度々あった。係長に昇格してから三か月後、抑うつ気分、睡眠障害などの症状が生じ、精神科を受診したところ「うつ病」と診断された。

**【判断】**　①「うつ病」は、対象疾病に該当する。②上司のGに対する言動には、人格や人間性を否定するようなものが含まれており、それが執拗に行われている状況も認められることから、認定基準別表1の具体的出来事「上司等から、身体的攻撃、精神的攻撃等のパワーハラスメントを受けた」の心理的負荷「強」の具体例である「部下に対する上司の言動が、業務範囲を逸脱しており、その中に人格や人間性を否定するような言動が含まれ、かつ、これが執拗に行われた」に合致し、総合評価は「強」と判断される。③業務以外の心理的負荷、個体側要因はいずれも顕著なものはなかった。①②③から、Gは労災認定された。

**〈本節の参照文献〉**

1　ＩＣＤ－10　精神および行動の障害　新訂版　臨床記述と診断ガイドライン（二〇〇五）、医学書院
2　厚生労働省（一九九九）：精神障害等の労災認定に係る専門検討会報告書（一九九九・七）
3　夏目ら（一九九三）：ライフイベント法とストレス度測定、Bull Inst Public Health, 42, 四〇二－四一二
4　山崎ら（一九八八）：第五章　ストレスフル・ライフ・イベント、東京都立労働研究所編　技術革新下における労働者の生活と健康（その二）－オフィス労働者を中心に－労働衛生研究、九、一三一－一四七
5　土屋ら（一九九四）：日本の産業労働者のLife Eventsに関する研究、日衛誌（Jpn J Hyg）四九、五七八－五八七
6　加藤ら（一九七七）：地域社会におけるストレス因子、ストレス準備状態及び精神健康度の評価方法並びに相関に関する研究、科学技術庁研究調整局　昭和四七、四八、四九年度特別研究促進調整費　都市生活における精神健康度に関する総合

研究、一六－四一
7 Holmes, T.H. & Rahe, R.H.（1967）：The social readjustment rating scale. J Psychosom Res, 11, 213-218
8 Williams, J.B.W（1982）：ＤＳＭ-Ⅲの多軸システム、評価への包括的アプローチ、臨床精神医学一一、一四三－一四七
9 Cooper, C.L.（1983）：Identifying stressors at work：Recent research developments. J Psychosom Res, 27, 369-376
10 中央労働災害防止協会編著（一九八六）：企業におけるストレス対応－指針と解説－、七〇
11 厚生労働省（二〇一一）：精神障害の労災認定の基準に関する専門検討会報告書（二〇一一・一一）
12 日本産業精神保健学会（二〇一一）：平成二二年度ストレス評価に関する調査研究報告書（二〇一一・三）
13 厚生労働省（二〇一六）：疾病、傷害及び死因の統計分類提要　ＩＣＤ－10（二〇一三年版）準拠　第一巻　Tabular list（内容例示表）、（一社）厚生労働統計協会
14 厚生労働省（二〇二三）：精神障害の労災認定の基準に関する専門検討会報告書（二〇二三・七）
15 日本産業精神保健学会（二〇二一）：令和二年度ストレス評価に関する調査研究報告書（二〇二一・三）

# 第一〇節　その他厚生労働大臣の指定する疾病

労基則別表第一の二第一〇号には、「前各号に掲げるもののほか、厚生労働大臣の指定する疾病」という規定が置かれている。

業務上疾病の範囲を定めている労基則別表第一の二の規定は必要に応じて見直されるべきものである。すなわち、産業の発展に伴う労働環境の変化によって、今後、新たな疾病が生じたり、産業医学の進歩により業務と疾病との間の因果関係が明らかにされてくることが考えられる。

労基則別表第一の二第一〇号は、このような場合を考慮して同別表第一号から第九号までに掲げられていない疾病であって、業務と疾病との間の因果関係が確立したと認められるものについて、規則の改定を待たずに厚生労働大臣が随時指定するという簡易な手続により、具体的列挙規定と全く同一の法的効果を与えるために設けられた規定である。

本規定に基づき、昭和五六年二月二日には、労働省告示第七号が公布され、「超硬合金の粉じんを飛散する場所における業務による気管支肺疾患」が定められた。この告示は、昭和五五年六月のＩＬＯ総会におけるＩＬＯ第一二一号条約（業務災害の場合における給付に関する条約）付表Ｉの「職業病の一覧表」の改正を踏まえ、労働省労働基準局長の設置した労働基準法施行規則第三五条定期検討のための専門委員会（以下「三五条専門委員会」という。）において検討した結果、労基則別表第一の二第八号（現第一〇号）の労働大臣の指定する疾病（現厚生労働大臣の指定する疾病）として「超硬合金の粉じんを飛散する場所における業務による気管支肺疾患」を定めるものであった。

また、昭和五九年三月二一日には、労働省労働基準局長の設置したクロム障害に関する専門家会議から「クロム化合物による健康障害に関する検討結果報告書」が提出されたことに伴い、同年六月一九日に三五条専門委員会において定期的検討の一環として業務上の疾病の範囲に関する検討を行った結果、「亜鉛黄（あえんき）又は黄鉛を製造する工程における業務による肺がん」を業務上の疾病として法令に明示すべきであるとの結論が出された。この検討結果の報告を踏まえ、昭和五九年一〇月二三日に労働者災害補償保険審議会、同月三一日に中央労働基準審議会の審議を経て、同年一一月一二日、労働基準法施行規則別表第一の二第八号（現第一〇号）に基づく労働省告示第八五号が公布され、昭和五六年労働省告示第七号が改正されて、同告示第二号として「亜鉛黄又は黄鉛を製造する工程における業務による肺がん」が追加された。

さらに、昭和六三年一〇月一八日に三五条専門委員会において定期的検討の一環として業務上の疾病の範囲に関する検討を行った結果、「ジアニシジンにさらされる業務による尿路系腫瘍」を業務上の疾病として法令に明示する必要があるとの結論が出された。この検討結果の報告を踏まえ、昭和六三年一一月一日に労働者災害補償保険審議会、同月二一日に中央労働基準審議会の審議を経て、同年一二月三日、労働基準法施行規則別表第一の二第八号（現第一〇号）の規定に基づく労働省告示第九九号が公布され、昭和五六年労働省告示第七号が改正されて、同告示第三号として「ジアニシジンにさらされる業務による尿路系腫瘍」が追加された。

## 一　超硬合金の粉じんによる気管支肺疾患

労基則別表第一の二第一〇号の規定に基づき、昭和五六年労働省告示第七号第一号には、超硬合金の粉じんによる業務上の疾病として、「超硬合金の粉じんを飛散する場所における業務による気管支肺疾患」が規定されている。

### (一)　発生原因

超硬合金とは、炭化タングステン等とコバルトを混合し、焼結して得られる合金をいい、非常に高い硬度を有し、耐摩耗性に優れていることから切削工具の刃先、ダイス等に広く使用されている。

超硬合金の製法は、普通の合金のように、二種以上の金属を溶解してつくるのではなく、粉末冶金といわれるように、金属粉末を押し固め、焼結してつくられる。その製造工程の概要は、次頁の図のとおりである。すなわち、タングステン粉と炭素粉を混合して、水素中で加熱してタングステンを炭化して炭化タングステンをつくり、これを粉砕して炭化タングステン粉をつくり、これに結合剤としてのコバルト粉を加えて混合し、こまかい顆粒をつくる。この顆粒は超硬合金の成分組成から成るものであり、この顆粒を加圧し、半焼結したものに成型加工を加え、これを真空中で焼結すると超硬合金の成品となる。素材のタングステン粉及び炭素粉の粒度は、平均約一・五～二μ程度である。工程中、混合、粉砕、造粒、成型加工等においては発じんの機会が存在する。作業場の気中に浮遊する粉じんの粒度は約二μ以下である。結合剤として加えられるコバルトの量は種々であるが、一般に三～一五パーセント程度である。成品の用途によっては、炭化チタン粉、炭化タンタル粉等が添加されるときもある。

超硬合金の粉じんとは、超硬合金を製造する工程（次頁の図参照）において発生する粉じんで、その成分は炭化タングステン等の金属炭化物とコバルトとが混合したものである。なお、超硬合金を研磨する工程において発生する粉じんも、同成分である限り、これに該当する。

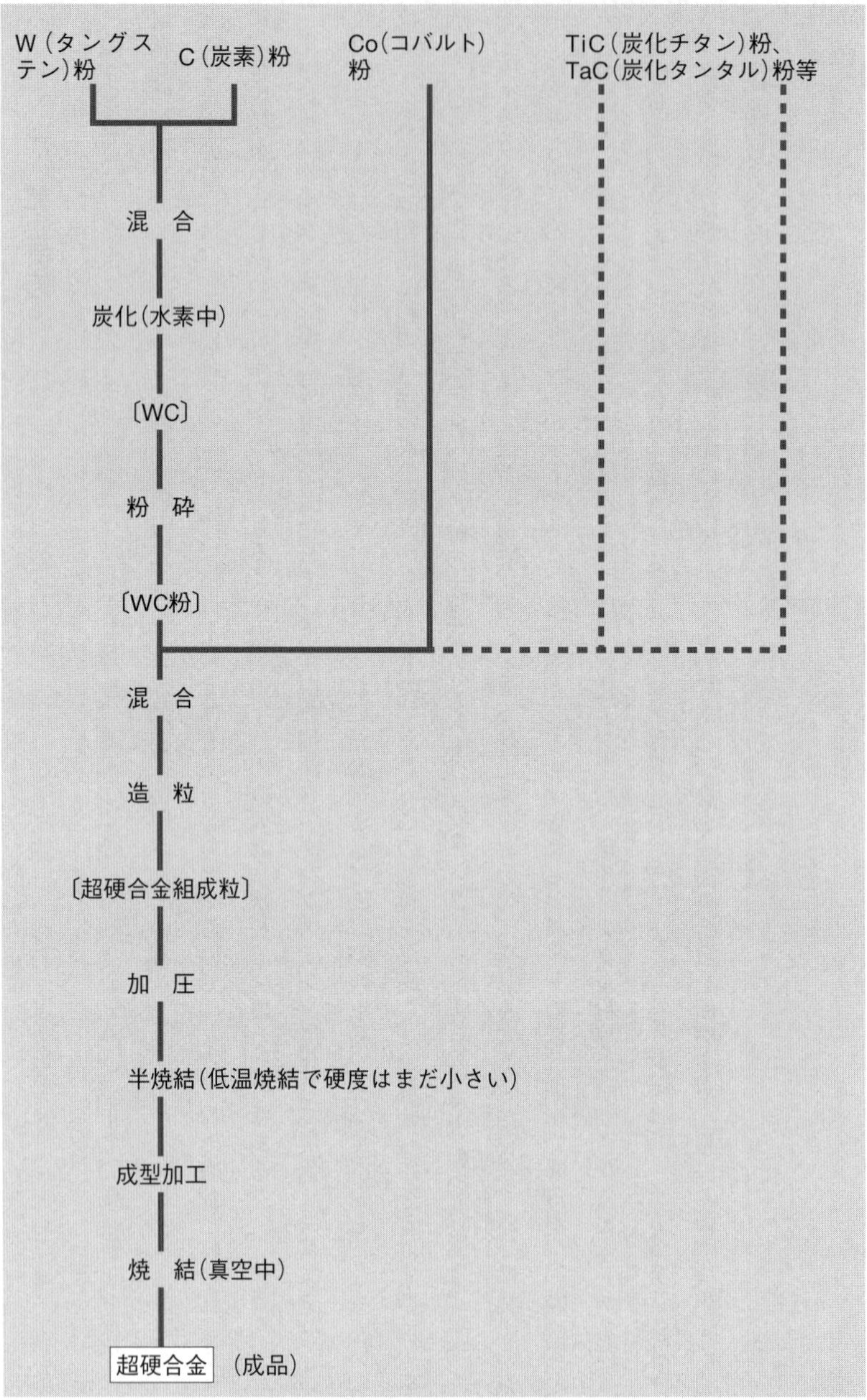
W（タングステン）粉
C（炭素）粉
Co（コバルト）粉
TiC（炭化チタン）粉、TaC（炭化タンタル）粉等
混　合
炭化（水素中）
〔WC〕
粉　砕
〔WC粉〕
混　合
造　粒
〔超硬合金組成粒〕
加　圧
半焼結（低温焼結で硬度はまだ小さい）
成型加工
焼　結（真空中）
超硬合金　（成品）

## ㈡　発生職場

飛散する場所における業務としては、炭化タングステン等の金属炭化物とコバルトを混合する業務、超硬合金組成粒を加圧し、半焼結したものを成型加工する業務、焼結後の超硬合金を研磨する業務等がある。

作業場の気中に浮遊する粉じんの粒度は約二μ以下であるので、金属の比重が大きいとはいえ、吸入性粉じんの飛散が起こる。

なお、超硬合金工具等を用いて金属等の切削、加工等を行う業務では、超硬合金の粉じんが飛散するおそれはほとんどないものと考えられている。

## ㈢　気管支肺疾患

本規定に該当する気管支肺疾患には、次の二つの型が認められている。

### 1　間質性肺疾患

初期の段階での特徴は、咳、労作時の呼吸困難及び心悸亢進で、進行した症例では肺基底部にラ音(注1)が聴取され、また、バチ指(注2)がみられる。これらが進行した段階では、間質性肺線維症へと進展することがあり、胸部エックス線像及び肺機能検査からは、「じん肺」に似た臨床像がみられる。

（注1）　ラ音：気管、気管支、肺胞又は肺空洞内に分泌物、血液等が停滞し、空気と混じって気泡をつくり、あるいは潰れるとき等に発する音で、吸気時に聴こえることが多い。

（注２）　バチ指：心臓疾患、胸部臓器疾患等においてみられる手指末端の肥大

### ２　外因性の喘息様気管支炎

感作型（主にアレルギー性）の喘鳴を伴う咳の発作が偶発的に発生するもので、作業から離脱すると軽快し、作業に復帰すると再発する。

## ㈣　業務上の認定について

超硬合金の粉じんによる気管支肺疾患の認定に当たっては、次の事項に留意すべきである。

### １　職歴とばく露の程度の把握

ア　当該労働者の業務内容とその従事期間

イ　取扱い原材料、中間生成物、不純物、添加物等の種類及びその量並びに作業環境測定結果

ウ　作業姿勢、作業条件等

エ　保護具（防じんマスク、手袋等）の種類と使用状況

### ２　医学的診断

ア　同一又は類似の気管支肺疾患、アレルギーその他の既往歴

イ　家族、同僚労働者等の気管支肺疾患の有無

ウ　咳嗽、労作時の呼吸困難その他の自他覚症状

エ　前記症状を初めて自覚した時期及びその後の経過

オ　胸部エックス線撮影及び肺機能検査（肺活量、努力性呼出曲線、ＣＯ拡散能等）、必要な場合には、経気管支肺生検、皮膚パッチテスト及び吸入誘発試験

## 3　鑑別上の留意点

(1)　間質性肺疾患

ア　初期の段階での特徴は、咳、労作時の呼吸困難及び心悸亢進で、進行した症例では肺基底部にラ音が聴取され、またバチ指がみられる。

肺機能検査は、肺活量の減少、気道閉塞を伴わない拘束性換気障害、動脈血酸素分圧低下、低ＣＯ拡散能を示す。なお、拘束性障害は治療によって改善され得る。

胸部エックス線像は、逐次増強する両側性の結節状及び線状の陰影であり、症状が進行すると多発性の小のう胞状陰影のみられることがある。

予後不良のときは、間質性肺線維症の進行による肺性心を伴う。

ばく露から離脱すると自覚症状が軽快し、胸部エックス線像の増悪の停止の認められる場合がある。

イ　病理所見は、次のとおりである。

(ア)　種々の程度の線維性組織反応を伴う間質の細胞滲潤

(イ)　立方体様上皮への異形成を示す細胞により内側をとりかこまれたのう胞状空隙

(ウ)　大きくて空胞をもつ単核細胞おそらくⅡ型肺胞壁肺細胞の肺胞内への剝離、時に組織球様の外観をもつ多核巨細胞の存在

(エ)　肺内に炭化タングステンは結晶としてみられ、また化学的に検出されるが、コバルトは検出されない場合が多い（体液に対するコバルトの溶解度が高いため）。コバルトは骨に沈着している場合がある。

(2)　外因性の喘息様気管支炎

胸部エックス線像は正常であるが、喘鳴を伴う咳の発作の偶発的発生がみられる。この発作は、原因物質の吸入によって症状が誘発され、原因物質から隔離すると症状は消失する。

## 二　亜鉛黄又は黄鉛による肺がん

労基則別表第一の二第一〇号の規定に基づき、昭和五六年労働省告示第七号第二号には、亜鉛黄（あえんき）又は黄鉛による業務上の疾病として、「亜鉛黄又は黄鉛を製造する工程における業務による肺がん」が規定されている。

### (一)　発生原因と発生職場

「亜鉛黄」は、ジンククロメートとも呼ばれ、サビ止めを目的とする色素（顔料）である。亜鉛黄には、塩基性クロム酸亜鉛カリウム（$4ZnO \cdot K_2O \cdot 4CrO_3 \cdot 3H_2O$）を主成分とするものと、四塩基性クロム酸亜鉛（$ZnCrO_4 \cdot 4Zn(OH)_2$）を主成分とし、アルカリ金属を含まないものの二種類がある。

「黄鉛」は、塗料、印刷インク、合成樹脂等に用いられる色素であり、クロム酸鉛（$PbCrO_4$）等が主成分である。

亜鉛黄又は黄鉛を製造する工程の例としては、次のものがある。

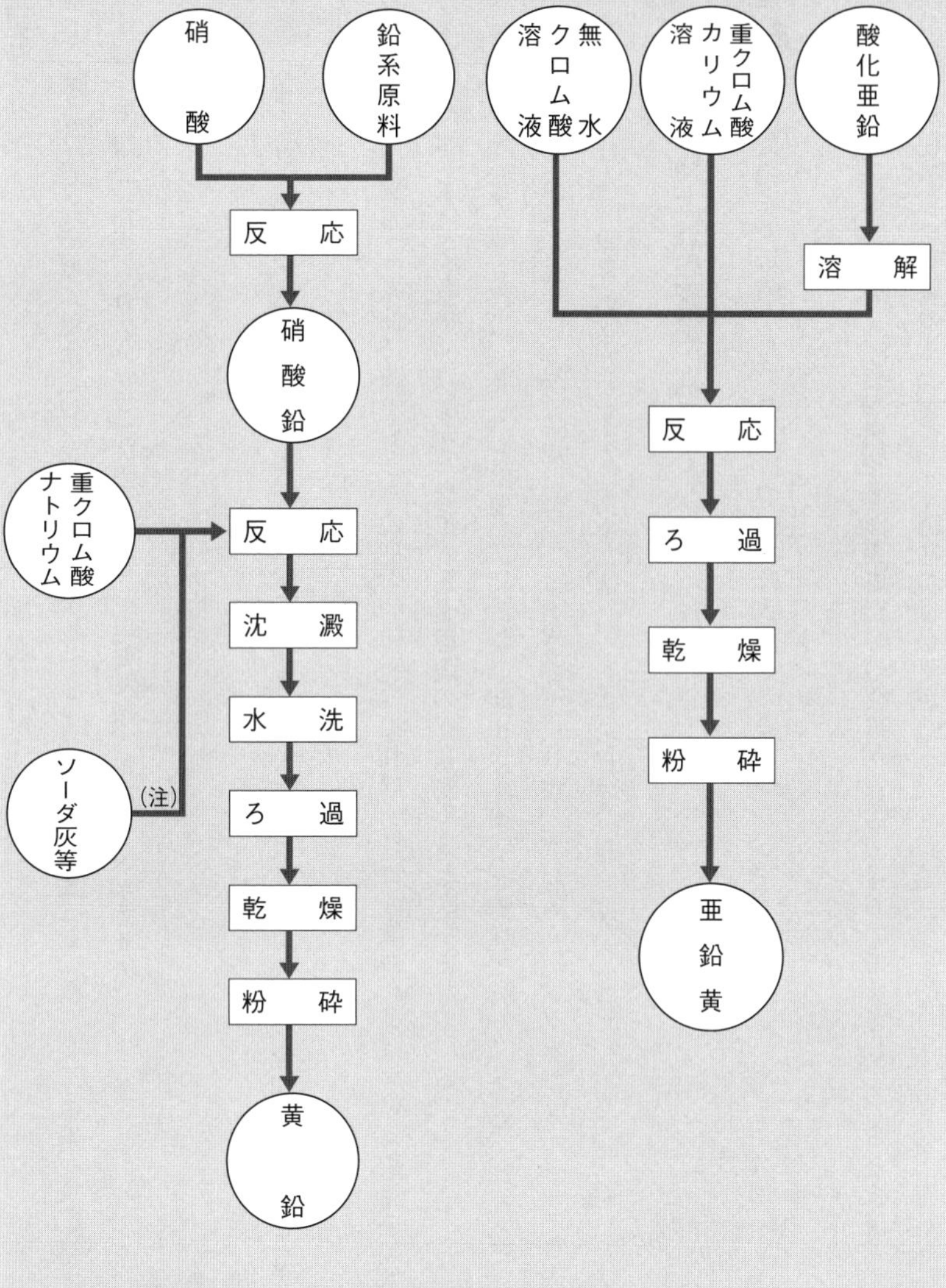


(注)　無水炭酸ナトリウム（ソーダ灰）、ミョウバン、水酸化ナトリウム（か性ソーダ）等を加えて、色相を調整する。

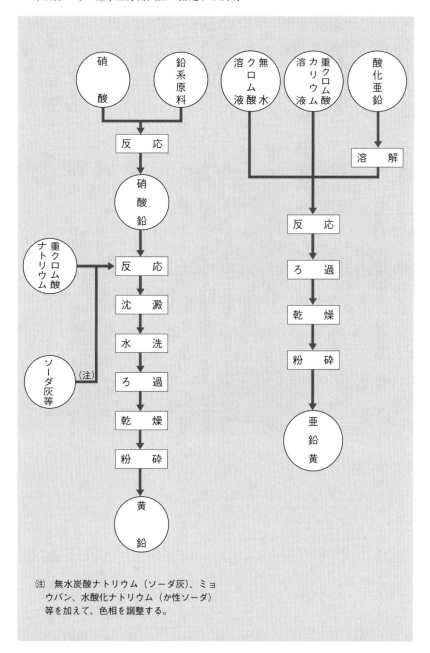

1　亜鉛黄

重クロム酸カリウム溶液と無水クロム酸溶液を混合し、これに酸化亜鉛（亜鉛華）を加えて、反応槽で加熱攪拌すると、沈澱（亜鉛黄）が得られる。この沈澱をろ過し、乾燥後、粉砕、袋詰めする。

2　黄　鉛

酸化鉛（リサージ）を反応槽中で硝酸に溶解し、これに重クロム酸ナトリウムの溶液を加えて攪拌すると、沈澱（黄鉛）が得られ、これを水洗、ろ過、乾燥、粉砕し、袋詰めする。

なお、クロム色素のがん原性に関する多くの疫学的研究によれば、クロム酸亜鉛又はクロム酸鉛を製造する工程における業務に従事した労働者集団に肺がん発生の超過危険の存在することが示されている。

これらの疫学的研究報告には、クロム酸亜鉛についてzinc chromateと記述されているが、zinc chromateは亜鉛黄を指すものであるとされている。また、日本工業規格はこれを「亜鉛黄（ジンククロメート）」と表示しており（JIS K 5114）、クロム酸鉛を主成分とする色素を「黄鉛」と表示している（JIS K 5110）。

## ㈡　業務上外の認定について

1　亜鉛黄又は黄鉛による肺がんの認定については、後掲の通達がある。

2　取扱い原材料、製造方法、作業形態及び作業環境等の改善が、過去においてなされているときは、これらについて当該労働者が従事した当時の状況を正しく把握する必要がある。

当該労働者又は同僚等に鼻中隔穿孔又は皮膚の小円形潰瘍（クロムホール）がみられる場合は、相当程度のクロム化合物へのばく露があったことを示唆するものである。しかし、これらの所見がないことのみをもってばく露の程度が低いと判断することは適当ではない。

手術又は剖検により肺の切除術が施行され、肺内クロム濃度の分析が行われていれば、クロム化合物ばく露の指標となる。

**3**　原発性の肺がんであることが的確に診断されていなければならない。ここで、原発性の肺がんとは、肺、気管又は気管支に原発したがんをいう。診断は病理学的所見により確認されるのが基本であるが、病理学的所見のない場合は、臨床経過等により慎重に判断する必要がある。

なお、がんの認定の一般的な考え方については、本章第七節一～三〈三六五～三七四ページ〉に記載されているので、ここでは省略する。

## (三)　主要な文献

Langard と Vigander（1983）は、同一企業に属する三つのクロム色素製造工場で一九四八年から一九七二年までの間に就労したことのある全労働者一三三名のなかから、主としてクロム酸亜鉛を取り扱ったクロム色素製造作業に三年以上従事した男性労働者二四名（結果としては二四名全員が四年以上の従事歴をもち、うち五年以上の従事歴をもつ者は一四名であった。）を一九五一年から一九八〇年までの三〇年間観察した（三九一人年）。その結果、肺がん六例を見いだし、ノルウェーのがん登録関係資料から求めた期待値〇・一三五に対して四四倍であった。

クロム障害に関する専門家会議は、その報告書（一九八四）の総括において次のように述べている。

「クロム色素製造などクロム色素ばく露作業者における肺がん、その他呼吸器のがんについては、わが国では疫学的研究はない。欧米では本作業者について疫学的研究によって肺がんの超過危険を示した報告も近年増加しつつある。クロム色素製造工程においてばく露されるクロム化合物の種類はその工程によって異なるので、一概に特定のクロム化合物との因果関係を論ずることは難しい。しかし、クロム酸亜鉛、クロム酸鉛を製造する工程においては、肺がんによる超過死亡が多く、これらはともに動物実験で適用局所にがんを発生させ、動物に対してがん原性を有すると考えられている。このようなことから、これらの製造工程に従事するものに呼吸器のがんの発生をみた場合には、症例ごとに十分な検討が行われるべきである。なお、わが国においても疫学的研究を行うことが必要である。」

本工程による肺がんに関する主な文献としては、次のものがある。


1　Langard, S. & Norseth, T.（1975）：Brit. J. Ind. Med., 32, 62－65
2　Langard, S., and Norseth, T.（1979）：Arh. Hig. Rada. Toksikol., 30, suppl., 301－304
3　Langard, S. & Vigander, T.（1983）：Brit. J. Ind. Med., 40, 71－74
4　Dry Color Manufacturers Association（1976）：Both were final reports（July 1, 1976）and presented to NIOSH（NIOSHからの私信）
5　Davies, J. M.（1979）：J. Oil Col. Chem. Assoc., 62, 157－163
6　Sheffet, A. et al.（1982）：Arch. Environ. Health, 37(1), 44－52
7　Haguenoer, J. M. et al.（1982）：Occupational safety and health series, No. 46, 168－176, ILO
8　Frentzel-Beyme, R.（1983）：J. Cancer Res. Clin. Oncol., 105, 183－188

9　IARC（1987）：IARC Monographs Supplement 7, 165−168
10　IARC（1990）：IARC Monographs, vol. 49, 198−201

## 【クロム又はその化合物（合金を含む。）による疾病の認定基準について（昭五九・一二・四　基発第六四六号、改正：令五・一・一八　基発〇一一八第八号）】

クロム又はその化合物（合金を含む。以下「クロム化合物等」という。）による疾病の認定基準については、昭和五一年一月三一日付け基発第一二四号通達により示したところであるが、その後「クロム障害に関する専門家会議」において医学的検討が行われ、今般、その検討結果報告書が提出されたことに伴い、これを参考として標記の認定基準を下記のとおり改めたので、今後の事務処理に遺憾のないよう万全を期されたい。

なお、本通達の解説部分は認定基準の細目を示したものであるから、本文と一体のものとして取り扱われるべきものである。

また、本通達の施行に伴い、昭和五一年一月三一日付け基発第一二四号通達は、これを廃止する。

記

一　がんについて

(一)　クロム酸塩又は重クロム酸塩を製造する工程における業務に従事した労働者に発生した肺がん又は上気道のがん（略

本章第七節第一九項〈四七一ページ〉参照）

(二)　亜鉛黄（あえんき）又は黄鉛を製造する工程における業務に従事した労働者に発生した肺がん

亜鉛黄又は黄鉛を製造する工程における業務に従事した労働者に発生した肺がんであって、次のイ及びロのいずれにも該当するものは、労働基準法施行規則別表第一の二第八号〈現・第一〇号〉に基づき労働大臣〈現・厚生労働大臣〉の指定する疾病を定める告示（昭和五六年労働省告示第七号）第二号に該当する疾病として取り扱うこととするが、当該肺がんについては、クロム化合物等のばく露を受ける業務との関連について専門的検討を加える必要があるので、当分の間、次のイ及びロに該当するか否かを問わず、関係資料を添えて本省にりん伺すること。
イ　亜鉛黄又は黄鉛を製造する工程における業務に従事することにより相当程度のクロム化合物等のばく露を受けた労働者に発生した疾病であること。
ロ　原発性の肺がんであること。
二　がん以外の疾病について（略）
（解　説）
一　がんについて
(一)　クロム酸塩又は重クロム酸塩を製造する工程における業務に従事した労働者に発生した肺がん又は上気道のがん（略）
(二)　亜鉛黄又は黄鉛を製造する工程における業務に従事した労働者の肺がん
亜鉛黄又は黄鉛を製造する工程における業務に従事した労働者の肺がんの認定に当たっては、昭和五九年一一月一三日付け基発第六一〇号「労働基準法施行規則の規定に基づき労働大臣の指定する疾病を定める告示の一部改正について」を参考とすること。
(三)　その他（略）
二　がん以外の疾病について（略）

## 三　ジアニシジンによる尿路系腫瘍

労基則別表第一の二第一〇号の規定に基づき、昭和五六年労働省告示第七号第三号には、ジアニシジンによる業務上の疾病として「ジアニシジンにさらされる業務による尿路系腫瘍」が規定されている。

### (一)　発生原因と発生職場

ジアニシジンは、自然界には存在せず、工業的に合成される。化学名は4, 4'-diamino-3, 3'-dimethoxybipheny1で、構造式は次のとおりである。

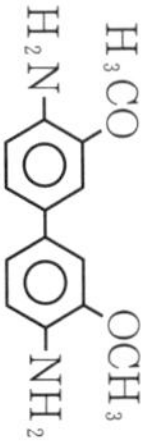

ビアニシジン、ジアミノパラジメトキシジフェニル、ジメトキシベンジジンとも呼ばれるが、通常はオルトジアニシジンを指す。白色葉状結晶で、空気にさらすと酸化され紫色となる。熱水に可溶、アルコール、エーテル、アセトン、クロロホルム、ベンゼンに易溶である。

ジアニシジンの用途としては、染料（ファストブルーBベース）中間体として使用される。そのほか、亜鉛、チオシアネート、亜硝酸の検出試薬として用いられる。

また、イソシアネート系接着剤やポリウレタン弾性体の成分としても使用される。

### (二)　業務上外の認定について

1　ジアニシジンの多くは、昭和四七年以前にはベンジジンやベーターナフチルアミンと同一の職場で取り扱われていたことから、混合ばく露の可能性が高い。また、ジアニシジンのがん原性は、ベンジジン、ベーターナフチルアミンに比して弱いと考えられ、具体的な労災請求事案の判断に当たっては、個々に、ジアニシジンへのばく露状況、他のがん原性物質へのばく露の有無等を詳細に把握し、慎重に判断する必要がある。

2　ジアニシジンにさらされる業務による尿路系腫瘍の認定については、昭和五一年八月四日付け基発第五六五号

「芳香族化合物のニトロ又はアミノ誘導体による疾病の認定基準について」の本文記の三（本章第七節第一項〈三八二ページ〉に掲載）により取り扱われることとなっている。

**3**　尿路（腎臓、腎盂、尿管、膀胱及び尿道をいう。）に原発した腫瘍であることが的確に診断されていなければならないが、尿路系腫瘍のスクリーニング又は診断に用いられる主な検査としては、尿沈渣パパニコラ法細胞診、膀胱鏡検査、生検、造影エックス線検査等がある。

なお、がんの認定の一般的な考え方については、本章第七節一～三〈三六五～三七四ページ〉を参照されたい。

### ㈢　主要な文献

三五条専門委員会は、その報告書（一九八八）において次のように述べている。

「本委員会は、ジアニシジンの発がん性に関する情報を収集、検討したが、ジアニシジンに関する評価し得る疫学的研究の報告はみられなかった。これは、ジアニシジンの多くが、ベンジジンやベーターナフチルアミンと同一の職場で取り扱われていることから、これらの物質に混合ばく露され、ジアニシジンへの単独ばく露者が集団として把握できなかったことによると考えられる。

したがって、本委員会は、得られた情報及び症例を総合的に検討した結果、動物に対する発がん性については、ＩＡＲＣ（国際がん研究機構）が一九八二年二月に公表したIARC Monographs Supplement 4において、証拠は十分であるとの見解をとっていること及び七例のジアニシジンばく露労働者の尿路系腫瘍症例が見られることから、現時点において、ジアニシジンは、ヒトに対して発がん性を有すると判断するのが妥当であると考える」。

ジアニシジンによる尿路系腫瘍に関する主要な文献としては、次のものがある。

1　IARC（1974）：IARC Monographs, vol. 4, 41－47

2　IARC（1987）：IARC Monographs Supplement 7, 198－199

## 事例

### ○ジアニシジン製造業務に従事した労働者の膀胱腫瘍等

**【事実】**　T化学㈱の労働者H（発症時年齢五九歳）は、昭和四二年一月末に入社後、昭和四五年五月までの三年三カ月間ジアニシジン製造部門で仕込み、反応、取出し作業に従事した。その後、昭和四五年より、レゾルシン製造、デルター酸、スルタム酸製造、添加剤製造にそれぞれ従事した後、昭和六〇年一月定年退職した。

　Hは、昭和五九年一〇月初め自宅において、血尿及び排尿痛を感じ、近医を受診、約一カ月治療を受けていたが軽快せず、転院した。レントゲン検査、CT検査及び内視鏡検査により膀胱腫瘍、右尿管腫瘍、右無機能腎と診断され、同年一一月末、右腎尿管全摘術、回腸導管造設術、リンパ節清掃術を受けた。さらに、昭和六〇年三月、尿管腸吻合術を施行されたが、同年一一月、悪性腫瘍によるがん性悪液質により死亡した。

　Hが三年三カ月の間ジアニシジン製造工程において従事した業務の内容及びばく露状況は、次のとおりである。

　Hは、仕込みから取出しまでの全般にわたって作業していたが、特にウェットケーキ状のジアニシジンを紙袋へスコップで入れる作業（一日一時間）においてはかなりのばく露があったものと考えられる。作業中の保護具は、ガーゼマスク、ゴム手袋、ゴム長靴、ゴム前掛、保護メガネであった。

　なお、Hは、同社就業中ベンジジンやベーターナフチルアミンの取扱い及びばく露を受ける可能性のある作業に従事した事実はない。

**【判断】**　業務上の疾病として取り扱われたい（昭六三・二・二六　基収第五九号）。

〈本節の参照文献〉

1　ILO (1980): Amendment of the List of Occupational Diseases Appended to the Employment Injury Benefits Convention, 1964 (No. 121), International Labour Conference 66th Session, Report VII(b)

2　日下幸則ら（一九八二）：産業医学、二四巻、六号、六三六―六四八

# 第一一節　その他業務に起因することの明らかな疾病

労基則別表第一の二第一一号の規定には、「その他業務に起因することの明らかな疾病」が業務上の疾病として掲げられている。

この規定は、同表が全体として業務上疾病の例示列挙主義によっていることによる包括的救済規定であり、個別事例ごとに業務に起因することが明らかと認められた場合に限り、業務上の疾病とするものである。

この規定に該当する疾病としては、①同表第一号から第一〇号までの規定に掲げる疾病の原因因子以外の業務上の有害因子によって起こる疾病又は②有害因子を特定し得ないが、業務起因性の認められる疾病（平成二二年五月七日に改正される以前の労基則別表第一の二第九号が「その他業務に起因することの明らかな疾病」とされていたが、脳・心臓疾患（現八号）、精神障害（現九号）は、旧九号に該当するものとして処理されてきた。）がある。

これらの疾病と、同表第二号、第三号、第四号、第六号及び第七号の規定の末尾に設けられた「その他」の疾病に該当する疾病との相違は、後者は、各号に例示的に掲げられた具体的疾病に付随して生じる疾病で、業務との相当因果関係が認められるもの、又は今後の労働環境の変化、医学の進歩等により業務との相当因果関係が認められ、かつ、各号の大分類のなかに属すると考えられる疾病（すなわち、各号に例示された有害因子による例示疾病以外の疾病、又は各号に例示された有害因子以外の有害因子であって、各号の大分類に属するものによる疾病）であるというところにある。

なお、包括的救済規定の趣旨及び基本的な考え方については、上巻第一篇第三章第二節二及び第三節三を、また、規定中の「明らか」の意義については、上巻第四篇第二章第二節一三をそれぞれ参照されたい。

本規定に関連して、同表第八号に定める疾病以外の体循環系の各動脈の閉塞又は解離について、発生原因が様々であるが、同表第八号に定める疾病の考え方により業務起因性の判断ができる場合もあることから、これらの疾病については、基礎疾患の状況や業務の過重性等を個別に検討し、同表第八号に定める疾病と同様の経過で発症し、業務が相対的に有力な原因であると判断できる場合には、本規定に定める「その他業務に起因することの明らかな疾病」として取り扱うこととされている（令和三年九月一四日付け基発〇九一四第一号）。

また、新型コロナウイルス感染症のワクチン接種に関し、ワクチン接種については、通常、労働者の自由意思に基づくものであることから、業務として行われるものとは認められず、これを受けることによって健康被害が生じたとしても、労災保険給付の対象とはならない。しかし、医療従事者等に係るワクチン接種については、業務の特性として、新型コロナウイルスへのばく露の機会が極めて多く、医療従事者等の感染、発症及び重症化リスクの軽減は、医療提供体制の確保のために必要である。このため、医療従事者等に係るワクチン接種は、労働者の自由意思に基づくものではあるものの、医療機関等の事業主の事業目的の達成に資するものであり、労災保険における取扱いとしては、労働者の業務遂行のために必要な行為として、業務行為に該当するものと認められることから、労災保険給付の対象となり、新型コロナウイルス感染症のワクチン接種に係る発熱症状等について、本規定により補償の対象とされた。

前記第一節から第一〇節に掲げるもののほか、本規定に該当する業務上の疾病と認定された事例及び業務上の疾病ではないと判断された事例に次のものがある。

事例

○縫製工に発症した有機粉じんによる肺疾患

【事実】　労働者Y（大正九年一〇月一二日生）は、昭和六年頃より約四〇年間にわたり縫製工場において、主として裁断、仕上げ等の業務に従事していた。当該業務は裁断、縫製等各種の繊維生地を取り扱うもので、当該繊維の粉じんを発散する場所における作業であった。

当該労働者は昭和二九年に、当時就労していたK店における定期健康診断において肺結核と診断され、W大学附属病院に約二年間入院後、S病院にて右肺の手術を受け、昭和三三年に退院した。

昭和五二年秋頃から息切れを覚えるようになり、K病院を受診したところ、肺結核、心筋傷害と診断され、約半年間にわたり通院加療した。その後、精密検査のため昭和五三年二月二〇日、Y病院を受診したところ、心筋梗塞様所見が認められたため同日より入院加療した。主治医はエックス線写真等より「有機じん肺」であると診断。当該労働者は同年八月二一日、死亡したものである。主治医は、死因はじん肺による肺感染症の心肺不全によるものであるとしたが、同日剖検した結果、左肺に浸潤性に広がっている腺がんが認められ、左肋膜、横隔膜に転移がみられた（ただし、原発部位は不明）。

当該労働者の従事した業務には粉じんの飛散が認められたが、粉じんのばく露量については繊維材料の変化、環境の変化等よりして当時に遡って想定することは困難であるが、関係者の聴取りによると、粉じんが相当飛散していたことがうかがえる。

また、綿粉じん等の有機粉じんの長期間ばく露によりじん肺様の障害が起こることが知られている。

専門医の意見によれば、(1)昭和四六年以降エックス線写真をみると、線維増殖性変化を主体とした肺線維症様の所見が認められ、また、有機じん肺症とほぼ同様の変化をみることができる、(2)死亡までの臨床経過で肺感染症が認められ、これが肺線維症に合併して増悪させる可能性がある、(3)死因に関しては、剖検により左肺に腺がんが発見されているが、エックス線写真及び臨床経過からみて腺がんを直接死因とすることには問題がある、としている。

【判断】　本件は、約四〇年間にわたる有機粉じんばく露業務に従事したことにより発症した肺線維症（有機じん肺の疑い）に肺感染症が合併したものと認められるので業務上の疾病である（昭五六・二・九　基収第三七〇号）。

○タオル織布工に発生した肺線維症

【事実】　S（五九歳）は、昭和一一年にY織布というタオル工場に織布工として入社したのをはじめとして現在のTタオルにおいて療養を開始するまでの通算三四年一〇カ月間、タオルの織布工程において原料の綿糸等の有機粉じんのばく露を受ける業務に従事した。なお、Tタオルでは昭和三五、六年頃作業環境の改善がなされているので、それ以前は現在よりも作業環境条件が悪かったものと推定される。

昭和三三年（満四〇歳、従事開始後二二年）、健康診断により肺に石灰沈着像、陰影があることが指摘された。昭和四六年には、風邪のため六カ月休業している。

昭和四六年K病院を受診、「有機じん肺（綿糸肺）の疑い」と診断される。

昭和五一年にK医院を受診、「気管支炎（慢性）、上気道炎」との診断で現在療養中である。既往歴に肺炎（戦時中）があるが、その後再発等もなく、他に特記すべき事項はない。

医学的には胸部エックス線所見上、じん肺の所見に類似する肺の変化が認められ、さらに臨床所見により進展増悪が認められている。

織布作業に従事する労働者において、経験年数の増加に伴って、胸部エックス線所見の異常者が増加するという報告もあり、Sの疾病と織布作業との間には、医学的に関連性が認められる。

【判断】　以上のことから、本件については、労働基準法施行規則別表第一の二第九号〈現・第一一号〉に該当する業務上の疾病と判断した。

なお、本件については、K病院では「有機じん肺（綿糸肺）」との診断名をつけているが、有機粉じんによるじん肺については、医学的な疾病のクライテリアが明確にされていないこと、鉱物性粉じんによるじん肺の管理区分と対照することも困難であることから、労働基準法施行規則別表第一の二第五号を適用するのは適当でないと判断されたので、同別表第九号〈現・第一一号〉として取り扱うこととした（昭五三・六・九　基収第四三〇号）。

○菓子製造作業者に生じたう蝕症

【事実】　Jほか七名は、N食品工業㈱において和・洋菓子の製造に昭和九年から二七年間従事し、菓子原料の味見等の試食を行っていた。

Jほか七名は、入社一年位で虫歯が発生し、その後う歯が増え、現在総義歯ないし数本を除いて大部分の歯がう歯又は義歯となった。

H大学歯学部による環境測定及び疫学的調査結果に基づいて次のような専門家の意見が得られた。

(1)　作業環境測定結果では、空気中の糖分等の濃度は、対照に比べ特に高くないことから本症に対して大きく作用しているものとは考えられない。

(2)　疫学調査結果においては、菓子製造に従事した二五歳以上の男性労働者群では（う歯＋喪失歯）数が多く、対照の労働者に比して有意差が認められている。また、従事年数が長くなるほど歯科疾患の有所見率が高い傾向が認められた。

**【判断】**　Jほか七名は、菓子製造作業に約九年から二七年間にわたって従事しており、職務上原料計量の誤りを防止するため製造でき上がりまでの間に、甘味、塩味、風味等品質の一定化を図る目的で試食が行われたものであり、疫学調査結果、その他文献等に基づいて検討した結果、請求に係る疾病は業務に起因するものとして取り扱うのが妥当と思料される（昭五三・七・四　事務連絡第八号）。

○パルプ製造業の酵母アレルギー症（イーストに対する強度過敏症）

**【事実】**　K人絹パルプ㈱パルプ製造部門のK（三一歳）は、昭和三七年八月勤務中、発熱及び全身倦怠感を覚え医師に受診したところ、急性口内炎、両側急性腺窩性アレルギーナ、両習慣性扁桃炎と診断され、入院手術を受けた。

この間休業したり出勤したりしたが、症状が漸次後退したので、同年一二月より就労、ほとんど勤務したが、三八年二月になって再び症状が発症したので、精密検査の結果酵母アレルギー症（イーストに対する強度過敏症）と診断された。

なお、酵母（イースト）は三七年六月から製造開始されている。医師の意見では酵母製造開始までは発症がなく、開始後二カ月して発症し、手術にもかかわらず出勤により発症し、職場を離れると間もなく回復する。すなわち、現場の就労と発作との関係が検査（イーストアレルギー皮内反応検査）によりイースト臭の吸入によるものであることが確認されており、業務に起因する典型的アレルギー性喘息発作（発熱も含めて）と考えるほかはない。

**【判断】**　パルプ製造工が発熱及び全身倦怠感を覚え急性口内炎、両側急性腺窩性扁桃炎として手術を受けたが、その後再び前記症状が発生し、酵母アレルギー症と診断された本件は、業務との因果関係を認めることができるので業務上である（昭三九・四・二　三八基収第九〇八二号）。

○猛雨の中で作業した労働者の急性肺炎

**【事実】**　O組M工事事務所の労働者I（二五歳）は、昭和二四年二月五日午前七時から大型ディーゼル機械ショベルクレーンＤ15の担当者として、米軍下士官とともに猛雨の中を作業し、途中故障したのでずぶ濡れとなりながら修理作業を続け、午後三時終業した。宿舎に帰ったが悪寒頭痛を訴え、受診の結果急性肺炎と診断された。

なお、猛雨は午前七時から午後一時まで続き、雨量は三四・五㎜であり、雨具は事務所（作業現場から歩いて一時間かかる）に備え付けてあるが、米軍下士官も猛雨の中を作業しているので、作業を中止しこれを取りに行くことはできなかったとのことである。

また、Ｉは前の晩から風邪気味であったが、その他の疾病はなかった（当時は占領中であった。）。

**【判断】**　本件労働者の急性肺炎は、雨中の作業遂行がやむをえないものであり、前夜からの風邪がこの作業によって急激に増悪し急性肺炎を誘発したものと認められるから業務上である（昭二四・一〇・二〇　基収第四七八八号）。

### ○失業対策事業に従事中発した多発性関節ロイマチス

**【事実】**　Ｈは、失対事業に従事中多発性関節ロイマチスにり患したが、これは、作業現場が遠いこと、及び労働が過激であったため発病したものであり、したがって、業務に起因するものであるとして療養補償費を請求したが、不支給の処分を受けた。

**【裁決】**　業務上の疾病とは、業務と疾病との間に相当因果関係が明らかなものをいい、単に発病の可能性がある程度では足りない。事実調査の結果によると、作業現場までの距離は、総じて近いものであり、また、その労働の実態は、失対事業の特質からして、一般的に重激な業務とは認められない。さらに、かかる膝関節の疼痛は、原因として医学的にも通常内的因子によるものであることが認められている。したがって、本件疾病が業務に起因して発生したものとは認めがたく業務外である（昭三一・三・三〇　昭三一労第五六号）。

### ○過労によるとする会計事務職員のカタル性黄疸

**【事実】**　セメント会社の会計係長であるＡは、四月以来決算事務セメント公団提出書類作成並びにＴセメント㈱からの工場移転登記等臨時的事務が山積し、これらは余人ではでき難い事情にあったため、残業休日出勤を続けて相当疲労していた。九月に入って一層多忙となり、一〇日以後は連日深夜まで残業のうえ、九月一九日Ｔ地へ出張したが、出張前から黄疸の徴候があったにもかかわらずＡが行く必要があったため、押して出張したものである。同月二三日帰着し、疲労がはなはだしいため医師の診断を受けたところ、過労のため心臓衰弱と胃腸障害による黄疸であるとして即時入院を申し渡されたが、Aは病躯を押して移転登記のため裁判所へ赴き、その後自宅で療養につとめた。しかしながら、療養の時機を失したため病勢悪化し、一〇月一一日に心臓麻痺を併発して死亡した。

**【判断】**　カタル性黄疸は、食餌の過誤、流行性の病菌の感染、胃腸の障害等の原因によって発病するのが通例であって、本件がカタル性黄疸による死亡である以上、業務による過労が本疾病を誘発したものとは認められず、さらにすでにカタル性黄疸（既存疾病）にかかっていたとした場合においても、当該業務に起因して本疾病を明らかに増悪せしめたとするに足る根拠は認められないから業務外である（昭二四・三・二三　基収第五四八号）。

# 附録　関係法令等

# ❶ 労働者災害補償保険法（抄）

（昭二二・四・七　法律第五〇号）

〈目的〉

**第一条**　労働者災害補償保険は、業務上の事由、事業主が同一人でない二以上の事業に使用される労働者（以下「複数事業労働者」という。）の二以上の事業の業務を要因とする事由又は通勤による労働者の負傷、疾病、障害、死亡等に対して迅速かつ公正な保護をするため、必要な保険給付を行い、あわせて、業務上の事由、複数事業労働者の二以上の事業の業務を要因とする事由又は通勤により負傷し、又は疾病にかかつた労働者の社会復帰の促進、当該労働者及びその遺族の援護、労働者の安全及び衛生の確保等を図り、もつて労働者の福祉の増進に寄与することを目的とする。

〈保険給付の種類等〉

**第七条**　この法律による保険給付は、次に掲げる保険給付とする。

一　労働者の業務上の負傷、疾病、障害又は死亡（以下「業務災害」という。）に関する保険給付

二　複数事業労働者（これに類する者として厚生労働省令で定めるものを含む。以下同じ。）の二以上の事業の業務を要因とする負傷、疾病、障害又は死亡（以下「複数業務要因災害」という。）に関する保険給付（前号に掲げるものを除く。以下同じ。）

三　労働者の通勤による負傷、疾病、障害又は死亡（以下「通勤災害」という。）に関する保険給付

四　二次健康診断等給付

②　前項第三号の通勤とは、労働者が、就業に関し、次に掲げる移動を、合理的な経路及び方法により行うことをいい、業務の性質を有するものを除くものとする。

一　住居と就業の場所との間の往復

二　厚生労働省令で定める就業の場所から他の就業の場所への移動

三　第一号に掲げる往復に先行し、又は後続する住居間の移動（厚生労働省令で定める要件に該当するものに限る。）

③　労働者が、前項各号に掲げる移動の経路を逸脱し、又は同項各号に掲げる移動を中断した場合においては、当該逸脱又は中断の間及びその後の同項各号に掲げる移動は、第一項第三号の通勤としない。ただし、当該逸脱又は中断が、日常生活上必要な行為であつて厚生労働省令で定めるものをやむを得ない事由により行うための最小限度のものである場合は、当該逸脱又は中断の間を除き、この限りでない。

〈死亡の推定〉

**第十条**　船舶が沈没し、転覆し、滅失し、若しくは行方不明と

なつた際現にその船舶に乗つていた労働者若しくは船舶に乗つていてその船舶の航行中に行方不明となつた労働者の生死が三箇月間わからない場合又はこれらの労働者の死亡が三箇月以内に明らかとなり、かつ、その死亡の時期がわからない場合には、遺族補償給付、葬祭料、遺族給付及び葬祭給付の支給に関する規定の適用については、その船舶が沈没し、転覆し、滅失し、若しくは行方不明となつた日又は労働者が行方不明となつた日に、当該労働者は、死亡したものと推定する。航空機が墜落し、滅失し、若しくは行方不明となつた際現にその航空機に乗つていた労働者若しくは航空機に乗つていてその航空機の航行中行方不明となつた労働者の生死が三箇月間わからない場合又はこれらの労働者の死亡が三箇月以内に明らかとなり、かつ、その死亡の時期がわからない場合にも、同様とする。

〈業務災害に関する保険給付の種類及び支給事由〉

**第十二条の八**　第七条第一項第一号の業務災害に関する保険給付は、次に掲げる保険給付とする。

一　療養補償給付
二　休業補償給付
三　障害補償給付
四　遺族補償給付
五　葬祭料
六　傷病補償年金
七　介護補償給付

②　前項の保険給付（傷病補償年金及び介護補償給付を除く。）は、労働基準法第七十五条から第七十七条まで、第七十九条及び第八十条に規定する災害補償の事由又は船員法（昭和二十二年法律第百号）第八十九条第一項、第九十一条第一項、第九十二条本文、第九十三条及び第九十四条に規定する災害補償の事由（同法第九十一条第一項にあつては、労働基準法第七十六条第一項に規定する災害補償の事由に相当する部分に限る。）が生じた場合に、補償を受けるべき労働者若しくは遺族又は葬祭を行う者に対し、その請求に基づいて行う。

③　傷病補償年金は、業務上負傷し、又は疾病にかかつた労働者が、当該負傷又は疾病に係る療養の開始後一年六箇月を経過した日において次の各号のいずれにも該当するとき、又は同日後次の各号のいずれにも該当することとなつたときに、その状態が継続している間、当該労働者に対して支給する。

一　当該負傷又は疾病が治つていないこと。
二　当該負傷又は疾病による障害の程度が厚生労働省令で定める傷病等級に該当すること。

④　介護補償給付は、障害補償年金又は傷病補償年金を受ける権利を有する労働者が、その受ける権利を有する障害補償年金又は傷病補償年金の支給事由となる障害であつて厚生労働省令で定める程度のものにより、常時又は随時介護を要する

状態にあり、かつ、常時又は随時介護を受けているときに、当該介護を受けている間（次に掲げる間を除く。）、当該労働者に対し、その請求に基づいて行う。

一　障害者の日常生活及び社会生活を総合的に支援するための法律（平成十七年法律第百二十三号）第五条第十一項に規定する障害者支援施設（以下「障害者支援施設」という。）に入所している間（同条第七項に規定する生活介護（以下「生活介護」という。）を受けている場合に限る。）

二　障害者支援施設（生活介護を行うものに限る。）に準ずる施設として厚生労働大臣が定めるものに入所している間

三　病院又は診療所に入院している間

〈複数業務要因災害に関する保険給付の種類〉

**第二十条の二**　第七条第一項第二号の複数業務要因災害に関する保険給付は、次に掲げる保険給付とする。

一　複数事業労働者療養給付
二　複数事業労働者休業給付
三　複数事業労働者障害給付
四　複数事業労働者遺族給付
五　複数事業労働者葬祭給付
六　複数事業労働者傷病年金
七　複数事業労働者介護給付

〈通勤災害に関する保険給付の種類〉

**第二十一条**　第七条第一項第三号の通勤災害に関する保険給付は、次に掲げる保険給付とする。

一　療養給付
二　休業給付
三　障害給付
四　遺族給付
五　葬祭給付
六　傷病年金
七　介護給付

## ❷ 労働基準法（抄）

（昭二二・四・七　法律第四九号）

（療養補償）

**第七十五条**　労働者が業務上負傷し、又は疾病にかかつた場合においては、使用者は、その費用で必要な療養を行い、又は必要な療養の費用を負担しなければならない。

② 前項に規定する業務上の疾病及び療養の範囲は、厚生労働省令で定める。

## ❸ 労働基準法施行規則（抄）

（昭二二・八・三〇　厚生省令第二三号）

（業務上の疾病の範囲）

**第三十五条**　法第七十五条第二項の規定による業務上の疾病は、別表第一の二に掲げる疾病とする。

**別表第一の二**（第三十五条関係）

一　業務上の負傷に起因する疾病

二　物理的因子による次に掲げる疾病

1　紫外線にさらされる業務による前眼部疾患又は皮膚疾患

2　赤外線にさらされる業務による網膜火傷、白内障等の眼疾患又は皮膚疾患

3　レーザー光線にさらされる業務による網膜火傷等の眼疾患又は皮膚疾患

4　マイクロ波にさらされる業務による白内障等の眼疾患

5　電離放射線にさらされる業務による急性放射線症、皮膚潰瘍《かいよう》等の放射線皮膚障害、白内障等の放射線眼疾患、放射線肺炎、再生不良性貧血等の造血器障害、骨壊《え》死その他の放射線障害

6　高圧室内作業又は潜水作業に係る業務による潜函《かん》病又

は潜水病
7　気圧の低い場所における業務による高山病又は航空減圧症
8　暑熱な場所における業務による熱中症
9　高熱物体を取り扱う業務による熱傷
10　寒冷な場所における業務又は低温物体を取り扱う業務による凍傷
11　著しい騒音を発する場所における業務による難聴等の耳の疾患
12　超音波にさらされる業務による手指等の組織壊《え》死
13　1から12までに掲げるもののほか、これらの疾病に付随する疾病その他物理的因子にさらされる業務に起因することの明らかな疾病

三　身体に過度の負担のかかる作業態様に起因する次に掲げる疾病
1　重激な業務による筋肉、腱《けん》、骨若しくは関節の疾患又は内臓脱
2　重量物を取り扱う業務、腰部に過度の負担を与える不自然な作業姿勢により行う業務その他腰部に過度の負担のかかる業務による腰痛
3　さく岩機、鋲《びょう》打ち機、チェーンソー等の機械器具の使用により身体に振動を与える業務による手指、前腕等の末梢《しょう》循環障害、末梢《しょう》神経障害又は運動器障害
4　電子計算機への入力を反復して行う業務その他上肢《し》に過度の負担のかかる業務による後頭部、頸《けい》部、肩甲帯、上腕、前腕又は手指の運動器障害
5　1から4までに掲げるもののほか、これらの疾病に付随する疾病その他身体に過度の負担のかかる作業態様の業務に起因することの明らかな疾病

四　化学物質等による次に掲げる疾病
1　厚生労働大臣の指定する単体たる化学物質及び化合物（合金を含む。）にさらされる業務による疾病であつて、厚生労働大臣が定めるもの
2　弗《ふっ》素樹脂、塩化ビニル樹脂、アクリル樹脂等の合成樹脂の熱分解生成物にさらされる業務による眼粘膜の炎症又は気道粘膜の炎症等の呼吸器疾患
3　すす、鉱物油、うるし、テレビン油、タール、セメント、アミン系の樹脂硬化剤等にさらされる業務による皮膚疾患
4　蛋《たん》白分解酵素にさらされる業務による皮膚炎、結膜炎又は鼻炎、気管支喘《ぜん》息等の呼吸器疾患
5　木材の粉じん、獣毛のじんあい等を飛散する場所における業務又は抗生物質等にさらされる業務によるアレルギー性の鼻炎、気管支喘《ぜん》息等の呼吸器疾患
6　落綿等の粉じんを飛散する場所における業務による呼吸器疾患

7　石綿にさらされる業務による良性石綿胸水又はびまん性胸膜肥厚
8　空気中の酸素濃度の低い場所における業務による酸素欠乏症
9　1から8までに掲げるもののほか、これらの疾病に付随する疾病その他化学物質等にさらされる業務に起因することの明らかな疾病

五　粉じんを飛散する場所における業務によるじん肺症又はじん肺法（昭和三十五年法律第三十号）に規定するじん肺と合併したじん肺法施行規則（昭和三十五年労働省令第六号）第一条各号に掲げる疾病

六　細菌、ウイルス等の病原体による次に掲げる疾病
1　患者の診療若しくは看護の業務、介護の業務又は研究その他の目的で病原体を取り扱う業務による伝染性疾患
2　動物若しくはその死体、獣毛、革その他動物性の物又はぼろ等の古物を取り扱う業務によるブルセラ症、炭疽《そ》病等の伝染性疾患
3　湿潤地における業務によるワイル病等のレプトスピラ症
4　屋外における業務による恙《つつが》虫病
5　1から4までに掲げるもののほか、これらの疾病に付随する疾病その他細菌、ウイルス等の病原体にさらされる業務に起因することの明らかな疾病

七　がん原性物質若しくはがん原性因子又はがん原性工程における業務による次に掲げる疾病
1　ベンジジンにさらされる業務による尿路系腫瘍《しゅよう》
2　ベーターナフチルアミンにさらされる業務による尿路系腫瘍《しゅよう》
3　四―アミノジフェニルにさらされる業務による尿路系腫瘍《しゅよう》
4　四―ニトロジフェニルにさらされる業務による尿路系腫瘍《しゅよう》
5　ビス（クロロメチル）エーテルにさらされる業務による肺がん
6　ベリリウムにさらされる業務による肺がん
7　ベンゾトリクロライドにさらされる業務による肺がん
8　石綿にさらされる業務による肺がん又は中皮腫《しゅ》
9　ベンゼンにさらされる業務による白血病
10　塩化ビニルにさらされる業務による肝血管肉腫《しゅ》又は肝細胞がん
11　三・三′―ジクロロ―四・四′―ジアミノジフェニルメタンにさらされる業務による尿路系腫瘍
12　オルトートルイジンにさらされる業務による膀胱《ぼうこう》がん
13　一・二―ジクロロプロパンにさらされる業務による胆管がん
14　ジクロロメタンにさらされる業務による胆管がん

15　電離放射線にさらされる業務による白血病、肺がん、皮膚がん、骨肉腫《しゅ》、甲状腺《せん》がん、多発性骨髄腫《しゅ》又は非ホジキンリンパ腫《しゅ》

16　オーラミンを製造する工程における業務による尿路系腫瘍《しゅよう》

17　マゼンタを製造する工程における業務による尿路系腫《しゅ》瘍《よう》

18　コークス又は発生炉ガスを製造する工程における業務による肺がん

19　クロム酸塩又は重クロム酸塩を製造する工程における業務による肺がん又は上気道のがん

20　ニッケルの製錬又は精錬を行う工程における業務による肺がん又は上気道のがん

21　砒《ひ》素を含有する鉱石を原料として金属の製錬若しくは精錬を行う工程又は無機砒《ひ》素化合物を製造する工程における業務による肺がん又は皮膚がん

22　すす、鉱物油、タール、ピッチ、アスファルト又はパラフィンにさらされる業務による皮膚がん

23　1から22までに掲げるもののほか、これらの疾病に付随する疾病その他がん原性物質若しくはがん原性因子にさらされる業務又はがん原性工程における業務に起因することの明らかな疾病

八　長期間にわたる長時間の業務その他血管病変等を著しく増悪させる業務による脳出血、くも膜下出血、脳梗塞、高血圧性脳症、心筋梗塞、狭心症、心停止（心臓性突然死を含む。）、重篤な心不全若しくは大動脈解離又はこれらの疾病に付随する疾病

九　人の生命にかかわる事故への遭遇その他心理的に過度の負担を与える事象を伴う業務による精神及び行動の障害又はこれに付随する疾病

十　前各号に掲げるもののほか、厚生労働大臣の指定する疾病

十一　その他業務に起因することの明らかな疾病

## ❹ 労働基準法施行規則別表第一の二第四号の規定に基づく厚生労働大臣が指定する単体たる化学物質及び化合物（合金を含む。）並びに厚生労働大臣が定める疾病

（平二五・九・三〇　厚生労働省告示第三一六号）

労働基準法施行規則（昭和二十二年厚生省令第二十三号）別表第一の二第四号の規定に基づき、平成八年労働省告示第三十三号（労働基準法施行規則の規定に基づき厚生労働大臣が指定する単体たる化学物質及び化合物（合金を含む。）並びに厚生労働大臣が定める疾病を定める件）の全部を次のように改正し、平成二十五年十月一日から適用する。

労働基準法施行規則別表第一の二第四号1の厚生労働大臣が指定する単体たる化学物質及び化合物（合金を含む。）は、次の表の上欄に掲げる化学物質とし、同号1の厚生労働大臣が定める疾病は、同欄に掲げる化学物質に応じ、それぞれ同表の下欄に定める症状又は障害を主たる症状又は障害とする疾病とする。

| 化学物質 | | 症状又は障害 |
|---|---|---|
| 無機の酸及びアルカリ | アンモニア | 皮膚障害、前眼部障害又は気道・肺障害 |
| | 塩酸（塩化水素を含む。） | 皮膚障害、前眼部障害、気道・肺障害又は歯牙酸蝕《しょく》 |
| | 過酸化水素 | 皮膚障害、前眼部障害又は気道・肺障害 |
| | 臭化水素 | 気道障害 |
| | 硝酸 | 皮膚障害、前眼部障害、気道・肺障害又は歯牙酸蝕《しょく》 |
| | 水酸化カリウム | 皮膚障害、前眼部障害又は気道・肺障害 |

| | | |
|---|---|---|
| | 水酸化カルシウム | 皮膚障害又は前眼部障害 |
| | 水酸化ナトリウム | 皮膚障害、前眼部障害又は気道・肺障害 |
| | 水酸化リチウム | 皮膚障害、前眼部障害又は気道・肺障害 |
| | 弗《ふつ》化水素酸（弗《ふつ》化水素を含む。以下同じ。） | 皮膚障害、低カルシウム血症、前眼部障害、気道・肺障害又は組織壊《え》死 |
| | ペルオキソ二硫酸アンモニウム | 皮膚障害又は気道障害 |
| | ペルオキソ二硫酸カリウム | 皮膚障害又は気道障害 |
| | 硫酸 | 皮膚障害、前眼部障害、気道・肺障害又は歯牙酸蝕《しょく》 |
| 金属（セレン及び砒《ひ》素を含む。）及びその化合物 | 亜鉛等の金属ヒューム | 金属熱 |
| | アルキル水銀化合物（アルキル基がメチル基又はエチル基である物に限る。以下同じ。） | 四肢末端若しくは口囲の知覚障害、視覚障害、運動失調、平衡障害、構語障害又は聴力障害 |
| | アンチモン及びその化合物 | 頭痛、めまい、嘔《おう》吐等の自覚症状、皮膚障害、前眼部障害、心筋障害又は胃腸障害 |
| | インジウム及びその化合物 | 肺障害 |
| | 塩化亜鉛 | 皮膚障害、前眼部障害又は気道・肺障害 |
| | 塩化白金酸及びその化合物 | 皮膚障害、前眼部障害又は気道障害 |
| | カドミウム及びその化合物 | 気道・肺障害、腎障害又は骨軟化 |

| | |
|---|---|
| クロム及びその化合物 | 皮膚障害、気道・肺障害、鼻中隔穿《せん》孔又は嗅覚障害 |
| コバルト及びその化合物 | 皮膚障害又は気道・肺障害 |
| 四アルキル鉛化合物 | 頭痛、めまい、嘔《おう》吐等の自覚症状又はせん妄、幻覚等の精神障害 |
| 水銀及びその化合物（アルキル水銀化合物を除く。） | 頭痛、めまい、嘔《おう》吐等の自覚症状、振せん、歩行障害等の神経障害、焦燥感、記憶減退、不眠等の精神障害、口腔《くう》粘膜障害又は腎障害 |
| セレン及びその化合物（セレン化水素を除く。） | 皮膚障害（爪《そう》床炎を含む。）、前眼部障害、気道・肺障害又は肝障害 |
| セレン化水素 | 頭痛、めまい、嘔《おう》吐等の自覚症状、前眼部障害又は気道・肺障害 |
| タリウム及びその化合物 | 頭痛、めまい、嘔《おう》吐等の自覚症状、皮膚障害又は末梢《しょう》神経障害 |
| 鉛及びその化合物（四アルキル鉛化合物を除く。） | 頭痛、めまい、嘔《おう》吐等の自覚症状、造血器障害、末梢《しょう》神経障害又は疝《せん》痛、便秘等の胃腸障害 |
| ニッケル及びその化合物（ニッケルカルボニルを除く。） | 皮膚障害 |
| ニッケルカルボニル | 頭痛、めまい、嘔《おう》吐等の自覚症状又は気道・肺障害 |
| バナジウム及びその化合物 | 皮膚障害、前眼部障害又は気道・肺障害 |
| 砒《ひ》化水素 | 血色素尿、黄疸《だん》、溶血性貧血又は腎障害 |
| 砒《ひ》素及びその化合物（砒《ひ》化水素を除く。） | 皮膚障害、気道障害、鼻中隔穿《せん》孔、末梢《しょう》神経障害又は肝障害 |

## ❹ 告示（厚生労働大臣が指定する単体たる化学物質・化合物、疾病）

| | | |
|---|---|---|
| | ブチル錫《すず》 | 皮膚障害又は肝障害 |
| | ベリリウム及びその化合物 | 皮膚障害、前眼部障害又は気道・肺障害 |
| | マンガン及びその化合物 | 頭痛、めまい、嘔《おう》吐等の自覚症状又は言語障害、歩行障害、振せん等の神経障害 |
| | ロジウム及びその化合物 | 皮膚障害又は気道障害 |
| ハロゲン及びその無機化合物 | 塩素 | 皮膚障害、前眼部障害、気道・肺障害又は歯牙酸蝕《しょく》 |
| | 臭素 | 皮膚障害、前眼部障害又は気道・肺障害 |
| | 二酸化塩素 | 気道障害 |
| | 弗《ふっ》素及びその無機化合物（弗《ふっ》化水素酸を除く。） | 皮膚障害、前眼部障害、気道・肺障害又は骨硬化 |
| | 沃《よう》素 | 皮膚障害、前眼部障害又は気道・肺障害 |
| りん、硫黄、酸素、窒素及び炭素並びにこれらの無機化合物 | アジ化ナトリウム | 頭痛、めまい、嘔《おう》吐等の自覚症状、前眼部障害、血圧降下又は気道障害 |
| | 一酸化炭素 | 頭痛、めまい、嘔《おう》吐等の自覚症状、昏《こん》睡等の意識障害、記憶減退、性格変化、失見当識、幻覚、せん妄等の精神障害又は運動失調、視覚障害、色視野障害、前庭機能障害等の神経障害 |
| | 黄りん | 歯痛、皮膚障害、肝障害又は顎骨壊《え》死 |
| | カルシウムシアナミド | 皮膚障害、前眼部障害、気道障害又は不整脈、血圧降下等の循環障害 |

| | | | |
|---|---|---|---|
| | | シアン化水素、シアン化ナトリウム等のシアン化合物 | 頭痛、めまい、嘔《おう》吐等の自覚症状、呼吸困難、呼吸停止、意識喪失又は痙攣《けいれん》 |
| | | 二亜硫酸ナトリウム | 皮膚障害又は気道障害 |
| | | 二酸化硫黄 | 前眼部障害又は気道・肺障害 |
| | | 二酸化窒素 | 前眼部障害又は気道・肺障害 |
| | | 二硫化炭素 | せん妄、躁《そう》うつ等の精神障害、意識障害、末梢《しょう》神経障害又は網膜変化を伴う脳血管障害若しくは腎障害 |
| | | ヒドラジン | 頭痛、めまい、嘔《おう》吐等の自覚症状、皮膚障害、前眼部障害又は気道障害 |
| | | ホスゲン | 頭痛、めまい、嘔《おう》吐等の自覚症状、皮膚障害、前眼部障害又は気道・肺障害 |
| | | ホスフィン | 頭痛、めまい、嘔《おう》吐等の自覚症状又は気道・肺障害 |
| | | 硫化水素 | 頭痛、めまい、嘔《おう》吐等の自覚症状、前眼部障害、気道・肺障害又は呼吸中枢機能停止 |
| 脂肪族化合物 | 脂肪族炭化水素及びそのハロゲン化合物 | 塩化ビニル | 頭痛、めまい、嘔《おう》吐等の自覚症状、皮膚障害、中枢神経系抑制、レイノー現象、指端骨溶解又は門脈圧亢《こう》進 |
| | | 塩化メチル | 頭痛、めまい、嘔《おう》吐等の自覚症状、中枢神経系抑制、視覚障害、言語障害、協調運動障害等の神経障害又は肝障害 |
| | | クロロプレン | 中枢神経系抑制、前眼部障害、気道・肺障害又は肝障害 |

## ❹ 告示（厚生労働大臣が指定する単体たる化学物質・化合物、疾病）

| | |
|---|---|
| クロロホルム | 頭痛、めまい、嘔《おう》吐等の自覚症状、中枢神経系抑制又は肝障害 |
| 四塩化炭素 | 頭痛、めまい、嘔《おう》吐等の自覚症状、中枢神経系抑制又は肝障害 |
| 一・二―ジクロルエタン（別名二塩化エチレン） | 頭痛、めまい、嘔《おう》吐等の自覚症状、中枢神経系抑制、前眼部障害、気道・肺障害又は肝障害 |
| 一・二―ジクロルエチレン（別名二塩化アセチレン） | 頭痛、めまい、嘔《おう》吐等の自覚症状又は中枢神経系抑制 |
| ジクロルメタン | 頭痛、めまい、嘔《おう》吐等の自覚症状、中枢神経系抑制、前眼部障害又は気道・肺障害 |
| 二・二―ジクロロ―一・一・一―トリフルオロエタン | 肝障害 |
| 臭化エチル | 中枢神経系抑制又は気道・肺障害 |
| 臭化メチル | 頭痛、めまい、嘔《おう》吐等の自覚症状、皮膚障害、気道・肺障害、視覚障害、言語障害、協調運動障害、振せん等の神経障害、性格変化、せん妄、幻覚等の精神障害又は意識障害 |
| 一・一・二・二―テトラクロルエタン（別名四塩化アセチレン） | 頭痛、めまい、嘔《おう》吐等の自覚症状、中枢神経系抑制又は肝障害 |
| テトラクロルエチレン（別名パークロルエチレン） | 頭痛、めまい、嘔《おう》吐等の自覚症状、中枢神経系抑制、前眼部障害、気道障害又は肝障害 |
| 一・一・一―トリクロルエタン | 頭痛、めまい、嘔《おう》吐等の自覚症状、中枢神経系抑制又は協調運動障害 |

| | | |
|---|---|---|
| | 一・一・二―トリクロルエタン | 頭痛、めまい、嘔《おう》吐等の自覚症状、前眼部障害又は気道障害 |
| | トリクロルエチレン | 頭痛、めまい、嘔《おう》吐等の自覚症状、皮膚障害、中枢神経系抑制、前眼部障害、気道・肺障害、視神経障害、三叉《さ》神経障害、末梢《しょう》神経障害又は肝障害 |
| | ノルマルヘキサン | 末梢《しょう》神経障害 |
| | 一―ブロモプロパン | 末梢《しょう》神経障害 |
| | 二―ブロモプロパン | 生殖機能障害 |
| | 沃《よう》化メチル | 頭痛、めまい、嘔《おう》吐等の自覚症状、中枢神経系抑制、視覚障害、言語障害、協調運動障害等の神経障害又はせん妄、躁《そう》状態等の精神障害 |
| アルコール、エーテル、アルデヒド、ケトン及びエステル | アクリル酸エチル | 頭痛、めまい、嘔《おう》吐等の自覚症状、皮膚障害又は粘膜刺激 |
| | アクリル酸ブチル | 皮膚障害 |
| | アクロレイン | 皮膚障害、前眼部障害又は気道・肺障害 |
| | アセトン | 頭痛、めまい、嘔《おう》吐等の自覚症状又は中枢神経系抑制 |
| | イソアミルアルコール（別名イソペンチルアルコール） | 中枢神経系抑制、前眼部障害又は気道障害 |
| | エチルエーテル | 頭痛、めまい、嘔《おう》吐等の自覚症状又は中枢神経系抑制 |
| | エチレンクロルヒドリン | 頭痛、めまい、嘔《おう》吐等の自覚症状、前眼部障害、気道・肺障害、肝障害又は腎障害 |

| | |
|---|---|
| エチレングリコールモノメチルエーテル（別名メチルセロソルブ） | 頭痛、めまい、嘔《おう》吐等の自覚症状、造血器障害、振せん、協調運動障害、肝障害又は腎障害 |
| 二・三―エポキシプロピル＝フェニルエーテル | 皮膚障害 |
| グルタルアルデヒド | 皮膚障害、前眼部障害又は気道障害 |
| 酢酸アミル | 中枢神経系抑制、前眼部障害又は気道障害 |
| 酢酸エチル | 前眼部障害又は気道障害 |
| 酢酸ブチル | 前眼部障害又は気道障害 |
| 酢酸プロピル | 中枢神経系抑制、前眼部障害又は気道障害 |
| 酢酸メチル | 中枢神経系抑制、視神経障害又は気道障害 |
| 二―シアノアクリル酸メチル | 皮膚障害、気道障害又は粘膜刺激 |
| ニトログリコール | 頭痛、めまい、嘔《おう》吐等の自覚症状又は狭心症様発作 |
| ニトログリセリン | 頭痛、めまい、嘔《おう》吐等の自覚症状又は狭心症様発作 |
| 二―ヒドロキシエチルメタクリレート | 皮膚障害 |
| ホルムアルデヒド | 皮膚障害、前眼部障害又は気道・肺障害 |
| メタクリル酸メチル | 皮膚障害、気道障害又は末梢《しょう》神経障害 |
| メチルアルコール | 頭痛、めまい、嘔《おう》吐等の自覚症状、中枢神経系抑制、視神経障害、前眼部障害又は気道・肺障害 |

| | | |
|---|---|---|
| | メチルブチルケトン | 頭痛、めまい、嘔《おう》吐等の自覚症状又は末梢《しよう》神経障害 |
| その他の脂肪族化合物 | 硫酸ジメチル | 皮膚障害、前眼部障害又は気道・肺障害 |
| | アクリルアミド | 頭痛、めまい、嘔《おう》吐等の自覚症状、皮膚障害、協調運動障害又は末梢《しよう》神経障害 |
| | アクリロニトリル | 頭痛、めまい、嘔《おう》吐等の自覚症状、皮膚障害、前眼部障害又は気道障害 |
| | エチレンイミン | 皮膚障害、前眼部障害、気道・肺障害又は腎障害 |
| | エチレンジアミン | 皮膚障害、前眼部障害又は気道障害 |
| | エピクロルヒドリン | 皮膚障害、前眼部障害、気道障害又は肝障害 |
| | 酸化エチレン | 頭痛、めまい、嘔《おう》吐等の自覚症状、皮膚障害、中枢神経系抑制、前眼部障害、気道・肺障害、造血器障害又は末梢《しよう》神経障害 |
| | ジアゾメタン | 気道・肺障害 |
| | ジメチルアセトアミド | 肝障害又は消化器障害 |
| | ジメチルホルムアミド | 頭痛、めまい、嘔《おう》吐等の自覚症状、皮膚障害、前眼部障害、気道障害、肝障害又は胃腸障害 |
| | チオグリコール酸アンモニウム | 皮膚障害 |
| | ヘキサメチレンジイソシアネート | 皮膚障害、前眼部障害又は気道・肺障害 |
| | 無水マレイン酸 | 皮膚障害、前眼部障害又は気道障害 |

| | | | |
|---|---|---|---|
| 脂環式化合物 | | イソホロンジイソシアネート | 皮膚障害又は気道障害 |
| | | シクロヘキサノール | 前眼部障害又は気道障害 |
| | | シクロヘキサノン | 前眼部障害又は気道障害 |
| | | ジシクロヘキシルメタン―四・四′―ジイソシアネート | 皮膚障害 |
| 芳香族化合物 | ベンゼン及びその同族体 | キシレン | 頭痛、めまい、嘔《おう》吐等の自覚症状又は中枢神経系抑制 |
| | | スチレン | 頭痛、めまい、嘔《おう》吐等の自覚症状、皮膚障害、前眼部障害、視覚障害、気道障害又は末梢《しょう》神経障害 |
| | | トルエン | 頭痛、めまい、嘔《おう》吐等の自覚症状又は中枢神経系抑制 |
| | | パラ―ｔｅｒｔ―ブチルフェノール | 皮膚障害 |
| | | ベンゼン | 頭痛、めまい、嘔《おう》吐等の自覚症状、中枢神経系抑制又は再生不良性貧血等の造血器障害 |
| | 芳香族炭化水素のハロゲン化物 | 塩素化ナフタリン | 皮膚障害又は肝障害 |
| | | 塩素化ビフェニル（別名ＰＣＢ） | 皮膚障害又は肝障害 |
| | | ベンゼンの塩化物 | 前眼部障害、気道障害又は肝障害 |
| | 芳香族化合物のニトロ又はアミノ誘導体 | アニシジン | 頭痛、めまい、嘔《おう》吐等の自覚症状、皮膚障害、溶血性貧血又はメトヘモグロビン血 |
| | | アニリン | 頭痛、めまい、嘔《おう》吐等の自覚症状、溶血性貧血又はメトヘモグロビン血 |

| | |
|---|---|
| クロルジニトロベンゼン | 皮膚障害、溶血性貧血又はメトヘモグロビン血 |
| 四・四′―ジアミノジフェニルメタン | 皮膚障害又は肝障害 |
| ジニトロフェノール | 頭痛、めまい、嘔《おう》吐等の自覚症状、皮膚障害、代謝亢《こう》進、肝障害又は腎障害 |
| ジニトロベンゼン | 溶血性貧血、メトヘモグロビン血又は肝障害 |
| ジメチルアニリン | 中枢神経系抑制、溶血性貧血又はメトヘモグロビン血 |
| トリニトロトルエン（別名ＴＮＴ） | 皮膚障害、溶血性貧血、再生不良性貧血等の造血器障害又は肝障害 |
| 二・四・六―トリニトロフェニルメチルニトロアミン（別名テトリル） | 皮膚障害、前眼部障害又は気道障害 |
| トルイジン | 溶血性貧血又はメトヘモグロビン血 |
| パラ―トルエンジアミン | 皮膚障害 |
| パラ―ニトロアニリン | 頭痛、めまい、嘔《おう》吐等の自覚症状、溶血性貧血、メトヘモグロビン血又は肝障害 |
| パラ―ニトロクロルベンゼン | 溶血性貧血又はメトヘモグロビン血 |
| ニトロベンゼン | 頭痛、めまい、嘔《おう》吐等の自覚症状、溶血性貧血又はメトヘモグロビン血 |
| パラ―フェニレンジアミン | 皮膚障害、前眼部障害又は気道障害 |
| フェネチジン | 皮膚障害、溶血性貧血又はメトヘモグロビン血 |

| | | |
|---|---|---|
| その他の芳香族化合物 | クレゾール | 皮膚障害、前眼部障害又は気道・肺障害 |
| | クロルヘキシジン | 皮膚障害、気道障害又はアナフィラキシー反応 |
| | トリレンジイソシアネート（別名ＴＤＩ） | 皮膚障害、前眼部障害又は気道・肺障害 |
| | 一・五―ナフチレンジイソシアネート | 前眼部障害又は気道障害 |
| | ビスフェノールＡ型及びＦ型エポキシ樹脂 | 皮膚障害 |
| | ヒドロキノン | 皮膚障害 |
| | フェニルフェノール | 皮膚障害 |
| | フェノール（別名石炭酸） | 頭痛、めまい、嘔《おう》吐等の自覚症状、皮膚障害、前眼部障害又は気道・肺障害 |
| | オルト―フタロジニトリル | 頭痛、めまい、嘔《おう》吐等の自覚症状又は意識喪失を伴う痙攣《けいれん》 |
| | ベンゾトリクロライド | 皮膚障害又は気道障害 |
| | 無水トリメリット酸 | 気道・肺障害又は溶血性貧血 |
| | 無水フタル酸 | 皮膚障害、前眼部障害又は気道・肺障害 |
| | メチレンビスフェニルイソシアネート（別名ＭＤＩ） | 皮膚障害、前眼部障害又は気道障害 |

| | | |
|---|---|---|
| | 四－メトキシフェノール | 皮膚障害 |
| | りん酸トリ－オルト－クレジル | 末梢《しよう》神経障害 |
| | レゾルシン | 皮膚障害、前眼部障害又は気道障害 |
| 複素環式化合物 | 一・四－ジオキサン | 頭痛、めまい、嘔《おう》吐等の自覚症状、前眼部障害又は気道・肺障害 |
| | テトラヒドロフラン | 頭痛、めまい、嘔《おう》吐等の自覚症状又は皮膚障害 |
| | ピリジン | 頭痛、めまい、嘔《おう》吐等の自覚症状、皮膚障害、前眼部障害又は気道障害 |
| | ヘキサヒドロ－一・三・五－トリニトロ－一・三・五－トリアジン | 頭痛、めまい、嘔《おう》吐等の自覚症状又は意識喪失を伴う痙攣《けいれん》 |
| 農薬その他の薬剤の有効成分 | 有機りん化合物（ジチオリン酸Ｏ－エチル＝Ｓ・Ｓ－ジフェニル（別名ＥＤＤＰ）、ジチオリン酸Ｏ・Ｏ－ジエチル＝Ｓ－（二－エチルチオエチル）（別名エチルチオメトン）、チオリン酸Ｏ・Ｏ－ジエチル＝Ｏ－二－イソプロピル－四－メチル－六－ピリミジニル（別名ダイアジノン）、チオリン酸Ｏ・Ｏ－ジメチル＝Ｏ－四－ニトロ－メタ－トリル（別名ＭＥＰ）、チオリン酸Ｓ－ベンジル＝Ｏ・Ｏ－ジイソプロピル（別名ＩＢＰ）、 | 頭痛、めまい、嘔《おう》吐等の自覚症状、意識混濁等の意識障害、言語障害等の神経障害、錯乱等の精神障害、筋の線維束攣《れん》縮、痙攣《けいれん》等の運動神経障害又は縮瞳、流涎《ぜん》、発汗等の自律神経障害 |

| | |
|---|---|
| フェニルホスホノチオン酸O―エチル＝O―パラ―ニトロフェニル（別名EPN）、りん酸二・二―ジクロルビニル＝ジメチル（別名DDVP）及びりん酸パラ―メチルチオフェニル＝ジプロピル（別名プロパホス）） | |
| カーバメート系化合物（メチルカルバミド酸オルト―セコンダリ―ブチルフェニル（別名BPMC）、メチルカルバミド酸メタ―トリル（別名MTMC）及びN―（メチルカルバモイルオキシ）チオアセトイミド酸S―メチル（別名メソミル）） | 頭痛、めまい、嘔《おう》吐等の自覚症状、意識混濁等の意識障害、言語障害等の神経障害、錯乱等の精神障害、筋の線維束攣《れん》縮、痙攣《けいれん》等の運動神経障害又は縮瞳、流涎《ぜん》、発汗等の自律神経障害 |
| 二・四―ジクロルフェニル＝パラ―ニトロフェニル＝エーテル（別名NIP） | 前眼部障害 |
| ジチオカーバメート系化合物（エチレンビス（ジチオカルバミド酸）亜鉛（別名ジネブ）及びエチレンビス（ジチオカルバミド酸）マンガン（別名マンネブ）） | 皮膚障害 |

| | |
|---|---|
| N―（一・一・二・二―テトラクロルエチルチオ）―四―シクロヘキセン―一・二―ジカルボキシミド（別名ダイホルタン） | 皮膚障害又は前眼部障害 |
| テトラメチルチウラムジスルフィド | 皮膚障害 |
| トリクロルニトロメタン（別名クロルピクリン） | 皮膚障害、前眼部障害又は気道・肺障害 |
| N―（トリクロロメチルチオ）―一・二・三・六―テトラヒドロフタルイミド | 皮膚障害 |
| 二塩化一・一′―ジメチル―四・四′―ビピリジニウム（別名パラコート） | 皮膚障害又は前眼部障害 |
| パラ―ニトロフェニル＝二・四・六―トリクロルフェニル＝エーテル（別名ＣＮＰ） | 前眼部障害 |
| ブラストサイジンＳ | 前眼部障害、気道・肺障害又は嘔《おう》吐、下痢等の消化器障害 |

| | |
|---|---|
| 六・七・八・九・一〇・一〇―ヘキサクロル―一・五・五a・六・九・九a―ヘキサヒドロ―六・九―メタノ―二・四・三―ベンゾジオキサチエピン三―オキシド（別名ベンゾエピン） | 頭痛、めまい、嘔《おう》吐等の自覚症状、意識喪失等の意識障害、失見当識等の精神障害又は痙攣《けいれん》等の神経障害 |
| ペンタクロルフェノール（別名PCP） | 皮膚障害、前眼部障害、気道・肺障害又は代謝亢《こう》進 |
| モノフルオル酢酸ナトリウム | 頭痛、めまい、嘔《おう》吐等の自覚症状、不整脈、血圧降下等の循環障害、意識混濁等の意識障害、言語障害等の神経障害又は痙攣《けいれん》 |
| 硫酸ニコチン | 頭痛、めまい、嘔《おう》吐等の自覚症状、流涎《ぜん》、呼吸困難、意識混濁、筋の線維束攣《れん》縮又は痙攣《けいれん》 |

備考　金属及びその化合物には、合金を含む。

## ❺ 告示の表中上欄に掲げる化学物質にさらされる業務に従事した労働者に発生したことのある症状又は障害

（平八・三・二九　基発第一八一号　別紙3）

(1) 無機の酸及びアルカリ

| 化学物質 | 症状又は障害 |
|---|---|
| アンモニア | 頭痛、めまい、嘔吐等の自覚症状 |
| 塩酸（塩化水素を含む。） | 頭痛、めまい、嘔吐等の自覚症状 |
| 弗化水素酸（弗化水素を含む。以下同じ。） | 頭痛、めまい、嘔吐等の自覚症状 |

(2) 金属（セレン及び砒素を含む。）及びその化合物

| 化学物質 | 症状又は障害 |
|---|---|
| 亜鉛等の金属ヒューム | 気道・肺障害 |
| アルキル水銀化合物（アルキル基がメチル基又はエチル基であるものに限る。以下同じ。） | 皮膚障害、振せん、痙攣等の神経障害又は情緒不安定、狂躁状態等の精神障害 |
| アンチモン及びその化合物 | 気道・肺障害 |
| カドミウム及びその化合物 | 頭痛、めまい、嘔吐等の自覚症状、胃腸障害又は肝障害 |
| クロム及びその化合物 | 胃腸障害、肝障害又は腎障害 |
| コバルト及びその化合物 | 心筋障害 |
| 四アルキル鉛化合物 | 胃腸障害 |

| | |
|---|---|
| 水銀及びその化合物（アルキル水銀化合物を除く。） | 皮膚障害又は気道障害 |
| セレン及びその化合物（セレン化水素を除く。） | 頭痛、めまい、嘔吐等の自覚症状、胃腸障害又は呼気のにんにく臭 |
| セレン化水素 | 金属味又は呼気のにんにく臭 |
| ニッケルカルボニル | 皮膚障害又はせん妄、幻覚等の精神障害 |
| バナジウム及びその化合物 | 胃腸障害 |
| 砒化水素 | 頭痛、めまい、嘔吐等の自覚症状、気道・肺障害、末梢神経障害、肝障害、腎障害又は呼気のにんにく臭 |
| 砒素及びその化合物（砒化水素を除く。） | 前眼部障害、胃腸障害又は溶血性貧血 |
| マンガン及びその化合物 | 精神障害又は気道・肺障害 |

(3)　ハロゲン及びその無機化合物

| 化学物質 | 症状又は障害 |
|---|---|
| 弗素及びその無機化合物（弗化水素酸を除く。） | 頭痛、めまい、嘔吐等の自覚症状 |
| 沃素 | 胃腸障害又は甲状腺肥大 |

(4)　りん、硫黄、酸素、窒素及び炭素並びにこれらの無機化合物

| 化学物質 | 症状又は障害 |
|---|---|
| 一酸化炭素 | 自律神経障害 |
| 黄りん | 頭痛、めまい、嘔吐等の自覚症状、気道・肺障害又は腎障害 |
| カルシウムシアナミド | 頭痛、めまい、嘔吐等の自覚症状 |

| | |
|---|---|
| シアン化水素、シアン化ナトリウム等のシアン化合物 | 気道障害 |
| 二酸化窒素 | 頭痛、めまい、嘔吐等の自覚症状 |
| 二硫化炭素 | 頭痛、めまい、嘔吐等の自覚症状、溶血性貧血、視神経障害、自律神経障害又は肝障害 |
| 硫化水素 | 末梢神経障害又は胃腸障害 |

(5)　脂肪族化合物

①　脂肪族炭化水素及びそのハロゲン化合物

| 化学物質 | 症状又は障害 |
|---|---|
| 塩化ビニル | 肝脾腫、食道及び胃の静脈瘤又は血小板減少 |
| 塩化メチル | 皮膚障害、腎障害、振せん、歩行障害等の神経障害、記憶喪失等の精神障害又は胃腸障害 |
| クロロプレン | 皮膚障害又は腎障害 |
| クロロホルム | 皮膚障害、胃腸障害又は腎障害 |
| 四塩化炭素 | 胃腸障害又は腎障害 |
| 一・二―ジクロルエタン（別名　二塩化エチレン） | 皮膚障害、胃腸障害又は腎障害 |
| 一・二―ジクロルエチレン（別名　二塩化アセチレン） | 皮膚障害、前眼部障害又は気道障害 |
| ジクロルメタン | 皮膚障害、幻覚等の精神障害、意識喪失、昏睡等の意識障害又は肝障害 |
| 臭化エチル | 肝障害、腎障害又は心筋障害 |

| | |
|---|---|
| 臭化メチル | 肝障害又は腎障害 |
| 一・一・二・二―テトラクロルエタン（別名　四塩化アセチレン） | 皮膚障害、振せん、末梢神経障害、胃腸障害、腎障害又は中枢神経系抑制 |
| テトラクロルエチレン（別名　パークロルエチレン） | 記憶減退等の精神障害又は協調運動障害等の神経障害 |
| 一・一・一―トリクロルエタン | 前眼部障害又は気道障害 |
| 一・一・二―トリクロルエタン | 中枢神経系抑制、胃腸障害又は肝障害 |
| トリクロルエチレン | 皮膚障害、記憶減退、情緒不安定等の精神障害、自律神経障害又は腎障害 |
| ノルマルヘキサン | 頭痛、めまい、嘔吐等の自覚症状、前眼部障害又は中枢神経系抑制 |
| 沃化メチル | 運動神経障害又は中枢神経系抑制 |

②　アルコール、エーテル、アルデヒド、ケトン及びエステル

| 化学物質 | 症状又は障害 |
|---|---|
| アセトン | 皮膚障害、前眼部障害又は気道障害 |
| イソアミルアルコール（別名　イソペンチルアルコール） | 頭痛、めまい、嘔吐等の自覚症状 |
| エチルエーテル | 皮膚障害又は気道障害 |
| エチレンクロルヒドリン | 皮膚障害又は協調運動障害 |
| エチレングリコールモノメチルエーテル（別名　メチルセロソルブ） | 前眼部障害、気道障害又は協調運動障害 |
| 酢酸アミル | 頭痛、めまい、嘔吐等の自覚症状、皮膚障害又は胃腸障害 |
| 酢酸エチル | 皮膚障害又は中枢神経系抑制 |

| | |
|---|---|
| 酢酸ブチル | 皮膚障害又は中枢神経系抑制 |
| 酢酸メチル | 頭痛、めまい、嘔吐等の自覚症状 |
| 二―ヒドロキシエチルメタクリレート | 頭痛、めまい、嘔吐等の自覚症状 |
| メチルアルコール | 胃腸障害又は肝障害 |
| メチルブチルケトン | 気道障害 |
| 硫酸ジメチル | 中枢神経系抑制、視覚障害、痙攣、肝障害又は腎障害 |

③　その他の脂肪族化合物

| 化学物質 | 症状又は障害 |
|---|---|
| アクリルアミド | 振せん、歩行障害、言語障害、自律神経障害又は胃腸障害 |
| アクリロニトリル | 中枢神経系抑制又は胃腸障害 |
| エチレンイミン | 造血器障害又は胃腸障害 |
| エチレンジアミン | 頭痛、めまい、嘔吐等の自覚症状 |
| エピクロルヒドリン | 頭痛、めまい、嘔吐等の自覚症状、胃腸障害又は腎障害 |
| 酸化エチレン | 中枢神経系抑制、肝障害又は腎障害 |
| ジアゾメタン | 頭痛、めまい、嘔吐等の自覚症状、皮膚障害又は前眼部障害 |
| ジメチルアセトアミド | 頭痛、めまい、嘔吐等の自覚症状 |

(6)　脂環式化合物

| 化学物質 | 症状又は障害 |
|---|---|
| シクロヘキサノール | 振せん |
| シクロヘキサノン | 中枢神経系抑制 |

(7)　芳香族化合物

①　ベンゼン及びその同族体

| 化学物質 | 症状又は障害 |
|---|---|
| キシレン | 皮膚障害、前眼部障害、気道障害又は協調運動障害 |
| トルエン | 協調運動障害又は末梢神経障害 |
| ベンゼン | 皮膚障害 |

②　芳香族炭化水素のハロゲン化物

| 化学物質 | 症状又は障害 |
|---|---|
| 塩素化ビフェニル（別名　ＰＣＢ） | 頭痛、めまい、嘔吐等の自覚症状、前眼部障害又は気道障害 |
| ベンゼンの塩化物 | 頭痛、めまい、嘔吐等の自覚症状 |

③　芳香族化合物のニトロ又はアミノ誘導体

| 化学物質 | 症状又は障害 |
|---|---|
| アニシジン | 頭痛、めまい、嘔吐等の自覚症状、皮膚障害、溶血性貧血又はメトヘモグロビン血 |
| アニリン | 痙攣等の神経障害、意識喪失、昏睡等の意識障害又は肝障害 |
| 四・四'ージアミノジフェニルメタン | 心筋障害 |
| ジニトロフェノール | 甲状腺障害又は白内障 |
| 二・四・六ートリニトロフェニルメチルニトロアミン（別名　テトリル） | 肝障害 |
| トルイジン | 腎障害 |
| パラーニトロクロルベンゼン | 頭痛、めまい、嘔吐等の自覚症状又は皮膚障害 |
| パラーフェニレンジアミン | 頭痛、めまい、嘔吐等の自覚症状、溶血性貧血、メトヘモグロビン血又は肝障害 |

④　その他の芳香族化合物

| 化学物質 | 症状又は障害 |
|---|---|
| クレゾール | 肝障害又は腎障害 |
| フェノール（別名　石炭酸） | 肝障害又は腎障害 |
| 無水トリメリット酸 | インフルエンザ様症状 |
| りん酸トリーオルトークレジル | 皮膚障害 |
| レゾルシン | 痙攣、溶血性貧血又はメトヘモグロビン血 |

(8) 複素環式化合物

| 化学物質 | 症状又は障害 |
|---|---|
| 一・四―ジオキサン | 中枢神経系抑制、肝障害又は腎障害 |
| ピリジン | 中枢神経系抑制、肝障害又は腎障害 |

(9) 農薬その他の薬剤の有効成分

| 化学物質 | 症状又は障害 |
|---|---|
| 有機りん酸化合物<br>ジチオリン酸Ｏ―エチル＝Ｓ・Ｓ―ジフェニル（別名　ＥＤＤＰ）<br>ジチオリン酸Ｏ・Ｏ―ジエチル＝Ｓ―（二―エチルチオエチル）（別名　エチルチオメトン）<br>チオリン酸Ｏ・Ｏ―ジエチル＝Ｏ―二―イソプロピル―四―メチル―六―ピリミジニル（別名　ダイアジノン）<br>チオリン酸Ｏ・Ｏ―ジメチル＝Ｏ―四―ニトロ―メタ―トリル（別名　ＭＥＰ）<br>チオリン酸Ｓ―ベンジル＝Ｏ・Ｏ―ジイソプロピル（別名　ＩＢＰ）<br>フェニルホスホノチオン酸Ｏ―エチル＝Ｏ― | 皮膚障害又は前眼部障害 |

| | |
|---|---|
| パラ―ニトロフェニル（別名　ＥＰＮ）<br>りん酸二・二―ジクロルビニル＝ジメチル（別名　ＤＤＶＰ）及びリン酸パラ―メチルチオフェニル＝ジプロピル（別名　プロパホス） | |
| ジチオカーバメート系化合物<br>エチレンビス（ジチオカルバミド酸）亜鉛（別名　ジネブ）及びエチレンビス（ジチオカルバミド酸）マンガン（別名　マンネブ） | 頭痛、めまい、嘔吐等の自覚症状 |
| 二・四―ジクロルフェニル＝パラ―ニトロフェニル＝エーテル（別名　ＮＩＰ） | 皮膚障害 |
| トリクロルニトロメタン（別名　クロルピクリン） | 頭痛、めまい、嘔吐等の自覚症状 |
| パラ―ニトロフェニル＝二・四・六―トリクロロフェニル＝エーテル（別名　ＣＮＰ） | 皮膚障害 |
| ブラストサイジンＳ | 皮膚障害 |

備考　これらの症状又は障害の中には、特異的なばく露条件でしか起こり得ないと思われるもの、同時にばく露を受けた他の化学物質による影響が否定できないもの及び療養を必要としないものが含まれている。

## ❻ 労働基準法施行規則別表第一の二第十号の規定に基づき厚生労働大臣の指定する疾病（昭五六・二・二　労働省告示第七号）

労働基準法施行規則（昭和二十二年厚生省令第二十三号）別表第一の二第八号の規定に基づき、厚生労働大臣の指定する疾病を次のように定める。

一　超硬合金の粉じんを飛散する場所における業務による気管支肺疾患
二　亜鉛黄又は黄鉛を製造する工程における業務による肺がん
三　ジアニシジンにさらされる業務による尿路系腫瘍《しゅよう》

## ❼ ＩＬＯ一二一号条約（昭和四九年六月七日批准）及び同一二一号勧告

①　**業務災害の場合における給付に関する条約**（ジュネーブ一九六四年第一二一号）抜粋

**第八条**

各加盟国は、次のいずれかのことを行う。

(a)　所定の条件の下に職業病と認められる疾病（少なくとも付表Ｉに掲げる疾病を含む。）の一覧表を法令で定めること。

(b)　少なくとも付表Ｉに掲げる疾病を含み得る程度に十分に包括的な職業病の一般的定義を法令に含めること。

(c)　(a)の規定に適合する疾病の一覧表であつて、職業病の一般的定義を含むもの又はそれに列記されていない疾病若しくは所定の条件と異なる条件の下に発生する疾病についてはそれが職業に起因するものであることを確定するための規定を含むものを法令で定めること。

②　**業務災害の場合における給付に関する勧告**（ジュネーブ一九六四年第一二一号）抜粋

6(1)　各加盟国は、工程、業種又は職業に特有な物質又は危険にさらされるために発生するものと知られている疾病を、所定の条件の下に職業病と認めるべきである。

(2)　反証がない限り、次の場合には、当該疾病は、職業に起因するものと推定すべきである。

(a)　被用者が少なくとも特定の期間危険にさらされた場合

(b)　被用者が危険にさらされた最後の雇用の終了に引き続く特定の期間内において当該疾病の徴候を示した場合

業務災害の場合における給付に関する条約（第一二一号）付表Ⅰ（職業病の一覧表）

| 職業病 | 危険にさらされる作業（注） |
|---|---|
| 1　組織硬化性の鉱物性粉じんによるじん肺（けい肺、炭けい肺、石綿肺）及びけい肺結核（けい肺が労働不能又は死亡の主たる原因である場合に限る。） | 当該危険にさらされるすべての作業 |
| 2　超硬合金の粉じんによる気管支肺疾患 | （右に同じ。） |
| 3　綿の粉じんによる気管支肺疾患（ビシノーシス）又は亜麻、大麻若しくはサイザル麻の粉じんによる気管支肺疾患 | （右に同じ。） |
| 4　作業工程におけるその存在が不可避な物質のうち感作性物質又は刺激性物質として認められている物質による職業性ぜん息 | （右に同じ。） |
| 5　有機粉じんの吸入による外因性アレルギー性肺胞炎及びその続発症であつて、国内の法令で定めるもの | （右に同じ。） |
| 6　ベリリウム又はその毒性化合物による疾病 | （右に同じ。） |
| 7　カドミウム又はその毒性化合物による疾病 | （右に同じ。） |
| 8　燐又はその毒性化合物による疾病 | （右に同じ。） |
| 9　クロム又はその毒性化合物による疾病 | （右に同じ。） |
| 10　マンガン又はその毒性化合物による疾病 | （右に同じ。） |
| 11　砒素又はその毒性化合物による疾病 | （右に同じ。） |
| 12　水銀又はその毒性化合物による疾病 | （右に同じ。） |

| | |
|---|---|
| 13　鉛又はその毒性化合物による疾病 | 当該危険にさらされるすべての作業 |
| 14　弗素又はその毒性化合物による疾病 | （右に同じ。） |
| 15　二硫化炭素による疾病 | （右に同じ。） |
| 16　脂肪族又は芳香族の炭化水素の毒性ハロゲン誘導体による疾病 | （右に同じ。） |
| 17　ベンゼン又はその毒性同族体による疾病 | （右に同じ。） |
| 18　ベンゼン又はその同族体の毒性ニトロ誘導体及び毒性アミノ誘導体による疾病 | （右に同じ。） |
| 19　ニトログリセリンその他の硝酸エステルによる疾病 | （右に同じ。） |
| 20　アルコール、グリコール又はケトンによる疾病 | （右に同じ。） |
| 21　窒息性物質（一酸化炭素、シアン化水素又はその毒性誘導体、硫化水素）による疾病 | （右に同じ。） |
| 22　騒音による難聴 | （右に同じ。） |
| 23　振動による疾病（筋肉、腱、骨、関節、末梢血管又は末梢神経の障害） | （右に同じ。） |
| 24　高圧空気下における作業による疾病 | （右に同じ。） |
| 25　電離放射線による疾病 | 電離放射線の被ばくを伴うすべての作業 |
| 26　物理的、化学的又は生物学的な因子で他に掲げられていないものによる皮膚疾患 | 当該危険にさらされるすべての作業 |
| 27　タール、ピッチ、瀝青、鉱物油、アントラセン又はこれらの物質の化合物、製品若しくは残滓による皮膚の原発性上皮がん | （右に同じ。） |
| 28　石綿による肺がん又は中皮腫 | （右に同じ。） |
| 29　病原体による汚染の危険が特に存在する業務においてかかつた感染症又は寄生虫症 | (a)　保健又は試験研究に関する作業<br>(b)　動物診療に関する作業<br>(c)　動物、動物の死体若しくは動物の死体の一部又はこれらによつて汚染されたおそれのある商品を |

取り扱う作業

(d)　病原体による汚染の危険を特に伴うその他の作業

注　この付表の適用に当たり、適当な場合には、危険にさらされる程度及び態様を考慮するものとする。

## 第９節　強い心理的負荷による精神障害（過労死等）
（労基則別表第１の２第９号関係）



## 第10節　その他厚生労働大臣の指定する疾病
（労基則別表第１の２第10号関係）



## 第11節　その他業務に起因することの明らかな疾病
（労基則別表第１の２第11号関係）

## 第8節　過重な負荷による脳・心臓疾患（過労死等）（労基則別表第1の2第8号関係）

## 第5節　じん肺症及びじん肺の合併症
（労基則別表第1の2第5号関係）



## 第6節　細菌、ウイルス等の病原体による疾病
（労基則別表第1の2第6号関係）



## 第7節　職業がん
（労基則別表第1の2第7号関係）

# 事　例　索　引

（行）は厚生労働省の行政解釈、（審）は労働保険審査会の裁決、（裁）は裁判所の判決、（報）は検討会報告書の記載、括弧書きのないものは原処分

## 第4編　疾病の部

### 第4節　化学物質等による疾病
（労基則別表第1の2第4号関係）

カバーデザイン／株式会社ライラック
印刷・製本／日本フィニッシュ株式会社

**改訂７版**
**労災保険 業務災害及び通勤災害認定の理論と実際 下巻**

平成５年３月20日 初版発行
令和７年１月17日 改訂７版発行

編 者 一般財団法人 労務行政研究所
発行所 株式会社 **労務行政**
〒141-0031 東京都品川区西五反田３-６-21
住友不動産西五反田ビル３階
TEL：03-3491-1231 FAX：03-3491-1299
https://www.rosei.jp/

ISBN978-4-8452-5373-9
定価はカバーに表示してあります。

訂正が出ました場合、下記URLでお知らせします。
https://www.rosei.jp/store/book/teisei